Nostradamus Band 2

Jesus: "Ich werde bei meiner zweiten Wiederkunft nicht mehr aus einem Weibe irgendwo wieder als ein Kind geboren werden; denn dieser Leib bleibt verklärt so wie Ich als Geist in Ewigkeit, und so benötige Ich nimmerdar eines zweiten Leibes in der Art, wie du das gemeint hast.

Ich aber werde zuerst unsichtbar kommen in den Wolken des Himmels, was so viel sagen will als: Ich werde vorerst Mich den Menschen zu nahen anfangen durch wahrhaftige Seher, Weise und neuerweckte Propheten, und es werden in jener Zeit auch Mägde weissagen und die Jünglinge helle Träume haben, aus denen sie den Menschen Meine Ankunft verkünden werden, und es werden sie viele anhören und sich bessern; aber die Welt wird sie für irrsinnige Schwärmer schelten und ihnen nicht glauben, wie das auch mit den Propheten der Fall war."

Jakob Lorber, Das große Johannes-Evangelium, Band 9, Kapitel 94, (2) und (3)

Nostradamus

Band 2

Vom Schicksal der christlichen Religion

Prophezeiungen für die Zeit bis zum Ende der alten Erde

mit der Wiedergabe des Urtextes,
einer Übersetzung ins Deutsche
sowie Kommentaren und einem Glossar

von
Christoph B. Carius

Endymion Verlag 2002

Alle Rechte bei Endymion Verlag

83038 Bad Aibling
Postfach 1453

Zweite, vollständig überarbeitete und erweiterte Auflage, August 2002

ISBN 3-00-009455-5

Vom selben Autor bereits erschienen

Band 1
Erfüllte Prophezeiungen
Von der Mitte des sechzehnten Jahrhunderts
bis in die Gegenwart
ISBN 3-00-006650-0

Dieses Buch wurde hergestellt von
Libri Books on Demand
Gutenbergring 53
22858 Norderstedt
internet: www.bod.de

Bestellung möglich bei www.libri.de

Inhalt	Seite
Hinweise zum Gebrauch des Buchs	6
Abkürzungen	9
Register, zugleich Inhaltsübersicht	11
Glossar der Schlüsselbegriffe	30
Die kommentierten Vierzeiler	61
Nachträge zu Band 1	396
Vorrede an Heinrich II. mit Kommentar	398
Die Sechszeiler	450
Nachwort	480
Literatur	493

Hinweise zum Gebrauch des Buchs

1. Wegweiser

Worin die Problematik der Prophetie im allgemeinen und die des Nostradamus im besonderen besteht, wird im Nachwort des historischen Bandes dargestellt.

Wie bei der Deutung der Centurien vorgegangen wurde, ist im Nachwort zum vorliegenden Band näher erläutert. Dort werden auch Argumente besprochen, die man dagegen vorbringen kann.

Erste Orientierung über den Inhalt der Prophetie des Nostradamus und zugleich Auskunft über die wichtigsten Prognosen der hier gegebenen Deutung bietet das R e g i s t e r. Verse, die sich für einen Einstieg in die Lektüre eignen, sind dort besonders gekennzeichnet.

Wer sich dafür interessiert, was Nostradamus gesehen hat, muß nicht die Brille der Werturteile und Anschauungen aufsetzen, durch die der Mann geschaut hat. Aber um diesen subjektiven Faktor >herauszurechnen<, ist es nötig, das Weltbild des Autors der Centurien in etwa zu kennen. Wer im historischen Band nachliest, wird sich damit schnell vertraut machen. Auch der kommentierten Vorrede an Heinrich II. (S. 398ff.) läßt sich dazu einiges entnehmen.

2. Glossar*

Mit dem Glossar kann der Leser Breschen schlagen in das Dickicht des Unbegriffenen. Es werden Begriffe >vor die Klammer gezogen<, die
a) häufiger oder jedenfalls an mehr als einer Fundstelle vorkommen und
b) von Nostradamus in besonderer Bedeutung verwendet werden oder völlig ungebräuchlich sind.
Ist ein Begriff mit einem * gekennzeichnet, kann man ihn im Glossar aufsuchen und erhält dort Erläuterungen, die seinen Bedeutungsspielraum in den Centurien im Zusammenhang darstellen.
Wer mag, kann das Glossar auch für sich lesen und damit einen Schnellkurs in der Sondersprache des Sehers absolvieren.

3. Querverweise

Mit den Querverweisen in den Kommentaren sollen all jene Aussagen belegt werden, die sich aus dem Inhalt des jeweils kommentierten Verses n i c h t ableiten lassen, aber benötigt werden, um den Vers zu begreifen.
Das Aufsuchen der Belegstellen diente dem Kommentator zur Selbstkontrolle, d.h. zur Abwehr der Gefahr, >ins Spinnen zu geraten<, >aus dem hohlen Bauch< etwas zusammenzuphantasieren.
Inwieweit er dieser Gefahr entronnen ist, muß der Leser selbst beurteilen.
Die Deutung entstand aus dem Zusammenspiel von konstruktiver Phantasie und philologischer Disziplin. Disziplin allein führt nicht sehr weit, es muß auch etwas da sein, um es zu disziplinieren, Inspiration, Einbildungskraft, gleich wie man es nennt. (Auch diese beiden gehören zusammen, wie der Schreibende und das leere Papier.)
Der fortgeschrittene Leser kann die Querverweise in den Kommentaren auch dazu nutzen, seinem Interesse folgend einen eigenen Weg durch das Labyrinth zu gehen.

4. Wie lesen ?

Man lese zuerst jeweils langsam die deutsche Übersetzung.
Kaum ein Vers ist auf Anhieb verständlich, und es stellen sich allerlei Fragen, wer, was und wie es gemeint ist.
Diese Fragen möglichst vollständig und im Zusammenhang zu beantworten, ist Sinn der Kommentierung. Wer sie liest, wird dabei immer wieder auf den Vers zurückgehen, dessen Aussagen auf diese Weise nach und nach verständlich werden, wenn sich zur Mühe das Glück gesellt.
Man vermeide den Fehler, nur den Kommentar zu lesen, ohne vorher den Vers anzuschauen, denn dann erhält man Antworten auf Fragen, die man nicht gestellt hat und hat am Ende kein eigenes Urteil.
Dem Neuling wird empfohlen, die Querverweise zu ignorieren.

5. Übersetzung

Wer tiefer einsteigen will, wird versuchen, wenigstens stichprobenweise auch auf den französischen Urtext zurückzugehen, um die Übersetzung zu kontrollieren.
Dabei kann er auf die Anmerkungen jeweils im Anschluß an die Übersetzung zurückgreifen, die alle Abweichungen vom modernen Französisch möglichst vollständig erklären sollen.

6. Anordnung der Verse/ Schlüssel

Die Anordnung der Verse in diesem Buch geht auf die Beobachtung zurück, daß öfters Verse in einen Zusammenhang gehören, die in der Zählfolge des Sehers einhundert oder fünfzig >Hausnummern< oder ein ganzzahliges Vielfaches dieser Beträge voneinander entfernt sind.
Demnach scheinen die Zahlen 100 und 50 Bestandteil des Schlüssels zu sein, der es vielleicht irgendwann ermöglichen wird, die ursprüngliche Reihenfolge der Verse wiederherzustellen.
Wenn es ihn gibt, wird dieser Schlüssel eines Tages gefunden werden, ohne gesucht worden zu sein, als Nebenprodukt der Deutungsarbeit.
Für den Forschenden sind die Verse am Ende mit Hinweispfeilen (--->) versehen, um die genannte Beobachtung auszuwerten.
Es wird da auf jene Verse derselben Gruppe verwiesen, die in den gleichen Zusammenhang gehören und das Kriterium der Zusammengehörigkeit angegeben.

7. Wie findet man einen Vers ?

Beispiele: Vers 10/2   findet sich   in Gruppe 02 - 52
            Vers 1/56   in Gruppe 06 - 56
            Vers 6/10   in Gruppe 10 - 60
            Vers 3/19   in Gruppe 19 - 69
            Vers 10/27   in Gruppe 27 - 77
            Vers 4/30   in Gruppe 30 - 80
            Vers 6/85   in Gruppe 35 - 85
            Vers 9/100   in Gruppe 50 - 100

Es geht also nach der Endnummer, nicht nach der voranstehenden Nummer der Centurie. Man lasse einmal die Seiten des Buches schnell durch die Finger laufen und schaue dabei auf die Stelle links oben, wo die Gruppennummer oder Versnummer angegeben ist.
Dann hat man es schnell heraus.

8. Vorrede an Heinrich

Der Text des französischen Originals weist keinerlei Absätze auf, und ist auch nicht in Abschnitte unterteilt. Um diesen Text verdaulich und zitierfähig zu machen, wurde er vom Kommentator in Abschnitte aufgeteilt. Am Text selbst und an der Reihenfolge der Wörter und Sätze wurde dabei kein Jota verändert.

Abkürzungen

(1555) Der Text stammt aus der ersten, noch zu Lebzeiten des Sehers von Macé Bonhomme besorgten Lyoner Ausgabe, von der nur die erste Hälfte bis Vers 4/53 erhalten ist; dieses Textfragment, das als Faksimile 1984 in Lyon nachgedruckt wurde und im Buchhandel erhältlich ist, wird hier als Urtext bezeichnet.

(1568) Der Text stammt aus der häufig benutzten ersten posthumen Ausgabe der Centurien, von Benoist Rigaud in Lyon verlegt.

1/95 Hinweis auf einen Vers mit eigener Seite

10/86 Hinweis auf einen Vers, für den eine Deutungsskizze vorliegt

(!) Hinweis auf eine erhebliche Abweichung des Urtextes von oft benutzten späteren Textausgaben

[...] Zuordnung des Verses in Kurzform; steht zwischen der Textpräsentation und der Übersetzung, gehört also nicht zu Übersetzung

3) Anmerkung zu Verszeile 3

---> Hinweis auf Verse in der betreffenden 50-100-Gruppe, die in denselben Zusammenhang gehören; in Klammern wird das Kriterium des Zusammenhanges angegeben

"..." so werden wörtliche Zitate kenntlich gemacht
Bibelzitate folgen der "Einheitsübersetzung der Heiligen Schrift", Stuttgart 1980

>...< so werden Ausdrücke und Aussagen kenntlich gemacht, die Wertungen oder Anschauungen enthalten, die der Kommentator nicht übernehmen will oder die nicht wörtlich zu verstehen sind

> entstanden aus

Altfr. Altfranzösisch, alle Angaben nach A.J. Greimas, Dictionnaire de l' Ancien Francais, 2. Aufl. 1986

Anm Anmerkung

AT Altes Testament; Abkürzungen der einzelnen Bücher der Bibel folgen der "Einheitsübersetzung der Heiligen Schrift", Stuttgart 1980, S. 1399

franz. französisch

i.S. im Sinne

JUPITER	dient als Kürzel für POLLUX (s.u.) als Weltherrscher
kath.	katholisch
lat.	lateinisch
loc.	locution = Redewendung
Mittelfr.	Alle Angaben nach Greimas/Keane, Dictionnaire de Moyen Francais, Paris 1992
m.w.N.	mit weiteren Nachweisen
N.	Nostradamus
n.f.	nomen femininum = Hauptwort weiblichen Geschlechts
n.m.	nomen masculinum = Hauptwort männlichen Geschlechts
n.n.	nomen neutrum = Hauptwort neutralen Geschlechts
NT	Neues Testament. Wörtliche Zitate sind der "Einheitsübersetzung der Heiligen Schrift" entnommen, Stuttgart 1980
POLLUX	dient als Kürzel für den Messias der Juden, welcher Christen als der >wiedergekommene Heiland< gilt
p.p.a.	Partizip Präsens Aktiv
p.p.p.	Partizip Perfekt Passiv
Sz	Sechszeiler
v.	verbum = Tätigkeitswort
v.i. / v.t.	intransitives / transitives Verb
Vorrede H (= VH)	Vorrede an Heinrich II., König von Frankreich zur Zeit der Abfassung der Verse
Vz	Verszeile

Register,
zugleich Inhaltsübersicht

Hinweise:

--> Die groß geschriebenen, unter römischen Zahlen aufgeführten Vorgänge, Personen sowie politischen oder ideologischen Systeme sind jeweils vielfach belegt, wie sich aus dem folgenden Register ergibt. Sie können daher als gut gesichert und in diesem Sinn als Basisprognosen gelten.

--> Die jeweils unterhalb der Basisprognosen unter arabischen Ziffern aufgeführten Einzelaussagen sind weniger oft belegt und haben eine entsprechend geringere Zuverlässigkeit.

--> Die Basisprognosen sind geordnet nach der Zeit, beginnend in der nächsten Zukunft. Die Ordnung kann nur eine grobe sein, weil manches gleichzeitig abläuft.

--> Unter dem jeweiligen Hauptstichwort, gekennzeichnet durch römisch I bis XV, erscheinen die Belegstellen in der Reihenfolge der 50-100-Gruppen (s. Gebrauchshinweise S. 7).

--> Bei den Einzelaussagen, gekennzeichnet durch arabische Zahlen, erscheinen die aussagekräftigsten bzw. deutlichsten Belegstellen zuerst.

--> VH = Vorrede an Heinrich II.,
VC = Vorrede an César N.,
Sz = Sechszeiler

--> <u>Unterstrichen sind Textstellen, die sich als Einstieg eignen.</u>
Verse mit fetten Nummern haben eine eigene Seite,
Verse mit nicht fetten Nummern finden sich in ihrer Gruppe.

(I)
Kriegerische Ereignisse nahe der Jahrtausendwende

9/51, **9/55**, **1/56**, **2/57**, 2/62,
1/15, 2/65, 1/23, 5/27, **1/82**, 4/82,
1/37, 1/87, 2/43, 2/46, **6/97**,
<u>VH (14)</u>, <u>VH (19)</u>,
Sz 27

(1) schon historisch:
- in Amerika

1/56 Vz 2, **6/97**, 1/87 Vz 1/2

(2) Zeitangabe: nahe der Jahrtausendwende

2/46 Vz 2, **1/15** Vz 1/2

(3) Reihenfolge
 (a) e r s t Krieg, dann erscheint Komet   2/62
 (b) w ä h r e n d Komet erscheint, verfeinden sich drei Große   2/43
 (c) erst Krieg, dann Verfinsterung der Sonne   **1/37**

(4) Truppen aus Osteuropa sind beteiligt an den -   **1/82**, 4/82

(5) - in Deutschland/ Österreich   **2/57**, **1/82**

(6) - in Italien   4/82, 2/65, **1/15**

(7) - in Frankreich   **1/15**

(8) - in Europa insgesamt   **9/55**, 2/65

(9) - im Nahen Osten   1/23

(10) - werden beendet durch das Geschehen unter **(II)**   9/51 Vz 3, 2/62 Vz 3 (vengeance)

(II)
Komet,
Kataklysmus
(= Naturkatastrophe
erdgeschichtlichen
Ausmaßes)

8/2, 2/54, **6/54**, **1/56**,
6/6, 10/6, 5/59, 2/62,
2/15, 4/15, 8/16, 2/70,
5/27, 3/79, 2/31, **2/81**,
1/82, 2/33, 9/84, **6/35**,
1/37, 9/37, 2/41, 3/91,
2/43, 5/93, **2/45**,
1/46, **1/48**, **3/46**, 9/100,
VH (4), VH (18), VH (22)
Sz 16, Sz 32

(1) Komet
- wird genannt in
- ist gemeint in
- ist Eingriff Gottes

6/6, **2/15**, 2/62, 5/59
2/41, **6/35**, 5/93, 2/70, VH (22)
2/46, 2/62

(2) Feuer
vom Himmel

2/41, **6/35**, 1/46, 8/2

(3) Erdbeben

Sz 32, **1/82** Vz 4

(4) Finsternis,
drei Nächte lang
>Nacht<
der Himmel neigt sich

VH (18), **1/48**,
1/46 Vz 2
3/91 Vz 2, 9/100 Vz 1, **1/37** Vz 1
1/56 Vz 4

(5) viele Menschen kommen um   2/70 Vz 2

(6) große Überschwemmungen
in Europa
- während des Kataklysmus
- unmittelbar danach

8/16
2/31, 2/33, 2/43, 9/84, Sz 16
2/81 Vz 2 (Deucalion),
10/6, 9/37, 2/54, **2/45** Vz 1,

(III)
es erscheint
>**der Messias**<
der Juden -
er gilt Christen als
>**der wiedergekommene
Heiland**<
(hier kurz: **POLLUX**)

10/55, 2/56, 2/7, **1/58**,
2/9, 5/9, 6/9, **9/9**, 9/10, **9/12**,
8/13, 4/15, **9/65**, 5/66, **6/66**,
6/18, 2/70, **1/21**, 3/21, **4/21**,
2/22, **3/72**, 1/23, **2/73**, **5/73**, 10/73,
1/24, 4/24, **8/74**, 1/25, 8/25, 8/75,
10/75, **1/27**, 6/28, **10/28**, **1/29**, 4/29,

8/79, **10/29**, 6/30, 10/30, **10/80**, **2/81**,
4/31, **5/31**, 2/32, **5/32**, **7/32**, **9/32**,
9/83, 10/83, **1/84**, 3/34, 9/84,
9/85, 10/85, **5/36**, 5/86, 6/86, 5/88,
3/41, 3/91, **8/41**, 10/91, 3/42,
1/43, 2/43, 10/93, **9/44**, 10/44,
1/95, **2/45**, 4/95, **1/96**, 5/96, 8/46,
9/46, **2/97**, **1/48**, 6/48, 10/49,
1/50, 1/100, **6/50**, VH (6), (20)
Sz 1, 15, 16, 19, 39, 44, 45, 46, 56

(1) erscheint (als solcher)
- während   3/91 Vz 1/2
- oder gleich nach   1/46 Vz 2/3, 1/23 Vz 3/4
der Katastrophe
    (d i e Katastrophe = das Geschehen unter (I) und (II)
    zusammengenommen)

(2) die Hoffnung der Menschen
auf das Eingreifen Gottes   1/29 Vz 2 (>Woge<
läßt ihn erscheinen   trägt ihn >an Land<)

(3) ist selbst in großer Gefahr,
wenn er seinen Ursprung findet   2/7 Vz 1/2, 9/84 Vz 1

(4) entstammt den Juden des
Staates Israel, gilt vielen Juden   **7/32** Vz 1, 3/91 Vz 1/2, **8/79** Vz 1
als der Messias, d.h. der ihrem
Volk gesandte Gesalbte Gottes   **6/18**

(5) verdankt hohes Ansehen   8/75 (>Mutter< trägt ihn aus),
auch der Akzeptanz durch die   **1/95** (Findelkind/kraftvoll aufgestiegen),
katholische Kirche, vgl. (IV) 6   9/10 (Kind von Mönch, Nonne)

(6a) wird für unübertrefflich   **5/31** (Haupt der Weisheit),
weise gehalten   **4/31** (neuer Weiser mit einzigartigem
                                                  Hirn)
                                     2/97, 5/96 (Rose der Welt), Sz 44
                                     5/66 Vz 4 (Leuchte), 4/15 Vz 4, Sz 15
                                     3/72 Vz 3 (für Reichtum bekannt)
                                     VH (20) (spielt den Weisen)
                                     Sz 1 (der Katharina mächtiges Haupt)
                                     Sz 16, 39, 46, 56 (Vorausschauer)

(6b) ist aber nur schlau   **8/41** (Fuchs)
und umsichtig   **4/21** (umsichtig)

(7) bietet den Anschein hoher Gesinnung bzw. Heiligkeit	4/21, 2/45 (Androgyn), 6/30, 10/30 (>neuer Heiliger<), 9/83 Vz 4 (>Gott<), 8/41 Vz 2 (>gibt< den Heiligen)
(8) ist rhetorisch hoch begabt	10/85 Vz 1 (Tribun), 1/96 Vz 4, 8/41 Vz 1 (sagt keinen Ton)
(a) die Menschen hören ihm zu mit kindlichem Vertrauen, prüfen seine Lehren nicht	1/21 Vz 2 1/21 Vz 3
(b) er bedient sie mit erwünschten Zurechtweisungen wegen ihres bisher gottfernen Lebens	4/31 Vz 3
(c) und verkündet ihnen gleichzeitig die nun erreichbare Reife für das Gottesreich auf Erden	1/69 (Läuterungsberg) 4/31 Vz 1/2 (hoher Berg)
(9) zieht als Wanderprediger umher, auch später noch, wenn er schon Macht hat	10/93 Vz 1/2
(10) gibt sich christlich	1/29, 3/21 (>Fisch<, s. poisson*), Sz 39 (wie die Sonne im Zenit)
(a) die christliche Religion stehe bei ihm in höchstem Ansehen	10/28 Vz 1/2
(b) er vollende, was Christus >angefangen< habe, für alle Zukunft	Sz 16 (ergreift das Salböl des Himmelsherrschers), 10/29 Vz 1, 9/85 Vz 4 (er >Pollux<, der andere >Castor<)
(c) wozu er bevollmächtigt sei vom Allmächtigen und Allwissenden als dessen Sohn	10/29 Vz 1 (Mansol = manus sola) 8/46 Vz 1 (mensolee = mens sola) 2/81 (Phaeton)
(d) gilt den Christen als der >wiedergekommene Heiland<	1/25 Vz 1/2 (der Gute Hirte wieder da), 3/72 Vz 1/3 (guter Alter/ neuer Alter), 1/43 Vz 4 (Frohe-Weihnachts-Felsen)
(e) Jesus Christus und er gelten als >engstens verwandt<	1/95 Vz 4 (Zwillingsbruder), 1/58 Vz 1/2 (siamesischer Zwilling), 4/29 (Merkur-Hermes)
(11) gilt als spirituell u n d politisch kompetent	1/29 Vz 1 (land- und wassertauglich), Sz 19, 45 (Amphibie) 10/80 (>öffnet die ehernen Tore< des Himmels), 3/21, 8/74, 4/15

(12a) kann auf große Erfolge bei der Vermittlung von Friedensschlüssen verweisen	1/23 Vz 3/4, 4/15 Vz 3/4, 4/95 Vz 3/4, **6/18** Vz 1/2
(12b) gibt sich friedlich und dem Frieden verpflichtet, dahinter verbirgt sich seine Aggressivität	1/100 Vz 3 (Friedenstaube) 2/7 Vz 2, 3/42 Vz 1 (Zähne in der Kehle)

(IV) Katholische Kirche nahe der Jahrtausendwende: Der Weg in den Untergang

10/52, **10/55**, 4/6, 10/12, **8/13**, 1/15, 2/15, 3/65, 5/15, **5/65**, **9/65**, 8/20, 8/25, 6/82, 6/39, **2/41**, 3/41, 10/91, **6/93**, **8/93**, **8/94**, 5/46, 8/47, <u>5/49</u>, 6/50, VH (14), Sz 1, 17, 32, 56, 57

(1) "Vorletzter Papst" (**2/28** [Bd.1])
- geht auf Reisen   **2/41** Vz 4
- wird gefangengenommen   **9/65** Vz 2, **5/15** Vz 2
- ist in Rom abwesend   **5/15** Vz 3

(2) Interimspapst
  (a) wird gewählt in s e h r unruhiger Zeit   **5/15** Vz 3, 10/12, 8/20
  (b) stirbt nach 7 Monaten   **8/93**, **8/94**
  (c) keines natürlichen Todes   8/47, **5/15** Vz 4, 6/82, Sz 17

(3) die Kirche als ganze, die Mehrheit des Kirchenvolks ist begeistert, daß der Heiland wieder auf Erden weile   **8/13** Vz 3 (Frau leidenschaftlich) Sz 17 (Fröhliche feiern ein Fest)

(4) Letzter Papst wird gewählt, der
  (a) sich von einem >großen Römer< auf dessen Fest einladen läßt   **5/46** Vz 2 (Sabiner)
  (b) dort seine Kirche diesem verspricht   **5/49** Vz 3 (>Verlobung<)

(5) Abspaltungen
  (a) drohen   **5/46** Vz 1
  (b) werden zunächst verhindert   **8/93** Vz 4

(6) Später wird der >neue Heilige<

   (a) vom römischen Klerus   3/41 Vz 1, 10/91
   "erwählt", d.h. anerkannt als   Sz 1 (neue Zeit, neues Bündnis)
   >wiedergekommener Heiland<   Sz 44 (schöne Rose ersehnt)

   (b) im Jahr darauf
   von >Mutter Kirche<
   >geheiratet< (= öffentliche   10/52, **10/55** (>Hochzeit<)
   Feier der Bindung)   Sz 17, 57 (Fest)
                                                           Sz 32 (Wein in Fülle)

(7) Kirchenmitglieder, die nicht
   einverstanden sind,
   scheiden aus der Kirche aus
   bzw. spalten sich ab   VH (14)

(V)
Letzter Papst   2/56, 5/9, **8/13**, 8/63, 8/14, **3/65**,
                               3/17, 5/18, 3/19, **6/20**, 8/20, **2/73**,
                               7/23, 6/25, 8/25, 8/75, **1/27**, 8/82,
                               7/35, 6/86, 4/88, 3/40, 8/90, 3/41,
                               3/91, 2/93, **6/93**, **8/93**, **8/45**,
                               5/46, 2/97, **8/47**, 6/98, **5/49**,
                               VH (14), Sz 1, 13, 15, 17, 44, 48

(1) Merkmale
   (a) sehr ehrgeizig   6/93 Vz 1, 4/88 Vz 3, 6/25 Vz 2
   (b) nicht der Hellste   8/47 Vz 3, 8/90 Vz 1
   (c) großspurig   Sz 1 (großer Herr), Sz 44 (sehr großer
                             Fürst), Sz 13 (Abenteurer)

(2) begeistert sich für die   8/13 Vz 1 (leidenschaftliche Liebe)
Aussichten einer kirchenpolitisch   8/25 Vz 1/2 (fruchtbare Liebe)
instrumentalisierten Parusie   1/27 (will den >Schatz< heben)
   (Parusie = erneute und bleibende Anwesenheit Christi
   auf Erden als Richter und Bereiter des Gottesreichs)

(3) Gründe für die Begeisterung
   (a) nur durch Zusammengehen
   mit dem >neuen Heiligen<   VH (14),
   könne die Kirche befestigt   8/13 Vz 4 (Arznei)
   und erhalten werden
   (b) es könne und solle die   7/35 Vz 1 (großer Fischfang)
   katholische Kirche die welt-   5/49 Vz 1/2 (>Rom< sei zu erobern)
   weit dominierende Glaubens-   6/93 Vz 2 (kein Ziel zu hoch)
   gemeinschaft werden

(c) der >neue Heilige< riecht
nach Macht, dadurch wird　　4/31 Vz 4 (>Hände< schauen heraus)
angezogen, wer auch nach　　8/25 Vz 3 (>Mutter Kirche< wird
nach Macht strebt　　　　　　　　　　　　>sinnlich<)

(4) N. sieht ihn als
  (a) >Ehebrecher<, der
    >Mutter Kirche< dazu bringt,　7/23 Vz 3 (Ring mißverstanden),
    die Ehe mit dem Vater im　　8/63 Vz 1 (Ehebrecher),
    Himmel zu brechen　　　　　　8/14 Vz 2/3 (aus >Liebesverlangen<)
  (b) Verräter am Glauben,　　　　3/41 Vz 4
    da er über diesen verhandelt　6/20 Vz 4
  (c) Träumer,　　　　　　　　　　2/73 Vz 4 (großer Endymion)
    der böse erwachen wird　　　　6/86 (Traum anders gedeutet)
  (d) Fährmann der Toten　　　　　Sz 48

(5) verliert später ganz plötzlich　8/82 Vz 2 (kriegt die Entlassung)
  die Macht in der Kirche,　　　　1/27 Vz 4, 3/41 Vz 3 (>Auge<
  ihm wird die Aufsicht entzogen　　　　　　　ausgestochen),
  　　　　　　　　　　　　　　　　2/93 (aufs unterste Deck gebracht)

(VI)
Erste Zeit nach　　　　　　　　2/4, 2/54, 6/4, **6/54**, 5/55,
der Katastrophe:　　　　　　　2/56, 2/7, 6/58, 5/59, **8/59**,
kein Frieden　　　　　　　　　9/60, 5/14, 1/18, 2/19, **8/69**,
　　　　　　　　　　　　　　　　3/20, 1/73, **9/73**, 3/25, 3/27,
　　　　　　　　　　　　　　　　1/28, 6/78, 3/79, **4/30**, 6/80,
　　　　　　　　　　　　　　　　10/31, 1/83, 6/88, 2/95, 4/95,
　　　　　　　　　　　　　　　　8/97, 10/97, Sz 16

(D i e Katastrophe = die unter **(I)** und **(II)** erfaßten Ereignisse zusammengenommen.)

(1) Seuchen im Jahr danach　　**9/55** Vz 2

(2) einzelne Landstriche,
  besonders Städte　　　　　　　2/95 Vz 1,
  sind unbewohnbar　　　　　　　2/19 Vz 1/2

(3) Streit um die Aufteilung
  des Landes zwischen Ein-　　2/95
  gesessenen und Flüchtlingen

(4) Drehachsenneigung　　　　　**1/48**, **3/46**, **1/56**, 3/79,
  der Erde verschoben　　　　　　VH (4)

(5) Klima gewandelt, >Landkarte< gewandelt	VH (4) 6/4, 2/33
(6) Im Bereich der Religion (a) erleben Kirchen Aufwertung, großen Zulauf (b) große Freude über die Erscheinung des >wiedergekommenen Heilandes<	VH (22) Sz 16
(7) Zwei große Mächte bleiben übrig	4/95 Vz 1, 6/58
(8) Israelische Juden leben im Exil	2/7 Vz 1/2, 6/58 Vz 4
(9) Islamische Invasion Europas	**6/54**, 3/27, **4/30** Vz 1, 6/80, 8/97, 10/97, **8/59**, **8/69** Vz 1
- Spaniens	5/59, **9/73**, 1/73, 5/55, 5/14, 3/20
- Italiens	2/4, 2/54, 5/55, 6/78, 1/83
- des Balkan	9/60, **9/73**
- Frankreichs	1/18, 1/28, 2/78, 3/79
- Deutschlands	**10/31**
(VII) >Weltfriedensordnung<	5/53, <u>**1/4**</u>, 10/6, 5/7, 2/9, 5/11, 6/64, **1/16**, **1/69**, 8/69, 5/70, 6/20, **4/21**, 6/21, **10/71**, 2/22, 5/24, 8/74, 6/25, 1/28, **4/28**, **10/28**, 8/29, **1/30**, **10/80**, **2/81**, **4/31**, <u>**4/32**</u>, **5/32**, **9/32**, 10/82, 1/83, 7/33, 9/83, **4/35**, 10/85, <u>**3/36**</u>, 1/38, 2/88, 3/40, 1/91, 3/92, **1/43**, 6/94, 2/95, 3/45, 4/95, **2/47**, 1/100, **6/50**, 6/100, VH (13), (30), (37), (38), Sz 4, 16, 19, 46, 49
(1) Zwei große Mächte (a) bekriegen sich nach drei Jahren und 7 Monaten (b) die Anhänger von (III) auf dem Boden dieser Mächte führen den Frieden herbei	 4/95 Vz 1/2 4/95 Vz 3/4

(2) Die neue Weltordnung
  (a) stützt sich anfangs
  auf d r e i große Mächte   VH (30), 5/7
  (b) dann wird e i n e r
  eingesetzt bzw. gewählt   4/21 Vz 3, 6/21 Vz 3, 2/22 Vz 4

(3) ist g l o b a l   VH (30), 1/4 Vz 1 (ganze Welt),
                       10/71 Vz 4 (vier Himmelsrichtungen),
  (a) Amerika gehört dazu,
  läßt sich vereinnahmen   8/74, 5/62 Vz 4
  (b) Afrika gehört dazu   5/11 Vz 2
  (c) Asien gehört dazu   5/11 Vz 4

(4) a l l e Staaten sind   4/32 Vz 4 (Alle Gemeinwesen
willkommen   willkommen)
                            4/32 Vz 2 (gemeinsame Ordnung)
                            5/24 Vz 1, 5/53 (Gesetz der Venus),
                            1/28 Vz 4 (Taurus & Libra)

(5) die verschiedenen Religionen
u. ihre Glaubensgemeinschaften
  (a) sind willkommen   5/32 Vz 1/2 (alles gut), 8/69 Vz 3
                         (alle gleich), 8/14 Vz 1 (Ansehen)
  (b) verpflichten sich im
  Gegenzug auf das Regime   3/45 Vz 1(Eintritt in den [Vesta]-
                             Tempel), vgl. unten (X) 3

(6) Es soll eine g e r e c h t e
Ordnung werden, gleicher-   5/70 Vz 1 (der B a l a n c e
maßen von Gott her legitimiert   unterworfene Gegenden), Sz 4 Vz 3,
wie von den Menschen   2/81 (W a a g e entläßt ihren Phaeton)

(7) wichtigste Institution ist eine
Instanz, die N. vergleicht mit
dem Kaisertum
  (a) der römischen Antike   1/43 Vz 3/4, 9/32 Vz 1 (Porphyrsäule)
  (b) des Mittelalters   2/47 Vz 1 (Zweikampf Kaiser/Papst)

(8) n a c h Schaffung dieser   1/43 Vz 1
Institution wird die Ordnung
aufgebaut unter Schwierig-   4/21 Vz 1
keiten,
Machthaber der Einzelstaaten   6/94 Vz 1 (Thronzerbrecher),
müssen Macht abgeben   2/47 Vz 2 (Souveräne unterjocht)

(9) der Krieg
   (a) ist geächtet   3/36 Vz 1 (der Begrabene),
                                           6/25 Vz 1 (Mars als Feind), 1/83 Vz 2,
                                           VH (37), 10/82 Vz 1/2,
                                           Sz 49 (Feuer gelöscht),
                                           Sz 46 (Mars im Zeichen des Schafes)
   (b) seine Waffen verboten   6/94 Vz 2, **4/35** Vz 3, 1/38 Vz 3,
                                             7/33 Vz 1

(10) das von den Religionen   **1/69** (Läuterungsberg), **4/31** (hoher
      verheißene Friedensreich   Berg), VH (13) (Berg Jupiters)
      werde nun errichtet, die   **8/29**, **5/24** Vz 2, 3/92, 5/11 (Herrschaft
      Menschheit sei geläutert   des Saturn im goldenen Zeitalter)
      bzw. fähig, sich zu läutern   6/50 Vz 3 (man sucht Ruhm und Ehre)

(11) die Repräsentanten der
      >Weltfriedensordnung<
      führen sich auf wie Götter   9/83 Vz 4, 1/91 Vz 1

(12) die alten Offenbarungs-
      religionen
   (a) erscheinen als Dreiheit   VH (25), **10/28** Vz 1, 10/85 Vz 1,
                                             1/50 Vz 1, **8/77** Vz 1, 1/68 Vz 1/2

   (b) müssen um ihre Freiheit
        kämpfen   10/85 Vz 1/2

   (c) man kann noch offen
        streiten über den Geist der
        Prophetie   **5/53** Vz 1/2

(13) die >Weltfriedens-
      ordnung< entspricht
      der PAX ROMANA   10/6 (Collosseum)
      n i c h t der PAX CHRISTI   6/100, 3/40, **9/83** (Amphitheater)

(14) Friede währt
   (a) nicht lange   **1/4** Vz 2
   (b) neun Jahre   **2/9** Vz 1
   (c) zehn Jahre   **8/69** Vz 3
   (d) elf Jahre   Sz 19, Sz 16 (606 bis 617)

Fortsetzung unter **(IX)**

(VIII) >wieder- gekommener Heiland< als Weltherrscher (kurz: JUPITER)	**1/4**, 9/54, 7/5, **9/5**, 2/56, 5/7, **1/58**, **2/9**, 5/9, **9/9**, **3/60**, **9/10**, **10/10**, 6/61, **8/13**, 8/63, **3/65**, 4/15, **10/65**, **1/16**, 5/66, **6/66**, 3/17, 2/70, 10/20, **4/21**, 6/21, 7/21, 9/71, **10/71**, 1/22, 2/22, **3/72**, **6/72**, **2/73**, **5/73**, 7/23, 10/73, 1/24, 1/74, 4/24, **5/24**, **8/74**, 8/75, **1/27**, **4/27**, **8/77**, 1/28, 6/28, 6/78, **10/28**, **1/29**, 2/79, 4/29, 8/79, 9/79, **10/29**, **1/80**, 2/30, 6/30, 8/80, **9/80**, 10/30, **10/80**, **2/81**, **4/31**, **5/31**, 2/32, **5/32**, **7/32**, **9/32**, 8/83, **1/84**, 3/34, 4/34, 9/84, 9/85, 10/85, **5/36**, 10/86, **1/37**, **1/87**, 6/37, 1/38, 2/88, 4/88, 5/88, 3/41, 3/91, **8/41**, 10/91, 3/42, **1/43**, 2/43, 3/43, 10/93, **9/44**, 10/44, **1/45**, **1/95**, **2/45**, **3/45**, 4/95, 10/95, **1/96**, 5/96, 8/46, 9/46, **2/97**, 5/97, **1/48**, 6/48, 10/49, 1/50, 1/100, 5/50, **6/50**, VH (28), VH (30) Sz 13, 19, 45, 46, 49
(1) ist zunächst eine von d r e i Mächten	**5/7**, 4/95
(2) gelangt durch W a h l an seine hohe Position nach den Ende des Krieges unter **(VII)** 1	6/21, **8/41**, 4/88 4/95, 2/22

(3) Weltherrscher
 (a) wird zum A l l e i n -
  herrscher über die Welt,
	1/4 Vz 1, **1/48** Vz 2 (Alleinherrscher)
	8/41 Vz 4 (tyrannisiert die Größten)
	9/5 Vz 2, 3/17 Vz 3,
	Sz 13 (mächtiger Kaiser, dem ein jeder
	  Gehorsam erweist)

(b) wie es einst der römische Kaiser war	3/65, **6/66**, 9/84 (großer Römer >aufersteht< aus seinem Grab)
(c) ist für N. nach Napoleon und Hitler der "Dritte" in der Neuzeit, der die Weltherr- schaft anstrebt	7/5 Vz 2, **9/5** Vz 1, 2/88 Vz 3

(4) >wiedergekommener Heiland< und Weltherrscher sind d i e s e l b e P e r s o n	1/95 Vz 4 (kraftvoll aufgestiegen der lebende Zwillingsbruder), 1/43 Vz 3/4 (Porphyrsäule überführt auf den Frohe-Weihnachts-Felsen), 10/29, 9/85 (heiliger Pollux des Allmächtigen), 8/74 (politische Billigung und religiöse Verehrung derselben Person)
(5) will das Gottesreich auf Erden mit politischen Mitteln bringen	2/45 (Androgyn) 10/30 (neuer Heiliger) 10/49 Vz 1 (verbreitet das Paradies, wo er geht und steht), 10/80 Vz 2/3 (öffnet die großen ehernen Tore)
(6) steht wie der oberste Gott der römischen Antike im Mittelpunkt eines staatlichen Kultes	5/24, 10/71, 1/80, 7/23 (Jupiter*)
(7) urteilt über die Geschichte, aus der man Konsequenzen ziehen müsse, mit allen Mitteln	10/73 Vz 1/2 7/23 Vz 1/2 Sz 49 (äußerstes Heilmittel)
(8) ist angeblich >zuständig für Religion<, hat aber überhaupt kein Verständnis für Transzendenz	1/27 Vz 4 (Zuständiger) 9/9 Vz 3 (>streicht Feuer und Wasser durch ein Sieb<) Sz 19, 45 (bewegt sich auch >im Wasser<) 1/22 Vz 1
(9) bekommt Macht über die drei Offenbarungsreligionen	2/73 Vz 4 (drei Kronen), 9/79 Vz 1 (Oberhaupt der Flotte)
(10) die christliche Religion gilt beim Regime nicht mehr viel	9/12 Vz 1/2

(11) nutzt neun bis zehn Jahre nach (2) seine Macht zur Zerstörung der alten Religionen	2/9, 8/69 1/45 Vz 1 (Spalter der Bekenntnisse) 8/77 Vz 1 (drei bald annulliert) 8/80 Vz 2 (großer Totengräber) Sz 46 (wird alle in die Flucht schlagen) 4/21 Vz 3 (verjagt, wer ihm taugte)
(12) erfüllt dadurch, was von Gott her seine Aufgabe ist (!)	1/96 Vz 1/2
(13) ist hinter den Seelen der Menschen her	2/9 Vz 1 (der Magere)
(14) gebietet auch militärischer Macht bzw. läßt sie gewähren	9/80 Vz 1/2

(IX) Unterwerfung der Orientalen unter das globale Regime

2/60, 5/70, 6/21,
1/28, 2/78, 5/78, 6/78, 9/28,
2/79, 8/79, **9/80**, 10/30, 8/83,
2/86, 10/95, **3/97**, 1/50,
VH (25), VH (28), VH (29)
Sz 39

(1) Zeit
  (a) nach 13 Jahren der Herrschaft der Orientalen
  (b) bis 2015 oder bis 2017
	5/78 Vz 2
	
	3/97 Vz 3/4

(2) Europäer rufen um Hilfe gegen die Orientalen	6/78 Vz 2/3
(3) Orient wird von z w e i Seiten her bedrängt	5/78 Vz 2/3, 6/21 Vz 1/2, VH (30)
(4) eine der bedrängenden Mächte ist der Westen der im Dienst des globalen Regimes steht	1/28 (westliche Flotte) 2/78 (großer Neptun), VH (28) (Abendländler) VH (28) (halten es mit den Anhängern Jupiters*)

(5) Orientalen rufen um Hilfe eines "großen Königs"	6/78 Vz 4
(6) dieser unterwirft die Orientalen	VH (28), 2/79 Vz 1/2, 8/79 Vz 3, 2/86 Vz 4, 1/50 Vz 4, Sz 39 Vz 4 (Schlag gegen den Elefanten)
(a) in Kleinasien	**5/70** Vz 3, 6/21 Vz 4
(b) in Asien	**2/60** Vz 2 (Ganges,Indus)
(c) in Spanien	10/95 Vz 3/4
(d) in (Nord-)Afrika	VH (25)
(7) der Islam wird gleichgeschaltet	10/30 Vz 4, 8/83, **2/60** (punischer Glaube im Orient gebrochen)
(8) dann werden die Orientalen eingesetzt, Europa ideologisch gleichzuschalten	9/80 Vz 2, VH (29)

(X)
>neue Religion<
des
globalen Staates

1/53, 6/5, **4/56**, 7/6, 10/6,
6/9, 9/9, **6/10**, 6/61, **1/62**, **8/62**,
3/13, 8/14, 5/66, **6/66**, **3/67**, **4/67**,
3/19, 10/20, 8/21, **2/73**, 4/24, 3/26,
2/78, **4/28**, **8/28**, **8/78**, **10/28**,
4/29, **4/30**, 8/80, 10/30, 2/32, 9/82,
4/32, 8/83, 2/86, **5/36**, 2/86, 5/86,
4/38, 8/40, 2/93, 10/93,
1/45, **2/46**, 10/96, 6/98, **5/49**, 8/100
VH (14), (27), (29), (30), (38),
Sz 1, Sz 19, Sz 49

(1) Vorstufe 1:
Der >neue Weise< bietet
seine Friedenskompetenz
an als Zuflucht, als >Hafen<,
den alle Staaten und Kirchen
anlaufen können,
was diese auch tun

1/30 Vz 2/3 (unbekannter Hafen sendet Friedenssignale aus),
VH (27) (Hafen des Seestiers)
2/73 Vz 2 (Hafen des großen Goldführers),
9/32 Vz 4 (Hafen des Metellus),
10/80 Vz 4

(2) Vorstufe 2:
Verpflichtung der alten
Glaubensgemeinschaften
auf die PAX ROMANA
als gemeinsames
>höheres Ziel<, sie werden
zu >Vestalinnen<

9/9 Vz 1/2 (Feuer im Tempel der
    Vestalinnen gefunden)
2/17 Vz 1 (>Jungfrau< als Vestalin)
3/45 Vz 1 (Eintritt in den Vestatempel),
10/6 Vz 4, **4/35** Vz 1,
6/61 Vz 1 (große Tischdecke)

(3) Vorstufe 3:
Der >neue Weise<
und seine Anhänger
wollen die alten Lehren
neu deuten, sie seien
philosophisch noch gar
nicht richtig verstanden

4/30 Vz 2, **8/28** Vz 1, Sz 49 Vz 1/2
(>Aufblasen< oder >Vergrößern<
    der alten Lehren)
8/62 Vz 1, 8/83 Vz 4 (Ausplündern der
    der alten Tempel)
6/10 Vz 3 (Entwenden der Kirchen und
    Moscheen)

(4) Gegenkräfte innerhalb
der alten Religionen erkennen
in diesen Vorgängen (1, 2, 3)
die Verschüttung ihrer
Ursprünge, können sich
nicht durchsetzen

10/85 Vz 1/2
3/13 Vz 2 (zwei Gefangene)
10/85 Vz 3/4

(5) die >neue Religion<
bleibt als Projekt einige
Jahre geheim,
diesbezügliche Gerüchte
werden dementiert,
das Politische steht
im Vordergrund

4/28 Vz 2 (verborgene Form)
2/78 Vz 4 (verborgenes Übel
    verheimlicht)
4/30 Vz 4 (das Geheimnis)
10/28 Vz 3/4 (Falschmeldung)
Sz 19 (Krokodil verbirgt sein Vorhaben
    >an Land<)

Die bis hierher genannten Vorgänge finden statt in der Zeit der >Weltfriedensordnung<, (VII). Es treten Entwicklungslinien hervor, die zu der >neuen Religion< führen. Wenn sie verordnet wird, ist die Illusion des Weltfriedens zerstoben. Das >Amphitheater stürzt ein, wenn die Erde [vom Bannstrahl] bebt<, 9/83 Vz 1/2.

(6) die >neue Religion<

  (a) gilt als >neu<, hat aber
  keinen eigenen Ursprung,
  ist erfunden

  (b) macht Deutungsmonopol
  für Religion geltend

6/66 Vz 1 (neue Sekte), VH (14)

1/45

1/79, 8/28 Vz 4 (Vorschriften eingefügt)

(c) vermischt die alten Glaubensformen (= ist synkretistisch)	VH (29) (Vermischung der Sprachen) 6/10 Vz 1/2, **5/36** Vz 1/2, 4/24 Vz 4 (die Unreinen)
(d) >verschmilzt< sie	**3/13** Vz 1, 4/29 Vz 3, 6/9 Vz 3
(e) nimmt sie als Wortmaterial, ist am Geist nicht interessiert	8/80 Vz 3 (Wachs, nicht Honig)
(7) hat großes Ansehen, gewaltigen Zulauf	VH (30) (Ansehen breitet sich aus über die ganze Welt), 8/14 Vz 1, VH (27) (großräumige Seuche) **8/62** Vz 3, 8/21 Vz 3 (Seuche) 8/83 Vz 1 (größtes Segel) 8/21 Vz 3 (macht Millionen abspenstig)
(8) wird >von oben< verordnet	2/86 Vz 2
(9) will an die Stelle der alten Religionen treten, sie ersetzen und verdrängen	10/20 Vz 2/3 (Altes soll vergessen werden d u r c h große Nichtigkeit) **6/10**, 7/6, **2/46**, 6/5, 3/19, **4/30** (>Hunger und Seuche< treten z u s a m m e n auf), **4/32** Vz 1 (Fleisch macht dem Fisch Platz)
(10) setzt Philosophie an die Stelle der Religion, ist ein Glasperlenspiel mit den Zeichen des Untergegangenen	**3/67** (neue Sekte von Philosophen), **1/62** (Gelehrsamkeit/Wissenschaft) 8/100 Vz 3 (durch Spiel geht Leben verloren)
(11) läßt nur den irdischen Nutzen der Religion gelten, ist also in Wahrheit keine Religion, taugt geistig nur zum Fasten	**4/56** Vz 1 (tollwütige Sprache) **5/36** Vz 2 (Mineral), 10/20 Vz 3 (große Nichtigkeit) **10/28** Vz 3, **4/32** Vz 1 (Fastenspeise)

(12) ist politische Ideologie, gibt dem globalen Staat die ideologische Rechtfertigung, den Frieden des Weltstaats mit Machtmitteln durchzusetzen	6/5 Vz 4 (politisches Gesetz) 9/9 Vz 3 (alte Lehren werden >gesiebt< im Hinblick auf Machtinteressen) 6/61 Vz 4 (kriegerischer Stand der Glaubensfragen) VH (43) (militante Kirche) Sz 49 (äußerstes Heilmittel [gegen den Krieg])
(13) will die >endgültige< Religion sein	10/20 Vz 3 (alte Religionen sollen ganz "vergessen" werden) 10/71 (>Vereisung des Weltmeers, es ist nicht mehr schiffbar<)
(14) läßt antike Kultpraktiken wiederaufleben	3/26, 10/74, **1/45**

(Unter der letzten Zeit der alten Erde wird hier die Zeit verstanden, die mit dem Verbot der christlichen Religion beginnt und mit dem Untergang des globalen Regimes endet.)

(XI) **Letzte Zeit der** **alten Erde:** **Zerstörung der** **katholischen Kirche,** **Unterdrückung des** **christlichen Glaubens** **und Verfolgung** **der altgläubigen** **Christen im** **totalitären Weltstaat**	1/52, **5/52**, 8/2, 9/52, 10/2, 1/53, 2/3, **5/53**, **1/4**, 9/54, 10/54, 7/5, **9/5**, **10/55**, 2/56, **4/56**, 7/6, **1/58**, 4/58, 7/8, 2/9, 5/9, 9/10, 4/11, 6/61, **5/62**, 3/13, **8/13**, 8/63, 1/14, 8/14, **2/15**, 2/65, **3/65**, **5/65**, <u>**10/65**</u>, 5/66, **6/66**, 1/67, 2/17, 3/17, **4/67**, **10/67**, 5/18, 1/69, 3/19, **8/19**, 10/20, **4/71**, 7/21, 8/21, **6/72**, **5/73**, 7/23, 10/73, 4/24 5/24, 1/25, 8/25, 8/75, 3/26, **1/27**, 2/27, 4/28, 6/28, **8/28**, **8/78**, **1/29**, **1/79**, 4/29, **6/29**, 8/79, **10/29**, **1/80**, 2/30, **4/30**, 6/30, 6/80, 8/80, **9/80**, **10/80**, **5/31**, 3/32, **7/32**, 8/82, 9/82, 10/82, 3/83, 7/33, 10/83, 3/34, 6/34, 8/84, **5/85**, 7/35, 9/85, **5/36**, 6/86, **1/87**, 6/37, 1/38, 2/88, 3/38, 4/38, 3/40, 8/40, 8/90, 1/41, 3/41, 3/91, 2/93, **6/93**, 3/43, 4/43, 5/43, **3/44**, **8/45**, 2/96, **2/47**, 2/97, **1/48**, 4/48, 6/48, 6/98, 10/98, **6/50**, 6/100, 9/100, VH (23), (25), (26), (40), (42), (43), (44) Sz 1, 22, 31, 35, 44, 57

(1) Zerstörung der　　　　　10/65 (Rom, dein Untergang naht),
　　katholischen Kirche　　　9/100 Vz 2 (auch der anderen Kirchen),
　　　　　　　　　　　　　　VH (26) (Katholiken u n d
　　　　　　　　　　　　　　　　　　Protestanten)

(a) Bannstrahl (>Blitz<)　　　3/13 Vz 1 (Blitzstrahl gegen die Arche),
　　　　　　　　　　　　　　2/65 Vz 3 (Feuer im Schiff)
　　　　　　　　　　　　　　2/93 Vz 4 (Festung/Palast in Flammen)
　　　　　　　　　　　　　　3/44 Vz 3 (Bann gegen die Jungfrau)

(b) >Schiff< geht unter　　　 1/4 Vz 3/4 (Fischerboot geht unter)
　　　　　　　　　　　　　　10/80 Vz 4 (Schiff auf Grund)
　　　　　　　　　　　　　　5/31 Vz 4 (Schiffbruch in den Wogen)
　　　　　　　　　　　　　　5/9 (große Arche ganz abgerissen)

(c) >Mutter Kirche<　　　　　4/71 Vz 4 (Ehefrau ausgelöscht)
　　und ihren Kindern　　　　Sz 57 (Tod der neuen Braut)
　　geht es schlecht　　　　　5/73 Vz 1/3 (Mutter im Hemd
　　　　　　　　　　　　　　　　　　ausgesetzt)
　　　　　　　　　　　　　　8/19 (Familie vom Tod überwältigt)
　　　　　　　　　　　　　　10/20 Vz 4 (schwerste Kränkung für
　　　　　　　　　　　　　　　　　　römisches Volk)
　　　　　　　　　　　　　　6/34 (Verzweiflung)

(d) kommt unerwartet,　　　　5/65 Vz 1 (plötzlicher Schrecken)
　　>aus heiterem Himmel<　　10/80 Vz (an heiterem Tag)
　　　　　　　　　　　　　　3/34 Vz 4 (gar nichts vorausgesehen)
　　　　　　　　　　　　　　10/65 Vz 3 (schrecklicher Einschnitt)

(e) kommt 9 bis 10 Jahre
　　nach Gründung der　　　　2/9, 8/69
　　>Friedensordnung<,
　　in einem Frühjahr　　　　 9/83 Vz 1, 6/66 Vz 4, 10/67 Vz 1

(f) geht aus von einem
　　"Strengen",
　　"Rücksichtslosen"　　　　 10/65 Vz 3, 10/20 Vz 2, 6/61 Vz 3

(2) >Das Volk<　　　　　　　 Sz 31 (Volk hoch erfreut),
　　spendet Beifall　　　　　 VH (25) (Volk erhebt sich als
　　　　　　　　　　　　　　　　　Verteidiger der Armen im Geiste)
　　　　　　　　　　　　　　Sz 22 Vz 4-6, 1/58 Vz 3, 1/45 Vz 1
　　　　　　　　　　　　　　　　(Konjunktur für Denunzianten)

(3) Kirchenführung soll die
　　Dekrete selbst durchsetzen　 4/11 Vz 1/2

(4) die alten christlichen Lehren

(a) gelten als nur noch historisch bedeutsam
6/61 Vz 2 (Hälfte der alten Geschichte)

(b) die Bibel, ihre Grundlage, wird >aus der Welt geschafft<
2/27 (göttliches Wort >vom Himmel< geschlagen)
VH 40 (Erinnerung erleidet unschätzbaren Verlust)
VH (44) (altes und neues Testament vertrieben, verbrannt)
5/66 Vz 2 (Aquädukt eine Ruine)
1/53 (heiliges Gesetz völlig ruiniert)

(c) >lebendiges Wasser<, d.h. das Wort Gottes, ist in seinem Jenseitsbezug nicht mehr zugelassen
4/67 Vz 2 (Luft sehr ausgetrocknet), 2/3 (Hitze über dem Meer), 4/58 Vz 1/3, **4/56** Vz 4 (Rösten der Sprache)

(d) es wird >aufgeräumt< mit den gefährlichen alten Lehren
7/6 Vz 4 (Ende der Übel angedroht), **1/68** (Gift)
5/85 (>Wolken getilgt<, >Obskurantismus< verfolgt)

(5) die Erinnerung an Christus soll gelöscht werden
3/72 (zweites Begräbnis Christi), VH (40) (Erinnerung erleidet Verlust)
4/28 Vz 4 (Christus beschimpft)

(6) der christliche Glaube wird nicht mehr öffentlich ausgeübt
1/67 (weltweite >Hungersnot<, die eucharistischen Gaben betreffend), 3/19 Vz 3/4
2/15 Vz 3 (Kirchenglocken verlassen)

(7) Verfolgungen der altgläubigen Christen
4/43 (werden zu Feinden), 5/43, **1/14** (kommen ins Gefängnis), VH (43) (heiliges Volk Gottes verfolgt), 9/82, 10/82, 1/41 (Bewohner des Neuen Jerusalems belagert), **5/85**, 4/48 (von Heuschrecken benagt)

(a) sie werden vor Gericht gestellt
1/58 (wegen Majestätsbeleidigung), 6/72 Vz 3 (Lehren werden verdammt)
5/85 Vz 4 (Fehler enthüllt betreffend das rechte Verständnis der Wiederkunft Christi)

(b) >Ketzer< werden gelockt überzutreten
8/78 Vz 3, 9/79 Vz 2

(8) manche klammern sich noch an die Hoffnung, daß sich alles ändern werde, wenn der Mann an der Spitze des Regimes käme

3/83 Vz 3/4, 3/43, 3/38, 3/32 Vz 1/2 2/56 Vz 3/4 (Fels richtet die Schiffbrüchigen zugrunde, die sich an ihn klammern) 9/10, 10/44, **9/80**, 10/83 (richtet >die Seinen< zugrunde)

**(XII)
Letzte Zeit der alten Erde:
Unterdrückung der alten Religionen und Verfolgung der Altgläubigen**

10/2, 3/3, 3/4, **3/5**, 6/5, 2/60, 3/60, 10/10, 3/13, 6/64, **1/65**, **1/16**, 2/16, 4/66, 10/66, 1/68, 4/68, 5/68, 8/69, 1/20, **5/71**, **10/71**, 1/22, 1/73, **2/73**, 9/73, 10/74, **8/77**, 10/78, 9/79, **1/30**, 10/30, 2/81, 2/32, 3/82, **4/32**, **5/32**, 8/83, **9/83**, **1/84**, 9/84, **4/35**, 6/35, 2/86, **3/36**, 5/86, 6/88, 2/40, 1/91, **8/41**, 3/42, 6/94, **9/44**, 10/44, **1/45**, **2/45**, 3/45, 1/46, 1/96, 2/46, 5/96, 9/46, 10/96, 5/98, 10/99, 1/100, 9/100, VH (28), (30), (40), (42), (43), (44), (45)

(1) alte Religionen gelten als unvollkommene Vorläufer, bekommen ein Begräbnis erster Klasse

9/9 Vz 3, 10/73 Vz 1/2

8/28 Vz 4

(2) alle drei Offenbarungsreligionen zerstört

1/65 Vz 4 (drei unter Ketten weggeschafft), **8/77** (drei bald annulliert), **4/32** Vz 3 (das Alte vertrieben) VH (45) (Blut der Vestalinnen vergossen), s. oben **(X)** 2

(a) die jüdische Religion

VH (30)

(b) die christliche Religion

VH (30), 3/45, **3/5** Vz 1

(c) die islamische Religion

VH (28), VH (30), **1/30**, 10/30, **3/5** Vz 1, **2/60** Vz 1, 2/86 Vz 3/4

(3) die Zerstörung kommt >vom Himmel<, d.h. von der obersten Etage des Regimes,	**5/32** Vz 3/4, 1/91 Vz 1/2
die Führungen der alten Kirchen helfen zum Regime	**4/35** Vz 1/2
(4) alle Glaubens-gemeinschaften	
(a) sind gleichgeschaltet	10/2 (große Flotte unter Führung einer Galeere), **2/60** Vz 4 (Flotte zerstreut), 6/61 (große Tischdecke zusammengelegt, aus Angst machen alle mit)
(b) Gemeinden Andersdenkender im Untergrund	**3/13** (Flotte schwimmt untergetaucht), 5/96 Vz 3 (Mund geschlossen)
(5) Verfolgungen	VH (42), (43), **8/77** Vz 3/4, **3/60**, **3/36** Vz 3/4 (Häretiker verdammt) 9/100 Vz 4 (Zorn dem Besiegten) **9/44** (Gegner Christi löscht alle aus)

(XIII)
Krieg um die Freiheit der Religion und die Freiheit Europas

4/5, 5/6, 6/7, 8/61, 10/11, 5/13,
2/17, 8/17, 8/67, 5/68, 8/18,
5/19, 5/69, **5/71**,
1/74, <u>5/74</u>, **6/24**,
4/27, <u>10/27</u>, 6/28, 2/79,
4/34, **6/85**, 5/87,
10/44, 8/46, 1/99, 5/50,
VH (23), (30), Sz 30

(XIV)
Heinrich V. an der Spitze dieses Kampfes und am Ende "christlicher König der Welt"

5/52, 4/5, 5/6, 6/7, 5/59, 8/61,
10/11, 5/13, 5/14, 8/17, 8/67,
5/68, 5/19, 5/69, 6/70,
5/71, **10/72**, 1/74, **5/74**, **6/24**,
<u>5/75</u>, 10/75, **4/27**, <u>4/77</u>, 10/27,
5/78, 2/79, 5/79, 4/34, **6/85**, **4/86**,
10/86, 5/87, 5/41, 6/94, 10/44,
5/96, **4/97**, 1/99, **6/50**,
VH (17), VH (20), VH (30),
Sz 4, 15, 34, 38, 58

(XV)
Neue Erde

3/2, **5/52**, 1/63, 2/13.
1/17, 4/20, 10/74, 4/25,
4/29, 6/37, <u>**10/89**</u>, 7/41,
10/42, **3/94**, 8/95, 8/99,
VH (41)

Die Rede von der alten und der neuen Erde nimmt die Bibel in diesem Punkt wörtlich:
> "Denn schon erschaffe ich einen neuen Himmel und eine neue Erde. Man wird nicht mehr an das Frühere denken, es kommt niemand mehr in den Sinn." (Jesaja Kapitel 65 Vers 17)

Und im Neuen Testament:
> "Dann sah ich einen neuen Himmel und eine neue Erde; denn der erste Himmel und die erste Erde sind vergangen, auch das Meer ist nicht mehr." (Offenbarung des Johannes Kapitel 21 Vers 1)

Glossar der Schlüsselbegriffe (in den Texten gekennzeichnet mit *)

Es werden Begriffe aufgeführt, die in mehr als einem Vers vorkommen und die meistens im historischen Band (Band 1) vertreten sind. Die Erklärungen stützen sich, soweit möglich, auf die erfüllten Verse und sind dann historisch fundiert. Fett ausgedruckte Fundstellen haben eine eigene Seite, andere Fundstellen finden sich in ihrer Versgruppe, zu den Gruppen s. die Hinweise Punkt 6 und 7.

Begriff	Fundstellen	Erklärung
aigle aquilee oyseau de proye oiseau royal	- <u>Bd.1</u>: 8/4, 8/8, 4/70, 6/71, **1/31**, **5/81**, 1/34, **2/44**, 6/46, 5/99 - <u>Bd.2</u>: 1/23, 1/24, 6/78, 1/38, 8/46, 10/27, 4/69, - <u>Bd.3</u>: 3/52, 8/9, 4/69, 2/85, 3/37, 5/42	Der Adler wurde den römischen Legionen vorangetragen und war das Hoheitszeichen des antiken römischen Imperiums. In späterer Zeit wurde der Adler als Wappentier und Hoheitszeichen vom Heiligen Römischen Reich (Kaiserreich) übernommen, 8/4, 6/46. Für alle, die nach dessen Ende ein völkerübergreifendes Imperium gründen wollen, wendet N. das Adlersymbol auch an, z.B. für Napoléon, 2/44, und für Hitler, 5/81.
air vent	- <u>Bd.1</u>: **1/55**, 8/58, 9/99 - <u>Bd.2</u>: **4/67**, 3/82, **9/83**, 2/86, **3/44** - <u>Bd.3</u>: 1/7, 9/48	Es kann der Luftraum über bestimmten Ländern gemeint sein, dann bedeutet air schlicht einen geographischen Bereich, 8/58, **1/55**, 9/99. - Luft ist das Medium zwischen Himmel und Erde, wo Unwetter der sinnbildlichen Art stattfinden können, 9/83 (—> foudre). >Heißer Wind< bringt anschließend >Trockenheit<, **4/67** (—> siccité). Dieser >trockene Wind< wird alles >lebendige Wasser< (= das Wort Gottes, Joh 4) aufnehmen, das noch irgendwo anzutreffen ist, **3/44**. - Menschen, die sich in dieser >Trockenheit< wohlfühlen, weil sie >lebendiges Wasser< verabscheuen, haben dann Rückenwind, 3/82.
Aquilon Aquilonaire	- <u>Bd.1</u>: 8/81, **1/49**, 9/99 - <u>Bd.2</u>: **8/15**, 10/86, VH (30), (37), (40), (41), (42), (44) - <u>Bd.3</u>: 10/69, 8/85, 2/91	Lat. aquila ist der Adler, lat. aquilo ist der Nordwind. Beide Herkünfte kommen in Betracht. Der Adler (—> **aigle**) war Hoheitszeichen des Kaiserreiches, **1/49**, oder eines späteren völkerübergreifenden Imperiums, 8/81. Der vent Aquilon in 9/99 ist dagegen ein >Nordwind<.

arbre bois	- <u>Bd.1</u>: 3/11 - <u>Bd.2</u>: 2/7, 1/67, 2/70, 2/31, **1/82**, 3/91, **6/93**, Sz 33	Natürliche Bäume sind in 3/11, 2/31 und 2/7 gemeint. Der lange Zeit tote Baum, der wieder ergrünt, 3/91, ist ein Stammbaum besonderer Art. Der Baum, der >von Steinen getroffen wird<, 2/70, ist Christus, der als Lebensbaum aufgefaßt wurde, an dem die Menschen zum ewigen Leben heranreifen können. (S. das Gleichnis vom Weinstock, Joh 15, und den Lebensbaum im himmlischen Jerusalem, Offb 22.2.) Maria, die Mutter Jesu, galt als die Wurzel dieses Lebensbaumes (du bois racine), 1/67, Sz 33. Das >Holz< (bois) kann das Kreuz Christi sein und seine Anhängerschaft bedeuten, **6/93**.
arche arq	- <u>Bd.2</u>: 5/9, **3/13**, VH (32)	Die Arche Noahs, VH (32), das Schiff des Heils und eines neuen Bundes mit Gott, nahm die (katholische) Kirche gern als Symbol für sich selbst. S. dazu auch –> **nef**.
argente	- <u>Bd.2</u>: 1/53, 3/3, 6/9, **9/12**, **3/13**, 8/14, **8/28**, Sz 2 - <u>Bd.3</u>: 7/25	Silber galt (bei Astrologen, Alchymisten usw.) als Entsprechung des Mondes. Der Mond ist bei N. Symbol des Islam (–> **lune**). Silber steht für das, was vom Islam auf Erden angekommen ist, seine schriftlichen Offenbarungen und Lehren.
Artemis Diane tauropole	- <u>Bd.1</u>: 9/74, **2/28** - <u>Bd.2</u>: 5/52 (implizit), **9/12**, 4/27, 1/79, 8/40 - <u>Bd.3</u>: 10/35	Der römischen Göttin Diana entsprach die griechische Göttin Artemis mit dem Beinamen "die Taurische". Wegen ihrer Keuschheit und Jungfräulichkeit dienen N. die Namen dieser Göttinnen als Decknamen für die Jungfrau Maria. Der "Tempel der Artemis" bedeutet die katholische Kirche. "Rückkehr zu den Ehrungen der Artemis" heißt in 9/74 die Restauration der Kirche unter Napoléon.
Babylon Babel	- <u>Bd.1</u>: **1/55**, **8/96** - <u>Bd.2</u>: **8/69**, 2/30, 10/86, VH (19)	Der König von Babylon ist im AT ein Feind des jüdischen Volkes. Im NT bedeutet Babylon die römische Weltmacht. Beiden gemeinsam ist die Feindschaft gegen das Gottesvolk. In VH (19) steht Babylon für den Kommunismus und die von ihm beherrschten Länder als >Ort des Unglaubens<. In **8/96** nennt N. die Araber im Umfeld Israels "die Ungläubigen von Babylon", weil sie (überwiegend) keine Christen sind. In **1/55** ist Babylon reine Ortsangabe und meint den Irak.

Begriff	Fundstellen	Erklärung
balance Libra	- Bd.1: 4/96, **4/50** - Bd.2: **5/70**, 1/28, **2/81**, Sz 4 - Bd.3: 5/61, 5/42	Britannien nach der Verfassungsänderung von 1689 heißt in 4/96 "Reich des Gleichgewichts", weil ein Ausgleich zwischen Königs- und Volksherrschaft zustandekam. In **4/50** ist "Waage" (Libra) Allgemeinbegriff der konstitutionellen Monarchie. In **5/70** und **2/81** bedeuten balance bzw. Libra eine Ordnung, die beansprucht, sowohl >von oben<, als auch >von unten< zu sein, d.h. durch die Menschen, die Wahlen abhalten, legitimiert zu sein.
barbare	- Bd.1: **1/8**, 6/75, 10/38, 9/94, 9/50 - Bd.2: 2/4, 7/6, 9/60, 5/13, 5/19, 6/21, 1/28, 5/78, 5/80, **9/80**, **3/97**, 10/97, **Legis Cantio** (Nachwort) - Bd.3: 3/59, 9/60, 10/61, 1/71, 8/73, 10/38, 9/42, 8/49	Barbaren nannten die Griechen alle Nichtgriechen, deren Sprache sie nicht verstanden und denen sie sich kulturell überlegen fühlten. Bei N. heißen "Barbaren" alle, die in religiöser Hinsicht >die Sprache der katholischen Kirche nicht sprechen<, nämlich Protestanten, 9/50, Muslime, 6/75, und andere, **1/8**.
bastard	- Bd.1: 3/73, 3/80, **8/43** - Bd.2: **5/15** - Bd.3: 9/19, 8/24, 5/45, 8/50	In den historischen Versen heißen die gemeinten Könige "Bastarde", weil sie sich auf Konstitutionen verpflichteten und ihr Recht nicht mehr nur von Gott, sondern auch von den Menschen herleiteten. Ihre Legitimation war eine gemischte, sie waren sonach >Kreuzungen<.
barque	- Bd.1: **6/22** - Bd.2: **1/4**, 1/28, 5/78, 10/93 - Bd.3: 10/58	Die Barke ist eine Variante des Schiffes als Symbol für die katholische Kirche (--> **nef**). "Neue Barke" heißt die Glaubensgemeinschaft der >neuen Religion<, 10/93. Es kann aber auch ein reales Schiff gemeint sein.
blanc blanche	- Bd.1: 2/2, 1/3, **9/20**, 9/21 - Bd.2: VH (26), **6/10**, **1/21**, **9/73**, 10/86 - Bd.3: 9/1, 7/2, 10/53, 4/75, 4/85	Die Farbe weiß galt als Symbol der Reinheit, der Keuschheit und Jungfräulichkeit und daher der Jungfrau Maria. Weiß war die Farbe des Ancien Régime, das seine Legitimation im christlichen Glauben suchte. Während der Revolution war die weiße Fahne die der Königstreuen, 1/3. Vor diesem Hintergrund kann weiß auch die Farbe der christlichen Kirchen sein, **6/10**. Weiß kann auch bedeuten, daß Menschen sich für geläutert halten, **1/21**.

Term	Bd. references	Description
boeuf beuf vaqua Taurus	- Bd.1: 3/6 (Nachtrag Bd.2) - Bd.2: **10/67**, 1/28, **9/83**, **6/35**, 8/90, **10/99**, VH (35), Sz 25 - Bd.3: 9/3, 6/19, 8/49	In 3/6 sind reale Rinder gemeint, in **9/83** und **6/35** der Stier am Himmel. - Als >Meeresstier< (boeuf marin) erschien der oberste Gott Zeus (–> **lupiter**) der schönen Europa, um sie zu verführen, was ihm auch gelang, VH (27). Am Ende der alten Erde wird daher ein >gehörntes<, d.h. mächtiges >Rind< Verehrung beanspruchen, 8/90. Um ihn (Taurus) und sein Regime (Libra) wird es zum Kampf kommen, 1/28.
Caper Capricorne caprine	- Bd.1: 6/15 - Bd.2: **10/67**, **10/29** - Bd.3: 2/35	Lat. caper ist der Ziegenbock, und Capricornus (Steinbock) heißt ein Sternbild des Tierkreises. Wenn ein König "im Steinbock" seine Herrscherwürde verliert, ist damit die Zeit im Jahreslauf gemeint, in der die Sonne durch dieses Sternbild (nicht den Ekliptikabschnitt) läuft, 6/15. - Ein Ziegenbock nährte der Sage nach Zeus alias Jupiter (–> **lupiter**) in seinen Kindertagen. In Bocksgestalt erschien im Mittelalter aber auch der Teufel, **10/67**.
Castulon Castillon	- Bd.1: **1/31**, **1/93** - Bd.2: VH (27) - Bd.3: **10/9**, 8/48	Kastilien ist Zentralspanien und steht bei N. für Spanien im ganzen.
Celtes Celtique	- Bd.1: 4/63, 2/69, **1/93**, 2/99, 5/99 - Bd.2: 6/4, 6/28, 3/83 - Bd.3: 5/1, 6/3, 6/53, 4/4, 5/10, 6/60, 2/71, 2/72, 2/85, 4/99	Die Kelten Galliens wurden von der antiken Zivilisation assimiliert. Diese war seit dem 4. Jahrhundert von der christlichen Religion geprägt. "Keltische", d.h. für N. vorchristliche und unzivilisierte Zustände reißen ein, wenn die christliche Religion ihre die Gesamtgesellschaft prägende Kraft verliert. "Kelten" nennt N. Menschen, die den christlichen Gehorsam vermissen lassen und gegen eine christlich legitimierte Ordnung aufstehen, 2/99, 4/63, oder sich mit deren Gegnern verbünden, 2/69, **1/93**.
chien mastin mastiner canine	- Bd.1: **5/4** - Bd.2: 4/15, 2/17, **10/29**, **2/41**, **10/99**, VH (22) - Bd.3: 10/59, 2/42	Der "dicke Hund" schlug lange vergeblich an, als er sein Land bedroht sah. Erst als keiner mehr die Gefahr übersehen konnte, hörte man auf ihn, **5/4**. - Hunde gehören zur Jagd, und die >Jagd< ist ein altes Bild dafür, daß Mächte in Erscheinung treten, die hinter den Seelen der Menschen her sind. Heißt ein Himmelskörper "Hund", VH (22), **2/41**, 4/15, so verweist das nicht nur auf den Ort seines Erscheinens am Firmament, **6/35**, sondern will besagen, daß der Himmel mit ihm auf Seelenfang ausgeht. - Hunde gehören biblisch zu den unreinen Tieren. Sie können für Menschen stehen, 10/99, denen man >das Heilige nicht geben< soll, Matth 76.

Begriff	Fundstellen	Erklärung
Chiren Chyren	- <u>Bd.2</u>: 6/70, 2/79, 4/34 - <u>Bd.3</u>: 8/54, 6/27, 9/41	Chiren/Chyren ist wahrscheinlich Anagramm, das Henric/Henryc von lat. Henricus, also Heinrich bedeutet. In 6/70 als "Haupt der Welt" angesprochen, in 8/54 positiv beurteilt, kann er nicht identisch sein mit dem Weltherrscher, in dessen Zeit die katholische Kirche ihre größte Niederlage erleidet, **1/4** (Bd.2). Erst später wird er "christlicher König der Welt" sein, 4/77 (Bd.2).
ciel celeste celique anglique --> Dieu	- <u>Bd.1</u>: **1/55**, 1/57, 3/11, 4/18, 6/22, 2/92, **6/97**, **4/49**, - <u>Bd.2</u>: 3/2, 1/56, 2/56, 1/63, 2/16, 2/70, 6/70, **10/72**, 1/23, 1/24, **2/27**, 2/29, 4/29, **1/80**, **2/81**, **5/32**, **9/83**, 10/42, **4/43**, **9/44**, **1/46**, **2/46**, 2/96, **3/46**, 6/97, 5/98, 1/100, VH (10), (11), Sz 27, 32, 44, 55 - <u>Bd.3</u>: 9/57, 8/10, 1/64, 3/18, 2/85, 7/36, 5/100	Ciel kann wie im Deutschen der natürliche Himmel sein oder der Himmel im religiösen Sinn als Metapher für den Wohnsitz Gottes und der Seligen. Die Lage des natürlichen Himmels kann sich ändern, **3/46**, und es können sich dort Kämpfe abspielen, **1/55**, Sz 27, oder man kämpft um die Deutung der "himmlischen Tatsachen", 4/18. - Der Wohnsitz Gottes heißt in 4/29 "zweiter Himmel". Wenn jemand >vom Himmel kommt<, **10/72**, kann das bedeuten, daß N. ihn ernstlich als von Gott gesandt darstellen will. Oft aber ist das, was >vom Himmel kommt<, eine sarkastisch gemeinte Metapher für Verhängnisse, die von irdischen Machthabern ausgehen, die sich göttähnliche Macht anmaßen, **2/81**, **4/43** (--> **foudre**). Der >Abendhimmel< bedeutet die letzte Zeit der alten Erde, 2/96.
cité cité grande citadin	- <u>Bd.1</u>: **5/4**, 4/8, 2/66, 2/26, 4/80, 5/30, 6/96 - <u>Bd.2</u>: **2/54**, 3/13, **8/74**, 2/81, 9/82, **3/36**, 5/86, 1/41, 6/98, Sz 42, 52 - <u>Bd.3</u>: 2/6, 5/8, 7/22, 6/73, 9/96, 9/48	Die "Stadt" oder "große Stadt", ohne nähere Angabe, ist oft Paris, 4/8, 2/26, 2/66, 4/80, 5/30, 6/96, oder auch einmal London, **5/4**. - Die "große Stadt" ist vereinzelt Rom als Zentrum des Katholizismus (--> **Rome**) in einer Zeit, da ein Überläufer zum Feind die eigenen Leute, die katholischen Christen, in Bedrängnis bringt, 6/98. - Die "Stadt", ohne nähere Angabe, kann für die Zentren politischer Macht im allgemeinen, **3/36**, oder in bestimmten Ländern stehen, **8/74**. - Es kann aber auch eine Stadt gemeint sein, deren Länge und Breite man nicht angeben kann. Offb 21 schildert das neue Jerusalem, das vom Himmel herabkommt und die Verheißung erfüllt "Siehe, ich mache alles neu!" D i e s e >Stadt< ist gemeint in **2/81**, 9/82, 5/86. Die Herrlichkeit ihrer Mauer beschreibt Offb 2112-19 (--> **mur**).

cité neuve	- <u>Bd.2</u>: 1/24, **1/87**, **6/97**, 10/49 - <u>Bd.3</u>: 9/92	Die "große neue Stadt", **6/97**, oder "neue Stadt", **1/87**, ist New York.
classe --> nef	- <u>Bd.1</u>: 4/2, **1/9**, 2/64, 6/75, 1/75, 1/77, 1/35, 6/45, 2/99 - <u>Bd.2</u>: 10/2, **2/60**, **8/13**, 6/64, 2/22, 1/73, 9/79, **9/32**, 7/33 - <u>Bd.3</u>: 5/2, 2/5, 5/8, 2/59, 3/64, 4/23, 5/23, 6/77, 10/77, 5/35, 1/90, 3/90, 5/48	In 1/35 ist classes ein irregulärer Plural vom altfr. n.m. clas Fanfare. Sonst handelt es sich um das lat. n.f. classis (Kriegs-)Flotte, Armee. Eine Flotte ist classe in **1/9**, 6/75, 1/77, 6/45, eine Armee in 2/99. Eine Flotte besteht aus Schiffen, >Schiffe< können Symbol für Glaubensgemeinschaften sein (--> **nef**). Daher kann eine classe auch eine Mehrzahl von Glaubensgemeinschaften bedeuten.
colonne collon pilier pillier	- <u>Bd.1</u>: 10/64 - <u>Bd.2</u>: 8/67, **8/29**, 10/30, **1/82**, **9/32**, **1/43**, 10/93 - <u>Bd.3</u>: 5/51, 6/51	Säulen tragen im Mythos den Himmel. Die "Säule des Herkules", heute Gibraltar, ist reine Ortsangabe, 5/51. Die in 10/64 sich wandelnde >Säule< ist ein Bild für die Institution des Papsttums, das seine weltliche Macht verliert. >Säulen< bedeuten in Bd. 2 Institutionen, die erheischen, >den Himmel zu tragen<, d.h. religiöse Legitimation beanspruchen. Wenn sie >aus Porphyr< sind, üben sie zugleich eine (oberste) weltliche Macht aus (--> **porphire**).
dame femme	- <u>Bd.1</u>: 4/2, 2/53, 4/54, 4/57, 6/63, **8/70**, **9/77**, 9/78, 2/87, 1/88, 2/44 - <u>Bd.2</u>: 4/58, 5/9, **8/13**, 8/63, **5/65**, **6/72**, 8/25, 1/41, VH (12), (16), Sz 4, 9, 10, 35, 52, 54, 55 - <u>Bd.3</u>: 9/54, 6/59, 7/9, 10/9, 7/11, 7/18, 6/19, 10/25, 1/85, 1/94, 10/47	In 6/63 und 9/77 ist die Dame jeweils eine Königin. - Aber >Damen< können auch für Völker als ganze stehen, 4/2. N. greift das in der Bibel geläufige Bild der Ehebundes auf, den das Volk mit seinem Herrn, dem König, geschlossen hat. >Damen< stehen demnach für weltliche oder religiöse Gemeinschaften, als Gegenstück ihres jeweiligen >Herrn<. Attribute kommen vor, z.B. griechisch, 9/78, unfruchtbar, VH (16), verrückt, 2/44. Es gibt auch Modifikationen, z.B. Weib, **8/13**, Hure, 9/77, Konkubine, 10/54. Eine besondere >Dame< ist die katholische Kirche als >Gattin< des Vaters im Himmel und als >Mutter< (--> **mère**) der Gläubigen, **8/19** (Bd.2). Eine besondere Art der >Damen< sind die >Vestalinnen< (--> **Vesta**).
dame Grecque antique dame terre Attique	- <u>Bd.1</u>: 2/51, 9/78 - <u>Bd.2</u>: **5/31**	Die antike oder griechische Dame (--> **dame**) bedeutet ein Volk, das sich eine demokratische Verfassung gibt. Denn die Demokratie konnte sich erstmals in den Stadtstaaten des antiken Griechenland durchsetzen.

Begriff	Fundstellen	Erklärung
Dieu dieux divin ---> ciel	- *Bd.1*: 1/2, **1/51**, 1/88 - *Bd.2*: 3/2, 4/5, 2/13, **1/14**, **5/73**, 4/24, **6/72**, **2/27**, **8/78**, 2/30, **9/83**, 7/36, 1/91, **4/43**, Sz 8, 35, 40, VH (3), (7), (8), (11), (12), (25), (26), (28), (43) - *Bd.3*: 2/6, 7/12	"Gott" kann der Gott der Christen sein, den N. anruft, **1/51**. Seine Schau galt ihm als von "dem Göttlichen", d.h. vom Heiligen Geist inspiriert, 1/2. - "Göttliches Übel" heißt der - wirkungslos bleibende - Bann des Papstes gegen einen Machthaber mit ironischem Unterton, 1/88. Wenn jemand sich gottgleiche Verehrung gefallen läßt, **10/71**, kann es ihm passieren, daß N. ihn sarkastisch >Gott< nennt, **5/73**, **9/83**. Auch die hohen Repräsentanten seines Regimes gleichen dann >Göttern<, 1/91, **6/72**. - "Gottgeweihte Gebete" können Anlaß werden, Menschen zu ergreifen, **1/14**.
deluge inondation inonder onde undant torrent eau(x) ---> mer ---> fleuve	- *Bd.1*: 1/2, 3/6 (Bd.2) - *Bd.2*: 2/54, **9/9**, 1/62, 8/16, **1/17**, 1/69, **4/71**, **8/29**, 8/29, 9/82, 9/84, 5/87, 5/88, 2/43, 2/93, VH (32), VH (40), Sz 11 - *Bd.3*: 9/3, 9/4, 6/79, 7/36, 10/50	Die Überschwemmungen können real sein, VH (32), 8/16, 2/33, 9/84, 2/43. - Im AT ist Gott selbst die >Quelle lebendigen Wassers<, Jer 1713, ein Bild, das Christus am Jakobsbrunnen aufgreift, Joh 46-15. >Überschwemmungen< mit >Wasser< dieser Art und Herkunft gibt es in **1/17**. - Aber auch Wasser aus >anderen Meeren<, d.h. Lehren einer anderen Religion, kann zu >Überschwemmungen< führen, 5/88. Sie tragen ans Ufer, was bisher verborgen war, 5/88. Durch d i e s e Überschwemmungen sollen die bestehenden Religionen untergehen, **1/62, 1/69**, 9/82, 2/93, VH (40). - Auch mit einer >Überschwemmung< durch Truppen muß man bei N. rechnen, 4/59 (Bd.1), 4/80 (Bd.1), 5/87. - Die >gespaltene Flut<, **8/29**, sinnbildet den Exodus des Volkes Gottes.
Duc Duché	- *Bd.1*: 5/3, 10/64, **8/66**, **4/73**, 7/29, 6/31, 5/94 - *Bd.2*: 5/9, 10/11, **9/80**, **10/80**, Sz 1 - *Bd.3*: 4/51, 6/53, 7/4, 6/55, 10/15, 4/17, 9/27, 10/33, 9/87, 4/38, 4/91, 9/41, 9/95, 9/96, 4/98	Duc Herzog steht in dieser Bedeutung in 5/3, 10/64 und 7/29. In der Bedeutung eines Heerführers oder Kriegsherrn findet sich Duc in **4/73** und 5/94. In **8/66** und 6/31 ist mit einer gemeint, der sich "Führer" nannte, der italienische Duce der Jahre 1922 bis 1943.

enfant	- <u>Bd.1</u>: 10/57, 2/24, 8/97 - <u>Bd.2</u>: 9/9, 1/58 (implizit), 9/10, 1/65, 1/67, 5/73, 8/79, 6/39, 1/95 VH (12), (13), (20) Sz 9 - <u>Bd.3</u>: 8/55, 1/10, 2/11, 5/61, 7/11, 8/64, 8/89, 10/92	Es können Kinder aus Fleisch und Blut sein, 10/57, 2/24, 8/97. Das >Findelkind<, 9/9, und das >königliche Kind<, 1/65, sind spätere Herrscher in einer Zeit, in der sie die Herrschaft noch nicht errungen haben. Kinder bleiben die Kinder ihrer Eltern und können dann immer noch Kind genannt werden, obwohl sie schon >erwachsen< sind, d.h. ihre Herrschaft schon angetreten haben, 9/10, 5/73.<br*>Kind der Herrschaft< heißt ein gerade erst ins Amt gewählter Papst, 6/39. Das >Kind an der Mutterbrust< bedeutet die Gläubigen der >Mutter Kirche<, 1/67 (--> **mère**).
ennemi adversaire inimitié	- <u>Bd.1</u>: 3/1, 1/13, 4/65, 2/23, 6/74, 10/76, 2/80, 5/81, 3/33, 2/90, 9/94 - <u>Bd.2</u>: 8/59, 10/10, 8/17, 7/21, 1/29, 3/79, 6/30, 8/83, 3/91, 2/43, 4/43, 2/47, 5/49, Sz 3, Sz 29 - <u>Bd.3</u>: 9/92, 9/93, 6/99	Feinde sind bei N. die Feinde der christlichen Religion, **5/49**, 3/91, **1/29**, und die Feinde Frankreichs, **3/33**, oder seiner Verbündeten, 3/1. Feinde können auch Franzosen sein, wenn die sich gegen den König stellen, 1/13, oder mit einem französischen Tyrannen verbünden, 10/76. Feind des ganzen Menschengeschlechtes heißt einer, wenn er die Völker ihren Herren und die Anhänger der alten Religionen diesen abspenstig machen will, **10/10**. - Selten wird einmal die Perspektive eines Gegners Frankreichs eingenommen und d e s s e n Feind als Feind bezeichnet, **2/80**, **8/59**.
Esclavonie Sclavonie gent esclave	- <u>Bd.1</u>: 10/62, 5/26 - <u>Bd.2</u>: **1/14**, 5/88 - <u>Bd.3</u>: 2/32, 4/82	Die gent esclave kann die Völkerfamilie der Slawen sein, 5/26. Aber ebenso kann ein wegen seiner religiösen Gesinnung "versklavtes Volk" gemeint sein, wie sich in Vers **1/14** aus dem Zusammenhang ergibt. Beide, Slawen wie Sklaven, leiten ihren Namen vom gleichen altgriechischen Wort für Sklave her. - Sclavonie bedeutet in 10/62 Slawonien, das Land zwischen Drau und Sawe.
espouse espousailles --> mariage	- <u>Bd.1</u>: 10/57, 8/8, 1/88 - <u>Bd.2</u>: **4/71** - <u>Bd.3</u>: 6/73, 8/39	>Damen< (--> **dame**) können Völker als ganze bedeuten. Die "geraubte Ehefrau" in 8/8 bedeutet die Völker Süditaliens, als >Gattin< des italienischen Königs im Jahr 1861. Die "Ehefrau" in 1/88 ist Marie-Louise von Österreich, die Napoléon 1810 heiratete. Die >Ehefrau< kann auch die katholische Kirche sein, **4/71**, die als Mutter (--> **mère**) der Gläubigen dem Vater im Himmel >ehelich< verbunden ist.

Begriff	Fundstellen	Erklärung
faim famine	- *Bd.1:* 1/55, 3/6 (Nachtrag, **1/70**, Bd.2), 2/64, **1/70**, 5/90 - *Bd.2:* 6/5, 3/6, 2/7, **2/60**, 4/15, **1/16**, 1/67, **1/69**, 2/19, 3/19, **4/30**, 4/90, 3/42, VH (44), Sz 27 - *Bd.3:* 2/6, 2/62, 8/17, 2/71, 2/75, 10/81, 2/37, 2/91, 8/50	Hunger und Hungersnot können wörtlich gemeint sein, 2/19. Sie können aber auch bedeuten: Freiheitshunger, 5/90, Siegeshunger, **2/82**, oder Machthunger, **2/60**. >Hunger< kann außerdem das Verlangen nach zuträglicher geistiger Nahrung bedeuten, nämlich nach dem Wort Gottes in Wort und Schrift, VH (44), und speziell das Verlangen nach dem Brot der Kommunion bzw. des Abendmahls, 2/64, 1/67, dann meist kombiniert mit >Durst< (--> **soif**). Mehrmals tritt die Kombination von >Hunger< und >Seuche< (--> **peste**) auf, VH (44), 6/5, 7/6, 3/19, **4/30**. Sie bedeutet, daß das Sakrament des Leibes und Blutes Christi nicht mehr ausgeteilt werden darf und s t a t t - d e s s e n eine >neue Religion< die Menschen >befällt<, gegen die die meisten von ihnen nicht immun sind.
femme	--> **dame**	
fils filz	- *Bd.1:* 10/18, 9/77 - *Bd.2:* 4/53, 8/63, 8/75, 1/41, 10/96 - *Bd.3:* 4/7, 4/58, 2/11, 5/67, 10/63, 3/18, 2/48	Dem Sohn eines Königs kann das Lebensrecht verweigert werden, 9/77. Wenn N. jemanden als >Sohn< eines alttestamentarischen Königs bezeich- net, der "tat, was dem Herrn mißfiel", nämlich Götzen diente, 2 Kön 2126-31, will er ihn dementsprechend darstellen, 10/18. - "D e r Sohn" ist Jesus Christus, 8/63, 8/75. Ein "großer Sohn" der Menschen wird einmal den christlichen Glauben wieder aufrichten, 4/53.
fleuve fluue torrent	- *Bd.1:* 2/23, 2/24, 9/76 - *Bd.2:* (8/2), 6/3, 6/4, **2/57**, 2/17, 1/20, 3/20, **3/72**, 2/33, **9/84**, **1/87**, 5/98, 6/98 VH (43) - *Bd.3:* 6/33, 2/35, 7/30, 6/99	Es können natürliche Flüsse gemeint sein, 2/23, 2/24, 2/33, 9/84. Flüsse der metaphorischen Art können aus Massen von Menschen, z.B. Truppen bestehen, die in ein Land einströmen, 9/76, **2/57**. Wenn Kirchen und Gläubige die Glaubensinhalte preisgeben müssen, fließt ihr (geistliches) >Blut< >in Strömen<, 6/98 (--> **sang**). Es kann auch reales Blut >in Strömen< fließen, **3/72**, **1/87**, 5/98, VH (43). Ein Fluß kann zur Entsorgung von >Unrat< dienen, 10/52. Was in einen Fluß stürzt, wird von der Zeitströmung weggerissen, 8/2.

foudre **fulgure** **feu du ciel** **feu celeste** **frappé du ciel** **Anatheme** **tonnerre** **tonner**	- _Bd.1_: 2/51, 4/54, 3/6 (Bd.2) - _Bd.2_: 8/2, 2/56, **3/13**, **1/65**, 2/16, **2/27**, **1/80**, **2/81**, **4/35**, 2/43, **4/43**, 1/46, 5/97, 5/98, Sz 27, Sz 32 - _Bd.3_: 3/7, 9/57, 2/18, 9/19, 1/26, 2/76, 9/36, 4/99, 5/100	Im Krieg kann wörtlich die Erde vom Himmel geschlagen werden, 2/43. Bei außerordentlichen Naturereignissen können Lichterscheinungen am Himmel auftreten, 1/46. >Feuer vom Himmel< der metaphorischen Art kann bedeuten a) daß ein realer Brand von N. als >Strafe Gottes< aufgefaßt wird, 2/51, b) einen politischen Bannstrahl im Sinne einer Blockade, 4/54, c) einen politischen Bannstrahl gegen Glaubensgemeinschaften, 3/6. Der Bannstrahl, den die Kirche verhängen konnte, hieß foudre de l' Eglise. Das war die Exkommunikation, d.h. der schriftlich erklärte Ausschluß aus der kirchlichen Gemeinschaft, der Einzelpersonen, religiöse Gemeinschaften oder Staaten treffen konnte. Das >Feuer vom Himmel< gehört in das Bild des Unwetters, unter dem die Erde bebt (--> **trembler**) und das auch Hagel (--> **gresle**) bringen kann. Es bedeutet bei N. regelmäßig ein Verbot auf dem Feld der Religion durch eine übergeordnete staatliche Instanz mit religions-politischer Kompetenz.
geler **gelee** **glace**	- _Bd.1_: 6/52 - _Bd.2_: 10/66, 1/22, **10/71** - _Bd.3_: 2/1, 8/35, 9/48	Die >Vereisung des Weltmeers< (--> **mer**), **10/71**, bedeutet die Erstarrung und Verödung des gesamten religiösen Bereichs, soweit er wie die Ober-fläche des Meeres öffentlich sichtbar ist. Diese Wüste aus >Eis< ist auch ein Bild für die Ödnis der >neuen Religion< und dafür, daß die Menschen vom Schöpfungsgrund (Gott) abgeschnitten werden sollen. Die >Schiffe< der alten Glaubensformen (--> **nef**) werden sich in dieser Eiswüste nicht mehr bewegen können. Wenn jemand >ein Land mit Eis erfüllt<, soll der alte Glaube dort verdrängt werden, 10/66. >Hagel und Eis< (--> **gresle**) in 1/22 bedeuten dasselbe. - Die Flüsse in 6/52 sind vereist wegen des Winters.
gresle	- _Bd.2_: **8/2**, **10/67**, 1/22, **8/77**, 5/97 - _Bd.3_: 3/56, 1/66, 9/69, 8/35	Hagel ist die siebte der zehn Plagen, Exod 9. Durch die ägyptischen Plagen sollte der hartherzige Pharao bestimmt werden, die versklavten Israeliten ziehen zu lassen. Hagel traf die Ägypter, diejenigen die Moses' Warnungen nicht ernst nahmen. Er gehört zu dem Handeln Gottes, das den Auszug seines Volkes

Begriff	Fundstellen	Erklärung
		aus der Knechtschaft (Exodus) vorbereitet. Der >Hagel< gehört bei N. in das Bild des >Unwetters mit Blitz und Donner< (--> **foudre**), mit dem er den Bann gegen die alten Religionen in der letzten Zeit der alten Erde beschreibt. Dann werden die ihren Gott treu Bleibenden auf ihren Exodus, d.h. auf die Befreiung von Unterdrückung und Verfolgung warten. Das Wort gresle Hagel allein ist bei N., ähnlich wie foudre Blitz (Bann), ein fast sicherer Hinweis, daß der betreffende Vers von dieser Zeit handelt.
gris Grisons	- <u>Bd.1</u>: 6/65, **9/20**, 10/38 - <u>Bd.2</u>: 10/91, 8/22, 1/100	Die Farbe grau bedeutet in den historischen Versen, daß die so Gekennzeichneten ihr Vorhaben tarnen, ihr Ziel nicht offen anstreben. Daher ist es wahrscheinlich, daß auch in den noch nicht erfüllten Versen die Farbe grau auf Tarnung hinweist.
Hadrie	- <u>Bd.1</u>: **2/55**, 1/8, 1/9, 3/11, **10/38**	Hadrian hieß ein römischer Kaiser, in dessen Regierungszeit der Bar-Kochba-Aufstand der Juden fiel. Weil dieser Kaiser Jerusalem radikal zerstören ließ, wird sein Name zum Decknamen für den radikalen Judenverfolger Hitler.
heretique filz de Hamon	- <u>Bd.1</u>: 10/18 - <u>Bd.2</u>: 8/77, 8/78, 3/36	Ketzer oder Häretiker heißt der Anhänger einer Irrlehre. Im historischen Band legt N. seinen eigenen Standpunkt, den der katholischen Kirche, zugrunde, Protestanten waren für ihn Ketzer. In Band 2 wird als Ketzer bezeichnet, wer im Urteil der Zeitgenossen als Abweichler vom rechten Glauben gilt. Eine Parallele für diese Verschiedenheit des zugrundegelegten Standpunktes findet sich beim Begriff --> **secte**.
Hesperie(s) hesperique Esperie Arethusa	- <u>Bd.1</u>: 4/39, 5/40, **4/50** - <u>Bd.2</u>: 1/28, 1/87 - <u>Bd.3</u>: 6/56, 2/65, 10/81, 4/36, 10/94, 4/99	Die Hesperiden, die Töchter der Nacht, bewohnten ein fernes >Land bei Sonnenuntergang<. In 5/40 ist Großbritannien gemeint, in 4/39 sind es Großbritannien und Frankreich als Westmächte, bezogen auf den Schauplatz Griechenland. Die Hesperiden in **4/50** bedeuten Europa im ganzen.

Hister	- *Bd.1*: 2/24, **5/29** - *Bd.2*: 4/68	Der lat, aus dem Griechischen übernommene Name Hister bedeutet den Unterlauf der Donau. Hister steht, pars pro toto, für die ganze Donau. In 2/24 und **5/29** ist Hister zugleich Deckname für Hitler 1) wegen der ähnlichen Lautung, 2) wegen seiner Herkunft aus dem Donauraum und 3) wegen seines Krieges, der u.a. um den Donauraum geführt wurde.
iour iournee	- *Bd.1*: **2/28**, 5/81 - *Bd.2*: **6/54**, *1/58*, *8/61*, 2/13, **3/65**, *1/17*, 5/18, 5/41, **1/48**, Sz 17 - *Bd.3*: 7/18, 2/71	Tag kann ganz wörtlich einen bestimmten Tag bedeuten, an dem jemand geboren wird, 5/41. Heimliche Vorbereitungen müssen >den Tag< , d.h. die Öffentlichkeit scheuen, 8/61. Der >Tag< kann auch geistiges Licht bedeuten, **2/28**. – Die >müden Tage< in **1/48** sind ein schwacher Ausdruck für eine Zeit, in der die natürliche Sonne nicht mehr scheint, für eine >Nacht< der besonderen Art. Der >Tag danach< meint den sich anschließenden neuen Welttag, d.h. eine neue geschichtliche Epoche. Diese bricht an, >gleich wenn es Tag wird<, **6/54**, 2/71, d.h. wenn die natürliche Finsternis vorüber ist. Dieser >Tag< ist in der Zählung N.s der siebte, 5/18.
Iupiter Iovis Iovialiste ioue leudi sceptre --> boeuf --> Dieu	- *Bd.1*: *1/51*, **4/33** - *Bd.2*: VH (13), (23), (28), (39), (47), 5/6, 5/14, 9/55, **10/67**, **10/71**, 7/23, 10/73, 5/24, 6/24, 1/80, 6/35, Sz 49 - *Bd.3*: 6/3, 5/48, 8/48, 8/49	In den historischen Versen und in VH (47) ist der Planet gemeint. Sonst ist Jupiter, der griechische Zeus, der oberste Gott der römischen Antike. Seine Spezialität war das Blitzeschleudern (--> **foudre**), besonders gegen andere Götter. In Rom war der Mittelpunkt seines Kultes, der vom Staat betrieben wurde. Jupiter dient N. als Deckname für den Weltherrscher. Der >Donnerstag< (Ieudi) ist die Zeit seiner Herrschaft, **10/71**.
lac estang	- *Bd.2*: 9/12, 1/16, **8/28**, **8/40**, **8/94**, **8/47**, 5/98 - *Bd.3*: 3/12, 5/12, **4/74**, 10/37, 1/47	Geographisch gekennzeichnet, sind natürliche Seen gemeint, **8/47**, 3/12, 5/12, 1/47, 10/37. Ein natürlicher See kann zur Vertuschung eines Verbrechens dienen, **8/47**, **8/94**. – Wenn etwas >im See< ist, ist es vergessen und vergangen, oder es s o l l vergessen werden, 9/12, 1/16, **8/28**. – Wie Flüsse (--> **fleuve**) und das Meer (--> **mer**), so können auch Seen den >Fischen< (--> **poisson**) zum Aufenthalt dienen, 5/98.

Begriff	Fundstellen	Erklärung
laict lacticineuse	- *Bd.1*: 6/89 - *Bd.2*: 3/19, **1/21**, 2/32, **2/46**, VH (45) - *Bd.3*: 3/18	Im gelobten Land fließt Milch und Honig, Exod 38. Dieses biblische Bild war Vorbild für eine Zeichenhandlung. Bei der Krönung eines neuen französischen Königs wurde dieser mit Milch und Honig gesalbt, 6/89. - Paulus gab den Korinthern >Milch< zu trinken, da sie >feste Speise< noch nicht vertrugen. Er fand sie als "unmündige Kinder in Christus" vor, 1 Kor 3/1-2. Wenn viele Menschen nach der Katastrophe als geistige >Säuglinge< anfangen, benötigen sie entsprechende Nahrung. Der charismatische >neue Heilige<, 10/30, wird sie mit geistiger >Milch< zu nähren wissen, **1/21**. Diese >Milch< wird dann bald die feste Form einer >neuen Religion< annehmen, **2/46**.
langue langage lengos	- *Bd.1*: 7/20, 1/76, 4/26, 1/98, Sz 36 - *Bd.2*: 6/4, **4/56**, 1/20, 3/27, **8/78**, 7/35, **1/95**, **1/96**, VH (29) - *Bd.3*: 9/22, 2/84, 1/97	Die "toskanische Sprache", die bei der italienischen Einigung im 19. Jahrhundert als Schriftsprache verbindlich wurde, dient zur Charakterisierung dessen, der sie spricht, als einer Verfechters der Einheit des Landes, 7/20. - "Fremde Sprachen" stehen für Menschen, die keine abendländische Sprache sprechen, 1/20, z.B. die arabische, 3/27. - "Die Sprache", ohne nähere Kennzeichnung, ist die Sprache des Evangeliums, **4/56**. Werden "Sprachen", Mehrzahl, "in großer Gesellschaft vermischt", VH (29), sollen die alten Religionen miteinander vermengt werden zu einer Einheitsreligion. "Sprache" kann dazu dienen, Menschen vom Evangelium wegzuführen, **1/95**, **1/96**.
lis lys anthene fleur	- *Bd.1*: 8/2, 9/18, 6/83, 5/39, 5/89 - *Bd.2*: **5/52** *(implizit)* 8/18, 4/20, 5/50, Sz 4 - *Bd.3*: 6/62, 10/79, 9/35	Stilisierte Lilien führten die französischen Könige seit dem 12. Jahrhundert im Wappen. Abgelöst wurde das Lilienbanner 1792ff. durch die Trikolore der französischen Republik. Die "Lilienblume" oder "Lilie" steht für Monarchen französischer Herkunft.
loup toison	- *Bd.1*: **5/4**, **2/82**, **3/33** - *Bd.2*: **2/47**, 10/98, 10/99 Sz 7, 39, 45, 46, 50 - *Bd.3*: 9/8	Wegen der wölfischen Merkmale seines Verhaltens und seiner Ideologie steht der Wolf in den historischen Versen für Hitler wie auch für das vom ihm geführte Land, **2/82**. Als Wölfe im Schafspelz (toison = Fell) kommen die falschen Propheten daher, **2/47**.

loy	- Bd.1: 1/8, 2/8, 10/62, 2/64, 8/66, 5/72, 6/23, 8/76, 5/37, 5/38, 1/40, 2/90, 3/95, 3/97 - Bd.2: 1/53, 5/53, 5/55, 6/5, 2/9, 5/18, 5/24, 1/79, 5/80, 3/82, 4/32, 4/43, VH (13), (39), (43) - Bd.3: 9/57, 3/61, 6/62, 9/75, 7/36, 1/47	In den Sechszeilern ist eine Macht gemeint, die sich eine Zeit lang >abseits der Herden< halten muß. Er hat den >Vorausschauer< zum Feind, Sz 39. "Gesetz der Sonne" (--> sol) heißt in **5/72** die auf ein christlich legitimiertes Königtum gegründete Rechtsordnung. In **8/76** gehören "Glaube" und "Gesetz" eng zusammen, weil für N. legitime Rechtsordnungen auf den Gauben gegründet und daher "heilige Gesetze" sind, **6/23**. "Erste und menschliche Gesetze" heißen in **2/8** die von der Philosophie der Aufklärung erdachten Menschenrechte als Grundlage der Rechtsordnung. Die loy in **2/64** ist die Religionsgesetzgebung Heinrichs IV. von Frankreich. Eine loy ist bei N. eine Rechtsordnung als ganze oder ein wesentlicher Teil derselben. Sie kann auf ein Prinzip religiöser oder philosophischer Art gegründet sein. Wenn dieses fehlt, ist die loy auf pure Machtausübung gestellt, **1/8**.
lune luna lunaire croissant --> Selin	- Bd.1: 1/31, 4/33, 1/49 - Bd.2: 7/4, 1/56, 9/65, 5/66, 1/25, 6/78, 4/30, 4/31, 5/32, 1/84, 5/93, 10/95, 1/48, 6/98, VH (28), Sz 46 - Bd.3: 7/7, 7/25, 6/27	Die "mondene Kampfkraft" (vertu lunaire) ist in **1/49** der auch vom Islam beflügelte Eroberungswille der Türken im Südosten Europas um 1700. Der Halbmond war im Abendland seit dem 15. Jahrhundert als Symbol für den Islam gebräuchlich. Dem Christen leuchtet das ein, weil der Mond kein eigenes, sondern nur ein von der >Sonne< (--> sol), Symbol für den christlichen Gott abgeleitetes >kleines< Licht hat. Der >Zunehmende< (croissant) bedeutet dann einen Islam, der seine weltliche Macht mehrt. Die "Tempel des Mondes" sind die Moscheen, **6/98**. - Vereinzelt ist auch der Himmelskörper selbst gemeint, **4/33**, oder seine >Heimat< am Firmament, 5/93.
Lyon lyon Leo liepart	- Bd.1: 7/16, 6/71, 1/31, 1/35, 1/93, 2/94, 3/96, 2/98, 5/99 - Bd.2: 8/2, 6/4, 5/14, 6/20, 1/23, 5/25, 6/35, 3/46, 10/99, VH (13) - Bd.3: 3/52, 8/3, 7/4, 3/56,	"Drei Löwen", 7/16, eigentlich Leoparden, führt Großbritannien im Staatswappen. Der "Seelöwe" ist Großbritannien als Seemacht, 2/94. Der Löwe, das königliche Tier, kann einen König oder ein Mitglied des Königshauses bedeuten, 1/35, 2/98, 3/96. Selbstverständlich kann Lyon auch die Stadt sein, **3/46**, oder das Tierkreissymbol (Sternbild oder Ekliptikabschnitt), 5/14.

Begriff	Fundstellen	Erklärung
Mendosus	- *Bd.1*: 8/6, 10/59, 1/11, 9/68, 9/19, 9/69, 9/70, 1/72, 1/33, 2/83, 8/34, 2/85, 5/91, 3/93, 9/98	In **6/20** ist aus dem Löwen ein Leopard geworden wegen des Reimes, und gemeint ist ein historischer Papst des Namens Leo. Raubkatzen wie der Leopard sind die Feinde einzelner, von den Herden abgesonderter Wildtiere, 1/23.
Mendosus	- *Bd.1*: 9/45, 9/50	Lat. mendosus fehlerhaft, lasterhaft ist zugleich Anagramm von Vendosme. Gemeint ist der Hugenotte Heinrich von Navarra, seit 1562 Herzog von Vendôme. Ihn hielt N. für einen >Ketzer<, 10/18.
Mercure	- *Bd.2*: 3/3, 9/55, 9/12, 2/65, 10/67, 9/73, 4/28, 4/29, 5/93, 4/97, Sz 49 - *Bd.3*: 10/79	Es kann der Planet gemeint sein, **4/97**, **9/55**. Der Götterbote Merkur steht als Chiffre für Jesus Christus 1) wegen seiner Herkunft vom höchsten Gott, 2) weil er auch schon >Botschafter< war, 3) weil er bereits die Stelle des guten Hirten vertrat, die Christus einnimmt, Joh 1011-18, 4) weil er in Vers **9/12** neben Diana, einer Chiffre für die Jungfrau Maria, mit gleicher Sinnrichtung genannt wird. Diese Deutung paßt auch in 3/3, **10/67**, **4/28** und **4/29**.
mariage fiancé fiancée nopces adultere aage competans ---> espouse	- *Bd.1*: **8/70**, 2/25, 8/97, 2/98 - *Bd.2*: 10/52, **10/55**, **10/10**, 8/14, 5/87, **5/49**, Sz 57 - *Bd.3*: 6/59, 8/54	Die >Verlobte< in 2/98 ist das französische Volk (--> **dame**), das einer gerne >heiraten< wollte. Die >Heirat< kann bedeuten, daß ein Volk einen Herrscher bekommt, 5/87. Eine >Ehe< kann die geplante politische Union zweier Staaten sein, 2/25. Die >Verlobung< kann bedeuten, daß >Mutter Kirche< ein >Verwandschaftsverhältnis< anstrebt, **5/49**, und auf einer >Hochzeit< auch erreicht, 10/52, **10/55**. Wird ein Volk seinem Herrscher untreu, begeht es >Ehebruch<, **8/70**, **10/10**. Ebenso liegt ein Ehebruch vor, wenn >Mutter Kirche< dem Vater im Himmel untreu wird, 8/14.
Mars martial Aries	- *Bd.1*: **1/51**, **3/57**, 5/26, 3/77, 6/43, **4/33** - *Bd.2*: **8/2**, 2/3, 6/4, 3/5, **9/55**, 5/59, 5/14, **1/15**, **4/67**, **10/67**, **10/72**, 1/23,	Mars, der römische Kriegsgott, kann bedeuten: - Kriege und Konflikte, **1/51**, **4/67**, - kriegerische Personen oder Nationen, 6/43, **3/57**, **6/50**, - den Planeten, **4/33**, - den Monat März, **3/5**,

	***9/73**, **6/24**, **5/25**, 6/25, **1/80**, 3/32, 1/83, **6/35**, 8/46, **4/97**, **6/50**, VH (14), (23), (27), Sz 27, 46, 52, 56* - *Bd.3*: *7/2, 3/56, 9/63, 9/64, 5/23, 4/84, 8/85, 5/91, 5/42, 1/94, 6/95, 2/48, 8/49, 4/100*	- den Krieg im allgemeinen, als >Institution< und Geißel Gottes, derer sich die Menschheit mit den Mitteln der Politik entledigen will, 6/25, 3/3. In **1/51** und **1/15** spielt N. mit den verschiedenen möglichen Bedeutungen, es bedeutet Mars dort einmal Krieg und ein anderes Mal den Planeten.
mer marin Ocean si grand eau ---> nef	- *Bd.1*: *3/1, 4/2, 5/3, 2/68, 7/20, 5/26, 1/77* - *Bd.2*: *2/3, 5/55, **8/59**, 1/63, 4/15, **4/21**, **10/71**, 5/25, **1/29**, **1/30**, 6/80, **5/85**, 5/88, 2/40, 1/41, 10/96, 5/98, 1/50 Sz 7, Sz 23, Sz 29* - *Bd.3*: *2/52, 2/5, 8/9, 5/64, 6/64, 10/68, 3/78, 10/79, 6/33, 2/85, 10/88, 5/44, 9/97, 5/48, 9/48*	Vereinzelt ist das natürliche Meer im ganzen, 1/63, oder sind bestimmte geographische Bereiche desselben gemeint, wie in 3/1, 5/3, 1/77, 5/55. - Das >Meer< als Symbol bedeutet, im Unterschied zum weltlichen (politischen) Bereich (--> terre), den religiösen Bereich im allgemeinen, **4/21**. Es tummeln sich dort nicht nur die guten, sondern auch die bösen Mächte, 4/15. Die >Oberfläche des Meeres< steht in diesem Sinnbild für das, was an der Religion öffentlich sichtbar wird, für die sogenannte ausgeübte Religion. Und ü b e r dem Meer ereignet sich allerlei, was diese ausgeübte Religion beeinflußt, meist zum Negativen, wie in **10/71**, 2/3 und 2/40. - Das >Meer< in Verbindung mit geographischen Angaben bedeutet die religiösen Verhältnisse an diesen Orten, 2/3, 1/50, 2/85. >Meer< und >Stadt< (--> cité), jeweils ohne nähere Angabe, bedeuten keinen geographischen Ort, sondern das neue Jerusalem, das vom Himmel herabkommt und die Gottgetreuen aufnimmt, Offb 212, deren Feinde über´s >Meer< kommen, **1/29**, 1/41. - Dem Christentum fremde Religionen heißen >andere Meere<, 5/88. Und die Religion "mit dem Namen der Meere", 10/96, ist die >Religion der Religionen<, in der alle gewordenen Glaubensformen zu einer einzigen weltweiten Einheit, dem >Weltmeer<, zusammenfließen sollen.
mère mammelle marâtre	- *Bd.2*: *1/67, **5/73**, 8/75, **6/50**, Sz 35* - *Bd.3*: *4/7, 7/11, 8/73*	>Mutter< der Gläubigen ist die katholische Kirche in ihrem Selbstverständnis. Ihre >Tochter< ist die Gemeinde der Gläubigen, **2/54** (Bd.2), **4/71** (Bd.2). Die >Mutter< kann sich als >Stiefmutter< erweisen<, **6/50**.

- 45 -

Begriff	Fundstellen	Erklärung
monstre animal	- *Bd.1*: 5/20 - *Bd.2*: 9/71, **1/80**, 3/34, 5/88, 2/40, **3/44**, Sz 39 - *Bd.3*: 10/5, 6/19, 1/90, 6/44	Das "schnaubende Untier", 5/20, ist der Drache als altes Bild für die widergöttliche Macht. Ein Meeresmonstrum, 5/88, kommt aus dem Bereich der Religion (--> **mer**). Mißbildungen machen Tiere und Menschen zu Monstern, deren verschiedene Formen im Kommentar zu 3/34 zusammengestellt sind. Ein sichtbares Monstrum kann verkannt werden, weil es sich tarnt, 3/34. Untiere können sich als Haustiere tarnen, **3/44**.
mont montagne puy	- *Bd.1*: 7/4 - *Bd.2*: 2/56, **1/65**, 3/67, **1/69**, **5/70**, **4/31**, 5/50, VH (13) - *Bd.3*: 7/28, 6/47	Berge galten als Sitz der Götter. Diese alte Auffassung war zu Lebzeiten des N. noch geläufig (Beispiel: der Aufstieg zum Berg Karmel des San Juan de la Cruz). Berge sind bei N. Allegorien für die Götter selbst, und diese stehen für die alten Religionen, 5/50, **5/70**. – >Berg< kann auch eine Weltordnung heißen, die als himmelstrebend und von Gott gesegnet aufgefaßt wird, **4/31**. Der >Läuterungsberg< Dantes, den **1/69** zitiert, bedeutet ebenfalls eine himmelstrebende Ordnung, d.h. eine politische Ordnung, die das Gottesreich auf Erden durchsetzen will.
mur muraille	- *Bd.1*: 3/6 (Nachtrag Bd.2), 5/81, 3/33, 10/45, 9/99 - *Bd.2*: 8/2, 2/57, **10/65**, 5/18, **1/29**, **10/89**, VH (45) - *Bd.3*: 3/7, 6/51, 4/52, 6/73, 9/26, 3/84, 9/37, 8/38, 9/39, 4/90, 9/93	Wegen ihrer schutzbietenden Mauer kann eine Stadt mit ihrer Mauer identifiziert werden (pars pro toto), 10/45. Auch befestigte Verteidigungsanlagen werden >Mauer< genannt, **3/33**. In 5/81 ist es ein unbefestigter Frontverlauf, der >Mauer< heißt. Die Mauern der Kirche bedeuten den geistlichen Schutz vor dem Bösen, 5/18, oder das Gehäuse des lebendigen Glaubens, **10/65**.
naistre nay	- *Bd.1*: 8/4, **3/58**, 9/11, 8/76, 1/78, **2/82**, 3/35, 10/40, **2/92** - *Bd.2*: 10/54, 2/7, **2/57**, **1/58**, 8/79, 1/80, 5/41, 3/42, **8/93** - *Bd.3*: 8/3	Naistre, modern naître bedeutet "geborenwerden", allgemeiner "zum Vorschein kommen", "entstehen" usw. Die Geburt von Personen bedeutet es in 8/76, **3/58**, 5/41. Den ersten Auftritt von Personen auf der geschichtlichen Bühne bedeutet naistre in 10/40, **2/7**, 3/42. In **2/82** ist mit naistre das Erscheinen auf dem Schlachtfeld gemeint.

Neptun Tridental	- **Bd.1**: 3/1, 1/77, **4/33** - **Bd.2**: VH (37), **5/62**, 2/78 - **Bd.3**: 2/59, 6/90	Neptun, der römische Meeresgott, bedeutet in 1/77 die französische Marine nach einer Niederlage. "Der große Neptun" in 3/1 bedeutet die USA wegen ihrer im Krieg überlegenen Marine. Der Planet ist in **4/33** gemeint.
nef nacelle navire navalle voile vaisseau fuste naufrage bris --> barque --> mer	- **Bd.1**: 3/1, 7/26 - **Bd.2**: 10/2, 2/56, **5/62**, **1/65**, 8/16, 1/18, **6/20**, 8/21, **1/30**, **10/80**, **5/31**, 2/33, 8/83, 2/86, 2/40, 3/91, 2/93, 8/84, **5/49**, 9/100, Sz 1, 10, 15, 23, 41, 47, 56 - **Bd.3**: 5/2, 7/3, 3/29, 3/29, 9/29, 4/81, 10/32, 7/37, 4/91, 6/91, 9/43	Die Schiffsreise als Bild für den Lebensweg hat die Kirche früh auf sich angewandt. Sie will die >Arche des neuen Bundes< sein, die durch die Wogen der Welt das himmlische Neue Jerusalem ansteuert. Ihren >Passagieren< vermittelt sie Weg und Ziel der Lebensreise. Der Klerus ist die >Mannschaft< des Schiffes mit dem Papst als >Kapitän auf der Brücke<. Ein Schiff kann in Seenot geraten, geentert werden, 10/52 (Bd.2), Schiffbruch erleiden, **5/31**, und auf Grund liegen, **10/80**. - Natürlich können Schiffe auch einmal wörtlich gemeint sein, 3/1, 8/84.
Nero	- **Bd.1**: 9/53, **9/17**, 9/76	N. vergleicht die Verfolgung und Verbrennung Unschuldiger, die Hitler zu Sündenböcken machte, mit der Verbrennung und Verfolgung Unschuldiger unter Kaiser Nero im antiken Rom. So wird Nero zum Decknamen Hitlers.
neveu	- **Bd.1**: **6/22**, **4/73**, 2/92, 8/43 - **Bd.2**: 3/17, 10/30, 6/82 - **Bd.3**: 3/29, 8/32	"Der Neffe" ist in Bd.1 Kaiser Napoleon III., ein Neffe seines berühmteren Onkels. - Nepoten, vom lat. Wort nepos für Neffe, sind Günstlinge von hochgestellten Personen, 3/17, 6/82.
noir	- **Bd.1**: 10/57, **8/70**, **9/20**, 9/76, **5/29**, 4/47 - **Bd.2**: 7/5, **3/60**, **6/10**, 1/74, 2/79, 10/30, 10/91, 3/43 - **Bd.3**: 7/2, 9/58, 6/16, 6/33, 6/38, 9/41	Menschen finsterer Gesinnung nennt N. >schwarz<. Es kann auch ein König (noir --> Roi(n)) oder Herrscher gemeint sein. Oder beides zusammen, dann ist noir ein finsterer, übler Herrscher, wie in 4/47, **5/29** und **8/70**.

Begriff	Fundstellen	Erklärung
oeil	- *Bd.1*: 1/6, 2/12, 2/14, 1/35 - *Bd.2*: 4/15, 1/23, **1/27**, 3/41, 3/92, VH (2) - *Bd.3*: 7/11, 10/70	In 1/35 ist ein reales Auge gemeint, das verletzt wird. Das >Auge< kann auch einen Papst bedeuten, weil er die Aufsicht führt über die christliche Wahrheit, 1/6, **1/27**.
or doré	- *Bd.1*: 6/8, 1/35, **9/17**, 2/87, **2/92**, 10/46 - *Bd.2*: VH (46), 3/2, 1/53, 6/9, **9/12**, 3/13, 8/14, 5/66, 5/19, 5/69, **3/72**, 3/26, 8/28, 8/29, **4/30**, **7/32**, 5/41, **9/44**, 10/95, Sz 2 - *Bd.3*: 7/3, 6/14, 7/25, 6/49	Gold galt als Entsprechung der Sonne (-->sol). Diese steht bei N. für den in Jesus Christus offenbar gewordenen Gott. >Gold< ist das, was von Gott auf Erden ankam, die Lehre Jesu Christi. **8/28**. Bringt N. Herrscher in Verbindung mit Gold, stehen sie an der Spitze einer christlich legitimierten Ordnung, 1/35, **2/92**, 10/46. Nach deren Ende werde noch mehrmals ein >Goldenes Zeitalter< ausgerufen werden, **9/17**, 5/41 (--> **Saturn**). Spät erst werde wirklich eine >goldene<, d.h. christlich motivierte Streitmacht auftreten, 5/69. - Gold kann aber auch nur eine hohe Wertschätzung markieren, die N. nicht teilt, **9/12**.
os --> sepulchre	- *Bd.1*: 1/42 - *Bd.2*: **4/56**, 5/7, **6/66**, 5/69, **9/32**, **6/50**	Die >Knochen< gehören ins Bild des >Grabes<, das N. benützt, um von ihm erschaute Personen durch antike >Vorbilder< zu charakterisieren. Knochen sind das, was von einem Menschen nach seinem Tod am längsten bleibt und können daher die Erinnerung an einen Menschen bedeuten. Werden Knochen zerstört, soll diese Erinnerung gelöscht werden, **4/56**.
Pempotans Pompotans	- *Bd.1*: 8/97, 10/100 - *Bd.2*: VH (37)	Abgeleitet von griech. pempein schicken und potamos Fluß sowie von lat. pompa Triumphzug, bezeichnet die Chiffre ein Land, das hinauszieht und in der Welt triumphiert. Gemeint ist das Großbritannien der Kolonialzeit.
peste pestilence pestilent pestifere maladie infect	- *Bd.1*: 2/53, 9/11, **1/55**, 6/46, 5/90 - *Bd.2*: 1/52, 6/5, **9/55**, 7/6, **8/62**, **2/65**, **1/16**, 8/17, 2/19, 3/19, 8/21, **4/30**, 9/82, 4/48, 6/98, **5/49**	Seuchen können als Epidemien wörtlich zu nehmen sein, 2/53, 9/11, **9/55**. - Das Wort peste kann auch eine Verseuchung (A,B,C) bedeuten. Dafür gibt es aber keine sicheren Belegstellen. - Wenn Christen sich für demokratische oder kirchenkritische Ideen begeistern, lassen sie sich den traditionellen christlichen Gehorsam vermissen, und die rapide Ausbreitung politischer Ideen dieser Art in den Jahren 1789ff nennt N. gelegentlich eine >Seuche<, 6/46, 5/90. -

- 48 -

	VH (27), (40), (44), Sz 24, 26, 38, 53 - _Bd.3_: 2/6, 1/26, 9/81, 8/84, 2/37, 9/91, 9/42, 6/47, 8/50	Der weitaus größte Teil der peste-Verse handelt von religiösen Lehren, die in naher Zukunft offen und ausdrücklich, d.h. als >neue Religion< in Konkurrenz zur christlichen Lehre treten werden. Da N. diese Ideen als verderblich erkennt und sie sich schnell ausbreiten, nennt er sie eine >Seuche<. Folgende Verse handeln eindeutig von >Seuchen< in religiösem Kontext, eindeutig in dem Sinn, daß der jeweilige Vers selbst Hinweise auf diesen Kontext enthält: 1/52, **8/62**, 8/21, 4/48, 6/98, **5/49**, VH (40). - Zum gleichzeitigen Auftreten von >Hunger< und >Seuche< s. unter —> **faim**.
pierre pierreuse	- _Bd.2_: 2/18, **2/70, 5/75**, 3/42, **2/47** - _Bd.3_: 5/35	Der >Steine<, die es regnet, **2/47**, sind die Steine des >neuen Weisen<, welche die alte christliche Glaubenslehre ersetzen und verdrängen wollen und >von oben< verordnet werden. Daher wird dann das >Meer< (—> **mer**), d. i. der ganze Bereich der Religion, >steinig< sein, 2/18. Der >Stein im Baum<, 2/70, gegen den Lebensbaum, d.h. Christus, besagt das gleiche.
plomb	- _Bd.2_: 5/7, 9/84, 4/88	Blei galt in Alchemie und Astrologie als Entsprechung des Saturn/Kronos, der nach der Sage im goldenen Zeitalter des Friedens herrschte. Wer begierig ist auf Blei, 4/88, oder z.B. ein mit Marmor und Blei verschlossenes Grab unbedingt öffnen will, 5/7, 9/84, möchte paradiesische Verhältnisse herbeiführen.
poison empoisonner venin envenimee	- _Bd.1_: **5/72** - _Bd.2_: **3/65**, 4/66, 1/68, 8/82, 1/41, 6/94, **2/47**, 10/49 - _Bd.3_: 7/24, 7/34, 2/48	Werden andere Lehren als die der katholischen Kirche als christlich anerkannt und nicht bekämpft, erkennt N. darin eine Aufweichung des althergebrachten Glaubens. Er lehnte die reformchristlichen Lehren seiner Zeit wegen der Spaltung und des Blutvergießens, das sie verursachten, vehement ab und nennt sie daher >Gift<, **5/72**. - Die Lehren eines neuen spirituellen Führers werden dem >lebendigen Wasser< aus >Brunnen und Quellen< (—> **puits**), d.h. aus NT, AT und der Tradition, als >Gift< beigemengt werden, 4/66. Später wird das >süße Gift<, 6/94, der >neuen Religion< das >lebendige Wasser< der christlichen Lehre ganz verdrängen wollen. Die Begründer der alten Offenbarungsreligionen (Moses, Jesus, Mohammed) werden dann ihrerseits beschuldigt, mit ihren Lehren >Gift< in die Welt gesetzt zu haben, 1/68.

Begriff	Fundstellen	Erklärung
poisson pesche pescheur pisces piscature	- Bd.2: 1/4, 2/3, 3/21, 6/25, 1/29, 4/32, 7/35, 5/98 - Bd.3: 2/5, 4/17, 8/91, 2/48	>Fische< waren in christlicher Urzeit Symbol für die Getauften, die Christen, 2/3, 5/98. So wird auch ein besonders vielseitiger >Fisch< als Christ erscheinen, 1/29, 3/21. Viele andere >Fische< wird er in die Netze eines Gegenfischers locken, 6/25. Als Köder wird ihm >Fisch< dienen, geistige Fastennahrung, 4/32. >Fische< heißt auch ein Abschnitt der Sonnenbahn, 8/91.
pont ---> nef	- Bd.1: 5/29, 5/30 - Bd.2: 5/54, 8/21, 5/31 - Bd.3: 5/58, 7/24	In 5/58 scheint einmal eine reale Brücke gemeint zu sein. Eine metaphorische >Brücke< gehört in das Bild des >Schiffes< für die kath. Kirche, 8/21, 5/31. Das griechische pontos ist das Meer, und daher kann auch dieses einmal gemeint sein, 8/21, 5/54, auch das >Meer< als Symbol für den Bereich der Religion, 7/24 (---> mer).
porphire porphyre	- Bd.2: 9/32, 1/43, 10/93	Purpurfarben (lila) ist das Mineral Porphyr. Purpur war, wohl wegen der Seltenheit der Purpurschnecke, aus der der echte Purpur gewonnen wurde, die Farbe der Kaiser, Könige und obersten Priester. Das nach der Farbe benannte Mineral wurde daher ursprünglich auch nur in Bauten zu Ehren dieser Personen verbaut. Porphyrne Gegenstände verweisen demnach auf die oberste Ebene der weltlichen Macht oder geistlichen Hierarchie.
port	- Bd.1: 2/14, 2/64 - Bd.2: 8/21, 3/79, 1/30, 9/28, 10/80, 9/32, 1/37, 3/83, Sz 1, VH (27) - Bd.3: 2/1, 1/94	Der Hafen in 2/14 ist wörtlich zu verstehen. In 2/64 sind die protestantischen Kantone der Schweiz gemeint, die 1685ff. als Auffangbecken für die aus Frankreich fliehenden Hugenotten dienten. Ein symbolischer >Hafen< kann demnach >Schiffen<, d.h. Glaubensgemeinschaften, als Ort der Ruhe und de Friedens dienen, 1/30, 10/80, (---> nef).
prophetie prophete	- Bd.1: 2/36, 4/57 - Bd.2: 5/53, 3/94, 1/48 - Bd.3: VC (11)	An diesen Stellen sagt N. etwas darüber, wie man einzelne Prophezeiungen auffassen werde oder wann sie insgesamt in Erfüllung gehen.

puits puis puys fontaine	- *Bd.2*: 4/66, **4/71**, **6/50** - *Bd.3*: 4/53, 10/15, 8/30, Sz 11	Das Christentum als Offenbarungsreligion kennt bestimmte Quellen, aus denen es sich speist, zuallererst das NT, dann das AT in christlicher Deutung. Außerdem gibt es die christlichen Mystiker und die schriftlichen Niederschläge ihres Erlebens und Dichtens. All dies zusammen sind die >Brunnen und Quellen<, die das >lebendige Wasser<, Joh 4, des Christentums spenden. D e r Brunnen schlechthin ist das Wort Christi. - D i e s e m Brunnen wird demnächst ein Mann entsteigen, dem viele Christen es abnehmen werden, daß er das Wort Christi authentisch in die Gegenwart hinein spricht, **6/50**, weil in ihm Christus selbst in Person wiedergekommen sei. Unter der Regie dieses Mannes wird sich das >lebendige Wasser< unversehens in ein ungenießbares Gebräu verwandeln, das seine Anhänger >überschwemmt<, **4/71**. So werden die >Brunnen und Quellen< mit Gift versetzt werden, 4/66 (--> **poison**).
rane grenoille	- *Bd.1*: 5/3, 6/46 - *Bd.2*: 9/60, 2/32	(Wasser-)Frösche sind Grenzgänger zwischen Land und Gewässer. Der seefahrende Frosch, 5/3, und der Frosch, 6/46, stehen für Venetien, weil dessen Hauptstadt ins Wasser der Adria hineingebaut wurde.
roche(r) rochier escueil	- *Bd.2*: 2/56, **5/62**, **1/21**, 3/67, **5/32**, 1/87, **1/43**, **1/96**, Sz 3 - *Bd.3*: 5/57, 9/24	Im AT und NT ist der Fels ein Bild für die Verläßlichkeit Gottes, der Fels mit Quelle ein Bild für Gott als Quell reiner geistiger Nahrung. Gelöst vom biblischen Hintergrund, kann der Fels >einen Gott< bedeuten, **5/32**. Der >nährende Felsen< ist in **1/21** Bild für einen Mann, der sich als Quell geistiger Nahrung anbietet. Ein Fels im Meer kann Seefahrern zur Klippe (escueil) werden, an der sie Schiffbruch erleiden, 2/56. - Felsen können auch geistig Tote bedeuten, Menschen mit >steinernem Herzen<, **1/96**.
Rome cité vieux	- *Bd.1*: **1/8** *(implizit)*, 10/64 10/18, 5/30, 5/99 - *Bd.2*: 6/6, **5/62**, **10/65**, **6/20**, 6/28, 10/78, **4/82**, 3/43, 6/98 *(implizit)*, **5/49** *(implizit)*, VH (13), VH (36) - *Bd.3*: 9/2 *(implizit)*, 9/3, 8/9, 6/68, 5/22, 9/33, 9/41, 4/98	Rom kann erstens die italienische Hauptstadt sein, **1/8**, 5/99, 3/43. >Rom< kann die Spitze der katholischen Kirche bedeuten, 10/18, 10/64, **10/65**. Bis hierhin folgt N. dem üblichen Sprachgebrauch. Diesen überschreitend, nimmt er >Rom< auch als Metapher für das Machtzentrum der >Weltfriedensordnung<, eines globalen Regimes, das er mit dem antiken römischen Imperium vor der Christianisierung vergleicht, VH (30), **5/49**. (Dieses Machtzentrum wird sich nicht in der Stadt Rom befinden, VH (17).)

Begriff	Fundstellen	Erklärung
rose	- *Bd.2*: **5/31**, 5/96, **2/97**, Sz 44	Die Rose ohne Dorn ist Mariensymbol, die Dornenrose Symbol der Märtyrer. Anknüpfend an Jesus Sirach 24, galt den Alchemisten der frühen Neuzeit die Rose als Blume der Weisen. In der roten Dornenrose wiedererkannten sie das Martyrium Christi als Zeugnis von dessen höchster Weisheit. Bei N. steht die >Rose der Welt<, 5/96, für den >wiedergekommenen Heiland<.
rouge rubre rubriche	- *Bd.1*: 3/1, 1/3, 6/57, 6/46, 9/50 - *Bd.2*: 9/51, **6/10**, 4/11, 8/19, 6/25, 10/30, **1/82**, 10/86, **5/46**, 9/46, 9/100, VH (26) - *Bd.3*: 9/2, 7/7, 9/58, 9/59, 9/15, 5/22, 8/22, 7/36, 4/37, 6/38, 6/91, 9/41, 5/44	Rot ist die Farbe des Blutes, des Lebens. Rot kann bei N. die Farbe der Revolution oder des Krieges sein.. >Rot< nennt N. Menschen, die sich gegen eine im Glauben gegründete Ordnung stellen, 1/3, oder einen Krieg anfangen, 3/1, und Blutvergießen heraufbeschwören. - Wegen ihres roten Ornats, dessen Röte die Bereitschaft zum Gehorsam gegen Gott bis zum Martyrium bedeutet, können Bischöfe oder Kardinäle als >Rote< tituliert werden, 9/50, **5/46**, **8/19**, 4/11.
sang sanguin saigner	- *Bd.1*: 2/51, 4/1, 2/53, 9/53, 1/57, 5/60, 6/12, **9/17**, 8/76, 1/36, 5/39, 5/40, 9/90, **8/43**, **4/49** - *Bd.2*: **5/52**, 9/52, **9/55**, **4/56**, 6/7, **2/9**, **6/10**, **2/60**, **3/60**, 9/60, **10/10**, **5/62**, **3/65**, **10/65**, 8/17, 1/18, 3/19, 5/74, 5/27, **8/77**, 10/78, 8/79, 8/80, 2/32, 5/87, 8/40, 5/41, **8/45**, **2/46**, 5/96, 6/98, VH (13), (39), (43), (45), Sz 32	Blut (sang) kann für die Angehörigen eines Königshauses stehen, für Prinzen >von Geblüt<, 1/36, Sz 4. Es können auch die Angehörigen eines Volkes gemeint sein, wenn die herrschende Ideologie sie als >blutsverwandt< einstuft, 9/53. Wird ein König hingerichtet, stirbt für N. "das Blut des Gerechten", 2/51, das Blut dessen, der die gerechte Ordnung verkörpert. Dann >blutet die Erde<, 8/76. Die gerechte Ordnung ist für N. auf den Glauben gestellt, und dieser bekennt die Erlösung durch das Blutopfer Christi. Von diesem Blutopfer lebt auch die christliche Kirche. >Blut und Substanz< der Kirche, **10/65**, sind der lebendige Glaube an die Lehren der Kirche. Dieses >Blut< kann mit Lehren >vergiftet< werden, **3/65**, die sich als unvereinbar mit den christlichen erweisen. Wenn >das Blut der alten Götter< vom Himmel regnet, **5/62**, Sz 32, soll das bedeuten, daß die Lehren der alten Religionen >sich niederschlagen< bzw.

	- *Bd.3:* 8/1, 9/2, 4/3, 8/3, 4/55, 10/56, 7/7, 8/7, 3/59, 5/10, 5/63, 3/66, 3/68, 7/18, 3/75, 9/29, 7/30, 6/81, 3/87, 4/38, 6/38, 10/88, 4/94, 9/96, 1/97, 4/98, 8/98	niedergeschlagen werden. Die >alten Götter< unterliegen im Kampf.
sangsue	- *Bd.2:* Sz 7, 21, 30, 40, 45, 46, 49, 50	Blutegel (sangsue wörtlich: Blutsaugerin) waren dem Arzt N. aus seiner Praxis bekannt. Das Blut, das den Glauben und die darauf gestellte, für N. allein gerechte Ordnung des Königtums begründet und belebt, ist das Blut Christi (--> sang). Wenn ein Parasit d i e s e s Blut aufnimmt und davon lebt, entzieht er dem Glauben und der gerechten Ordnung des Königtums die Lebensgrundlage. Die >Blutsaugerin< steht für demokratische Ideen (Gleichheit, Menschenrechte u.ä.), die sich im Europa der Neuzeit erstmals in Frankreich durchsetzten, Sz 21. In dem Bild ist enthalten, daß aufkläreri-sche, humanistische Ideen christlichen Geist aufnehmen, ihn aber verwan-deln und schwächen. Wenn erneut ein König sich in Europa durchsetzen kann, >stirbt die Blutsaugerin<, die Demokratie, Sz 58.
scisme scismatique	- *Bd.1:* 9/16, 6/22, 4/40 - *Bd.2:* 8/93, 1/45, 5/46,	Die katholische Kirche nennt Schisma "die Verweigerung der Unterordnung unter den Papst oder der Gemeinschaft mit den diesem untergebenen Gliedern der Kirche", 4/40. N. benutzt den Begriff allgemeiner im Sinne von (Ab-)Spaltungen auch politi-scher Art, denen weltanschauliche Differenzen zugrundeliegen, 9/16. In 6/22 ist die Abspaltung der Altkatholiken von Rom gemeint.
Saturn Saturnins falcigere faulx Cron.	- *Bd.1:* 1/51, 1/54, 3/96 - *Bd.2:* VH (46), (47), 6/4, 5/11, 5/14, 5/62, 1/16, 4/67, 10/67, 9/73, 5/24, 8/29, 1/83, 4/86, 5/87, 8/40, 3/91, **9/44**, 3/45 - *Bd.3:* 2/65, 6/17, 9/72, 5/91, 3/92, 2/48, 8/48, 8/49, 10/50	Saturn kann der Planet sein, **1/51**, **1/54**. Als todbringender Sensenmann ge-läufig, 3/96, 2/65, galt er auch als Entsprechung des Gemeinwesens, **9/44**. - Kronos alias Saturn herrschte im >goldenen Zeitalter< des Mythos, als die Menschen im Frieden mit den Göttern lebten. Wenn demnächst der Welt-frieden ausgerufen wird, werden viele Christen ein >goldenes Zeitalter< (--> or), d.h. eine Blütezeit der christlichen Religion für gekommen halten. "Saturnins" heißen daher die Vertreter eines globalen Staates, der vorgibt, dem Weltfrieden zu dienen, **5/24**, 8/40.

Begriff	Fundstellen	Erklärung
sauterelle locuste	- *Bd.2:* 3/82, **5/85**, 4/48	Die Heuschreckenplage, bekannt aus Offb 91-11, steht für Menschenschwärme, die für andere Menschen zur lebensbedrohlichen Plage werden. Das >Abnagen< bedeutet, daß die Plagegeister es zuallererst auf die Seelen ihrer Opfer abgesehen haben, **5/85**.
Selin Selyn	- *Bd.2:* 6/58, **2/73** *(implizit)*, 4/77, 6/78, 2/79 - *Bd.3:* 2/1, 10/53, 8/54, 4/23, 6/27, 5/35, 6/42, 1/94	Selin/Selyn ist eine abgewandelte Selene. So hieß die griechische Mondgöttin. Der Mond steht bei N. für die Offenbarung Gottes durch den Propheten Mohammed und damit für den Islam (--> **lune**).
secte	- *Bd.1:* 2/51, 1/55, **7/14** - *Bd.2:* 9/51, **3/67**, **1/45**, **1/95**, **1/96**, 10/96, VH (13), (15), (30), - *Bd.3:* 1/7, 3/61, 3/76	secte bedeutet das Gleiche wie im Deutschen, nämlich eine Gemeinschaft von Menschen, die ein gemeinsames Bekenntnis zu irgendwelchen Ideen politischer oder religiöser Art verbindet. Der Begriff kann neutral kennzeichnend sein oder eine negative Bewertung enthalten. Bei N. enthält er immer eine negative Bewertung. Aber es sind zwei Fälle zu unterscheiden. Es kann eine Abwertung sein, die Nostradamus von s e i n e m Maßstab her ausspricht, wie im Fall der Puritaner, 2/51, oder bei der >Partei der Revolution<, 7/14, gegen die er sich als Königstreuer stellte. Gleiches gilt in **1/95**, **6/66**, **3/67** und VH (13). - Es kann aber auch die von N. wahrgenommene Abwertung der (zukünftigen) Z e i t g e n o s s e n sein, die in der Bezeichnung als secte sich kundgibt. So gelten in **1/45** und **1/96** a l l e alten Glaubensgemeinschaften, also auch die christlichen Kirchen, als überholt und werden mit dem Hautgout des Sektiererischen versehen, was des Sehers Standpunkt nicht war.
seduire seducteur seductive seduction	- *Bd.1:* 6/84, 3/35, **3/95**, 10/46 - *Bd.2:* 8/95, 6/48, VH (9), VH (27) *(implizit)* VH (38), VH (40), VH (43) - *Bd.3:* 6/11, 6/68	>Verführung< bedeutet bei N. Wegführung vom christlichen Glauben. Islam, VH (9), und Kommunismus, **3/95**, sowie Nationalsozialismus, 6/84, verführen in diesem Sinne die Menschen. Dasselbe werden unterschiedliche >Sprachen< (--> **langue**) tun, wenn sie vereinheitlicht werden zu einer >neuen Religion<, VH (38). - Ein Verführer kann auch einmal einer sein, der in die militärische Niederlage führt, 3/35.

sepulchre tombeau cave cruche laze ---> os	- *Bd.1*: **7/14**, **8/66** - *Bd.2*: 10/6, **3/65**, **6/66**, 10/74, 3/32, **7/32**, **9/32**, 9/84, **1/37**, VH (28), Sz 24 - *Bd.3*: 8/56, **5/10**, 6/73	Die Auffindung eines realen Grabes kann großes Aufsehen machen, **8/66**, und es können Gräber geschändet werden, **7/14**. - Aber meist ist das >Finden eines Grabes< eine Metapher, die N. dazu dient, die erschauten Personen durch Rückgriff auf die Antike charakterisieren, z.B. in **6/66**, 9/84. Es kann auch sein, daß der >dem Grab Entstiegene< sich selbst als Wiederverkörperung ausgeben läßt, **7/32**.
sexe	- *Bd.1*: 5/60 - *Bd.2*: 7/8, **5/70**	"Beide Geschlechter" bedeuten in 5/60 die Völker, verstanden als >Damen< (--> **dame**), zusammen mit ihren Herren, den Fürsten.
siccite seicher seicheresse ---> soif	- *Bd.1*: 2/64 - *Bd.2*: 3/3, 3/4, **1/17**, **4/67**, 2/84, 5/98 - *Bd.3*: 3/52	Die >Trockenheit< ist in den aufgeführten Versen immer sinnbildlich gemeint, nämlich als die Abwesenheit des >lebendigen Wassers<, d.h. des Wortes aus der Wahrheit, das der Himmel dem, der es begehrt, allezeit spendet. An den >Brunnen und Quellen< (--> **puits**) der alten Offenbarungen kann sich jeder bedienen, der vom Regen im Freien nichts abbekommt - allerdings nur noch unter Gefahr, wenn die >Trockenheit< dann einmal universell ist.
simulacre simulachre	- *Bd.2*: **9/12**, 3/26, **8/28**, 8/80	Als Götterbilder werden normalerweise Erzeugnisse der bildenden Kunst bezeichnet. N. meint damit die sprachlichen Bilder, durch die sich Gott in den Zeugnissen der alten Religionen offenbart und zugleich verhüllt hat. Aus den angegebenen Versen ist also zu erfahren, was den schriftlichen Zeugnissen der alten Religionen widerfahren wird.
soif ---> siccite	- *Bd.1*: 2/64, 3/6 (Bd.2) - *Bd.2*: **2/9**, 3/19, 8/100 - *Bd.3*: 2/62, 10/15, 6/69, 4/90, 6/40	Weil das Verlangen nach dem Abendmahl, dargereicht im protestantischen Ritus, in den Jahren 1685ff in Frankreich nicht mehr gestillt werden durfte, entstand bei den Betroffenen >Durst<, 2/64, 3/6. In der letzten Zeit der alten Erde wird dieser >Durst< bei allen christlichen Glaubensgemeinschaften anzutreffen sein, 8/100. Der >Blutdurst< (--> **sang**) eines >Mageren< wird ausgehen auf das Evangelium und die christliche Lehre, **2/9**.

Begriff	Fundstellen	Erklärung
Sol Soleil solaire	- *Bd.1*: 6/52, 8/53, 1/8, 1/64, 5/72, 1/31, 5/81 - *Bd.2*: 8/2, 2/3, 5/53, 4/58, 6/58, 5/11, 5/62, 5/66, 1/23, 9/73, 5/24, 5/25, 5/27, 4/28, 4/29, 4/30, 5/32, 9/83, 3/34, 6/35, 4/86, 1/37, 1/38, 2/41, 1/48, 4/48, 6/98, VH (28), Sz 39, 46, 49 - *Bd.3*: 9/19, 4/84, 2/35, 2/91	Es kann so aussehen, als käme zur altbekannten (natürlichen) Sonne eine zweite Lichtquelle dieser Art hinzu, **2/41**. Die Stellung der (natürlichen) Sonne am Firmament kann zur Angabe einer Zeit im Jahreslauf dienen, **6/52**, **9/83**. - Die Sonne als Symbol steht nicht für Gott selbst, sondern für die Offenbarung Gottes in Christus. Diese wurde in die Geschichte gestellt und kann sich in ihrer geschichtlichen Wirkung "verbrauchen", **4/29**. D i e s e Sonne kann niedrig stehen und dabei scheinbar vergrößert sein, **4/30**, oder ganz verdunkelt werden, **4/48**. – Das "Gesetz der Sonne" ist eine Lebensordnung, die sich auf die Offenbarung Gottes in Christus gründet, **5/53**, **5/24**. Die "Sonnenstadt" ist Rom als Zentrum des Katholizismus, **1/8**, **5/81**. Die "Tempel von Sonne und Mond" sind Kirchen und Moscheen, **6/98**. D e r "Tempel der Sonne" ist die Peterskirche in Rom, **8/53**.
terre	- *Bd.1*: 4/80, 2/89, 1/93 - *Bd.2*: 3/3, 1/63, 6/64, 4/20, 5/70, 1/21, 10/71, 8/74, 6/80, 5/31, 9/83, 6/88, 2/86, 2/43, 3/44, 3/45, 1/46, 3/97, 1/50, Sz 19, 49, 56 - *Bd.3*:	Werden Gräben ausgehoben, geht es um Erde der natürlichen Art, **4/80**. Die "neue Erde" ist der im 16. Jahrhundert noch ganz neue Erdteil Amerika, **2/89**, **8/74**. In **3/97** ist die "neue Erde" das Land, das 1948 den Juden zugesprochen wurde. – Das >Land< kann den weltlichen, d.h. den politischen Bereich bedeuten, **1/50**, im Gegensatz zum >Meer< (--> mer). Bebt die Erde, sind das politische Erschütterungen, **9/83** (--> trembler). – Aus "Erde vom Acker", der er den Odem des Lebens einblies, schuf Gott den Menschen, Gen 27. Daher kann >Erde< den Menschen im irdischen Dasein bedeuten, **10/71**. Wenn der Schöpfer vermeintlich wieder auf Erden anwesend ist, wird er die Menschen als >Tonerde< ansehen, **1/21**, die er geistig formen will.
temple Temple	- *Bd.1*: 8/53, 2/8, 2/12, 6/65, 3/6 (Nachtrag Bd.2) - *Bd.2*: 6/9, 9/9, 6/10, 5/73, 3/45, 8/45, 1/96, 6/98, VH (3), (12), (22), (32), (43), (46) - *Bd.3*: 5/1, 6/1, 8/5, 6/16, 4/76, 6/76, 10/81	"Verschlossene Tempel" heißen die protestantischen Kirchen Frankreichs, die schon vor 1685 nicht mehr öffentlich wirken durften, **3/6**. Die "nach ursprünglicher römischer Art geweihten Tempel" sind die katholischen Kirchen, **2/8**. Auch die "geweihten Tempel", **6/9**, und die "heiligen Tempel", **5/73**, sind die katholischen Kirchen. Die "Tempel der Farben schwarz und weiß", **6/10**, und die "Tempel von Sonne und Mond", **6/98**, sind Kirchen und Moscheen (--> **sol**, --> **lune**). Der "Tempel der Vesta" (--> **Vesta**) steht für eine Vorstufe der >neue Religion<

theatre amphitheatre collosse	- *Bd.2*: 10/6, **9/83**, 3/40, **1/45**, 6/100	des Weltstaats, **9/9**. "Tempel" ohne nähere Bezeichnung heißen die Gotteshäuser der verschiedenen Religionen, **1/96**. Das >Theater<, >Amphitheater< oder >Kolosseum< steht als Symbol für die >Weltfriedensordnung<, die N. mit der römischen Antike vergleicht, VH (30). Nach der Katastrophe werden die meisten >ins Kolosseum fliehen<, 10/6. Daher ist es "voll besetzt", **9/83**, wenn es "Spiele" in antiker Manier gibt, **1/45**. Das >Amphitheater< wird "bis zum Himmel" reichen, 6/100, und ihn dadurch in Wahrheit verstellen.
trembler tremblement tremulente	- *Bd.1*: 1/57, **1/9**, 2/64, **1/93**, 9/94 - *Bd.2*: 3/3, 4/5, 9/60, **6/66**, 5/68, 1/20, **8/29**, **1/82**, **9/83**, 2/86, **1/87**, 6/88, 2/43, 1/46, 5/50, VH (12), (15), (19), (30), Sz 12, 15, 32 - *Bd.3*: 2/52, 10/60, 10/79, 9/31, 9/33, 4/90	Ein kriegerisches >Beben< oder >Beben der Erde< kann sich ereignen durch Einmarsch, 9/94, Bombardement, **1/93**, Luftangriff, **1/87**, Einsatz als Luftwaffenbasis, **1/9**. In Erwartung von Krieg gibt es Angstbeben, 4/5, 9/60, 5/68. Ein >Beben durch Blitz und Donner< (--> **foudre**) kann politische Erschütterungen bedeuten durch abrupte Änderung der Religionsgesetzgebung, 2/64, 3/3, **9/83**, 6/88. Wenn bei Kämpfen >die Berge beben< (--> **mont**), 5/50, geht es auch um die Religion. Ein natürliches Beben der Erde kann geologisch (kein Beispiel) oder kosmisch verursacht sein, 1/46.
tresor thresor urne d' or	- *Bd.1*: 2/12 - *Bd.2*: 5/7, 5/66 *(implizit)*, **1/27**, **8/29** - *Bd.3*: 7/1, 10/81	1789ff. wurde die Kirche in Frankreich verstaatlicht und enteignet und in diesem Sinne ihr Schatz geraubt, 2/12. - Wer die Antwort auf die Frage, wie der Weltfrieden gesichert werden kann, in der Geschichte oder in paradiesischer Vorzeit sucht, für den gleicht sie einem rätselhaften Schatz, 5/7. - Die Lehren der alten Religionen können als Schätze, nämlich als Edelmetalle (--> **or**, ---> **argent**) ins Bild treten, die geplündert werden sollen. - Lange >verborgen< war, wie und wann die vor langer Zeit angekündigte Wiederkunft Christi sich vollziehen werde. Einen Papst wird es geben, der meint, diesen >Schatz< gefunden zu haben, und der ihn für seine Kirche wird heben wollen, **1/27**.

Begriff	Fundstellen	Erklärung
Troien Troyen	- <u>Bd.1</u>: 6/52 - <u>Bd.2</u>: **5/74**, 5/87 - <u>Bd.3</u>: 2/61, 1/19	Aeneas, einen Überlebenden der Schlacht um Troja, verschlug es danach in die Fremde. Der Versprengte war später an der Gründung Roms beteiligt. Wer eine "trojanische Hoffnung" hegt, hofft ein im Krieg verlorenes Reich neu begründen zu können, 6/52. Einer "von trojanischem Geblüt" ist einer, der es wie Aeneas macht, **5/74**, 5/87. Außerdem stammt er aus französischem Adelsgeschlecht, das einst den König von Frankreich stellte. Diese führten ihren Stammbaum bis auf Troja zurück.
urne hurne	- <u>Bd.1</u>: 6/52 - <u>Bd.2</u>: **9/73, 8/29, 2/81,** 5/41 - <u>Bd.3</u>: 10/50	Aus einem Krug gießt der Wassermann im gleichnamigen Sternbild Wasser aus; die "Urne" ist dann ein Ort am Firmament, 6/52. Sie kann auch ein Grab bedeuten, von Personen, 5/41, oder von Ideen, **8/29**, die aus der Versenkung wieder hervorgeholt werden. Und sie kann für den Tod durch Feuer stehen, **2/81**, Feuer vom Himmel nämlich (--> **foudre**).
vendange vigne	- <u>Bd.2</u>: 2/17, **9/80,** 3/38 - <u>Bd.3</u>: 2/83	Die Gleichnisse vom Weinstock, Joh 15, und von den bösen Winzern, Matth 2133-42, geben Bilder für das Verhältnis Christi zu den Menschen. Aus ihnen ist zu entnehmen, was die Verwüstung der Weinberge, 2/17, und die Weinernte, **9/80,** 3/38, bedeuten.
Venus	- <u>Bd.1</u>: **5/72, 4/33** - <u>Bd.2</u>: **5/53,** 5/11, **10/67,** 4/68, **5/24,** 5/25, **4/28, 10/28, 4/97,** Sz 4, 49 - <u>Bd.3</u>: 8/32, 4/84	Venus ist die römische Göttin der Liebe. Astrologisch ist sie zuständig für die Kollektive und deren Frieden. Aus beiden Gründen wird sie in **5/72** zum Symbol für die Aussöhnungspolitik Heinrichs IV. von Frankreich. In Bd. 2 ist Venus ein Symbol des bevorstehenden globalen Staates, **5/53**, weil dieser den Weltfrieden sichern (Waage-Venus --> **Libra** unter **balance**) und allen Nationen und Religionen Platz und Raum bieten will (Stier-Venus --> **Taurus** unter **boeuf**). Selbstverständlich kann auch einmal der Planet gemeint sein, **4/33, 4/97**.

Vesta	- Bd.2: 10/6, 9/9, 5/66, 2/17, **4/71**, **4/35** *(implizit)*, 4/95, VH (45)	Das kultische Feuer im Tempel der Vesta, einer römischen Göttin, war magisch mit dem Wohlergehen des Imperiums verknüpft. Ihr Kult, dem die Vestalinnen dienten, hatte den Staat zum Gegenstand. Die Verehrung des Staates galt und erschien als Religion. Einen solchen >Vestakult< wird es noch einmal geben, **9/9**. Mit ihm ist die Verpflichtung der alten Glaubensgemeinschaften auf die >Weltfriedensordnung< gemeint. Wird >die Jungfrau< (--> **vierge**) zur Vestalin, 2/17, dient auch sie dem Staatskult. Wird dann das Feuer im Tempel der Vesta gelöscht, **4/35**, bedeutet das die Aufkündigung des erhofften Friedens durch den pontifex maximus, dem die Vestalinnen unterstellt waren. Die geleisteten Dienste der >Vestalinnen< werden die Zelebranten des Staatskultes nicht davon abhalten, "vestalisches Blut" (--> **sang**) zu vergießen, VH (45).
vierge pucelle nonnain fille de l'aure	- Bd.2: **9/55** *(implizit)*, 2/17, **10/67**, 8/79, 8/80, **4/35**, 6/35, 8/90, **3/44**, 10/98, 9/100, Sz 1, VH (8), (9)	Die "freudvolle Jungfrau", 10/98, die "Tochter der Höhe", 9/100, ist Maria, die Mutter Jesu. Sie steht als Allegorie für den christlichen Glauben. Wenn die Jungfrau Maria zur "Vestalin" wird, dient sie dem Kult eines anderen Gottes, 2/17 (--> **Vesta**). - Die >Nonne< in 8/79 ist das jüdische Volk, weil es Christus nicht angenommen hat und daher nach einer mittelalterlich-christlichen Auffassung >alleingeblieben< ist. - Jungfrau heißt auch ein Sternbild des Tierkreises, 6/35, **9/55**.

Hier können fehlende Begriffe ergänzt werden. Dazu gehört, weil noch ungeklärt:

serpens serpent	- Bd.2: 2/43, VH (8) - Bd.3: 1/10, 6/62, 1/19, 4/93	

Die kommentierten Vierzeiler

Ein wenig Statistik:

Die 942 Vierzeiler ergeben zusammen mit den 58 Sechszeilern genau 1000 Verse.

Der historische Band enthält in der zweiten Auflage 213 Verse.
Hinzu kommen sieben hier nachgetragene Verse (S. 396).
Damit sind - mindestens - 22 % der Verse erfüllt.

Der vorliegende Band bietet Kommentare zu weiteren 366 Versen, (Vorauflage: 295 Verse), bestehend aus 340 Vierzeilern und 26 (noch nicht erfüllten) Sechszeilern.

Damit können zur Zeit etwa 58 % des Gesamttextes kommentiert werden.

Die in manchen Textausgaben enthaltenen 153 Présages (vierzeilig), die Nostradamus zugeschrieben werden, sind in diese Rechnung nicht einbezogen.

09/51 Contre les rouges* sectes* se banderont,
Feu, eau*, fer, corde par paix se minera,
Au point mourir ceux qui machineront,
Fors vn que monde sur tout ruynera.
[Kriegerische Ereignisse an der Jahrtausendwende/ JUPITER]
**Gegen die Roten* werden sich Gruppen* zusammentun,/
Feuer, Wasser*, Schwert. Im Herzen wird (man)
sich nach Frieden verzehren./
Gerade zur rechten Zeit sterben jene, die (es) aushecken werden,/
außer einem, der (die) Welt (noch) darüber hinaus zerstören wird.**

2) Mittelfr. n.m. fer Schwert (épée).
V. miner benagen, anfressen (ronger), aufzehren, aufbrauchen (consumer), verzehren (dévorer), auch metaphorisch (z.B. Gram verzehrt jdn.). Reflexiv ist miner nicht gebräuchlich, auch mittelfranz. nicht.
Das n.f. corde Strick, Seil ergibt im Kontext keinen Sinn. Daher wird angenommen, daß N. hier einen Ablativ vom lat. n.n. cor Herz eingestreut hat: "im Herzen".

3) Umstandsbestimmung à point gerade zur rechten Zeit.
V. machiner heimlich verabreden, ausbrüten, aushecken.

4) sur le tout darüber hinaus, überdies (en outre).

Der außerordentlichen Macht und enormen Verführungskunst, **10/10**, eines Mannes entspricht hier seine außerordentliche Fähigkeit zur Zerstörung der Welt. Der "eine" ist jener Mann, der während der Zeit der Katastrophe erstmals in Erscheinung treten, 3/91, und sich nach einigen Jahren zur Weltherrschaft wird aufschwingen können, **1/4**. Mit der über kriegsbedingte Einwirkungen hinausgehenden Zerstörung der Welt, die er dann anrichtet, Vz 4, ist das Verbot der alten Religionen gemeint. Denn für N. sind sie es, die die Welt bis dahin noch erhalten. Die Katastrophe wäre demnach ein Zeichen dafür, daß das wirkliche Ende der alten Erde nicht mehr fern ist. - Rot nennt N. Menschen, die unter Blutvergießen gegen ein bestehende Ordnung kämpfen. "Feuer" und "Schwert" deuten auf kriegerische Ereignisse. Wasser ist in diesem Zusammenhang ein >Wassereinbruch<, d.h. der Einmarsch fremder Truppen, 4/59 (Bd.1). - Zwei verschiedene Reaktionen auf den Krieg sieht N. Die einen sehnen den Frieden herbei, Vz 1, andere tun sich zusammen, um gegen die Friedensstörer vorzugehen, Vz 2. Dann aber sterben jene, die den Krieg ausgeheckt haben, noch "gerade rechtzeitig". "Einer" der Friedensfeinde aber bleibt übrig, der dann doch wieder den Krieg betreibt. Daraus ist zu schließen, daß die Welt durch den Krieg zu Beginn n i c h t vollständig zerstört werden wird. Doch anscheinend ist man davon nicht mehr weit entfernt, denn jene, die den Krieg betreiben, kommen "gerade rechtzeitig" um. Man fragt sich, wie das zugeht. - Es werden außerordentliche Naturereignisse sein, die den Krieg beenden und das Geschehen in neue Bahnen leiten. Die von den Menschen ausgelöste Katastrophe des Krieges wird durch einen Eingriff des Schöpfers beendet werden, der sich als Annäherung eines bis dahin unbekannten Himmelskörpers ankündigt.

Gruppe 02 - 52

01/52 Les deux malins de Scorpion conioints,/ Le grand seigneur meurtri
dedans sa (!) salle:/ Peste* à l' eglise par le nouueau roy ioint,/
L' Europe basse & Septentrionale. (1555)
[Zerstörung der katholischen Kirche]
(Sind) die beiden Übeltäter des Skorpions vereint,/
wird der große alte Herr ermordet in seinem Saal./
Pest* für die Kirche durch den neuen gnädigen König,/
im unteren Europa und im nördlichen.
    3) Mittelfr. adj. joinct, joint 1. gebildet (bien fait), freundlich,
    gnädig (gracieux) 2. lebhaft, energisch (vif), munter (alert).
    4) Lat. adj. septemtrionalis nördlich, Nord-

"Pest in der Kirche" bedeutet nicht, daß biologische Waffen gegen Kleriker eingesetzt werden und meint auch keine Seuche, die unter Priestern grassiert. Von einer "weit verbreiteten Seuche" im Zusammenhang mit der Entweihung und >Plünderung< von Kirchen spricht **8/62** und meint die Usurpation, d.h. unrechtmäßige Inbesitznahme der christlichen Religion durch den >neuen Heiligen<, **10/30**. Das ist auch in Vers **8/21** gemeint, wo drei militante Schiffe "Infektion, Unglaube und Pestilenz" mit sich führen, wovon sich sehr viele Menschen werden >hinreißen<, d.h. verführen lassen. Daß diese geistige >Seuche< sich im ganzen Kontinent ausbreitet, spricht dafür, daß hier die letzte Zeit der alten Erde gemeint ist. - Den Auftakt für dieses Geschehen bildet die Ermordung eines "Herrn" in seiner Residenz, es könnte sich um einen Papst handeln. Die beiden "Übeltäter des Skorpions" sind in der alten Astrologie Mars und Saturn. Sie begegnen sich etwa alle zwei Jahre am Himmel, z.B. im Juli 2010, August 2012, August 2014, August 2016. Aber in Wahrheit ist hier keine Konstellation angegeben. Gemeint ist, daß Saturn und Mars >gemeinsam verbrannt< sein werden im >Feuer vom Himmel<, **4/67** Vz 1, d.h. durch den Bann gegen die alten Religionen. Er beendet das >goldene Zeitalter< des Friedens, in dem Saturn herrschte, schon wieder. Auch Krieg und damit Widerstand gegen die Anordnungen (Mars) wird geächtet sein. - Der "neue gnädige König" ist der >neue Heilige<, der sich dann als ungnädig erweist, indem er eine >neue Religion< begründet, die N. als geistige Seuche erkennt, **5/49**.
---> 5/52, 8/2, 9/52, 10/02 (Letzte Zeit der alten Erde)

03/02 Le diuin* verbe donrra à la sustance/ Côprîs ciel* terre, or* occult
au fait (!) mystique/ Corps, ame esprit aiant toute puissance,/
Tant sous ses pieds, côme au siege celique*. (1555)
[Neue Erde]
Das göttliche* Wort wird der Substanz,/ wenn (der) Himmel*
(die) Erde umschließt, verborgenes Gold* auf mystische Weise geben./
Wenn (über) Körper (und) Seele (der) Geist alle Macht hat,/
(liegt) alles so zu (seinen) Füßen wie beim himmlischen* Thron.

Wer den Himmel auf die Erde herabnötigen will, wird nicht an der neuen Zeit teilhaben. Wer dem Geist, d.h. dem Wort Gottes die Macht über Körper und Seele einräumt, wird auf der neuen Erde leben können. "Das Reich Gottes kommt nicht mit äußeren Gebärden, und man wird auch nicht sagen: Siehe, hier ! oder: da ist es ! Denn sehet, das Reich Gottes ist inwendig in euch." (Luk 17 20 in der Luther-Übersetzung).
---> 5/52 (Neue Erde)

05/52 Vn Roy sera qui donra l' opposite,/ Les exilez esleuez
sur le regne:/ De sang* nager la gent caste hyppolite,/
Et florira long temps soubs telle enseigne. (1568)
[Christenverfolgung in der >Weltfriedensordnung</
Neue Erde] (Kommentar S. 67)
Einen König wird es geben, der die Gegnerschaft in die Enge treibt,/
die Verbannten werden in die Herrschaft erhoben./
Im Blut* schwimmt das keusche Volk, das hippolytische,/
und wird (doch) lange Zeit erblühen unter solchem Zeichen.
<sub>1) Mittelfr. v. donner (ohne Präposition): 1. bringen (porter)
2. zwingen, in die Enge treiben (forcer) 3. mitteilen (communiquer).</sub>

---> 1/52, 8/2, 9/52, 10/02 (Letzte Zeit der alten Erde)
---> 3/2 (Neue Erde)

08/02 Condon & Auch & autour de Mirande/ le voy du ciel feu*
qui les enuironne./ Sol* Mars* conioint au Lyon* puis marmande/
Fouldre*, grand gresle*, mur* tombe dans Garonne. (1555)
[Kometensturz/ Verbote christlicher Gemeinden in Südwestfrankreich]
(Über) Condom, Auch und um Mirande/
sehe ich Feuer* vom Himmel, das sie umgibt./
Sonne* (und) Mars* vereint im Löwen, dann (gibt es über) Marmande/
Blitz*, schweren Hagel*. (Die) Mauer* stürzt in die Garonne.
<sub>1) Zu Feuer vom Himmel s. das Glossar unter foudre.
1)3) Die genannten Orte liegen alle in Südwestfrankreich im Département Gers.</sub>

Wie 1/46 hat der Vers "Feuer vom Himmel" um oder über den südwestfranzösischen Orten Auch und Mirande. Die Deutung ergab dort, daß natürliche Lichterscheinungen im Verlauf des Kometensturzgeschehens gemeint sind. -   Die zweite Vershälfte handelt wie 1/46 Vz 4 von Ereignissen, die erst Jahre später eintreten. Der >Blitz< bedeutet einen Bannstrahl gegen die >Mauer<, d.h. gegen christliche Gemeinden an der Garonne. Der >Sturz in den Fluß< besagt, daß der Schutz vor dem Bösen, den die Kirchen bieten wollten, dann vom Zeitströmung weggespült wird. Der >Hagel< sagt, daß diese Vorgänge zum Handeln oder zur Zulassung Gottes gehören, der damit den Auszug seines Volkes aus der Kechtschaft vorbereitet, Exod 9. -   "Sonne (und) Mars vereint im Löwen" läßt sich nur als Angabe einer Konstellation am Himmel verstehen. Sie tritt etwa alle zwei Jahre im Spätsommer ein.

---> 1/52, 5/52, 9/52, 10/02 (Letzte Zeit der alten Erde)

09/52 La paix s' approche d' vn costé, & la guerre/ Oncques ne fut la poursuitte si grande,/ Plaindre hôme, fême, sang* innocent par terre,/ Et ce sera de France à toute bande. (1568)
[Christenverfolgungen am Ende der alten Erde]
Der Frieden nähert sich von einer Seite u n d der Krieg,/ niemals war die Verfolgung so schlimm./ Es klagen Männer, Frauen, unschuldiges Blut* am Boden,/ und das wird der Anteil Frankreichs sein, von allen Seiten.
4) À toute bande könnte noch anders zu übersetzen sein als angegeben.

"Von einer Seite" nähert sich der Friede u n d der Krieg. Gleichzeitig erleiden Unschuldige beiderlei Geschlechts blutige "Verfolgung". Das würde zusammenpassen, wenn Krieg und Verfolgung im Namen des Friedens stattfinden. In der letzten Zeit vor dem Ende der alten Erde werden im Namen des Weltfriedens Menschen verfolgt werden, 3/60, wenn sie sich nicht zur >neuen Religion< des globalen Regimes bekennen. - Christus schenkt denen, die ihm treubleiben, dennoch s e i n e n Frieden.
---> 1/52, 5/52, 8/2, 10/02 (Letzte Zeit der alten Erde)

10/02 Voille gallere voil de nef* cachera,/ La grande classe* viendra sortir la moindre/ Dix naves* proches le torneront poulser,/ Grande vaincue vnies à soy ioindre. (1568)
[Kämpfe um den Glauben in der letzten Zeit der alten Erde]
Heiliges Banner (der) Galeere wird (das) Banner des Schiffes* verdecken,/ die große Flotte* wird hinausschaffen wollen das kleinere (Schiff),/ zehn Schiffe* in der Nähe werden umdrehen, es wegzutreiben./ Wenn die Große besiegt ist, schließen sie sich vereint ihm an.
1) Mittelfr. N.f. voile, voelle I. 1. Tapete 2. verhüllende Decke 3. heiliges Banner (bannière sacrée) II. Kahn, Boot > lat. velum Segel.
3) Lat. n.f. navis Schiff.

>Schiffe< sind als die irdischen Gehäuse der Religionen bei N. geläufig. Wie in 9/100 und VH (43) geht es hier demnach um Auseinandersetzungen verschiedener Religionen. - Auf Galeeren war man nicht freiwillig, Sklaven oder Verbrecher mußten dort arbeiten. Die Galeere ist demnach eine Glaubensgemeinschaft, die ihre Anhänger zwangsweise rekrutiert. Gemeint ist die Zeit, wenn sich die Ideologie des Weltstaats zu einer >neuen Religion<, 9/9, verdichtet haben und für alle Menschen Verbindlichkeit beansprucht wird. Die Galeere führt einen Verband an, 9/79, eine "große Flotte". Das sind alle übrigen Glaubensgemeinschaften, die der >Galeere< folgen, d.h. ihre Selbständigkeit an den Verband verloren haben. - Aus diesem wird ein "kleineres" Schiff ausgestoßen, woran sich alle beteiligen. Es dürften die Gemeinden jener Altgläubigen gemeint sein, die der >Galeere< nicht folgen wollen. Am Ende ist die große Galeere besiegt, und die übrigen Schiffe schließen sich dem kleinen ausgestoßenen Schiff an.
---> 1/52, 5/52, 9/52 (Letzte Zeit der alten Erde)

10/52 Au lieu où LAYE & Scelde se marient,/ Seront les nopces* de long temps maniees,/ Au lieu d' Anuers où la crappe charient,/ Ieune vieillesse consorte intaminee. (1568)
[Kath. Kirche nach der Jahrtausendwende]
An dem Ort, wo Leie und Schelde heiraten,/ werden die Hochzeitsfeiern* sein, die von langer Hand vorbereiteten./ Am Ort Antwerpens, wohin sie den Unrat fahren,/ (erscheint) junge Greisin (als) Schicksalsgenossin, unbefleckt.
   3) Altfr. n.f. crape, grape 1. Enterhaken, Haken, Kralle (grappin, crochet, griffe) 2. Büschel, Bündel, Haufen (grappe). Mittelfr. crape 1. Schorf, Hautkrankheit 2. Schmutz (crasse), Unrat (ordure). Mittelfr. v. charier 1. einen Wagen fahren (conduire un char) 2. transportieren 3. mit dem Wagen fahren (aller en char). 4) Lat. n.m./f. consors Schicksalsgenosse, Gatte/ Gattin. N.m. Prince consort Prinzgemahl. Lat. adj. intaminatus unbesudelt, unbefleckt.

Die Leie fließt bei Gent in die Schelde, an deren Mündung in die Nordsee Antwerpen liegt. In der Umgebung von Gent wird das Zeichen dessen erkannt werden, der "die Seinen" töten läßt, 10/83. Der die S e i n e n töten läßt, **9/80**, ist der >neue Heilige<, 10/30, von dem am Ende alle christliche Tünche abfällt. Er wird dann ein ausschließliches Bekenntnis zu seiner >neuen Religion< verlangen und denen, die in ihrem Namen töten, nicht in den Weg treten. -   >Mutter Kirche< wird sich nach der Katastrophe diesem Mann >verloben<, **5/49**, dessen Gattin oder Schicksalsgenossin sie hier dadurch wird, daß sie ihn >heiratet<, **10/55**. -   In alter Zeit gingen die Abwässer ungeklärt in die Flüsse. Von Gent, wo die >eheliche Verbindung< gefeiert wird, bis Antwerpen ist es nicht weit, und von dort nicht weit bis zum Meer. Von der >Heirat< in Gent wird es z e i t l i c h nicht mehr weit sein bis zur endgültigen >Entsorgung< der katholischen Kirche. Sie wird dann nichts mehr gelten, für Unrat gehalten werden. (N. spricht von seiner geistigen Heimat, es ist nicht zynisch, höchstens sarkastisch gemeint). Weil er das kommen sieht, warnt N. in **2/97** den "römischen Pontifex" vor dem Betreten einer Zwei-Flüsse-Stadt, weil er als Konsequenz daraus den Glauben seiner Kirche werde preisgeben müssen. Aber dann wird es schon zu spät sein, **8/45**. -   >Mutter Kirche< erkennt N. als eine blutarme Greisin kurz vor ihrem Ende, die sich bei der >Hochzeit< aber auf jung schminken, sich gar jungfräulich (unbefleckt) geben werde, da sie sich für den >rechtmäßigen Gatten< so lange bewahrt habe. -   Man kann noch überlegen, wieso N. die >Hochzeit< "von langer Hand vorbereitet" nennt, während sie doch offenbar im Rausch der Begeisterung stattfindet, **8/13**. Er mag die >Heirat< als letzte Ausformung des traditionellen Bündnisses gesehen haben, das die katholische Kirche, seit sie Staatskirche wurde, mit den Mächtigen immer wieder eingegangen ist. Eine andere Möglichkeit ist, daß N. hier den Gegner Gottes am Werk sieht, der lange darauf hingearbeitet habe, daß die Kirche sich mit i h m s e l b s t verbinde.

Centurie 5, Vers 52

Vn Roy sera qui donra l' opposite,
Les exilez esleuez sur le regne :
De sang* nager la gent caste hyppolite,
Et florira long temps soubs telle enseigne.
(Textfassung bei Benoist Rigaud, Lyon 1568)

Übersetzung:
Einen König wird es geben, der die Gegnerschaft in die Enge treibt,
die Verbannten werden in die Herrschaft erhoben.
Im Blut* schwimmt das keusche Volk, das hippolytische,
und wird (doch) lange Zeit erblühen unter solchem Zeichen.

Kommentar zu 5/52:
Die "Verbannten" sind Angehörige des jüdischen Volkes. Denn einer von ihnen ist jener Mann, der als Verbannter, 2/7, seinen Ursprung finden, 9/84, und zum Messias seines Volkes werden wird, 6/18. Später mit Macht ausgestattet, wird er dafür sorgen, daß seine Leute Karriere machen, 6/18 Vz 3/4, und mit ihm "in die Herrschaft erhoben" werden, Vz 2. Später zur Weltherrschaft gelangt, 1/95, treibt dieser "König ... die Gegnerschaft in die Enge". Wer aber mag dann sein Gegner sein ?

Von dem Jüngling Hippolyt heißt es in der Sage, daß er die jungfräuliche und keusche Göttin Artemis verehrte. Im christlichen Bereich sind Jungfräulichkeit und Keuschheit mit der Mutter Jesu verbunden. Diese wiederum steht allegorisch für den christlichen Glauben schlechthin.

Daß sich aus Artemis durch Buchstabenvertauschung St Marie machen läßt, ist ein spielerisches, kein zwingendes Argument dafür, daß Artemis hier Deckname ist für die Jungfrau Maria. Zwingend macht die Gleichung Artemis = Maria aber der Zusammenhang des vorliegenden Verses.

Um die Gunst Hippolyts nämlich warb die - weniger keusche - Göttin Aphrodite, wurde jedoch von dem Jüngling zurückgewiesen. Daraufhin sorgte Aphrodite, die römische Venus dafür, daß Hippolyt zu Tode kam. "Gesetz der Venus", auf deren Geheiß Hippolyt getötet wird, ist nun aber bei N. ein Name der >Weltfriedensordnung<, 5/53.

Wie einst Aphrodite um die Gunst Hippolyts warb, wird auch die >Weltfriedensordnung< mit dem vermeintlich >wiedergekommenen Heiland< an der Spitze um die Gunst der Menschen werben, 1/96. Die Gunst derer, von denen sie abgewiesen wird, wird sie schließlich erzwingen wollen. Das "keusche Volk, das hippolytische" sind jene Menschen, die die >neue Religion<, den Kult des Weltstaats nämlich, 9/9, zurückweisen und Artemis, d.h. die Jungfrau Maria, sprich den christlichen Glauben ihr vorziehen, wie einst der Jüngling Hippolyt in der Sage die keusche Artemis der Aphrodite vorzog. Vom globalen Regime wird dieses >Volk< schließlich verfolgt und getötet werden, so wie die abgewiesene Aphrodite den Hippolyt in den Tod trieb. Es wird die schlimmste Christenverfolgung aller Zeiten sein, VH (43).

Doch am Ende - in der letzten Verszeile - werden die >Anhänger der Jungfrau<, d.h. die Christen "unter diesem Zeichen", dem der Keuschheit nämlich, erblühen. Als Symbol der Keuschheit galt in der Antike die Lilie. Das Lilienbanner wiederum war das Wappen der französischen Könige bis 1789. Deren Linie wird ein Bourbone fortsetzen, 4/97, unter dessen Schutz sich die Christen schließlich werden stellen können, VH (23). Er wird der ganzen Christenheit zu einer "langen Zeit" der Blüte verhelfen.

Gruppe 03 - 53

01/53 Las qu' on verra grand peuple tormenté/ Et la loy* saincte
en totale ruine/ Par aultres loyx* toute Chrestienté,/
Quand d' or* d' argent* trouué nouuelle mine. (1555)
[>Neue Religion</ Unterdrückung der christlichen Religion]
**O weh, dann wird man sehen, wie ein großes Volk gequält wird/
und das heilige Gesetz* völlig ruiniert ist./
Anderen Gesetzen* ist die ganze Christenheit unterworfen,/
wenn von Gold* (und) von Silber* eine neue Ader gefunden (sein wird).**
   1) Altfr. v. tormenter 1. martern, quälen (torturer) 2. Aufruhr
   entfesseln (déchaîner la tourmente) 3. in Aufruhr sein (être
   agité par la tourmente).

Das "große Volk" könnten die Franzosen, das "heilige Gesetz" die christliche Religion sowie die im Glauben gegründete Ordnung des Ancien Régime sein. Die aufgeklärte Philosophie entwickelte das Konzept des Gesellschaftsvertrages und der Menschenrechte, die mit den "anderen Gesetzen" gemeint wären, 2/8 (Bd.1). Am Schluß wäre die Einziehung der Kirchengüter durch die französische Republik und die Säkularisation gemeint. Aber das französische Volk machte seine Revolution selbst, wurde nicht "gequält". Nicht die "ganze Christenheit", sondern nur die den Eid auf die Republik verweigernden Priester bekamen Berufsverbot und so die "anderen Gesetze" zu spüren. - Die "neue Ader von Gold und Silber" ist ein Symbol für die >neue Religion< des Weltstaats, 1) weil diese aus einer Umdeutung und Vermischung der alten Glaubenslehren, insbesondere des Christentums und des Islam, hervorgehen, 6/10, und 2) weil sie sich höchster Wertschätzung durch die Zeitgenossen erfreuen wird, 9/12. Diese >neue Religion< wird ein Monopol beanspruchen, 1/79, und die christliche Religion ganz verdrängen, das "heilige Gesetz völlig ruinieren" wollen, Vz 2. Da es die Ideologie eines globalen Regimes ist, wird "die ganze Christenheit" davon betroffen sein. Wer sich den "anderen Gesetzen" nicht fügt, wird geächtet sein und verfolgt werden. Das "große Volk", das gequält wird, sind die Christen, die am alten Glauben festhalten.
   ---> 2/3, 3/3, 5/53 (Letzte Zeit der alten Erde)

Gruppe 03 - 53

02/03 Pour la chaleur solaire* sus la mer*/ De Negrepont les poissons*
demis cuits:/ Les habitants les viendront entamer/
Quâd Rod. & Gennes leur faudra le biscuit (1555)
[Unterdrückung der christlichen Religion]
Wegen der Sonnenhitze* über dem Meer*/
von Negroponte (werden) die Fische* halb gekocht (sein)./
Die Anwohner werden kommen, sie anzuschneiden,/
wenn Rhodos und Genua unvorbereitet sind.

2) Negroponte war im Mittelalter der Name der griechischen Insel Euboia, die hier für Griechenland im ganzen stehen würde. Aber "Negrepont" könnte auch eine eigenwillige Bezeichnung für das Schwarze Meer sein.
4) N.m. biscuit wörtlich: zweimal Gekochtes, biscuit de mer Schiffszwieback. Loc. s' embarquer sans biscuit sich ohne ausreichende Vorbereitung auf etwas einlassen.

Es scheint um ein Fischsterben zu gehen. "Sonnenhitze über dem Meer" verursacht Wassertemperaturen von 50° und mehr, bei denen die Fische "halb gekocht" werden. Dazu müßte die Sonneneinstrahlung so außergewöhnlich zunehmen, daß an Land kaum einer überleben könnte. Es würde keiner mehr dem Meer halb gekochte Fische entnehmen können, weil er selbst schon hinüber wäre. Das gleiche würde gelten, wenn die >Sonnenhitze< von einem Kometensturz o.ä. herrühren würde. So ergibt es keinen Sinn. -   Die frühen Christen begriffen sich gern als >Fische<, die, dem Menschenfischer Christus folgend, dem Himmel willig in die Netze gehen. Das Fisch-Symbol deutet auf die geistige Wiedergeburt im Wasser durch die Taufe. In der Zeit der Verfolgungen im römischen Reich war der Fisch das geheime Erkennungszeichen der Getauften, noch bevor das Kreuz aufkam. Christus selbst wurde als heilbringender >Fisch< aufgefaßt, worauf N. in 3/21 anspielt. -   D i e s e >Fische< also sind hier großer >Sonnenhitze< ausgesetzt. Die >Sonne<, Symbol der Offenbarung Gottes in Christus, wird in der gemeinten Zeit von >Phaeton<, dem angeblich wieder erschienenen >Sohn Gottes< gelenkt werden, **2/81**. Dabei wird sie der Erde zu nahe kommen und ihr das >Wasser< entziehen, bis >äußerste Trockenheit< herrscht, **3/3**. D.h. es wird das >lebendige Wasser< der alten Offenbarungen, **5/36**, auch des Neuen Testamentes, nicht mehr zugelassen sein. -   Eine Deutung der zweiten Vershälfte ist noch nicht möglich. Die angegebene freie Übersetzung der Vz 4 ist nur ein Vorschlag.

---> 1/53, 3/3, 5/53 (Letzte Zeit der alten Erde)

03/03 Mars* & Mercure* & l' argêt* ioint ensemble/ Vers le midi
extreme siccité*:/ Au fond d' Asie on dira terre tremble*,/
Corinthe, Ephese lors en perplexité. (1555)
[Unterdrückung der alten Religionen]
Mars* und Merkur* und das Silber* versammelt,/
nach Süden hin äußerste Trockenheit*./
Im tiefen Asien, heißt es, bebt* die Erde,/
Korinth, Ephesos (sind) dann ratlos.
4) N.f. perplexité Bestürzung, Ratlosigkeit, Unschlüssigkeit.

Silber galt als Entsprechung des Mondes. Demnach könnte hier eine Konjunktion von Mars, Merkur und Mond gemeint sein, die eine Zeit der Trockenheit anzeigt. Aber die drei Planeten treffen sich durchschnittlich einmal jährlich, so daß der so gedeutete Vers keine sinnvolle Aussage zuließe. - Der Vers ist daher eher sinnbildlich zu verstehen. Die >Trockenheit< ist ein Bild für die Abwesenheit >lebendigen Wassers<, **4/67**, d.h. des vom göttlichen Geist inspirierten Wortes. "Nach Süden hin" bedeutet keinen Ort, sondern die Zeit, wenn die >Sonne< am höchsten steht, d.h. wenn Gott, seine Wertschätzung durch die Menschen am höchsten steht. Die >Weltfriedensordnung< wird von einer Menschheit errichtet werden, die sich als ganze für geläutert und bußfertig hält, **1/69**. - Allerdings wird dann >Phaeton< den Sonnenwagen unter seiner Fuchtel haben, **2/81**. Seine Untauglichkeit für diese Aufgabe ist aus der Sage bekannt. Durch seinen Kurs wird er >Trockenheit< und geistige >Verwüstung< hervorrufen. Davon sind die Lehren des Islam (>Silber<) und des Christentums gleichermaßen betroffen; >Merkur< steht wie in **9/12** und andernorts für Jesus Christus. - Aber auch Mars >verdorrt< dann, **4/67**. Gemeint ist die Ächtung des Krieges, **3/36**. Sie wird dann gegen all jene gewendet, die mit der >Trockenheit< nicht einverstanden sind. Sie werden sich gegen den >Wassermangel< nicht wehren dürfen, als Friedensfeinde diffamiert und verfolgt werden. - In Asien scheint es damit loszugehen. Das >Beben der Erde<, **9/83**, bedeutet politische Erschütterungen. Es wird dort zu Verfolgungen kommen, **3/60**. Korinth und Ephesos, d.h. Griechenland und Türkei, Okzident und Orient, sind dann "bestürzt" und "ratlos", wissen nicht, wie sich sich verhalten sollen, **2/52** (Bd.3).

---> **1/53, 2/3, 5/53** (Letzte Zeit der alten Erde)

05/53 La loy* du Sol* & Venus* contendens/ Appropriant l' esprit
de prophetie,/ Ne l' un ne l' autre ne seront entendus,/
Par Sol* tiendra la loy* du grand Messie. (1568)
   Variante: " La loy du sol & Venus contendus" (Ed. d' Amsterdam 1668)
[>Weltfriedensordnung< gegen christliche Religion] (Kommentar S. 72)
Das Gesetz* der Sonne* und (das der) Venus* rivalisieren,/
wenn sie (sich) passend machen den Geist der Prophetie./
Weder das eine noch das andere wird (ihn) begriffen haben./
Durch Sonne* wird Bestand haben das Gesetz* vom großen Messias.
   1) Sol ist ein metrumbedingt verkürztes Soleil, > lat. n.m. sol
   Sonne.
   Venus soll (z.B. Pfändler 1996 S. 386/87) für den Islam
   stehen, weil der französische Freitag (venerdi) eigentlich der
   Venustag ist. Aber von den Planeten ist schon der Mond für
   den Islam vergeben, s. das Glossar unter lune.
   1) Die Variante contendus erfüllt den Reim, contendens nicht.
   Korrekt hätte contendues stehen müssen.
   Mittelfr. v. contendre 1. einen Gedanken vorbringen, eine Idee
   unterstützen (avancer, soutenir une idée) 2. sich streiten (se
   disputer), sich zanken (se quereller) 3. kämpfen (combattre),
   rivalisieren (rivaliser) 4. streitig machen, in Abrede stellen
   (contester). Die oben gewählte Übersetzung ist etwas frei,
   weil sie das Passiv des Prädikats nicht wiedergibt.
   2) Mittelfr. v. approprier 1. zuteilen, zuweisen (attribuer)
   2. etwas passend machen (rendre une chose convenable),
   > mittellat. v. appropriare zu eigen geben; (als eigen) beanspruchen; (zu eigen) zuschreiben; aufnehmen, einverleiben.
   4) Das v. tenir ist hier mangels Objekt intransitiv, mögliche
   Bedeutungen 1. befestigt sein, Bestand haben, 2. sich halten
   3. dauern, Gültigkeit haben.
---> 1/53, 2/3, 3/3 (Letzte Zeit der alten Erde)

06/03 Fleuue* qu' eprouue le nouueau nay Celtique*/ Sera en grande
de l' Empire discorde:/ Le ieune prince par gent ecclesiastique,/
Ostera le sceptre coronal de concorde. (1568)
[Krieg um die Freiheit der Religion und Europas/ Heinrich V.]
Fluß*, der den neu erschienenen Keltischen* auf die Probe stellt,/
wird in großer Zwietracht mit dem Imperium sein./
Der junge Fürst wird wegen der Kirchenleute/
wegnehmen das gekrönte Zepter der Eintracht.
   4) Lat. adj. coronalis zur Krone gehörig.
>Kelten< nennt N. Menschen, die vorchristliche oder vorzivilisatorische
Zustände herbeiführen. Der "große Keltische" ist in 6/28 der >neue
Heilige<, 10/30, der zur obersten religiösen Autorität in der Welt werden
und dann die alten Religionen für "nichtig erklären" lassen wird, **8/77**, was
die Benennung als "Keltischer" im angegebenen Sinne rechtfertigt. In der
letzten Zeile heißt er "das gekrönte Zepter der Eintracht", weil seine
>neue Religion< angeblich den Weltfrieden ideologisch sichert, dem
Imperium die Pax Romana zu schenken erheischt. - Der
"junge Fürst" stellt sich mit zusammenströmenden Truppen, einem
>Fluß<, **2/57**, ihm entgegen. Gemeint ist wahrscheinlich der spätere
Heinrich V., 10/27. Es geht bei dem Kampf um die Freiheit der Religion
und der Kirche, Vz 3, die verlorenging.

Centurie 5, Vers 53
La loy* du Sol* & Venus* contendus
Appropriant l' esprit de prophetie,
Ne l' un ne l' autre ne seront entendus,
Par Sol* tiendra la loy* du grand Messie.
(Textfassung der Ed. d' Amsterdam 1668)

Übersetzung:
Das Gesetz* der Sonne* und (das der) Venus* rivalisieren,
wenn sie (sich) passend machen den Geist der Prophetie.
Weder das eine noch das andere wird ihn begriffen haben.
Durch (die) Sonne* wird Bestand haben das Gesetz* vom
großen Messias.

Kommentar zu 5/53:
Eine loy ist bei N. das Prinzip einer Rechtsordnung, 2/90 (Bd.1). Die Sonne steht bei N. für die Offenbarung Gottes in Christus. Daher ist mit dem "Gesetz der Sonne" die christliche Religion als Grundlage einer Rechtsordnung und politischen Ordnung gemeint.

Die Venus bringt N. mit Vergnügen, Sinnenfreude in Verbindung, 5/72 (Bd.1), wie es der traditionellen Auffassung entspricht. Demnach wäre das "Gesetz der Venus" eine materiell orientierte Lebensordnung, wie sie z.B. auch vor der Katastrophe herrscht. Heute unüblich ist aber das Bemühen um den "Geist der Prophetie". Daher muß mit dem Gesetz der Venus noch etwas anderes gemeint sein.

Durch die Katastrophe wird Prophetie im Kurs steigen und ernstlich gefragt sein. Die Zeit, in der noch offen über ihren Geist gesprochen werden kann, wird dann aber nur einige Jahre währen. Das wird in der "Ordnung der Gemeinsamkeit", 4/32, die den Weltfrieden verwirklichen will, zunächst noch möglich sein. Sie ist das >Gesetz der Venus< im Stadium der Entstehung. Später wird die Ideologie dieser Ordnung sich zu einer eigener >neue Religion< verdichten, 9/9. Sie ist die unverhüllte Form des Anspruches, den der Staat bzw. international die Staatengemeinschaft stellt, den Frieden sowie die Würde und die Freiheit der Menschen wirksam schützen zu können. Neu an diesem Anspruch wird nur sein Gewand als offizielle Religion sein.

So wie die Venus am morgendlichen Himmel vor der Sonne für kurze Zeit erscheint, bis ihr geliehenes Licht hinter dem viel stärkeren Licht der Sonne verblaßt, so wird die >neue Religion< nur für >kurze< Zeit dominieren, bevor eine wirklich auf das Wort Gottes gebaute Lebensordnung sich durchsetzen kann.

Die Parteigänger des neuen Regimes werden die prophetischen Verheißungen der Religionen im Sinne dieses Regimes deuten, sie sich "zurechtmachen". Das von den Propheten verheißene Friedensreich werde nun erbaut und könne demnächst in voller Blüte stehen, wenn sich die Menschen in den Weltstaat harmonisch fügen (Waage-Venus) und alle Menschen und Länder gemeinsam (Stier-Venus) sich dem Dienst am Aufbauwerk unterordnen würden. Aber auch Vertreter der christlichen Kirchen werden die Prophetien mißverstehen und meinen, die jeweils eigene Lehre werde sich am Ende durchsetzen, 6/93.

Gott wird festhalten am "Gesetz des großen Messias". Es werden das Reich Gottes am Ende jene erwerben, die Christus auf seinem Weg der Selbstverleugnung und tätigen Liebe gefolgt sind. Erst auf der neuen Erde werden sie sich kampflos an seiner Anwesenheit erfreuen können.

01/04 Par l' vniuers sera faict vng monarque,/ Qu' en paix & vie
ne sera longuement:/ Lors se perdra la piscature* barque*,/
Sera regie en plus grand detriment. (1555)
[JUPITER/ >Weltfriedensordnung</
Zerstörung der katholischen Kirche] (Kommentar S. 79)
**Von der ganzen Welt wird einer zum Alleinherrscher gemacht werden,/
der im Frieden und am Leben nicht lange sein wird./
In jener Zeit wird das Fischer*boot* untergehen,/
es wird gelenkt werden in seine größte Niederlage.**
1) Pfändler (1996 S. 55) übersetzt: "Der Welt wird ein Herrscher erstanden sein". Aber der Vers hat univers (ganze Welt) und nicht monde (Welt), und er hat monarque (Alleinherrscher), nicht souverain (Herrscher). - Wegen des mit par gekennzeichneten complément d' agent steht das Prädikat eindeutig im Passiv: "... wird ... gemacht werden". Es ist nicht zulässig zu übersetzen, als stünde da eine reflexive Form.
3) V. se perdre verlorengehen, verschwinden, sich verirren, sich verlieren, zugundegehen. Die Übersetzung mit "untergehen" berücksichtigt, daß ein Boot Subjekt ist.
Das adj. piscatoire zu Fischern gehörig ist hier etwas abgewandelt. Zu >Fisch<, >Fischer< s. das Glossar unter poisson.
4) N.m. détriment Nachteil > lat. n.n. detrimentum Schaden, Nachteil, Verlust; Niederlage.
  1) bis 4) Die Deutung auf Napoléons Vorgehen gegen die römische Kirche und den Papst im Jahr 1809 (Pfändler 1996 S. 55) scheitert daran, daß dieser Niederlage der Kirche eine größere Niederlage folgen soll, 9/5, sie daher nicht die "größte" sein kann, weil der komplette Untergang erst noch kommt, 10/65 (so auch Pfändler a.a.O. S. 770). Sie scheitert zweitens daran, daß Napoléon nicht von der Welt zum Alleinherrscher gemacht wurde, sondern sich ihr gegen starke Widerstände als solcher aufdrängen wollte.
---> 9/54, 10/54 (Zerstörung der katholischen Kirche)

02/54 Par gent estrâge, & de Romains loingtaine/ Leur grand cité apres
eaue* fort troublee,/ Fille sans main (!), trop different domaine,/
Prins chief, sarreure n' auoir esté riblée. (1555)
[Kataklysmus/ Islamische Invasion Europas]
**Durch fremdes Volk, von Römern weit entfernt,/
(wird) ihre große Stadt nach den Fluten* sehr in Aufruhr versetzt./
Tochter machtlos, allzu entzweit die Autoritäten,/
Haupt ergriffen, Türschloß war nicht geschärft worden.**
2) Zu Fluten s. das Glossar unter déluge.
3) N.m. domaine Erbgut, Besitzung, Domänenverwaltung. Alte Bedeutung: Autorität, Macht (großer Larousse). Mittelfr. adj. different geteilt (divisé).
4) Lat. n.f. manus auch: bewaffnete Hand, (Heeres-)Macht. V. ribler rillen, schärfen. Mittelfr. v. ribler 1. streunen (vagabonder) 2. stehlen (voler), plündern (piller).
N.f. serrure Türschloß. V. sarrer ist ein provencalisch abgewandeltes serrer.
"N a c h der Flut" kommt der Andrang "fremden Volks" nach Rom. Diese zeitliche Abfolge ist hier eindeutig. Mit dem "fremden Volk, von Römern weit entfernt", sind Araber gemeint, 2/93 Vz 1. -   "Die Flut" ist ein harmlos klingender Name für eine den ganzen Kontinent in Mitleidenschaft ziehende Überschwemmung. Sie scheint Begleitumstand, 8/16,

sowie Folge des Kometensturzes, 2/43, zu sein. Nicht nur Italien, auch Frankreich, 2/33, und ganz Europa, vielleicht die ganze Welt wird davon betroffen sein. - >Damen<, auch >Töchter< sind bei N. Völker, oder allgemeiner Gemeinschaften von Menschen. Weil der Schauplatz des Verses Rom ist, könnte hier das römische oder italienische Volk gemeint sein. Eine andere Möglichkeit ist, daß die >Tochter< aus den gläubigen Römern (Italienern) besteht, dem Kirchenvolk dieses Landes. Vgl. **4/71**, wo katholische Landeskirchen oder Ordensgemeinschaften die >Töchter< der >Mutter Kirche< sind. - Die Ohnmacht der Römer angesichts der Folgen der Naturkatastrophe ist vorstellbar. Das Chaos wird verstärkt durch die andrängenden Araber. Hinzu kommt, daß die Autoritäten nicht an einem Strang ziehen. Sollte hier auch die Hierarchie der Kirche gemeint sein, könnte eine Parallele in 8/20 gegeben sein. Bei äußerer Bedrohung leistet man sich internen Zwist. - Die letzte Vz bringt zwei Einzelszenen.
---> 6/4, 6/54 (Kataklysmus)
---> 2/4, 6/54 (Islamische Invasion Europas)

02/04 Depuis Monech iusques au pres de Secile/ Toute la plage demourra desolée,/ Jl ny aura fauxbourg, cité, ne vile/ Que par barbares* pillée soit & vollée. (1555)
[Islamische Invasion Europas]
Von Monaco bis in die Nähe von Sizilien/
wird die ganze Küste verwüstet zurückbleiben./
Es wird keine Siedlung, keine Stadt noch Ortschaft geben,/
die nicht von Barbaren* zerstört und geplündert wäre.
Ein Vers, dessen Aussage kaum einer Deutung bedarf. Barbaren nennt N. die Völker Nordafrikas und des Nahen Ostens, weil sie nicht dem christlich-abendländischen Kulturkreis angehören. In den gleichen Zusammenhang könnte Vers 8/84 gehören. Zu der Invasion wird es n a c h dem Kataklysmus kommen, 2/54, **6/54**.
---> 2/54, 6/54 (Islamische Invasion Europas)

03/04 Quâd seront proches (!) le defaut des lunaires,/ De l' vn a l' autre ne distant grandement,/ Froid, siccité*, danger vers les frontieres,/ Mesmes ou l' oracle a prins commencemêt. (1555)
[Verbot von christlicher und islamischer Religion]
Wenn die Abwesenheit der Lichter nahe sein wird/
- von der einen (Finsternis) bis zur anderen ist es nicht weit - ,/
(gibt es) Kälte, Trockenheit*, Gefahr an den Grenzen,/
auch dort, von wo die Weissagung ausgegangen ist.
1) Die Syntax der ersten Vz ist schlampig durchgeführt, weil der Numerus des Prädikats seront nicht mit dem Numerus des einzigen in Frage kommenden Subjekts le défaut übereinstimmt. Es wird übersetzt, als stünde da das korrekte sera proche. - In den lunaires wird im Hinblick auf den Anschlußvers 3/5 Vz 1 eine metrumbedingte Verkürzung von lu[mi]naires Lichter erkannt.
Die lunaires sind wahrscheinlich versmaßbedingt verkürzte lu(mi)naires Lichter. Leuchten oder Lichter sind im Sprachgebrauch der alten Astrologen Sonne und Mond. Sie also sind es, die Not leiden, d.h. nicht

scheinen, wie sie sollten. Das können natürliche kosmische Vorgänge sein, oder der verminderte Schein ist ein Sinnbild, wie in 3/5 und 4/30. Dabei ist zu beachten, daß der Vers spricht von z w e i Nöten der beiden Leuchten spricht, Vz 2. - Die e r s t e Abwesenheit von Sonne und Mond meint die dreitägige, 1/46, Verfinsterung im Zuge des Kataklysmus. Die z w e i t e >Abwesenheit von Sonne und Mond< bedeutet, daß die christliche wie die islamische Religion ihr geistiges Licht nicht mehr verbreiten dürfen. Die >Trockenheit< beruht wie in 4/67 auf der Abwesenheit des >lebendigen Wassers<, das dann von der Oberfläche der Erde verbannt werden soll. Wie der >eiskalte Regen< in 6/5 bedeutet die >Kälte<, daß den Altgläubigen die Vertrautheit ihrer geistigen Heimat genommen werden soll. - Die Gefahren an den Grenzen Frankreichs dürften von den Fremden ausgehen, die dann im Auftrag des globalen Regimes die Widerstrebenden "in Übereinstimmung bringen" sollen, 3/38 Vz 4. Die Weissagung ging aus von Salon-de-Provence, wo N. 1555 lebte. - Von der ersten natürlichen bis zur zweiten sinnbildlichen Abwesenheit von Sonne und Mond werde es "nicht weit" sein, sagt N. von der für ihn fernen Zukunft. Der Mann, der etwa 3 bis 4 Jahre nach der Katastrophe zum Weltherrscher aufgestiegen sein wird, werde "nicht lange" Frieden halten, heißt es parallel in 1/4. Damit ist eine Zeitspanne zwischen neun und elf Jahren gemeint, s. Register VII (14).
---> 2/54, 6/4, 6/54 (Kataklysmus)

05/54 Du pont Euxine, & la grand Tartarie,/ Vn roy sera qui viendra voir la Gaule/ Transpercera Alane & l' Armenie,/ Et dans Bisance lairra sanglante* Gaule. (1568)
[Europäischer Freiheitskrieg]
**Vom Schwarzen Meer und der großen Tatarei/
wird es einen König geben, der Gallien aufsuchen wird./
Durchbohren wird er Alanien und Armenien/
und in Byzanz wird er Gallien blutig* (zurück)lassen.**

Die Tataren waren im Inneren Asiens beheimatet. Die Große Tatarei lag zwischen Kaspischem Meer und der Mongolei, die Kleine Tatarei war das Gebiet zwischen Kaukasus und Aralsee. Die Alanen waren ein Steppenvolk nördlich des Kaukasus, Armenien liegt südlich dieser Gebirgskette. Der Ostrand des Schwarzen Meeres scheint Ausgangspunkt einer Invasion Südosteuropas zur Zeit der Naturkatastrophen zu sein, 5/27. - Von dorther wird später aber auch "das große Reich des Antechristen" vordringen, VH (17). Es wird in der letzten Zeit der alten Erde "der Große Asiens" kommen, um Europa und das Christentum zu zerstören, 6/80. Daß französische Truppen in Kleinasien kämpfen, vielleicht um die Invasion aufzuhalten, wird auch in **6/85** deutlich. - Nach Frankreich werden die Truppen aus Asien vordringen wollen, weil Heinrich V. seine Heimat dann zurückerobert haben wird, 4/5. Dort wird 5/68 und 8/34 (Bd.3) zufolge der Endkampf ausgetragen werden, in welchem der "König von Europa" und der "König von Babylon" sich gegenüberstehen, 10/86.

06/04 Le Celtiq* fleuue* changera de riuaige,/ Plus ne tiendra la
cité d' Agripine:/ Tout transmué ormis le vieil langaige*,/
Saturne*, Leo*, Mars*, Cancer en rapine. (1568)
[Folgen des Kataklysmus]
Der keltische* Fluß* wird das Ufer wechseln,/
er wird nicht mehr die Stadt Agrippinas ansteuern./
Alles verwandelt außer der alten Sprache*,/
Saturn* (im) Löwen*, Mars* (im) Krebs, zur Beute bestimmt.
   4) Die Übersetzung ist eine der Möglichkeiten. Das Wort
   rapine kann Diebstahl, aber auch Beute bedeuten. Die
   Präposition en kann Zweck und Bestimmmung bezeichnen.
Köln hieß zur Römerzeit Colonia Agrippina oder Colonia Agrippinensis,
und mit dem Fluß, der diese Stadt nicht mehr ansteuert, es also zuvor tat,
müßte der Rhein gemeint sein. Daß der Rhein nicht mehr durch Köln
fließt, ist bisher nicht eingetreten. Mögliche Ursachen zählt Pfändler
(1996 S. 425) auf: Eine Naturkatastrophe verändert den Lauf des Flusses
gewaltig oder ein Klimawandel bewirkt, daß der Rhein schon vor Köln
versickert oder nahe Köln ins Meer fließt, dessen Spiegel sich dann stark
erhöht haben müßte. Letzteres ist aber auszuschließen, da dann auch
Städte wie Gent, 10/52, untergegangen wären. - Kelten
nennt N. Franzosen, die sich gegen eigene oder fremde Herren auflehnen. Der "keltische Fluß" ist somit der Rhein in einer Zeit, in der sich
seine Anwohner gegen eine Herrschaft, wohl gegen fremde Herren auflehnen. Wahrscheinlich ist die Zeit nach der Katastrophe gemeint, denn
außerordentlichen Naturereignissen, nach denen "alles verwandelt"
erscheint, ist auch zuzutrauen, daß sie den Lauf von Flüssen ändern.
Erdbeben und große Überschwemmungen, 2/43, könnten das bewirken. -
Sollte in Vz 4 ein Gestirnstand angegeben sein, ergäben sich, bezogen
auf Sternbilder, **1/51** (Bd.1), die Zeiten Mai 2008, dann Juli 2036.
---> 2/54, 3/4, 6/54 (Kataklysmus)

06/54 Au poinct du iour* au second chant du coq,/ Ceulx de Tunes,
de Fez, & de Bugie:/ Par les Arabes captif le Roy Maroq,/
L' an mil six cens & sept, de Liturgie. (1568)
[Kataklysmus/ Islamische Invasion Europas] (Kommentar S. 80)
Gleich wenn es Tag* wird, beim zweiten Hahnenschrei,/
(erheben sich) die von Tunis, Fèz und Bejaia./
Von den Arabern gefangengenommen der marokkanische König/
im Jahr tausendsechshundertundsieben der Liturgie.
   2) Bejaia, bis 1963 Bugie, ist eine algerische Hafenstadt, etwa
   200 Km östlich von Algier. Die drei Städte stehen für
   Tunesien, Marokko und Algerien.
   2) Es fehlt das Prädikat. Da Vz 3 an einen Aufstand denken
   läßt, liegt es nahe, auch in Vz 2 an eine Erhebung zu denken.
   4) Die Erklärung des Begriffes "Liturgie" im Kommentar ist
   angelehnt an: Neues Handbuch theologischer Grundbegriffe,
   1991, Bd.3, S. 282.
---> 2/54, 3/4, 6/4 (Kataklysmus)
---> 2/4, 2/54 (Islamische Invasion Europas)

09/54 Arriuera au port de Corsibonne,/ Pres de Rauenne qui
pillera la dame*,/ En mer profonde legat de la Vlisbonne/
Souz roc* cachez rauiront septante ames. (1568)
[POLLUX-JUPITER/ Zerstörung der katholischen Kirche]
Es wird ankommen in Porto Corsini (?)/
bei Ravenna, der die Dame* ausplündern wird./
Im tiefen Meer (ein) Bote aus Lissabon./
Unter (einem) Fels* verborgen, werden sie siebzig Seelen rauben.

_{1) Ravenna ist einige Kilometer landeinwärts gelegen, sein Hafen heißt Porto Corsini. Die Endung -bonne ist damit nicht erklärt, muß wohl als Reim auf Ulisbonne aufgefaßt werden.}

In 3/21 landet ein "grausiger Fisch" bei der Mündung des Conca, etwa 20 Kilometer südlich von Ravenna. In 2/32 erscheint ein "Monstrum" bei Ravenna, während sich die >neue Religion< in Italien und auf dem Balkan ausbreitet. Der Landende ist jeweils der hochverehrte >neue Heilige<, der eine >neue Religion< erfinden wird, **1/45**, wenn er zur Macht gekommen ist. Derselbe ist auch hier gemeint, denn er wird >die Dame<, das ist Mutter Kirche, >ausplündern<. Er wird die alten Offenbarungen, darunter die Bibel, als Rohmaterial hernehmen, die Deutungshoheit über sie beanspruchen, sie für sein Machtinteresse umdeuten, **9/9**, und so die Kirche >plündern<, **8/83**. Er wird ihr auch viele Gläubige abspenstig machen, sie auch in diesem Sinn ausrauben, 1/67. -   Er wird von N. auch unter dem Bild des >Felsens< angesprochen, weil die meisten Menschen Gottes Treue und Verläßlichkeit in ihm verkörpert glauben werden. Die "siebzig Seelen" deuten möglicherweise auf die Septuaginta, wie die älteste griechische Fassung des AT genannt wird. Vgl.a. 2/37 (Bd.3). Ihr >Raub< würde wiederum bedeuten, daß man ein Deutungsmonopol beansprucht. Dabei versteckt man sich hinter der Autorität des >Hauptes der Weisheit<, **5/31**. -   Zu dem "Boten" aus Portugal vgl. **6/85**, 9/30 (Bd.3), 9/60 (Bd.3), zur Ortsangabe "im tiefen Meer" vgl. 2/5 (Bd.3), 6/1 (Bd.3).

---> 1/4, 10/54 (Zerstörung der katholischen Kirche)
---> 3/4 (Letzte Zeit der alten Erde)

10/54 Nee en ce monde par concubine* fertiue,/ A deux hault mise par les tristes nouuelles,/ Entre ennemis sera prinse captiue,/ Et amené à Malings & Bruxelles. (1568)
[Zerstörung der katholischen Kirche]
Geboren in diese Welt durch eine fruchtbare Konkubine,/ wird sie auf zwei Gipfel gelangen durch die traurigen Neuigkeiten./ Unter Feinden wird sie ergriffen (und) gefangengenommen/ und abgeführt werden nach Mechelen und Brüssel.

   1) Zur Konkubine s. das Glossar unter dame.
   fertive steht reimbedingt für fertile fruchtbar, wie in 8/25.
   4) Mechelen, eine Stadt zwischen Brüssel und Antwerpen, heißt französisch Malines.
   4) Statt amené müßte korrekt amenée stehen, weil das Subjekt des ganzen Verses weiblich ist.

Von schreckenerregenden Neuigkeiten sowie einer "begeisterten Dame" spricht **5/65**. Die "fruchtbare Konkubine" dürfte >Mutter Kirche< sein, die in dem >neuen Messias<, **1/95**, einen "Liebhaber" finden wird, der sie "hinreißt" zu einem "fruchtbaren" Liebesverhältnis, 8/25. "Sie", die >Tochter< aus dieser Verbindung, ist das Volk der Katholiken, das von der Kirche zur Anerkennung des neuen Mannes als des wiedergekommenen Messias hingeführt wird. Sie bildet grammatisch das Subjekt für sämtliche Aussagen des Verses. - Es scheint einen Widerspruch zu geben zwischen den "Gipfeln", auf welche die >Tochter< gelangt, und den "traurigen Neuigkeiten", die darin bestehen sollen. Er würde sich auflösen, nähme man an, daß die "traurigen Neuigkeiten" die Wertung des Sehers darstellen, der das Ende absieht, Vz 3/4, während die beiden >Gipfel< die Illusion der religiösen und weltlichen Bevorzugung bedeuten, in der sich die ihrer Kirche folgenden Katholiken eine Zeit lang wiegen werden, **4/71**. - Die zweite Vershälfte betrifft eine spätere Zeit. Die Anhänger des >neuen Messias< werden sich dann als "Feinde" derer erweisen, die am alten Glauben festhalten und damit rechnen müssen, vor Gericht gestellt zu werden, **6/72**. - Von Ereignissen in Belgien, die die katholische Kirche betreffen, handeln auch 10/52 und **2/97**.

  ---> 1/4, 9/54 (Zerstörung der katholischen Kirche)
  ---> 3/4 (Letzte Zeit der alten Erde)

Centurie 1, Vers 4
Par l' vniuers sera faict vng monarque,
Qu' en paix & vie ne sera longuement :
Lors se perdra la piscature* barque*,
Sera regie en plus grand detriment.
(Urfassung bei Macé Bonhomme, Lyon 1555)

Übersetzung der Urfassung:
Von der ganzen Welt wird einer zum Alleinherrscher gemacht werden,
der im Frieden und am Leben nicht lange sein wird.
In jener Zeit wird das Fischer*boot* untergehen,
es wird gelenkt werden in seine größte Niederlage.

Kommentar zu 1/4:
Die Arche wurde auf göttliches Geheiß von Noah erbaut zur Rettung seiner Familie und der mitgeführten Tiere während der Sintflut. Die Kirche will in entsprechender Weise die Menschen bei sich aufnehmen, ihnen eine geistige Heimat für die Fahrt durch das Erdenleben bieten, in deren Schutz sie das Leben in der Ewigkeit ansteuern können. In ihrem Selbstverständnis steht die Kirche in der Nachfolge der Apostel und Jünger Jesu, welche dieser zu Menschenfischern machen wollte, Matth 4/19. So wie Fische bei nächtlichem Fang durch Lichtquellen zu den Booten und in die Netze sich locken lassen, so sollen die Menschen in der Finsternis rein irdisch gerichteten Lebens durch das geistige Licht des Evangeliums angelockt werden, welches die christlichen Kirchen zu verbreiten hoffen (nach J. Lorber GEJ Bd. 9, Kap. 116). Das "Fischerboot" ist demnach ein Symbol für die Kirche als das irdische Gehäuse der christlichen Religion, zuerst und hauptsächlich für die katholische Kirche, deren Schicksal dem Seher am Herzen lag.

Daß einer "von der ganzen Welt" - gemeint ist der ganze Planet Erde, nicht das All - "zum Alleinherrscher" über sie "gemacht" wird, hat es noch nicht gegeben. <u>Der Vers ist ein Stenogramm von Leben und Taten des Mannes, der nach der Katastrophe seine Macht an der Spitze der >Weltfriedensordnung< wird etablieren können, weil die Menschen in ihm den ersehnten Friedensstifter und Retter aus Not und Elend werden erkennen wollen.</u> Er wird "nicht lange", nämlich nur etwa zehn Jahre, **8/69**, ohne Krieg auskommen, um dann alle Menschen verfolgen zu lassen, die sich nicht unter sein Regime und zur >neuen Religion< des Weltstaats bekennen. (Im Unterschied zu dem hier Gemeinten wird der spätere Herrscher von Europa sich e r s t im Krieg bewähren müssen, ehe er dann s p ä t e r in Frieden herrschen kann, woraus zu schlußfolgern ist, daß er hier nicht gemeint sein kann.)

Die Spitze der katholischen Kirche wird die Hoffnung hegen, den >neuen Heiligen<, **10/30**, für die Sache der christlichen Religion dienstbar zu machen, **6/93**. Genau umgekehrt wird es kommen: Der neue Mann wird die Kirche benutzen, um seine Anhängerschaft zu mehren, **1/95**, und wird später den Kirchen verbieten, den alten Glauben zu verkünden, **10/65**. So wird das Fischerboot in seinen Untergang gelenkt werden - es "wird sich verlieren" (se perdra), nämlich seine Identität, **5/46**. Die am Machtinteresse orientierte Politik ihrer Oberen wird die Kirche in die "größte Niederlage" ihrer Geschichte führen.

Der Weltherrscher wird "nicht lange am Leben sein", d.h. die Herrschaft nicht lange innehaben - was ihn wiederum vom späteren Herrscher über Europa unterscheidet, **4/97**. Es ist dies aber aus dem Blickwinkel der Ewigkeit gesprochen, so wie es in Offb 12/12 heißt, der Teufel wisse, daß er "wenig Zeit" habe.

Centurie 6, Vers 54
Au poinct du iour* au second chant du coq,
Ceulx de Tunes, de Fez, & de Bugie:
Par les Arabes captif le Roy Maroq,
L' an mil six cens & sept, de Liturgie.
(Textfassung bei Benoist Rigaud, Lyon 1568)

Übersetzung:
Gleich wenn es Tag* wird, beim zweiten Hahnenschrei,
(erheben sich) die von Tunis, Fès und Bejaia.
Durch die Araber gefangengenommen der marokkanische König
im Jahr tausendsechshundertundsieben der Liturgie.

Kommentar zu 6/54:
Was N. mitzuteilen hat, ist ganz überwiegend geschichtlich bedeutsam. Daher ist hier nicht ein alltäglicher Morgen gemeint. Es ist ein besonderer Tag, ein Welt-Tag, d.h. eine neue geschichtliche Epoche, die hier anbricht. Zugleich ist es eine besondere Nacht, die hier endet, nämlich die zu dem Kataklysmus gehörende Finsternis, VH (18).
In der Nacht vor seiner Verhaftung sagte Jesus zu seinen Jüngern, daß sie ihn verleugnen, d.h. in der Öffentlichkeit nicht zugeben würden, seine Jünger zu sein, nach Mark 1430 zu Petrus wörtlich: "Noch heute Nacht, ehe der Hahn zweimal kräht, wirst du mich dreimal verleugnen", was dann auch geschah. Demnach werden beim Anbruch des neuen >Tages< Menschen, die an Jesus Christus glauben, ihren Glauben verleugnen. Wer aber sollte das tun und warum?
Es scheint etwas mit Arabern, mit Menschen aus Nordafrika zu tun zu haben. Beginnend etwa zwanzig Jahre vor der Jahrtausendwende, werde der Islam einen weltlichen Aufstieg erleben, sagt 1/48. Im Zuge dieses Aufstiegs sollen Araber nach dem Kataklysmus in Richtung Europa vordringen, 2/54. Im Ergebnis werde dann das "Reich von Fès" bis nach Europa reichen, 6/80. Am Beginn dieser Entwicklung steht die Erhebung von Bewohnern Nordafrikas, von welcher der vorliegende Vers handelt. Dafür, daß es eine Erhebung im Zeichen des Islam sein wird, spricht die Gefangennahme des zur Zeit (2002) gemäßigten Königs von Marokko durch arabische Kräfte.
In Europa wird es dann eine geistige Strömung geben, die sich vom Islam begeistern läßt, die Unterwerfung geistig nachvollzieht oder vorwegnimmt, 3/27, 10/97. Die erste Verleugnung des christlichen Glaubens brachte aus der zeitenübergreifenden Perspektive N.s die französische Revolution, 2/8. Die nächste werde es nach dem Kataklysmus angesichts des militant vordringenden Islam geben. So würde sich die Rede vom "zweiten Hahnenschrei" erklären.
Liturgie heißt die Vergegenwärtigung des Neuen Bundes, den Christus als Mittler zwischen Gott und den Menschen geschlossen hat, wenn sie von der kirchlichen Gemeinschaft im Heiligen Geist, unter wirksamen Zeichen und in rechtmäßiger Ordnung vollzogen wird. Die "liturgische Zeitrechnung" müßte demnach an die Gegenwart Christi anknüpfen, aber wie, das ist noch nicht geklärt.
Es scheint in dem Vers, daß das "Jahr 1607" dieser Zeitrechnung das erste Jahr nach dem Kataklysmus ist. Das paßt zu Sz 16, demzufolge der Kataklysmus in das "Jahr 606" fällt. Vielleicht geht N. bei dieser Zeitrechnung vom Sechstagewerk der Schöpfungsgeschichte aus, VH (6), und deutet dieses als einen Zeitraum von 6000 Jahren.

03/05 Pres, loing defaut de deux grand luminaires*/ Qui suruiendra entre
l' Auril & Mars*./ O quel cherte I mais deux grands debonnaires/
Par terre* & mer* secourront toutes pars. (1555)
[Verbot der christlichen und der islamischen Religion] (Kommentar S. 85)

Nahe (die) lange Not der zwei großen Leuchten*,/
die unvermutet eintreten wird zwischen April und März*,/
o welche Teuerung ! Aber zwei große Wohltäter/
werden durch Land* und Meer* zu Hilfe kommen, in jeder Hinsicht.

1) Mittelfr. pres auch: nahe (proche), und zwar als Adjektiv.
Mittelfr. n.m. defaut 1. Not, Armut (besoin) 2. se faire un
defaut sich Schaden zufügen (se faire tort) 3. physischer
Mangel (imperfection physique) 4. Verlust, Verderben (perte).
1) Zu den Leuchten s.a. das Glossar unter sol und lune.
Über das Jahr, in dem die "Not der zwei großen Leuchten"
eintritt, sagt der Vers nichts. Es wird nach neun Jahren der
Herrschaft eines >Mageren<, 2/9, und nach zehn Jahren einer
>Friedensordnung<, 8/69, geschehen. Die besagte Herrschaft
sowie >Friedensordnung< werden etwa dreieinhalb Jahre nach
der Katastrophe errichtet werden, 4/95. Diese ist für die Zeit
um die Jahrtausendwende angekündigt.
3) Mittelfr. adj. debonnaire 1. aus gutem Geschlecht, edel
(noble) 2. von edlem Charakter (d' un naturel noble), gut, sanft
(bon, doux), freundlich (affable) 3. wohlwollend (bienveillant),
généreux (großzügig). Hier ist es als Substantiv gebraucht.
4) Lat. n.f. pars Teil, Anteil; Landesteil, Gebiet, Gegend;
Beziehung, Hinsicht.
---> 6/5, 7/5, 9/5, 10/55 (Letzte Zeit der alten Erde)

04/05 Croix, paix, sous vn accompli diuin* verbe,/ L' Hespaigne & Gaule
seront vnis ensemble./ Grand clade proche, & combat tresacerbe:/
Cueur si hardi ne sera qui ne tremble*. (1555)
[Heinrich V./ Europäischer Freiheitskrieg]

Kreuz, Frieden, unter einem wird erfüllt sein das göttliche* Wort,/
Spanien und Gallien werden miteinander vereint sein./
Großes Unheil nahe, und eine sehr grausame Schlacht./
Kein Herz wird so mutig sein, daß es nicht bebte*.

3) Lat. n.f. clades Verletzung, Schaden Unglück, Unheil.
Der letzte Habsburger auf dem spanischen Thron, der im September 1700
starb, hatte den Herzog von Anjou, einen Enkel Ludwigs XIV., zum Erben
eingesetzt. Als das Erbe angenommen wurde, waren beide Königshäuser
verwandtschaftlich eng verbunden. Doch zu einer "Vereinigung" Spaniens mit Frankreich unter einem Herrscher kam es dabei und auch später
nicht. Wenn unter dem "Kreuz Frieden" herrscht, geht es im voraufgehenden Krieg unter anderem oder in erster Linie um den christlichen Glauben.
Der Krieg, der im Frühjahr 1701 ausbrach, wurde um die spanischen
Kronen geführt, aber unbestritten war, daß das Land katholische
Monarchie bleiben sollte. - Im Krieg um die Befreiung
Europas in den letzten Jahren der alten Erde wird es um die Freiheit des
christlichen Glaubens gehen, 10/27. Die iberische Halbinsel scheint einer
der Ausgangspunkte der Unternehmungen Heinrichs sein, und am Ende
wird er auch seine Heimat befreien und zum König von Frankreich
eingesetzt werden, 4/86. Die Erfüllung des göttlichen Wortes verweist auf
jene Weissagung, derzufolge nach seiner Ankunft auch die weltlichen
Reiche >Christus gehören< werden, Offb 11,15.

05/55 De la felice Arabie contrade,/ Naistra puissant de loy*
Mahometique:/ Vexer l' Espaigne conquester la Grenades/
Et plus par mer à la gent Lygustique. (1568)
[Islamische Invasion Spaniens/ Italiens]
**Aus der Gegend des glücklichen Arabiens/
wird erscheinen* (ein) Mächtiger des Gesetzes* Mohammeds./
Sie suchen Spanien heim, erobern Granada,/
und (fügen) mehr noch über 's Meer dem ligurischen Volk (zu).**
  4) Lat. adj. ligusticus ligurisch.

Arabia felix hieß in der römischen Antike der südliche Teil der arabischen Halbinsel (Jemen) mit seinem Umfeld - damals wohl ein besonders fruchtbares und reiches Land. Saudi-Arabien ist heute (1997) wegen des Erdöls reich. Es ist ein "Mächtiger des Gesetzes Mohammeds", d.h. des Islam, dessen Truppen von Süden her nach Spanien vordringen. Der Invasion wird also ein religiöses Motiv unterlegt. - Granada war schon einmal von Muslimen beherrscht, in der Zeit bis 1492, als spanische Christen sie im Zuge der Reconquista hinauswarfen. Daß sie noch einmal wiederkehren werden, steht auch in VH (27). - Von der ligurischen Küste (um Genua) ist bekannt, daß sie schwer unter Verwüstungen durch Bewohner Nordafrikas wird leiden müssen, 2/4.

06/05 Si grand famine* par vnde pestifere*./ Par pluye longue le long
du polle arctique:/ Samarobryn cent lieux de l' hemisphere,/
Viuront sans loy* exempt de pollitique. (1568)
[>Neue Religion</ Unterdrückung der alten Religionen]
**Sehr schlimme Hungersnot* durch seuchenbringende* Woge,/
durch langanhaltenden Regen, die ganze Zeit vom Nordpol her./
Amiens (und) hundert Orte der Hemisphäre/
werden ohne Gesetz* leben, ausgenommen des politischen.**
  1) Lat. n.f. unda Welle, Woge, Strom, Strömung.
  2) Lat. n.f. Arctus 1. (großer und kleiner) Bär, das Gestirn im Norden 2. Nordpol 3. Norden 4. Nacht.
  3) Samarobriva hieß die Hauptstadt der römischen Provinz Gallia Belgica, das heutige Amiens in Nordfrankreich.
  4) V. exempter befreien, ausnehmen. Andere Übersetzungsmöglichkeit: "...werden ohne Gesetz leben, befreit von politischer (Ordnung)."

Eine Hungersnot kann den Ausbruch von Seuchen begünstigen, weil sie die Menschen schwächt. Aber hier ist es umgekehrt: Durch langanhaltenden Regen kommt es zu einer Seuche - vorstellbar, etwa weil es bei weiträumigen Überschwemmungen an sauberem Trinkwasser fehlen kann. Erst die Seuche soll dann die Hungersnot auslösen. Es müßte eine Seuche sein, die nicht tödlich verläuft (denn wer tot ist, hat keinen Hunger mehr), aber den größten Teil der Menschen erfaßt und lahmlegt, so daß keine Nahrungsmittel mehr produziert werden - eine eher abwegige Geschichte. Weil außerdem das "Leben ohne Gesetz" so nicht zu erklären ist, muß der Vers anders, nämlich sinnbildlich gedeutet werden. - Das "Gesetz" ohne nähere Bestimmung ist bei N. das christliche Sittengesetz, d.h. das Leben nach den Geboten Christi. In der letzten Zeit der alten Erde werden sehr viele Menschen mit den Ideen des >neuen Heiligen<, 10/30, >angesteckt< sein, 8/21, auf den sie große Stücke halten. Daher auch werden sie bereit sein, sich den Anordnungen zu beugen, durch die die alten Religionen allesamt verboten werden, **8/77**. Zuträgliche geistige Nahrung im traditionellen Verständnis wird dann nicht mehr (offen) erhältlich sein, und in diesem Sinn eine universelle >Hungersnot< herrschen. Die >neue Religion< ist in Wahrheit keine Religion, sondern von vornherein als staatstragende Ideologie konzipiert, **9/9**, ein "politisches" Gesetz. - Am Nordpol scheint die Sonne nicht, er ist ein Symbol für das Reich der Finsternis. Der >Regen< und die >seuchenbringende Woge< von dorther bringen >Hagel< und >Eis<, **1/22**. Dieses wiederum läßt das >Meer<, den Bereich der Religion, zur Eiswüste erstarren, **10/71**. Aus dem Reich geistiger Finsternis wird die Welt mit Ideen überzogen, die N. als >Seuche< wertet, von daher kommen >Ansteckung, Unglauben und Pestilenz<, **8/21**.

---> 3/5, 7/5, 9/5, 10/55 (Letzte Zeit der alten Erde)

07/05 **Vin sur la table en sera respandu,/ Le tiers n' aura celle qu' il pretendoit:/ Deux fois du noir* de Parme descendu,/ Perouse à Pize fera ce qu' il cuidoit. (1568)**
[JUPITER/ Innere Kämpfe in der kath. Kirche nach dem Verbot]
Wein wird daraufhin auf dem Tisch verschüttet werden,/ der Dritte wird nicht erhalten jene, die er beanspruchte./ Zweimal vom üblen König von Parma erniedrigt,/ wird Perugia Pisa das antun, was er vorhatte.

3) Lat. v. descendere kann auch "sich zu etwas erniedrigen", "herabsinken" und "sich zum Beischlaf niederlegen" bedeuten.
4) Mittelfr. v. cuider 1. glauben (croire), penser (denken), sich vorstellen (s' imaginer) 2. betrachten (considérer), halten für (tenir pour) 4. behaupten (prétendre), die Vermutung haben (avoir la présomption) 5. gerade dabei sein (zu tun) (être sur le point de) 6. erwarten (espérer).

Die "dritte Zehe des Fußes" meint in **9/5** den Weltherrscher, **1/95**, und seinen Machtanspruch. Beim Abendmahl wird Brot und Wein zur Begründung der Gemeinschaft mit Jesus Christus genossen. Von einer >Frau<, einer religiösen Gemeinschaft, der sich der >wiedergekommene Heiland< gern verbunden hätte, wird hier Wein verschüttet, d.h. sie verweigert die Gemeinschaft mit ihm. Es dürfte eine katholische Gemeinde, ein Orden o.ä. gemeint sein. - Bei Perugia hält sich in **8/47** der letzte Papst auf. Es scheint, als werde sich die Kurie nach der Katastrophe dort niederlassen. In **6/36** (Bd.3) ist Pisa rebellisch, während Perugia sich aus Kämpfen heraushalten kann. In **9/5** nimmt "der Dritte" Pisa und Lucca als Tyrann in Besitz. In **6/48** ist Parma eilfertig und läßt sich verführen von einer >Heiligkeit<, während es Florenz und Siena schlecht geht. Die zweite Vershälfte würde dann bedeuten, daß die Kirche (Perugia) den Auftrag des >neuen Heiligen< (Parma), die Unbotmäßigen (Pisa) zu züchtigen, selbst übernimmt.

---> 3/5, 6/5, 9/5, 10/55 (Letzte Zeit der alten Erde)
---> 9/5, 10/55 (JUPITER)

09/05 Tiers doit du pied au premier semblera/ A vn nouueau
monarque de bas hault/ Qui Pyse & Luques Tyran occupera/
Du precedent corriger le deffault. (1568)
[JUPITER/ Zerstörung der katholischen Kirche] (Kommentar S. 86)
Dritte Zehe des Fußes wird der ersten gleichen/
zur Zeit eines neuen Alleinherrschers, von unten nach oben
(gekommen)./
Der wird Pisa und Lucca als Tyrann in Besitz nehmen,/
um des Vorgängers Unvollkommenheit zu korrigieren.
   4) Mittelfr n.m. défaut s.o. Anm. 1 unter 3/5.
---> 3/5, 6/5, 7/5, 10/55 (Letzte Zeit der alten Erde)
---> 7/5, 10/55 (JUPITER)

09/55 L ' horrible guerre qu en l' occident s appreste/ L' an ensuivant
viendra la pestilence*/ Si fort horrible que ieune, vieulx, ne beste,/
Sang*, feu, Mercure*, Mars*, Iupiter* en France. (1568)
[Kriegerische Ereignisse an der Jahrtausendwende]
(Kommentar S. 87)
Der schreckliche Krieg, der sich im Abendland vorbereitet.../
Im folgenden Jahr wird die Seuche* kommen,/
so schrecklich, daß (sie) Jung, Alt, sogar Vieh nicht (schont)./
Blut* (und) Feuer. Merkur*, Mars*, Jupiter* in Frankreich.
   1) Das Abendland = Okzident ist Europa, im Unterschied zum
   Morgenland = Orient.
   3) Mittelfr. n.f. beste 1. Tier (bête) 2. Vieh (bétail).
   4) Die drei Planetennamen könnten auch für Personen stehen,
   s. Glossar. Doch >Jupiter< wird als solcher erst einige Jahre
   n a c h der Katastrophe in Erscheinung treten, von welcher
   der Vers in der gegebenen Deutung handelt.

10/55 Les malheureuses nopces* celebreront/ En grande ioye,
mais la fin malheureuse:/ Mary & mere* nore desdaigneront,/
Le Phybe mort, & nore plus piteuse. (1568)
[POLLUX-JUPITER/ Kath. Kirche nach der Jahrtausendwende/
Zerstörung der katholischen Kirche] (Kommentar S. 88)
Die unglückselige Hochzeit* werden sie feiern/
in großer Freude. Aber das Ende (ist) unglücklich./
Ehemann und Mutter* werden (die) Schwiegertochter verachten,/
der Phöbus tot, und Schwiegertochter noch erbärmlicher.
   1) Zu nopces s. das Glossar unter mariage.
   3) Mittelfr. v. desdaigner 1. unzufrieden sein mit (être
   mécontent de) 2. sich weigern zu (refuser de) 3. verleiden,
   überdrüssig werden (dégoûter). Modernes v. dédaigner
   verachten, verschmähen.
   3)4) Mittelfr. n.f. nore Schwiegertochter (belle-fille, bru) > lat.
   n.f. nurus Schwiegertochter.
   4) Mit Phybe könnte Phoebus gemeint sein (vgl. **3/97**), ein
   Beiname des Apollon, seine Eigenschaft als Sonnengott
   anzeigend: "der Leuchtende".
---> 3/5, 6/5, 7/5, 9/5 (Letzte Zeit der alten Erde)
---> 7/5, 9/5 (JUPITER)

Centurie 3, Vers 5
Pres, loing defaut de deux grand luminaires*
Qui suruiendra entre Auril & Mars.
O quel cherté ! mais deux grands debonaires
Par terre* & mer* secourront toutes pars.
(Urfassung bei Macé Bonhomme, Lyon 1555)

Übersetzung der Urfassung:
Nahe (die) lange Not der zwei großen Leuchten*,
die unvermutet eintreten wird zwischen April und März*,
o welche Teuerung ! Aber zwei große Wohltäter
werden durch Land* und Meer* zu Hilfe kommen, in jeder Hinsicht.

Kommentar zu 3/5:
Die "zwei großen Leuchten" sind Sonne und Mond. Sie können Christentum und Islam symbolisieren. Der Vers kann also von natürlichen Vorgängen handeln oder sinnbildlich gemeint sein. Not oder Armut von Sonne und Mond, aufgefaßt als erhebliche Minderung oder gar Ausfall des Sonnenscheins, ist mit dem Leben der Menschen auf Erden nicht vereinbar, wenn er "lange", etwa einige Monate oder gar Jahre anhielt. Davon, daß das menschliche Leben auf Erden zum Erliegen komme, hat N., soweit er bisher verstanden wurde, nichts mitgeteilt. Das spricht gegen natürliche Vorgänge. Und der >niedrige Stand von Sonne und Mond<, der einige Jahre anhält, ist als Sinnbild bekannt, 4/30.

Die Not der zwei großen Leuchten besagt, daß der Gott der Christen und der Gott der Muslime ihr geistiges Licht auf Erden nicht mehr geben dürfen, d.h. daß die christliche und die islamische Religion verboten sind. Der vorliegende Vers verrät nichts über das fragliche Jahr, sondern nur etwas über die Jahreszeit. Die Angabe "zwischen April und März" klingt dabei nach einer kleinen Unsicherheit des Sehers.

Diese mag damit zusammenhängen, daß 1) zu N.s Zeit noch der julianische Kalender galt, dessen Reform 1582 unter Papst Gregor XIII. N. nicht gesehen hat, jedenfalls aber nicht berücksichtigt, VH (33), und daß 2) der Kataklysmus auch eine Verschiebung bringen wird. Der erste Sommertag scheint dann der 25. Mai zu sein, 6/85, d.h. es werden 27 Tage gegenüber dem 21. Juni übersprungen. Die Differenz zwischen dem gregorianischen und dem alten julianischen Kalender betrug 1582 zehn Tage, die übersprungen wurden, und wäre heute auf dreizehn Tage angewachsen. Beide Vorgänge, Kalenderreform und Kataklysmus, bringen somit eine Verschiebung in derselben Richtung, einmal werden 13 und das andere Mal 27 Tage übersprungen. Versteht man die Angabe "zwischen April und März" einmal als 1. April, käme man auf den 10. Mai unseres Kalenders. Vers 9/83 kündigt das Verbot der christlichen Religion für einen Sonnenstand von 20 Grad Stier an, b i s h e r ein 10. Mai gregorianischen = 27. April julianischen Kalenders, d a n n ein 1. April.

Die >Teuerung< besagt, daß christliche und islamische Lehren dann nicht mehr ohne persönliches Risiko verbreitet oder erworben werden können, 3/34. >Meer< und >Land< bedeuten Politik und Religion. Christus selbst wird den Bedrängten geistlich und leiblich Beistand leisten, denn "Seid gewiß: ich bin bei euch alle Tage bis zum Ende der Welt", Matth 28,20. Und der Mann, in dem N. den "großen Stellvertreter Christi" auf Erden erkennt, VH (17), wird politisch-militärisch den Kampf aufnehmen. So könnten die "beiden Wohltäter" zu verstehen sein.

Centurie 9, Vers 5

Tiers doibt du pied au premier semblera
A un nouveau Monarque de bas haut,
Qui Pyse & Luques Tyran occupera
Du precedent corriger le deffaut.

(Textfassung bei Benoist Rigaud, Lyon 1568)

Übersetzung:
Dritte Zehe des Fußes wird der ersten gleichen
zur Zeit eines neuen Alleinherrschers, von unten nach oben (gekommen).
Der wird Pisa und Lucca als Tyrann in Besitz nehmen,
um des Vorgängers Unvollkommenheit zu korrigieren.

Kommentar zu 9/5:
Napoléon III. war Neffe seines "großen Onkels" Napoléon I. Zu dem Humor des Sehers würde die Anrede als "dritte Zehe" schon passen. Wie sein Onkel verfolgte Napoléon III. seine Großmachtinteressen auch in Italien, 4/73 (Bd.1). Aber er hat das Land nicht wirklich tyrannisiert und auch keine Könige von seinen Gnaden dort eingesetzt wie sein Onkel. Er war w e n i g e r mächtig als sein Vorgänger, während es der Vers umgekehrt verlangt.

Der Sieger im Kampf konnte zum Zeichen der Unterwerfung und Erniedrigung des Besiegten den Fuß auf dessen Nacken setzen, Jos 1024. In Jes 661 ist der Himmel Gottes Thron und die Erde der Schemel seiner Füße, worin die Niedrigkeit der Erde und das Eigentum Gottes an ihr zum Ausdruck kommen. Dieses aus-übend, hat der Schöpfer in der Schöpfung seine >Fußspur< hinterlassen, d.h. ihr die Gestalt gegeben und den Menschen zum Herrn gemacht über sein Werk, es ihm >zu Füßen gelegt<, Ps 87. Wenn hier ein >Fuß< drei Zehen auf die Erde setzt, wollen sich demnach drei Herrscher die Erde untertan machen und werden von N. als Erscheinungsformen desselben Strebens erkannt, des Strebens nach der Herrschaft über die Welt. Daß das nicht gleichzeitig, sondern nacheinander geschieht, macht die Rede vom "neuen" Alleinherrscher sowie dessen "Vorgänger" deutlich. Alle drei Gemeinten wollen sich dabei Italiens bemächtigen.

Napoléon I. war der erste, der sich nach dem Ende des Reiches Europa untertan machen wollte. Wenn England erfolglos in Schrecken versetzt werde, werde Italien durch Frankreich viel zu leiden haben, 2/94 (Bd.1). Gemeint ist die Besetzung des Landes durch Truppen Napoléons zur Durchsetzung der Kontinentalsperre 1807/08. Der nächste Herrscher, dessen Truppen im Zeichen des Reichsadlers in Italien standen, war dann Hitler, 5/99 (Bd.1), der kurzlebige "König der Könige" in Europa, 9/90 (Bd.1).

"Die bestgerüsteten Orte der Fremden" werde ein Kriegsherr losschicken, um "durch Tyrannei Pisa und Lucca zerstören", sagt 9/80. Die gleichen Städte in Verbindung mit der Tyrannei lassen vermuten, daß dort die gleichen Vorgänge wie hier gemeint sind. Der "Kriegsherr" ist das nach der Jahrtausendwende entstehende globale Regime, dessen oberste religiöse Autorität der >wiedergekommene Heiland< sein wird.

Dieser Mann und sein Regime wird Napoléon "gleichen" durch seine Gegnerschaft gegen die christliche Kirche. Diese wird bei dem "neuen Alleinherrscher" allerdings nicht gleich so offen zutagetreten wie bei dem Korsen.

"Des Vorgängers Unvollkommenheit" dürfte darin zu sehen sein, daß Napoléon die Kirche nicht zerstört hat. Diese >Unvollkommenheit< zu "korrigieren", wird der neue Mann antreten.

Centurie 9, Vers 55
L' horrible guerre qu en l' occident s appreste,
L' an ensuivant viendra la pestilence*
Si fort horrible que ieune, vieulx, ne beste,
Sang*, feu, Mercure*, Mars*, Iupiter* en France.
(Textfassung bei Benoist Rigaud, Lyon 1568)

Übersetzung:
Der schreckliche Krieg, der sich im Abendland vorbereitet...
Im folgenden Jahr wird die Seuche* kommen,
so schrecklich, daß (sie) Jung, Alt, sogar Vieh nicht (schont),
Blut* (und) Feuer, Merkur*, Mars*, Jupiter* in Frankreich.

Kommentar zu 9/55:
Die Seuche könnte, wie öfters, ein Sinnbild sein für das Um-Sich-Greifen der Ideen des >Hauptes der Weisheit<, **5/31**, und der Krieg könnte deren spätere Durchsetzung mit den Mitteln staatlicher Gewalt bedeuten. Aber hier kommt e r s t der Krieg und d a n n die Seuche. Und es sind von der Seuche auch Tiere betroffen, 2/62 Vz 2, die ansteckende Ideen nicht fürchten müssen. Damit scheidet auch die Grippeepidemie von 1918/19 (Allgeier 1988) aus, die wohl rund zwanzig Millionen Menschen, aber eben keine Tiere hinwegraffte.
   Es wird ein Kriegsjahr im Abendland, sprich Europa angekündigt, dem sich ein Seuchenjahr anschließt, und für dieses zweite Jahr ist eine Konstellation von Wandelsternen angegeben. Deren Entschlüsselung steht und fällt mit der Frage, wo N. >Frankreich am Himmel< erkannte. Begründete Vorschläge liegen nicht vor. Das "bewegliche Zeichen" war die Waage wegen der auf- und absteigenden Waagschalen, **1/54** (Bd.1), die "Urne" war die des Wassermanns, **6/52** (Bd.1), und beim "Haupt des Widders" trafen sich zwei Planeten, **1/51** (Bd.1). N. nimmt die Sternbilder also ganz wörtlich und kümmert sich um astrologische Regeln oder Traditionen nicht.
   Wie bekannt, können >Damen< bei N. Völker bedeuten. D i e Dame ist das französische Volk, **5/20** (Bd.1), weil N. ihm angehörte, aber auch weil Jeanne d' Arc Geburtshelferin der französischen Nation war. Jeanne la Pucelle, wie sie sich nannte, um die Hingabe an ihre Mission deutlich zu machen, war Jungfrau bis zu ihrem Tod auf dem Scheiterhaufen. Das Adjektiv franc, franche konnte unberührt, intakt bedeuten, was die Eignung der Jeanne d' Arc erhöht, als Nationalheilige La France zu verkörpern.
   Die Jungfrau des Sternbildes findet sich derzeit - vom Scheitel bis zur Sohle - zwischen 170° und 220° ekliptikaler Länge. Die drei Planeten kommen etwa alle zwölf Jahre, demnächst vom 24.9. bis 21.10.2004 gemeinsam dort vorbei, dem derzeit gültigen gregorianischen Kalender nach. Das nächste Mal tritt die Konstellation dann im November 2015 wieder ein.
   Demnach wäre 2003 das Jahr mit Krieg und Kataklysmus, das Jahr 2004 das Seuchenjahr. Vgl. **1/15**, der in der angegebenen Deutung Krieg in Frankreich für die Zeit ab Mai 2002 (bis spätestens April 2004) ankündigt. <u>Diese Prognose ist dennoch unsicher, vor allem weil >Frankreich am Himmel< in den historischen Versen nicht vorkommt.</u>
   Eine artenübergreifende Seuche könnte von einer Verseuchung der Nahrung oder des Trinkwassers herrühren, gleich was wiederum deren Ursache ist. Die Seuche ist lebensbedrohlich ("Blut"), sie zu bekämpfen, wird "Feuer" eingesetzt.

Centurie 10, Vers 55

Les malheureuses nopces* celebreront
En grande ioye, mais la fin malheureuse:
Mary & mere* nore desdaigneront,
Le Phybe mort, & nore plus piteuse.

(Textfassung bei Benoist Rigaud, Lyon 1568)

Übersetzung:
Die unglückselige Hochzeit* werden sie feiern
in großer Freude. Doch das Ende (ist) unglücklich,
Ehemann und Mutter* werden (die) Schwiegertochter verachten,
der Phöbus tot, und Schwiegertochter noch erbärmlicher.

Kommentar zu 10/55:
König Franz II. liebte seine ihm von Kind an versprochene Frau wie eine Schwester, die anders als er selbst auf der Sonnenseite des Lebens zu stehen schien, von Verachtung keine Spur; auch nicht bei seiner Mutter, deren Verhältnis zur Schwiegertochter nüchternes politisches Kalkül prägte. Als dann Franz schon 1560 starb, war Maria Stuart für die Valois politisch uninteressant geworden, wurde aber nicht persönlich verachtet. Die Hochzeit von 1558 hat den Beteiligten kein Unglück gebracht.

In ihrem Selbstverständnis ist die katholische Kirche den Gläubigen Mutter und hat sich an den Herrgott im Himmel gebunden. >Mutter Kirche< wird unter ihrem letzten Papst mit dem aufstrebenden >neuen Heiligen<, 10/30, ein Arrangement eingehen, von dem N. unter dem Sinnbild von Verlobung und Heirat spricht, 5/49. In dieser >Beziehung< wird sie offenbar, so scheint es hier, weniger als >Gattin< denn als >Schwiegertochter< behandelt werden. Im Mittelpunkt des Sinnbildes macht sich also nebem dem >Gatten< d e s s e n >Mutter< breit. Inhaltlich entspricht es diesem An-den-Rand-Rücken, daß die Kirche sich durch ihr Verhältnis zum >Ehemann< definieren und darüber vergessen wird, was sie selbst aus eigenem Recht ist.

Die >Mutter< des neuen >Ehemannes< ist, analog zur christlichen Symbolik, die Anhängerschaft dieses Mannes, die ihn groß macht. Ihr entstammt er als höchstrangiges >Kind<, wie es in der christlichen Symbolik der Papst inbezug auf die katholische Kirche ist, 8/19. In ihren Anfängen wird diese >Mutter< offenbar ein Interesse daran haben, ihr >Kind< mit dem Namen und Renommee der katholischen Kirche zu verbinden. Deren Führung wiederum wird sich nach Hilfe gegen den nach der Katastrophe militant vordringenden Islam umschauen. Hier wird der neue Mann Aussichten eröffnen durch seine über den christlichen Bereich hinausgehende Popularität, 2/73. Somit wird beiderseits Grund für die Verbindung bestehen, deren Zustandekommen folglich "große Freude" zeitigt.

Mit dem Erstarken des neuen Mannes werden auf dessen Seite die Gründe für die Verbindung mit der katholischen Kirche wegfallen. Das Christentum wird als zweitrangig und abgetan der Geringschätzung anheimfallen, 9/12. Das "unglückliche Ende" der Verbindung wird beschrieben in Bildern wie dem der >Gefangenschaft<, 8/45, oder der erniedrigenden Behandlung durch den >Gatten<, 10/29.

Apollon verkörperte vollendetes Maß, war als Phöbus Apollon der Leuchtende. Mit solchen Attributen werden seine Anhänger den >neuen Heiligen<, 10/30, das >Haupt der Weisheit<, 5/31, wohl schmücken. Für die Anhänger der christlichen Lehre wird er "tot" sein, wenn er zuläßt, daß die Erinnerung an Christus gelöscht werden soll, 3/72.

01/56 Vous verrés tost & tard faire grand change/ Horreurs extremes,
& vindications,/ Que si la lune* conduicte par son ange/
Le ciel* s' approche des inclinations. (1555)
[Kriegerische Ereignisse nahe der Jahrtausendwende/
Kataklysmus] (Kommentar S. 94)
**Ihr werdet früher oder später großen Umschwung geschehen sehen,/
extreme Greuel und Taten aus Rache./
Und wenn der Mond* von seinem Engel geführt (sein wird),/
nähert sich der Himmel* den Neigungen.**

1) Das Idiom tôt ou tard früher oder später wird von N. regelmäßig abgewandelt in tost & tard. Es dürfte aber das Gleiche gemeint sein, nämlich ein nicht näher bestimmtes "bald".
2) Mittelfr. n.f. vindication Rache, Rachsucht (vengeance), > lat. v. vindicare 1. beanspruchen 2. befreien, beschützen 3. strafen, ahnden, rächen.
4) N.f. inclination 1. Verneigung, Verbeugung 2. Neigung, Zuneigung, > lat. n.f. inclinatio 1. Neigung, Beugung 2. Zuneigung 3. Abweichung, Wendung, Wechsel.

02/56 Que peste* & glaive n' a peu (!) seu definer/ Mort dans le puys*,
sommet du ciel* frappé./ L' abbé mourra quand verra ruiner/
Ceulx du naufraige* l' escueil* voulât grapper. (1555)
[Islamische Invasion Europas/ Letzter Papst/ POLLUX-JUPITER/
Verfolgung der altgläubigen Christen]
**Was Seuche* und Schwert nicht gekonnt haben, zu vollenden
gewußt haben,/ Tod (tritt ein)
auf dem Berg*, wenn (der) Gipfel vom Himmel* geschlagen (ist)./
Der Abt wird sterben, wenn er sieht, wie der Fels* zugrunderichtet/
die Schiffbrüchigen*, wenn sie sich an ihn (den Felsen) klammern wollen.**

1) Mittelfr. v. definer 1. beenden (finir), vollenden (achever) 2. zahlen (payer) 3. zu Ende gehen (décliner), sterben (mourir). Eigentlich steht in Vz 1 ein unvollständiges Futur II: "Was Seuche und Schwert nicht ... zu vollenden gewußt haben werden".
2) Da von sommet (Gipfel) die Rede ist, dürfte puys eine Variante des n.m. puy Anhöhe, Berg sein. Dazu s. das Glossar unter mont.
4) N.m. écueil Klippe, Felsen oder Sandbank nahe der Wasseroberfläche 2. Hindernis, gefährliche Schwierigkeit. Im alten Provencal escueyll > lat. n.m. scopulus Bergspitze, Felsen, Klippe. S. das Glossar unter roche.
3)4) Die zweite Vershälfte ist wie ein lateinischer A.c.I. konstruiert: verra als Verbum sentiendi, l' escueil als Subjektsakkusativ. Das v. ruiner verlangt ein Objekt; einen Sinn ergibt nur die Auffassung, wonach l' escueil Subjekt und ceulx du naufraige Objekt des Infinitivs sind.

Die >Seuche< bedeutet die rapid sich ausbreitenden Ideen des >neuen Heiligen<, die dem Christentum Konkurrenz machen werden, 8/21. Das >Schwert< steht hier für die Invasion militanter Muslime nach Europa in der Zeit nach der Katastrophe. Auch sie werden den christlichen Kirchen erfolgreich, **6/54** Vz 1, Konkurrenz machen, aber nicht in der Lage sein, sie zu zerstören. - Wie mit dem >Läuterungsberg< in **1/69**, dem "hohen Berg" in **4/31** und dem "Berg Jupiters" in VH (13) steht hier der >Berg< für die himmelstrebende >Friedensordnung<, in deren Bahnen sich die vermeintlich als ganze auf dem Weg der Besserung befindliche

Menschheit nach der Katastrophe bewegen wird. -   Auf diesem >Berg< werden später >Blitze< niedergehen, **1/65**. Damit ist hier vor allem der Bannstrahl (Verbot) gegen die alten Lehren der katholischen Kirche gemeint, **10/65**. Er wird ihr >den Rest geben<, das vollenden, was >Seuche< und >Schwert< nicht vollenden konnten. Der >Fels< an der Spitze dieses >Berges< ist wie in **1/21** und **1/43** jener >Mann Gottes<, der sich den Menschen als ruhender Pol und geistiger Ort der Zuflucht nach der Katastrophe anbieten wird. -   In der zweiten Phase seiner Herrschaft werden die >Schiffe<, Symbol der alten Religionen, in >Seenot< geraten, nämlich >auf einen Felsen laufen< und kentern. Ihre Passagiere werden sich auch danach noch an den >Felsen<, den vermeintlich wiedergekommenen Christus, **1/95**, klammern wollen, obwohl er es ist, der sie in Not bringt und jene, die sich für "die Seinen" halten, in Wahrheit zugrunderichtet, **10/44**. -   Ein "Abt" ist ein Würdenträger einer christlichen Glaubensgemeinschaft, wahrscheinlich ist der letzte Papst gemeint.

---> 4/56, 7/6 (Letzte Zeit der alten Erde)

04/06 **D' habits nouueaux apres faicte la treuue,/ Malice tramme & machination:/ Premier mourra qui en fera la preuue/ Couleur venise insidiation. (1555)**
[Katholische Kirche nahe der Jahrtausendwende]
Von (Leuten in) neuem Habit (wird) nach geschlossenem Waffenstillstand/ Verkehrtheit, Verstrickung und Machenschaft (ausgehen)./ Als erster wird sterben, der dafür den Beweis liefert,/ venezianische Farbe (bedeutet) Heimtücke.

1) treuue ist eine Variante des mittelfr. n.f. treve, trieve Unterbrechung, Waffenstillstand.
2) N.f. trame 1. die Gesamtheit der Fäden, die sich zum Gewebe zusammenketten 2. Verkettung von Ereignissen oder Umständen. Alte Bedeutungen (Larousse): Lauf des Lebens (cours de la vie), Schicksal (destinée), Machenschaft, Intrige, Berechnung (machination).
N.f. malice Gemeinheit, Verkehrtheit, boshafte Tat, > lat. n.f. malitia Bosheit, Hinterlist.
4) Venise Venedig. In VH (36) ist >Venedig< Sinnbild für die Unterordnung der Kirche unter den Staat. Es ist möglich, daß auch hier >Venedig< metaphorisch aufzufassen ist.
Mittelfr. n.f. couleur auch: Vorwand (prétexte).
Das Wort insidiation ist gebildet in Anlehnung an lat. n.f.pl. insidiae Hinterhalt, Heimtücke, Falle.

Vers **8/93** spricht von "Frieden und Einheit", die bei Venedig "neu erstehen". Hier ist es nur ein "Waffenstillstand", aber auch hier ist offenbar Venedig im Spiel. Dort geht es darum, daß innerhalb der katholischen Kirche ein Streit an der Frage aufbricht, wie man zu dem "neuen Heiligen" **10/30**, Stellung nehmen solle; in Venedig können die Gegensätze noch einmal überbrückt werden. Doch hier erfahren wir, daß "Waffenstillstand" bzw. "Frieden und Einheit" nicht erhalten bleiben, weil "Leute in neuem Habit", nämlich die Anhänger des "neuen Weisen", **4/31**, das unmöglich machen. Von ihnen geht auf eine tückische Weise "Verkehrtheit" aus. Sie werden christlich gesonnen zu sein vorgeben, doch später ein Monopol in Glaubensfragen beanspruchen, 1/79, und den christlichen Glauben so umdeuten, wie es ihnen paßt, 8/28. Eine "Verstrickung" durch derlei "Machenschaften" kann es aber nur geben, wenn die Kirche zuvor Ansatzpunkte dafür bietet. Daß sie das tun wird, ist u.a. an den Versen 5/49 und 10/55 abzulesen unter dem Sinnbild der Bereitschaft zu >Verlobung< und >Heirat< mit dem >neuen Heiligen<, 10/30. Der "Verstrickung" entspricht das "Gebundensein" in 8/45 und das "Gefangensein" in 10/29. - Wen die dritte Vz meint, ist offen.

04/56 **Apres victoire de rabieuse langue*,/ L' esprit tempté en tranquil & repos:/ Victeur sanguin* par conflict faict harangue,/ Roustir la langue* & la chair & les os*.** (1568)
[>Neue Religion</ Unterdrückung der christlichen Religion] (Kommentar S. 95)
Nach dem Sieg der tollwütigen Sprache*/ (wird) der Geist befallen in Stille und Ruhe./ Sieger blutig* durch Konflikt, dabei (wird) Festrede gehalten./ Sie rösten die Sprache* und das Fleisch und die Knochen*.
1) Adj. rabieux ist gebildet nach lat. n.f. rabies 1. Tollwut 2. blinde Wut, Kampfeifer, Raserei, Ungestüm, lat. adj. rabiosus wütend, toll.
2) V. tempter ist gebildet nach lat. v. temptare 1. (feindlich) angreifen, zu erobern suchen, (von Krankheiten) befallen, sich vergreifen an 2. auf die Probe stellen, zu verlocken suchen, in Versuchung führen. Nachdem zuvor von tollwütiger Sprache die Rede war, scheint es, daß auch >der Geist< von dieser Krankheit "befallen" wird. Daher wurde diese Übersetzungsmöglichkeit gewählt.
2) Tranquil ist eine metrumbedingt verkürzte tranquilité Ruhe. N.f. harangue Rede, öffentliche Ansprache, feierliche Rede voll langweiliger Ermahnungen, Strafpredigt. Mittelfranz. keine anderen Bedeutungen.
Die Umstandsbestimmung "par conflict" kann zu victeur sanguin ebenso gehören wie zu faict harangue. Beides ergibt einen Sinn, bei victeur sanguin als Angabe des Grundes, bei faict harangue als Angabe des Zeitumstandes: "bei...", "während...", oben etwas frei wiedergegeben mit "dabei...".
4) Loc. en chair et en os (von Menschen gesagt) leibhaftig, in eigener Person, selbst.
---> 2/56, 7/6 (Letzte Zeit der alten Erde)
---> 7/6, 10/6 (>Neue Religion<)

05/06 Au roy l' Augur sur le chef la main mettre,/ Viendra prier pour
la paix Italique:/ A la main gauche viendra changer le sceptre*/
De Roy viendra Empereur pacifique. (1568)
[Heinrich V./ Europäischer Freiheitskrieg]
**Dem König wird der Prophet die Hand auf ' s Haupt legen/
(und) für den Frieden Italiens beten./
Linkerhand wird das Szepter* sich wandeln,/
aus einem König wird ein friedliebender Kaiser werden.**
<sub>2) Andere Übersetzungsmöglichkeit: "In die linke Hand wird
das Szepter wechseln".</sub>
"Linkerhand" dürfte die Himmelsrichtung Westen bedeuten, 1/91. Von Westen her wird Heinrich demnach aufbrechen und es wird in dem Maß, wie er sich durchsetzen kann, die Herrschaft über Europa "sich wandeln". Wenn er "friedliebend" w i r d, i s t er das anfangs nicht. Von der Krönung zum Kaiser handelt 4/86. Als König der Könige erscheint er auch in 4/77.

06/06 Apparoistra vers le Septentrion,/ Non loing de Cancer
l' estoille cheuelue:/ Suze, Sienne, Boece, Eretrion,/
mourra de Rome* grand, la nuict disperue. (1568)
[Komet]
**Es wird erscheinen im Norden,/
nicht weit vom Krebs der behaarte Stern,/
(über) Susa, Siena, Böotien, Eretria./
Sterben wird (der) Große Roms*, wenn die >Nacht< zerstreut ist.**
1) Lat. n.m. septentrio 1. Siebengestirn = Großer Bär = Großer Wagen (Sternbild) 2. Norden (die alten Seefahrer fanden mit dem Siebengestirn den Polarstern am Himmel).
2) Lat. n.f. stella crinita Komet, behaarter Stern. Danach hat N. estoille chevelue behaarter Stern gebildet. Der Name Komet, der im 16. Jahrhundert schon gängig war, kommt vom griechischen Wort koma Haar, besagt also dasselbe.
4) disperue steht reimbedingt für dispersé.
Wenn nach der Erscheinung eines Kometen eine >Nacht< oder besser Finsternis eintritt, ist es wahrscheinlich, daß sie durch den Kometen verursacht wird, dieser also in unmittelbare Erdnähe kommt. Von diesem Ereignis berichtet u.a. 1/46. Das "Zerstreuen" der >Nacht< ist ein Hinweis auf deren stoffliche Bedingtheit. - In 5/93 erscheint "unterhalb des Heimatbodens der runden Mondkugel", als welcher astrologisch die Krebsgrade der Ekliptik gelten, ein "Licht". Dem entspricht hier die Angabe "nicht weit vom Krebs". Dazu passen auch die Wintersternbilder Orion und Zwillinge, 6/35. - Dagegen steht das Siebengestirn (Großer Wagen) woanders, weshalb Septentrion hier nur Norden bedeuten kann. Die genannten Sternbilder gehen in den Winternächten im Osten auf und im Westen unter, aber gegen Morgen liegt diese Himmelsgegend dann unter dem nordwestlichen Horizont. - Der "Große Roms" ist wohl der Papst, 9/65, 5/15. Vom Ende der >Nacht<, nämlich dem >Tagesanbruch< handelt auch 6/54.
---> 10/6 (Komet)

07/06 Naples, Palerme, & toute la Secille,/ Par main barbare*
sera inhabitee,/ Corsicque, Salerne, & de Sardeigne l' isle,/
Faim*, peste*, guerre fin de maux intemptee. (1568)
[Verfolgung der altgläubigen Christen in Süditalien/ >Neue Religion<]
Neapel, Palermo und ganz Sizilien/
werden durch barbarische* Hand unbewohnt sein./
Korsika, Salerno und die Insel Sardinien/
(leiden an) Hunger*, Seuche*. Ende der >Übel< (wird) angedroht.

    4) Lat. intemptatus unangetastet, unberührt. Die Verba
    temptare und tentare bedeuten das Gleiche, daher kann
    intemptee auch als p.p.p. des v. intentare entgegenhalten,
    androhen aufgefaßt werden.

Barbaren nennt N. Menschen, die nicht dem christlich-abendländischen Kulturkreis angehören. Hier führen sich die Gemeinten außerdem barbarisch auf, da sie die Bewohner Süditaliens vollständig vertreiben oder umbringen. -   Worum es ihnen geht, verrät die letzte Vz. Die Kombination >Hunger< und >Seuche< bedeutet wie in 6/5, 3/19 u.a., daß das Sakrament des Leibes und Blutes Christi nicht mehr ausgeteilt werden darf, und stattdessen eine >neue Religion< die Menschen >befällt<, die N. als verderblich erkennt. -   Die >Übel<, die dann ein für allemal aus der Welt geschafft werden sollen, sind die alten Lehren der christlichen Religion.   Mitten in der Vz wechselt N. von der eigenen Wertung in jene der erschauten Barbaren.

    ---> 2/56, 4/56 (Letzte Zeit der alten Erde)
    ---> 4/56, 10/6 (>Neue Religion<)

10/06 Sardon Nemaus si hault desborderont,/ Qu' on cuidera
Deucalion renaistre,/ Dans le collosse* la plus part fuyront,/
Vesta* sepulchre* feu estaint apparoistre. (1568)
[Komet/ >Weltfriedensordnung</ >Neue Religion<]
Der Gard wird die von Nîmes so hoch überfluten,/
daß man glauben wird, Deukalion sei wiedergeboren./
In das Colosseum* werden die meisten fliehen,/
das Grab* der Vesta*, erloschenes Feuer erscheint.

    1) Nemausus war der römische Name der Stadt Nîmes.
    2) Deukalion kommt auch in 2/81 vor.
    3) Das Collosseum, eine große Arena, stand in Rom. Aber der
    Name dieses Gebäudes wird hier metaphorisch verwendet.

Der Gard mündet nahe bei Nîmes in die Rhône.   Er müßte stark anschwellen und wie die Garonne das Flußbett verlassen, 9/37, um der Stadt gefährlich zu werden.   Der Kataklysmus wird gewaltige Überschwemmungen auch in Südfrankreich bringen, 2/33. Deukalion war im griechischen Mythos der Überlebende einer Sintflut. -   Das >Colosseum< ist wie das >Amphitheater<, das den Himmel verstellt, 6/100, Sinnbild der neuen, nach der Katastrophe entstehenden Weltordnung, die N. in mancher Hinsicht mit der römischen Antike vergleicht, VH (30).   Der Kult des vestalischen Feuers sinnbildet den Kult des Weltstaats, **9/9**, der sich später zu einer >neuen Religion< auswächst.   Bei diesem Kult werden die meisten Menschen Zuflucht suchen.

    ---> 6/6 (Komet)
    ---> 4/56, 7/6 (>Neue Religion<)

Centurie 1, Vers 56

Vous verrés tost & tard faire grand change
Horreurs extremes, & vindications,
Que si la lune* conduicte par son ange
Le ciel* s' approche des inclinations.

(Urfassung bei Macé Bonhomme, Lyon 1555)

Übersetzung der Urfassung:

Ihr werdet früher oder später großen Umschwung geschehen sehen,
extreme Greuel und Taten aus Rache.
Und wenn der Mond* von seinem Engel geführt (sein wird),
nähert sich der Himmel* den Neigungen.

Kommentar zu 1/56:

Es wird von der Annahme ausgegangen, daß dieser Vers auch in der ursprünglichen Reihenfolge der Verse auf **1/55** (Bd.1) folgt. Dessen Deutung ergab, daß dort der Golfkrieg von 1991 geschildert wird, in dem die alliierten Streitkräfte unter Führung der USA den Sieg gegen den Irak davontrugen.

Wenn hier von einem "großen Umschwung" die Rede ist, deutet das auf Ereignisse, die den klaren Ausgang dieses Krieges in einem anderen Licht erscheinen lassen werden. Besonders die USA, welche die internationale Streitmacht anführten, aber darüberhinaus der Westen insgesamt, muß sich auf "extreme Greuel und Taten aus Rache" gefaßt machen, die den Preis des Sieges von 1991 noch deutlich erhöhen werden. Hier ist z.B. der Anschlag auf das World Trade Center im Jahr 1993 zu nennen. Aber der Vers läßt befürchten, daß es dabei nicht bleiben wird. Das hat sich inzwischen leider als wahr erwiesen, **6/97**.

Haß und Rachsucht des Anstifters und Hintermannes des Anschlages von September 2001 entzündete sich an den in seiner Heimat Saudi-Arabien nach dem Golfkrieg verbliebenen amerikanischen Truppen. Daran zeigt sich der Zusammenhang zwischen Golfkrieg und dem Terror von 2001. Die anfängliche Annahme, nämlich daß **1/56** auf **1/55** folge, wird so bestätigt.

Mit dem "großen Umschwung" ist aber hauptsächlich die Erhebung arabischer Streitkräfte gemeint, die für die Zeit nach der Katastrophe angekündigt ist, **6/54**, **2/54**. Darunter wird Europa schwer zu leiden haben, **2/4** als Beispiel für viele. Dieser Umschwung werde "früher oder später" kommen, d.h. >bald< nach den Ereignissen von 1991. Die Zeitperspektive der Centurien umfaßt mindestens fünf Jahrhunderte, **3/94**.

Sowohl der Golfkrieg wie auch die auf ihn folgenden, hier angekündigten Ereignisse fallen in die Zeit, wenn "der Mond von seinem Engel geführt" wird. Der Mond steht für den Islam, **1/49** (Bd.1). Daß der >Mond< einen erneuten Aufstieg erleben würde, war für die Zeit ab etwa 1980 zu erwarten, **1/48**.

Mit den "Neigungen des Himmels" ist das Sich-Neigen der Drehachse des Planeten gemeint, das anschließend zu einer dauerhaften Verschiebung des Fixsternhimmels führt, **3/46**. Es werde dann die Sonne "ihre matten Tage nehmen", **1/48**, d.h. aufgrund außerordentlicher Ereignisse mit verminderter Kraft scheinen, eine Zeit lang wohl auch gar nicht mehr, VH (18).

Außerdem ist der Sturz des Himmels in geistiger Hinsicht gemeint. Ciel bedeutet wie Himmel den natürlichen Himmel, aber auch im religiösen Sinn den Wohnsitz Gottes und der Seligen. Es wird dann das Firmament sich neigen, aber auch ein himmelstürzender politischer und religiöser Umschwung stattfinden.

Centurie 4, Vers 56

Apres victoire de rabieuse langue*,
L' esprit tempté en tranquil & repos:
Victeur sanguin* par conflict faict harangue,
Roustir la langue* & la chair & les os*.

(Textfassung bei Benoist Rigaud, Lyon 1568)

Übersetzung:
Nach dem Sieg der tollwütigen Sprache*
(wird) der Geist befallen in Stille und Ruhe.
Sieger blutig* durch Konflikt, dabei (wird) Festrede gehalten.
Sie rösten die Sprache* und das Fleisch und die Knochen*.

Kommentar zu 4/56:
Ein "Sieg" wird mit einer "Sprache" errungen, die demnach zur Erringung von Macht eingesetzt wird. Dann kommt eine Zeit der "Ruhe". Danach ist der "Sieger" an einem "Konflikt" beteiligt, in dem "Sprache" wiederum Mittel, Vz 3, aber jetzt auch selbst Gegenstand der Auseinandersetzung ist, Vz 4.

Die Sprache des "Siegers" nennt N. "tollwütig". Der sie spricht, heißt in VH (20) "Tollwütiger, der den Weisen spielt". Die >Tollwut< ist eine Metapher und bedeutet nicht Schaum vor dem Mund und Teppichbeißerei, nicht die Form des Vortrags, sondern dessen Inhalt. (Zum Stil sei an die "brillante Rede", das "machtvolle Getön", 1/96, und die "geschraubte Sprache", 8/78, erinnert.) Zu den Symptomen der Tollwut gehört die Abneigung gegen und Furcht vor Wasser. Die >Wasserscheu< des >Tollwütigen<, VH (20), bedeutet, daß er nicht die Sprache göttlicher Offenbarung spricht, die zum >lebendigen Wasser< wird, Joh 46-15, wenn die Menschen danach leben.

Sein "Sieg" bedeutet seine Anerkennung als höchste moralische Autorität in der Welt, 10/71, insbesondere im jüdischen, christlichen und islamischen Bereich, 10/28. Dann kehrt zunächst "Stille und Ruhe" ein, und zwar im Bereich von Religion und Ideologie, von dem die Rede war. Eine trügerische Ruhe, denn sie ist die Inkubationszeit, in welcher auch >der Geist< schließlich "befallen" und "versucht" wird.

>Der Geist< ist der Geist Gottes, da es einen anderen Geist nicht gibt. Er kann nicht von Krankheit befallen werden. Für N. hat sich der Geist Gottes im Wort Jesu Christi manifestiert. Dieses Wort wird >wasserscheu<. Die Sprache der christlichen Offenbarung wird durch >Rösten< das >Wasser< entzogen, das für ihren Jenseitsbezug steht, 3/44. Die Sprache der Religion wird auf >Erde<, ihre irdische Brauchbarkeit reduziert, 5/36. Es ergehen genaue Vorschriften, wie die alten Lehren von nun an aufzufassen sind und was davon noch fortgilt, 8/28.

Der "Sieger" wird >die alten Götter töten<, sich an ihrem >Blut<, den Glaubenslehren der alten Religionen vergreifen, 5/62, in diesem Sinne >blutig< sein. Für diese Taten des >neuen Weisen<, 4/31, im Reich des Geistes wird er gefeiert werden (harangue). Und man wird sich mit denen auseinandersetzen (conflict), die nicht mitfeiern wollen.

Das "Fleisch" ist das in Christus fleischgewordene Wort, Joh 114. "Fleisch" und "Knochen" Christi waren am Kreuz durchbohrt. Wenn ihnen durch >Rösten< das >Wasser< entzogen wird, dann soll dieses Ereignis als historische, in ihrer Wirkung abgeschlossene Tat gelten, als privates und erfolgloses Martyrium für die Herabkunft des Reiches Gottes. Es bedeutet die Leugnung des vom Sühnetod Christi für Zeit und Ewigkeit ausgehenden Heils, die nun verbindlich für alle werden soll.

02/07 Entre plusieurs aux isles deportés/ L' vn estre nay* à deux
dens en la gorge/ Mourront de faim* les arbres* esbrotés/
Pour eux neuf roy nouel edict leur forge. (1555)
[Erste Zeit nach der Katastrophe/
POLLUX-JUPITER]
**Unter mehreren auf die Inseln Deportierten/
wird der eine erscheinen* mit zwei Zähnen im Rachen./
Sie werden an Hunger* sterben, die Bäume* abgegessen./
Ihretwegen schmiedet (der) neue König ihnen (ein) neues Edikt.**
   2) Einer "mit zwei Zähnen im Rachen" kommt auch vor in 3/42.
   3) Altfr. v. broster, mittelfr. v. brouter 1. Knospen treiben (bourgeonner) 2. abweiden, abfressen (brouter).
Die im Rachen verborgenen Zähne sind ein Bild verborgener Aggressivität. Der Gemeinte erweckt einen >zahnlosen<, d.h. friedlichen Eindruck. In der Tiefe seines Rachens und Wesens aber ist er bereit, all jene zu zermalmen, die sich seinem friedlichen Werben verschließen, 3/42. Es handelt sich um den nach der Katastrophe erscheinenden >neuen Heiligen<, 10/30, dessen antichristliche Gesinnung erst später deutlich erkennbar sein wird. - Seine >Geburt< ist sein erstmaliges öffentliches Auftreten als Heilsbringer und Friedensstifter. Dieses ereignet sich in einer Zeit, in welcher er und Menschen seines Volkes "deportiert" sind. Da er dem jüdischen Volk des Staates Israel entstammen wird, **7/32**, 3/91, müßte dieses Volk in großer Bedrängnis sein, wenn er die geschichtliche Bühne betritt. Das stimmt mit Vers 9/84 überein, wonach er Gefahren ausgesetzt ist, wenn er seinen Ursprung findet. - Die Hungersnot "auf den Inseln", wohl Inseln im Mittelmeer, scheint hier wörtlich gemeint zu sein, d.h. die Nahrungsmittel sind knapp. Dagegen kommt die sinnbildliche Hungersnot in 3/42 erst einige Jahre später. - Später wird dem vermeintlich zahnlosen Friedensstifter Macht übertragen, **8/41**. Daher ist er hier in der letzten Vz der "neue König". Seine Macht wird er u.a. dafür gebrauchen, für das Volk, dem er entstammt, ein "neues Edikt" zu erlassen, Vz 4. Dieses wird dessen Freiheit wiederherstellen und Existenz sichern. Es werde dann "den Inseln die Freiheit zurückgegeben" werden, 6/58 Vz 4, und so den Juden "Gunst erwiesen" werden, **6/18** Vz 4.
   ---> 5/7, 9/7 (JUPITER)

02/57 **Auant conflit le grand mur* tumbera:/ Le grãd à mort, mort
trop subite & plainte:/ Nay* (!) imparfaict: la plus part nagera:/
Aupres du fleuue* de sang* la terre tainte. (1555)**
[Kriegerische Ereignisse an der Jahrtausendwende] (Kommentar S. 99)
**Vor dem Krieg wird die große Mauer* fallen./
Der Große stirbt, ein sehr plötzlicher und beklagter Tod./
Geboren* (ist er) unfertig. Der größte Teil wird schwimmen.
Entlang des Flusses* (ist) die Erde mit Blut* gefärbt.**
   3) Manche spätere Textausgaben haben statt "Nay" das Wort "Nef". Nay ist das p.p.p. von naistre* (geborenwerden) und kann keinesfalls Schiff oder Flotte bedeuten.
   3) La plus (grand) part ist metrumbedingt verkürzt.

05/07 Du Triumuir seront trouuez les os*,/ Cherchant profond thresor*
aenigmatique:/ Ceux d' alentour ne seront en repos./
Ce concauer marbre* & plomb metallique. (1568)
[>Weltfriedensordnung</ JUPITER]
Vom Dreierkollegium werden gefunden die Gebeine*,/
wenn man gründlich sucht nach dem rätselhaften Schatz*./
Die aus der Umgebung werden keine Ruhe geben,/
ehe sie nicht Marmor* und Bleisiegel ausgegraben haben.

2) Adj. aenigmatique abgeleitet vom lat. n.n. aenigma Rätsel.

Das "Triumvirat" bezeichnet in VH (30) eine von drei Mächten gebildete Herrschaftsstruktur, die einige Jahre nach der Katastrophe aufgerichtet werden wird. Wie ihre antiken Vorgänger wird sie in der Zeit des Übergangs stehen, wenn aus einer >republikanisch< verfaßten Völker-gemeinschaft ein monarchisch beherrschtes Weltreich wird. In diesem Zusammenhang ist die Suche nach einem >rätselhaften Schatz<, den man dann als >Gebeine< in einem Grab findet, als Sinnbild aufzufassen, **1/27**. Man steht vor der Frage, wie der Frieden in der Welt (römisches Imperium) dauerhaft gesichert werden könne. Die Antwort darauf wird für sehr wertvoll gehalten, sie zu finden hieße, einen lange gesuchten >Schatz< zu finden. Daher sucht man "gründlich" oder "in der Tiefe", nämlich im Bestand der geschichtlichen Erfahrung. Nachdem die "zweien überlassene Herrschaft", **4/95**, bereits wenige Jahre nach der Katastrophe in einen neuen Krieg mündet, wird es immer notwendiger, aber zugleich schwieriger erscheinen, endlich Frieden zu schaffen. Anscheinend wird dann eine Dreierherrschaft errichtet. Die antiken Dreierkollegien >auferstehen< aus ihren Gräbern und erfreuen sich hoher Wertschätzung (Marmor). Aus dem ersten Triumvirat entwickelte sich die Diktatur des Gaius J. Caesar. Am Ende der Zeit des zweiten Dreierkollegiums stand das alleinige Regiment des Octavian, welches die republikanische Verfassung des Kernlandes Italien mit monarchischen Befugnissen im Reich verband (Prinzipat). Den "großen Römer", dessen Marmorgrab in **6/66** und **9/84** >gefunden< wird, stellt N. dar als Wiedergänger Caesars oder des Augustus Octavian. - Das Bleisiegel des Grabes ist wie das Blei in **4/88** ein Hinweis auf das goldene Zeitalter, in dem Saturn/ Kronos herrschte. Als Entsprechung des Saturn bei den Metallen galt das Blei. Das >ausgegrabene< Kollegium wird ein neues >Goldenes Zeitalter des Friedens< ausrufen, **8/29**.

---> 2/7 (JUPITER)

06/07 Norneigre & Dace, & l' isle Britannique,/ Par les vnis freres
seront vexées:/ Le chef Romain issu de sang* Gallique/
Et les copies aux forestz repoulsees. (1568)
[Europäischer Freiheitskrieg/ Heinrich V.]
Norwegen und Dakien und die britannische Insel/
werden durch die vereinten Brüder heimgesucht werden./
Das römische Haupt, hervorgegangen aus gallischem Blut*,/
und die Truppen in die Wälder zurückgetrieben.

_{1) Das antike Dakien war eine römische Provinz auf dem Gebiet des heutigen Rumäniens und Bulgariens.}
_{4) Lat. n.f.pl. copiae Truppen.}

Die "vereinten Brüder" vertreiben in VH (12) mit (30) die Orientalen aus Europa und stellen sich damit gegen das globale Regime. Hier wird deutlich, daß sie sich des Kontinents von dessen Rändern her bemächtigen wollen: von Westen (England), Norden (Norwegen), Osten (Rumänien) und Süden (Italien) her. Einer der "drei Brüder" ist Heinrich, 1/99, und er könnte auch das aus gallischem Blut hervorgegangene "römische Haupt" sein, 5/13, das hier in die Defensive gerät.

Centurie 2, Vers 57

Auant conflit le grand mur* tumbera :
Le grâd à mort, mort trop subite & plainte :
Nay* (!) imparfaict : la plus part nagera :
Aupres du fleuue* de sang* la terre tainte.
(Urfassung bei Macé Bonhomme, Lyon 1555)

Übersetzung der Urfassung:
Vor dem Krieg wird die große Mauer* fallen.
Der Große stirbt, ein sehr plötzlicher und beklagter Tod.
Geboren* (ist er) unfertig. Der größte Teil wird schwimmen.
Entlang des Flusses* (ist) die Erde von Blut* gefärbt.

Kommentar zu 2/57:
Im historischen Band konnte das Wort mur eine militärisch befestigte Verteidigungslinie, 3/33, oder einen unbefestigten Frontverlauf bedeuten, 5/81.
 Wo Ost- und Westalliierte sich am Ende des zweiten Weltkrieges trafen, entstand anschließend der sogenannte Eiserne Vorhang, ein militärisch gesicherter Grenzverlauf, darüber hinaus eine Grenze der Ideologie und der politischen Einflußbereiche - in der bildhaften, untechnischen Sprache des Sehers eine >Mauer<, welche einen ganzen Kontinent teilte und insofern das Attribut groß zu Recht erhält.
 "Der Große" müßte dann der sein, der durch den zu Beginn des Verses genannten Vorgang - den inzwischen eingetretenen Fall der >großen Mauer< - erst groß geworden ist: Das seit 1990 wiedervereinigte Deutschland - le grand pays, das große Land.
 Von ihm heißt es, es werde zu Tode kommen und es sei "unvollendet geboren". Die Einheit Deutschlands ist völkerrechtlich vollendet, aber an der wirtschaftlichen und sozialen Einheit wird noch gearbeitet. Die >Geburt< des großen, vereinten Deutschlands ist noch nicht abgeschlossen, noch nicht vollendet. Für die Zeit der noch nicht vollendeten Geburt des vereinten Deutschlands würde hier der plötzliche Tod des Landes angekündigt.
 Tod und Blut kennzeichnen den anschließenden "Konflikt", der demnach ein kriegerischer ist. Er wird "sehr plötzlich" ausbrechen. Wenn es soweit ist, rechnet man gar nicht mit Krieg. Das paßt zu der nach dem Fall der >großen Mauer< vorherrschenden Einschätzung der militärischen Lage, derzufolge nach der Auflösung des Warschauer Paktes und dem Rückzug der russischen Truppen aus der ehemaligen DDR die Kriegsgefahr deutlich gemindert sei.
 Es heißt, "der größte Teil" des Landes werde "schwimmen". Im Zusammenhang mit dem kriegerischen Konflikt bedeutet das eine Überschwemmung mit fremden Truppen. Mit diesem Bild beschreibt N. das Eindringen fremder Truppen in ein Land im historischen Band gelegentlich, 4/59, 4/80. Daß dieser >Fluß< an seinen >Ufern< blutig gefärbt erscheint, deutet auf zivile Opfer oder militärischen Widerstand.
 Es dürfte das aus VH (19) bekannte "Neue Babylon" sein, d.h. der frühere Herrschaftsbereich des Kommunismus, dessen Andrang zu befürchten ist, **1/82**. Sein Zerfall war es, der den >Fall der großen Mauer< bewirkte. Es scheint, als würde das Fortschreiten seines Zerfalls noch üble Folgen haben, VH (19).

01/58 Trenché le ventre, naistra* auec deux testes,/ Et quatre bras:
quelques ans entier viura:/ lour* qui Alquilloye celebrera ses festes/
Foussan, Turin, chief Ferrare suyura. (1555)
[POLLUX-JUPITER' s Verhältnis zur katholischen Kirche und
sein Verhältnis zu Christus im Urteil der Zeitgenossen/
Verfolgung altgläubiger Christen] (Kommentar S. 102)
**Wenn aufgeschnitten ist der Bauch, wird geboren* (ein Kind*)
mit zwei Köpfen/
und vier Armen. Ein paar Jahre wird es ungeteilt leben./
Am Tag*, wenn Aquillius' Gesetz* seine Feste feiern wird,/
werden Fossano, Turin dem Haupt von Ferrara folgen.**

3) Aquillius Regulus hieß der Mann, der hier wohl gemeint ist. Im Unterschied zum überzähligen zweiten Buchstaben scheint die Abwandlung des Wortendes beabsichtigt zu sein. Denn darin steckt das Wort loy* Gesetz, Ordnung. Daher die angegebene Übersetzung.

4) Die Stadt Fossano liegt im Piémont, die Stadt Ferrara in der Emilia-Romagna.

<u>Anmerkung zu 1/58:</u> Die beiden von N. gegebenen Sinnbilder für das Verhältnis der katholischen Kirche zum vermeintlich >wiedergekommen Heiland<, nämlich Schwangerschaft und Geburt einerseits sowie Verlobung und Heirat andererseits widersprechen einander nicht. Sie werden in **6/50** zum Bild des >Inzestes< zusammengefügt.

---> 4/58, 7/8 (Letzte Zeit der alten Erde)

04/58 Soleil* ardent dans le gosier coller,/ De sang* humain arrouser
terre Etrusque:/ Chef seille d' eaue, mener son fils filer,/
Captiue dame* conducite en terre Turque. (1568)
[Kath. Kirche in der Zeit des Verbots des christlichen Glaubens]
**Sonne* brennend, (Zunge) klebt in der Kehle,/
mit menschlichem Blut begießen sie etruskische Erde./
Haupt durstig nach Wasser. Sie betreiben, daß sein Sohn sich dünn macht./ Gefangene Dame* geführt in türkisches Land.**

3) Altfr. v. seillier durstig sein (être altéré).

4) V. filer spinnen, als loc. auch: abhauen, >sich dünn machen<, besonders als Aufforderung. Das v. mener führen kann auch bedeuten: etwas im Schilde führen.

Die >Sonne< bedeutet bei N. den Gott, der sich in Christus offenbart hat. Er ist der >Quell lebendigen Wassers<, Joh 46-15. Die Kehle brennt und klebt, der Quell ist ausgetrocknet, weil >lebendiges Wasser< nicht mehr zu bekommen ist. D.h. der christliche Gott kann sein Wort nicht mehr spenden. Alle, die es begehren, wie hier das "Haupt", bleiben dann durstig. Wahrscheinlich ist das Haupt der katholischen Kirche gemeint, die den Glauben an den eingeborenen Sohn Gottes verwaltet. Insofern ist dieser Sohn "seiner". - Wenn Gegner der Kirche im Schilde führen, daß d i e s e r Sohn sich >dünn macht<, soll der christliche Glaube ausgelöscht werden. Die "gefangene Dame" ist in diesem Kontext >Mutter Kirche<. - Etrurien ist ein alter Name für Gebiete in Mittelitalien, heute Toskana und Umbrien. Es gibt Hinweise darauf, daß nach dem Verbot des christliche Glaubens altgläubige Christen sich dorthin zurückziehen werden, z.B. in 7/5, **9/5**, 6/58, 7/8, 6/48.

---> 1/58, 7/8 (Letzte Zeit der alten Erde)

06/58 Entre les deux monarques esloignez,/ Lorsque le Sol* par
Selin* clair perdue:/ Simulté grande entre deux indignez,/
Qu' aux Isles & Sienne la liberté rendue. (1568)
[Islamische Invasion Europas/ Zeit nach der Katastrophe]
Zwischen den zwei weit entfernten Mächten,/
wenn die Sonne* durch den Mond* ihren Schein verloren hat,/
(wird) eine große Rivalität (sein), Rivalität unter zwei Empörten,/
so daß den Inseln und Siena ihre Freiheit zurückgegeben (wird).
    3) Lat. n.f. simultas Eifersucht, Rivalität, Feindschaft.
Selin ist eine Abwandlung von Selene, der griechischen Mondgöttin, und
der Mond steht für den Islam, während die Sonne bei N. für den Gott der
Christen steht. Wenn "die Sonne durch den Mond ihren Schein verloren"
hat, verdrängt die Nacht mit ihrem Mond den Tag. In der Zeit nach der
Katastrophe wird der >Mond< die >Sonne< nicht scheinen lassen wollen,
4/30, d.h. die nach Europa vordringenden Muslime werden die christliche
Religion verdrängen wollen. -   Die "zwei weit entfernten
Mächte" sind wahrscheinlich jene, die nach der Katastrophe übrigbleiben. Es könnten die von Europa gleichermaßen weit entfernten USA
und China sein. Zwischen ihnen wird ein "sehr gespanntes Verhältnis"
oder eine "große Rivalität" zurückbleiben. Es scheint, daß sie sich nach
einiger Zeit in einem Krieg entlädt, 4/95 -   Beide aber
sind "empört" oder "entrüstet" darüber, daß "Siena" und "die Inseln" ihrer
Freiheit beraubt wurden. "Die Inseln" könnten jene Inseln sein, die aus
Israel deportierten Juden Zuflucht bieten, 2/7. Die Toskana (Siena) wird
scheint eine Zuflucht für Christen zu werden, 7/32. Anscheinend helfen
die beiden übriggebliebenen Weltmächte den Bedrängten und bremsen
den Vormarsch des Islam. Vgl. VH (28) und (44).

07/08 Flora fuis, fuis le plus proche Romain,/ Aus fesulan sera
conflict donné:/ Sang* espandu, les plus grans prins à main,/
Temple* ne sexe* ne sera pardonné. (1568)
[Verfolgung altgläubiger Christen in der Toskana]
Florenz, flieh ! Flieh vor dem Römer, (der schon) ganz nah (ist) !/
Bei Fiésole wird es (einen) Kampf geben./
Blut vergossen, die Größten verhaftet,/
weder Kirche* noch Geschlecht* wird Pardon gegeben werden.
    4) Das n.m. temple verwendet N. auch für Kirchen, s. Glossar,
    hier sind die Priester gemeint.
Eine ganz ähnlich formulierte Warnung spricht N. in 9/44 für Genf aus.
Dort wird vor dem gewarnt, "der gegen den Friedens-Fürsten", d.h. gegen
Christus ist. Der "Römer", vor dem hier gewarnt wird, könnte derselbe
sein und so bezeichnet werden, weil er den Kaiserkult des antiken
Imperiums wiederaufleben läßt, also ein "großer Römer" ist, 6/66. Zudem
wird er auch nach Rom kommen, wenn er Europa bereist, 10/78. Von da
aus geht es weiter Richtung Toskana, wo Blut vergossen wird, 3/43, das
Blut derer, denen ihre >Sünden< nicht "verziehen" werden. Sie könnten
in >Majestätsbeleidigung< bestehen, 1/58. -   Die Warnung
spricht N. deshalb aus, weil er sieht, daß viele Christen den "Römer"
falsch einschätzen. Aber die Warnung wird wohl nicht beachtet.
    ---> 1/58, 4/58 (Letzte Zeit der alten Erde)

Centurie 1, Vers 58

Trenché le ventre, naistra* auec deux testes,
Et quatre bras: quelques ans entier viura:
Iour* qui Alquilloye celebrera ses festes
Foussan, Turin, chief Ferrare suyvra.

(Urfassung bei Macé Bonhomme, Lyon 1555)

Übersetzung der Urfassung:

Wenn aufgeschnitten ist der Bauch, wird geboren (ein Kind*) mit zwei Köpfen/ und vier Armen. Ein paar Jahre wird es ungeteilt leben. Am Tag*, wenn Aquillius' Gesetz seine Feste feiern wird, werden Fossano, Turin dem Haupt von Ferrara folgen.

Kommentar zu 1/58:

Die katholische Kirche begreift sich als >Mutter<, welcher aufgegeben ist, Christus in den Herzen ihrer >Kinder<, der Gläubigen zu gebären und wachsen zu lassen. Zu den >Kindern der Mutter Kirche< gehören auch die Päpste. Die siamesischen Zwillinge könnten zwei Päpste sein, die gleichzeitig erscheinen, etwa als Papst und Gegenpapst. Offen bliebe, wie es zu verstehen ist, daß beide miteinander verwachsen sind.

So bietet sich eine andere Lösung an. Nach der Katastrophe wird ein Mann erscheinen, von dem es heißen wird, er sei der >wiedergekommene Heiland<, ein geistiger "Zwillingsbruder" Christi, 1/95. Das Sinnbild der Geburt eines siamesischen Zwillings gibt Aufschluß darüber, wie die Zeitgenossen das Verhältnis von Christus, der katholischen Kirche und dem neuen Mann zueinander auffassen werden.

Die katholische Kirche wird sich nach inneren Kämpfen dazu bereit finden, den neuen Mann als >wiedergekommenen Heiland< zu akzeptieren, 8/94. Dadurch wird sie einen wichtigen Beitrag dazu leisten, ihn großzumachen. Sie wird mit diesem Mann >schwanger gehen<, ihn >austragen< und >an ihrem Busen nähren<, 8/75. Was sie gebiert und großzieht, ist ein Monstrum.

Die Doppelheit der Köpfe und Arme ist ein Bild dafür, daß Christus und sein >Zwillingsbruder< in Wirklichkeit zwei verschiedene Personen sind, die sich in ihrem Denken und Handeln voneinander unterscheiden. Das Verwachsensein beider bedeutet, daß viele Zeitgenossen den Unterschied nicht erkennen, sondern beide für >engstens verwandt< ansehen werden. Erst nach "einigen Jahren" wird mancher lernen, Christus von seinem vermeintlichen >Zwillingsbruder< zu unterscheiden, beide >voneinander zu trennen<.

Die zweite Vershälfte handelt von der letzten Zeit der alten Erde, wenn das Vorhaben des >Zwillingsbruders< ans Licht kommt. Denn dann "wird Aquillius' Gesetz seine Feste feiern". Ein berühmt-berüchtigter Vertreter der antiken römischen Sippe dieses Namens war Aquillius Regulus, als politischer Ankläger tätig unter Nero und Domitian. Plinius beschreibt, daß er sich auf Majestätsprozesse spezialisiert hatte. Er brachte Menschen vor Gericht, die ehrenvoll verbannt waren und sich gegen die Anwürfe nicht wehren konnten.

Der Vorsteher der Kirche des Weltstaats, verehrt wie ein antiker Kaiser, 10/71, wird die >Friedensfeinde<, die sich ihm nicht vollständig unterwerfen, vor Gericht stellen lassen, 6/72. Nicht >vor dem Bild des Kaisers zu opfern<, wird als Majestätsbeleidigung gelten. Die Nachfahren des Aquilius werden dann Konjunktur haben.

Was in Vz 4 gemeint ist, wird zu gegebener Zeit klar werden.

02/09 Neuf ans le regne le maigre en paix tiendra,/ Puis il cherra en
soif* si sanguinaire*:/ Pour luy grâd peuple sans foy & loy* mourra/
Tué par vn beaucoup plus (!) de bonnaire. (1555)
[POLLUX-JUPITER/ >Weltfriedensordnung</
Verfolgung der altgläubigen Christen] (Kommentar S. 106)
**Neun Jahre wird der Magere die Herrschaft im Frieden innehaben,/
dann wird er einem wahren Blutdurst* verfallen./
Wegen ihm wird viel Volk ohne Glauben und Moral zugrunde gehen./
Getötet (wird er) durch einen sehr viel Edelmütigeren.**
   3) Ein Volk "ohne Glauben" ist für N. nicht groß im moralischen
   Sinne, daher hier die Wiedergabe mit "viel Volk".
   Loc. n' avoir ni foi ni loi   keinen Glauben und keine Moral
   besitzen, gewissenlos sein, zu allem fähig sein.
   4) De bonnaire ist fälschlich nicht zusammengeschrieben als
   debonnaire gutmütig, edelmütig.
   ---> 5/9, 6/9, 9/9 (POLLUX-JUPITER)

05/09 Iusques au fond la grand arq* demolue,/ Par chef captif
l' amy anticipe:/ Naistra de dame* front, face chevelue,/
Lors par astuce Duc* a mort attrape. (1568)
[Zerstörung der katholischen Kirche/ Letzter Papst/
POLLUX-JUPITER]
**Bis auf den Grund die große Arche* abgerissen,/
durch gefangenes Oberhaupt der Freund vorzeitig empfangen./
Geboren wird er von einer Dame*, deren Stirn, Gesicht behaart ist,/
dann wird Heerführer* durch (eine) List tödlich getäuscht sein.**
   1) arc > lat. arcus ist n.m., nicht n.f. Das -q am Ende spricht
   eher für arq in der Bedeutung Bogen. Dagegen deutet der
   weibliche Artikel, bestätigt durch das weiblich endende
   demolue, auf das n.f. arcae Arche > lat. arca.
Die katholische Kirche wird in **3/13** unter dem Bild der Arche angesprochen. Ihr letztes Oberhaupt wird sich durch das Bündnis mit dem
>wiedergekommenen Heiland<, **5/46**, in Abhängigkeit von diesem bege-
ben. Aus der Abhängigkeit wird Gefangenschaft werden, **8/45**. Am Ende
wird die >große Arche< "bis auf den Grund abgerissen", d.h. ihrer Inhalte
vollständig beraubt sein, **10/65**. Der vermeintliche Heilsbringer heißt hier
der "vorweggenommene" oder "vorzeitig empfangene Freund" (l' amy
anticipe). Erst auf der neuen Erde wird Christus sein Reich errichten
können. Wer >vorzeitig den Freund empfängt<, kann es nicht erwarten
und begrüßt den Falschen. -   Die mißgebildete "Dame"
ist die Medusa mit den Schlangenhaaren, deren Anblick die Menschen
vor Schreck zu Stein erstarren ließ. Der vermeintliche Freund ist einer
von ihrem Geblüt, **9/84**, d.h. wird viele vor Schreck erstarren lassen, wenn
sich sein Wesen und Vorhaben enthüllt. -   Als
"Heerführer" (Duc*) tritt der Weltherrscher in **9/80** und **10/80** in Erscheinung. So wird wiederum er in der letzten Vz gemeint sein. In der Sage
half dem Perseus ein blanker Schild, auf dessen spiegelnder Oberfläche
er die Medusa sehen konnte, ohne von ihrem Blick getroffen zu werden.
So konnte er sie töten. Welcher Art die hier gemeinte List (astuce) ist,
muß offenbleiben.
   ---> 2/9, 6/9, 9/9 (POLLUX-JUPITER)

05/59 Au chef Anglois à Nymes trop seiour,/ Deuers l' Espaigne au
secours Aenobarbe:/ Plusieurs mourront par Mars* ouuert ce iour,/
Quant en Artois faillir estoille en barbe. (1568)
[Komet/ Islamische Invasion Europas/ Heinrich V.]
**Vom englischen Oberhaupt (wird) in Nîmes (ein) zu langer Aufenthalt
(eingelegt),/ nach Spanien kommt Erzbart zu Hilfe./
Nicht wenige werden sterben durch (den) Krieg, eröffnet an dem Tag,/
wenn im Artois (der) Stern im Bart* stürzt.**
<sub>2) Aenobarbe Erzbart ist zusammengesetzt aus dem lat. n.f.
barba Bart und dem lat. adj. aeneus oder aenus kupfern, ehern.
Andere Fundstellen: 1/74, 5/45 (Bd.3), 9/6 (Bd.3).
Die Übersetzung ist nicht eindeutig. Es könnte auch umgekehrt
der Erzbart dem Engländer zu Hilfe kommen.</sub>

Der "Stern im Bart" heißt andernorts "behaarter Stern", ein alter Name für
einen >Schweifstern< oder Kometen. Vom Sturz eines Kometen berichtet
eine Vielzahl von Versen. Er wird nicht nur den äußersten Norden Frankreichs (Artois), sondern ganz Europa und den Mittelmeerraum treffen, z.B.
Italien, 8/16, und Griechenland, 6/6. - Dieses außerordentliche Naturgeschehen wird einen Konflikt b e e n d e n, 9/51 Vz 3,
zugleich aber der Beginn eines anderen sein, nämlich eines Krieges um
Spanien, wie es hier aussieht. Bewohner Nordafrikas werden sich nach
der Katastrophe erheben, **6/54**. Nach einigen Jahren scheint dann die
iberische Halbinsel in ihren Händen zu sein, 5/14. - Die
Chiffre "Erzbart" dürfte sich aus der mittelalterlichen Sage vom Endkaiser
erklären, die u.a. von Friedrich I. Barbarossa (= Rotbart) erzählt wurde.
Mit seinen Heerscharen schlafe er in einem Berg, werde dereinst zurückkehren, um den Antichristen niederzukämpfen und das sacrum imperium
aufzurichten. Der "Erzbart" bei N. ist identisch mit dem späteren Heinrich
V., der den antichristlichen Weltherrscher zum Gegner haben, VH (17),
und ihn am Ende besiegen wird, 1/74. - Beide, der "Erzbart"
und der Engländer, dürften hier vorhaben, den weiteren Vormarsch der
Muslime aufzuhalten, aber in diesem Vers noch ohne Erfolg, **9/73**.
    ---> 8/59 (Islamische Invasion Europas)

06/09 Au sacrez temples* seront faicts escandales,/ Comptez seront par
honneur & louanges/ D' vn que on grave d' argent*, d' or* les medall/
La fin sera en tormens bien estranges. (1568)
[>Neue Religion</ POLLUX-JUPITER]
**In den geweihten Tempeln* werden skandalöse Dinge geschehen,/
(sie) werden gerechnet werden zu Ehre und Lob/ von einem,
dem man Gedenkmünzen von Silber*, von Gold* prägt./
Das Ende wird sein in Qualen, recht fremdartigen.**
<sub>2)3) Pfändler (1996 S. 428) übersetzt anders, aber auch
korrekt: "Gezählt werden [diese] zu [den] Ehrungen und
Ruhmestaten/ von einem, [dem] man ... prägt.
4) Mittelfr. n.m. tourment, torment 1. heftiger körperlicher
Schmerz (violente douleur corporelle) 2. Torturen (tortures)
3. Kriegsmaschinen (machines de guerre).</sub>

Eine geläufige Deutung will hier Napoleon erkennen (Pfändler 1996 S.
428). Die "skandalösen Taten" seien das Konkordat mit dem Vatikan von
1802 und Zusatzartikel, die die katholische Kirche Frankreichs dem Staat

unterstellten. Aber N. wertete dieses Konkordat als Rückkehr zum christlichen Glauben, 9/74 (Bd.1), und sah Napoléon als Bändiger der Revolution, 2/12 (Bd.1). Sein Konterfei ließ der Mann auf Münzen verewigen. Aber warum sollte N. erwähnen, daß die Münzen aus Silber und aus Gold waren? Wörtlich genommen, wäre das ein belangloses Detail. Napoléon starb auf St. Helena in der Fremde, die tormens estranges seien fremde Fesseln. - Die >neue Religion<, die der vermeintlich >wiedergekommene Heiland< verfertigt, wird das Geistesgut der alten Religionen als Rohmaterial nutzen und daraus nach Gutdünken etwas >ganz Neues< formen. Insbesondere für Versatzstücke der christlichen Lehren (= Gold) und der islamischen Lehren (= Silber) wird man Verwendung haben, 5/66. Insofern werden in der >neuen Religion< Gold und Silber >verschmelzen<, 3/13. - Skandalös ist für N., daß dadurch die alten Religionen, besonders die christliche, verdrängt werden sollen. Es wird "entheiligt" werden, was den Altgläubigen heilig war, 3/45. Diese selbst werden verfolgt werden. Die Vollendung des >Gottesreichs auf Erden< durch Auslöschung von allem, was es vermeintlich noch behindert, "wird man sich zu Ehre und Lob anrechnen lassen" vom >neuen Heiligen<, 10/30. Der wird sogar Sündenvergebung für die Verfolgung der Altgläubigen versprechen, 3/60. - Vz 4 ist ungeklärt.
---> 9/9 (>Neue Religion<)
---> 2/9, 5/9, 9/9 (POLLUX-JUPITER)

08/59 Par deux fois hault, par deux fois mis à bas/ L' orient aussi
l' occident foyblira/ Son aduersaire* apres plusieurs combats/
Par mer* chassé au besoing faillira. (1568)
[Orient 16. bis 21. Jahrhundert/ Islamische Invasion
Europas] (Kommentar S. 107)
Zweimal oben, zweimal am Boden,/
wird das Morgenland auch das Abendland schwächen./
Sein Gegner*, nach mehreren Schlachten/
über 's Meer* gejagt in Not, wird unterliegen.
   3)4) Nachdem in der ersten Vershälfte der Orient Subjekt war, ist anzunehmen, daß "sein" Gegner der Okzident ist.
   4) Mittelfr. v. faillir 1. verfehlen (manquer), versagen (faire défaut) 2. keinen Erfolg haben (ne pas réussir) 3. unterliegen (succomber) 4. enden, ein Ende nehmen (finir, prendre fin).
---> 5/59 (Islamische Invasion Europas)

09/09 Quand lampe ardente de feu inextinguible/ Sera trouué au temple*
des Vestales*,/ Enfant* trouué, feu, eau passant par crible:/
Perir eau* Nymes. Tholose cheoir les halles. (1568)
[>Neue Religion</ POLLUX-JUPITER] (Kommentar S. 108)
Wenn die brennende Fackel des unauslöschlichen Feuers/
gefunden werden wird im Tempel* der Vestalinnen*,/ (wird ein)
Kind* angetroffen, Feuer (und) Wasser streichend durch ein Sieb./
(Im) Wasser* geht unter Nîmes, (in) Toulouse stürzen die Hallen.
   3) Loc. passer au crible genauestens untersuchen, nach allen Seiten beleuchten, wörtlich: durchsieben.
   4) Zum Untergehen im >Wasser< s. das Glossar unter deluge.
---> 6/9 (>Neue Religion<)
---> 2/9, 5/9, 6/9 (POLLUX-JUPITER)

Centurie 2, Vers 9

Neuf ans le regne le maigre en paix tiendra,
Puis il cherra en soif* si sanguinaire* :
Pour luy grad peuple sans foy & loy* mourra
Tué par vn beaucoup plus de bonnaire.
(Urfassung bei Macé Bonhomme, Lyon 1555)

Übersetzung der Urfassung:
Neun Jahre wird der Magere die Herrschaft im Frieden innehaben, dann wird er einem wahren Blutdurst* verfallen.
Wegen ihm wird viel Volk ohne Glauben und Moral zugrundegehen.
Getötet (wird er) durch einen sehr viel Edelmütigeren.

Kommentar zu 2/9:
Erst Frieden, dann Krieg, und zwar unter demselben Herrscher - das erinnert an 1/4, wo einer von der ganzen Welt zum Alleinherrscher gemacht werden wird, der dann "im Frieden nicht lange sein wird". Aus 8/69 ergab sich, daß die herkömmlichen Religionen z e h n Jahre lang gleichberechtigt nebeneinander stehen werden, ehe sie "zurücksinken" und die Zeit der letzten Glaubenskämpfe beginnt. Hier sind es n e u n Jahre des Friedens. Dieser Mann wird in der Zeit der Naturkatastrophe "seinen Ursprung finden", 9/84, und erstmals in Erscheinung treten, 3/42. Die "Herrschaft" wird er erst nach einiger Zeit antreten können, 4/95. So sind die neun oder zehn Jahre wahrscheinlich vom Herrschaftsantritt an zu rechnen.

Seine Magerkeit, wörtlich verstanden, würde dazu passen, daß er sich angeblich nur von Gerstenbrot nährt, um der Öffentlichkeit den Heiligen vorzuspielen, 8/41. Es ist hier aber eher an die Darstellung des Teufels und seiner Dämonen in der bildenden Kunst des Spätmittelalters zu denken. Dort verbanden sich die bekannten Rudimente aus dem Tierreich mit einer bis zum Skeletthaften gehenden Abmagerung, in welcher die Abwesenheit gottgeschenkten Lebens und der Hunger auf die Seelen der Menschen zum Sinnbild wurden. Es wird deutlich, wie N. den Gemeinten einschätzt.

Auch der "Blutdurst", welchem dieser Mann nach neun Jahren verfällt, ist ein Sinnbild. Die katholische Kirche und die ihr angehörenden Christen werden durch entsprechende Verfügungen dazu gezwungen werden, von den Inhalten der christlichen Lehre - dem >Blut< und der >Substanz< der Kirche -   Abschied zu nehmen, 10/65. Die Erinnerung der Menschen an das lebendige Wort aus der Wahrheit soll getilgt werden, 3/72.

Dabei wird dieser Gegner Gottes anscheinend sehr erfolgreich sein, denn es wird "wegen ihm viel Volk ... zugrundegehen", "ohne Glauben und Moral". Die Formel foy & loy steht für eine auf den Glauben gebaute Rechts- und Lebensordnung, 8/76 (Bd.1). Wer dem >Mageren< folgt, wird alle geistigen Güter, die er vielleicht noch besaß, am Ende aufgeben und aufgefordert sein, sich gegen die abseits Stehenden zu stellen.

Aber einmal wird die Bedrängung der Christen durch die vom globalen Regime des Weltherrschers aufgehetzten Menschen ein Ende finden. Er wird getötet werden "durch einen sehr viel Edelmütigeren". Gemeint ist der spätere Herrscher von Europa, der am Ende als Sieger hervorgehen wird, 6/70.

Centurie 8, Vers 59
Par deux fois hault, par deux fois mis à bas
L' orient aussi l' occident foyblira
Son aduersaire* apres plusieurs combats,
Par mer* chassé au besoing faillira.
(Textfassung bei Benoist Rigaud, Lyon 1568)

Übersetzung:
Zweimal oben, zweimal am Boden,
wird das Morgenland auch das Abendland schwächen.
Sein Gegner*, nach mehreren Schlachten
über das Meer* gejagt in Not, wird unterliegen.

Kommentar zu 8/59:
In der zweiten Hälfte des siebzehnten Jahrhunderts, als die Osmanen vom Balkan her noch einmal gegen Europa zogen, um ihren Machtbereich auszudehnen, **1/49** (Bd.1), hatte das Osmanische Reich die Zeit seiner höchsten Blüte schon überschritten. Sie fällt in etwa zusammen mit dem Sultanat Süleymans des Prächtigen, der bis 1566 herrschte. Aber für die Europäer waren die Türken auch im siebzehnten Jahrhundert noch >der Schrecken der Welt<. Erst nach der erfolglosen Belagerung Wiens 1683 durch ein Heer unter Großwesir Kara Mustafa erkannten die europäischen Fürsten, daß die Armeen des Sultans verwundbar waren und die vom Osmanischen Reich ausgehende Gefahr abgenommen hatte. Die erste Zeit, in welcher "der Orient oben" sein und das Abendland wenn nicht schwächen, so doch in Bedrängnis bringen würde, war die Gegenwart des Sehers (1558) und die dann folgenden noch etwa 125 Jahre.

Der Abstieg der Osmanen und ihres im Orient lange Zeit größten und mächtigsten Reiches zog sich fast unmerklich über Jahrhunderte hin. Der im 19. Jahrhundert oftmals totgesagte >kranke Mann am Bosporus< erwies sich als zählebig. Erst das Bündnis mit Deutschland während des ersten Weltkrieges gab ihm den Todesstoß. Diesen Niedergang des Islam hat N. gesehen, **3/95** (Bd.1). Mit der Abschaffung von Sultanat und Kalifat und mit der Außerkraftsetzung des islamischen Rechts wurde aus dem Rumpf des islamischen Reiches der Osmanen im Jahr 1923 der säkulare Staat Türkei, **1/40** (Bd.1).

Aber N. sah einen weiteren Aufstieg des Morgenlandes und des Islam voraus, und zwar für die Zeit ab etwa 1980, **1/48**. Er hat sich in der Umwandlung der persischen Monarchie in einen islamischen Gottesstaat bereits manifestiert, **1/70** (Bd.1), und wird noch weitergehende Folgen haben. Am neuen >Welttag< nach den Naturkatastrophen, **6/54**, werden Bewohner der islamisch geprägten Staaten des Nahen Ostens nach Europa vordringen. Dann wird es finster für das Abendland aussehen, 6/58. Der Orient wird dann seinen Gegner "über's Meer jagen" und so das "Abendland schwächen". Schließlich beherrschen sie das Mittelmeer, 5/11.

Doch wird dieses Reich auch wieder >zusammenbrechen<, **3/97**. Es wird politisch und ideologisch durch den Weltstaat vereinnahmt werden, VH (28). Wenn dieser zusammenbricht, werden die Orientalen Übermacht des Königs von Europa, 10/86, anerkennen müssen, 10/75.

Centurie 9, Vers 9

Quand lampe ardente de feu inextinguible
Sera trouué au temple des Vestales*,
Enfant* trouué, feu, eau passant par crible :
Perir eau* Nymes, Tholose cheoir les halles.
(Textfassung bei Benoist Rigaud, Lyon 1568)

Übersetzung:
Wenn die brennende Fackel des unauslöschlichen Feuers
gefunden werden wird im Tempel* der Vestalinnen*,/ (wird ein)
Kind angetroffen*, Feuer (und) Wasser streichend durch ein Sieb.
(Im) Wasser* geht unter Nîmes, (in) Toulouse stürzen die Hallen.

Kommentar zu 9/9:
Vesta war eine Göttin des staatlichen Kultes im antiken Rom. In ihrem Heiligtum brannte ein Feuer, das von ihren Priesterinnen, den vestalischen Jungfrauen, gehütet wurde. Es durfte niemals erlöschen, denn sein Unterhalt war mit dem Wohlergehen des römischen Imperiums mythisch verknüpft. Doch das Feuer im Vestatempel ist schon lange erloschen und das Weltreich der Römer lange untergegangen. Wenn dieses Feuer "gefunden" wird, so als ob es immer irgendwo gebrannt habe und nun wiederentdeckt werde, kann es nur die Idee dieses Feuers sein, die erneut aufgegriffen wird.
<u>Die aus vorchristlicher Zeit stammende Idee des Vestakultes besteht darin, das Feld der Religion mit einem Götterkult zu besetzen, welcher der Erhaltung eines völkerübergreifenden Weltreichs dient. Der Dienst am globalen Staat wird als Religion gelten und als Religion erscheinen. Die alten Glaubensgemeinschaften werden >in den Tempel der Vesta eintreten<, 3/45, d.h. sich darauf verpflichten, dem globalen Staat zu dienen. So werden sie zu >Vestalinnen<. Der Frieden des globalen Staates wird zu ihrem gemeinsamen >höheren Ziel<.</u> (Gott sollte ihr gemeinsames Ziel sein, nicht der Staat.)
In der gemeinten Zeit der Wiederbelebung des vestalischen Feuers wird ein "Kind gefunden", wortgleich wie in **1/95**. Dort ist der als geistiger >Bruder Christi< sich ausgebende, später zum Weltherrscher aufsteigende Mann gemeint. In einer Zeit der Bedrängnis wird dieses "Kind" mit zwei Zähnen im Rachen geboren, 3/42. Seine Bezeichnung als Kind will dort wie hier nur besagen, daß von dem Stadium der Entstehung seiner Herrschaft die Rede ist. Und das >Finden< bedeutet das Aufgreifen einer alten Idee, nämlich der Idee des von einem pontifex maximus geleiteten Staatskultes.
Dieses >Kind< wird angetroffen, wie es >Feuer und Wasser< genauestens untersucht. Wasser ist für Mensch und Tier Mittel zur Reinigung, Feuer läutert das Erz zum Metall. Beide treffen sich darin, zu Reinheit und Lauterkeit zu verhelfen, aber sprichwörtlich ist auch beider Unvereinbarkeit. Sie stehen hier für die verschiedenen Religionen, die Wege zu Läuterung und Heil anbieten, welche nebeneinander bestehen, aber nicht miteinander vermengt werden können.
Genau das aber wird der Gemeinte tun, **6/10**. Er wird die alten Lehren >genau prüfen< und sich anmaßen, Brauchbares von Unbrauchbarem zu trennen mit einem >Sieb< - dem Geflecht der Machtinteressen des Regimes.
Mit der >Überflutung< sind die Anhänger der >neuen Religion< gemeint, die dorthin strömen werden, wo noch >unbelehrbare< Altgläubige sich aufhalten. Die >Hallen< stehen für die alten Kirchen, d.h. den alten Glauben, der nun endgültig stürzen soll.

02/60 La foy Punicque en Orient rompue/ Gang. Iud. & Rosne, Loyre
& Tag changeront,/ Quand du mulet la faim* sera repue,/
Classe* espargie, sang* & corps nageront. (1555)
[Unterwerfung der Orientalen unter das globale Regime/
JUPITER] (Kommentar S. 112)
Der punische Glaube im Morgenland zerbrochen./
Ganges, Indus und Rhone, Loîre und Tejo werden sich wandeln./
Wenn des Maultiers Hunger* gestillt sein wird,/
(ist die) Flotte* zerstreut, Blut* und Leichen schwimmen.
2) Was "Iud." angeht, dürfte der Urtext fehlerhaft sein, es
hätte "Ind." stehen sollen. Denn die Zeile enthält nur Fluß-
namen, so daß auch das fragliche Wort einen Fluß bedeuten
müßte. Zudem gehören Indus und Ganges in ähnlicher
Weise zusammen wie Rhône und Loîre. -   Die Typen -n-
und -u- sind bei N. in einigen Fällen vertauscht (4/38 Vz 2).
4) Mittelfr. v. espardre trennen (séparer), zerstreuen (disperser), ausgießen (répandre) > lat. v. spargere streuen,
zerstreuen, ausbreiten.
---> 3/60, 9/10, 10/10 (JUPITER)

03/60 Par toute Asie grande proscription,/ Mesmes en Mysie,
Lysie & Pamphylie:/ Sang* versera par absolution/
D' un ieune noir* rempli de felonnie. (1555)
[Verfolgung der Anhänger der alten Religionen/
JUPITER] (Kommentar S. 113)
In ganz Asien wird große öffentliche Ächtung sein, /
auch in Mysien, Lysien und Pamphylien./
(Man) wird Blut* vergießen zur Sündenvergebung/
von einem jungen üblen* König, der voller Verrat steckt.
1) N.f. proscription 1. Verbot, Untersagung 2. historisch:
(öffentliche) Ächtung, Verhängung der Acht, Verfemung,
> lat. n.f. proscriptio öffentliche Bekanntmachung der Namen
von Geächteten.
4) Zum "üblen König" s. das Glossar unter noir.
---> 9/10, 10/10 (Letzte Zeit der alten Erde)
---> 2/60, 9/10, 10/10 (JUPITER)

06/10 Vn peu de temps les temples* des couleurs/ De blanc* & noir* des
deux entremeslée:/ Rouges* & iaunes leur embleront les leurs,/
Sang*, terre*, peste*, faim*, feu, d' eau affollée. (1568)
[>Neue Religion<] (Kommentar S. 114)
Eine kurze Zeit nur, dann werden die Tempel* der Farben/
weiß* und schwarz* beide miteinander vermischt./
Rote* und Gelbe werden ihnen die ihrigen (Tempel) entwenden,/
Blut*, Erde*, Seuche*, Hunger*. Feuer, von Wasser verwirrt.
3) Mittelfr. v. embler rauben (ravir), mit Gewalt wegnehmen
(enlever par violence) 2. stehlen (voler), entwenden, entreißen
(dérober) 3. erhalten (obtenir).
4) Mittelfr. v. affoler I. verletzen (blesser), verstümmeln
(mutiler), zugrunde richten (écraser), töten (tuer), beschädigen
(endommager), verderben (perdre), entehren (déshonorer).
II. verrückt machen (rendre fou), verrückt werden (devenir fou),
begeistern (rendre passioné).

09/10 Moyne moynesse d' enfant* mort exposé,/ Mourir par ourse,
& rauy par verrier./ Par Fois & Pamyes le camp sera posé/
Contre Tholose Carcas dresser forrier. (1568)
[POLLUX-JUPITER/ Verfolgung der altgläubigen Christen]
**Mönch, Nonne von (ihrem) Kind* (dem) Tod preisgegeben./
Sie sterben durch Bärin und (werden) geraubt durch Keiler./
Durch Fois und Pamiers wird die Armee aufgestellt werden./
Gegen Toulouse hetzt Carcassonne (einen) Vorbereiter.**
2) N.m. verrier Glasbläser, Glasmaler. Den Stamm verr- hat
auch das n.m. verrat > lat. n.m. verres Keiler. Für ihn
spricht, daß er ein Wildtier ist wie der parallel genannte Bär.
4) N.m. fourrier Quartiermacher, Vorbote. Mittelfr. n.m.
fourrier Soldat, der auf feindliches Gebiet ging, um für
Viehfutter zu sorgen (celui qui allait sur le terrain ennemi
pour l' approvisionnement en fourrage = fourrageur)
Loc. dresser quelqu' un contre quelqu' un jdn. gegen jdn.
aufhetzen.
Der >vor einem Kloster gefundene Zwillingsbruder< ist in **1/95** jener
Mann, der von vielen Christen für den wiedergekommenen Christus, für
dessen geistigen >Zwillingsbruder< gehalten werden wird. Das >Kloster<
steht in diesem Bild für die christlichen Kirchen. Sie werden den
>Ausgesetzten<, 9/84 Vz 1, in seiner Existenz Gefährdeten aufnehmen
und dieses vermeintliche >Kind der Mutter Kirche großziehen<. Denn sie
glauben in ihm einen Menschen zu erkennen, der geistig sehr eng mit
Jesus Christus verwandt ist. - Seiner Kindheit
entwachsen, wird der Mann sein Vorhaben enthüllen. Jene Christen, die
ihrem >großgewordenen Kind< besonders nahe zu stehen meinen,
nämlich >Mönch und Nonne<, d.h. die Christen, werden dann von dem,
den sie mit großgezogen haben, in Bedrängnis gebracht, sogar "dem Tod
preisgegeben" werden. Wie zur Kaiserzeit im antiken Rom vor der
Christianisierung werden alle Menschen angehalten sein, sich zur Kirche
des Weltstaats, **9/9**, zu bekennen oder Verfolgung zu erleiden. Auf diese
Weise wird sich "ein Herrscher **g e g e n   d i e   S e i n e n**" stellen,
10/44, nämlich gegen jene, die sich sicher waren, in ihm einen der Ihren
zu erkennen. - Die >Bärin< bedeutet grausame Eroberer,
der >Keiler< wilde, gefährliche Menschen. Mehr kann man da kaum
herauslesen. - In Südwestfrankreich (Toulouse,
Carcassonne) scheint ein Zentrum von Widerständlern zu liegen, **1/79**. In
3/83 entsteht der Eindruck, daß dort Vernichtungslager errichtet werden.
Die Verfolger kommen wohl über die Pyrenäen von Süden her, **9/73 Vz 1**;
Foix liegt nahe der Grenze auf der französischen Seite der Pyrenäen,
Pamiers schon zwanzig Kilometer weiter nördlich.
---> 3/60, 6/10, 10/10 (Letzte Zeit der alten Erde)
---> 2/60, 3/60, 10/10 (JUPITER)

09/60 Conflict Barbar* en la Cornete noire,/ Sang* espandu, trembler*
la Dalmatie,/ Grand Ismael mettra son promontoire,/
Ranes* trembler*, secours Lusitanie. (1568)
[Islamische Invasion Europas]
**Krieg mit Barbaren* am schwarzen Horn,/
Blut* vergossen, es bebt* Dalmatien./
Großer Ismael wird sein Vorgebirge besetzen,/
Frösche* beben*, Hilfe (von) Lusitanien.**

1) Mittelfr. n.f. cornette u.a.: 1. Art Haube 2. Führer, Spur 3. Fahne, Standarte 4. Reitertruppe, > lat. n.n. cornu, das auch bedeutet: Spitze eines Berges, Horn, Landzunge, das äußerste Ende einer Örtlichkeit. Wegen der Großschreibung ist es vermutlich ein Ort, etwa gleichbedeutend mit promontoire, Vz 3.
3) N.f. promontoire ins Meer ragendes Gebirge, Bergvorsprung, Ausläufer, Kap, wie z.B. Gibraltar in 1/77 (Bd.1).
4) Lat. n.f. rana Frosch. Lusitania hieß die römische Provinz im Südwesten der iberischen Halbinsel, heute in etwa Portugal.

Die Araber gelten als die Nachfahren Ismaels, und ein "großer Ismael" ist ein Araber, der es weit bringt. Die >bebenden Frösche< sind Meeresanwohner, die sich fürchten, im historischen Band besonders die Bewohner Venetiens. Aber auch Dalmatien bebt angstvoll, weil der "große Ismael" sich angesagt hat, **9/73** Vz 3/4. Daher könnte das "schwarze Horn" wie auch das "Vorgebirge" das Land um den Ausgang des Schwarzen Meeres sein, ob nun Bosporus oder Hellespont. Arabische Streitkräfte besetzen dieses Land und wollen dort übersetzen, ihr Ziel ist zunächst der Südosten Europas. - Aber sie treffen auf Widerstand (sang espandu). Wenn Hilfe "von Lusitanien" (= Portugal) kommt, kann das auch den Raum westlich Gibraltars bedeuten, über Portugal hinaus. Zu dieser Hilfe, die bei Istanbul gewährt wird (Bosporus) vgl. **6/85**. Zu den Anwohnern der Adria im wahrscheinlich gleichen Zusammenhang s.a. **9/30** (Bd.3).

10/10 Tasche de murdre, enormes adulteres*,/ Grand ennemy* de tout
le genre humain,/ Que sera pire qu' ayeuls, oncles, ne peres,/
Enfer, feu, eau, sanguin & inhumain. (1568)
[JUPITER/ Unterdrückung der alten Religionen] (Kommentar S. 115)
**Befleckt mit Mord (und) außerordentlichen Ehebrüchen*,/
(ist er ein) großer Feind* des ganzen Menschengeschlechts./
Und er wird schlimmer sein als Vorfahren, Onkel und Väter,/
mit Waffen, Feuer (und) Wasser blutig und unmenschlich.**

1) Zu den >Ehebrüchen< s. das Glossar unter mariage.
4) N.m. enfer Hölle. Wahrscheinlicher ist, daß hier en und fer fehlerhaft zusammengeschrieben sind.

---> 2/60, 3/60, 9/10 (JUPITER)
---> 3/60, 6/10, 9/10 (Letzte Zeit der alten Erde)

Centurie 2, Vers 60
La foy Punicque en Orient rompue
Gang. (!) Iud. & Rosne, Loyre, & Tag changeront,
Quand du mulet la faim* sera repue,
Classe* espargie, sang* & corps nageront.

(Urfassung bei Macé Bonhomme, Lyon 1555)

Übersetzung der Urfassung:
Der punische Glaube im Morgenland zerbrochen.
Ganges, Indus und Rhone, Loîre und Tajo werden sich wandeln.
Wenn des Maultiers Hunger* gestillt sein wird,
(ist die) Flotte* zerstreut, Blut* und Leichen schwimmen.

Kommentar zu 2/60:
An der afrikanischen Mittelmeerküste siedelten einst die Punier. Dort war zu N.s Lebzeiten und ist noch heute der Islam die vorwiegend verbreitete Religion. Der "punische Glaube" ist daher ein Deckname für den Islam.

Der von N. in 8/59 angekündigte zweite Aufstieg des Islam fällt in die Jahre ab etwa 1980, **1/48**. In den ersten Jahren des neuen Jahrtausends wird sich dieser Aufwärtstrend zunächst noch fortsetzen, 8/69 Vz 1.

Danach wird die Zeit kommen, in welcher den alten Glaubensformen der Garaus gemacht wird. Der neue religiöse Charismatiker wird auch im islamischen Bereich anerkannt sein, **2/73**. In der zweiten Phase seiner Herrschaft wird er die Völker zu >außerordentlichen Ehebrüchen< anstiften, **10/10**, d.h. sie ihren angestammten Glaubenslehrern abspenstig machen. Er wird ein Deutungsmonopol für die alten Glaubenslehren beanspruchen und durchsetzen, **1/79**.

Das "grausame und stolze Volk" der nach Europa vorgedrungenen Araber wird dann "geschickt unterworfen" werden, **2/79**. Die islamischen Gotteshäuser, und nicht nur diese, werden in Tempel der >neuen Religion< umgewidmet werden, **6/10**. Die islamisch dominierten Länder werden "ihr Grün", die heilige Farbe des Islam, in die Farben des Weltstaats "verwandeln" müssen, d.h. ideologisch gleichgeschaltet werden, und wer sich dem widersetzt, wird verfolgt werden, 10/30. Diese Verdrängung des Islam ist hier gemeint, wenn es heißt, es werde "der punische Glaube zerbrochen" werden. Das >Schiff des Islam< wird >geplündert< sein, **1/30**. Seine Gemeinden werden zu Gespensterschiffen (>Leichen<) ohne Leben.

Das wird überall dort geschehen, wo nach der Jahrtausendwende der Islam zunächst noch floriert, nämlich a) "im Morgenland", b) in Südasien (Indus und Ganges), **3/60**, und c) auch in Europa, insbesondere Frankreich (Rhone und Loîre) und Spanien sowie Portugal (Tajo), wohin die Araber nach der Jahrtausendwende vordringen mit dem in 6/80 Vz 1 angekündigten Ergebnis.

Maultiere sind Kreuzungen. Das >hungrige Maultier< ist ein Sinnbild für den Verfertiger der >neuen Religion<. Er wird sich auf dem Feld der Religion dadurch als Kreuzung zu erkennen geben, daß er die hergebrachten Religionen zu einem Konglomerat miteinander vermischt, **6/10**. Der natürlichen Unfruchtbarkeit des Maultiers entspricht die Unfähigkeit des >neuen Heiligen<, eigenschöpferisch zu sein. Er wird Bekanntes in bombastischer >philosophischer< Verpackung zu einer scheinbar >neuen Religion< zusammensetzen, sich als "Erfinder" betätigen, **1/45**. Sein >Hunger< geht in Wahrheit aus auf Machterwerb und -vervollkommnung.

Centurie 3, Vers 60
Par toute Asie grande proscription,
Mesmes en Mysie, Lysie & Pamphylie :
Sang* versera par absolution
D' un ieune noir* rempli de felonnie.
(Urfassung bei Macé Bonhomme, Lyon 1555)

Übersetzung der Urfassung:
In ganz Asien wird große öffentliche Ächtung sein,
auch in Mysien, Lysien und Pamphylien.
(Man) wird Blut* vergießen zur Sündenvergebung
von einem jungen üblen* König, der voller Verrat steckt.

Kommentar zu 3/60:
Die Acht konnte vom Kaiser verhängt werden und war das weltliche (politische) Gegenstück zum Kirchenbann. Der Geächtete war aus der weltlichen Gemeinschaft ausgeschlossen, hatte keinen Rechtsschutz, war vogelfrei. Es ist hier die Zeit der letzten Auseinandersetzung um den wahren Glauben auf der alten Erde gemeint, jene Zeit, die etwa zehn Jahre nach Errichtung der >Weltfriedensordnung< beginnt, **8/69**. Das globale Regime wird dann alle >Ketzer< verfolgen, die sich nicht zur >neuen Religion< bekennen, **8/77 Vz 3**.

Der Mann an der Spitze heißt hier "junger übler König" (ieune noir), der "erfüllt (ist) von Verrat". Er wird es verstehen, den Eindruck einer christlichen Gesinnung zu erwecken, **1/95**. Die katholische Kirche wird ihm auf den Leim gehen, **8/13**. Er "wird den Heiligen spielen", **8/41**, und viele der Altgläubigen über sein wahres Wesen und seine Absichten täuschen. Die Anhänger der verschiedenen Religionen zum wahren Verständnis ihres jeweiligen Glaubens führen zu wollen, wird er anfangs vorgeben. Später werden sich seine philosophischen Spekulationen zu einer >neuen Religion< verselbständigen. Er wird die Völker ihren Herrschern und angestammten Glaubenslehrern abspenstig machen wollen, **10/10**, und sie in diesem Sinne zu "Verrat" oder "Treubruch" anleiten. Es scheint, daß er damit sehr erfolgreich sein wird.

Wenn er dann das Ruder fest in der Hand hält, wird er, für viele unerwartet, "Verfolgungen" zulassen. Denen, die in seinem Namen Unbotmäßige verfolgen und töten, wird sogar "Sündenvergebung" versprochen werden. >Ketzer<, d.h. Abweichler vom >allein wahren Glauben< zu verfolgen, war eine im christlichen Abendland lange verbreitete geistige Verirrung. Durch die Verfolgung Andersgläubiger für sich selbst auch noch Sündenvergebung zu erwarten, ist eine aus der Zeit der Kreuzfahrer bekannte Geistesverfassung. Es scheint, daß Vorgänge dieser Art noch einmal, diesmal weltweit sich wiederholen werden. Noch einmal kommt eine Zeit, "in der jeder, der euch tötet, meint, Gott einen heiligen Dienst zu leisten", Joh 162.

Jedenfalls in "ganz Asien" und damit auch in der Türkei wird es so zugehen; Mysien, Lysien und Pamphylien sind antike Namen von Provinzen der Türkei. Auch "ganz Afrika" wird dem Regime gehören, **5/11 Vz 2**. Amerikas herrschende Meinung wird dem Mann an der Spitze des Regimes politisch wie religiös höchste Kompetenz einräumen, **8/74**. So wird sich sein Regime praktisch auf die "ganze Welt" erstrecken, **1/4**.

Centurie 6, Vers 10

Vn peu de temps les temples* des couleurs
De blanc* & noir* des deux entremeslée:
Rouges* & iaunes leur embleront les leurs
Sang*, terre*, peste*, faim*, feu, d' eau affollée.

(Textfassung bei Benoist Rigaud, Lyon 1568)

Übersetzung:
Eine kurze Zeit nur, dann werden die Tempel* der Farben
weiß* und schwarz* beide miteinander vermischt.
Rote* und Gelbe werden ihnen die ihrigen (Tempel) entwenden.
Blut*, Erde*, Seuche*, Hunger*. Feuer, von Wasser verwirrt.

Kommentar zu 6/10:
Den Farben weiß und schwarz entsprechen Licht und Dunkelheit, Tag und Nacht, Sonne und Mond. Die Sonne steht bei N. für die christliche, der Mond für die islamische Religion. Demnach sind mit den "Tempeln der Farben weiß und schwarz" die christlichen Kirchen und die Moscheen des Islam gemeint.
 Die "Vermischung" dieser "Tempel" läßt z.B. an die Hagia Sophia in Istanbul denken, die im christlichen Konstantinopel eine Kirche war und den Osmanen vier Minarette verdankt. Doch kunstgeschichtliche Betrachtungen sind bei N. sonst nicht anzutreffen.
 Es treten Personen auf den Plan, die Kirchen und Moscheen >entwenden<. Ihre Beschreibung durch andere Farben weist sie im gegebenen Zusammenhang als Anhänger einer Religion aus, die nicht identisch ist mit dem Christentum oder dem Islam. Die >neue Religion<, die Ideologie des Weltstaats, 9/9, wird sich bei den hergebrachten Religionen bedienen, deren Lehren nach Gutdünken sich zueignen, 8/62. Man wird >Sonne und Mond plündern<, sich an ihnen vergreifen, 6/98. Christliche und islamische Lehren werden miteinander vermischt, VH (29). Gewürzt mit viel philosophischer Spekulation wird der >neue Weise<, 4/31, sie zu einer >neuen Religion< verrühren. Da zugleich ein Deutungsmonopol für die alten Lehren geltend gemacht wird, 1/79, wird man Moslems und Christen ihre Religion >rauben<.
 Als inhaltliche Kennzeichen der >neuen Religion< werden, neben der Vermengung christlicher mit moslemischen Elementen, die Farben rot und gelb angegeben. Rot ist für den Seher die Farbe der Auflehnung gegen eine hergebrachte Ordnung. Goldgelb waren Heiligenscheine, aber gelb bedeutet auch Neid und Geiz, ist die Farbe der Falschheit und des Unglaubens. Die Ambivalenz des Symbolgehalts schlägt im Zusammenhang mit >Raub< und >Seuche< sicherlich zur negativen Seite aus: Die >Gelben< heißen so wegen ihrer Scheinheiligkeit und wegen des Sich-Vergreifens am >wahren Glauben<, der für den Seher allein der christliche ist.
 Die >Seuche< ist wie in 5/49 als geistige Ansteckung zu verstehen und gibt ein Bild für schnelles Um-sich-Greifen und weite Verbreitung. Viele Menschen werden den >neuen Glauben< schnell annehmen, ihr >Immunsystem< wird der "Ansteckung", 8/21, nichts entgegenzusetzen haben.
 Wasser dient der Reinigung, Feuer läutert das Erz zum Metall. Beide sind ein Bild für unterschiedliche Wege zum Heil, die sich aber gegenseitig ausschließen wie Feuer und Wasser. Wenn >Feuer von Wasser verwirrt< ist, wird damit ein Bild für eine Vermengung von Glaubensinhalten unterschiedlicher Herkunft gegeben, die N. als Zeichen geistiger Verwirrung wertet.

Centurie 10, Vers 10

Tasche de meurdre, enormes adulteres*,
Grand ennemy* de tout genre humain,
Que sera pire qu' ayeuls, oncles, ne peres,
Enfer, feu, eau, sanguin* & inhumain.

(Textfassung bei Benoist Rigaud, Lyon 1568)

Übersetzung:

Befleckt mit Mord (und) außerordentlichen Ehebrüchen*,
(ist er ein) großer Feind* des ganzen Menschengeschlechts.
Und er wird schlimmer sein als Vorfahren, Onkel und Väter,
mit Waffen, Feuer (und) Wasser blutig* und unmenschlich.

Kommentar zu 10/10:

Wenn der Gemeinte ein "großer Feind des ganzen Menschengeschlechts" ist, muß seine Macht sehr weit reichen. Da es auch Waffen sind, die seine Feindlichkeit erweisen, verfügt er über Macht, die sich staatlicher Zwangsmittel oder militärischer Mittel bedient. Der Vers handelt von jenem Mann, der in nicht mehr ferner Zeit sich zum "Alleinherrscher" über "die ganze Welt" wird aufschwingen können, 1/4.

Die >Ehebrüche< sind ein Sinnbild. Mit den Angaben zu den >Familienverhältnissen< des Gemeinten greift der Seher die biblische Symbolik auf, die das Verhältnis Gottes zum auserwählten Volk in den Bildern von Brautwerbung, Hochzeit, Ehebund und Familie beschreibt. Mehr als einmal hat Gott zu beklagen, daß die Israeliten von ihm abfallen und fremden Göttern dienen - in detailreich ausgemalten Bildern von Untreue und Hurerei geben seine Propheten dies kund, z.B. Ezechiel in den Kapiteln 16 und 23.

Der >Ehebruch<, zu dem der Gemeinte die Menschen verführt, ist also die Untreue gegenüber Gott, als welche die Lossagung von der christlichen Religion dem Seher erschien. Als Verführer tritt der "Feind" auch andernorts in Erscheinung, 6/48 ("Heiligkeit, allzu geheuchelt und verführerisch"). Die Mehrzahl der >Ehebrüche< ergibt sich daraus, daß die alten Religionen allesamt für überholt gelten werden, 8/69 Vz 3. Verschiedene Völker unterschiedlichen Glaubens werden ihrem Gott abspenstig gemacht.

Der Grund für die Beurteilung als "Feind der ganzen Menschheit" ist der christliche Standpunkt des Sehers. Es ist aber klar, daß die Menschen, darunter viele Christen, den Gemeinten weithin anders einschätzen werden, weil er sonst seine überragende Stellung nicht würde einnehmen können. Das Urteil des Sehers deckt sich nicht mit dem der Zeitgenossen des >neuen Heiligen<, wie er in 10/30 genannt wird. Zum Urteil der Nachwelt, 10/73, wird es dann wieder passen.

N. vergleicht den Weltherrscher wegen seiner Gegnerschaft gegen die katholische Kirche mit Napoléon und deutet an, daß er in dieser Hinsicht konsequenter auftreten werde, 9/5 Vz 4. Er werde sich "schlimmer" aufführen als seine "Vorfahren und Väter", d.h. ähnlich Gesinnte, die vor ihm gelebt und vergleichbare Ziele verfolgt haben.

Dieser Völkerverführer wird die katholische Kirche im Visier haben, aber auch die anderen Glaubensformen. Darauf deutet hier neben der Universalität seiner Macht und der Außerordentlichkeit seiner Verführungskünste seine Unmenschlichkeit betreffend >Feuer und Wasser<. Wie in 6/10 und 9/9 stehen >Feuer und Wasser< für die Religionen, welche den Menschen verschiedene je eigene Wege zum Heil aufzeigen.

04/11 Celuy qu' aura gouuert de la grand cappe/ Sera induict a
quelque cas patrer:/ Les XII. rouges* viêdront souiller la nappe/
Sous meurtre, meurtre se viendra perpetrer. (1555)
[Katholische Kirche nach dem Verbot]
Jener, den (man) bekleidet haben wird mit dem großen Ornat,/
wird veranlaßt sein, (einen) gewissen Schlag auszuführen./
Die zwölf Roten* werden beabsichtigen, das Tischtuch zu beschmutzen/
unter Mordtat. (Man) wird Mord begehen wollen.

1) Gouuert ist keine Form des v. gouverner. Ein Substantiv
gouvert von diesem Stamm gibt es auch mittelfr. nicht. Das v.
couvrir bedecken, bekleiden ist hier abgewandelt zu gouvrir.
Mittelfr. n.f. cape 1. Kapuze 2. geistliches Gewand, das den
Rang des Trägers anzeigt (vêtement ecclésiastique indiquant
le rang du porteur).
2) Mittelfr. n.m. cas (Fall) auch: Angelegenheit (affaire), Schlag
(coup), Unfall, Unglück (accident), Verbrechen (crime).
Mittelfr. adj. quelque auch: ein gewisser (un certain).
3) Lat. v. patrare vollbringen, ausführen.

Der mit dem "großen Ornat" dürfte der Papst sein, die "zwölf Roten"
Kardinäle. Tisch, 7/5, und Tischtuch, 6/61, bedeuten Gemeinsamkeit,
seine Beschmutzung mit Mord, daß die Gemeinsamkeit in Feindschaft
umgeschlagen ist. - Es geht um Kämpfe innerhalb der
römischen >Familie<, 8/19, die auf den Bann gegen die christliche Religion folgen. Dieser Bann ist der "gewisse Schlag", den es nun "auszuführen", d.h. bei den Gläubigen durchzusetzen gilt. Um sich dabei hervorzutun, schrecken linientreue Kardinäle auch vor Mord nicht zurück. Das bedeutet zugleich, daß es dann immer noch Kleriker gibt, die etwas von der Tradition bewahren wollen und beim >Aufräumen< im Wege stehen.

05/11 Mer* par solaires* seure ne passera,/ Ceux de Venus*
tiendront toute l' Affrique:/ Leur regne Saturne* n' occupera,/
Et changera la part Asiatique. (1568)
[>Weltfriedensordnung<]
(Das) Meer* wird durch die von der Sonne* nicht sicher zu überqueren
sein,/ die von der Venus* werden ganz Afrika besitzen./
Ihr Reich wird Saturn* nicht (mehr) beherrschen,/
und wandeln wird sich der asiatische Teil.

1) Mittelfr. adj. seur/seure u.a.: beruhigt (rassuré), in
Sicherheit (en sûreté).

Die Sonne steht für die Offenbarung Gottes in Christus. "Die von der
Sonne" sind somit die Anhänger der christlichen Religion. Die Venus ist
Signum der >Weltfriedensordnung<, 5/53. Deren Vertreter werden ein
>goldenes Zeitalter< des Friedens ausrufen, in welchem der Sage nach
Saturn herrschte, 5/24. Vz 2 teilt also mit, daß Afrika, gegenwärtig (1999)
bis zum Äquator hinab dominiert vom Islam, vom Regime der >Weltfriedensordnung< vereinnahmt sein wird. - Aber das versprochene >goldene Zeitalter<, in dem alle Völker und Religionen im Frieden
miteinander leben, ist hier bereits wieder vorbei, zumindest für jene
Christen, die das Mittelmeer befahren, Vz 1. In diesem Sinne wird Saturn,
der Friedenskönig, im "Reich der Venus", der >Weltfriedensordnung<, die
Herrschaft n i c h t mehr besitzen. - Auch Asien
wird "Teil" dieses Reiches sein, auch dort wird die >Friedensordnung<
dann Verfolgungen zulassen, 2/60, 3/60.

06/61 Le grand tappis plié ne monstrera,/ Fors qu' à demy la pluspart de l' histoire:/ Chassé du regne loing aspre apparoistra/ Qu' au faict bellique chascun le viendra croire. (1568)
[>Neue Religion</ Unterdrückung der christlichen Religion/ JUPITER]
Das große Tischtuch wird, zusammengefaltet, (..)/
nur zur Hälfte das Meiste der alten Geschichte (zeigen)./
(Ist es) aus dem Reich vertrieben, wird lange (der) Strenge erscheinen,/
so daß bei kriegerischem Stand der Dinge jeder es glauben wird.

2) N.f. histoire 1. Geschichte im Sinne von Historie 2. Erzählung, Geschichte. Die Wiedergabe mit "alte Geschichte" fängt die Bedeutungen "Historie" u n d "Erzählung" ein.
3) Chassé bezieht sich auf das n.m. tappis. Das e n t f a l t e - t e Tischtuch wird vertrieben und damit die >andere Hälfte< der alten Geschichte.
4) Mittelfr. n.m. fait auch: Situation, Lage, Stand der Dinge (situation, état de choses). Mit "Tat" zu übersetzen, würde an der Deutung nichts ändern.
"le croire" kann bedeuten: es glauben, oder: ihm glauben. Beides ergibt einen Sinn.

Der "Strenge" am Tisch ist an hervorgehobener Stelle als religiöse Autorität belegt, **10/65**. Daher sind es Führer der alten Religionen, die friedlich um den Tisch versammelt sind. Denn Tisch, 7/5, wie Tischtuch, 4/11, sinnbilden Gemeinsamkeit. Das "große Tischtuch" bedeutet die Gemeinsamkeit aller Religionen und ihre Verpflichtung auf die >Weltfriedensordnung<. In ihr werden sie eine Zeit lang gleichberechtigt sich erhalten können, **8/69**. Das zusammengefaltete Tischtuch besagt, daß a) die Gemeinsamkeit eine andere Form erhält, und daß b) die alte Vielfalt nicht mehr sichtbar ist. - Die "alte Geschichte" ist für den Katholiken N. die Erzählung von Leben, Worten und Taten Jesu Christi. Von ihr wird nur noch die "Hälfte" fortgelten, der Rest wird "vertrieben" sein. Welche Hälfte denn ? <u>Die Überlieferung wird als n u r noch historisch bedeutsam aufgefaßt. Der Sieg des Auferstandenen über den Tod soll nicht mehr gelten. Es sei alles n u r eine alte Geschichte.</u> Niemand sei durch ihn erlöst, das nehme man jetzt lieber selbst in die Hand. Er sei damals gescheitert, denn das Gottesreich sei nicht gekommen. - Man mag einwenden, das alles sei nicht neu. Die Auffassung, Jesus von Nazareth sei wohl ein frommer Mann gewesen, aber eben Menschensohn und seine Gottessohnschaft die Hinzudichtung phantasievoller Eiferer, sei längst populär. Aber in der zweiten Vershälfte kommt noch etwas Neues hinzu: Der "kriegerische Stand der Dinge", den der "Strenge" zu verantworten hat. E r nämlich ist es, der >das Tischtuch zusammenfaltet< und dann wegwirft. Seine >neue Religion< wird die alten Lehren >auf das Wesentliche< zusammenstreichen, für sich selbst Ausschließlichkeit beanspruchen, **1/79**, und diese durchsetzen, **4/43**. - Diese Militanz wird bewirken, daß >jeder es glaubt<, d.h. viele, die es nicht glauben, so tun, als glaubten sie an die Notwendigkeit, >das große Tischtuch zusammenzulegen<. Das zusammengelegte Tischtuch erweist sich so als Symbol der >neuen Religion<. Diese verwandelt die gemeinsame Verpflichtung der alten Glaubenslehren auf die Pax Romana, den Frieden des Weltstaats, in ihre gemeinsame Unterdrückung.

08/61 Iamais par le decouurement du iour*/ Ne paruiendra au signe
sceptrifere/ Que tous ses sieges ne soyent en seiour,/
Portant au coq don du TAG amifere. (1568)
[Heinrich V./ Europäischer Freiheitskrieg]
**Niemals bei Tageslicht*/
wird er den Herrscherstab erreichen,/
erst wenn all seine Stützpunkte ausgeruht sind/
und er dem Hahn Geschenk(e) vom bewaffneten Tejo bringt.**
3) Mittelfr. n.m. sejour Aufenthalt (séjour), Bleibe (demeure),
Wohnsitz (residence), Haft (arrêt). Loc. de sejour ausgeruht,
frisch (reposé, frais), z.B. von Pferden gesagt.
4) Der iberische Fluß Tajo/Tejo hieß bei den Römern Tagus.
Lat. adj. armifer waffentragend, kriegerisch.

Die Deutung auf den französischen Widerstand während des zweiten Weltkrieges (Allgeier 1988) scheidet aus, weil Spanien sich aus diesem Krieg heraushielt und den Franzosen keine Waffen lieferte. De Gaulle, der dann Präsident wurde, stützte sich auf die Westalliierten und nicht auf Spanien. -   Einer der Ausgangspunkte der Unternehmungen des späteren Herrschers von Europa scheint auf der iberischen Halbinsel zu liegen, 10/11, 5/87, 1/19 (Bd.3). Dieser Mann wird Zeit benötigen, wird warten müssen, bis er genügend Unterstützung und militärische Macht gewonnen hat, 5/19, **6/50**. Er wird, bevor er offen zum Kampf antreten kann, seine Aktivitäten tarnen müssen, 5/69. Das Zusammentreffen dieser drei Gesichtspunkte spricht dafür, daß er hier gemeint ist.
---> 10/11 (Heinrich V./ Europäischer Freiheitskrieg)

10/11 Dessouz lonchere du dangereux passage/ Fera passer le
posthume sa bande,/ Les monts* Pyrens passer hors son bagaige/
De Parpignan courira duc* à Tende. (1568)
[Heinrich V./ Europäischer Freiheitskrieg]
**Unterhalb von La Junquera (und) des gefährlichen Passes/
wird der nach dem Tod Geborene seine Truppen vorbeiziehen lassen,/
wird die Pyrenäen überqueren ohne sein Gepäck./
Von Perpignan wird (der) Heerführer* marschieren nach Tende.**
2) Mittelfr. n.f. bande 1. Armee, Truppen 2. bewaffnete Abteilung 3. Gruppe 4. umstürzlerische Partei.

Der posthum, d.h. "nach dem Tod Geborene" heißt so, weil das Königtum in seiner Person wiederaufleben wird, **10/72**, nachdem es in der alten, nicht-konstitutionellen Form untergegangen war. Er wird "sein Geblüt aus der Urne wiedererstehen lassen", 5/41, nämlich ein altes Königsgeschlecht, Sz 4. -   Der Mann tritt als Heerführer in Erscheinung, und seine Armee überquert hier von Süd nach Nord die Pyrenäen. Im spanischen Süden der Pyrenäen liegt der Ort La Junquera, der Paß heißt Col de Perthus, und nördlich findet sich Perpignan, von wo aus es weiter geht Richtung Côte d' Azur (Tende nahe Nizza). Doch bis Rom wird man nicht kommen, VH (13), was man wohl vorhatte.
---> 8/61 (Heinrich V./ Europäischer Freiheitskrieg)

Gruppe 12 - 62

01/62 La grande perte las que feront les letres :/ Auant le cicle (!) de
Latona parfaict,/ Feu, grand deluge* plus par ignares sceptres/
Que de long siecle ne se verra refaict. (1555)
[Philosophie als Religionsersatz/ Bann gegen die alten
Glaubensformen] (Kommentar S. 122)
Welch großes Verderben ! Was wird die Gelehrtheit anrichten !/
Bevor der Zyklus der Latona vollendet ist,/ (kommt)
Feuer (und) große Flut*, noch dazu durch unwissende Machthaber,/
so daß lange Zeit keine Wiederherstellung zu sehen sein wird.
   1) Mittelfr. n.f.pl. lettres 1. in der Literatur enthaltenes Wissen,
   Kultur (savoir contenu dans les ouvrages écrits, culture) 2. ge-
   schriebene Literatur (littérature écrite) 3. les lettres sainctes die
   Heilige Schrift (l' Écriture sainte). > lat. n.f.pl. litterae Bücher,
   Wissenschaft, Gelehrsamkeit.
   2) Manche späteren Ausgaben haben : "Avant le ciel de Latona
   parfaict,/ ...".
---> 9/12 (>Neue Religion< im Stadium der Entstehung)

02/62 Mabus puis tost alors mourra, viendra/ De gens & bestes
vne horrible defaite:/ Puis tout à coup la vengence on verra/
Cêt, main, soif*, faim*, quâd courra la comete. (1555)
[Kriegerische Ereignisse an der Jahrtausendwende/ Komet]
Mabus wird dann bald sterben, es wird kommen/
eine schreckliche Niederlage von Mensch und Tier./
Dann auf einen Schlag wird man die Rache sehen,/
viele Machthaber, Durst*, Hunger*, wenn der Komet seinen Lauf nimmt.
   1) Mabus könnte ein kontrahiertes Ma(ro)b(odu)us sein,
   deutsch Marbod, s. Kommentar.
   4) N.m. main > lat. n.f. manus Hand, bewaffnete Hand.
Wenn der Himmel in Gestalt eines Kometen >Rache nimmt<, vermischen
sich darin die Schilderung eines Geschehens und dessen Deutung durch
N. Aber deutlich wird, daß der Komet nicht irgendein Komet ist, der an
der Erde vorbeizieht, sondern daß er sich auf der Erde auswirkt. Daß er
das Kometensturzgeschehen als Eingriff Gottes gewertet wissen will, läßt
N. auch in **2/46 Vz 2** durchblicken. Diese Deutung des Geschehens als
eines Eingriffs >von oben< kann auch dann zutreffen, wenn man nicht
akzeptiert, daß der Himmel aus Rache handeln könne. Die >Rache<
bedeutet möglicherweise auch, daß die Armeen derer, die den Krieg
angefangen haben, vom Kometensturz besonders betroffen sein werden,
9/51 Vz 3. -   Es werden v o r dem Kataklysmus
kriegerische Ereignisse im Gange sein, **1/37**. Diese Reihenfolge ist auch
dem vorliegenden Vers zu entnehmen, erkennbar an der Konjunktion
"dann", die die zweite Vershälfte einleitet. Im Verlauf dieses Krieges
kommen Menschen u n d Tiere um, **9/55 Vz 3**, was auf den Einsatz von
Massenvernichtungswaffen hindeutet. -   "Mabus" könnte
aus Ma(ro)b(odu)us kontrahiert sein. So hieß ein kriegerischer König der
Markomannen, der im Jahr 9 v. Chr. in Böhmen ein Reich gründete,
nachdem die vorher dort ansässigen Bojer das Land verlassen hatten.
Aber diese Deutungsmöglichkeit ist sehr unsicher.

05/62 Sur les rochiers* sang* on les verra pleuuoir,/ Sol* Orient, Saturne* Occidental:/ Pres d' Orgon guerre, à Rome* grand mal voir,/ Nefs* parfondrees & prins le Tridental*. (1568)
[Unterdrückung der alten Religionen] (Kommentar S. 123)
Über die Felsen* wird man Blut* regnen sehen,/
Sonne* (über) Orient, Saturn* abendländisch./
Nah bei Orgon Krieg, in Rom* großes Unheil zu sehen,/
Schiffe* übergossen, und gefangen der Dreizackige*.

3) Orgon ist eine Ortschaft an der Durance, etwa 20 Kilometer südöstlich von Avignon. Es kommt auch vor in 1/90 (Bd.3), in 2/73 ist dagegen etwas anderes gemeint.
4) V. parfondre (von Email- oder Glasfarben) schmelzen, >verlaufen<, sich vermischen, > lat. v. perfundere übergießen, baden. - Das mittelfr. v. parfonder vertiefen, ergründen kommt wegen des fehlenden -r- nicht in Betracht.
Zum Dreizackigen s. das Glossar unter Neptune.
---> 1/62 (Unterdrückung der alten Religionen)

08/62 Lors qu' on verra expiler le saint temple*,/ Plus grand du rosne leurs sacrez prophaner/ Par eux naistra pestilence* si ample,/ Roy fuit iniuste ne fera condamner. (1568)
[>Neue Religion<] (Kommentar S. 124)
Wenn man sehen wird, daß sie ausplündern die heiligen Tempel*,/
und (daß) der Mächtigste der Rhône ihnen ihr Geheiligtes entweiht,/
wird durch sie eine Seuche* entstehen, eine sehr weit verbreitete./
Der König macht Ausflüchte, zu Unrecht wird er es nicht verurteilen.

1) Lat. v. expilare ausplündern.
4) Mittelfr. v. fuir zu entkommen suchen (chercher à éviter), sich zu entziehen suchen (chercher à se soustraire à).
Iniuste wird hier adverbiell zu ne fera gezogen, als verkürztes injustement aufgefaßt. Eine andere Möglichkeit wäre, daß der König einen Ungerechten nicht verurteilt.

09/12 Le tant d' argent* de Diane* & Mercure*/ Les simulachres* au lac* seront trouuez,/ Le figulier cherchant argille neufue/ Luy & les siens d' or* seront abbreuuez. (1568)
[POLLUX wird gefeiert und mehrt seine Anhänger/
Die alten Religionen gelten nichts mehr] (Kommentar S. 125)
Das Große von Diana* und Merkur* (nur) aus Silber*,/
die Götterbilder* werden im See* angetroffen werden./
Der Formgeber auf der Suche nach neuer Tonerde,/
er und die Seinen werden mit Gold* überschüttet werden.

1) N.m tant soviel, > lat. n.m. tantum so Großes, so viel(es).
3) Bildhauer sculpteur, Töpfer potier. Lat. n.m. figulus Töpfer, Bildner. Davon hat N. figulier gebildet
---> 1/62 (>Neue Religion< im Stadium der Entstehung)

**10/12 Esleu en Pape, d' esleu sera mocqué,/ Subit soudain esmeu
prompt & timide,/ Par trop bon doulx à mourir provoqué,/
Crainte estainte la nuit de sa mort guide. (1568)**
[Katholische Kirche nach der Jahrtausendwende]
Gewählt zum Papst, wird der Gewählte verspottet werden,/
plötzlich gleich aufgeregt, bereit und furchtsam./
Zu gut und liebenswürdig, wird er herausgefordert werden zu sterben./
Furcht getilgt, die Nacht (wird zur) Führerin seines Todes.

1) V. refl. se moquer de sich über jdn. lustig machen, v.t. moquer verspotten (railler), ins Lächerliche ziehen (tourner en ridicule). Idiom être moqué sich lächerlich machen. Mittelfr. Idiom estre mocquer getäuscht werden (être trompé), angelockt, geködert werden (être leurré), se mocquer de + Infinitiv sich enthalten von (s' abstenir de), zurückweisen (refuser).
2) Mittelfr. adj. timide furchtsam (craintif), feige (froussard).
3) Mittelfr. adj. doux, doulx freundlich (agréable), liebenswürdig (gentil) > lat. dulcis. Wegen der Schreibweise doulx ist nicht anzunehmen, daß hier das n.m. dos bzw. dous von lat. dorsum vorliegt, wie Pfändler (1996 S. 728) meint.

Ein Papst wird, kaum gewählt, nicht ernst genommen. Die ihn verspotten, sind aber keine harmlosen Lästermäuler. Sie schaffen es, einen empfindsamen Mann in den Tod zu treiben, anscheinend recht bald nach seiner Wahl in das Amt. - N. protokollierte, was ihm geschichtlich bedeutsam schien. Das rechtfertigt die Annahme, daß die Verspottung des gemeinten Paptes eine öffentliche ist. Solange der Papst noch weltlicher Herrscher war, war es verboten und gefährlich, ihn öffentlich zu verspotten, weshalb die Zeit vor 1870 eher nicht in Betracht kommt. Nach 1870 war es nur ein Papst, der bald nach seiner Wahl starb: Johannes Paul I. im Jahr 1978. Über die Ursache seines baldigen Ablebens ist viel spekuliert worden. Sich daran zu beteiligen, gibt der Vers aber keinen Anlaß, denn öffentlich verspottet wurde diese Papst jedenfalls nicht. Somit ist der Vers noch nicht erfüllt. Er dürfte aber bald in Erfüllung gehen, da Johannes Paul II. in 2/28 (Bd.1) "der Vorletzte" heißt.

Centurie 1, Vers 62

La grande perte las que feront les lettres :
Auant le cicle de Latona parfaict,
Feu, grand deluge* plus par ignares sceptres
Que de long siecle ne se verra refaict.
(Urfassung bei Macé Bonhomme, Lyon 1555)

Übersetzung der Urfassung:
Welch großes Verderben ! Was wird die Gelehrtheit anrichten !
Bevor der Zyklus der Latona vollendet ist,/ (kommt)
Feuer (und) große Flut*, noch dazu durch unwissende Machthaber,
so daß lange Zeit keine Wiederherstellung zu sehen sein wird.

Kommentar zu 1/62:
Latona, die griechische Leto, erscheint in dunklem Gewand und ist die Nacht, die Zeit der dunklen Erde. Vom Himmelsvater Zeus ist sie schwanger mit dem lichtverbreitenden Gott Apoll, dem Künder der Wahrheit in prophetischer Rede, dem Hüter der Maße und Harmonien, dem Musenführer und Beschirmer der Künste, in deren Gestalten und Rhythmus das Göttliche erfahrbar wird. Weil Allmutter Gaia ihr keinen Platz auf Erden zur Niederkunft lassen will, irrt die Schwangere verzweifelt im Kreis (kyklos) umher und kann an entlegenem Ort schließlich gebären.

Während des "Zyklus der Latona" finden Wahrheit, Maß und Schönheit keine Heimat auf Erden, weil sie bekämpft werden von Gaia, der Erde und Mutter der Titanen. Nach ihrem verlorenen Kampf mit den olympischen Göttern wurden die Titanen in den Tartaros weit unter der Erde verbannt. An ihrer Stelle fangen die Sterblichen an, mit den Göttern zu wetteifern. Die Wissenschaft neuzeitlichen Typs will die Wege des Schöpferischen nachgehen, sich selbst an dessen Stelle setzen, und gleicht der Gaia in ihrer Abneigung gegen das Schöpferische des Himmels, in dem Wunsch, den Uranus zu entmannen.

Auf der Suche nach Verbündeten gegen den Himmel hat die Wissenschaft begonnen, die in den Elementen gebundenen Gewalten freizusetzen. Aber mit der "Gelehrtheit" ist hier wegen des Gegensatzes zu Wahrheit und Maß (Latona) das Feld der Religion gemeint, auf dem es traditionell um die Wahrheit geht. Auch auf diesem Feld wird der Glaube an die Vernunft des Menschen noch seltsame Blüten treiben.

Das >Haupt der Weisheit<, **5/31**, wird eine schnell zunehmende Anhängerschaft um sich scharen, die als >neues Bekenntnis von Philosophen< erscheint, **3/67**. Seine philosophischen Höhenflüge werden diesem Mann zu einer großen Macht verhelfen, **10/10**, die er dann nutzt, um Verbote gegen die alten Religionen auszusprechen. Diese hätten in ihrer historischen Bedingtheit und intellektuellen Unzulänglichkeit mehr Schaden als Nutzen gestiftet. Man müsse sie >auf das Wesentliche reduzieren<, **6/61**, und habe nun etwas Besseres, **9/12**. Das >Feuer< ist das >Feuer vom Himmel<, d.h. der Bann gegen die alten Glaubensformen.

Die >Flut< ist hier ein Bild dafür, daß die alten Religionen von der Oberfläche der Erde >weggespült< und für immer getilgt werden sollen, VH (40). Daß die politischen Machthaber "unwissend" dabei mitmachen, ist kaum anders zu erwarten. Weniger selbstverständlich ist es, daß auch die Repräsentanten der alten Religionen die Entwicklung nicht erkennen und dem >neuen Weisen<, **4/31**, und großen Gelehrten noch die Steigbügel halten werden.

Centurie 5, Vers 62

Sur les rouchers* sang* on verra plouuoir,
Sol* Orient, Saturne* Occidental :
Pres d' Orgon guerre, à Rome* grand mal voir,
Nefs parfondrees & prins le Tridental*.
(Textfassung bei Benoist Rigaud, Lyon 1568)

Übersetzung:
Über die Felsen* wird man Blut* regnen sehen,
Sonne* (über) Orient, Saturn* abendländisch.
Nah bei Orgon Krieg, in Rom* großes Unheil zu sehen,
Schiffe* übergossen, und gefangen der Dreizackige*.

Kommentar zu 5/62:
Der Vers ist schwer zu lösen, nicht wegen zu weniger, sondern wegen der vielen Möglichkeiten. So kann die erste Vz Naturereignisse schildern oder sinnbildlich zu verstehen sein, die zweite Zeile eine Konstellation von Planeten angeben oder etwas anderes meinen. Befriedigen wird nur eine Deutung, die den Zusammenhang der Vorgänge erklären kann.

>Berge<, 5/70, oder >Felsen<, 5/32, verwendet N. in der Bedeutung von Göttern, weil sie traditionell als Wohnsitz von Göttern gelten (Olymp, Zion usw.). Die >Götter< wiederum bedeuten allegorisch die herkömmlichen Religionen, die der Gottheit je eigene Namen verliehen haben für ihre unterschiedlichen Zugänge. >Schiffe<, 3/13, die das >Meer<, 10/71, befahren, bedeuten bei N. die Glaubensgemeinschaften, die sich im Bereich der Religion tummeln.

Über die >Berge< regnet es >Blut<, und auch die >Schiffe< werden >übergossen<, mit demselben >Blut<. Das >Blut< der >Götter< bedeutet deren Leben, an dem die Sterblichen mittels der Offenbarungen teilhaben. (Das >Blut< der Kirchen bedeutet die von ihnen vertretenen Glaubenslehren, 3/65.)

Wenn d i e s e s >Blut< vom Himmel fällt, dann unterliegen die >alten Götter< und verbluten. Der Sieger, 4/56, läßt >das Blut der alten Götter<, die ihres lebendigen Zusammenhanges beraubten Lehren der alten Religionen >vom Himmel regnen<. Es ergehen Vorschriften, wie die alten Lehren von nun an aufzufassen sind, 8/28, nämlich als unvollkommene und nur noch historisch bedeutsame Vorläufer, 6/61 Vz 2, der >neuen Religion<.

Saturn kann das goldene Zeitalter bedeuten, in dem er herrschte. Aber der >Blutregen< spricht dagegen. Saturn ist hier in seiner alten Bedeutung als Todesbringer zu verstehen. Davon ist das Abendland betroffen, während sich der Orient des Lebens bei >Sonnenschein< erfreuen kann.

Die >Sonne< bedeutet bei N. die Offenbarung Gottes in Jesus Christus. Der >wiedergekommene Christus<, der die >neue Religion< verfertigt, wird auch als Sohn des Sonnengottes angesprochen, der die Sonne lenken will, 2/81 Vz 4. Diese >Sonne< wird den Orientalen leuchten. Sie wird sich ihrer bedienen, um den christlich motivierten Widerstand in Europa auszulöschen, 9/80. Das dem Orient nach seiner Unterwerfung, VH (28), verbliebene >Leben< besteht darin, anderen das Grab schaufeln zu dürfen. Sie werden in Italien landen (Rom), aber auch in Südfrankreich (Orgon), 8/46.

Der "große Neptun" konnte in Vers 3/1 (Bd.1) als Deckname für die USA gedeutet werden. Die dort herrschende Meinung wird politische wie spirituelle Kompetenz des >Wiedergeborenen< anerkennen, 8/74. Auf dessen Regime verpflichtet, wird man es nicht bekämpfen können, in diesem Sinne "gefangen" sein.

Centurie 8, Vers 62

Lors qu' on verra expiler le saint temple*,
Plus grand du rosne leurs sacrez prophaner
Par eux naistra pestilence* si ample,
Roy fuit iniuste ne fera condamner.
(Textfassung bei Benoist Rigaud, Lyon 1568)

Übersetzung:
Wenn man sehen wird, daß sie ausplündern den heiligen Tempel*,
und (daß der) Größte der Rhône ihnen ihr Geheiligtes entweiht,
wird durch sie eine Seuche* entstehen, eine sehr weit verbreitete.
Der König macht Ausflüchte, zu Unrecht wird er es nicht verurteilen.

Kommentar zu 8/62:
Wörtlich verstanden, ist nicht zu sehen, wie es zugeht, daß offenbar dieselben Menschen erst einen Kirchenraub und dann eine Seuche zu verantworten haben.

Der fehlende Zusammenhang ergibt sich erst, wenn man annimmt, daß hier nicht ein einzelner Raub von geldwerten Schätzen gemeint ist. Der geistige >Gegenstand<, um den herum die Kirchen erbaut wurden, der Glaube also, erfährt auf noch näher zu erklärende Weise eine Plünderung und Entweihung. Daß eine Entleerung der Religion sich ausbreitet, führt, negativ bewertet vom katholischen Standpunkt des Sehers, zu der Bezeichnung dieses Vorgangs als >Seuche<. Pathogen können die Erreger allerdings nur werden, wo keine ausreichend starke Immunabwehr sie in Schach hält. <u>Im Bild der >Seuche< ist neben der weiten Verbreitung auch enthalten, daß die Entleerung der Religion weithin positiv aufgenommen wird.</u>

Es kommen in Frage a) die Zeit der Glaubensspaltung, b) die Zeit der französischen Revolution, c) die Zeit nach der Katastrophe, wenn der Islam nach Europa vordringt, oder d) die Zeit der >neuen Religion<.

Kirchenraub als Sinnbild bedeutet, daß Glaubensinhalte von ihrem >eigenen Ort< entwendet und an einen Ort verbracht werden, wo ihre Usurpatoren gegen das Recht einen Anspruch auf Alleinvertretung und verbindliche Deutung durchsetzen. Die Protestanten, die sich im 16. Jahrhundert von der katholischen Kirche abspalteten, meinten im Besitz des wahren christlichen Glaubens zu sein, konnten aber kein Monopol durchsetzen, zumal "der größte" - der Kaiser - anders als hier zu den Bewahrern des alten Glaubens zählte. Die Aufklärer des 18. Jahrhunderts erklärten den christlichen Glauben für überholt und die Ideologen der Revolution ihn für abgeschafft. Und fundamentalistische Muslime haben mit christlichen Lehren nichts im Sinn, sind es gewohnt, alle für Ungläubige zu halten, die nicht i h r e m Glauben anhängen.

Die >neue Religion< wird Ausschließlichkeit in Dingen der Religion zu beanspruchen, **1/79**. Da die christlichen Lehren, gleich welcher Ausprägung, am Ende verboten und die Kirchen und als entleertes Gehäuse dastehen werden, **10/65**, trifft das Sinnbild der >Plünderung<, **1/30**, das Wesen der Vorgänge. Und vom Standpunkt der Tradition, den N. einnimmt, ist klar, daß die Vermengung von Lehren unterschiedlicher Herkunft eine "Entweihung" des christlichen Glaubens darstellt, **3/45 Vz 2**.

Der "Größte" ist der zur weltweit höchsten religiösen Autorität aufgestiegene >wiedergekommene Heiland<, **1/95**. Manche der altgläubigen Christen werden in dieser Zeit "erzürnt" sein, **5/65**, dem Druck von oben aber nachgeben.

Centurie 9, Vers 12

Le tant d' argent de Diane* & Mercure*,
Les simulachres* au lac* seront trouvez:
Le figulier cherchant argille neuve
Luy & les siens d' or* seront abbreuvez.

(Textfassung bei Benoist Rigaud, Lyon 1568)

Übersetzung:

Das Große von Diana* und Merkur* (nur) aus Silber*,
die Götterbilder* werden im See* angetroffen werden.
Der Formgeber auf der Suche nach neuer Tonerde,
er und die Seinen werden mit Gold* überschüttet werden.

Kommentar zu 9/12:

Silberne und goldene Götterbilder waren in 8/28 Symbole für die islamische und die christliche Religion. Die Attribute >silbern< und >golden< dienten zur Kennzeichnung der beiden Religionen und ließen durch die Zuordnung den christlichen Standpunkt des Sehers erkennen.

Im vorliegenden Vers bedeuten Gold und Silber n i c h t diese beiden Religionen, sondern markieren eine unterschiedliche Wertschätzung, die verbreitet sein wird: Auf der einen Seite die Götterbilder "von Diana und Merkur", die nicht für wertlos, doch nur für "silbern" gelten. Auf der anderen Seite ein "Formgeber", der mit Gold überhäuft" wird, d.h. sich h ö c h s t e r Wertschätzung erfreut.

In 1/21 begegnen Menschen, die durch einen Abgrund gingen, ehrfürchtig einem >nährenden Felsen<, d.h. einem geistlichen Lehrer, und werden von diesem vorgefunden als formlose "Tonerde". Hier ist der "Formgeber auf der Suche nach neuer Tonerde", d.h. er will seine Anhängerschaft mehren.

Die Göttin Diana, die griechische Artemis, wurde in 5/52 wegen ihrer sagenhaften Keuschheit zum Decknamen für die Jungfrau Maria. Diese dient N. als Allegorie der christlichen Religion. Es ist also "das Viele" oder "das Große", das die christliche Religion in des Sehers eigenem Urteil zu bieten hat, welches in der gemeinten Zeit den meisten Menschen als >silbern<, d.h. als zweitrangig und minderwertig gelten wird. Das vermeintliche >Silber< des Christentums wird dann "im See angetroffen" werden, scheint versunken und vergangen zu sein. Es werden >Mond< und >Sonne<, d.h. Islam und Christentum >niedrig stehen<, 4/30, d.h. wenig gelten. Vom "Zurücksinken" a l l e r herkömmlichen Religionen spricht Vers 8/69 Vz 3.

Der "Formgeber" ist identisch mit dem "Erfinder", 1/45, der >neuen Religion<. Er wird sich nach Gutdünken im Fundus der alten Glaubenslehren bedienen, 8/62, und mit dem entwendeten und umgedeuteten Geistesgut eine >neue Religion< formen. Dieser "Formgeber" wird an die Spitze der Legislative des globalen Regimes gestellt werden, 8/41. Er und sein Regime werden von den meisten Menschen "mit Gold überschüttet", d.h. begeistert gefeiert werden. In der zweiten Phase seiner Herrschaft werden die alten Glaubenslehren, auch die christlichen Lehre, nicht mehr zugelassen sein, 10/65.

Merkur, hier neben >Diana<, der Chiffre für die Jungfrau Maria, hat offenkundig dieselbe Sinnrichtung wie diese. "Das Große von Merkur" ist dasselbe wie "das Große von Diana". Daher ist der Götterbote hier eine Chiffre für Jesus Christus. Merkur vertrat auch die Stelle des Guten Hirten, die Christus erfüllt hat, Joh 10 1-21. Auch die Sonnennähe des gleichnamigen Planeten als Bild für die Nähe zu Gott unterstützt diese Deutung.

01/63 Les fleaux (!) passés diminue le monde/ Long temps la paix
terres* inhabitées/ Seur marchera par ciel*, terre*, mer* & onde:/
Puis de nouueau les guerres suscitées. (1555)
[Neue Erde]
**Wenn die Geißeln vorüber sind, (wird) die Menschheit vermindert (sein)./
Lange Zeit (herrscht) Frieden (über) unbewohnten Land*strichen./
Sicher wird man fahren in der Luft, zu Lande*, über Meer* und Welle./
Dann werden von neuem die Kriege entfacht.**
   1) Loc. le fléau de la guerre die Geißel des Krieges.

Da anschließend der Friede herrscht, sind mit den voraufgehenden Geißeln jene des Krieges gemeint. Daß die Menschheit als ganze sich vermindert, trifft auf keinen historischen Krieg zu. - Nach der Katastrophe wird zwar der Frieden ausgerufen, herrscht aber n i c h t für lange Zeit, 1/4. Die Christen werden dann n i c h t sicher das Meer befahren können, 5/11, während man in der hier gemeinten Zeit sich überall sicher bewegen kann. Wegen der Unbewohnbarkeit mancher Gegenden wird dann das Gedränge eher noch zunehmen, 2/95. Die Zeit nach der Katastrophe kann hier demnach nicht gemeint sein. - Nach dem Ende der alten Erde wird nur ein Teil der Menschen auf die neue Erde versetzt (B. Dudde). Aus d i e s e m Grund hat dann die "Menschheit abgenommen". Es sind dann viele "Landstriche unbewohnt", nicht weil sie unbewohnbar wären, sondern weil die Zahl der Menschen nicht ausreicht, sie zu besiedeln. - Dennoch werden irgendwann "erneut die Kriege entfacht", **10/89**. Die Erde ist der Ort, an dem das Böse sein Recht hat, und kann nicht Himmel sein. Als Grund des Kampfes gibt Christus in Matth 10³⁴ sich selbst zu erkennen.
   ---> 2/13 (Neue Erde)

02/13 Le corps sans ame plus n' estre en sacrifice./ Iour* de
la mort mis en natiuité./ L' esprit fera l' ame felice/
Voiant le verbe en son eternité. (1555)
[Neue Erde]
**Der Körper ohne Seele ist nicht mehr zur Opferung (bestimmt)./
Der Tag* des Todes wird verwandelt zum Tag der Geburt./
Der göttliche Geist wird die Seele beglücken,/
wenn sie das Wort in seiner Unvergänglichkeit erfährt.**
   1) en kann die Bestimmung oder den Zweck bezeichnen, wird
   hier wiedergegeben durch ein finales Prädikat.
   2) Altfr. n.f. nativité 1. Fest der Geburt Christi, der Heiligen
   Jungfrau oder bestimmter Heiliger 2. Geburt (naissance) 3. Geburtstag (iour de naissance), Jahrestag (anniversaire)

Es scheint, als sei hier keine Prophetie gegeben, sondern eine Aussage darüber, was der Tod im allgemeinen bringt. Doch dazu paßt das "nicht mehr" der ersten Vz nicht, denn das bedeutet, daß es vor der gemeinten Zeit anders war. Zu den Zuständen auf der neuen Erde sagt Offb 21⁴: "Der Tod wird nicht mehr sein, keine Trauer, keine Klage, keine Mühsal. Denn das, was früher war, ist vergangen." Aus den Kundgaben der B. Dudde ist zu entnehmen, daß auf die neue Erde jene Menschen versetzt werden, die zu Stammvätern der neuen Menschheit ausgewählt werden. Sie werden "das Wort in seiner Unvergänglichkeit erfahren", wenn sie in die Ewigkeit hinübergehen.

Gemeint ist das zeitlich und jenseits gleichermaßen gültige Wort Gottes, Jes 40₈, 1 Petr 12₅. - In ähnlichem Ton ist Vers 3/2 abgefaßt.
---> 1/63 (Neue Erde)

03/13 Par foudre* en l' arche* or* & argent* fondu:/ Des deux captifs l' vn l' autre mangera:/ De la cité* le plus grand estendu,/ Quand submergée la classe* nagera. (1555)
[Zerstörung der katholischen Kirche/ >Neue Religion<]
(Kommentar S. 129)
Durch Bannstrahl* gegen die Arche* Gold* und Silber* geschmolzen./ Von zwei Gefangenen wird einer sich auf Kosten des anderen ernähren./ Von der Stadt* wird der Größte vergrößert,/ wenn untergetaucht die Flotte* fahren wird.

1) N.f. arche 1. Gewölbe in Form eines Bogens (voûte en forme d' arc) > lat. n.m. arcus Bogen 2. arche großes Boot in Form eines Kastens, > lat. n.f. arca Kasten, z.B. arche de Noé Arche Noah.
2) Mittelfr. manger 1. essen (manger) 2. sich ernähren auf Kosten (se nourrir aux dépens de) 3. verschlingen (dévorer) 4. verwüsten (ravager) 5. zerfressen (corroder) 6. den Kampf aufnehmen (engager le combat).
3) Altfr. v. estendre ausstrecken; erweitern, vergrößern (étendre) > lat. extendere ausdehnen, ausbreiten, verlängern
4) Mittelfr. nager 1. zur See fahren (naviguer) 2. rudern (ramer) 3. durchschwimmen (traverser à la nage).
---> 8/13, 8/63 (Letzte Zeit der alten Erde)

05/13 Par grand fureur le Roy Romain Belgique/ Vexer voudra par phalange barbare*:/ Fureur grisseant chassera gent Lybique/ Depuis Pannons iusques Hercules la hare. (1568)
[Heinrich V./ Europäischer Freiheitskrieg]
Mit großer Wut wird der römische (und) belgische König/ verderben wollen mit (seiner) Schlachtreihe (den) Barbaren*./ Zähneknirschende Wut wird libysches Volk jagen,/ von (den) Pannoniern bis Herkules (ertönt) das Jagdsignal.

1) Die Syntax der ersten Vershälfte ist mehrdeutig, man kann z.B. auch übersetzen: "Mit großer Wut wird der römische König Belgien/ verderben wollen mit barbarischer Front."
3) V. grisser ist eine Variante von crisser knirschen.
Lat. adj. libycus nordafrikanisch.
4) Mittelfr. Interjektion hare ! = Aufruf der Hunde zur Jagd, vom mittelfr. v. harer 1. hare! rufen (crier hare!) 2. hetzen (traquer), plagen (tracasser), quälen (tourmenter).

Die "große Wut" entzündet sich an dem Zwang in Sachen Religion, den das globale Regime ausübt, **5/71**. - In **4/34** kann der spätere Heinrich V. offenbar einen wichtigen Sieg in Italien erringen. Nach einem Sieg bei den Alpen wird er in Rom einziehen, **6/28**. In **8/60** (Bd.3) vollbringt einer, der "erster" sowohl in Frankreich wie im Römerland ist, wunderbare Taten. Damit ist gemeint, daß er "das fremde arabische Volk" hinausjagt (Jagdsignal) und die Kirche wiederaufrichtet, **5/74**. G a n z Europa wird befreit, von Ungarn (Pannonier) bis Gibraltar (Säulen des Herkules).

08/13 Le croisé frere par amour effrenee/ Fera par Praytus
Bellerophon mourir,/ Classe* à mil ans la femme* forcenee/
Beu le breuuage, tous deux apres perir. (1568)
[Letzter Papst/ POLLUX/ Kath. Kirche nahe der Jahrtausendwende/
Zerstörung der katholischen Kirche] (Kommentar S. 130)
Der Kreuzesbruder wird vor unbändiger Liebe/
durch Proitus (den) Bellerophon sterben lassen./
Flotte* beim Jahrtausend, die Frau* leidenschaftlich,/
getrunken die Arznei, gehen danach alle beide zugrunde.

> 1) croisé kann sein 1. n.m. croisé Kreuzfahrer 2. p.p.p. vom
> v. croiser kreuzen 3. adj. gekreuzt, in Kreuzform, Kreuz... .
> Die Wiedergabe von croisé frère mit Kreuzesbruder nimmt
> croisé als Adjektiv.
> 3) Wortgleich mil ans in 1/48, s. die Anmerkung dort. Das
> n.m. milan Milan (ein Raubvogel) kommt wegen der getrenn-
> ten Schreibung und weil es keinen Sinn ergibt, nicht in
> Frage.
> Adj. forcené fanatisch (fanatique), leidenschaftlich, begeistert
> (passionné), als p.p.p. des v.t. forcener auch: um den
> Verstand gebracht.
> 4) Altfr. v. beivre, bevre trinken (boire), davon p.p.p. beut.

---> 8/63 (Letzter Papst)
---> 3/13, 8/63 (Letzte Zeit der alten Erde)

08/63 Quand l' adultere* blessé sans coup aura/ Meurdry la femme*
& le filz* par despit,/ Femme* assoumee l' enfant* estranglera:/
Huict captifs prins, s' estouffer sans respit. (1568)
[Letzter Papst/ POLLUX-JUPITER/ Zerstörung der kath. Kirche]
Wenn der Ehebrecher*, der gekränkte, ohne Widerstand/
in Bedrängnis gebracht haben wird die Frau* und den Sohn* aus Zorn,/
wird das Kind* die eingeschläferte Frau* erwürgen./
Acht Gefangene ergriffen, um sie zu ersticken ohne Aufschub.

> 1) Loc. sans coup férir ohne Widerstand, ohne Schwierig-
> keiten, ohne weiteres.
> 2) Mittelfr. n.m. despit 1. Verachtung (mépris) 2. Zorn, Groll
> (colère), 3. Beleidigung (insulte, affront). Modern dépit
> Ärger, Verdruß.
> 3) Mittelfr. v. assommer I. einschläfern (assoupir) II. mit etw.
> Schluß machen (mettre fin à). Es könnte auch umgekehrt
> die Frau das Kind erwürgen, aber einen Sinn ergibt das nicht.
> Vgl. **5/73**, wo es das Kind ist, das die Mutter aussetzt.

Der "Ehebrecher" ist jener Papst, der >Mutter Kirche< "dem Feind ver-
lobt", **5/49**. Dadurch verleitet er sie zum Bruch ihrer >Ehe mit dem Vater
im Himmel<, **6/50**, ohne Widerstand, >einfach so< (sans coup). Als Motiv
wird hier "Zorn" und Kränkung angegeben, wohl über die Bedrängung der
Kirche durch den Vormarsch der Muslime nach Europa. Durch Bindung
an den >neuen Heiligen< rechnet er sich "Erhaltung" und "Befestigung"
aus für die Kirche, VH (14). -   Aber er verrechnet sich.
>Mutter Kirche< und viele Gläubige werden zwar >eingeschläfert<, sie
ahnen nichts Böses. Aber der Mann, den die Kirche groß gemacht hat,
1/95, ihr >Kind< also, wird ihr schließlich den Atem, d.h. die Seele
rauben, **8/25**. -   Wer in Vz 4 ergriffen wird, ist ungeklärt.

---> 8/13 (Letzter Papst)
---> 3/13, 8/13 (Letzte Zeit der alten Erde)

Centurie 3, Vers 13
Par foudre* en l' arche* or* & argent* fondu:
Des deux captifs l' vn l' autre mangera:
De la cité* le plus grand estendu,
Quand submergée la classe* nagera.
(Urfassung bei Macé Bonhomme, Lyon 1555)

Übersetzung:
Durch Bannstrahl* gegen die Arche* Gold* und Silber* geschmolzen.
Von zwei Gefangenen wird einer sich auf Kosten des anderen ernähren.
Von der Stadt* wird der Größte vergrößert,
wenn untergetaucht die Flotte* fahren wird.

Kommentar zu 3/13:
Das Gleichnis der Schiffsreise für den Lebensweg war in der Antike geläufig. Im AT ist "die Arche", die Noah erbaute, das Schiff des Heils. Schon die frühe Kirche hat s i c h s e l b s t als >Schiff< aufgefaßt, welches die Gläubigen als >Passagiere< aufnimmt und ihnen Weg und Ziel ihrer Lebensreise vermittelt, 1/4. D i e s e >Arche< also trifft hier ein Bannstrahl, 10/65. Aber nicht nur der Katholizismus, auch andere alte Glaubensformen werden getroffen, 1/65.
Denn durch das >Feuer< dieses >Blitzes< werden "Gold und Silber geschmolzen" werden. "Götterbilder aus Gold und Silber" wurden in 8/28 als die in Worte gefaßten Bilder und Gleichnisse gedeutet, in welchen sich Gott durch die Stifter der christlichen Religion und des Islam offenbarte. Dabei reserviert der Seher das als vollkommen geltende Gold für die christliche, das Silber für die islamische Religion. Diese edlen Metalle werden von der Kirche des Weltstaats "geraubt", sodann "ins Feuer geworfen", 8/28, und hier nun "geschmolzen".
<u>Die Lehren beider Religionen werden als Rohmaterial für die Lehre der >neuen Religion< hergenommen werden und dadurch Gestalt und Identität verlieren. Sie werden als unvollkommene Vorläufer der >neuen Religion< gelten, auf welche man insgeheim angewiesen ist, die man aber nicht erhalten will, sondern durch etwas vermeintlich Besseres, eine >Legierung< ersetzt, welche ein "Formgeber" nach Gutdünken formt, 9/12.</u>
Die "zwei Gefangenen" dürften wiederum das Christentum und der Islam sein. Die katholische Kirche wird durch die Politik ihres letzten Papstes in politische Abhängigkeit und inhaltliche Bestimmbarkeit durch den >neuen Heiligen< geraten. Als >Gefangene< und >Gebundene< treten er und seine Kirche in **8/45** sowie **10/29** ins Bild. Aber auch die Anhänger des Islam werden vom globalen Regime unterworfen, 2/79, >gebrochen<, 2/60, und ideologisch vereinnahmt werden, 10/30.
Beide Gefangene werden sich auf Kosten des jeweils anderen ernähren, Vz 2. Die Vertreter der >neuen Religion< werden inhaltliche Schwerpunkte der einen als vermeintlichen Mangel der anderen Religion hinstellen. Die alten Glaubenslehren werden sich zu erhalten trachten, indem sie Gedankengut der jeweils anderen Religion bei sich aufnehmen, das jeweils Fremde bis zur Unkenntlichkeit des eigenen Wesens mit diesem vermischen, 5/36.
"Der Größte", der zur höchsten religiösen Autorität aufgestiegene >neue Heilige< wird sich zum Erlöser a l l e r Menschen, auch derer, die mit ihm nichts zu tun haben wollen, ernennen lassen und dadurch seine >Größe< noch "ausdehnen".
In der letzten Vz ist der Zwang gemeint, der alle nicht konformen Gemeinden in den Untergrund treiben, d.h. sie dazu bringen wird, sich zu verbergen.

Centurie 8, Vers 13
Le croisé frere par amour effrenee
Fera par Praytus Bellerophon mourir,
Classe* à mil ans la femme* forcenee
Beu le breuuage, tous deux apres perir.
(Textfassung bei Benoist Rigaud, Lyon 1568)

Übersetzung:
Der Kreuzesbruder wird vor unbändiger Liebe
durch Proitos (den) Bellerophon sterben lassen.
Flotte* beim Jahrtausend, die Frau* leidenschaftlich,
getrunken die Arznei, gehen danach alle beide zugrunde.

Kommentar zu 8/13:
Die >Flotte<, die verschiedenen Glaubensgemeinschaften, 3/13, ist "beim Jahrtausend" angelangt. Innerhalb des hauptsächlichen Vorhersagezeitraums, 3/94, wird nur beim Jahr 2000 ein (wörtlich verstandenes) Jahrtausend beendet. Wenn Vers 1/15 richtig gedeutet wurde, wird die Spitze der katholischen Kirche nach Mai 2002 in schwere Bedrängnis geraten. Die Kurie wird in Aufruhr sein, 5/15, und nach Hilfe von außen, nach einer "Arznei" suchen.
In dieser Zeit tritt erstmals ein Mann in Erscheinung, der den Verdacht erregt, der wiedergekommene Heiland zu sein. In der Bedrängnis wird manchem Kleriker das wie die Aussicht auf Rettung aus großer Not erscheinen. "Die Frau", das ist >Mutter Kirche<, hat einen Fiebertraum von einer >Arznei< der angenehmen Art. Sie ist "begeistert", "leidenschaftlich". Daher wird ein "Kreuzesbruder" Papst, der "unbändig vor Liebe" ist zu dem >Wiedergeborenen<. Übersetzt man croisé frere als "Kreuzfahrer-Bruder", läge der Verbrüderung mit dem Geliebten eine aggressiv missionarische Gesinnung dieses Papstes zugrunde.
In der Folge verbindet sich die Kirche mit dem neuen Mann, 10/55, von dem man sich Schutz gegen den aufstrebenden Islam erhofft. Indem >Mutter Kirche< >aus einem Kelch mit dem wiedergekommenen Heiland trinkt<, d.h. eucharistische Gemeinschaft mit ihm begründet, hofft sie ihre Gesundheit wiederherzustellen. Sie trinkt eine süß schmeckende >Arznei<.
"Bellerophontes" war ein Jüngling am Hof des Königs "Proitos". Als ihn die Frau des Königs verführen wollte, zeigte er sich spröde. Die schwer gekränkte Königin forderte ihren Gatten auf, ihn zu töten. Der sandte den Jüngling mit versiegelten Tafeln fort, die den Tötungsauftrag enthielten.
Proitos ist eine weiterer Deckname für den >wiedergekommenen Heiland<. Die >Königin< ist seine Anhängerschaft. Er wird nach einigen Jahren eine >neue Religion< erfinden, 1/45, die Ausschließlichkeit beansprucht, 1/79. Wenn dieser Anspruch durchgesetzt werden soll, wird man auch jenen Christen, die sich dem >neuen Heiligen< gegenüber spröde zeigen, "die Tür öffnen", 8/78, sie zum Glauben an den neuen Mann >verführen< wollen. Der spröde Jüngling Bellerophon ist hier, wie Hippolyt in 5/52, eine Allegorie für jene altgläubigen Christen, die sich der >neuen Religion< verweigern. Sie zu töten, wird die >abgewiesene Königin< Proitos auffordern. Der wird sich nicht eindeutig äußern, aber das Morden nicht verhindern.
So wird die süße >Arznei<, als welche der >neue Heilige<, 10/30, auch vielen Christen erscheinen wird, schließlich den Tod bringen. Der letzte Papst wird an >Blutvergiftung< sterben, 3/65. Von der Kirche bleibt nur noch eine tote Hülle stehen, 10/65. "Allen beiden" wird die Seele geraubt sein, 8/25.

Gruppe 14 - 64

01/14 De gêt esclaue* chansons, châtz & requestes,/ Captifs par princes & seigneur aux prisons:/ A l' auenir par idiots sans testes/ Seront receus par diuins oraisons. (1555)
[Unterdrückung der Altgläubigen im totalitären Weltstaat]
(Kommentar S. 133)
Von versklavtem* Volk Lieder, Gesänge und Bitten,/ gefangen von Fürsten und (dem) Herrn in Kerkern./ Für die Zukunft werden sie als Einfältige ohne Hirn/ angesehen werden wegen der gottgeweihten Gebete.
   1) Mittelfr. n.f. gent 1. Stamm, Abstammung (race, lignage) 2. Nation (nation) 3. Gruppe, Schar (troupe).
   1)2) Im modernen wie im mittleren Französisch bedeutet esclave als n. einen Sklaven und als adj. versklavt, sklavisch. Es wäre auch möglich, daß gent esclave "slawisches Volk" bedeutet. Aber dagegen sprechen die Gefangenschaft (captifs) und die Gefängnisse (prisons), die viel eher zur Versklavung passen.
---> 8/14 (Letzte Zeit der alten Erde)

06/64 On ne tiendra pache aucune arresté,/ Tous receuans iront par tromperie:/ De paix & trefue, terre* & mer* protesté,/ Par Barcelone classe* prins d' industrie. (1555)
[>Weltfriedensordnung<]
Man wird (den) Pakt nicht halten, keiner (wird) festgehalten,/ alle Beifall Spendenden werden ihn annehmen durch Täuschung./ Frieden und Waffenruhe auf Land* und Meer* werden feierlich zugesichert,/ durch Barcelona Flotte* gefangen mit Fleiß.
   1) Mittelfr. n.m. pache, pact Pakt, Abkommen (pacte), Übereinkunft (accord).
   2) Mittelfr. recevoir 1. zum Abendmahl gehen (communier) 2. willkommen heißen (accueillir) 3. als König anerkennen (accepter pour roi) 4. sich ergeben (accepter [la capitulation]) 5. anerkennen (admettre, reconnaître).
   3) V. protester de qch. feierlich beteuern, formell versichern.
   4) Lat. (ex) industria mit Fleiß, absichtlich.
Es wird >auf Land und Meer<, d.h. politisch und religiös "Frieden und Waffenruhe feierlich zugesichert". Aber man wird den "Pakt nicht halten". Alle, die ihn willkommen hießen, ihm Beifall spendeten, werden sich als Betrogene wiederfinden. Der n i c h t "festgehalten" oder "aufgehalten" wird (arresté), dürfte daher der Krieg sein (aucune g u e r r e), nicht >eingesperrt< entgegen anderslautender Vereinbarung (pache) und formeller Zusicherung (protester), ähnlich wie in 1/38. In der >Weltfriedensordnung< wird der Krieg für >begraben< erklärt werden, sich aber als nur >gelähmt< erweisen, 3/36. Der "Betrug" bedeutet, daß die den Frieden feierlich Ausrufenden es von vornherein nicht ernst meinen, also "mit Fleiß" die Arglosen hintergehen, 1/38. - Die >Flotte< kann eine Mehrzahl von Glaubensgemeinschaften bedeuten. Durch ihre Verpflichtung auf das globale Regime (Pakt) wird sie >gefangen< sein, d.h. ferngesteuert durch die Betrüger. Welche Rolle Barcelona dabei spielt, wird sich zu gegebener Zeit herausstellen.

05/14 Saturn* & Mars* en leo* Espagne captifue,/ Par chef Lybique
au conflict attrapé,/ Proche de Malthe, Heredde prinse viue,/
Et Romain sceptre sera par coq frappé. (1568)
[Islamische Invasion Europas]
**Saturn* und Mars* im Löwen*, (ist) Spanien erobert,/
durch (ein) libysches Oberhaupt im Konflikt überlistet./
Nahe bei Malta (die) Erbin (?) gefangen am Leben,/
und römisches Szepter wird vom Hahn geschlagen werden.**
_{2) Mittelfr. v. attraper 1. anlocken (attirer) 2. täuschen (tromper).}
_{3) Lat. n.m./f. heres Erbe, Erbin, n.f. hereditas Erbschaft.}

Spanien erobert, durch ein "libysches Oberhaupt" überlistet: Das müßte bedeuten, daß Muslime das Land besetzen. Das moslemische Königreich Granada fiel 1492 an die spanische Krone, und die letzten Mauren wurden 1609 aus dem Land getrieben. Seither sind sie nicht zurückgekehrt, jedenfalls nicht als Eroberer. - Konstellationsangaben beziehen sich bei N. auf die Sternbilder, **1/51** (Bd.1), nicht auf die Ekliptikabschnitte, weshalb deren Verschiebung nach dem Kataklysmus, **3/46**, vernachlässigt werden kann. Die angegebene Konstellation ergibt sich nach der Jahrtausendwende erstmals im Juni/Juli 2008. (Zur Lage der Sternbilder s. **6/85**). Möglicherweise im April 2011 wird ein "König mit dunklem Turban" in Foix auf der französischen Seite der Pyrenäen Einzug halten, **9/73**. -   Die zweite Vershälfte könnte von einer späteren Zeit handeln, wenn eine Macht auftritt, die sich gegen die fremden Herren in Europa stellt. Der später die Herrschaft über Europa >erbende< Heinrich (s. Chiren*) ist Franzose, **10/44**, und daher könnte er es sein, der in Italien zuschlägt, **5/13**.

08/14 La credit d' or*, & d' argent* l' abondance/ Fera aueugler
par libide l' honneur/ Sera cogneu d' adultere* l' offence,/
Qui paruiendra à son grand deshonneur. (1568)
[>Neue Religion</ Katholische Kirche nach der Jahrtausendwende]
**Das große Ansehen von Gold* und von Silber* der Reichtum/
wird aus Liebesverlangen das Ehrgefühl blenden.
Bekannt werden wird des Ehebruchs* Sünde,/
die zu seiner großen Schande werden wird.**
_{2) libide ist gebildet in Anlehnung an das lat. n.f. libido Begierde, Lust, Verlangen.}
_{3) Zum >Ehebruch< s. das Glossar unter mariage.}

>Gold< und >Silber< bedeuten bei N. die Lehren der christlichen und der islamischen Religion. Sie werden in der >Weltfriedensordnung< in großem Ansehen stehen, Vz 1, es wird "alles" für "gut" gelten, **5/32** Vz 1/2. Auch bei dem neuen religiösen Führer, der dann bald an die Spitze dieser Ordnung gestellt wird, werden die alten Religionen, besonders Christentum und Islam, a n f a n g s in höchstem Ansehen stehen, **10/28** Vz 1/2. Es wird das "Liebesverlangen" der >Mutter Kirche< unter ihrem letzten Vorsteher sein, das sie "blenden" wird, nämlich das Verlangen nach einer Verbindung mit dem vermeintlich >wiedergekommenen Christus<. Sie wird sich dem neuen Mann in die Arme werfen. Statt dem Vater im Himmel treu zu bleiben, wird sie sich dem vermeintlich wieder auf Erden erschienenen >Sohn< verbinden und damit einen >Inzest< begehen, **6/50**, dessen Schändlichkeit in dem Sinnbild fraglos ist.

Centurie 1, Vers 14
De gêt esclaue* chansons, châtz & requestes,
Captifs par princes & seigneur aux prisons:
A l' auenir par idiots sans testes
Seront receus par diuins oraisons.
(Textfassung bei Benoist Rigaud, Lyon 1568)

Übersetzung:
Von versklavtem* Volk Lieder, Gesänge und Bitten,
gefangen von Fürsten und (dem) Herrn in Kerkern.
Für die Zukunft werden sie als Einfältige ohne Hirn
angesehen werden wegen der gottgeweihten Gebete.

Kommentar zu 1/14:
Hier wurde z.B. das vom Zarenregime oder später von den Kommunisten unterdrückte russische Volk gesehen. Für andere können nur die Franzosen gemeint sein, die sich 1789 die Freiheit erkämpfen. Oder es wird das Schicksal der Sklaven in Nordamerika erkannt.
Es geht um Menschen, die in Unfreiheit leben müssen, um "versklavtes Volk", das "in Gefängnissen" gehalten wird. In Vers 5/52 ist es die christliche Gesinnung der Gemeinten, welche sie als ein >Volk< (gent) erscheinen läßt. Auch im vorliegenden Vers sind es religiöse Äußerungen, welche die Gemeinten als zusammengehörig ausweist.
Diese >Volk< wird anscheinend wegen dieser Gesinnung unterdrückt, die in "Liedern, Gesängen und Bitten" sowie "gottgeweihten Gebeten" sich äußert. Denn es ist in Gefängnissen nicht üblich, daß die Insassen Lieder singen oder gemeinsam beten. Wenn sie das aber tun, wird ihre Hinneigung zu Gott nicht erst in der Gefangenschaft entstanden, sondern vorher schon dagewesen sein und den Grund für ihre Ergreifung bilden, da ein anderer Grund nicht ersichtlich ist.
Für diese Deutung spricht auch, daß die Gemeinten ihr Los offenbar freiwillig auf sich nehmen. Denn sie könnten sich ihm entziehen, tun es aber nicht, obwohl man ihnen dazu rät, 9/47 (Bd.3). D a h e r werden sie von den anderen für dumm gehalten. Wer ein Verbrechen begangen hat, muß mit Verfolgung rechnen und wird versuchen, sich ihr zu entziehen. Wenn er dann doch in Kerkern schmachten muß, ist das sein verdientes Los, und niemand wundert sich.
Aber wer nichts Schlimmes getan oder gesagt hat und es sich dennoch gefallen läßt, wegen seiner Gesinnung ins Gefängnis geworfen zu werden, muß denen als "einfältig ohne Verstand" gelten, die sein Gottvertrauen nicht teilen. Es liegt hier jene Art von >Dummheit< vor, die Verfolgung, wo sie unausweichlich wird, im Vertrauen auf Christus auf sich nimmt, 1 Kor 4,9-13.
Demnach können hier nicht die in Amerikas Süden als Sklaven gehaltenen Neger gemeint sein. Diese wurden nicht wegen ihrer Gesinnung, sondern wegen ihrer Rassemerkmale und ihrer Nichtzugehörigkeit zum abendländischen Kulturkreis für dumm und minderwertig gehalten, und sie waren auch nicht freiwillig auf diesen Kontinent und in die Sklaverei gekommen. Vielmehr ist hier an die letzte Zeit der alten Erde zu denken, wenn " das heilige Volk Gottes, in Befolgung seiner Gebote, und jeder christliche Orden schwer verfolgt und heimgesucht werden wird", VH (43).

Gruppe 15 - 65

01/15 Mars* nous menasse par sa force bellique/ Septante foys fera le sang* espandre :/ Auge & ruyne de l' Ecclesiastique/ Et plus ceux qui d' eux riê voudront entendre. (1555)
[Deutsch-franz. Krieg 1870/ Kriegerische Ereignisse an der Jahrtausendwende/ Kath. Kirche nahe der Jahrtausendwende] (Kommentar S. 141)
Mars* bedroht uns mit seiner kriegerischen Macht,/ siebzig Wegstrecken, wird er das Blut* vergießen./ Aufstieg und Sturz des Klerikers/ und mehr noch jener, die von ihnen nichts werden wissen wollen.
2) N.f. fois Mal. Mittelfr. n.f. fois auch: Wegstrecke, Reiseabschnitt (étape), > mittellat. n.f.pl. vicis Wechsel, Abwechslungen, Phasen, Reihenfolge, Kreislauf.
3) Das n.f. auge Trog ist hier sicherlich nicht gemeint. Das Nebeneinander von auge und ruyne kennzeichnet beide Begriffe als inhaltlich zusammengehörig. N.f. ruyne (Sturz) > lat. v. ruere stürzen. Daher ist auch "auge" ein Substantiv, gebildet in Anlehnung an das v. augmenter wachsen, steigen > lat. v. augere. Die gleiche Eigenbildung verwendet N. im anschließenden Vers 1/16.
3) N.m. ecclésiastique Geistlicher.
---> 2/15, 3/65, 5/15, 9/65 (Kath. Kirche nahe der Jahrtausendwende)
---> 2/65 (Kriegerische Ereignisse an der Jahrtausendwende)

01/65 Enfant* sans mainsiamais veu si grâd foudre*:/ L' enfant* royal au ieu d' oesteuf blessé./ Au puy* brises*: Fulgures* alant mouldre:/ Trois sous les chaines par le milieu troussés: (1555)
[Verbot der alten Religionen] (Kommentar S. 142)
Das Kind* ohne Hände sah niemals so mächtigen Bannstrahl*./ Das königliche Kind* beim Ballspiel verletzt./ Auf dem Berg* Wracks*, Blitze* im Begriff einzuschlagen./ Drei unter den Ketten (den Eichen) von der Mitte weggeschafft.
2) Altfr. n.m. esteuf Ball zum Spielen (balle à jouer).
3) N.m. puy Berg (montagne), s. das Glossar unter mont. Die fulgures, ein Latinismus vom lat. n.n. fulgur Blitzschlag, sind eine Variante von foudre.
V.t. moudre 1. (Getreide) mahlen 3. schlagen (battre), überhäufen mit Schlägen (accabler de coups).
N.f. brise leichter Wind. Altes n.m. bris 1. Schiffbruch (naufrage) 2. Wrack (épave) (großer Larousse). S. dazu auch das Glossar unter nef.
4) Altfr. n.m. chasne, chesne Eiche (chêne). Es sind der Schreibung nach Ketten gemeint, aber der Lautung nach sind chaînes Ketten von chênes Eichen nicht unterscheidbar.
---> 2/15, 3/65, 5/65, 8/15, 10/65 (Letzte Zeit der alten Erde)

02/15 Vn peu deuant monarque trucidé ?/ Castor, Pollux en nef*,
astre crinite./ L' erain publique par terre* & mer* vuidé/
Pise, Ast, Ferrare, Turin, terre interdicte. (1555)
[Komet/ Katholische Kirche nahe der Jahrtausendwende/
Zerstörung der katholischen Kirche] (Kommentar S. 143)
**Kurz bevor (der) Monarch ermordet (wird) ?,/
(sind) Castor, Pollux im Schiff*, (erscheint) behaarter Stern./
Das öffentliche Erz verlassen über Land* und Meer*,/
Pisa, Asti, Ferrara, Turin (sind) verbotenes Land.**
1) Das Fragezeichen würde, absichtlich gesetzt, bedeuten,
daß N. den Wahrheitsgehalt der Aussage bezweifelt und sie
ironisiert oder daß er sie als Propaganda kennzeichnen will.
2) Die Chiffre Pol wird in 10/29, 9/85 und 8/46 auf den
>wiedergeborenen Heiland< gedeutet. In 2/90 (Bd.1) ist die
>Feindschaft von Castor und Pollux< ein Bild für die innere
Zerrissenheit der Ungarn nach dem Ende des Habsburger-
reiches. Diese Deutungen der griechischen Sagenbrüder
widersprechen der hier gegebenen Deutung nicht.
3) N.m. airain Erz, mittelfr. n.m. airain Bronze, > lat. n.n.
aeramen Erz; ehernes Becken, Zimbel. Als >Getöse von Erz<
können dichterisch öffentliche Vorgänge wie Glockengeläut
oder Kanonendonner umschrieben werden (großer Larousse).
Altfr. v. vuidier ist modern das v. vider mit nahezu gleicher
Bedeutung. Das v. vider kann auch bedeuten: fertigmachen,
être vidé total erledigt sein.
4) Das v. interdire untersagen und das n.m. interdict Verbot
konnten speziell den Bann durch die Kirche bedeuten.
---> 1/15, 3/65, 5/15, 9/65 (Kath. Kirche nahe der Jahrtausendwende)
---> 4/15 (Komet)
---> 1/65, 2/65, 3/65, 5/65, 8/15, 10/65 (Letzte Zeit der alten Erde)

02/65 Le parc enclin grande calamité/ Par l' Hesperie*
& Insubre fera:/ Le feu en nef*, peste* & captiuite./
Mercure* en l' Arq Saturne* fenera. (1555)
[Zerstörung der katholischen Kirche]
**Der niedrig gelegene Park wird großes Unheil/
über Hesperien* und Insubrien bringen./
Das Feuer im Schiff*, Seuche* und Gefangenschaft./
Merkur* (wird) zur Diebesbeute (?), Saturn* wird mähen.**
1) Mittelfr. n.m. parc 1. Einfriedung für Vieh 2. Herde
(troupeau) 3. Umgrenzung (enceinte), befestigtes (Heer-)
lager (camp fortifié), Kampfplatz (lice).
Altfr. adj. enclin 1. geneigt, schief (incliné), gesenkt (baissé)
2. gehorsam (soumis), unterworfen (assujeti).
4) Arq kann sich herleiten von lat. arquitenens bogentragend.
Oder es wird eine Konstellation nur vorgetäuscht, und es ist
das n.m. larc(in) Diebesbeute, Diebstahl hier versteckt.

Die Insubrer waren ein Keltenstamm, beheimatet im Norden Italiens mit
Hauptort in der Nähe Mailands. Insubre ist Ortsangabe und verweist auf
die Poebene. Lateinisch Hesperus hieß der Abendstern, und das Adjektiv
hesperius westlich wurde von den Römern spanischen und westafrikani-
schen Gebieten verliehen. Nur eines ist sicher: Das gemeinte "Hesperi-
en" liegt westlich des "niedrig gelegenen Parks". - Was
diesen angeht, muß hier ein großes Gebiet gemeint sein, weil es der Po-

ebene gegenübergestellt wird. Der parc enclin ist ein niedrig gelegenes, kulitiviertes Land mit Wäldern. Man kann z.B. an die norddeutsche oder die ungarische Tiefebene denken. Letztere wird noch einmal der Ausgangspunkt für "große Menschenmassen" sein, die nach Europa vordringen, um die restlichen Anhänger des christlichen Glaubens zu verfolgen, **8/15.** Darin also besteht das "Unheil" für das weiter westlich gelegene Europa, insbesondere Italien. - Das voraufgegangene >Feuer im Schiff< entsteht durch >Feuer vom Himmel<, d.h. durch den Bannstrahl gegen die Kirche und den alten Glauben, **10/65.** Gegen den Bann wird man sich offen nicht mehr wehren können, weil sich die Kirche auf den Mann an der Spitze des globalen Regimes verpflichtet haben wird (Gefangenschaft). >Merkur<, Chiffre für Jesus Christus, steht hier für die christliche Glaubenslehre, die in der alten Form beschimpft wird, **4/28,** und als Sprachmaterial für die >neue Religion< herhalten muß, insofern >zum Diebesgut< geworden sein wird, **8/62.** Saturn, Herrscher im goldenen Zeitalter, d.h. im Frieden mit den Göttern, wird dann im Namen dieses Friedens flugs zum gewohnten Todesbringer. - Eine >Seuche< nennt N. die mit Macht sich ausbreitende >neue Religion<, **8/62.**

---> 1/65, 2/15, 3/65, 5/65, 8/15, 10/65 (Letzte Zeit der alten Erde)

03/65 Quand le sepulcre* du grâd Romain trouué,/ Le iour* apres
sera esleu pontife,/ Du senat gueres il ne sera prouué/
Empoisonné* son sang* au sacré scyphe. (1555)
[JUPITER/ Kath. Kirche nahe d. Jahrtausendwende/ Letzter Papst/
Zerstörung der katholischen Kirche] (Kommentar S. 144)
**Wenn das Grab* des großen Römers gefunden (wird),/
wird am Tag* danach (ein) Pontifex gewählt werden./
Vom Senat wird er nicht lange mit Beifall bedacht werden,/
vergiftet* sein Blut* im geheiligten Kelch.**
2) N.m. pontife 1. Oberpriester 2. Kirchenfürst 3. Koryphäe.
3) Adv. ne guère nicht sehr; nicht oft; nicht lange.
4) scyphe nach lat. n.m. scyphus Becher, Pokal.
---> 4/15, 9/65, 10/65 (JUPITER)
---> 1/15, 2/15, 5/15, 9/65 (Kath. Kirche nahe der Jahrtausendwende)
---> 1/65, 2/15, 2/65, 5/65, 8/15, 10/65 (Letzte Zeit der alten Erde)

04/15 D' ou pensera faire venir famine*,/ De la viendra le
ressasiement:/ L' oeil* de la mer* par auare canine*/
Pour de l' vn l' autre donrra huyle, froment. (1555)
[POLLUX-JUPITER/ Komet]
Von dem Ort, von dem (man) meinen wird, daß er Hungersnot* kommen
lasse,/ von dort wird wird die Sättigung kommen./
Das Auge* des Meeres* wird durch gierigen Hund*/
dafür (sorgen,) daß einer dem andern geben wird Öl, Getreide.

1) Das Subjekt zu faire venir ist unklar. Man könnte, anders
als oben angegeben, auch wiederum "man" interpolieren und
stünde dann vor der Frage, wer gemeint ist.
3) Adj. avare habsüchtig, geizig > lat. avarus habsüchtig;
gierig, unersättlich (mare, venter).
Adj. canin, canine hündisch, n.f. canine Eckzahn. Canine
steht hier statt chien wegen des Reims auf famine.

Das >Meer< ist hier wie andernorts ein Sinnbild des Unendlichen, seine Oberfläche steht für die Religion der im irdischen Leben >Aufgetauchten<. Die >Schiffe<, die dieses >Meer< befahren, sind die gewordenen Glaubensformen, s. Glossar. Der Vers bemüht die Sage von Skylla und Charybdis, den Schrecken des Meeres, um die Zeit an und nach der Jahrtausendwende als >Klippe<, als gefährlichen Engpaß zu kennzeichnen, den die Menschen auf ihrer >Seefahrt<, d.h. Lebensreise bewältigen müssen. Die Charybdis ist bei Homer ein gewaltiger Strudel, der mehrfach täglich das Wasser des Weltmeeres einsaugt, er heißt hier "Auge des Meeres". Wer diesem Strudel auswich, war in Gefahr, von der an den gegenüberliegenden Klippen hausenden Skylla gefressen zu werden, einem vielköpfigen, hundeähnlichen Meeresungeheuer, das hier "gieriger Hund" heißt. Aber damit fängt es erst an, denn nun stellt sich die Frage, was mit den verdeckt angesprochenen Ungeheuern des Mythos gemeint ist. - Einen "großen Hund" nennt N. in VH (22) den beim Sternbild Orion, einem mythischen Jäger, erscheinenden Kometen, dessen Bahn ihn nah an die Erde heranführen und dadurch zu einer gewaltigen Bedrohung machen wird. "Von dort" her, wird man meinen, werde der Himmel "Hungersnot" über die Menschen kommen lassen. - Das "Auge des Meeres" dürfte jener religiöse Charismatiker sein, dessen Umsicht, **4/21**, ihn dazu befähigt, sich als Mittler zwischen verfeindeten Parteien zu betätigen, 2/71 (Bd.3), mit Folgen, wie in Vz 4 angegeben. Es scheint, daß die Katastrophe eine Welle der Hilfsbereitschaft hervorruft - das war 1000 Jahre zuvor, als man den Untergang noch erwartete, ohne etwas Bedrohliches sehen zu müssen, auch schon so. Auf dieser >Welle< wird der Gemeinte schwimmen und >sich ans Ufer tragen lassen<, **3/21**, an 's Ufer der Adria, wie es scheint, 2/32. - Doch dieses >Auge< ist nicht so harmlos und hilfreich, wie es erscheint, sein vermeintlicher >Durchblick<, **5/31**, wird eine gewaltige Sogwirkung entfalten, die die Menschen, die >ihm zu nahe kommen<, in die Tiefe hinabzieht.

---> 3/65, 9/65, 10/65 (JUPITER)
---> 2/15 (Komet)

05/15 En nauigant captif prins grand pontife,/ Grans aprets faillir
les clercz tumultuez:/ Second esleu absent son bien debife,/
Son fauory bastard* à mort tué. (1568)
[Kath. Kirche nahe der Jahrtausendwende] (Kommentar S. 145)
Auf Reisen gefangen, ergriffen der große Pontifex,/
große Vorbereitungen schlagen fehl, die Geistlichen in Aufruhr./
(Ein) Zweiter gewählt. Abwesender, sein gutes Recht für ungültig erklärt./
Sein Günstling, (ein) Bastard*, (kommt) zu Tode, (wird) ermordet.
  1) N.m. pontife 1. Oberpriester 2. Kirchenfürst 3. Koryphäe.
  2) Mittelfr. n.m. aprest 1. Vorkehrungen (préparatifs) 2. Anordnung (arrangement) 3. Vorbote (signe avant-coureur).
  3) Die Syntax der Zeile ist mehrdeutig. Aber im Zusammenhang mit Vz 1 ist absent nicht auf den second zu beziehen, sondern auf den "großen Pontifex", der unfreiwillig abwesend ist.
  3) N.m. bien 1. das Gute, das Wohl, Wohlergehen, Vorteil, Gut 2. Vermögen, Habe. Das Wohl kann nicht für ungültig erklärt werden, und das persönliche Vermögen des Papstes ist in moderner Zeit nicht mehr bedeutsam. Daher und wegen der Wahl eines anderen hier der Vorschlag "gutes Recht".
  V. debiffer ausstreichen, für ungültig erklären.
---> 1/15, 2/15, 3/65, 9/65 (Kath. Kirche nahe der Jahrtausendwende)

05/65 Subit venu l' effrayeur sera grand,/ Des principaux de l' affaire
cachés:/ Et dame* en braise plus ne sera en veue/
Ce peu à peu seront les grans fachés. (1568)
[Zerstörung der katholischen Kirche] (Kommentar S. 146)
Plötzlich gekommen, wird der Schrecken groß sein./
Einige Fürsten stecken vor der Angelegenheit den Kopf in den Sand./
Und Dame* auf Kohlenglut wird nicht mehr zu sehen sein./
Da werden nach und nach die Großen aufgebracht sein.
  2) wörtlich: "Einige Fürsten (sind) vor der Angelegenheit verborgen".
  3) Altfr. n.f. veue n.f. 1. Schein, Licht (clarté, lumière) 2. was man sieht, hört (ce qu' on voit, étendue) 3. was gegenwärtig, anwesend ist (ce qui est présent)
  3) en braise eigentlich: auf Kohlenglut. Altfr. n.f. braise gleiche Bedeutung. Das lautungsgleiche embraise (als Variante von embrasé > braise) bedeutet: aufgeregt, in Liebe >entflammt<. Auch das ergäbe einen Sinn, denn ein großer Teil der Gemeinde der katholischen Gläubigen wird anfangs "begeistert" sein von dem >Wiedergekommenen<, **8/13**.
---> 1/65, 2/15, 2/65, 3/65, 8/15, 10/65 (Zerstörung der katholischen Kirche)

08/15 Vers Aquilon* grands efforts par hommasse/ Presque l' Europe
& l' vniuers vexer,/ Les deux eclypses mettra en telle chasse,/
Et aux Pannons vie & mort renforcer. (1568)
[Verfolgung der Anhänger der alten Religionen] (Kommentar S. 147)
Zum Adlerland* hin werden große Anstrengungen durch Menschenmassen/
fast (ganz) Europa und fast die ganze Welt quälen./
Die zwei Verfinsterungen werden große Verfolgung bringen,/
und bei den Pannoniern werden Leben und Tod stärker.

1) Das n.f. hommasse als Pejorativ für eine Frau mit männlichem Verhalten ergibt hier schwerlich einen Sinn. Es dürfte eher eine reim- und metrumbedingte Zusammenfügung von homme und masse vorliegen, eine große Menschenansammlung also.
3) eclypse ist wie in VH (18) eine alte Form des n.f. éclipse 1. Verfinsterung (der Sonne oder des Mondes) 2. Verschwinden, Abwesenheit.
Mittelfr. Idiom mettre en chasse verfolgen (poursuivre). Das Prädikat im falschen Numerus (Singular statt Plural) ist bei N. keine Seltenheit.
---> 1/65, 2/15, 2/65, 3/65, 5/65, 10/65 (Letzte Zeit der alten Erde)

09/65 Dedans le coing de luna* viendra rendre/ Où sera prins & mys en terre estrange,/ Les fruitz immeurs seront à grand esclandre/
Grand vitupere, à l' vn grande louange. (1568)
[POLLUX/ Katholische Kirche nahe der Jahrtausendwende] (Kommentar S. 148)
In die Ecke des Mondes* wird er geraten,/
wo er ergriffen und in fremdes Gebiet gebracht wird./
Die unreifen Früchte werden für großes Aufsehen sorgen,/
große Schande, für >den Einen< großes Lob.

1) V.i. rendre à un lieu wohin geraten, kommen (donner dans) = alte Bedeutung (großer Larousse) (im modernen Franz. nur v. refl. se rendre sich wohin begeben).
3) Mittelfr. v. meurir reifen (mûrir), adj. immeur(e) unreif (immûr).
Mittelfr. n.m. esclandre 1. großes Aufsehen (grand bruit), Spektakel (tapage) 2. Schlägerei (rixe), Krawall (bagarre).
Altfr. n.m. escandre, esclandre 1. Skandal (scandale) 2. Verleumdung (calomnie) 3. Haß (haine).
4) Mittelfr. n.m. vitupere 1. Tadel (blâme), Verachtung (mépris), Beschimpfung (injure) 2. Bosheit (méchanceté) 3. Schande (honte), Entehrung (déshonneur).
---> 1/15, 2/15, 3/65, 5/15 (Kath. Kirche nahe der Jahrtausendwende)
---> 4/15 (POLLUX)

10/65 O vaste Rome* ta ruyne s' approche,/ Non de tes murs*, de ton
sang* & substance:/ L' aspre par lettres fera si horrible coche,/
Fer poinctu mis à tous iusques au manche. (1568)
[Zerstörung der katholischen Kirche/ JUPITER] (Kommentar S. 149)
O gewaltiges Rom*, dein Untergang naht,/
nicht der deiner Mauern*, der deines Blutes* und deiner Substanz./
Der Strenge wird mit Briefen einen ganz schrecklichen Schnitt machen./
Das scharfe Schwert wird allen hineingestoßen bis zum Heft.

3) Adj. âpre 1. rauh 2. herb 3. scharf (Tadel) 4. barsch,
streng. Mittelfr. adj. aspre außerdem: grausam (cruel), auf-
brausend (fougueux), ungestüm (impétueux), gierig (avide),
habsüchtig (cupide).
3) N.f.pl. lettres 1. Buchstaben 2. Lettern, Schrifttypen
3. Briefe, Urkunden 4. Literatur, Literaturwissenschaft.
Mittelfr. gibt es die lettres sainctes, das ist die Heilige Schrift
(l' Écriture sainte).
3) Mittelfr. n.f. coche 1. Einkerbung auf einem Pfeil (entaille
sur une flèche) 3. der Pfeil selbst (la flèche elle-même)
4. mots en coche >Wortpfeile<, spitze Bemerkungen (les
flèches lancées dans le discours).
4) Mittelfr. n.m. fer 1. metallener Gegenstand 2. Anker
(ancre) 3. Schwert (épée).

---> 1/65, 2/15, 2/65, 3/65, 5/65, 8/15 (Letzte Zeit der alten Erde)
---> 3/65, 4/15, 9/65 (JUPITER)

Centurie 1, Vers 15

Mars* nous menasse par sa force bellique
Septante foys fera le sang* espandre :
Auge & ruyne de l' Ecclesiastique
Et plus ceux qui d' eux riê voudront entendre.
(Urfassung bei Macé Bonhomme, Lyon 1555)

Übersetzung der Urfassung:
Mars* bedroht uns mit seiner kriegerischen Macht,
siebzig Wegstrecken, wird er das Blut* vergießen.
Aufstieg und Sturz des Klerikers
und mehr noch jener, die von ihnen nichts werden wissen wollen.

Kommentar zu 1/15:
Den Ausgangspunkt des Verses, der zur Hälfte schon erfüllt ist, bildet der Juli 1870. Am 18.7.1870 wurde in Rom von Papst Pius IX. das Dogma abgesegnet, daß der Papst unfehlbar sei, wenn er ex cathedra spreche, d.h. eine Lehrmeinung verkünde. Dadurch kam es zu einem "Anwachsen" seiner innerkirchlichen Macht. Mit "d e m Kleriker" ist das Oberhaupt der katholischen Kirche gemeint. (Die Deutbarkeit auf beliebige andere, unter dem Papst stehende Kleriker ist eine von N. zum eigenen Schutz eingebaute Sicherung.)
   Zur gleichen Zeit, am 19.7.1870, sah sich Frankreich gezwungen, Preußen den Krieg zu erklären, und so kam es dazu, daß den Franzosen ein Krieg bevorstand. "Krieg bedroht uns" - uns Franzosen.
   Dann macht der Vers einen doppelten Sprung. Aus dem Mars in der Bedeutung Krieg wird der Planet, und dieser zum Planeten gewandelte Mars vollführt "siebzig Wegstrecken" - fois konnte Etappe oder Wegstrecke bedeuten, siehe Anmerkungen.
   Mitte Juli 1870 stand der Mars bei 86° ekliptikal. An diesen Ort am Firmament kehrt er im Mai 2002 zum siebzigsten Mal wieder. Demnach würde der Vers für die Zeit ab Mai 2002 kriegerische Ereignisse in Rom mit Blutvergießen sowie den "Sturz des Klerikers" ankündigen. Die einundsiebzigste Runde des Mars nach Juli 1870 beginnt dann im April 2004. Dadurch ist ein Zeitrahmen gesetzt, und die Deutung kann dann überprüft werden.
   "Aufstieg und Sturz" des Papstes werden in einem Atemzug genannt. Das kann auf den engen zeitlichen Zusammenhang beider hinweisen, so daß man hier auch an das Ende des Kirchenstaates im September 1870 denken könnte. Doch die Aberkennung der weltlichen Souveränität des Papstes über den Rest seiner Ländereien brachte kein Blutvergießen mit sich - kein reales und auch kein sinnbildliches.
   Der Vers läßt aber einen inhaltlichen Zusammenhang von Aufstieg und Sturz erkennen: Eine Institution, die eine geistige Macht auf Erden vertritt, bereitet sich selbst den Untergang, wenn sie weltliche Geltung anstrebt, und sei es nur im Kreis der ihr Angehörenden.
   Am Ende werden auch und "mehr noch" jene Menschen, die auf die Kirche nicht hören oder besser: von der Religion gar nichts mehr wissen wollen, nach ihrem Aufstieg wieder >stürzen<. Als Prognose ist das ernst gemeint, und zugleich ist es eine Verbeugung vor möglichen Lesern aus dem Umkreis des Heiligen Offiziums zu Rom, die angesichts der Ungeheuerlichkeit des Versinhalts hätten empört sein können.

Centurie 1, Vers 65

Enfant* sans mains iamais veu si grâd foudre* :
L' enfant* royal au ieu d' oesteuf blessé.
Au puys* brises* : fulgures* alant mouldre :
Trois sous les chaines par le milieu troussés.
(Urfassung bei Macé Bonhomme, Lyon 1555)

Übersetzung der Urfassung:
Das Kind* ohne Hände sah niemals so mächtigen Bannstrahl*.
Das königliche Kind beim Ballspiel verletzt.
Auf dem Berg* Wracks*, Blitze* im Begriff einzuschlagen.
Drei unter den Ketten (den Eichen) von der Mitte weggeschafft.

Kommentar zu 1/65:
Ein verstümmeltes Kind erlebt ein Gewitter; ein Kind, das einmal König werden soll, verletzt sich beim Ballspiel; auf einem Berg Blitzschlag; drei Menschen suchen Schutz unter Eichen und verschwinden wieder. Aber so verstanden, fehlt die Qualität des Geschichtlichen, die bei N. fast durchgängig begegnet.

Das lateinische fulgur, französisch foudre, meint einen Blitzstrahl. Der Kirchenbann, den der Papst verhängen konnte, hieß foudre de l' Eglise und bedeutete die Ausschließung aus der kirchlichen Gemeinschaft. Der hier gemeinte "Bannstrahl" wird so mächtig sein, wie ihn noch kein Papst jemals erlebt hat (iamais veu). Es sind die Verbotsdekrete gemeint, die die katholische Kirche treffen und sie vernichten werden, **10/65**.

Die >Blitze< gehen nieder auf einem "Berg", bewachsen mit "Eichen" (chaînes). Es ist der Olymp, der Berg des Zeus, dem diese Bäume geweiht waren. Nach dem Rauschen der Eichen in seinem Heiligtum weissagten die Priester des Zeus, um das Eichenlaub des Zeus wurde in Olympia gekämpft. Der blitzeschleudernde Zeus ist ein Deckname des Weltherrschers, der im Mittelpunkt einer >neuen Religion< stehen wird, **10/71**.

Die "drei unter den Eichen" sind drei, die im Heiligtum >Jupiters< Schutz zu finden hofften. Gemeint sind die drei Offenbarungsreligionen, die jüdische, die christliche und die islamische Religion, wie mehrfach andernorts, s. Register VII (12), **XII (2)**. Eichen chênes lauten im Französischen gleich wie Ketten chaînes - ein Wortspiel mit Hintersinn: Der vermeintliche Schutz durch himmelragende Zeus-Eichen erweist sich als die Ankettung an eine falsche Zugehörigkeit, **8/45**, wenn der Bannstrahl die Kirchen trifft.

Einige Jahre nach Aufrichtung der >Weltfriedensordnung< wird dieses Regime >das Alte<, zu dem dann auch die christliche Religion gezählt wird, aus der Mitte verdrängen und vertreiben, **4/32**. "Drei" Religionen werden dann "annulliert", **8/77**, "durch die Mitte weggeschafft", die >Zeus< mit himmelstrebender Machtstellung (Berg) einnimmt. Sie erleiden gewaltig Schiffbruch, gehen in "Trümmer" (brises) - das alte Wort bris konnte Wrack bedeuten. Das Schiff als Symbol der Kirche ist bei N. geläufig, **1/4**.

Die Gläubigen, zu denen die Päpste zählen, sind die Kinder der >Mutter Kirche<. Das >Kind ohne Hände< ist der letzte Papst, der angesichts des Verbotes der Glaubensinhalte seiner Kirche machtlos sein wird, VH (23), weil diese sich auf den Mann an der Spitze des Regimes verpflichtet haben wird, **10/55**.

Das "königliche Kind" dürfte der spätere Herrscher von Europa sein. >Kinder< sind Herrscher, bevor sie ihre Macht entfaltet haben. Das Ballspiel ist ungeklärt.

Centurie 2, Vers 15
Vn peu deuant monarque trucidé ?
Castor, Pollux en nef*, astre crinite.
L' erain publique par terre* & mer* vuidé
Pise, Ast, Ferrare, Turin, terre interdicte.
(Urfassung, Macé Bonhomme 1555)

Übersetzung:
Kurz bevor (der) Monarch ermordet (wird) ?,
(sind) Castor, Pollux im Schiff*, (erscheint) behaarter Stern.
Das öffentliche Erz verlassen über Land* und Meer*,
Pisa, Asti, Ferrara, Turin (sind) verbotenes Land.

Kommentar zu 2/15:
>Das Schiff< ist bei N. Symbol der katholischen Kirche, 1/4 (Bd.2). Wenn die Sagenbrüder "Castor und Pollux" dort sind, stehen diese Namen für Päpste. Die Päpste Johannes Paul I. (1978) und Johannes Paul II. (1978-) nennt N. >Brüder< wegen der Namensgleichheit, ihrer fast gleichzeitigen >Geburt< durch Mutter Kirche und deshalb, weil der erste der Sage nach sterblich, der zweite unsterblich war, was hier kurzlebig und langlebig bedeutet. Vgl. Sz 56, wo es heißt, daß die Kirche "mit zwei Brüdern schwanger" sein werde. Zudem kommt "Pollux" aus Polen, gilt manchem Landsmann als Pol(oniae) lux, d.h. Licht Polens, weil er durch seinen Einfluß diesem Volk half, sich von ideologischer und politischer Fremdherrschaft zu befreien, 2/28 (Bd.1).
  Am Ende der Vz, d.h. gegen Ende der Amtszeit von "Pollux" kommt hier ein "behaarter Stern", ein Komet, in die Nähe der Erde. (Die außerordentlichen Verfinsterungen, die er mit sich bringt, erklären die Malachias-Kennzeichnung "De labore solis", d.h. "Von der Verfinsterung der Sonne" für Johannes Paul II.).
  Vers 6/6 zufolge "stirbt der Große Roms", nachdem ein Komet erschien und die >Nacht<, die er bringt, wieder vorüber ist. Aber bei unbefangenem Lesen der ersten Vershälfte ist der "Monarch" nicht identisch mit "Castor" oder "Pollux", weshalb mit der Ermordung des "Monarchen" hier nicht die Ermordung des Papstes gemeint ist.
  Die "kurze Zeit" ist unter dem Blickwinkel der Ewigkeit die Zeit etwa zehn Jahre, 8/69 Vz 3, nach Errichtung der >Weltfriedensordnung<, wenn der Glaube an Jesus Christus als Sohn des Himmelsherrschers verboten wird, 10/65. D i e s e r Monarch kann nicht wirklich ermordet werden (daher das Fragezeichen), aber doch in dem Sinne, daß die Erinnerung an ihn getilgt und >endgültig begraben< werden soll, 3/72.
  Die Städte der letzten Vz sind in diesem Zusammenhang Orte, wo sich der alte Glaube noch hält, was sie zu "verbotenem Land" macht. Die genaue Reichweite des Verbots ist nicht zu erkennen. Das "öffentliche Erz", verstanden als Geläut von Glocken, ist die öffentlich ausgeübte christliche Religion. Ihr Verlassensein, ihre Ausleerung "über Land und Meer" bedeutet, daß die christlichen Kirchen, voran die katholische, nicht nur politisch (>Land<), sondern auch religiös (>Meer<) verlassen dastehen und von ihren Glaubensinhalten entleert sind, 10/65. >Land< und >Meer< kennzeichnen bei N. metaphorisch den politischen und den religiösen Bereich, 1/50.

Centurie 3, Vers 65
Quand le sepulcre* du grâd Romain trouué,
Le iour* apres sera esleu pontife,
Du senat gueres il ne sera prouué
Empoisonné* son sang* au sacré scyphe.
(Urfassung bei Macé Bonhomme, Lyon 1555)

Übersetzung der Urfassung:
Wenn das Grab* des großen Römers gefunden (wird),
wird am Tag* danach (ein) Pontifex gewählt werden.
Vom Senat wird er nicht lange mit Beifall bedacht werden,
vergiftet* sein Blut* im geheiligten Kelch.

Kommentar zu 3/65:
Gebeine und marmornes Grab eines großen Römers werden auch in 6/66 >gefunden<, und zwar wenn eine neue Sekte gegründet wird. Mit dem "großen Römer" ist der Kaiser des antiken römischen Imperiums gemeint, und mit der >Auffindung seines Grabes< die Wiederbelebung der Idee, daß die Herrschaft über die Welt in einer Person gebündelt werden könne und solle. Der Kaiser betrieb zugleich den Kult des römischen Imperiums und seiner Götter als dessen oberste religiöse Autorität.
  Es ist eine Naturkatastrophe, die das >Grab des großen Römers öffnet<, 9/84, d.h. die Menschen dazu veranlaßt, die oben skizzierte Idee >auszugraben<. Zu dieser Naturkatastrophe wird eine Finsternis gehören, 1/46 Vz 2. Nach d i e s e r >Nacht<, am >Tag< danach wird ein neuer "Pontifex gewählt".
  Der Papst wird in der Zeit der Katastrophe Rom verlassen, 2/41, und sein Amt nicht mehr ausüben können. Sein Nachfolger, 5/15, wird das Amt den Angaben N.s zufolge nicht lange ausfüllen, 8/93. Hier haben wir es mit dem Nachfolger dieses Interimspapstes zu tun. Denn die Angaben des Verses fügen sich ein in das von N. erschaute Bild von der Gestalt des letzten Papstes.
  Bei seinem Amtsantritt steht der Kirche ein Schisma ins Haus, 8/93, das an der Frage aufzubrechen droht, welche Haltung die Kirche zu dem >wiedergekommenen Heiland< und seiner Anhängerschaft einnehmen solle. Der neue Papst fährt in dieser Frage einen aufgeschlossenen Kurs, 5/46, nimmt also Partei, vermag aber ein Schisma zunächst zu verhindern, 8/93.
  Der neue Papst setzt sich an einen Tisch mit dem >neuen Weisen<, 4/31, und >trinkt mit ihm aus einem Kelch<. D.h. er begründet die eucharistische Gemeinschaft mit ihm, läßt sich geistig von ihm anstecken, 8/45, und glaubt in ihm einen Gesinnungsgenossen zu erkennen.
  Erst einige Jahre später, wenn der >Wiedergekommene< an der Macht ist, wird sich diese Verbindung als verderblich, als >grausame Seuche< erweisen, 5/49. Es sind seine Lehren, die der Seher als >giftig< erkennt, weil sie sich zu einer >neuen Religion< auswachsen, die in Konkurrenz zur christlichen tritt. Es geht also nicht um einen Giftmord. Das >Blut< der Kirche, nämlich das Evangelium, von dem sie geistig lebt, wird dann >vergiftet< sein. Der Papst und mit ihm seine Kirche wird an >Blutvergiftung< sterben.
  Daher wird er "vom Senat", den Kardinälen der Kurie, "nicht lange mit Beifall bedacht" werden.

Centurie 5, Vers 15
En nauigant captif prins grand pontife,
Grans aprets faillir les clercz tumultuez :
Second esleu absent son bien debife,
Son favory bastard* à mort tué.

(Textfassung bei Benoist Rigaud, Lyon 1568)

Übersetzung:
Auf Reisen gefangen, ergriffen der große Pontifex,
große Vorbereitungen schlagen fehl, die Geistlichen in Aufruhr.
Zweiter gewählt. Abwesender, sein gutes Recht für ungültig erklärt.
Sein Günstling, (ein) Bastard*, (kommt) zu Tode, (wird) ermordet.

Kommentar zu 5/15:
Während eines Krieges kündigen sich außerordentliche Naturereignisse an, 2/43. Wenn sie im Begriff sind einzutreten, wird ein "großer Papst" Rom verlassen, 2/41. Der Grund könnten auch Bluttaten sein, die in dieser Zeit am Klerus verübt werden, 1/15. Es dürfte noch der derzeitige Papst Johannes Paul II. sein, der Rom verläßt, für N. ein "großer Papst", 2/28 (Bd.1).

Sein Ziel könnte am Rande des islamischen Machtbereichs liegen, wo er aber dann festgehalten wird, 9/65. Sein Amt wird er unter solchen Umständen kaum mehr ausüben können.

Über die "großen Vorbereitungen", die dann fehlschlagen, wird nichts Näheres mitgeteilt. Die Kurie mag angesichts bevorstehender Naturereignisse glauben, vor dem Jüngsten Gericht zu stehen, und sich darauf vorbereiten. Es wird die Hoffnung wachsen, daß der Himmel nun durch sein unmittelbares Eingreifen die Kirche retten werde, und man erwartet das Kommen des Herrn. Die Frage ist nur, in welche Richtung man dann schaut.

Daher sind die Geistlichen "in Aufruhr", zumal ihr Oberhaupt "abwesend" ist. Da der Papst an der Ausübung seines Amtes gehindert, möglicherweise nicht mehr am Leben ist, wird sich die Frage stellen, ob ein Nachfolger gewählt werden kann oder muß. Auch das könnte die Gemüter beunruhigen.

Lat. secundus ist eigentlich der Folgende. Damit ist angedeutet, daß dieser Nachfolger ein Nachrangiger, einer aus dem >Gefolge< des Vorgängers sein wird. Seine Bezeichnung als "Günstling" des abwesenden Papstes weist noch deutlicher in diese Richtung.

Sollte über das Schicksal des "abwesenden" bisherigen Amtsinhabers nichts Sicheres bekannt sein, wäre damit erklärt, daß dessen "gutes Recht gestrichen" oder "für ungültig erklärt" wird, etwa analog zur Verschollenheitserklärung bürgerlichen Rechts.

Bastard hieß der Sproß einer illegitimen Verbindung, der erst nachträglich anerkannt wird, s. Glossar. Die Rechtsstellung des neuen Papstes erschien dem Seher als eine zweifelhafte, die durch einen Rechtsetzungsakt in eine vollgültige verwandelt werden soll. Er hielt davon wohl nichts, wofür spricht, daß er ihn in 2/28 (Bd.1) nicht mitzählt. Dort wird Johannes Paul II. als "vorletzter" Papst bezeichnet. Obwohl er in dem Nachfolger einen integren Mann erkennt, 8/47, hält er ihn nicht für legitim - die Frage nach der Person eines Kirchenoberhauptes ist zu unterscheiden von der Frage, ob einer Papst i s t.

Centurie 5, Vers 65

Subit venu l' effrayeur sera grand,
Des principaux de l' affaire cachés :
Et dame* en braise plus ne sera en veue
Ce peu à peu seront les grands fachés.
(Textfassung bei Benoist Rigaud, Lyon 1568)

Übersetzung:
Plötzlich gekommen, wird der Schrecken groß sein.
Einige Fürsten stecken vor der Angelegenheit den Kopf in den Sand.
Und Dame* auf Kohlenglut wird nicht mehr zu sehen sein.
Da werden nach und nach die Großen aufgebracht sein.

Kommentar zu 5/65:
Ein plötzliches Ereignis löst großen Schrecken aus bei "Großen" bzw. "Fürsten" und einer "Dame". Einige der Oberen tun erst so, als wäre nichts geschehen, "stecken den Kopf in den Sand". Ein Schock scheint sie zu lähmen. Dann setzt ein Umdenken ein, das einige Zeit braucht (peu a peu). Dies wohl deshalb, weil man mit der "Angelegenheit" überhaupt nicht gerechnet hatte, sich so etwas gar nicht vorstellen konnte.

Ein mit politischer Macht ausgestattete Instanz ändert ihre Politik hier von einer freiheitlichen zu einer repressiven Linie. Es scheint eine Instanz zu sein, die unangefochten noch ü b e r den "Großen" steht und mit den nötigen Vollmachten ausgestattet ist, um diesen hineinregieren zu können.

Das nach der Katastrophe sich etablierende globale Regime wird sich nach einiger Zeit zu einer offenen Diktatur wandeln. Es wird dann eine >neue Religion< den Menschen verordnet werden, die Ausschließlichkeit beanspruchen, **1/79**, und die alten Religionen >wegnehmen< wird, **4/32 Vz 3**.

Das wird auch die katholische Kirche treffen, **10/65**. Daher darf vermutet werden, daß die "Fürsten" bzw. "Großen" die Führungsebene der katholischen Kiche sind. Die "Dame" ist dann >Mutter Kirche< samt ihrer >Familie<, den Gläubigen, **8/19**. "Auf Kohlenglut" werden dann jene Gläubigen sitzen, die nicht wissen, wie sich der Zumutung des Regimes gegenüber verhalten sollen.

"Bannstrahl", **1/65**, wie "Einschnitt", **10/65**, treten dem Begriff nach plötzlich ein, und um ein plötzliches Ereignis geht es auch hier. Der Mann an der Spitze des globalen Regimes, der "den Heiligen spielt", wird sich "auf einen Schlag" als Tyrann gebärden und den Mächtigen "den Fuß an die Kehle setzen", **8/41**. An "heiterem Tag" mit scheinbar besten Friedensaussichten wird das >Schiff< der Kirche auf Grund gesetzt, **10/80**.

Vorliegender Vers macht deutlich, daß die Religions-Gesetze des Regimes erst verordnet werden, wenn es so fest im Sattel sitzt, daß die Kirchenoberen, obwohl insgeheim "erzürnt", sich nicht mehr offen dagegen wehren.

Zum Vergleich Dan 823-25: "...wenn die Frevler ihr Maß vollgemacht haben, kommt ein König voll Härte und Verschlagenheit. Er wird mächtig und stark und richtet ungeheures Verderben an; alles, was er unternimmt, gelingt ihm. Mächtige Herrscher wird er vernichten, auch das Volk der Heiligen. Dank seiner Schlauheit gelingt ihm sein Betrug. Er wird überheblich und bringt über viele unversehens Verderben. Selbst gegen den höchsten Gebieter steht er auf; doch ohne Zutun eines Menschen wird er zerschmettert."

Centurie 8, Vers 15

Vers Aquilon* grands efforts par hommasse
Presque l' Europe & l' vniuers vexer,
Les deux eclypses mettra en telle chasse,
Et aux Pannons vie & mort renforcer.

(Textfassung bei Benoist Rigaud, Lyon 1568)

Übersetzung:
Zum Adlerland* hin werden große Anstrengungen durch Menschenmassen/ fast (ganz) Europa und fast die ganze Welt quälen.
Die zwei Verfinsterungen werden große Verfolgung bringen, und bei den Pannoniern werden Leben und Tod stärker.

Kommentar zu 8/15:
Es ist von einer Verfinsterung von Sonne oder Mond die Rede. Sonnenfinsternisse durch den Mond, der die Sonnenscheibe verdeckt, sind im Mittel 2,3mal pro Jahr auf der Erde zu beobachten. Der Mond verfinstert sich 1,5mal im Jahr, weil der Schatten der Erde auf ihn fällt. Solche Vorgänge sind wegen ihrer Häufigkeit ohne Aussagewert. Zudem fehlt ihnen die Qualität des Geschichtlichen, da sie das irdische Geschehen nicht beeinflussen.

Nahe der Jahrtausendwende wird es zu einer irregulären, auch geschichtlich bedeutsamen Verfinsterung aufgrund der Annäherung eines Himmelskörpers an die Erde kommen, VH (18). Es ist anzunehmen, daß b e i d e Lichter - Sonne und Mond - dann ihren Schein eine Zeit lang nicht mehr geben werden. So könnten die "zwei" Verfinsterungen zu verstehen sein. Aber es gibt noch eine ganz andere Deutungsmöglichkeit.

Sonne und Mond als Symbole bedeuten bei N. die christliche und die islamische Religion. Einige Jahre nach der Katastrophe wird die >Sonne nicht scheinen außer am zweiten Himmel<, 4/29, d.h. in dieser Zeit wird die christliche Religion, gleich welcher alten Prägung, verboten sein, was aber die Anwesenheit Christi am >zweiten Himmel<, d.h. im Geist seiner Getreuen nicht beeinträchtigen wird.

Nicht nur die >Sonne<, auch der >Mond< wird dann niedrig stehen und kaum noch Licht geben, 4/30 Vz 2/3. Denn auch der Islam wird sich unter dem Regime der globalen >Friedensordnung< nicht erhalten können, 10/30 Vz 4.

Es wird dann eine Verfolgung der "wahrhaft Gläubigen" geben, 4/43, nämlich derer, die "Gottes Gebot beachten", VH (43), und viele der Verfolgten werden umkommen. Wenn gleichzeitig "das Leben stärker wird", kann damit also nicht das Leben des Erdenleibes gemeint sein, sondern nur das ewige Leben der Seele: "Wer das Leben gewinnen will, wird es verlieren; wer aber das Leben um meinetwillen verliert, wird es gewinnen", Matth 10.39.

Weil die >Verfinsterung von Sonne und Mond<, so verstanden, der Grund ist für die Verfolgung und die Verstärkung von Leben und Tod der zweiten Vershälfte, diese Deutung also den Zusammenhang der Vorgänge erklären kann, ist sie der anderen Deutungsmöglichkeit vorzuziehen.

Aquilon, s. Glossar, bedeutet das Gebiet >des Reiches<, des alten Kaiserreiches. Es schloß zu Lebzeiten des Sehers Böhmen, Österreich, Slowenien, große Teile Oberitaliens, Teile Burgunds, Lothringen, Belgien und die Niederlande mit ein. N i c h t dazu gehörte damals der Raum um den Mittellauf der Donau einschließlich der Tiefebene westlich des Donauknies, welche in der Antike die römische Provinz Pannonia bildete.

Centurie 9, Vers 65

Dedans le coing de luna* viendra rendre,
Où sera prins & mys en terre estrange,
Les fruitz immeurs seront à grand esclandre
Grand vitupere à l' vn grande louange.

(Textfassung bei Benoist Rigaud, Lyon 1568)

Übersetzung:

In die Ecke des Mondes* wird er geraten,
wo er ergriffen und in fremdes Gebiet gebracht wird.
Die unreifen Früchte werden für großes Aufsehen sorgen,
große Schande, für >den Einen< großes Lob.

Kommentar zu 9/65:

"Aquilonische Ecke" (coing) nennt N. in **1/49** (Bd.1) den südöstlichen Rand des alten Kaiserreiches. Der >Mond< steht in den Centurien für den Islam. Somit ist mit dem coing de luna der Rand des islamisch dominierten Bereiches gemeint. Es könnten etwa die Küsten Nordafrikas oder Südspaniens sein, an die hier jemand verschlagen wird.

Während außerordentlicher Naturereignisse verläßt ein Papst seinen gewohnten Ort, **2/41**. Auf einer Reise wird ein "großer Papst gefangen und ergriffen", **5/15**, wie in Vz 2 "ergriffen". Den Papst Johannes Paul II. hielt N. für erfolgreich, **2/28** (Bd.1), und in diesem Sinne für einen großen Papst. Daher könnte er es sein, der sich hier in die Nähe des islamisch dominierten Bereiches begibt, z.B. nach Spanien, 3/54 (Bd.3).

Ein Motiv der Reise könnte es sein, die Verständigung mit den Muslimen zu suchen. Aber der Mission scheint kein Erfolg beschieden zu sein. Denn seine Gefangennahme deutet darauf hin, daß man den Papst als Gesprächspartner nicht akzeptiert.

Die natürliche Unreife von Früchten während des Wachstums kann nicht als unziemlich gelten. Wenn aber "unreife Früchte" für reif ausgegeben und vor der Zeit geerntet werden sollen, wäre das ein "Skandal", weil dann die wirkliche Ausreifung verhindert würde. Der Bauer weiß, wann zu ernten ist und wann nicht, und somit kann es nur ein Anderer sein, der hier unreife Früchte für reif ausgibt und sie womöglich ernten will - diesem Anderen aber gehören sie nicht. Die Trauben am Weinstock bedeuten im Neuen Testament die Menschen im irdischen Dasein, die zum Reich Gottes heranreifen, **9/80**. Demnach würden die >unreifen Früchte< Menschen bedeuten, die für das Gottesreich noch nicht reif sind, sich aber dafür halten.

Die Papstreise fällt in die Zeit der Naturkatastrophen, **2/41**. In dieser ereignisreichen Zeit wird jener Mann erstmals, wohl als erfolgreicher Friedensvermittler, **1/23**, in Erscheinung treten, der dann gleich in Verdacht gerät, der Messias bzw. der wiedergekommene Heiland zu sein. Mit den >unreifen Früchten< meint N. jene Menschen, die sich gegenseitig die Reife für das Gottesreich bescheinigen, indem sie einen Menschen für den Gesalbten Gottes halten, dessen Anwesenheit ihnen das Gottesreich verbürgt.

Der Vers läßt das von Beginn an gespaltene Urteil über den Mann erkennen, an dem sich die Geister scheiden sollen. Viele werden >den Einen< mit "großem Lob" überschütten, für N. sind die Huldigungen voreilig und eine "große Schande".

Centurie 10, Vers 65
O vaste Romme* ta ruyne s' approche,
Non de tes murs*, de ton sang* & substance:
L' aspre par lettres fera si horrible coche,
Fer poinctu mis à tous iusques au manche.
(Textfassung bei Benoist Rigaud, Lyon 1568)

Übersetzung:
O gewaltiges Rom*, dein Untergang naht,
nicht der deiner Mauern*, der deines Blutes* und deiner Substanz.
Der Strenge wird mit Briefen einen ganz schrecklichen Schnitt machen,
das scharfe Schwert wird allen hineingestoßen bis zum Heft.

Kommentar zu 10/65:
In Rom fließt Blut, das "Schwert" wird Menschen in die Brust gestoßen. Aber in Wahrheit geht es hier nicht um Mord und Totschlag.
  Die Mauern der Kirchen, das Gehäuse des lebendigen Glaubens, bleiben erhalten. Das Gehäuse der Institution bleibt stehen, wird äußerlich nicht angetastet. Denn dem "Strengen" geht es um etwas anderes, nämlich darum, die "Substanz" Roms zu zerstören. Blut und Substanz sind Wein und Brot, die sich nach katholischer Lehre in den Leib Christi gewandelt haben, wenn sie zur Kommunion ausgeteilt werden. Das Evangelium belebt die Menschen geistig wie das Blut ihren Leib. Damit soll es vorbei sein, die Kirche soll zur >Ruine< werden, indem die alten Glaubenslehren aus ihr entfernt werden.
  Es geht also um Verbote, welche die Lehren der christlichen Religion betreffen. Diese können nicht militärisch bekämpft werden. Daher sind es "Briefe", die die entsprechenden Verfügungen und Anordnungen enthalten, 10/20 Vz 2. Es können nur Worte sein, die hier zum >scharfen Schwert< werden und "mehr zerfetzen als ein Schwert in den Händen eines Wahnsinnigen", VH (38). Die Bibel soll für immer aus der Welt geschafft werden, VH (44). Was von der Macht des einst "gewaltigen Rom" noch übrig ist, soll ihm dann ein- für allemal genommen werden, VH (23).
  "Plötzlich gekommen", 5/65, wird das ein "schrecklicher Schnitt" sein, Vz 3.
  Aber wie kann es soweit kommen, und wer sollte die Macht haben, solche Anordnungen zu treffen? Die katholische Kirche wird sich auf ein Bündnis mit dem Mann einlassen, 10/55, der in der Zeit der Katastrophe erscheinen, vielen Juden als der Messias und vielen Christen als >wiedergekommener Heiland< gelten wird. Er wird zum "Weltherrscher" aufsteigen, 1/4, der politische Macht mit dem Anschein religiöser Kompetenz verbindet, 1/29.
  Ihre Angewohnheit, Bündnisse mit den Machthabern einzugehen, wird der katholischen Kirche diesmal sichtbar zum Verhängnis werden. Seine wahren Absichten weiß der >Wiedergekommene< unter einer christlichen Maske zu verbergen. Aber dann wird "das Alte weggeräumt", 4/32 Vz 3, und mit dem Bann belegt, so radikal (>bis zum Heft<), wie man es an der Spitze der katholischen Kirche nicht für möglich halten wird.
  "Wie du es mit anderen getrieben hast, so sollen sie es nun auch mit dir treiben. Und dein schon lange verdienter Lohn soll über dein Haupt kommen" (Jakob Lorber, Himmelsgaben, Band 2, S. 197).

01/16 Faulx* a l' estang* ioinct vers le Sagitaire/ En son hault AVGE
de l' exaltation,/ Peste*, famine*, mort de main militaire:/
Le siecle approche de renouation. (1555)
[>Weltfriedensordnung</ JUPITER/
Unterdrückung der alten Religionen] (Kommentar S. 154)
(Ist die) Sense* im Teich*, verbunden mit dem Schützen,
(bringt sie) in der höchsten Zunahme ihrer Steigerung/
Seuche*, Hungersnot*, Tod von militärischer Hand./
Das Zeitalter nähert sich der Erneuerung.
  1) Zur >Sense< s. das Glossar unter Saturn.
  Zum >Teich< s. das Glossar unter lac.
  2) Auge ist von N. frei gebildet nach dem lat. v. augere
  vermehren, vergrößern.
  ---> 6/66 (JUPITER)
  ---> 2/16, 4/66, 6/66, 10/66 (Letzte Zeit der alten Erde)

02/16 Naples, Palerme, Secille, Syracuses,/ Nouueaux tyrans, fulgures*
feuz celestes:/ Force de Londres, Gand, Brucelles, & Suses/
Grand hecatombe, triumphe, faire festes. (1555)
[Bann gegen die alten Religionen]
(In) Neapel, Palermo, Sizilien, Syrakus/
neue Tyrannen, Bannstrahle*, himmlische Feuer./
Truppen aus London, Gent, Brüssel und Susa,/
großes Opferfest, Triumph, sie feiern Feste.
  4) N.f. hecatombe 1. ursprünglich bei den Griechen: Sühnopfer von hundert Stieren 2. Massaker, Blutbad. Vgl. 5/18,
  9/84, 10/74.
Das lat. n.n. fulgur (Blitz) ist eine Variante des n.f. foudre (Blitz), ebenso
wie die feuz celestes, die himmlischen Feuer. Für das Wetter hat sich N.
in seiner Prophetie nicht interessiert, die >Blitze< sind sinnbildlich zu verstehen. Foudre d' Eglise hieß die von der höchsten kirchlichen Autorität,
dem Papst verhängte Ausschließung aus der kirchlichen Gemeinschaft.
Die gemeinten Bannstrahle betreffen also den Bereich der Religion. Ihre
politische Qualität ist hier an dem gleichzeitigen Auftreten "neuer
Tyrannen" ablesbar. Diese werden wohl überwiegend aus Nordafrika
kommen, 9/80. - Unter einer Hekatombe wurde zu
N.s Lebzeiten eine große Zahl von Menschen verstanden, die einem
unheilvollen Ereignis zum Opfer fallen. Der ursprünglichen Wortbedeu-
tung nach ist es ein großes Opfer, das einem Gott dargebracht, also
positiv bewertet wird. Eine "Hekatombe" kann demnach ein Menschenopfer bedeuten, das die Vollziehenden feiern, während es von N. negativ
bewertet wird. Das angeblich religiöse Motiv des Tötens besteht darin,
die >neue Religion< durchzusetzen. Das wird dann als Sieg, 5/18, und
"Triumph" gefeiert. - Daß die "Hekatombe"
Menschenopfer bedeutet, ist aus dem Begriff selbst und zweitens aus
dem hiesigen Kontext von religiösem Bann und triumphierender Tyrannei
zu schlußfolgern. - Zu Gent vgl. 10/52, zu Brüssel
10/54, zu London 10/66.
  ---> 1/16, 4/66, 6/66, 10/66 (Letzte Zeit der alten Erde)

04/66 Soubz couleur faincte de sept testes rasées/ Seront semés
diuers explorateurs:/ Puys* & fontaines de poysons* arrousées,/
Au fort de Gennes humains deuorateurs. (1568)
[Unterdrückung der alten Religionen]
Unter vorgetäuschtem Anschein sieben geschorener Köpfe/
werden verschiedene Kundschafter ausgesandt./
Brunnen* und Quellen mit Giften* begossen,/
in der Festung von Genua sind Menschenverschlinger.
1) Mittelfr. n.f. couleur konnte auch bedeuten: Vorwand (prétexte), Anschein (apparence).

>Geschorene< werden in 6/29 Menschen genannt, die ihrem alten Glauben treu bleiben und dafür Erniedrigung hinnehmen. Sieben Geschorene werden in 7/36 (Bd.3) in die Türkei gebracht in einer Zeit, da "Gott, der Himmel, das ganze göttliche Wort in die Flut" gerät und von ihr weggerissen wird. Hier sollen wohl Spione oder Denunzianten bei den >Geschorenen< eingeschleust werden. - Aus Brunnen und Quellen läßt sich reines Wasser schöpfen zur Labsal, Reinigung und Heilung. >Lebendiges Wasser< ist das Wort aus der Wahrheit, inspiriert vom Geist Gottes, Joh 46-14. Wenn er sich offenbart, tut er das auch durch Worte, die sich als prophetische Eröffnung an eine Mehrzahl von Menschen richten können. Mit den >Brunnen und Quellen< sind die Propheten gemeint, deren Mitteilungen den gewordenen Glaubensformen zugrundeliegen. Ihnen kann ein jeder, dem unterwegs kein Regen zu Hilfe kam, das >Wasser< entnehmen, das der Himmel spendet. Wenn d i e s e Wasserspender >mit Giften begossen< werden und daher kein reines Wasser mehr geben können, wird das Wort Gottes in verfälschter Form dargeboten. >Reines Wasser< - für N. die alten Lehren des Katholizismus - wird dann nicht mehr zu bekommen sein.
---> 1/16, 2/16, 6/66, 10/66 (Letzte Zeit der alten Erde)

05/66 Soubs les antiques edifices vestaulx*,/ Non esloignez
d aqueduct ruyne:/ De Sol* & Lune* sont les luisans metaulx./
Ardante lampe Traian d' or* burine. (1568)
[>Vestakult< = Vorstufe der >Neuen Religion</ POLLUX-JUPITER]
Unter den antiken vestalischen* Gebäuden/
(liegen sie,) nicht weit von der Ruine des Aquädukts./
Von Sonne* und Mond* sind die glänzenden Metalle,/
brennende Lampe prägt "Trajan" in Gold*.
2) Der Aquädukt wird später wieder aufgebaut, 10/89.
4) V. buriner gravieren. Wegen des Reims auf ruyne kann buriner hier nicht p.p.p. sein.

Bei den Metallen entspricht nach alter Lehre der Sonne das Gold, dem Mond das Silber. Bei Grabungen in einem antiken Tempelbezirk, an dem ein Aquädukt vorbeiführt, stößt man auf metallisch Glänzendes, auf Schätze aus Gold und Silber. So könnte man den Vers mißverstehen. Ein echtes archäologisches Ereignis nennt **8/66** (Bd.1) im Zusammenhang mit dem Aufkommen des italienischen Faschismus. Aber es hat sich gezeigt, daß die meisten Verse, die von Gräbern, Schatzfunden u.ä. handeln, n i c h t wörtlich zu nehmen sind, sondern ein politisches Geschehen durch Rückgriff auf den Erfahrungsschatz der Antike kenn-

zeichnen. - Das >Feuer im Tempel der Vestalinnen< wird >wiederentdeckt< werden, **9/9**. Gemeint ist die Idee, daß die alten Religionen sich gemeinsam auf die PAX ROMANA, den Frieden der Völkergemeinschaft verpflichten. - Aquädukte waren aufwendig erbaute Wasserleitungen, die die Städte mit reinem Wasser aus den Bergen versorgten. >Reines Wasser vom Fels< bedeutet das unverfälscht dargebotene Wort Gottes, **1/21**, worunter N. die Lehren der katholischen Kirche versteht. Wenn der >Aquädukt< eine Ruine ist, **10/65**, und sein Wasser an der Quelle vergiftet wurde, **4/66**, ist >reines Wasser< dort nicht mehr zu bekommen. - Mit den >Götterbildern aus Gold und Silber< sind in **8/28** das Neue Testament und der Koran gemeint. Die >neue Religion<, die man einige Jahre nach der Katastrophe verfertigt, wird christliche mit islamischen Elementen >verschmelzen<, **8/13**, die alten Glaubensformen wie Schatzkammern >plündern<, **8/62**. - Die >Lampe<, die die Funde beleuchtet, ist ein Bild für den religiösen Charismatiker, der die >Grabung< leitet und seiner Anhängerschaft als große geistige Leuchte gelten wird, **4/31**. Trajan (98 bis 117 n. Chr.) war ein römischer Kaiser in der Zeit vor dem Sieg der christlichen Religion, einer von der gemäßigten Art, der keine systematischen Christenverfolgungen zuließ, wie in Plinius' Briefwechsel mit ihm nachzulesen ist. Ein Kaiser dieser Art will die >Leuchte< werden, angeblich sogar das Christentum hochhalten, denn sie läßt "Trajan" in G o l d prägen.
---> 6/66 (>Neue Religion<)
---> 1/16, 6/66 (JUPITER)

06/66 Au fondement de la nouuelle secte*,/ Seront les oz* du grand
Romain trouués,/ Sepulchre* en marbre* apparoistra couuerte,/
Terre trembler* en Auril, mal enfouetz. (1568)
[POLLUX-JUPITER/ Bann gegen die kath. Kirche] (Kommentar S. 155)
Bei der Gründung der neuen Sekte*/
werden die Gebeine* des großen Römers gefunden werden./
(Sein) Grab* wird erscheinen, mit Marmor* bedeckt,/
(die) Erde bebt* im April, sie (die Gebeine) waren schlecht begraben.
---> 5/66 (POLLUX-JUPITER)
---> 1/16, 2/16, 4/66, 10/66 (Letzte Zeit der alten Erde)

08/16 Au lieu que HIERON feit sa nef* fabriquer/ si grand deluge*
sera & si subite,/ Qu' on n' aura lieu ne terres s' atacquer/
L' onde monter Fesulan Olympique. (1568)
[Kataklysmus] **An dem Ort, wo Hieron sein Schiff* erbauen ließ,/**
wird es eine so große und plötzliche Überschwemmung* sein,/
daß man keinen Ort haben wird, wo man sich anklammern kann./
Die Woge steigt hinauf bis zum olympischen Fiesole.
3) V. refl. s' atacquer ist gebildet nach italienisch attaccarsi sich anklammern.

Hieron war ein antiker König im sizilianischen Syrakus. Berühmt war sein für damalige Verhältnisse riesiges Prachtschiff. Das Städtchen Fiesole, etwa 200 Höhenmeter oberhalb von Florenz gelegen, hieß in der Antike

Faesulae. "Olympisch" nennt N. es hier wohl wegen seiner erhöhten Lage. - Süditalien (Syrakus) und Mittelitalien (Fiesole) werden "sehr plötzlich" von gewaltigen Wassermassen überflutet. Es scheinen Springfluten zu sein. Als mögliche Ursache kommen Erd- bzw. Seebeben oder der Kometensturz in Frage. Ein Komet mit ausreichender Masse kann Springfluten bewirken, wenn sein Massezentrum in Höhe Italiens den erdnächsten Punkt erreicht.

10/66 Le chef de Londres par regne l' Americh,/ L' Isle d' Escosse tempiera par gellee*:/ Roy Reb auront vn si faux antechrist,/ Qui les mettra trestous dans la meslee. (1568)
[Durchsetzung der >neuen Religion<]
Das Haupt von London wird durch die amerikanische Herrschaft/ die Insel Schottlands mit Sturm überziehen durch Frost*./ (Als) König Reb (?) haben sie einen ganz falschen Antichristen,/ der sie allesamt in Streit führen wird.
   2) Tempiera wäre Futur I eines v. tempier, das es nicht gibt und nicht gab. Altfr. n.m. tempier 1. Sturm, Unwetter (tempête) 2. großes Getöse (grand bruit), Aufruhr (tumulte) 3. Durcheinander (confusion), Streit (querelle). Davon hat N. ein Verbum gebildet, das demnach bedeutet: mit Sturm überziehen, in Aufruhr oder Streit versetzen. Es entspricht dem v. tempêter (wüten, toben), ist aber transitiv: wütend m a c h e n.
   2) Schottland ist genaugenommen eine Halbinsel, wird aber auch im historischen Vers 10/39 "Insel" genannt.
   4) Mittelfr. n.f. meslee Krawall, Rauferei (bagarre).

Vom Kartographen Mercator wurde 1538 erstmals "America" als Name für die gesamte >Neue Welt< verwendet. N. kann also diesen Namen schon aus seiner Zeit gekannt haben. Dafür brauchte es keine paranormalen Fähigkeiten. -   Um welche Zeit es geht, verraten der >Sturm<, der >Frost< und der Antichrist. Der >Sturm< gehört zum Bild des >Unwetters mit Blitz und Donner<, das den Bann gegen die alten Religionen verhüllt, s. das Glossar unter foudre. Der Antichrist wird die alten Offenbarungsreligionen für nichtig erklären, **8/77**. Der >Frost< bedeutet die neue Einheitsreligion, die das >Meer<, Symbol des religiösen Bereichs, >gefrieren< lassen, d.h. in einer >festen Form< erstarren lassen soll, **10/71**. -   Anscheinend wird England in dieser Zeit von Amerika aus beherrscht. Dieses wird den >wiedergekommenen Heiland< anerkannt haben, **8/74**, und auf sein Regime verpflichtet sein, **5/62 Vz 4**. Hier geht es darum, in Randregionen (Schottland) die >neue Religion< durchzusetzen. Man wird geltend machen, daß nur so der Frieden gesichert werden könne. In Wahrheit werden dadurch die Menschen in Streit über die Berechtigung dieses Anspruches geführt. Die Falschheit oder Heimtücke, **8/41**, des "Antichristen" äußert sich in vorgetäuschter Friedensliebe. -   "König Reb" ist fraglich. Rabbi, jiddisch **Reb**be, hießen die jüdischen Schriftgelehrten; der Gemeinte entstammt dem jüdischen Volk, **7/32**. Die alchymische Chiffre **Rebis**, von lat. res bina zweifaches Ding, würde auf seine >Doppelnatur< als >wahrer Mensch und wahrer Gott< deuten, **2/45** (>Androgyn<). Und er ist ein **Reb**ellenkönig, da er an der Spitze des Kampfes gegen Christus steht.
   ---> **1/16, 2/16, 4/66, 6/66** (Letzte Zeit der alten Erde)

Centurie 1, Vers 16
Faulx* a l' estang* ionct vers le Sagitaire
En son hault AVGE de l' exaltation,
Peste*, famine*, mort de main militaire:
Le siecle approche de renouation.
(Textfassung bei Benoist Rigaud, Lyon 1568)

Übersetzung:
(Ist die) Sense* im Teich*, verbunden mit dem Schützen,
(bringt sie) in der höchsten Zunahme ihrer Steigerung
Seuche*, Hungersnot*, Tod von militärischer Hand.
Das Zeitalter nähert sich der Erneuerung.

Kommentar zu 1/16:
Als Sensenmann wurde der >Schnitter Tod< gern dargestellt. Es zieht hier alle Register, denn es werden Menschen auf verschiedene Art zum Tode befördert. Dadurch wird eine neue Zeit eingeläutet.
 Aber möglicherweise ist mehr herauszuholen, es könnte nämlich eine Konstellation gemeint sein, aus der sich vielleicht etwas über die Zeit ableiten läßt. Der Sensenmann war ein Bild für den Planeten Saturn. Sein Aufenthalt "im Teich" läßt an das Sternzeichen Fische denken, da Fische sich gern in Teichen aufhalten. Das Wasser, das der Wassermann mit seinem Krug schöpft und ausgießt, ist dagegen ein strömendes Wasser, aber kein "Teich".
 Es wäre also fraglich, vor welcher Zeitenwende der Saturn in den Fischen anzutreffen war oder noch sein wird. Wo das Sternbild, **1/51** (Bd.1), der Fische liegt, ist im Kommentar zu **6/85** notiert. In den Jahren 1995 bis 1999 war der Saturn dort anzutreffen, vor anderen Jahrhundertwenden im Vorhersagezeitraum, **3/94**, nicht. In den Jahren 2026 bis 2029 wird er wieder den >Teich< durchwandern.
 Der Saturn müßte "verbunden mit dem Schützen" sein. Das müßte ein anderer Planet sein, so daß ein Quadratwinkel mit Saturn entsteht. Jupiter fällt auf, der 1996 ein Quadrat mit Saturn bildete, ohne daß die Ereignisse eingetreten wären. Diese Nachforschungen enden in der Sackgasse.
 Dem "Schützen" wird der Jupiter zugeordnet, weshalb der Schütze Chiffre für Jupiter sein könnte. Der ist bei N. Deckname des Weltherrschers, **5/24**, den es nach der Katastrophe geben wird, **1/48**. Saturn alias Kronos herrschte im goldenen Zeitalter, und er wurde dann durch seinen Sohn Jupiter/Zeus abgesetzt. Eine andere >Verbindung< beider gibt es im Mythos nicht.
 Aber ein paar Jahre nach der Katastrophe wird "Saturn, oben Jupiter, sein Reich besitzen", **5/24**. D.h. es wird dann ein neues >goldenes Zeitalter des Friedens< ausgerufen, in dem nach ein paar Jahren aber nicht Saturn herrscht, wie es sich gehören würde, sondern Jupiter, **5/32**. Der schleudert dann >Blitz und Donner<, d.h. er verbietet die alten Religionen. Dann wird die >Sense im Teich< sein, d.h. Saturn und mit ihm das goldene Zeitalter werden versunken sein, schon wieder der Vergangenheit angehören.
 Eine >Seuche< nennt N. die sich rasend verbreitende >neue Religion<, **8/21**. Die >Hungersnot< bedeutet, daß geistige Nahrung bei den alten Glaubensgemeinschaften nicht mehr zu bekommen ist, **1/67**.
 Wenn dieses Treiben sich seinem Höhepunkt nähert (AVGE de l' exaltation), sind das Gericht über die Welt und eine neue Zeit auf einer neuen Erde nicht mehr weit.

Centurie 6, Vers 66
Au fondement de la nouuelle secte*,
Seront les oz* du grand Romain trouués,
Sepulchre* en marbre* apparoistra couuerte,
Terre* trembler* en Auril, mal enfouetz.
(Textfassung bei Benoist Rigaud, Lyon 1568)

Übersetzung:
Bei der Gründung der neuen Sekte*/
werden die Gebeine* des großen Römers gefunden werden,/
(sein) Grab* wird erscheinen, mit Marmor* bedeckt,/
(die) Erde* bebt* im April, sie (die Gebeine) waren schlecht begraben.

Kommentar zu 6/66:
Monumente, Gräber, Porphyrsäulen usw. werden bei N. des öfteren >gefunden<. Fast alle in die Reihe der >Funde< gehörenden Textpassagen sind nicht archäologisch zu verstehen, sondern charakterisieren ein politisches Geschehen durch inhaltliche Parallelen aus dem Erfahrungsschatz der Antike.

Das marmorne Grab eines "großen Römers" wird von außerordentlichen Naturereignissen geöffnet, 9/84. Später löst der Gemeinte großen Schrecken aus, und es kommt zu Menschenopfern, 9/84. Durch denselben "großen Römer" wird die katholische Kirche eine >Blutvergiftung< erleiden, 3/65.

In der Aufbruchstimmung der frühen Kaiserzeit wurde viel Marmor verbaut, nicht nur in Grabstätten. Der >große Römer< könnte Kaiser Augustus Octavian sein, der in der langen Reihe der römischen Kaiser der erste war. Denn der Gemeinte >entsteigt dem Grab<, tritt also e r s t m a l s als >großer Römer< auf. Dennoch ist der >große Römer< hier nicht als Wiedergänger einer einzelnen historischen Person aufzufassen, sondern als der Kaiser eines Imperiums schlechthin.

Es wird wieder, erstmals seit der Antike, ein weltumspannendes Regime geben, an dessen Spitze schließlich ein Alleinherrscher stehen wird, 1/4. Der Kaiser war zugleich der oberste Priester der römischen Staatsreligion. Die antike Verbindung von weltumspannender politischer Herrschaft mit dem Priestertum eines Staatskultes wird demnach in dem Gemeinten >auferstehen<.

In dieser Zeit wird eine "neue Sekte" gegründet, das ist die Anhängerschaft des >neuen Heiligen<, wie er in 10/30 bündig heißt. Dessen >römische<, d.h. auf den Erwerb imperialer Macht ausgehende Ambitionen werden anfangs im Hintergrund stehen, aber dem Aufmerksamen nicht entgehen, 4/31 Vz 4.

Später wird er eine >neue Religion< gründen, die zur Religion des Weltstaats erklärt werden wird, 9/9. Das >Erdbeben< bedeutet die politischen Erschütterungen, die dann durch den (gleichzeitigen) Bann gegen die alten Religionen ausgelöst werden. Den Bann gegen die katholische Kirche, 10/65, mißbilligt N. und meint daher, daß >die Gebeine schlecht begraben< waren und der >große Römer< besser nicht >auferstehen< würde.

Dieses politische Beben werde sich "im April" ereignen. Von demselben Beben spricht Vers 9/83 Vz 1/2. Es werde stattfinden, wenn die Sonne bei "zwanzig Stier" steht. Bis zum Kataklysmus wäre das ein 10. Mai, danach wahrscheinlich ein 12. April, 3/5. Die Zeitangaben in den beiden Versen widersprechen sich also nicht.

Zum fraglichen Jahr läßt sich nur eine bedingte Angabe machen, nämlich neun oder zehn Jahre, 2/9, 8/69, nach Errichtung der >Weltfriedensordnung<.

01/17 Par quarante ans l' Iris n' apparoistra,/ Par quarante ans
tous les iours sera veu:/ La terre aride en siccité* croistra,/
Et grands deluges* quand sera aperceu. (1555)
[Letzte Zeit der alten Erde/ Neue Erde] (Kommentar S. 162)
**Vierzig Jahre hindurch wird der Regenbogen nicht erscheinen,/
vierzig Jahre wird er alle Tage zu sehen sein./
Das verdorrte Land wird während der Trockenheit* wachsen,/
und große Überschwemmungen* (gibt es), wenn er zu sehen sein wird.**
    4) Daß das Subjekt von sera aperceu der "Regenbogen" (l' Iris)
ist, ergibt sich daraus, daß zuvor von "Überschwemmungen"
die Rede war. Sie werden nach langer Trockenheit offenbar
durch Regen hervorgerufen, denn andere mögliche Ursachen
sind nicht erkennbar.
    ---> 1/67, 2/17, 3/17, 4/67, 8/67, 10/67 (Letzte Zeit der alten Erde)

01/67 La grand famine* que ie sens approcher,/ Souuent tourner, puis
estre vniuersele,/ Si grande & longue qu' on viendra arracher/
Du bois* racine, & l' enfant* de mammelle*. (1555)
[Verfolgung der altgläubigen Christen]
**Die große Hungersnot*, die ich herannahen fühle,/
wird oft kehrtmachen, dann weltweit sein,/
so schwer und langanhaltend, daß man ausreißen wird/
vom Baum* die Wurzel und wegreißen das Kind* von der Mutterbrust*.**
    4) N.m. bois Wald, Holz. Aber racine Wurzel ist Singular,
daher steht bois hier dichterisch für "Baum".
    Zur >Mutterbrust< s. das Glossar unter mère.
Baumwurzeln sind zur Stillung des Hungers auch in der Not nicht geeignet. Demnach ist die Hungersnot ein Sinnbild. Das Fehlen des Wortes aus der Wahrheit, enthalten in den alten Offenbarungen, geeignet zur Stillung geistigen Hungers, wird in der letzten Zeit der alten Erde universell, VH (44). "Das Alte und das Neue Testament werden vertrieben und verbrannt sein", VH (44). - Das >Kind an der Mutterbrust< - die Gläubigen, geistig genährt von >Mutter Kirche< - wird sich dort nicht mehr sättigen dürfen, **10/65**. Maria, die Mutter Jesu, wurde als >Wurzel des Lebensbaums* aufgefaßt, der dann >ausgerissen< werden soll. Christus, der >Lebensbaum< und die daran reifenden >Früchte<, die Christen, sollen von der Oberfläche der Erde getilgt werden,
    ---> 1/17, 2/17, 3/17, 4/67, 8/67, 10/67 (Letzte Zeit der alten Erde)

02/17 Le camp du temple* de la vierge* vestale*,/ Non esloigné
d' Ethne & monts Pyrenées:/ Le grand conduict est caché
dens la male/ North. getés fluues* & vignes mastinées. (1555)
[Verfolgung der altgläubigen Christen/
Krieg um die Freiheit der Religion]
**Das Feldlager des Tempels* der vestalischen* Jungfrau*/
(ist) unweit der Heiden und der pyrenäischen Berge./
Die große Führung hält sich bedeckt hinter der üblen,/
nicht Aufrechten (?). Flüsse* erzeugt, und Weinreben erniedrigt.**

2) Der Vulkan auf Sizilien hieß griechisch Aitna, lat. Aetna, also
mit Tau, nicht mit Theta geschrieben. - Griech. εθνη (éthne,
Völker) heißen neutestamentlich (Septuaginta) die Heiden, z.B.
in Luk 21,24 und Apg 14,17.
3) Mittelfr. n.m. conduit 1. Kanal 2. Röhre 3. Richtung (direction), Führung (conduite). Mittelfr. adj. mal übel (mauvais).
4) "North" kann man verschieden deuten. Vorschläge:
a) Mittelfr. n.f. nore Schwiegertochter (belle-fille), **10/55**, kombiniert mit der Endung -th, die ein Wort griechischen Ursprungs
andeutet, z.B. theos Gott.
b) Griech. adj. orthos aufrecht, unversehrt, ne nicht, also
northos nicht aufrecht, versehrt.
4) Mittelfr. v. jeter, gecter konnte bedeuten: hervorbringen
(produire), erzeugen (engendrer). Werden Flüsse hervorgebracht oder erzeugt, werden sie zum Fließen gebracht.
Mittelfr. v. mastiner 1. bändigen bezwingen (dompter) 2. erniedrigen (abaisser), entehren (déshonorer), demütigen (humilier).

"Die Jungfrau", die Mutter Jesu, steht für den christlichen Glauben.
Vestalinnen nahmen ein dienendes Amt im römischen Staatskult wahr.
Den Kult des Weltstaats als Vorstufe der >neuen Religion< nennt N., anknüpfend an das antike römische Vorbild, einen >Vestakult<, **9/9**. Wenn
>die Jungfrau< zu einer >vestalischen Jungfrau< geworden ist, hat sie
sich in den Kult des Weltstaates einspannen lassen. <u>Der Tempel dieser
"vestalischen Jungfrau" ist die katholische Kirche, die vom globalen
Regime vereinnahmt wurde.</u> - Das "Feldlager"
unweit der Pyrenäen sieht N. zusammengesetzt aus "Heiden". Es sind
Militante, die im Namen der vom Weltstaat vereinnahmten Kirche gegen
deren verbliebene altgläubige Gegner antreten. "Beim Ebro werden sie
versammelt sein", 6/88 Vz 2, nachdem Spanien von Norafrikanern vollständig besetzt wurde, 5/14. - Die dritte Vz könnte
bedeuten, daß das Regime es der Kirche überläßt, jene Christen zu
verfolgen, die den alten Glauben noch bewahren wollen. Das würde die
Bezeichnung als "üble nicht Aufrechte" begründen. - Die
Flüsse, die zum Fließen gebracht werden, **3/72**, und die erniedrigten
Weinreben, **9/80**, sind wieder Bilder für die Verfolgung derer, die vom
alten Glauben nicht lassen wollen.

---> 1/17, 1/67, 3/17, 4/67, 8/67, 10/67 (Letzte Zeit der alten Erde)
---> 8/17 (Europäischer Freiheitskrieg)

03/17 Mont Auentine brusler nuit sera veu:/ Le ciel* obscur tout à vn coup en Flandres,/ Quand le monarque chassera son nepueu*:/ Leurs gês d' Eglise cômetront les esclândres. (1555)
[Zerstörung der katholischen Kirche/ JUPITER/ Letzter Papst]
Der Aventin brennt, nachts wird es zu sehen sein./ Der Himmel* dunkel auf einen Schlag in Flandern,/ wenn der Monarch jagen wird seinen Neffen*./ Ihre Kirchenleute werden die skandalösen Taten begehen.
3) Andere Übersetzungsmöglichkeit: "Wenn den Monarchen jagen wird sein Neffe". Die oben angegebene Übersetzung ist wegen der Wortstellung wahrscheinlicher. Im Regelfall kommt erst das Subjekt, dann das Prädikat, dann das Akkusativ-Objekt.
3) Mittelfr. n.m. nepveu 1. Enkel (petit-fils) 2. pl. Nachkommen (descendants) 3. Neffe (neveu). Auch das lat. n.m. nepos konnte schon Nachkomme bedeuten.
4) Mittelfr. n.m. esclandre 1. großer Aufruhr (grand bruit), Krach (tapage) 2. Schlägerei (rixe), Krawall (bagarre). Altfr. n.m. esclandre 1. Skandal (scandale) 2. Verleumdung (calomnie) 3. Haß (haine), Feindschaft (inimitié).

Es brennt einer der sieben Hügel Roms, und in Flandern gibt es ein Gewitter. Aber was diese Ereignisse erwähnenswert macht und warum sie zusammen genannt werden, wüßte man nicht zu sagen. Somit gibt der Vers Sinnbilder, auch deshalb, weil am Schluß schon wieder die Kirche im Spiel ist. - Die in des Sehers Schau >unglückselige Hochzeit<, die >Mutter Kirche< mit dem >wiedergekommenen Heiland< feiert, **10/55**, wird anscheinend in Gent ("Flandern") ausgerichtet werden, 10/52. Dann herrscht natürlich noch eitel Sonnenschein. Einige Jahre später wird "der Himmel dunkel" werden, "auf einen Schlag", Vz 2. >Blitz und Donner<, gemeint ist der Bannstrahl gegen die katholische Kirche, **3/13**, kommen "plötzlich", **5/65**, an einem eben noch "heiteren Tag", **10/80**. - Auf dem "Aventin", einem der sieben Hügel Roms, stand das Heiligtum der Diana. Diana/Artemis dient N. als Chiffre für die Jungfrau Maria, s. Glossar, und diese steht für den katholischen Glauben. >Im Tempel der Diana<, d.h. in der katholischen Kirche >brennt es<, wenn der Bannstrahl niedergefahren ist. Geschleudert hat ihn der >wiedergekommene Heiland<, der dann zum Weltherrscher und zur obersten Autorität in Dingen der Religion aufgestiegen ist, **1/95, 10/28**, zum "Alleinherrscher" (monarque), **1/4**. - Als sein >Neffe< wird hier der letzte Papst bezeichnet - hier zu verstehen als Nepot, d.h. Zugehöriger zur >Sippschaft< und den Günstlingen des "Alleinherrschers". (Man könnte neveu auch mit Nachkomme übersetzen, was in das Sinnbild der >Ehe< zwischen Kirche und dem >Wiedergeborenen< passen würde. Denn die Gläubigen samt Papst sind die >Kinder< der >Mutter Kirche<, **8/19**.) - Daß der Papst dann ein >Gejagter< sein wird, ist klar, weil er plötzlich zwischen den Zumutungen des Regimes und den fragenden Blicken der Gläubigen seiner Kirche steht. - Dieser Papst wird sich anscheinend einen Rest an Unbotmäßigkeit bewahren wollen, aber durch linientreue, d.h. dem Regime des "Monarchen" ergebene Kleriker gefügig gemacht, **8/19**, was hier mit den "skandalösen Taten" angedeutet ist.

---> 1/17, 1/67, 2/17, 4/67, 8/67, 10/67 (Letzte Zeit der alten Erde)

03/67 Vne nouuele secte* de Philosophes/ Mesprisant mort, or*,
honneurs & richesses,/ Des monts* Germains ne seront limitrophes:/
A les ensuiure auront apui & presses. (1555)
[>Neue Religion<] (Kommentar S. 163)
**Eine neue Sekte* von Philosophen (wird auftreten),/
die Tod, Gold*, Ehrungen und Reichtümer verachten./
Den deutschen Bergen* werden sie nicht benachbart sein./
Ihren Reden zufolge werden sie Protektion und großen Zulauf haben.**
3) Subjekt können Germains oder die "Philosophen" sein.
Gemeint sind letztere, und Germains ist Attribut zu monts.
Adj. limitrophe wer einem Land, einer Region unmittelbar
benachbart ist (qui est immédiate voisin d' un pays, d' une
région), z.B. limitrophe de la frontière nahe der Grenze
gelegen.
4) Mittelfr. v. ensuivre 1. folgen (suivre) 2. nachahmen (imiter),
sich aufführen gemäß (se comporter selon) 3. sich richten nach
(se conformer à).
Präp. à mit Inf. entspricht einem en mit p.p.a. (z.B. à vrai dire
offen gestanden). Ist oben frei wiedergegeben. Wörtlich:
"Ihnen zu folgen..."
N.m. appui 1. Beistand, Protektion 2. Verstärkung. Mittelfr. n.f.
presse 1. Schlacht (bataille) 2. Menge (multitude), Gedränge
(foule), Andrang (affluence) 3. Druck auf Personen. Beide
Begriffe zusammen deuten auf die Zuversicht, mit Hilfe von
oben eine Massenbasis zu erreichen, d.h. sich durchsetzen zu
können.
---> 4/67 (>Neue Religion<)

04/67 L' an que Saturne* & Mars* esgaux combust,/ L' air* fort seiche*
longue trajection,/ Par feux secrets d' ardeur grand lieu adust,/
Peu pluye, vent chault, guerres, incursions. (1568)
Variante: "Lorsque Saturn & Mars ..." (Ed. Chevillot 1611)
[Unterdrückung der christlichen Religion/
>Neue Religion<] (Kommentar S. 164)
**Wenn Saturn* und Mars* gleichauf verbrannt (sind),/
(wird) die Luft sehr ausgetrocknet* (sein), langer Übergang./
Durch verborgene Feuer ein großer Ort von Hitze verbrannt,/
wenig Regen, heißer Wind, Kriege, Überfälle.**
2) Zu >ausgetrocknet< s. das Glossar unter siccité.
Lat.n.f. traiectio Überfahrt, Übergang.
3) Lat. adurere, -ussi, -ustum verbrennen, versengen, austrocknen.- Zu >Feuer vom Himmel< s. das Glossar unter foudre.
---> 1/17, 1/67, 2/17, 3/17, 8/67, 10/67 (Letzte Zeit der alten Erde)
---> 3/67 (>Neue Religion<)

08/17 Les bien aisez subit seront desmis,/ Par les trois freres le
monde mis en trouble,/ Cité marine saisiront ennemis,/
Faim*, feu, sang*, peste*, & de tous maux le double. (1568)
[Heinrich V./ Europäischer Freiheitskrieg]
**Die es gut haben, werden plötzlich niedergeschlagen werden,/
durch die drei Brüder wird die Welt in Unordnung gebracht./
(Eine) Stadt am Meer werden die Feinde erobern,/
Hunger*, Feuer, Blut*, Seuche*, und alle Übel verdoppelt.**
1) Adj. aisé leicht (von Tätigkeiten), ungezwungen, wohl-
habend; adj. malaisé schwer, schwierig.
V. demettre > lat. demittere hinabschicken, senken, animum ~
Mut sinken lassen; demissus bescheiden; kleinmütig; nieder-
geschlagen.

Was die "drei Brüder" eint und zu >Brüdern< im Sinne von verbündeten Feldherren werden läßt, ist ihr gemeinsames Bestreben, die "orientalischen Könige zu verjagen", VH (30), und so Europa von der Bedrückung durch das globale Regime zu befreien. Von den Rändern des Kontinents her entfesseln sie diesen Krieg, 6/7. Sie stehen auf seiten Heinrichs, der einer von ihnen ist, 1/99. Sie stören die Friedhofsruhe des totalitären Regimes, das sie bekämpfen, bringen insofern "die Welt in Unordnung". Die "Stadt am Meer" könnte Marseille sein, 9/85. - "Die es gut haben" in Vz 1 sind wohl jene, die sich mit dem Regime identifiziert oder sich ihm unterworfen haben. Ihre Orientierung und ihr Verhalten werden in Frage gestellt, wenn die Macht des Regimes in Frage gestellt wird. - Die Begriffe der letzten Vz sind alle a u c h sinnbildlich zu verstehen, s. das Glossar unter faim, foudre, sang, peste. Daß alle Übel "verdoppelt" erscheinen, erklärt sich aus dem Todeskampf des Regimes.
---> 8/67 (Heinrich V.)
---> 2/17 (Europäischer Freiheitskrieg)

08/67 PAR.CAR.NERSAF, à ruine grand discorde,/ Ne l' vn ne l' autre
n' aura election,/ Nersaf du peuple aura amour & concorde,/
Ferrare, Collonne* grande protection. (1568)
[Die überwältigte Kirche und Heinrich V. als Gegner]
**>Vater der Nußschale< (und) >Heiliges Schwert<,
in den Ruin (führt sie) große Zwietracht,/
weder der eine noch der andere wird eine Wahl haben./
>Heiliges Schwert< wird die Liebe und Zustimmung des Volkes haben,/
Ferrara (hat durch) Säule* großen Schutz.**
1) Lat. par(ens) car(inae) bedeutet Erzeuger der Nußschale, Vater des Schiffleins. Aus NERSAF kann durch Buchstabenumstellung SAN FER werden, lat. san(ctum) fer(rum) heiliges Schwert.
3) Mittelfr. n.f. election 1. Möglichkeit zu wählen (faculté de choisir) 2. Wahl (nicht politisch), Auswahl (choix).
4) Andere Übersetzungsmöglichkeit: "(In) Ferrara (hat) Säule großen Schutz". >Säulen< heißen in 1/43 und 10/30 Machtträger des globalen Regimes, s. das Glossar unter colonne.

Wenn PAR.CAR. und NERSAF sich in Vz 1 nicht einig sind und in Vz 3 Nersaf die Liebe des Volkes hat, wird deutlich, daß sich Personen hinter diesen Chiffren verbergen. Die o.a. Übersetzung ist nur eine von mehreren Möglichkeiten. Träfe sie zu, könnte der >Vater der Nußschale< der Vorsteher einer arg geschrumpften und geistlich keinen Schutz mehr bietenden katholischen Kirche sein, die wie in **5/49** als "schwankendes Schifflein" erscheint. Das >Heilige Schwert< könnte ein Deckname Heinrichs sein, der mit Waffen die Befreiung Europas von ideologischer und politischer Fremdherrschaft anstreben wird, **6/25**. - Der letzte Papst wird die Kirche auf Gedeih und Verderb dem >neuen Messias< verbinden, dadurch ihre Freiheit verspielen und so, Vż 2, am Ende "keine Wahl" mehr haben, **8/45**, sich den Anordnungen beugen müssen. Anders als mit Gewalt wird die "große Bedrückung", VH (29), durch das totalitäre Regime nicht mehr aufzulösen sein und in diesem Sinne wird keine Wahl haben, Vz 2, wer dieses Ziel verfolgt. Obwohl beide das gleiche Ziel haben oder haben müßten, wird daher zwischen den beiden Genannten "Zwietracht" herrschen, **7/11**. - Ferrara kommt in diesem Zusammenhang vor in **1/58**. - Diese Deutung ist wegen der Chiffren in Vz 1 hoch spekulativ, also Vorsicht.

---> 1/17, 1/67, 2/17, 3/17, 4/67, 10/67 (Letzte Zeit der alten Erde)
---> 8/17 (Heinrich V.)

10/67 Le tremblement* si fort au mois de May,/ Saturn*, Caper, Iupiter*,
Mercure* au beuf*:/ Venus* aussi, Cancer, Mars* en Nonnay*,/
Tombera gresle* lors plus grosse qu' vn euf. (1568)
[Verbot der christlichen Religion] (Kommentar S. 165)
**Das sehr starke Beben* im Monat Mai,/
Saturn*, Bock, Jupiter*, Merkur* beim Rind*./
Infolgedessen Venus*, Krebs, Mars* zur Nonne*,/
es wird Hagel* dann fallen, größer als Hühnereier.**

2) Für den Fall, daß es sich um Angaben von Gestirnständen handeln sollte, gibt der Kommentar die Zeiten 1988 und 2047 an. Sie ergeben sich, wenn man die Ekliptikabschnitte Steinbock und Stier zugrundelegt. Nimmt man die Sternbilder (vgl. **1/51** in Bd.1), ist die Konstellation Saturn im Steinbock und Jupiter sowie Merkur im Stier erfüllt: 1609, 1668, 1669, 1728, 2049, jeweils im Mai.

2) Lat. n.m. caper Bock, Ziegenbock.
Lat. Eigenname Caper Steinbock (Sternbild des Tierkreises). Die Großschreibung würde demnach eher auf den Tierkreis deuten, aber bei N. ist Exaktheit der Schreibweise bekanntlich nicht zu erwarten. Auch ein Bock oder Ziegenbock kann daher hier gemeint sein.

3) Lat. n.m. cancer Krebs, Flußkrebs, Seekrebs.
Lat. Eigenname Cancer 1. Krebs (Sternbild des Tierkreises) 2. Südgegend; Hitze; Geschwür.

3) Mittelfr. adv. aussi 1. wie (comme), ebenso (de même), folglich, infolgedessen (c' est pourquoi) 2. überdies (en outre). Nonnay ist ein reimbedingt abgewandeltes n.f. nonnain Nonne. Zur >Nonne< s. das Glossar unter vierge.

---> 1/17, 1/67, 2/17, 3/17, 4/67, 8/67 (Letzte Zeit der alten Erde)

Centurie 1, Vers 17

Par quarante ans l' Iris n' aparoistra,
Par quarante ans tous les iours sera veu :
La terre aride en siccité* croistra,
Et grands deluges* quand sera aperceu.
(Urfassung bei Macé Bonhomme, Lyon 1555)

Übersetzung der Urfassung:
Vierzig Jahre hindurch wird der Regenbogen nicht erscheinen,
vierzig Jahre lang wird er alle Tage zu sehen sein.
Das verdorrte Land wird während der Trockenheit* wachsen,
und große Überflutungen* (gibt es), wenn er wieder zu sehen sein wird.

Kommentar zu 1/17:
Daß der Vers nicht wörtlich, sondern sinnbildlich zu nehmen ist, läßt sich an dem Schematismus der zweimal 40 Jahre ablesen, die einfach unglaubhaft sind, wenn man sie meteorologisch versteht.
Jesaja 6510: "Gleichwie der Regen und Schnee vom Himmel fällt und nicht wieder dahin zurückkehrt, sondern feuchtet die Erde und macht sie fruchtbar..., so soll das Wort, das aus meinem Munde kommt, auch sein: Es wird nicht wieder leer zu mir zurückkommen...". Was der Himmel ihr gibt, nimmt die Erde auf und verwandelt es. Wenn die Menschen das lebendige Wort Gottes in ihren Herzen aufnehmen, werden sie zu Brunnen >lebendigen Wassers<, Joh 46-15. So wie Wasser im Übermaß zerstören kann, wird das Wort in seiner Fülle zum Gericht für die Menschen, die es nicht annehmen, Joh 1248.
Über der abziehenden Sintflut ging der Regenbogen auf zum Zeichen des Bundes zwischen Gott und der gereinigten Schöpfung, Gen 912-17. Daß im Regenbogen etwas Göttliches anwesend sei, glaubten auch die Griechen, sie erkannten in ihm eine Botin der Götter namens Iris. Mittelalterliche Darstellungen zeigen Christus auf einem Regenbogen thronend, die Glaubenswahrheit veranschaulichend, daß durch seinen Opfertod für alle Nachfahren Adams die Brücke zu Gott neu geschlagen wurde. Die geistige Brücke zwischen Himmel und Erde, Gott und den Menschen, erscheint als Regenbogen.
Die Fügung des durchkomponierten Verses läßt folgende Aussagen erkennen. In der ersten Zeit (Verszeilen 1 und 3) ist die Verbindung zwischen Himmel und Erde abgerissen. Sie verschließen sich dem geistigen Reichtum, den der Himmel spenden will, sind stattdessen >mit der Welt besoffen< (Silesius). In der Folge (Vz 3 nach Vz 1) regnet es nicht mehr, Trockenheit läßt die Wüsten wachsen.
In der zweiten Zeit (Vz 2 und 4) beginnen die Menschen, sich dem Himmel wieder zu öffnen. Der Regenbogen erscheint wieder. In der Folge (Vz 4 nach Vz 2) kommt es zu Überschwemmungen auf einer verwüsteten Erde, welche den Überfluß anfangs nicht aufnehmen kann - ein Gleichnis für die fehlende Aufnahmebereitschaft gegenüber der Fülle der dargebotenen geistigen Nahrung.
Die Verzahnung der Verszeilen macht deutlich, daß die Abfolge eigentlich ein Ineinander und kein Nacheinander ist. Es ist ein und dieselbe Zeit, in der sich >Trockenheit< und >Überschwemmungen< abwechseln, weil die Gottferne der Menschen und die Bemühungen des Himmels um ihre Rückgewinnung gleichzeitig einen Höhepunkt erreichen.
Diese Zeit ist gekennzeichnet durch die Zahl vierzig, welche die Reinigung der Schöpfung vom Mißratenen bedeuten kann (Sintflut). Die >vierzig Jahre< der >Trockenheit< und der >Überschwemmungen< sind gegeben zur Scheidung der Geister, Matth 2532.

Centurie 3, Vers 67
Vne nouuele secte* de Philosophes
Mesprisant mort, or*, honneurs & richesses,
Des monts* Germains ne seront limitrophes:
A les ensuivre auront apui & presses.
(Urfassung bei Macé Bonhomme, Lyon 1555)

Übersetzung der Urfassung:
Eine neue Sekte* von Philosophen (wird auftreten),
die Tod, Gold*, Ehrungen und Reichtümer verachten.
Den deutschen Bergen* werden sie nicht benachbart sein.
Ihren Reden zufolge werden sie Protektion und großen Zulauf haben.

Kommentar zu 3/67:
Hier wurde z.B. der deutsche Nationalsozialismus erkannt (Allgeier 1988). Doch der war eine ausgesprochen geistfeindliche Bewegung, erkennbar an den Bücherverbrennungen, dem Exil der geistigen Elite und der einseitig auf körperliche Ertüchtigung ausgerichteten Erziehung.

Marx war Schüler des Philosophen Hegel und arbeitete an einem geschichtsphilosophischen System, dessen Prinzipien das kommunistische Manifest von 1847 aufgriff. Die Kommunisten ließen sich zwar ihre Ziele und Mittel von politisierenden Philosophen wie Marx gern begründen. Aber sie verachteten Reichtümer nicht, da es ihnen um deren gerechte Verteilung ganz wesentlich zu tun war, und weil sie den Fortschritt der Gesellschaft als ganzer, auch den materiellen, zum Ziel erhoben.

Somit ist der Vers noch nicht erfüllt. Nach der Katastrophe wird die schwere Erschütterung des Glaubens an Wissenschaft und Fortschritt der Religion einen starken Bedeutungszuwachs bringen. Dieser Bereich wird lebhaft >gären<. In Europa werden "verschiedene Bekenntnisse durch militärische Gruppen" gegründet werden, die "allesamt Religionen verehren, weit entfernt von den europäischen ... Gegenden", VH (15).

Ihnen ist diesem Vers zufolge gemeinsam, daß sie 1) philosophisch orientiert sind, daß sie 2) irdischen Reichtum und Ehrungen verachten, daß sie 3) sogar "den Tod verachten", also idealistisch bis fanatisch sind, und daß sie 4) sich Protektion, d.h. Schutz >von oben< erwarten und zuversichtlich sind, die Massen überzeugen zu können, Vz 4.

Dazu haben sie gemeinsam, daß sie >Gold< verachten, d.h. die alten Lehren der christlichen Religion. >Berge< als Sitz der Götter meinen die Götter selbst, die für die alten Religionen stehen, 5/70. Daß diese Philosophen >den deutschen Bergen nicht benachbart< sein werden, soll bedeuten, daß sie den >Göttern< des Protestantismus nicht nahe sein werden. Sie werden nicht das Christentum reformieren, sondern etwas anderes an seine Stelle setzen wollen, ihre Philosophie nämlich. (Als Speerspitze der Reformation sah N. einen Deutschen an, 6/15 (Bd.1).)

Diese "Philosophen" werden Schüler sein des >größten Philosophen, der jemals lebte<, des "Hauptes der Weisheit", 5/31. N. nennt sie lapidar "die Armen im Geiste", VH (25), weil sie sich so viel einbilden auf ihren Geist. Die erste Vershälfte hat ironischen bis sarkastischen Klang.

Es scheint, daß sich die Zeit des Faschismus nach dem ersten großen Krieg auf einer größeren Bühne mit anderen ideologischen Inhalten (militanter Pazifismus, Philosophen an die Macht, Gottesreich auf Erden) wiederholen wird.

Centurie 4, Vers 67

L' an que Saturne* & Mars* esgaux combust,
L' air* fort seiche* longue trajection:
Par feux secrets d' ardeur grand lieu adust
Peu pluye, vent chault, guerres, incursions.
(Textfassung bei Benoist Rigaud 1568)

Übersetzung:

Wenn Saturn* und Mars* gleichauf verbrannt (sind),
(wird) die Luft* sehr trocken* (sein), langer Übergang.
Durch verborgene Feuer ein großer Ort von Hitze verbrannt,
wenig Regen, heißer Wind, Kriege, Überfälle.

Kommentar zu 4/67:
Es scheint um eine Veränderung des Klimas zu gehen. Damit ist nach dem Kataklysmus zu rechnen, VH (4). Eingangs scheint in der Sprache der alten Astrologen eine Konjunktion von Saturn, Mars und Sonne angegeben zu sein.
  Eine sinnbildliche Deutung trifft das Gemeinte eher. Wenn Planeten verbrannt sind und eine lange >Trockenheit< herrscht, scheint die Sonne offenbar aktiver, als nötig und zuträglich ist. Sie steht hier für den in Christus offenbar gewordenen Gott. Aus dem Ruder lief die Sonne, als der Sohn des Sonnengottes Helios namens Phaeton den Sonnenwagen steuern durfte. Da nämlich kam die Sonne der Erde zu nahe, Länder verbrannten zu Wüsten, Quellen versiegten. Phaeton konnte als Deckname für den vermeintlich wiedergeborenen >Sohn Gottes< erklärt werden, 2/81.
  Die >Trockenheit< bedeutet die Abwesenheit des >lebendigen Wassers<, d.h. des Wortes aus der Wahrheit, das der Himmel spendet, VH (44). Der >heiße Wind< führt die heiße Luft der >neuen Religion< heran, die den Menschen dann um die Ohren wehen wird. Sie bringt keinen >Regen<, kein >Wasser<, 5/36, d.h. sie hat keinen Jenseitsbezug, ist daher auch in Wahrheit keine Religion.
  Wenn >Phaeton die Sonne steuert<, wird er auch noch besondere >Feuer vom Himmel<, d.h. Bannstrahle gegen die alten Religionen schleudern, 1/65. Den Bann gegen Rom, 10/65, geheimzuhalten oder kleinzureden, werden Kirchenobere noch versuchen, 5/65. Dieser Bann, öfters >Feuer vom Himmel< genannt, heißt daher >verborgenes Feuer<, und die katholische Kirche ist für N. eine "große Gründung", 1/69 Vz 4, ihr Zentrum ein "großer Ort".
  Nach der Katastrophe wird ein neues >goldenes Zeitalter< ausgerufen werden, in dem einst Saturn herrschte. Wenn die >Sonne<, d.h. Gott, von >Phaeton< vereinnahmt und gesteuert, verrückt spielt und die Bannstrahle gegen die alten Religionen niederfahren, ist es mit dem >goldenen Zeitalter< schon wieder vorbei. In diesem Sinne wird dann >Saturn von der Sonne verbrannt< sein.
  Im neuen Zeitalter einer >gottgefälligen Ordnung< wird der Krieg geächtet, 3/36, und in diesem Sinne wird auch >Mars von der Sonne verbrannt< sein. Damit wird, wenn Saturn plötzlich nicht mehr herrscht, auch die Möglichkeit fehlen, gegen die Verfügungen des globalen Regimes zu streiten. Gegen die Erlasse des >Gottesreiches auf Erden< wird es keine Rechtsmittel geben. Wer sich wehrt, wird als Feind des Friedens gebrandmarkt werden. Gegen ihn werden die militanten Pazifisten zu Felde ziehen (Kriege, Überfälle).
  Von da an bis zum Ende der alten Erde ist die Zeit eines "langen Überganges" von großer >Trockenheit<, die dann von >großen Überflutungen< abgelöst wird, 1/17.

Centurie 10, Vers 67

Le tremblement* si fort au mois de May,
Saturne*, Caper, Iupiter*, Mercure* au beuf* :
Venus* aussi, Cancer, Mars* en Nonnay*,
Tombera gresle* lors plus grosse qu' vn euf.
(Textfassung bei Benoist Rigaud, Lyon 1568)

Übersetzung:

Das sehr starke Beben* im Monat Mai,
Saturn*, Bock, Jupiter*, Merkur* beim Stier*.
Infolgedessen Venus*, Krebs, Mars* zur Nonne*,
es wird Hagel* dann fallen, größer als Hühnereier.

Kommentar zu 10/67:

Erdbeben im Mai begegneten bereits in Vers 9/83. Dort wurde deutlich, daß es sich um kein natürliches Beben der Erde handelt. Vielmehr sind dort wie hier die Erschütterungen der >Erde< (politischer Bereich) gemeint, die ein >Unwetter mit Blitz und Donner< auslösen wird - >Blitze< heißen die Bannstrahle eines globalen Regimes gegen die alten Religionen, 1/65.

Würden die Angaben der Vz 2 und 3 Stellungen von Planeten bedeuten, müßten sie dazu passen. Die Konstellation Saturn im Steinbock u n d Jupiter im Stier tritt nach 1988 erst 2047 wieder einmal ein. Die Naturkatastrophe ist in der Zeit um die Jahrtausendwende, d.h. 2000 plus/minus einige Jahre zu erwarten, die besagten Erschütterungen nur wenige Jahre später. Dazu passen die angegebenen Jahre nicht. Die Planetennamen sind daher hier Metaphern.

Saturn ist als Herrscher des goldenen Zeitalters geläufig, 8/29, in Bocksgestalt erschien im Mittelalter der Teufel, und Merkur dient N. als Chiffre für Jesus Christus, 9/12. Diese Gestalten erscheinen hier "beim Stier" und bedeuten Eigenschaften und Fähigkeiten des >Stiers<.

Zeus betörte in Stiergestalt die schöne Europa und entführte sie über 's Meer, weshalb er auch "Seestier" heißt, VH (27), der eine Chiffre des Weltherrscher ist, 8/90. Die Benennung als Stier bedeutet, daß er den Kontinent gleichen Namens >verführt<, eine Vokabel, die N. im Sinne der Wegführung vom christlichen Glauben gebrauchte, s. Glossar unter seduire.

Zu diesem Zweck dienen ihm, das legen die Namen Saturn und Merkur nahe, die Aussicht auf ein neues >goldenes Zeitalter<, das er begründe, und der Segen, den er als >wiedergekommener Christus<, 1/95, dazu gebe. Als Verführer lockt er noch, geht aber dazu über, Anwendung von Zwang einsetzt, indem er das Machtmittel des Zeus, den Blitzstrahl, einsetzt, wovon die erste Vz handelt.

Die zweite Vershälfte läßt durchblicken, wie Zeus und seine Zeit enden werden. Die "Nonne" als Variante der Jungfrau bedeutet die christliche Religion. Venus ist das Signum der >Weltfriedensordnung<, 5/53. Der mit dem Namen Krebs belegte Abschnitt der Ekliptik galt Sterndeutern als >Heimat< des Mondes, der bei N. für den Islam steht, 1/49 (Bd.1).

Wenn Venus, Krebs und Mars "zur Nonne" unterwegs sind, soll das bedeuten, daß Vertreter der >Weltfriedensordnung<, besonders ehemalige Anhänger des Islam, ihre Heimat verlassen und Christen mit Krieg überziehen. Mit dem >Hagel< bereitet Gott den Auszug seines Volkes aus der Knechtschaft vor, Exod 9.

01/18 Par la discorde negligence Gauloyse/ Sera passaige à
Mahommet ouuert:/ De sang* trempe la terre* & mer* Senoyse/
Le port* Phocen de voiles & nefs couuert. (1555)
[Islamische Invasion Europas]
**Durch die gallische Zwietracht (und) Nachlässigkeit/
wird die Überfahrt für Mohammed offen sein./
In Blut* getaucht das Land* und Meer* (bei) Seyne-sur-Mer,/
der phokäische Hafen* (ist) mit Segeln und Schiffen* übersät.**
_{4) Vom ionischen Phokaia in Kleinasien aus wurde Marseille einst gegründet. Zwölf Kilometer östlich von Marseille liegt die Hafenstadt Seyne-sur-Mer an der Côte d' Azur.}

Nachlässigkeit macht es möglich, daß Frankreich von fünf Seiten angegriffen wird, 1/73. Eine der Seiten, die südfranzösische Mittelmeerküste, wird hier beschrieben. Es sind Muslime, die von Nordafrika her kommen (Überfahrt). Es scheint, daß die französische Marine anderswo im Einsatz ist, wenn sie zum Schutz des eigenen Landes dringend gebraucht wird, 1/73 Vz 4. Die Frage, was nach der Landung "Mohammeds" geschieht, scheint 1/72 (Bd.3) zu beantworten.

01/68 O quel horrible & malheureux torment/ Troys innocens
qu' on viendra à liurer./ Poyson* suspecte, mal garde tradiment/
Mis en horreur par bourreaux enyurés. (1555)
[Unterdrückung der alten Religionen]
**O welch schrecklicher und unglückseliger Pein/
wird man drei Unschuldige ausliefern !/
(Als) Gift* verdächtigt, schlecht bewacht (die) Tradition,/
in Schrecken versetzt durch betrunkene Henker.**
<sub>3) tradiment gibt und gab es nicht. Dem Reimzwang folgend, hat N. an tradi- die Endung -ment angehängt und das n.f. tradition Überlieferung gemeint. Es könnte auch aus dem mittelfr. n.f. traistrement (> lat. v. tradere) "tradiment" geworden sein, 7/29 (Bd.1). Aber ein "schlecht bewachter Verrat" ist eher abstrus.
3) "suspecte" kann auch Adjektiv sein, dann würde es heißen: "Verdächtiges Gift ...". "garde" kann auch Präsens Indikativ sein, dann wäre zu übersetzen: "... (ein) Übler bewacht (die) Tradition." Diese Varianten ändern an der Deutung nichts.</sub>

Die "drei" sind wie in 8/77 die drei Offenbarungsreligionen, die jüdische, die christliche und die islamische Religion, die der antichristliche Weltherrscher faktisch "annullieren", d.h. für ungültig erklären wird, VH (25). Die Anhänger der >neuen Religion< werden die alten Glaubensformen verdächtigen und beschuldigen, >Gift< zu sein, indem sie das Streben der Menschen vom irdischen Aufbau abzuziehen und auf die Ewigkeit hinzulenken suchen. Die Nächstenliebe wird als Schwächezustand dargestellt werden, den es zu überwinden gelte. Und selbstverständlich wird auf die vielen Kriege verwiesen werden, die im Namen der alten Religionen geführt wurden. N. aber erkennt keine Schuld darin, daß die Menschen von den alten Glaubensformen angeleitet werden, nicht nur diesseitige Ziele zu verfolgen, und hält sie in diesem Sinne für "unschuldig". Daß Religion dazu mißbraucht wurde, um Macht auszuüben, ist nicht ihr, sondern denen vorzuwerfen, die sie mißbrauchten. Daß Religionen mißbraucht werden k ö n n e n, ist niemandem vorzuwerfen, denn daß das Böse Chancen hat, auf die Menschen einzuwirken,

ist um ihrer Freiheit willen so eingerichtet. Die >neue Religion< wird deshalb nicht mißbraucht werden können, weil sie selbst am konsequentesten und erfolgreichsten die alten Offenbarungen mißbraucht. Nur zur Machtausübung geschaffen, wird sie keine Religion sein, sondern eine "große Nichtigkeit", 10/20. - Sie wird eine "festgelegte" große Nichtigkeit sein, 10/20, d.h. es wird genau bestimmt, was in Zukunft alle Menschen für wahr halten sollen. Die alten Lehren werden als Wortmaterial, als Steinbruch verwendet, 3/44. Die "Pein", die ihnen widerfährt, besteht darin, daß ihnen der Jenseitsbezug vollständig genommen wird, 4/56. - Daß sich die Leiter und Lenker der alten Religionen eher als Steigbügelhalter denn als Bremser dieser Entwicklung betätigen werden, ist für den Fall der katholischen Kirche öfters belegt, 6/93 für viele. Daher erkennt N. die Tradition als eine "schlecht bewachte". - Die "Peiniger" oder "Henker" sind jene Vertreter des globalen Regimes, die die Einhaltung der oktroyierten >neuen Religion< und ihrer Urteile über die Vergangenheit überwachen sollen. Besoffen geredet von der "geschraubten Sprache" des Regimes, 8/78, werden sie im Machtrausch handeln. Die Herren Goebbels und Freisler lassen grüßen.
---> 4/68, 5/18, 5/68 (Letzte Zeit der alten Erde)

04/68 En l' an bien proche non esloigné de Venus*/ Les deux plus grans de l' Asie & d' Affrique/ Du Ryn & Hister* qu' on dira sont venus,/ Crys, pleurs à Malte & costé ligustique. (1568)
[Verfolgung der Altgläubigen in der letzten Zeit der alten Erde]
An einem Ort, recht nah und nicht weit ab von der Venus*,/ (sind) die beiden Größten von Asien und Afrika./ Daß sie von Rhein und Donau gekommen seien, wird es heißen./ Schreie, Tränen in Malta und an der ligurischen Küste.
1) Der Urtext hat "En lieu ..." (Pfändler 1996 S.321).
3) N.m. Hister* ist der lat. Name des Unterlaufes der Donau.
Die griechische Aphrodite - bei den Römern Venus - entstieg am zyprischen Strand dem Meer, war die Schaumgeborene. Demnach wäre Zypern der "Ort der Venus". Pfändler (1996 S. 321) schlägt Portovenere im Golf von Genua oder Venosa in Süditalien vor. Dort treffen sich die Machthaber Asiens und Afrikas, nachdem sie Europa unterworfen haben, denn sie "kommen von Rhein und Donau", 5/68. Daß sie dort nicht auf Freundschaftsbesuch waren, weiß auch 6/80: In einer Zeit, wenn Araber Europa beherrschen, werde "der Große Asiens" dorthin kommen, um >das Kreuz<, d.h. den christlichen Glauben "zu Tode zu jagen". Das globale Regime wird in dieser Zeit auch ganz Afrika beherrschen, 5/11.
---> 5/18, 5/68 (Letzte Zeit der alten Erde)

05/68 Dans le Danube & du Rin viendra boire/ Le grand Chameau ne
s' en repentira:/ Trembler* du Rosne & plus fort ceux de Loire/
Et pres des Alpes coq le ruinera. (1568)
[Letzte Zeit der alten Erde/ Europäischer
Freiheitskrieg/ Heinrich V.]
In der Donau und vom Rhein wird trinken/
das große Kamel und wird es nicht bereuen./
Es beben* (die) von der Rhône, und mehr (noch) die von der Loire,/
und bei den Alpen wird (der) Hahn es zugrunderichten.
    4) Der Hahn als Symbol für die Gallier ist geläufig. Lat. n.m.
    gallus Hahn.

Das Kamel, traditionelles Verkehrsmittel in den Wüsten Asiens und Afrikas, steht für von dorther nach Europa kommende Menschen. Von ihnen sagt auch 4/68 (s.o.), daß sie an Rhein und Donau erscheinen werden. Dieses >Kamel< wird die altgläubigen Christen verfolgen, seine Untaten aber guten Gewissens begehen, sie erst recht "nicht bereuen". Denn es wird "Sündenvergebung" all denen versprochen sein, die im Namen der >neuen<, angeblich dem Weltfrieden verpflichteten Religion töten, 3/60. -   Die Angst in Frankreich erklärt sich daraus, daß das >große Kamel< auch dorthin vordringen will, 5/54. Zuletzt aber wendet sich das Blatt, ein >Hahn< richtet das Kamel zugrunde. Damit dürfte der aus Frankreich stammende Heinrich mit seinen Verbündeten gemeint sein. Die Schlacht gegen das globale Regime wird "bei den Alpen" geschlagen, 6/28, rund um die Berge des Jura 8/34 (Bd.3).

    ---> 4/68, 5/18 (Letzte Zeit der alten Erde)

05/18 De dueil mourra l' infelix profligé,/ Celebrera son
vitrix l' hecatombe:/ Pristine loy* franc edict redigé,/
Le mur* & Prince au septiesme iour tombe. (1568)
[Letzter Papst/ Zerstörung der katholischen Kirche]
An Kummer wird sterben der unglückliche Überwältigte.
Die ihn besiegt, wird ein Opferfest feiern./
Nach früherer Ordnung* (erlassenes) freies Edikt (wird) zurück-
gezogen,/ die Mauer* und Fürst am siebten Tag gefallen.
    1) Mittelfr. n.m. dueil 1. schwerer Kummer, tiefe Betrübnis
    (affliction) 2. Schmerz durch den Tod eines lieben Menschen
    (douleur causée par la mort d' un être cher).
    Lat. v. profligare niederschlagen, überwältigen, vernichten.
    2) Lat. n.f. victrix Siegerin, Überwinderin.
    N.f. hecatombe 1. ursprünglich: Sühnopfer von hundert Stieren
    2. Massaker, Blutbad. Vgl. 2/16, 10/74, 9/84.
    3) Lat. adj. pristinus ehemalig, früher.
    Mittelfr. v. rediger 1. wieder mitnehmen, wieder einführen
    (ramener) 2. zurückführen, beschränken, unterwerfen (réduire)
    > lat. v. redigere zurücktreiben.

Der "unglückliche Überwältigte" dürfte der letzte Papst sein, der nach dem Bann gegen seine Kirche, **10/65**, sowohl intern, 4/11, wie extern, 8/82, nichts mehr zu melden hat. Der >siebte Tag< ist eine Metapher für das >siebte Jahrtausend<, die Zeit nach der Katastrophe, VH (6). In dieser Zeit also wird die >Mauer<, das ist die katholische Kirche, **10/89**, sowie ihr letztes Oberhaupt "fallen", an der Verbindung mit dem vermeintlich >wiedergekommenen Heiland< zugrundegehen. -   Die >Welt-

Gruppe 18 - 68

friedensordnung< heißt hier "frühere Ordnung". (Zum Gesetzesbegriff bei N. s. das Glossar unter loy*.) Das globale Regime wird zunächst die alten Religionen willkommen heißen, 5/32, anscheinend sogar ausdrücklich durch ein "freies Edikt". Dieses wird später rückgängig gemacht, Vz 3, um der >neuen Religion< zum Sieg zu verhelfen. Die "Siegerin" ist die Anhängerschaft des >neuen Heiligen<, 10/30, er ist der "Sieger", 4/56. Die Siegerin feiert ihren Sieg, und bei dieser Feier kommen viele um, nämlich "das heilige Volk Gottes, das sein Gebot beachtet, und jeder geistliche Stand", VH (43).
   ---> 4/68, 5/68 (Letzte Zeit der alten Erde)

06/18 **Par les phisiques le grand Roy delaissé,/ Par sort non art de l' Ebrieu est en vie,/ Luy & son genre au regne hault pousé,/ Grace donnee à gent qui Christ enuie.** (1568)
[Der Messias der Juden] (Kommentar S. 170)
Von den Ärzten (wird) der große König aufgegeben,/ durch Schicksal, nicht (durch) Kunst des Hebräers ist er (noch) am Leben./ Er und seine Art in die Herrschaft hoch aufgestiegen,/ Gunst (wird) dem Volk gewährt, das Christus zurückweist.
   1) Mittelfr. n.m. physicien Arzt, > lat. physicus.
   3) Mittelfr. v. pousser u.a.: wachsen lassen (faire croître), gesellschaftlich aufsteigen (s' élever dans la société).
   4) V. envier, alte Bedeutungen (großer Larousse): Anspruch erheben auf (prétendre à), nicht zustimmen (ne pas accorder), zurückweisen (refuser). Mittelfr. v. envier auch: jdm. etwas entziehen, jdn. einer Sache berauben (priver qu. de qch.).

Centurie 6, Vers 18

Par les phisiques le grand Roy delaissé,
Par sort non art de l' Ebrieu est en vie,
Luy & son genre au regne hault pousé,
Grace donnee à gent qui Christ enuie.

(Textfassung bei Benoist Rigaud, Lyon 1568)

Übersetzung:

Von den Ärzten (wird) der große König aufgegeben,/
durch Schicksal, nicht Kunst des Hebräers ist er (noch) am Leben.
Er und seine Art in die Herrschaft hoch aufgestiegen,
Gunst (wird) dem Volk gewährt, das Christus zurückweist.

Kommentar zu 6/18:

Zu einem großen König, den seine Ärzte aufgegeben haben, wird ein Mann jüdischer Herkunft gerufen, dem große Qualitäten ("Kunst") nachgesagt werden. Wie durch ein Wunder steht der König vom Sterbebett auf. Der Wunderarzt macht dann unter ihm Karriere ("Gunst") und zieht Leute seiner Art (genre) mit. Er nutzt seine neue Macht, die Lage des jüdischen Volkes insgesamt zum Besseren zu wenden, 2/7 Vz 4, 1/24 Vz 3.

Es klingt nach den feudalen Verhältnissen vergangener Tage. Aber wann nach 1555 und in welchem Land gewannen Juden die Gunst eines großen Königs, der sie in die Herrschaft erhob ? Es ist nicht zu sehen.

Die Bezeichnung "Hebräer" für den Wunderarzt läßt aufhorchen. So hießen die Israeliten v o r dem Exodus aus der ägyptischen Gefangenschaft, und auch später noch, wenn sie in Knechtschaft leben mußten, Exod 212-11, Jer 349,14. So kann auf die Ausgangssituation geschlossen werden, die der "Hebräer" vorfindet. Die Juden im gemeinten Reich sind ihrer Freiheit beraubt, 6/58. Juden, zu denen der Wunderarzt selbst gehört, leben in der Verbannung, 2/7 Vz 1/2. Aber dann kommen sie durch ihn und seine Taten frei. Er macht Karriere, wie einst Joseph am Hof des Pharaos, und führt dann sein Volk aus der Knechtschaft, wie einst Moses.

Es ist zu erwarten, daß er nach diesem starken Auftritt vom eigenen Volk gefeiert und mehr als nur verdächtigt wird, der Messias zu sein. Es ist das Volk, das Christus ablehnt, Vz 4, aber d i e s e n Mann für seinen Messias hält. Als Heiler ist auch Christus hervorgetreten, aber meist bei Menschen einfachen Standes, während der "Hebräer" weiter oben ansetzt.

Aber wer ist nun der "große König", um den sich der Wunderheiler so verdient macht ? Nach der Katastrophe wird allseits der Ruf laut werden, daß es endlich Frieden geben möge. Aber weder im kleinen, 2/95, noch im großen, 4/95, wird das gelingen. Dafür gibt N. das Bild: Saturn/Kronos, König im goldenen Zeitalter des Friedens, ist sterbenskrank. Die Hoffnung auf Frieden stirbt, die >Ärzte< - die Politiker - haben versagt. Durch den ihm voraneilenden Ruf, d.h. durch seine Anhänger (genre) in sich bekriegenden Ländern, 4/95 Vz 3, wird der Hebräer als erfolgreicher Vermittler dem Frieden aufhelfen können. Dann macht er Karriere >unter Saturn<, **5/24 Vz 2**, d.h. im Zeichen des >goldenen Zeitalters<.

Die Erfolge des Mannes will N. nicht dessen besonderen Fähigkeiten, sondern dem Schicksal zugeschrieben wissen, Vz 2. Ganz ohne besondere Fähigkeiten wird der Hebräer nicht auskommen, es fragt sich nur, welche das sind, **4/21 Vz 3**. N. will vielleicht sagen, daß der Himmel mit diesem Mann etwas vorhat und ihn deshalb gewähren läßt.

01/69 La grand montaigne* ronde de sept estades,/ Apres paix, guerre,
faim*, inundation*,/ Roulera loing abysmant grands contrades,/
Mesmes antiques, & grand fondation. (1555)
[>Weltfriedensordnung</ Unterdrückung der alten
Religionen/ Sturz der >Weltfriedensordnung<] (Kommentar S. 175)
**Der große Berg*, rund mit sieben Laufbahnen,/
wird nach Frieden, Krieg, Hunger*, Überschwemmung*,/
sich weithin wälzen, in den Abgrund stürzend weite Gebiete,/
auch antike Gegenden und eine große Gründung.**
    1) Altfr. n.m. estage, estade Stadion (Längenmaß). Das
    griechische σταδιον bedeutet zunächst eine Rennbahn oder
    Laufbahn, und dann deren Länge.
    N.m. stade 1. Stadion = antikes Längenmaß, zwischen 147
    und 192 Meter 2. Laufbahn von der Länge eines Stadions.
    2) Zur >Überschwemmung< s. das Glossar unter deluge.
---> 8/69 (>Weltfriedensordnung<)
---> 3/19, 8/19, 8/69 (Letzte Zeit der alten Erde)

02/19 Nouueaux venus, lieu basti sans defense,/ Occuper place par
lors inhabitable./ Prez, maisons châps, villes prêdre a plaisâce,/
Faim*, peste*, guerre, arpen long labourable. (1555)
[Zeit nach der Katastrophe]
**Neue (werden) gekommen (sein), bebaute Orte (sind) ohne Verteidigung./
Sie besetzen den Platz, den bis dahin unbewohnbaren./
Wiesen, Häuser, Felder, Städte nehmen sie sich nach Belieben./
Hunger*, Seuche*, Krieg, ein Morgen ist lange zu bestellen.**
    4) Terre labourable Ackerland. Hier aber bildet (sera) long
    labourable die Satzaussage und wird entsprechend übersetzt.
Juden übersiedelten im 20. Jahrhundert nach Palästina, legten dort
Sümpfe trocken (de Fontbrune 1981). Wenn Eigennamen wie hier fehlen,
sind aber eher Vorgänge in Europa und besonders in Frankreich gemeint.
Die Landnahme der jüdischen Einwanderer war nicht in deren "Belieben"
gestellt, sondern geschah aufgrund der Beschlüsse der Völkergemeinschaft bzw. bis 1948 durch Erlaubnis des britischen Mandatsträgers, nach
"neuem Gesetz", 3/97. -   Die Unbewohnbarkeit, 2/95,
sowie das Fehlen einer Verteidigung beschreiben wie die "offenen Orte"
in **10/31** die Lage in Europa nach der Katastrophe. Die chemische, teils
wohl auch atomare Verseuchung einiger Landstriche klingt nach Jahren
ab, die betroffenen Gegenden können wieder besiedelt werden. Die
"Neuen" dürften aber nicht nur Einheimische, sondern auch Bewohner
Nordafrikas sein, die dann nach Europa vordringen, 6/80, **10/31**, wofür
das Fehlen einer Verteidigung spricht. -   "Hunger, Seuche,
Krieg" können die Folge von Nahrungsknappheit sein, wofür spricht, daß
ein "Morgen lange zu bestellen" ist. Oder es sind wieder Metaphern für
die Auseinandersetzung um den Glauben. Das ist hier nicht eindeutig.

03/19 En Luques sang* & laict* viendra plouuoir:/ Vn peu deuant
changement de preteur,/ Grâd peste* & guerre, faim* & soif* fera voyr/
Loing, ou mourra leur prince recteur. (1555)
[>Neue Religion</ Letzter Papst/ Unterdrückung
der christlichen Religion]
In Lucca wird es Blut* und Milch* regnen./
Kurz zuvor Wandel des Verleihers./
Große Seuche* und Krieg, großen Hunger* und Durst* wird man sehen/
lange Zeit, wenn sterben wird ihr Fürst (und) Steuermann.
  2) N.m. prêteur Verleiher, vom v.t. prêter verleihen, v.i. prêter
  sich eignen. Gleichlautend n.m. préteur Prätor (altrömischer
  Beamter).

Der Blut- und Milchregen könnte eine Begleiterscheinung der Naturkatastrophe sein. Aber was das mit dem "Wandel des Verleihers" zu tun hat, kann so nicht erklärt werden. - Ein Prätor (préteur) war ein hoher Gerichtsbeamter im antiken Rom. Der gleich lautende prêteur gibt etwas leihweise her, z.B. auch seinen Namen. Unter Führung des letzten Papstes wird sich die katholische Kirche auf den angeblich wiedergekommenen Christus verpflichten, 5/49, wird ihren Namen und ihr Ansehen zu seinen Gunsten einsetzen. - Es scheint, daß ein Zentrum der katholischen Kirche nach der Katastrophe in Umbrien bzw. Toskana (Lucca) liegen wird, 9/5. Der >Milchregen< soll bedeuten, daß geistige Nahrung >vom Himmel< fällt. Verfertigt ist sie von einem >nährenden Felsen<, 1/21, "der aus einem Abgrund hervorgehen wird milchspeiseartig". Doch die >Milch< ist mit >Blut< vermischt, das >beim Kampf den alten Göttern<, d.h. bei der ideologischen Auseinandersetzung mit den alten Religionen, spätestens aber bei deren Verbot vergossen werden wird, 5/62. - Der "Fürst und Steuermann" des Fischerbootes, 1/4, wird dann "sterben", seine geistliche Macht ganz verlieren, 1/27. >Hunger und Durst< meinen das Fehlen zuträglicher geistiger Nahrung. Die >Seuche< ist die >Ansteckung<, 8/21, mit der >neuen Religion<. Der Krieg ist der letzte Kampf auf der alten Erde um den >wahren Glauben<.
  ---> 1/69, 8/19, 8/69 (Letzte Zeit der alten Erde)

05/19 Le grand Royal d' or*, d' airain augmenté,/ Rompu la pache,
par ieune ouuerte guerre:/ Peuple affligé par un chef lamenté,/
De sang* barbare* sera couuerte terre. (1568)
[Heinrich V./ Europäischer Freiheitskrieg]
Der große Königliche (hat) an Gold*, an Erz zugenommen./
Gebrochen der Friede, durch einen Jungen eröffnet der Krieg./
Ein Volk geschlagen mit einem bejammerten Haupt./
Mit barbarischem* Blut* wird die Erde bedeckt sein.
  2) Mittelfr. n.m. pact, pache Pakt (pacte), Übereinkunft
  (accord). Pache in französischer Lautung klingt aber auch wie
  das portugiesische Wort für Frieden. Vgl. 5/50.

"Königlicher" wird in VH (17) der Befreier Europas von der Bedrückung durch globale Regime genannt. Es scheint hier, daß er im verborgenen seinen Auftritt auf der geschichtlichen Bühne vorbereitet, 5/69. Er hat bereits zugenommen, an Wertschätzung (Gold), **9/12**, und militärischen Möglichkeiten (Erz), und kann daher den Krieg eröffnen. - Am Ende wird er die Araber besiegen, Vz 4, und wieder aus Europa hinausjagen, **5/74**.
  ---> 5/69 (Heinrich V.)
  ---> 5/69 (Europäischer Freiheitskrieg)

05/69 Plus ne sera le grand en faux sommeil,/ L' inquietude viendra
prendre repoz:/ Dresser phalange d' or*, azur & vermeil,/
Subiuguer Affrique la ronger iusque oz*. (1568)
[Heinrich V./ Europäischer Freiheitskrieg]
Nicht länger wird der Große in vorgetäuschtem Schlaf sein./
Die Besorgnis wird (den Platz) der Ruhe einnehmen./
Sie stellen eine Streitmacht auf von Gold*, Azur und Karminrot./
Sie unterjochen Afrika, nagen es ab bis auf die Knochen*.
  1) Adj. faux 1. unwahr 2. unrichtig, verkehrt 3. unbegründet
  4. unecht, nachgemacht 5. heuchlerisch, verstellt.

Der Befreier Europas wird im verborgenen seinen Kampf vorbereiten müssen, 8/61, und erst, wenn er über genügend Ressourcen und Mitstreiter verfügt, den Kampf beginnen können, 5/19. Bis dahin wird er sich "in vorgetäuschtem Schlaf" befinden. - Die Farben als Merkmale der gemeinten "Streitmacht" können bedeuten, daß ihr Kampf der Freiheit des christlichen Glaubens (golden) gilt. Azur, himmelblau ist die Farbe der Himmelskönigin Maria, in deren Namen man in den Kampf zieht. Karminrot zeigt hier die Bereitschaft zum Kampf an.
  ---> 5/19 (Heinrich V.)
  ---> 5/19 (Europäischer Freiheitskrieg)

08/19 A soubstenir la grand cappe troublee,/ Pour l' esclaircir les
rouges* marcheront,/ De mort famille sera presque accablee./
Les rouges* rouges* le rouge* assomeront. (1568)
[Zerstörung der katholische Kirche] (Kommentar S. 176)
Um den großen, in Aufruhr versetzten Ornat zu unterstützen,/
um sein Ansehen zu heben, werden die Roten marschieren./
Vom Tod wird (die) Familie fast überwältigt sein./
Die roten Roten werden den Roten gefügig machen.

   1) Mittelfr. n.f. cape Ornat eines Geistlichen, das seinen Rang
anzeigt (vêtement ecclésiastique indiquant le rang du porteur).
2) Mittelfr. v. esclaircir 1. glänzen lassen (rendre brillant)
2. klarer machen (rendre plus clair) 3. - la renommee das
Ansehen vergrößern (augmenter la réputation).
4) Mittelfr. v. assommer 1. gefügig machen (assoupir), ein-
schläfern, beschwatzen (endormir) 2. belasten 3. verdrießlich
machen (accabler d' ennui).

---> 1/69, 3/19, 8/69 (Letzte Zeit der alten Erde)

08/69 Aupres du ieune se vieux ange baisser,/ Et le viendra
surmonter à la fin:/ Dix ans esgaux aux plus vieux rabaisser,/
De trois deux l' vn huitiesme seraphin. (1568)
[Zeit nach der Katastrophe/ >Weltfriedensordnung</
Unterdrückung der alten Religionen] (Kommentar S. 177)
Im Vergleich zum jungen (Engel) wird der alte Engel sich senken/
und wird (doch) über ihn hinaus steigen am Ende./
Zehn Jahre gleichauf mit den ältesten (Engeln), sinken sie nieder,/
aus dreien zwei, (bleibt) der eine, wenn der achte Seraph kommt.

   2) V. surmonter übersteigen, überragen; meistern, mit etwas
fertig werden; überwinden, übertreffen.
3) V. t. rabaisser erniedrigen, verächtlich machen, unter Wert
einschätzen, abwerten; se rabaisser bescheiden zurücktreten,
sein Licht unter den Scheffel stellen.
4) Die letzte Vz enthält keine Prädikate. Andere Interpola-
tionen als die vorgeschlagenen sind möglich.

---> 1/69 (>Weltfriedensordnung<)
---> 1/69, 8/19 (Letzte Zeit der alten Erde)

Centurie 1, Vers 69
La grand montaigne* de sept estades,
Apres paix, guerre, faim*, inundation*,
Roulera loing abysmant grands contrades,
Mesmes antiques, & grand fondation.
(Urfassung bei Macé Bonhomme, Lyon 1555)

Übersetzung der Urfassung:
Der große Berg*, rund mit sieben Laufbahnen,
wird nach Frieden, Krieg, Hunger*, Überschwemmung*,
sich weithin wälzen, in den Abgrund stürzend weite Gebiete,
auch antike Gegenden und eine große Gründung.

Kommentar zu 1/69:
Auf seiner Wanderung durch die Reiche des Jenseits gelangte Dante Alighieri, der florentinische Dichter, nach dem Abstieg über die neun Kreise der Hölle und der Passage des Erdmittelpunkts, den der in ewigem Eis erstarrte Luzifer ausfüllt, auf die Südhemisphäre der jenseitigen Erde, wo sich aus dem Ozean der Läuterungsberg erhebt. Dorthin werden jene hinübergegangenen Seelen verschifft, die noch zu Lebzeiten ihre Sünden bereut haben. Es ist der Ort, der dem Bußwunsch der Abgeschiedenen entspricht und ihnen Gelegenheit gibt, im mühsamen Aufstieg über die den sieben Hauptsünden entsprechenden sieben Bahnen geläutert zu werden und zum Paradies an seinem Gipfel, dem Ort der größtmöglichen irdischen Gottesnähe zu gelangen.
   Dantes Berg hat zur Aufnahme der vielen Bußfertigen gewaltige Ausmaße. Er ist als kegelförmige Pyramide mit sieben Stufen gestaltet, die sich von innen als Rundbahnen (Stadien) darstellen. Die vier Merkmale des Berges - groß, rund, in Bahnen gestuft, deren Zahl sieben ist - stimmen mit den äußeren Merkmalen des Berges der mittelalterlichen Dichtung überein. Daher liegt hier ein unausgesprochenes Zitat aus der Comedia vor. Fraglich ist, wofür der Läuterungsberg steht und was sein Sturz bedeuten soll.
   Ein paar Jahre nach der Katastrophe beginnt eine neue geschichtliche Epoche. Ein globales "gemeinsames Gesetz", **4/32**, wird den Weltfrieden verwirklichen wollen. <u>Der >Läuterungsberg< bezeichnet die politische und religiöse Ordnung, in deren Bahnen sich die für bußfertig und läuterungsbereit geltende Menschheit als ganze in der gemeinten Zeit bewegt.</u>
   Diese Ordnung wird nicht stabil sein. Es wird eine >neue Religion< geben, die dem Frieden des Weltstaat verpflichtet zu sein sich den Anschein gibt, **9/9**. Die Pax Romana des globalen Regimes endet im "Krieg" gegen die verbleibenden Anhänger der alten Religionen. Diese >hungern< dann, da ihnen die alte geistige Nahrung entzogen werden soll. Die alten Schriften, in denen sich Gott offenbarte, sollen durch die Überflutung mit der Propaganda der >neuen Religion< weggerissen werden, VH (40).
   Der Berg, Symbol der neuen Ordnung, "wird sich weithin wälzen", "weite Gebiete in den Abgrund stürzen" und sich so selbst zerstören. Der alles niederwalzende Läuterungsberg steht für die >Weltfriedensordnung< etwa zehn Jahre nach ihrer Ausrufung, **8/69**, wenn sich dieses Regime als offen totalitär entpuppen und alle Konkurrenten um die geistige Orientierung der Menschen gleichschalten oder beseitigen und so bildlich niederwalzen wird. Davon wird der Mittelmeerraum als Ort der antiken Zivilisation mitbetroffen sein sowie die katholische Kirche, **10/65**, die für den Seher eine "große Gründung" ist.

Centurie 8, Vers 19
A soubstenir la grand cappe troublee,
Pour l' esclaircir les rouges* marcheront,
De mort famille sera presque accablee.
Les rouges* rouges* le rouge* assomeront.
(Textfassung bei Benoist Rigaud, Lyon 1568)

Übersetzung:
Um den großen, in Aufruhr versetzten Ornat zu unterstützen,
um sein Ansehen zu heben, werden die Roten* marschieren.
Vom Tod wird (die) Familie fast überwältigt sein.
Die roten* Roten* werden den Roten* gefügig machen.

Kommentar zu 8/19:
Im AT ist das Bild von Gott als Bräutigam und Vater geläufig, der sich sein Volk zur Braut nimmt. Die aus diesem Volk erwählte Tochter wurde zur Mutter seiner >Familie< mit dem erstgeborenen Sohn Jesus Christus. Eine "Familie" ohne nähere Bestimmung meint in biblischem Kontext das Volk Gottes und neutestamentarisch die Christen.
   Diese Symbolik hat die Kirche auf sich bezogen. Gott bleibt Vater und Bräutigam, aber seine Braut ist nun die Kirche. Denn sie ist das >Gefäß, in welches das Evangelium gelegt wurde<. Sie wird zur >Mutter< der Gläubigen, indem sie ihnen das zum Glauben Nötige in Wort und Tat vermittelt und so Christus, den Sohn, in ihren Herzen gebiert und heranwachsen läßt. Die Gläubigen werden so zu Kindern Gottes und der >Mutter Kirche<. Das Erstrangige dieser Kinder ist der Papst. (>In Abwesenheit des Vaters< will er diesen vertreten und scheut vielleicht von daher die Anrede als >Heiliger Vater< nicht.) Die >Familie Gottes< sind also die Christen als Kinderschar der >Mutter Kirche<. Die "Familie" sind die katholischen Christen.
   Mit der Farbe rot kennzeichnet N. Menschen aufrührerischer Gesinnung, aber auch Kardinäle der katholischen Kirche wegen ihres roten Gewandes. Es sind demnach Kardinäle, die sich in Vz 2 in Bewegung setzen, um den Papst, der "in Aufruhr versetzt" ist, also in Schwierigkeiten steckt, zu unterstützen. Aber dieses Unternehmen scheitert, denn die >ganze Familie<, alle römischen Christen, wird "vom Tod überwältigt sein".
   Der letzte Papst wird eine sehr ehrgeizige Politik betreiben (großer Ornat), **6/93**. Er wird seine Kirche unter den vermeintlichen Schutz des >wiedergekommenen Heilandes< stellen und so ungewollt einem >Blutvergießen< Vorschub leisten. Die Kirche wird ihre Glaubensinhalte einbüßen und in diesem Sinne >verbluten<, **8/45**, wenn sie ein gewaltiger Bannstrahl trifft, **10/65**. Nicht wegen der Farbe seines Gewandes, sondern wegen seiner Politik, die dieses >Blutvergießen< heraufbe-schwört, wird hier der letzte Papst ein >Roter< genannt.
   Die "roten Roten" sind, dem Symbolwert der Farbe nach, Kardinäle, die sich gegen die Hierarchie bzw. gegen den Papst auflehnen. Sie haben anscheinend, wenn der Bannstrahl die Kirche trifft, keine Skrupel, "Blut und Substanz" der Kirche, **10/65**, preiszugeben und jene, die noch etwas davon bewahren wollen, gefügig zu machen, auf Linie zu bringen.

Centurie 8, Vers 69
Aupres du ieune se vieux ange baisser,
Et le viendra surmonter à la fin:
Dix ans esgaux aux plus vieux rabaisser,
De trois deux l' vn l' huitiesme seraphin.
(Textfassung bei Benoist Rigaud, Lyon 1568)

Übersetzung:
Im Vergleich zum jungen (Engel) wird der alte Engel sich senken und wird (doch) über ihn hinaus steigen am Ende.
Zehn Jahre gleichauf mit den ältesten (Engeln), sinken sie nieder, aus dreien zwei, (bleibt) der eine, (wenn) der achte Seraph (kommt).

Kommentar zu 8/69:
In Offb 16 gießen sieben Engel nacheinander sieben mit dem Zorn Gottes angefüllte Schalen über die Erde aus. In Offb 18 steigt ein anderer Engel herab - setzt man die Zählung fort, ist es der achte - , der dann den Fall Babylons verkündet. Babylon ist im NT ein Deckname für die römische Weltmacht, die dem alttestamentarischen Babylon durch ihre Feindschaft gegen das Gottesvolk glich. >Babylon< ist der >Ort des Unglaubens<, eines gottabgewandten Lebens und aller daraus erwachsenden weltlichen Mächte.

Deren Untergang vollzieht sich, wenn Weltgericht und Endzeit ihren Höhepunkt haben. (Die Endzeit ist die Zeit nach dem Auftreten Christi, Mk 115.) Erst nach dem "siebten Jahrtausend", VH (6), der Zeit von der Katastrophe bis zum Ende der alten Erde, kommt im >achten Jahrtausend< das Reich Christi, symbolisiert durch den achten Seraphen. Auf diese letzte Zeit der alten Erde bezieht sich also der Vers.

Die übrigen Engel stehen für die Weltreligionen, der "alte Engel" für das Christentum, der "junge (Engel)" für den Islam. Die "ältesten (Engel)" bedeuten die anderen, noch älteren Religionen, z.B. den Hinduismus und die jüdische Religion. Wendet man diese Gleichungen an, sind Aussagen ableitbar, die sich in das Gesamtbild des Geschehens einfügen und so die Schlüssigkeit dieser Deutung erweisen. Die Vorgänge in zeitlicher Folge:

1) Aufstieg des Islam und, im Verhältnis dazu, Rückgang des Christentums. Der Beginn des Aufstiegs des Islam war ab etwa 1980 zu erwarten, **1/48** Vz 1/2. Diese Ankündigung ist seit 1978/79 im Begriff, sich zu erfüllen, **8/70** (Bd.1). Ihren Höhepunkt wird sie nach der Katastrophe erreichen.

2) werden diese beiden Religionen zusammen mit den älteren Glaubensformen gleichberechtigt nebeneinander stehen. In der >Weltfriedensordnung< "wird sich das Alte stark behaupten", **4/32**, "zehn Jahre" lang.

3) wird der Weltstaat offen totalitär, die alten Kirchen und Glaubensgemeinschaften werden gleichgeschaltet, **1/68**. Die Kirchen dürfen das Evangelium nicht mehr lehren, **10/65**, die in christlichem Geist nach der Katastrophe errichteten Ordnungen werden wieder aufgehoben, **5/24**. Das ist hier gemeint, wenn es heißt, daß die Engel "niedersinken".

4) verkündet der achte Seraph den Fall Babylons, zu Babylon siehe oben. Der "alte Engel", der Geist der christlichen Religion, d.h. Christus, "wird am Ende über den jungen Engel", den Islam "hinaus steigen".

01/20 Tours, Orleâs, Bloys, Angiers, Reîs, & nâtes/ Cités vexées par
subit changement:/ Par langues* estrâges seront tendues tentes/
Fluues*, dards Renes, terre* & mer* trêblement*. (1555)
[Verfolgung der Altgläubigen im totalitären Weltstaat]
Tours, Orléans, Blois, Angiers, Reims und Nantes,/
Städte heimgesucht durch plötzliche Veränderung./
Durch fremde Zungen* werden Zelte errichtet werden,/
Flüsse*, Dolche (in) Rennes, Beben* auf Land* und Meer*.
4) N.m. dard Wurfspieß, Dolch.
Mit dem >Beben auf Land und Meer< ist ein Hinweis gegeben, daß es bei der "Heimsuchung" um die Religion geht. Das >Land< steht für den weltlichen, das >Meer< für den religiösen Bereich, 1/50. Das >Beben auf Land und Meer< bedeutet die politischen Erschütterungen durch den Bann gegen die alten Religionen, wie in 6/66, 9/83 u.a. Diese werden unerwartet eintreten, 5/65, eine "plötzliche Veränderung" bewirken. Sie wird zur Heimsuchung, wenn das Monopol der >neuen Religion<, 1/79, durchgesetzt werden soll. - Die Zelte deuten auf nomadische Eindringlinge, die weiterziehen wollen nach getaner Tat. Sie sprechen eine Sprache, die N. nicht versteht, vermutlich arabisch, 5/74, und sprechen auch in religiöser Hinsicht eine >andere Sprache< als die Christen, VH (29). Außer Reims und Rennes liegen alle genannten Städte an der Loîre. Aber es ist kein regional begrenztes Geschehen.
---> 5/70, 10/20 (Letzte Zeit der alten Erde)

02/70 Le dard du ciel* fera son extendue/ Mors en parlant:
grande execution./ La pierre* en arbre*, la fiere gent rendue,/
Brut (!), humain monstre, purge expiation. (1555)
[Komet, Kataklysmus/ POLLUX-JUPITER]
Der Speer des Himmels* wird sich ausbreiten,/
Tod (kommt) beim Sprechen darüber. Eine große Hinrichtung./
Der Stein* im Baum*, dem hochmütigen Volk wird heimgezahlt./
Rohes Menschenungeheuer, Sühne reinigt (es).
1) N.f. étendue Ausdehnung, Ausmaß > lat. v. extendere ausbreiten.
2) Lat. n.f. mors Tod. Oder es sind mor(t)s Tote gemeint.
Geschosse oder Raketen sind am Ort des Einschlags vorher nicht sichtbar. Aber über den "Speer des Himmels" wird gesprochen, wenn er "sich ausbreitet", er ist also sichtbar. Also können es keine Raketen sein, die Kernwaffen in ein Ziel tragen, wo dann alles vernichtet wird (Pfändler 1996 S. 177). Der "Speer des Himmels" könnte der von N. mehrfach erwähnte Komet sein. Kometen, die sich der Erde nähern, sind in der Zeit ihrer Annäherung mit dem bloßen Auge sichtbar. Der Komet, von dem N. spricht, wird der Erde sogar so nahe kommen, daß er dann wie eine "zweite Sonne" erscheint, 2/41, und so am natürlichen Himmel "sich ausbreiten". Durch das gewaltige Naturgeschehen, das er dann auslöst, werden viele Menschen umkommen. Darin eine "Hinrichtung" zu erkennen, ist die Deutung des Geschehens durch den Seher, für den der Weltenrichter am Zuge ist. In Wahrheit wird es aber ein Akt der Rettung sein. - Als >Baum< des Lebens wurde Christus aufgefaßt. An ihm können die Christen als Früchte zum ewigen Leben

heranreifen. Der >neue Weise<, **4/31**, der nach der Katastrophe erscheint, wird als >wiedergekommener Heiland< gefeiert werden, **1/95**. In und an d i e s e m >Baum< werden >Steine<, d.h. geistig Tote wachsen (Wertung N.s). Sie werden glauben, an der >Weisheit< ihres Meisters teilzuhaben, **3/67**. Wenn sich dessen >Weisheit< nach einigen Jahren voll entfaltet, wird er eine >neue Religion< erfinden und s i e als >Stein der Weisen< austeilen, auch an die Orientalen, **10/30**. Dem "hochmütigen Volk", das nach der Katastrophe die Europäer drangsaliert, werde dadurch "heimgezahlt", so deutet N. das Geschehen.

---> 10/20 (POLLUX-JUPITER)

03/20 Par les contrées du grand fleuue* Bethique/ Loing d' Ibere,
au regne de Granade,/ Croix repoussées par gens Mahumetiques/
Vn de Cordube trahira la contrade. (1555)
[Islamische Invasion Spaniens]
Durch die Gegenden des großen Flusses* Guadalquivir/
sind weithin durch Spanien bis zum Reich von Granada/
zurückgedrängt (die) Kreuze durch mohammedanische Leute./
Einer von Corduba wird das Abkommen verraten.
   1) Der Fluß Guadalquivir hieß zur Römerzeit fluvius Baetis.
   4) N.m. contrat reimbedingt abgewandelt zu contrade.

In Spanien lebten unter Karl V. und Philipp II. Christen und Muslime, aber Verträge über die politische Form dieses Zusammenlebens gab es nicht. Das Kreuz war auch nicht zurückgedrängt, es wurden umgekehrt unter Philipp II. (1556-98) die moriscos (Mauren) bedrängt. Unter Philipp III. wurden 1609 die letzten Muslime vertrieben, die sich nicht taufen lassen wollten. - Nach der Katastrophe werden Menschen in Nordafrika sich erheben, **6/54**, und auch nach Spanien vordringen, **1/73**. Es scheint, daß es ein Abkommen zwischen Spaniern und Eindringlingen geben wird. Weil es heißt, die Kreuze seien zurückgedrängt, könnte es eine Aufteilung der iberischen Halbinsel zum Gegenstand haben. Aber es wird nicht eingehalten, und zwar zu Lasten der Spanier; am Ende scheint das ganze Land in Händen der Eindringlinge zu sein, **5/14**.

04/20 Paix vberté long temps lieu (!) louera/ Par tout son regne desert
la fleur de lis*:/ Corps morts d' eau, terre la lon aportera,/
Sperans vain heur d' estre la enseuelis. (1555)
[Neue Erde]
Frieden, Fruchtbarkeit wird lange Zeit die Stelle einnehmen/
durch ihr ganzes verlassenes Reich (wird kommen) die Lilienblume*./
Leichname Ertrunkener, das Land wird die dort weithin anspülen,/
wo sie eine Zeit lang vergeblich hoffen, begraben zu werden.
   1) Mittelfr. n.f. uberté Fruchtbarkeit (fertilité), Reichhaltigkeit (fecondité).
   1)2) "Par tout son regne" ist Ortsbestimmung zu lieu louera ebenso wie zu la fleur de lis (viendra).

Eine lange Friedenszeit, in der "weite Landstriche unbewohnt" sind, weil sich die "Menschheit vermindert" hat, wird in 1/63 angekündigt. Dem entspricht hier das "verlassene Reich". Gemeint ist die Zeit der neuen Erde, auf die nur jene Menschen versetzt werden, die ihren Frieden mit Gott gemacht haben. Sie werden >große Früchte< ernten, **10/89**, d.h. sich Reichtum für die Ewigkeit erwerben. - Die >Lilienblume< wird dann über den Frieden wachen. Die stilisierten Lilien wurden im 14. Jahrhundert zum Hoheitszeichen des französischen Königs. Demnach wird es ein König französischer Herkunft sein, der das 1789 außer Kurs gekommene Wappen wieder führt. Es wird ein Bourbone sein, Sz 4. Er wird zum Herrscher von Deutschland und Frankreich gekrönt werden, **6/24**. - Ob die zweite Vershälfte mehr als unbedeutende Details bringt, ist noch nicht geklärt.

05/70 Des regions subiectes à la Balance*,/ Feront troubler les monts*
par grande guerre/ Captifz tout sexe* deu & tout Bisance,/
Qu' on criera à l' aube terre à terre. (1568)
[>Weltfriedensordnung</ Unterwerfung der Orientalen unter das globale Regime/ Unterdrückung der alten Religionen] (Kommentar S. 183)
**Regionen, der Waage* unterworfene,/
werden die Berge* in Aufruhr versetzen mit großem Krieg./
Gefangen beide Geschlechter* und ganz Byzanz,/
so daß man nach der Morgendämmerung rufen wird, Land neben Land.**
1) Mittelfr. v. subjecter unterwerfen (soumettre), unterjochen (subjuguer).
3) deu ist ein verstümmeltes deux.
4) Mittelfr. v. crier 1. öffentlich bekannt machen 2. eine Klage, einen Protest zu Gehör bringen 3. dringend bitten, fordern.
Loc. terre à terre 1. (von Personen oder Sachen) alltäglich, ohne herausragende Eigenschaften 2. (von Personen) materiell eingestellt, ohne Interesse für >Höheres< 3. (von Schiffen) aller terre à terre an Küsten entlangfahren. Mittelfr. loc. terre a terre ganz nahe, dicht nebeneinander.

06/20 L' vnion faincte sera peu de durée,/ Des vns changés
reformés la pluspart:/ Dans les vaisseaux* sera gent endurée,/
Lors aura Rome* vn nouueau liepart*. (1568)
[Religionen in der >Weltfriedensordnung</ Letzter Papst] (Kommentar S. 184)
**Die erheuchelte Vereinigung wird von kurzer Dauer sein,/
einige (Teilnehmer) gewandelt, neu formiert die meisten./
In den Schiffen* werden verhärtete Leute sein,/
dann wird Rom* einen neuen Leoparden* haben.**
3) Altfr. adj. enduré 1. gegen Ermüdung abgehärtet (endurci aux fatigues) 2. mutig, tapfer (courageux, vaillant).
Altfr. v. endurer 1. verhärten, verstockt machen (endurcir), ertragen, aushalten (supporter). Mittelfr. v. endurer ertragen, erdulden (tolérer).
4) Altfr. n.m. liepart Leopard (léopard), wildes Tier (bête sauvage). Mittelfr. liepart 1. Leopard 2. Symbol für England und die Engländer. Vgl. dazu das Glossar unter lyon (Löwe).
---> 5/70 (>Weltfriedensordnung<)
---> 8/20 (Letzter Papst)

06/70 Au chef du monde le grand Chyren* sera,/ Plus oultre apres
aymé, craint, redoubté:/ Son bruit & loz les cieux surpassera,/
Et du seul titre victeur fort contenté. (1568)
[Heinrich V.]
**An der Spitze der Welt wird der große Heinrich* sein,/
weit über seine Zeit hinaus geliebt, gefürchtet, respektiert./
Sein Ruhm und Ansehen wird in die höchsten Himmel steigen,/
und mit dem einzigen Titel "Sieger" (wird er) sehr zufrieden (sein).**
2) Mittelfr. adj. redouté Ausdruck des Respekts in Anreden,
oder gesagt von Persönlichkeiten hohen Ranges.
3) Bruit & los ist ein Hendiadyoin, wie in 1/50, 6/50.
Mittelfr. n.m. bruit 1. Name, Berühmtheit (renommée) 2. Ansehen (réputation), Ruhm (gloire) 3. Ehre (honneur).
Mittelfr. n.m. los, loz 1. Ruhm, Ehre 2. Lob (louange).
Daß Heinrich schließlich Erfolg haben wird in seinem Kampf für die Freiheit der Religion und für die Freiheit Europas, ist auch in 5/74 und 5/68 ablesbar. Er wird zum "christlichen König der Welt" werden, 4/77. Fraglich ist, ob mit der "Welt" die ganze Welt oder nur die Welt der antiken Zivilisation rund um den Mittelmeerraum gemeint ist (so Pfändler 1996 S. 470). Für letzteres spricht der räumliche Geltungsbereich der Centurien, wie er in VH (4) angegeben ist. Zudem heißt die ganze Welt französisch univers und nicht monde. Andererseits hat sich herausgestellt, daß die geographische Angabe in VH (4) nicht exklusiv zu verstehen ist. Historische Beispiele dafür: 3/1, 2/89, 2/99; andere Beispiele: 3/60, 8/74; bezogen auf Heinrich: 10/75. Vorläufiges Fazit: Sicher ist, daß die Herrschaft Heinrichs sich auf Europa erstrecken wird, 10/86, wahrscheinlich ist, daß er seine Aufgabe darin sehen wird, die Christen auf der ganzen Welt zu schützen, 10/75.

08/20 Le faux message par election fainte/ Courir par vrben
rompue pache arreste,/ Voix acheptees, de sang chapelle tainte,/
Et à vn autre l' empire contraicte. (1568)
[Kath. Kirche nach der Jahrtausendwende/ Letzter Papst]
**Die unwahre Nachricht über eine fingierte Wahl/
macht in der Stadt die Runde. Übereinkunft gebrochen, aufgelöst./
Stimmen gekauft, mit Blut die Kapelle beschmutzt,/
und für einen Anderen wird die Herrschaft erzwungen.**
2) Lat. n.f. urbs Stadt, davon der Akkusativ ist urbem.
Das lateinische Wort für Stadt und die "Kapelle" deuten daraufhin, daß es hier um eine Papstwahl in Rom geht. Denn in der päpstlichen Hauskapelle des Vatikan finden die Papstwahlen statt, und lateinisch ist die Amtssprache des Vatikan. Es geht das Gerücht, daß ein Wahlbetrug verübt oder eine gehaltene Wahl mit Rechtsmängeln behaftet sei oder auf zweifelhafter rechtlicher Grundlage beruhe. -   Dann kommt ein "Anderer" als der zunächst Gewählte an die Macht. Und bei dessen Wahl wird wirklich manipuliert, denn es werden "Stimmen gekauft" und dadurch "die Herrschaft erzwungen". Es kommt sogar zu Gewalttaten an hohen Würdenträgern der Kirche. -   Vorgänge dieser Art sind (in der Neuzeit) noch nicht bekannt geworden. Insbesondere Bluttaten wären aber aufgekommen, da die Wahl des Papstes auf erheb-

liches öffentliches Interesse stößt. Somit handelt der Vers von zukünftigen Ereignissen. Nahe der Jahrtausendwende wird zweimal eine Papstwahl stattfinden. Auf Johannes Paul II. folgt ein Interimspapst, "der zu den Widerspenstigen und Aufrechten gehört", **8/47**. Die Legitimität seiner Wahl wird, das ist hier abzulesen, umstritten sein. Seine Gegner werden das Gerücht streuen, bei seiner Wahl sei es nicht mit rechten Dingen zugegangen. N. erkennt, daß diese Gerüchte nicht stimmen (unwahre Nachricht), aber geglaubt werden. Nach dem baldigen Ableben des Umstrittenen, **10/12**, wird "ein Anderer", **8/93**, installiert werden.

---> 6/20 (Letzter Papst)

10/20 Tous les amys qu auront tenu party,/ Pour rude en lettres mys mort & saccagé,/ Biens publiez par fixe grand neanty,/ Onc Romain peuple ne feut tant outragé. (1568)
[JUPITER/ Zerstörung der katholischen Kirche/ >Neue Religion<]
All die Freunde, die mit von der Partie gewesen,/
wegen (eines) in Briefen Rücksichtslosen getötet und ausgeraubt./
Güter konfisziert durch festgelegte große Nichtigkeit./
Nie hat römisches Volk so schwere Kränkung erfahren.
1) Idiom tenir sa partie seine Rolle spielen.
2) Saccagé ist der falsche Numerus, wie oft.
3) Altfr. v. publier auch: versteigern (vendre à l' encan), > lat. publicare konfiszieren, dem Staat zueignen.
N.m. néant Nichts, Nichtigkeit hier reimbedingt abgewandelt.
Mittelfr. n.f. neanté 1. Elend (misère) 2. Niedrigkeit, Niederträchtigkeit (bassesse) 3. Unwürdigkeit (indignité).
In Vers **10/65** sind es Briefe (lettres), die Anordnungen eines "Strengen" (aspre) enthalten, der hier "rücksichtslos" (rude) genannt wird. Durch diese Verfügungen wird die römische Kirche einen "schrecklichen Einschnitt" erleiden. Danach steht sie als >Ruine<, d.h. ohne die alten Lehren da, **10/65**. - Die >neue Religion< wird sich des Geistesgutes der alten Religionen, besonders der christlichen und der islamischen, bemächtigen, die alten Lehren >plündern< (saccager) und für die eigenen Zwecke so umdeuten, wie sie sie brauchen kann, **9/9**. Diese >neue Religion< nennt N. eine "große Nichtigkeit". Er erkennt in ihr einen mit Phantasie verwandelten, **1/96**, mit Philosophie verrührten, **3/67**, ungenießbaren Eintopf aus den alten Glaubenslehren. - Der ihn serviert, wird ein Deutungsmonopol für die alten Lehren beanspruchen, **1/79**. Dieses wird ihm auch zugestanden werden, er wird als dafür "zuständig" angesehen werden, **1/27**. Es werden genaue "Vorschriften" ergehen, was von nun an geglaubt werden soll, **8/28**. Man wird keine Spielräume lassen, die >neue Religion< ist eine "f e s t g e l e g t e große Nichtigkeit" (fixe grand neanty). - Die Katholiken, die Rom in der gemeinten Zeit treugeblieben sind, bilden das "römische Volk". "All die Freunde, die mit von der Partie gewesen" sind, nennt N. die ihrer Kirche in den Untergang folgenden Katholiken im Ton distanzierten Bedauerns. Die "schwere Kränkung" ist die Zumutung, den alten Glauben und damit die geistige Heimat aufzugeben.

---> 1/20, 5/70 (Letzte Zeit der alten Erde)

Centurie 5, Vers 70
Des regions subiectes à la Balance*
feront troubler les monts* par grand guerre.
Captifs tout sexe* deu & tout Bisance,
Qu' on criera à l' aube terre à terre.
(Textfassung bei Benoist Rigaud, Lyon 1568)

Übersetzung:
Regionen, der Waage* unterworfene,
werden die Berge* in Aufruhr versetzen mit großem Krieg.
Gefangen beide Geschlechter* und ganz Byzanz,
so daß man nach der Morgendämmerung rufen wird, Land neben Land.

Kommentar zu 5/70:
Völker als ganze sind bei N. wie in der Bibel weiblich. Mit den "beiden Geschlechtern" sind die Völker als >Damen< und die Fürsten als ihre Herren gemeint, 5/60 (Bd.1). "Gefangen" waren die Völker und ihre Oberen im alten Kaiserreich niemals. Die Fürsten hielten auf ihre >Libertät<, der Kaiser war schon zu N.s Zeiten schwach. Weder das Kaiserreich noch die europäischen Kolonialreiche noch die kurzlebigen Imperien Napoléons und Hitlers haben jemals "Byzanz", d.h. den Orient vereinnahmen können - die einstige Hauptstadt des osmanischen Reiches steht hier für den Orient im ganzen. Daraus folgt, daß der Vers noch nicht erfüllt ist.
  Die Begriffe Balance und Libra bedeuten bei N. eine gleichermaßen >von oben<, d.h. von Gott, wie >von unten<, d.h. von den Menschen ihre Legitimation herleitende Ordnung, 4/50 (Bd.1).
  An der >Weltfriedensordnung< werden die Völker freiwillig teilnehmen, weil sich darin das Alte, politische Systeme wie Religionen, zunächst gut wird behaupten können, 4/32. Die >Weltfriedensordnung< wird ein von den Menschen durch Wahlen legitimiertes System sein und gleichermaßen ihre Legitimation aus der Verpflichtung auf Gottes Friedensgebot herleiten. Die >Balance< bedeutet den Anschein dieser doppelten Legitimation. Daher wird nach einigen Jahren ein Mann an die Spitze gewählt werden, 8/41, der politisches Renommee und religiöse Autorität auf sich vereint, 1/29, über die Grenzen einzelner Religionen hinaus, 10/28.
  Er wird später eine >neue Religion< erfinden, 1/45, die ein Monopol beanspruchen wird, 1/79. Der >neue Heilige<, 10/30, wird auch "den Größten" - den Machthabern der größten Nationen - "den Fuß auf die Kehle setzen", 8/41, und sie unterwerfen können, weil diese sich zuvor auf die neue Ordnung verpflichtet hatten. So erklärt es sich, daß die Machthaber und ihre Völker "gefangen", d.h. zur Durchsetzung der >neuen Religion< angehalten sein werden. Das wird auch für die Orientalen gelten, 10/30.
  An dem Anspruch der >neuen Religion<, den Bereich der Religion zu monopolisieren, wird sich Streit entzünden zwischen ihren Anhängern und den Altgläubigen, 1/79. Die >Berge<, traditioneller Wohnsitz der Götter, bedeuten allegorisch die Götter selbst. In dem "großen Krieg", der dann "die Berge in Aufruhr versetzt", d.h. die >alten Götter< erschüttert, wird das globale Regime die vollständige Verdrängung der alten Religionen zum Ziel haben.
  In dieser geistigen Nacht werden die Gott treu Bleibenden nach der >Morgendämmerung< Ausschau halten, welche die neue Erde ankündigt.

Centurie 6, Vers 20
L' vnion faincte sera peu de durée,
Des vns changés reformés la pluspart:
Dans les vaisseaux* sera gent endurée,
Lors aura Rome* vn nouueau liepart*.
(Textfassung bei Benoist Rigaud, Lyon 1568)

Übersetzung:
Die erheuchelte Vereinigung wird von kurzer Dauer sein,
einige (Teilnehmer) gewandelt, neu formiert die meisten.
In den Schiffen* werden verhärtete Leute sein,
dann wird Rom* einen neuen Leoparden* haben.

Kommentar zu 6/20:
Rom ist das Zentrum einer Kirche, die bei N. auch als >Fischerboot< erscheint, **1/4**. Daher stehen die im selben Satz erwähnten >Schiffe< hier für Glaubensgemeinschaften. Die alten Religionen werden in der nach der Katastrophe sich etablierenden >Weltfriedensordnung< zunächst willkommen sein, **4/32**. Auf die Ziele dieser Ordnung, insbesondere den Weltfrieden verpflichtet, werden sie in dieser gemeinsamen Verpflichtung vereint sein (Vereinigung).
  Die Ideologie der >Friedensordnung<, besonders aber die Lehren eines >neuen Weisen<, **4/31**, werden große Anziehungskraft ausüben. Parallel zum politischen Wandel der Weltordnung, **4/21**, werden auch die alten Religionen sich "wandeln". Ihre Ursprünge werden in den Hintergrund treten zugunsten ihres gegenwärtigen Beitrages zu der himmelstrebenden neuen Weltordnung, **1/69**.
  Die Vertreter dieses globalen Regimes werden die Fortexistenz der alten Religionen garantieren, **4/32**. Aber dieses Versprechen werde von vornherein nicht ernst gemeint sein (erheuchelte Vereinigung).
  "Verhärtete" oder "verstockte Leute" nennt N. die Oberpriester der alten Religionen, weil sie der Politik das Primat geben. So tragen sie dazu bei, daß die Zelebranten der neuen Ordnung schließlich die alten Glaubenslehren als Opfer auf deren Altar fordern können. Die alten Kirchen sind dann zu >Vestalinnen<, **4/35**, d.h. zu Dienerinnen im Kult des Weltstaats geworden. Daran werden sie nach wenigen Jahren zugrundegehen, nur darin wird ihre Gemeinsamkeit dann noch bestehen, **6/61**.
  Papst Leo I. war für seine Zeitgenossen ein Großer wegen seines Mutes. Er ging zum Hunnenkönig Attila, als dessen Reiterscharen Europa verwüsteten und ein Marsch auf Rom zu befürchten war. Später wurde ihm seine Verhandlungsbereitschaft manchmal als Unterwerfung ausgelegt. Es scheint, daß N. den Gemeinten als unterwerfungsbereiten Überläufer kennzeichnen will, **6/98 Vz 1**. Papst Leo der Große war das nicht, gab den Glauben nie auf. Dennoch könnte diese Kennzeichnung zutreffen, obwohl sie auf einem historisch unzutreffenden Vergleich beruht.
  Die letzte Vz würde dann bedeuten, daß der letzte Papst angesichts einer Bedrohung seiner Kirche auf Verhandlungen mit denen setzt, von denen die Bedrohung ausgeht. Im Unterschied zu der äußeren Gefahr durch Hunnen und Vandalen zu Papst Leos Zeiten wird in seiner Zeit aber der Glaube selbst bedroht sein. Verhandlungen auf diesem Gebiet seien nicht angebracht, gibt N. zu verstehen.

Gruppe 21 - 71

01/21 Profonde argille blanche* nourrir rochier*,/ Qui d' vn abysme
istra lacticineuse*,/ En vain troubles ne l' oseront toucher/
Ignorants estre au fond terre* argilleuse. (1555)
[POLLUX] (Kommentar S. 191)
Tiefen weißen* Ton nährt (ein) Felsen*,/
der aus einem Abgrund hervorgehen wird milchspeiseartig*./
Vergebens verwirrt, werden sie nicht wagen, ihn zu berühren,/
nicht wissend, daß sie im Grunde Tonerde* sind.

1) Es könnte auch argille blanche Subjekt und der rochier Objekt sein: "Tiefer weißer Ton nährt (einen) Felsen". Aber der Fels ist es, der in Vz 2 das Attribut milchspeiseartig erhält, und daher ist die o.a. Übersetzung die richtige.
2) Mittelfr. v. istre, issir 1. herausgehen, hervorkommen (sortir) 2. herauslassen (faire sortir), entweichen lassen (laisser échapper) 3. kommen (venir), abstammen von (descendre de) > lat. exire.
Mittellat. n.n. lacticinium Milchspeise.
4) N.f. argile Tonerde, Lehm, adj. argileux tonerdehaltig.
Loc. au fond >im Grunde<, d.h. in Wahrheit betrachtet.
Der Infinitiv estre steht für einen Nebensatz mit que, korrekt hätte es heißen müssen: "Ignorants d' estre ...".
---> 3/21, 4/21, 10/71 (POLLUX)

03/21 Au crustamin par mer* Hadriatique/ Apparoistra vn
horride poisson*,/ De face humaine, & la fin aquatique,/
Qui se prendra dehors de l' amecon. (1555)
[POLLUX] (Kommentar S. 192)
Beim (Fluß) Conca über (das) adriatische Meer*/
wird erscheinen ein grausiger Fisch*/
mit menschlichem Antlitz und fischigem Schwanz,/
der sich herausfangen (lassen) wird an der Angel.

1) Das Wort crustamin gibt es nicht. Pfändler (1996 S. 214) schlägt den Fluß Conca vor, der südlich von Rimini in die Adria mündet. Er hieß lateinisch Crustumium. Daß dieser Fluß in das "adriatische Meer" fließt, spricht für ihn.
4) Altfr. n.m. amecon Angel (hamecon).
Mittelfr. v. refl. se prendre a kann bedeuten: sich anhängen an (s' attacher à). Modern kann v. refl. se prendre bedeuten: sich verfangen (s' accrocher). Vom Bild her kann ein Fisch sich nicht selbst fangen, daher wird oben das "lassen" ergänzt.
---> 1/21, 4/21, 10/71 (POLLUX)

04/21 Le changement sera fort difficile:/ Cité*, prouince au change
gain fera:/ Cueur haut, prudent mis, chassé lui habile./
Mer*, terre*, peuple son estat changera. (1555)
[>Weltfriedensordnung</ POLLUX-JUPITER]
(Kommentar S. 193)
Die Verwandlung wird sehr schwierig sein./
Stadt* (und) Provinz werden beim Wandel gewinnen./
(Ein) Hochgesinnter, Umsichtiger (wird) eingesetzt,
     verjagt, wer ihm taugte./
Meer*, Land*, Volk wird sein Staat verwandeln.
   3) N.m./ adj. prudent bedacht > lat. prudens > pro-videns = vorausschauend, umsichtig Gefahren meisternd.
---> 6/21, 10/71 (>Weltfriedensordnung<)
---> 10/71 (POLLUX-JUPITER)

04/71 En lieu d' espouse* les filles trucidées,/ Meurtre à grand faulte
ne sera superstile:/ Dedans le puys* vestules* inondées*,/
L' espouse* estaincte par hauste d' Aconile. (1568)
   Textvariante: "...d' Aconite" (Ed. d' Amsterdam 1668)
[Zerstörung der katholischen Kirche] (Kommentar S. 194)
Anstelle der Ehefrau* werden die Töchter ermordet,/
(der) Mord wird ganz vergeblich, (doch) kein abergläubischer sein./
In dem Brunnen* (werden) Vestalinnen* überflutet*,/
die Ehefrau* ausgelöscht durch (einen) Schluck vom Gifttrank.
   2) Adj. superstitieux abergläubisch > lat. n.f. superstitio Aberglauben. Mittelfr. n.f. superstition auch: Abgötterei (religion des idolâtres), Kult falscher Götter (culte des faux dieux). Der Wortausgang -stile könnte dazu eine eigene Bedeutung haben, die noch nicht verstanden ist.
   Mittelfr. n.f. faute 1. Mangel, Abwesenheit, Fehlen (manque, absence, défaut) 2. avoir faute de benötigen (avoir besoin de) 3. a faute vergeblich (en vain). A grand(e) faute kann auch bedeuten: ".. bei großer Schuld.."
   3) Vestules dürfte ein verschriebenes Vestales sein.
   4) Mittelfr. v. eteindre 1. ersticken, totschweigen (étouffer) 2. sterben (mourir), töten (faire mourir)
   Lat. n.m. haustus das Schöpfen, Geschöpftes, Trunk.
   Lat. n.n. aconitum 1. Eisenhut (giftige Pflanze) 2. Gift.
---> 4/71, 7/21, 8/21, 9/71, 10/71 (Letzte Zeit der alten Erde)

05/71 Par la fureur d' vn qui attendra l' eau*,/ Par la grand raige tout
l' exercite esmeu:/ Chargé des nobles à dix-sept bateaulx,/
Au long du Rosne, tard messagier venu. (1568)
[Unterdrückung der alten Religionen/ Krieg um die Freiheit
der Religion/ Heinrich V.]
**Durch die Wut von einem, der nach Wasser* streben wird,/
durch den großen Ungestüm (wird) das ganze Heer erregt./
Beauftragt von Edlen auf siebzehn Kähnen,/
(ist) die Rhone weit hinauf spät ein Bote gekommen.**
1) Mittelfr. v. attendre 1. streben nach (tendre à) 2. betrachten (considérer) 3. aufrecht halten (soutenir), unterstützen (supporter).
Zum >Wasser< s. das Glossar unter mer.
2) Lat. n.m. exercitus Heer, Kriegsheer.
Das Wort Gottes ist das >lebendige Wasser<, von dem Christus am Jakobsbrunnen spricht, Joh 4. Dieses >Wasser< wird in der letzten Zeit der alten Erde nicht mehr zugelassen sein, VH (44). Das >Streben nach Wasser< bedeutet, daß die Freiheit des Glaubens und der Verkündigung des Evangeliums wiederhergestellt werden soll. - Die "Wut des einen" entzündet sich an der blutigen Unterdrückung des christlichen Glaubens, 9/80. Es dürfte der spätere Heinrich V. sein, der dann militärisch gegen die Unterdrücker vorgeht. Er wird das "fremde arabische Volk hinausjagen", 5/74, "mit großer Wut den Barbaren verderben wollen", 5/13. - In 6/59 (Bd.3) erleiden "siebzehn" ein Martyrium, nachdem ein >Ehebruch< bekannt wurde. Die "Edlen" oder "Adligen", die irgendwelchen Gemeinden vorstehen (>Kähnen<), sind auch "siebzehn". Mehr kann man dazu noch nicht sagen.
---> 4/71, 8/21, 7/21, 9/71, 10/71 (Letzte Zeit der alten Erde)

06/21 Quant ceux du polle artiq vnis ensemble,/ En Orient grand effraieur & crainte:/ Esleu nouueau, soustenu le grand tremble*,/ Rodes, Bisance de sang* Barbare taincte. (1568)
[Unterwerfung der Orientalen unter das globale Regime/ >Weltfriedensordnung</ JUPITER]
**Wenn die vom arktischen Pol vereint sind miteinander,/
(herrscht) im Orient großer Schrecken und Furcht./
Gewählt (wird) ein Neuer, erhalten (bleibt) das große Beben*./
Rhodos, Byzanz mit barbarischem Blut* beflect.**
1) Adj. arctique arktisch hier verstümmelt zu artiq.
Der "arktische Pol" gibt zunächst eine Himmelsrichtung an, könnte aber auch anders gemeint sein. Über dem nördlichen Pol steht das Sternbild des großen Bären (Arctos), dessen Gestirne am höchsten stehen und gewissermaßen auf alle anderen herabschauen. Sie gehen auch nicht wie äquatornähere Sterne unter. So könnten mit "denen vom arktischen Pol" irdische Mächte gemeint sein, die dem Auf und Ab des geschichtlichen Wandels weniger als andere unterworfen sind oder scheinen. In 6/58 scheint es, daß zwei weit voneinander entfernte Mächte, wohl USA und China, nach der Katastrophe noch übrig sind. - Mit der Eintracht beider wird es aber nicht weit her sein, vielmehr wird "große Rivalität" beider Verhältnis prägen, 6/58. Nur in ihrer Haltung gegenüber

dem aufstrebenden, sich Europas bemächtigenden Islam scheinen sie übereinzustimmen: In 6/58 sind sie über die Gefangenschaft von anscheinend heimatvertriebenen Menschen "auf den Inseln" gleichermaßen empört. In 5/78 fügen sie der "barbarischen Statthalterschaft" des islamischen Reiches, das sich nach Europa vorgeschoben hat, "von z w e i Seiten" Verlust zu. D a h e r herrschen hier im Orient "großer Schrecken und Furcht". -   Der "Neue", der dann später gewählt wird, könnte der neue religiöse Führer sein, von dem es auch in 8/41 heißt, daß man ihn wählen wird. Das Angstbeben im Orient bleibt unter dem "Neuen" erhalten. Denn seine Politik wird darauf abzielen, das "grausame und stolze Volk" zu unterwerfen, was ihm auch "mit Geschick" gelingen wird, 2/79. -   Diese Deutung ist mit Vorsicht zu behandeln, vieles ist ungesichert.
---> 4/21, 10/71 (>Weltfriedensordnung<)
---> 4/21, 7/21, 9/71, 10/71 (JUPITER)

07/21 Par pestilente* inimitié Volsicque,/ Dissimulee chassera
le tyran:/ Au pont de Sorgues se fera la traffique/
De mettre à mort luy & son adherant. (1568)
[Zerstörung der katholischen Kirche/ JUPITER]
**Durch die seuchenartige* Feindschaft der Volsker,/
heuchlerisch verheimlicht, wird Jagd machen der Tyrann./
Auf der Brücke von Sorgues wird der Handel zur Ausführung kommen,/
ihn und seinen Anhänger zu töten.**
1) Lat. adj. pestilens 1. verpestet, verseucht 2. unheilvoll.
Zu >Seuche< s. das Glossar unter peste.
Volsicque ist gebildet in Anlehnung an lat. adj. Volscus volskisch.
3) Mittelfr. n.m. trafic 1. Handel mit Gütern (commerce de marchandises) 2. (pejorativ) Gewinn, den man aus bestimmten Dingen zieht (profit que l' on tire de certaines choses).
Die "seuchenartige Feindschaft" macht klar, daß hier eine geistige >Ansteckung< gemeint ist, 8/21. In 6/98 werden >Volsker< erwähnt im Zusammenhang mit einer >Seuche< und der >Plünderung< von Kirchen und Moscheen. Dann tritt eine >neue Religion< in Erscheinung, die sich im Fundus der alten Religionen bedient, diese >plündert<, **1/30, 6/10**. Daher gehören beide Volsker-Verse in die letzte Zeit der alten Erde, wenn die Anhänger der alten Religionen verfolgt werden. -   Der Unterschied zwischen dem Glauben der Tradition und dem >neuen Glauben< wird "heuchlerisch verheimlicht". Die >Volsker<, die zur >neuen Religion< konvertierten Christen, 6/98, tun so, als gäbe es keinen Unterschied, keinen Gegensatz und also auch keine "Feindschaft". Der vorhandene Unterschied wird kleingeredet im Dienste der >Jagd< eines Tyrannen. Es dürften die Anhänger der >neuen Religion< sein, die Jagd machen werden auf jene, die sich widersetzen. -   Sorgues ist ein kleines Nest bei Avignon. Was da geschieht, bleibt offen.
---> 4/71, 5/71, 8/21, 9/71, 10/71 (Letzte Zeit der alten Erde)
---> 4/21, 6/21, 9/71, 10/71 (JUPITER)

08/21 Au port* de Agde trois fustes* entreront/ Portant l' infect*
non foy & pestilence*/ Passant le pont* mil milles embleront/
Et le pont* rompre a tierce resistance. (1568)
[Ausbreitung der >neuen Religion</
Zerstörung der katholischen Kirche]
In den Hafen* von Agde werden drei Schiffe* einlaufen,/
sie bringen die Ansteckung*, Unglauben und Pestilenz*./
Das Meer* überquerend, werden sie Millionen abspenstig machen,/
und die Brücke* zerschmettern bei der dritten Gegenwehr.

   1) Agde ist ein franz. Mittelmeerhafen mitten im Golf von Lyon.
   Mittelfr. n.f. fuste 1. Stück Holz (pièce de bois) 2. Balken
   (poutre) 3. Hochwald (futaie) 4. langes Schiff mit niedrigem
   Bord (long bateau de bas bord). > lat. fustis Knüppel, Knute.
   3) Mittelfr. v. embler 1. rauben, mit Gewalt wegnehmen (ravir,
   enlever par violence) 2. stehlen (voler), entwenden, entreißen
   (dérober). Hier wird das Wort im übertragenen Sinn verwendet:
   >hinreißen<, begeistern, und eben dadurch dem alten Gott
   wegnehmen, ihm abspenstig machen.
   4) Mittelfr. v. rompre 1. schlagen, besiegen, in die Flucht
   schlagen (battre, vaincre, mettre en déroute) 2. zerbrechen,
   zerschmettern (briser).

Die Zuordnung zur Zeit der Unterdrückung des christlichen Glaubens
ergibt sich hier aus der Kennzeichnung der Gegenwehr als der "dritten".
Beim >dritten Mal< wird >die Brücke< des >Schiffes<, gemeint ist wie in
5/31 die Führungsebene der katholischen Kirche, "zerschmettert", d.h.
g ä n z l i c h zugrundegerichtet. Das >dritte Mal< ist in der zeitübergreifenden Perspektive des Sehers, wie in **6/54**, die nach der französischen Revolution und dem Ansturm des Islam auf Europa dritte und
machtvollste Bedrängung der Kirche und des christlichen Glaubens durch
die militante Kirche des Weltstaats. -   >Ansteckung<
und >Pestilenz< bedeuten die g e i s t i g e Ansteckung durch die
synkretistische >neue Religion<, wie in **8/62** und **1/52**, was sich hier aus
dem eingeschobenen "Unglauben" ergibt. >Unglaube< bedeutet vor dem
Wertungshorizont des Sehers, daß eine andere als die christliche
Religion nach Europa vordringt und offenbar sehr viele Anhänger findet,
denn "sie werden Millionen abspenstig machen". -   Von Agde
geht auch in **4/94** (Bd.3) eine Verseuchung aus.

   ---> 4/71, 5/71, 7/21, 9/71, 10/71 (Letzte Zeit der alten Erde)

09/71 Aux lieux sacrez animaux veu à trixe,/ Avec celuy qui
n' osera le iour*:/ A Carcassonne pour disgrace propice/
Sera posé pour plus ample seiour. (1568)
[Letzte Zeit der alten Erde/ JUPITER]
**An geweihten Orten Tiere zu sehen im Fell/
mit jenem, der das Tageslicht* scheut./
In Carcassonne, Gnade des Unglücks,/ wird er sich einrichten
zu einem viel ausgedehnteren Aufenthalt.**
1) Mittelfr. n.m. animal Lebewesen ohne Intelligenz (être
dépourvu d' intelligence), Dummkopf (sot).
Das Wort trixe gibt es im Franz. nicht. Griech. thrix Haare, bei
Tieren deren Wolle, Borsten, Mähne, Schweif.
2) Wörtlich: "mit jenem, der nicht den Tag wagen wird".
3) Adj. propice gnädig, günstig, n.f. disgrace Ungnade.
Wörtlich also: "wegen gnädiger Ungnade".

In 8/90 wird "ein gehörntes Rind am Ort des Heiligen gesehen". Gemeint ist, daß der Begründer der >neuen Religion< alias >Jupiter< alias >Zeus< (Rind), der später zum Weltherrscher aufsteigt (gehörnt), jene Verehrung beanspruchen wird, die allein Gott zusteht, **10/71.** An den alten "heiligen Orten" wird die Gottheit verehrt, wie sie sich durch die Propheten der alten Glaubensformen offenbarte. Dorthin stellen sich nun "Tiere im Fell" worin mit Pfändler (1996 S. 694) die falschen Propheten zu erkennen sind, die als Wölfe im Schafspelz kommen, Matth 7₁₅. >Das< Tier wurde in **3/44** als Bild für das Subjektive gedeutet, das sich selbst vergottet und bei >Tageslicht<, im Licht der Wahrheit nämlich, als dieses erkennbar wird. - Die widersprüchliche Wertung in Vz 3 ist so zu erklären, daß N. die Vorgänge anders beurteilt als viele der daran beteiligten Zeitgenossen. Es nimmt jemand Aufenthalt, was offiziell als große Gnade gelten wird, aber N. erkennt, daß der Betreffende sich dann als ungnädig erweist.
---> 4/71, 5/71, 7/21, 8/21, 10/71 (Letzte Zeit der alten Erde)
---> 4/21, 6/21, 7/21, 10/71 (JUPITER)

10/71 La terre* & l' air* gelleront* si grand eau*,/ Lors qu' on viendra
pour ieudi* venerer,/ Ce qui sera iamais ne feut si beau,/
Des quatre pars le viendront honorer. (1568)
[JUPITER/ >Weltfriedensordnung</
Unterdrückung der alten Religionen] (Kommentar S. 195)
**Die Erde* und die Luft* werden ein sehr großes Wasser* vereisen*
lassen,/ wenn man kommen wird, um Jupiters* Tag zu verehren./
Der, welcher so schön sein wird, wie niemals einer gewesen ist - /
aus vier Richtungen werden sie kommen, ihn zu ehren.**
1) Zu dem >sehr großen Wasser< s. das Glossar unter mer.
2) N.m. jeudi Donnerstag > lat. Iovis dies Jupiters Tag.
---> 4/21, 6/21, 7/21, 9/71 (JUPITER)
---> 4/21, 6/21 (>Weltfriedensordnung<)
---> 4/71, 5/71, 7/21, 8/21, 9/71 (Letzte Zeit der alten Erde)

Centurie 1, Vers 21

Profonde argille blanche* nourrir rochier*,
Qui d' vn abysme istra lacticineuse*,
En vain troubles ne l' oseront toucher
Ignorants estre au fond terre* argilleuse.
(Urfassung bei Macé Bonhomme, Lyon 1555)

Übersetzung der Urfassung:
Tiefen weißen* Ton nährt (ein) Felsen*,
der aus einem Abgrund hervorgehen wird milchspeiseartig*.
Vergebens verwirrt, werden sie nicht wagen, ihn zu berühren,
nicht wissend, daß sie im Grunde Tonerde* sind.

Kommentar zu 1/21:
Es soll um die Erfindung des Porzellans gehen, aber dabei wird nicht erklärt, was es mit dem Abgrund auf sich hat und was der Felsen bedeuten soll.

Der "Fels Israels", Gen 49.24, ist der Gott der Israeliten, der Bergung und Zuflucht bietet, und auf dessen Beständigkeit man "sein Haus bauen" kann, Matth 7.24. Die frühen Christen erkannten in Christus den geistlichen Felsen, von dessen Quell sie tranken und der ihnen folgte, 1 Kor 10.4. Das Bild des nährenden Felsens weist also hin auf Gott und den Mann, in dem Gott anschaubare Gestalt geworden ist, Joh 14.9.

Von diesen Vorbildern kommt das alchemistische Bild vom nährenden Mutterfelsen, der petra genetrix, die den vollkommenen Androgyn hervorbringen sollte, der die Dualität der Welt überwunden hat. Der Androgyn bedeutet in **2/45** den >neuen Heiligen<, **10/30**. Dieser Mann wird den Menschen, die durch die Erfahrung des "Abgrundes", d.h. der Katastrophe gegangen sind, sich als >Felsen<, d.h. als rettende Zuflucht anbieten.

Er "wird aus einem Abgrund milchspeiseartig hervorgehen". Simon Petrus forderte seine Zuhörer auf, zum Herrn "als zu dem lebendigen Stein" zu kommen und "als neugeborene Kinder nach der unverfälschten, geistigen Milch" zu verlangen, "damit ihr durch sie heranwachst und das Heil erlangt", 1 Petr 2.2. Paulus mußte sich bei den Hebräern auf >Milch<, d.h. die Anfangsgründe des Glaubens beschränken und tadelte sie dafür, Hebr 5.12. N. erkennt die den >Felsen< verehrenden Menschen als >Kinder im Glauben<, geistige Säuglinge, aufnahmebereit, doch kein eigenes Urteil.

Der Abgrund ist Sinnbild für den Absturz der technischen Zivilisation, und am Grunde seiner Tiefe finden die Überlebenden sich wieder als >Tonerde<, beliebig formbar in ihrer Gestaltlosigkeit. W e i ß e r Ton ist es, der seiner Bearbeitung harrt, die Menschen werden sich für geläutert halten. Sie suchen ihren Gott, nähren nun aber ihrerseits den >Felsen<, der sich aus dem Abgrund erhebt, indem sie ihre Hoffnungen an die Person des >neuen Heiligen< knüpfen.

Die Menschen werden in ihrer Mehrzahl orientierungslos sein (verwirrt). Das könnte ihnen helfen, wird es aber anscheinend nicht (vergebens). Sie werden nicht wahrhaben wollen, daß sie fast beliebig formbar sind, Vz 4. Daher wird es dem >Felsen<, der sich zum "Formgeber" berufen fühlt, **9/12**, leicht werden, sie nach seinem Willen zu modellieren.

In die Verehrung, die man ihm dann später überall entgegenbringt, **10/71**, wird sich Ehrfurcht mischen, denn "sie werden nicht wagen, ihn zu berühren", sich ihm zu nähern. Gemeint ist, daß die Menschen ungeprüft für wahr halten werden, was er zu sagen hat.

Centurie 3, Vers 21

Au crustamin par mer* Hadriatique
Apparoistra vn horride poisson*,
De face humaine, & la fin aquatique,
Qui se prendra dehors de l' amecon.
(Urfassung bei Macé Bonhomme, Lyon 1555)

Übersetzung der Urfassung:
Beim (Fluß) Conca über (das) adriatische Meer*
wird erscheinen ein grausiger Fisch*
mit menschlichem Antlitz und mit fischigem Schwanz,
der sich herausfangen (lassen) wird an der Angel.

Kommentar zu 3/21:
Das ist kein kurioser Vorfall, sondern es ist die Landung eines Menschen am Ufer der Adria gemeint, die N. mit Symbolen kennzeichnet.
   Ein Zwitterwesen, halb Mensch, halb Fisch, wird aus dem Meer gefangen, und es graust den Seher vor ihm. In 1/29 wird ein Fisch, der wasser- und landtauglich ist, ans Ufer getragen, und auch dort erscheint er "schrecklich".
   Das Meer, altes Sinnbild des Schöpfungsgrundes, steht bei N. für den religiösen Bereich im allgemeinen, seine Oberfläche für die Religion der im irdischen Leben >Aufgetauchten<, soweit sie als ausgeübte Religion in Erscheinung tritt. Fische bedeuten seit Urzeiten den Reichtum, den die Götter schenken können. Ihr Erscheinen am Meeresstrand galt als glückbringendes Zeichen. In der biblischen Erzählung von Jona ist der Walfisch, der den ungehorsamen Propheten verschlingt und ihn auf Geheiß Gottes am Ufer des Festlandes wieder ausspeit, Werkzeug und Mittler neu geschenkten Lebens, der Auferstehung. Der Fisch war das Symbol der getauften, im Geist wiedergeborenen Christen, Joh 35. Christus selbst wurde als >Fisch<, als geistiges Nahrungsmittel aufgefaßt (Forstner/Becker 1991 S. 252 ff.)
   Der >Fisch mit menschlichem Antlitz< ist der >wiedergekommene Christus<, 1/95. Er wird dem >Meer<, d.h. dem religiösen Bereich entstammen, das sagt die Fischmetapher. Aber der Gemeinte wird Zuständigkeit auch für >das Land<, den weltlichen (politischen) Bereich beanspruchen, das sagt die Landtauglichkeit, 1/29, dieses >Fisches<.
   Mit der Wiederkunft Christi verbindet die biblische Apokalyptik das jüngste Gericht, das der Wiedergekommene halten und das Gottesreich, das er anschließend errichten werde. Das >Auswerfen der Angelschnur im Meer<, dem Bereich der Religion, bedeutet die aktive Suche der Menschen nach dem >Fisch<, als welcher dereinst Christus den Christen galt. Wer ihn >an Land ziehen< will, plant a u f   E r d e n das Gottesreich zu errichten.
   Durch sein Verhalten wird sich der Gemeinte >an Land ziehen< lassen. D.h. er wird vielen Christen als wiedergekommener Christus gelten, gekommen, um >sein< Erlösungswerk zu vollenden, das Gottesreich auf Erden zu errichten.
   Angesichts des Mißbrauchs der christlichen Religion durch einen gänzlich Unbefugten graust es den Seher. Aber nicht wenige werden diesen Mann für eine Erscheinung der angenehmen Art halten, 1/29.
   Die Adria ist keine Metapher. Wenn es zutrifft, daß mit crustamin der Fluß Conca gemeint ist, würde der Landungsort des >Fisches< südlich von Rimini liegen, wo dieser Fluß in die Adria fließt. Dazu paßt es, daß, wohl etwas später, bei Ravenna ein Ungeheuer erscheint, 2/32, und bei Ravenna einer ankommt, der >die Dame ausplündern< wird, 9/54.

Centurie 4, Vers 21

Le changement sera fort difficile :
Cité*, prouince au change gain fera :
Cueur haut, prudent mis, chassé lui habile.
Mer*, terre*, peuple son estat changera.
(Urfassung bei Macé Bonhomme, Lyon 1555)

Übersetzung der Urfassung:
Die Verwandlung wird sehr schwierig sein.
Stadt* (und) Provinz werden beim Wandel gewinnen.
(Ein) Hochgesinnter, Umsichtiger (wird) eingesetzt,
   verjagt, wer ihm taugte.
Meer*, Land*, Volk wird sein Staat verwandeln.

Kommentar zu 4/21:
Der "Hochherzige" oder "Hochgesinnte" heißt in 10/30 bündig "neuer Heiliger". Er wird es verstehen, sich ein heiligmäßiges Image zu geben, und viele Menschen werden ihn hoch schätzen, 10/71. "Hochgesinnt" ist dabei nicht die Wertung N.s, sondern läßt den Erfolg erkennen, den der Betreffende bei seiner Selbstdarstellung haben wird.

Sein an zweiter Stelle genanntes Merkmal, die Klugheit oder Umsicht, ist eine wirkliche Befähigung des Gemeinten. Es ist auch das Ziel genannt, in dessen Dienst er seine Umsicht stellt. Er setzt sie nämlich ein, um Macht für sich allein zu erringen. Das ergibt allein schon einen deutlichen Kontrast zur angeblich hehren Gesinnung.

Nach der Katastrophe werden viele Menschen eine politische Instanz herbeisehnen, die über den widerstreitenden Blöcken und Parteien steht und endlich den Frieden sichert. Diese Situation wird der >Hochgesinnte< erfassen, sie geschickt zu nutzen verstehen und seine Herrschaft in mehreren Phasen errichten und ausbauen.

Die >Aufrichtung einer Porphyrsäule< bedeutet in 1/43 die Schaffung einer dem antiken Kaisertum vergleichbaren Instanz, die den Einsturz des Himmels verhindern soll. Sie wird nach einigen Jahren, 4/95, dem >Hochherzigen<, übertragen, 1/43. Sitzt er dann fest im Sattel, wird "verjagt, wer ihm taugte", Vz 3.

Die Errichtung einer völkerübergeifenden staatlichen Ordnung wird >das Land verwandeln<, d.h. den politischen Bereich umwälzen. Den Herren der verschiedenen Länder werden die Statthalter und Zelebranten des globalen Regimes übergeordnet werden - wie im römischen Imperium der Antike, VH (30). Über die dabei auftretenden Schwierigkeiten, Vz 1, wird nichts Näheres mitgeteilt. D a ß die Abtretung von Souveränitätsrechten und ihre Übertragung auf im Entstehen begriffene Instanzen eines globalen Regimes keine Kleinigkeit ist, leuchtet aber ein.

Der neue Mann werde auch >das Meer verwandeln<, Vz 4, bei N. Sinnbild für den Bereich der Religion. Seine Oberfläche bedeutet die Religion der im irdischen leben >Aufgetauchten<, soweit sie als ausgeübte Religion in Erscheinung tritt. Der Weltstaat wird den Menschen nach einiger Zeit eine neue, der planetaren Gemeinschaft verpflichtete Religion andienen, 9/9, und diese dann mit einem Ausschließlichkeitsanspruch ausstatten, 1/79. Dessen Durchsetzung wird die >Oberfläche des Meeres< veröden lassen, 10/71. Das ist in der letzten Verszeile gemeint, wenn es heißt, daß des Hochgesinnten Staat >das Meer verwandeln< werde.

Centurie 4, Vers 71
En lieu d' espouse* les filles trucidées,
Meurtre à grand faulte ne sera superstile:
Dedans le puys* vestules* inondées*,
L' espouse* estaincte par hauste d' Aconile.
(Textfassung bei Benoist Rigaud, 1568)

Übersetzung:
Anstelle der Ehefrau* werden die Töchter ermordet,
(der) Mord wird ganz vergeblich, (doch) kein abergläubischer sein.
In dem Brunnen* (werden) Vestalinnen* überflutet*,
die Ehefrau* ausgelöscht durch (einen) Schluck vom Gifttrank.

Kommentar zu 4/71:
Mit den Bildern von >Verlobung< und >Heirat< erfaßt N. die Verbindung, welche die katholische Kirche unter ihrem letzten Papst mit dem >wiedergekommenen Erlöser<, **1/95**, eingehen wird. >Mutter Kirche< wird den neuen Mann >heiraten<, **10/55**, sie ist die >Ehefrau<.

Die jungfräulichen Vestalinnen versahen im antiken römischen Staatskult ein dienendes Amt und waren dem Pontifex maximus unterstellt. Die >Vestalinnen< stehen für Glaubensgemeinschaften, die sich auf den >neuen Heiligen<, 10/30, verpflichten, d.h. ihn als religiöse Autorität anerkennen. Da der Mann den Weltfrieden bringen will, wird man sich damit auch auf die Ziele des (im Stadium der Entstehung befindlichen) globalen Regimes verpflichtet haben. In diesem Sinne werden die Vorsteher der alten Kirchen in den >Vestatempel eintreten<, 3/45, und dort >das Feuer hüten<. Zu ihnen wird auch die katholische Kirche gehören. Sie wird zur >Vestalin<, die sich wegen der herausgehobenen Stellung einer >Ehefrau< die erste unter ihresgleichen dünkt.

Christus sagt am Jakobsbrunnen, daß in Ewigkeit nicht mehr dürsten werde, wer >von dem Wasser trinkt, das ich ihm geben werde<, Joh 46-15. Ein neuer Brunnen zu sein, der dieses >Wasser< bietet, wird der >wiedergekommene Heiland< beanspruchen, **6/50**. Am Ende wird er der >einzige Brunnen< sein wollen und sein >reines Wasser< allen Menschen zwangsverschreiben. Es werden damit die >Vestalinnen überflutet<. Das vestalische Feuer als Bild der Gemeinsamkeit ist dann bereits gelöscht, 4/35.

Zuerst geht es den >Töchtern< der Kirche an den Kragen. Die >Kinder< der >Mutter Kirche< im allgemeinen sind die Gläubigen. Hier könnten zunächst Landeskirchen gemeint sein, bei denen sich hier und da Widerstand gegen die Anordnungen regt, 6/29.

In Wahrheit erkennt N. die neuen Lehren als >giftig<, 4/66. Indem der letzte Vorsteher der Kirche >aus einem Kelch< trinkt mit dem >Wiedergekommenen<, erleiden er und damit auch die >Ehefrau<, Mutter Kirche, eine tödliche >Blutvergiftung<, **3/65**.

Die christlichen Dogmen, >soweit sie einer Überprüfung durch den wiedergekommenen Heiland standhielten<, werden von seiner >neuen Religion< in rein diesseitigem Sinn gedeutet werden. Der >Makellose< schöpft zwar aus den >alten Brunnen<, will deren >Wasser< aber als klärungsbedürftig verstanden wissen. Es müsse vor dem Genuß erst genau geprüft und >gereinigt< werden, **9/9**.

Der "Mord" wird ein vergeblicher sein, weil die erneuerte Kirche nach dem Ende des Regimes wiedererstehen wird, 5/79. Was der fehlende Aberglaube in diesem Zusammenhang bedeutet, hat sich noch nicht erschlossen.

Centurie 10, Vers 71

La terre* & l' air* gelleront* si grand eau*,
Lors qu' on viendra pour ieudi* venerer,
Ce qui sera iamais ne feut si beau,
Des quatre pars le viendront honorer.
(Textfassung bei Benoist Rigaud, Lyon 1568)

Übersetzung:
Die Erde* und die Luft* werden ein sehr großes Wasser* vereisen* lassen,/ wenn man kommen wird, um Jupiters* Tag zu verehren. Der, welcher so schön sein wird, wie niemals einer gewesen ist - aus vier Richtungen werden sie kommen, ihn zu ehren.

Kommentar zu 10/71:
Franz. jeudi entstand aus lat. Iovis dies, d.h. Jupiters Tag. Hinter dem Namen Jupiter verbirgt sich hier wie in 5/24 der Weltherrscher. Ihn wird es nach der Jahrtausendwende geben, 1/48. Der "Tag" eines Menschen ist die Zeit, die ihm in der Welt gegeben ist, um wirken zu können, Joh 94. Wenn der >Tag Jupiters< da ist, wird man ihn "ehren" und sogar "verehren".

Jupiter war einer der drei Haupt- und Staatsgötter des römischen Weltreiches der Antike, zuständig für die ganze Welt. Man wird daher "aus vier Richtungen", aus allen Himmelsrichtungen nämlich kommen, um ihm zu huldigen.

Schönheit und freundliches Wohlwollen (Huld) sind Kennzeichen des Herrschers über das Volk Gottes, Ps 453. Da >Jupiter< politisch wie religiös eine Führungsrolle in der Welt übernimmt, ist in der Übertragung des biblischen Bildes die Menschheit als ganze das >Volk Gottes<, als >Braut< die Hochzeit mit ihrem >gottgesandten Gatten< feiernd. Und da der Hochverehrte >Christus durch die Erlangung der Weltherrschaft übertreffen wird<, 1/95, ist er "so schön, wie nie einer war". Das ist ironisch bis sarkastisch gemeint.

Es fragt sich noch, was die Vereisung eines Gewässers bedeuten soll. Frost teilt sich mittels gesunkener Lufttemperatur den Gewässern wie auch der Erde mit; es ist die Luft, welche diese gefrieren läßt, nicht die Erde. Es ist demnach ein Sinnbild.

Ausgewiesen durch die vier Himmelsrichtungen und den Namen des obersten Gottes des antiken Weltreichs, handelt der Vers von Vorgängen, welche die ganze Welt betreffen. Mit dem "sehr großen Wasser" sind daher die Ozeane gemeint, die sich zum Weltmeer verbinden. Als Sinnbild bedeutet es bei N. den ganzen Bereich der Religion, seine Oberfläche die öffentlich ausgeübte Religion. <u>Das "sehr große Wasser", das Weltmeer, bedeutet die Religion aller Menschen</u>. Dieses >Meer< kann seit Urzeiten frei strömen und wird befahren von >Schiffen<, welche die weltlichen Gehäuse der hergebrachten Glaubensformen darstellen, 1/30. Aber wenn es gefriert, wird seine Oberfläche zur öden Eiswüste, die nicht mehr schiffbar ist und die Menschen vom Grund abschneidet.

"Die Luft" erfüllt den natürlichen Himmel - geistig ist sie das Medium, durch das der Atem des Schöpfers seine Geschöpfe belebt, und "die Erde" ist der Stoff, der belebt wird, Gen 27. Die M e n s c h e n werden die Tonerde sein, welche geistig beleben und nähren zu können >Jupiter< zugetraut wird, 1/21. Es ist die unter seinem geistigen Einfluß (>Luft<) stehende Menschheit (>Erde<), welche die >Vereisung des Weltmeers< selbst vollziehen wird. Gemeint ist die Pseudoreligion des Weltstaats, die am Ende Ausschließlichkeit beansprucht, 1/79, und so den religiösen Bereich erstarren und veröden läßt, soweit er - wie die Oberfläche des Meeres - offen am Tage liegt.

01/22 Ce que viura & n' aiant aucun sens,/ Viendra leser à mort son artifice:/ Autun, Chalon, Langres & les deux Sens,/ La gresle* & glace* fera grand malefice. (1555)
[JUPITER/ Unterdrückung der christlichen Religion]
Was leben wird, ohne irgendein Verständnis zu haben,/
wird (so weit) kommen, seinen Schöpfer tödlich zu verletzen./
In Autun, Chalons, Langres und den beiden Sens/
werden Hagel* und Eis* großen Frevel anrichten.

    1) N.m. sens 1. (wahrnehmender) Sinn 2. Verstand, Vernunft 3. Meinung 4. Bedeutung 5. Richtung. Ältere Bedeuungen: Urteil (jugement), >Stil< (goût). Mittelfr. kann sens auch bedeuten 1. Sachkunde, Fähigkeit zu entscheiden (compétence, habilité) 2. Weisheit (sagesse) 3. Verständigkeit (bon sens).
    2) N.m. artifice Künstelei, List. Hier muß artifice eine Person sein, denn sie kann verletzt werden. Das altfr. n.m. arteficien Künstler wurde reimbedingt abgekürzt, > lat. artifex Künstler, Schöpfer.
    Venir mit Infinitiv (ohne Präposition) drückt aus, daß eine Handlung, die schon im Gange ist, mit Nachdruck weiterbetrieben wird. Man läßt nicht nach, besteht darauf, etwas zu tun.
    3) In Burgund liegen die Städte Chalon-sur-Saône und Autun, Langres nördlicher nahe der Marne-Quelle. Von dort auf halbem Weg nach Paris liegt der alte Erzbischofssitz Sens. Ein zweites nennenswertes Sens gibt es nicht.
    4) Mittelfr. n.m. malefice 1. Missetat (méfait), Vergehen, Frevel (délit) 2. Bann (sortilège).

Man hat hier die Entdeckung des Radiums oder einen Super-GAU in Burgund vermutet. Doch radioaktives Material ist zwar gefährlich für das Leben, lebt aber nicht selbst; außerdem werden Hagel und Eis nicht erklärt. - Hagel bereitet im AT den Exodus des Volkes Gottes vor. Die >Vereisung des Weltmeeres< bedeutet in **10/71** die Erstarrung und Verödung des ganzen Bereiches der Religion in der letzten Zeit der alten Erde. Die öde Eiswüste ist auch ein Bild für die >neue Religion<, die ein Monopol beanspruchen wird, **1/79**. - Eingangs ist jenes Geschöpf gemeint, das die Erinnerung an Christus von der Erde wird tilgen wollen, VH (40), und "seinen Schöpfer" auf diese Weise wird "tödlich verletzen" wollen. (Vorausgesetzt ist, daß in Jesus Christus der Schöpfer auf Erden anwesend war.) - Seine Wesenlosigkeit ("W a s leben wird ...") und das ihm fehlende "Verständnis", der ihm mangelnde "Sinn" bedeuten dasselbe, nämlich den fehlenden Sinn für das Jenseitige, für Religion überhaupt. Was diesem Mann vollständig fehlen wird, ist religiöse Urteilskraft, das Denken dieses >Weisen<, **4/31**, wird in Wahrheit rein diesseitig sein, **5/36**. (Im Islam gibt es die Prophezeiung, der Dajjal, d.h. der Antichrist, werde >einäugig< sein. Den Anhängern des Islam brauchen wir also nichts zu erzählen.) Weder seinem Schöpfer noch Christus wird dieser Mann etwas tun können, er kann sie nicht >tödlich verletzen<. Darauf wird sich dennoch sein Bemühen richten, indem er jene Altgläubigen in Bedrängnis bringen läßt, die mit der >neuen Religion< nichts zu tun haben wollen. Diese Bedrängnis ist mit >Hagel und Eis<, die oben erklärt sind, und "großem Frevel" angedeutet.

   ---> 2/22, 3/72, 6/72 (JUPITER)
   ---> 3/72, 6/72 (Letzte Zeit der alten Erde)

02/22 Le camp Asop (!) d' Eurotte (!) partira,/ S' adioignant proche
de lisle submergée:/ D' Arton classe* phalange pliera,/
Nôbril du monde plus grâd voix subrogée. (1555)
[POLLUX-JUPITER/ >Weltfriedensordnung<]
Das Heer (vom) Asop wird vom Eurotas aus aufbrechen/
und sich anschließen nahe bei der untergegangenen Insel./
Von Art(emisi)on aus wird (eine) Flotte* das Heer bezwingen,/
Nabel der Welt (wird) an die Stelle der größten Stimme gesetzt.
  1) Asopos ist ein Fluß in Argolis, Eurotas der größte Fluß in
  Lakonien, beides Landschaften auf dem Peloponnes.
  3) Mittelfr. n.m. arton Brot, Nahrung (pain).
  4) Klass. v. t. subroger etw. an die Stelle von etw. setzen
  (mettre à la place) > lat. subrogare an jds. Stelle wählen lassen.
Der Vers scheint im antiken Griechenland zu spielen und kriegerische
Auseinandersetzungen auf See zu schildern. Nachdem die Perser seit
492 v. Chr. die Hellenen angegriffen hatten, schlossen sich Spartas Peloponnesischer Bund (Asop, Eurotas), Athen und andere Stadtstaaten 481
v. Chr. zusammen. Beim Kap Art(emisi)on, hier wohl zu "Arton" verkürzt,
kam es zur Schlacht, die keine Entscheidung brachte; erst im Jahr darauf
durch wurden die Perser beim Seesieg von Salamis entscheidend
geschlagen. - Die >Griechen< könnten Europäer
und Amerikaner, **5/31**, die >Perser< Angreifer aus dem Osten bedeuten.
Es würde demnach der Westen im Kampf um seine Freiheit gegen den
angreifenden Osten stehen. Wer dann wen besiegt, wird hier nicht recht
klar. - Anschließend wird offenbar eine übergeordnete
Instanz berufen, der sich die Kriegsparteien unterordnen (größte Stimme).
Der >Nabel der Welt< ist der Mittelpunkt der Welt, als welcher den
Römern Rom, den Christen Golgatha galt. Den neuen Charismatiker wird
eine zunehmende Zahl von Menschen für den >Nabel der Welt< halten,
der die >Weltfriedensordnung< geistig nährt, **1/21 Vz 1/2**. Er dürfte es
sein, der hier "an die Stelle der größten Stimme gesetzt" wird, an die
Stelle des Kaisers, **1/43**. In **6/21** gibt es ein Angstbeben im Orient, wenn
die Großmächte vereint gegen die Orientalen antreten, und dann wird "ein
Neuer gewählt". "Gewählt" wird dieser >Auserwählte< auch in **8/41**.
  ---> 3/72, 6/72 (POLLUX-JUPITER)

06/72 Par fureur fainte s' esmotion diuine*,/ Sera la femme* du
grand fort violee:/ Iuges voulant damner telle doctrine,/
Victime au peuple ignorant imolee. (1568)
[Zerstörung der kath. Kirche und Verfolgung der Altgläubigen/
JUPITER] (Kommentar S. 200)
Aus vorgetäuschter Leidenschaft einer göttlichen* Erregung/
wird der Frau* des Großen schwer Gewalt angetan werden./
Richter (sind) willens, zu verdammen solche Lehre,/
(ein) Opfer wird dem unwissenden Volk dargebracht.
  1) Zu göttlich s. das Glossar unter Dieu.
  2) Zu der Frau s. das Glossar unter dame.
  4) N.f. victime Opfer (das man wird oder ist), n.m. sacrifice Opfer
  (das man bringt). V. immoler 1. opfern 2. hinschlachten > lat. v.
  immolare 1. (einem Gott) feierlich opfern 2. hinopfern, töten.
  ---> 1/22, 3/72 (Letzte Zeit der alten Erde)
  ---> 2/22, 3/72 (JUPITER)

03/72 Lebon viellard tout vif enseueli,/ Pres du grand fleuue*
par fauce souspecon:/ Le nouueau vieux de richesse ennobli/
Prins au chemin tout l' or* de la rancon. (1568)
[Unterdrückung der christlichen Religion und Verfolgung
der Altgläubigen/ POLLUX-JUPITER] (Kommentar S. 199)
Der gute Alte ganz lebendig begraben/
beim großen Fluß*, wegen falscher Vermutung./
Der neue Alte, hoch geehrt für Reichtum,/
(wird) auf dem Weg ergriffen (haben) alles Gold* des Lösegeldes.

1) Ein scheintot Begrabener begegnete schon in 3/36. Gemeint ist dort aber ein anderer als hier.
3) V. ennoblir >adeln<, veredeln, hoch schätzen, ehren. Wie in **1/45** markiert ennobli nicht die Wertung des Sehers, sondern die von ihm wahrgenommene Wertung der Zeitgenossen des so Markierten.
4) Es wird (aura) prins zum vollständigen Futur II Aktiv ergänzt. Man könnte auch (sera) prins zum passiven Futur II ergänzen: "Es wird ergriffen werden auf dem Weg alles Gold des Lösegeldes."
1)2) Die Rede vom Scheintod Christi könnte als Sakrileg aufgefaßt werden, denn ohne wirklichen Tod gibt es keine wirkliche Auferstehung. Aber so hat es der kirchentreue Katholik N. nicht gemeint, von einem Doketismus kann bei ihm keine Rede sein. Der >Scheintod< ist Metapher und besagt, daß der Geist Christi nicht sterben kann. (Der Geist Christi heißt Jehova Zebaoth, Jakob Lorber, Die drei Tage im Tempel, Kap. 30.) Es war der Menschensohn, der am Kreuz seelisch und leiblich gelitten hat und gestorben ist.

---> 2/22, 6/72 (POLLUX-JUPITER)
---> 1/22, 6/72 (Letzte Zeit der alten Erde)

10/72 L' an mil neuf cens nonante neuf sept mois,/ Du ciel* viendra vn
grand Roy d' effraieur/ Resusciter le grand Roy d' Angolmois/
Auant apres Mars* regner par bon heur. (1568)
[Franz I./ Heinrich V./ Europäischer Freiheitskrieg] (Kommentar S. 201)
Im Jahr neunzehnhundertneunundneunzig, sieben Monate,/
wird vom Himmel* kommen ein großer König des Schreckens,/
wieder auferstehen zu lassen den großen König von Angoumois,/
vor (und) nach einem Krieg* zu herrschen, glücklicherweise.

1) Die Deutung ergibt in Verbindung mit Vers 5/41, daß der spätere Heinrich V. wahrscheinlich am 11.8.1999 geboren wurde, also im August, nicht im Juli (sieben Monate). Die Differenz zwischen dem alten julianischem und unserem gregorianischem Kalender (seit 1582) ist um 2000 auf ca. 13 Tage angewachsen, die man zu Datumsangaben aus der Zeit vor der Kalenderreform hinzurechnen muß.
3) V. ressusciter 1. (vom Tod zum Leben) auferwecken 2. (vom Tod zum Leben) auferstehen.
4) Idiom par bonheur zum Glück, glücklicherweise.
Manche Übersetzer nehmen in Vz 4 Mars als Subjekt, und avant sowie apres adverbiell zu regner. Ist möglich, ergibt aber wegen der Wertung am Schluß schwerlich einen Sinn.

Centurie 3, Vers 72

Lebon viellard tout vif enseueli,
Pres du grand fleuue* par fauce souspecon:
Le nouueau vieux de richesse ennobli
Prins au chemin tout l'or* de la rancon.

(Urfassung bei Macé Bonhomme, Lyon 1555)

Übersetzung der Urfassung:

Der gute Alte ganz lebendig begraben
beim großen Fluß*, wegen falscher Vermutung.
Der neue Alte, hoch geehrt für Reichtum,
(wird) auf dem Weg ergriffen (haben) alles Gold* des Lösegeldes.

Kommentar zu 3/72:

Der "gute Alte" ist "alt", weil er vor 2000 Jahren über die Erde ging, und "gut", weil er es auf sich nahm, die Sünden der Menschen zu sühnen. Als berühmtester >Scheintoter< der Weltgeschichte gilt Jesus von Nazareth denen, die den Bericht vom leeren Grab und von der Auferstehung (Joh 20 und 21) für wahr halten. Für die Menschen, die ihn kannten und denen er dann "ganz lebendig" erschien, erwies es sich als "falsche Vermutung", daß der Tod Jesu das letzte Wort sei. Diese Ereignisse bilden den Hintergrund eines zukünftigen Geschehens, das N. im Vers beschreibt.

Man wird Christus ein weiteres Mal >ganz lebendig begraben< wollen, wenn der Bannstrahl eines globalen Regimes die christlichen Glaubensgemeinschaften trifft. Dann nämlich soll der Auferstandene aus dem Gedächtnis der zukünftigen Menschheit verbannt und in diesem Sinne erneut und endgültig >begraben< werden, VH (40). Dieses >zweite Begräbnis< bedeutet, daß die Erinnerung an die Tat und die Lehre Jesu Christi gelöscht werden soll.

Das zweite Begräbnis Christi liegt deshalb >beim großen Fluß<, weil das >Blut der Kirche< dann in Strömen fließt, d.h. weil der Glaube, den sie lehrt, dann den Tod erleiden soll, 10/65. Beides geschieht gleichzeitig ("bei").

Viele Christen werden >zum zweiten Begräbnis gehen<, denn die Teilnahme wird vorgeschrieben sein, 3/38 Vz 4. Aber manche werden dennoch nicht hingehen. In ihnen und durch sie wird Christus wieder "ganz lebendig" sein - der gehende Christus am Kreuz u n d der kommende Christus der Auferstehung. Dann werden "vom Blut die nahen Flüsse sich röten", VH (43), weil die Täter vermuten, daß es möglich sei, den Geist und die Wirklichkeit Christi in denen zu töten, die in diesem Geist leben. Auch diese Vermutung wird sich als falsch erweisen, denn "wer sein Leben verliert um meinetwillen, der wird's finden", Matth 1039.

Der >Zwillingsbruder Christi im Geiste<, 1/95, für viele Christen der >wiedergekommene Heiland<, ist "der neue Alte", neu im Sinne des erneuten Erscheinens auf Erden, und der Alte, weil er angeblich der Gleiche oder derselbe wie damals sei. Für seinen angeblichen geistigen Reichtum wird das >Haupt der Weisheit<, 5/31, "hoch geehrt" werden. Aber sein Reichtum ist kein eigener, das geraubte Gold bedeutet die Lehren der christlichen Religion, die der Mann widerrechtlich als sein Eigentum behandelt, 8/62, und für sein Machtkalkül umdeutet, 9/9.

Für die Christen ist das Blut Christi das >Lösegeld<, Matth 2028, mit dem die Menschen erlöst und "teuer erkauft" wurden, 1 Kor 620. Das >Gold< dieses Lösegeldes ist die christliche Lehre von der Wirkung seines Opfers für Zeit und Ewigkeit. Sie wird von dem angeblich Wiedergekommenen kassiert werden >auf dem Weg< zum vermeintlich >endgültigen< Begräbnis Christi.

Centurie 6, Vers 72
Par fureur fainte d' esmotion diuine*,
Sera la femme* du grand fort violee:
Iuges voulans damner telle doctrine,
Victime au peuple ignorant imolee.
(Textfassung bei Benoist Rigaud, Lyon 1568)

Übersetzung:
Aus vorgetäuschter Leidenschaft einer göttlichen* Erregung
wird der Frau* des Großen schwer Gewalt angetan werden.
Richter (sind) willens, zu verdammen solche Lehre,
(ein) Opfer wird dem unwissenden Volk dargebracht.

Kommentar zu 6/72:
Es geht um eine "Doktrin", und die gemeinte Lehre soll "verdammt" werden, d.h. es geht um Glaubensfragen und ihre verbindliche Entscheidung. Außerdem wird einer "Frau" Gewalt angetan. Es ist die Unterdrückung der Freiheit, der Freiheit der Religion und der Freiheit von Übergriffen, in welcher beide Vorgänge sich treffen und ihren Zusammenhang erkennen lassen.

In Anlehnung an biblische Vorbilder bezeichnet N. mit >Frauen< oder >Damen< Völker als ganze sowie auch Glaubensgemeinschaften, 10/10. Hier steht die >Frau<, der Gewalt angetan wird, für eine Gemeinschaft, die einem verurteilten Glauben anhängt, sich darob staatlicher Machtentfaltung gegenübersieht und keinen weltlichen Herrn mehr hat, der sie schützen könnte.

Der "Zorn" entzündet sich an der vom Regime des "Großen" nicht geduldeten "Doktrin". Deren Verurteilung wird im Ton heiligen Zorns vorgetragen. Es wird so getan, als sei dieser Zorn unmittelbarer Ausdruck göttlicher Mißbilligung, aber diese erkennt N. als "erheuchelt". So ist in ihrer Zeit die Inquisition >Ketzern< gegenübergetreten. In der >Weltfriedensordnung< wird es noch einmal so zugehen, nur daß dann jene, die den alten Religionen treu bleiben, als >Ketzer< verdächtigt werden, 8/77.

Die >Frau des Großen< ist >Mutter Kirche<, die sich dem >wiedergekommenen Heiland< >ehelich< verbunden haben wird, 10/55. Nach wenigen Jahren wird er ihr "schwer Gewalt antun" durch das Verbot der alten Lehren, 10/65.

Wer etwas opfert, dem ist das zu Opfernde etwas wert, und er gibt es aus freiem Willen hin, sonst ist das Opfer keines. Die "Lehre" kann nicht gemeint sein, denn sie wird "verurteilt" und verboten, aber nicht freiwillig hingegeben werden. Mit dem "Opfer" sind jene Kinder der vergewaltigten >Mutter Kirche< gemeint, die trotz Verurteilung des alten Glaubens an diesem festhalten wollen.

Dieses Opfer wird "dem unwissenden Volk dargebracht" werden. Der Seher will eine Parallele zu den Berichten von der Verurteilung Jesu durchblicken lassen. Es war der jüdische Pöbel, >das Volk<, aufgehetzt von Priestern und Ältesten, welches die Verurteilung Jesu beim römischen Statthalter durchsetzte und dabei >nicht wußte, was es tat<, Luk 23,34. Priester und Älteste wiederum schoben nur vor, daß Jesus Gott gelästert habe (vorgetäuschter Zorn). In Wahrheit haßten sie ihn, weil er ihnen den Spiegel vorgehalten hatte, Joh 8,37-45, und fürchteten seinen vermeintlichen Ehrgeiz, König zu werden, Joh 11,47-54.

Demnach wird, wer am alten Glauben festhält, darauf gefaßt sein müssen, dem von oben gelenkten Haß des Volkes ausgesetzt zu sein und religiöse Autorität beanspruchenden Instanzen gegenübergestellt zu werden, durch die er Verfolgung und Tod erleidet, Matth 10,16-33. Der Haß, mit dem >die Welt< Jesus begegnet ist, erstreckt sich auf alle, die ihm folgen, Joh 15,18 - 16,4.

Centurie 10, Vers 72
L' an mil neuf cens nonante neuf sept mois,
Du ciel* viendra vn grand Roy d' effraieur
Resusciter le grand Roy d' Angolmois.
Auant apres Mars* regner par bon heur.
(Textfassung bei Benoist Rigaud, Lyon 1568)

Übersetzung:
Im Jahr neunzehnhundertneunundneunzig, sieben Monate,
wird vom Himmel* kommen ein großer König des Schreckens,
wiederauferstehen zu lassen den großen König von Angoumois,
vor (und) nach einem Krieg* zu herrschen, glücklicherweise.

Kommentar zu 10/72:
Dieser Vers wurde in der Vorauflage als Hinweis auf außerordentliche kosmische Ereignisse gedeutet, die durch die Annäherung eines Himmelskörpers an die Erde verursacht würden. Diese Deutung war nicht einer Vorliebe für Spektakuläres geschuldet, sondern wurde anderen möglichen Deutungen vorgezogen, weil N. außerordentliche kosmische Naturereignisse für die Zeit um 2000 mehrfach ankündigt, **1/48, 1/56**. Diese Ankündigung gilt auch weiterhin ohne Einschränkung. Nur gehört der vorliegende Vers, wie sich gezeigt hat, nicht in diesen Zusammenhang.

Manche Autoren meinen, der Vers solle nur die Sonnenfinsternis am 11.8.1999 selbst ankündigen und N. habe hier seine Kenntnisse und seine Rechenfertigkeit in der Astronomie unter Beweis stellen wollen. Aber Sonnenfinsternisse haben den Schrecken, den sie in alter Zeit auslösten, schon lange verloren und bieten heute eher Anlaß zu Volksfesten. Pfändler (1996 S. 776) weist auch treffend darauf hin, daß Sonnenfinsternisse nicht "vom Himmel kommen", sondern sich dort abspielen.

Ciel kann wie der Himmel das natürliche Firmament, aber auch den Wohnsitz Gottes bedeuten. Wenn ein König >vom Himmel kommt<, kann das besagen, daß N. ihn als von Gott gesandt darstellen will. Warum aber nennt er ihn dann einen "König des Schreckens"? Mit der höchst positiven Bewertung ist das nur vereinbar, wenn damit jener Schrecken gemeint ist, den seine Feinde im Kampf mit ihm erleben werden. Mit "zähneknirschender Wut" werde er seine Feinde vor sich her treiben, 5/13, "das fremde arabische Volk hinausjagen", **5/74**, und "noch nachher .. gefürchtet" sein, 6/70.

Nächste Frage: Wie ist das "Kommen" dieses Mannes zu verstehen? Wenn er 1999 gekommen wäre, müßte er ja schon "da" sein. Vers 5/41 zufolge wird ein Mann "im Finstern und an einem nächtlichen Tag geboren", in dem N. ähnlich wie hier ein uraltes Geschlecht wiederaufleben sieht.

Mit dem "großen König von Angoumois" ist jener König gemeint, den N. selbst noch erlebt hat: Franz I. von Frankreich, der 1515 bis 1547 herrschte. Dieser war Graf, später Herzog von Angoulême, dem Zentrum der Grafschaft Angoumois. Für N. zeichnet ihn aus, daß er es noch verstanden hat, die Einheit der Kirche in Frankreich zu bewahren, die in der Zeit nach ihm schmerzlich verlorenging, **1/54** (Bd.1). Heinrich V. wird als Reformer, 5/79, und Wiederhersteller, **5/74**, auch der Kirche auftreten.

Zuvor muß er einen Krieg überstehen. Gemeint ist der letzte Krieg auf der alten Erde, den der spätere Heinrich V. gegen das globale Regime führen, VH (17), und gewinnen wird, 5/68. Das erschließt sich hier daraus, daß er nach diesem Krieg noch herrscht - "zum Glück" für alle, die es erleben werden.

01/23 Au mois troisiesme se leuant le soleil*,/ Sanglier, liepard* au châp mars* pour côbattre./ Liepard* laisse au ciel* extend son oeil*,/ Vn aigle* autour du soleil* voyt s' esbatre. (1555)
[Kataklysmus/ Kriegerische Ereignisse nahe der Jahrtausendwende/ Erstauftritt POLLUX]
Im dritten Monat, wenn die Sonne* sich erhebt,/
(stehen) Wildschwein, Leopard* auf dem Schlachtfeld, um zu kämpfen./
Leopard* hört auf, zum Himmel* richtet er sein Auge*,/
sieht einen Adler* um die Sonne* herum freudig sich tummeln.

2) Mittelfr. n.m. sanglier 1. Wildschwein (porc sauvage) 2. einzelnes Schwein (porc solitaire) > lat. singularis [porcus]. Mittelfr. n.m. liepart Leopard (léopard). Weil es drei Leoparden im Wappen hatte und noch hat, könnte Großbritannien gemeint sein, aber zwingend ist das nicht. Löwe und Leopard sind für N. nur semantische Varianten, s. das Glossar unter lyon.
3) Mittelfr. v. laisser 1. aufhören, eine Sache einstellen (cesser) 2. verlassen, räumen (abandonner). Lat. v. extendere ausstrecken.
4) Mittelfr. v. esbattre 1. sich vergnügen (s' amuser), sich unterhalten (se divertir) 2. sich gebärden, zappeln (se déméner), fröhlich seine Kräfte gebrauchen, sich tummeln (s' efforcer joyeusement).

Weil alltägliche Vorgänge keine historische Aussage zulassen, deutet das Sich-Erheben der Sonne auf eine besondere Verfinsterung. Danach wird die Sonne wieder "munter", 5/27, und zwar "im dritten Monat" verminderten Scheins oder in einem März. - Das Wildschwein, das in fremde Reviere einbricht, >den Weinstock zerwühlt<, Ps 8014, d.h. die Christen als das neue Volk Gottes bedroht, wurde im Mittelalter als Reittier der Synagoge dargestellt. Die Gründung Israels in fremder Umgebung entspricht dem Einbrechen des Wildtiers in ein fremdes Revier (was als Auslegung des Bildes gemeint ist, nicht als Stellungnahme zu Recht oder Unrecht dieser Gründung). - Im Kontext müßte der Leopard die Feinde Israels bedeuten. Raubkatzen sind die natürlichen Feinde einzelner Wildtiere. Möglich, daß N. an die Geschichte von Daniel in der Löwengrube dachte. Dann wären hier israelische Juden in Gefangenschaft geraten, wie einst Daniel. - Die Sonne bedeutet bei N. die Offenbarung Gottes in Christus. Zu ihr gehört die Verheißung seiner erneuten Ankunft am Ende der Zeit. Der hochfliegende Adler steht biblisch für den machtvollen Herrscher und ist bei N. das Zeichen derer, die ein völkerübergreifendes Reich gründen. Wenn hier ein Adler >um die Sonne herum< seine Kräfte erprobt, dann tritt jemand auf, der erheischt, von Gott gesalbt und gesandt zu sein, das Gottesreich zu errichten. - Diese Deutung ist nicht sicher, vor allem weil das Wildschwein sonst nicht vorkommt. Im Klartext ergäbe sich etwa folgendes Bild. <u>Nach einer außerordentlichen Verfinsterung der Sonne sind Israel und seine Feinde zu einem Krieg aufgestellt, der auszubrechen oder weiterzugehen droht. Israel ist in großer Bedrängnis. Da tritt auf jüdischer Seite ein Mann auf, der kraft seines Charismas den Kampfeswillen Israels dämpft und so auch dessen Feinde beschwichtigen kann.</u> - Dem Daniel in der Löwengrube kam ein Engel zu Hilfe, der den Löwen den Rachen verschloß, Dan 623. Den Juden Israels kommt in bedrängter Lage ein vermeintlich gottgesandter >Adler< zu Hilfe, der eine Einstellung der Kämpfe erwirkt.
---> 5/73 (POLLUX)

Gruppe 23 - 73

01/73 France à cinq pars par neglect assailie/ Tunys, Argiels
esmeus par Persiens,/ Leon, Seuille, Barcelonne faillie/
N' aura la classe* par les Venitiens. (1555)
[Islamische Invasion Europas/ Letzte Zeit der alten Erde]
**Frankreich von fünf Seiten durch Nachlässigkeit angegriffen./
Die von Tunis (und) Algier aufgewiegelt durch die Perser./
Léon, Sevilla, Barcelona gefallen./
Man wird die Flotte* nicht haben durch die Veneter.**
1) Lat. v. neglegere, neglexi, neglectum vernachlässigen.
Es sind Nordafrikaner (Tunis, Algier) im Anmarsch. In 9/73 rufen >zwei
Turbane<, von denen wie hier einer über Spanien kommt, zum >heiligen
Krieg< auf. Die Vernachlässigung des christlichen Glaubens erkennt N.
als Grund für die Invasion, 2/73. - Die Nordafrikaner
kommen nach der Eroberung Spaniens, Vz 3, über die Pyrenäen, 9/73,
und von der französischen Mittelmeerküste her ins Land, 1/18. Auch von
Westen her wird es eine Invasion geben, 1/90 (Bd.3). Aber die "fünf
Seiten" bekommt man nur zusammen, wenn die über Polen Kommenden
mit veranschlagt werden, die 5/73 zufolge mit den Arabern verbündet sein
werden. - Vz könnte wörtlich, d.h. militärisch gemeint
sein. Oder die Venitiens sind gar nicht die Venezianer, sondern die
Anhänger des Regimes im Zeichen der Venus, 5/53. Die >Flotte<, d.h.
die alten Religionsgemeinschaften, würde man deshalb >nicht haben<,
weil sie vom globalen Regime kontrolliert wird, 10/2.
---> 9/73 (Islamische Invasion Europas)
---> 2/73, 5/73, 7/23, 9/73 (Letzte Zeit der alten Erde)

02/73 Au lac Fucin de Benac le riuaige/ Prins du Leman au
port* de l' Orguion*:/ Nay* de troys bras predict belliq image,/
Par troys couronnes au grand Endymion. (1555)
[>Neue Religion</ POLLUX-JUPITER/
Christenverfolgungen in Europa] (Kommentar S. 206)
**Vom Ufer des Fucinersees bis zum Gardaseeufer/ aufgenommen
bis zum Genfer (See) vom Hafen* des großen Gold*führers./
Entstanden* (das) vorhergesagte kriegerische Bild dreier Arme,/
mit drei Kronen (geht es) gegen den großen Endymion.**
1) In den Abbruzzen östlich von Rom gab es bis ins 19. Jahrhundert einen Iago Fucino. Lacus Benacus ist der lateinische
Name des Gardasees.
2) Lac Léman heißt französisch der Genfer See.
Orgon im Rhônedelta ist ein winziges Nest o h n e Hafen.
So bietet sich eine andere Möglichkeit an: das n.m. or Gold,
verbunden mit dem altfr. n.m. guion Führer, ergibt **orguion**,
den Gold*führer, groß geschrieben den großen Gold*führer.
4) Loc. faire la guerre à quelqu' un jemanden bekriegen.
---> 1/73, 5/73, 7/23, 9/73 (Letzte Zeit der alten Erde)
---> 5/73, 7/23, 10/73 (JUPITER)

05/73 Persecutee sera de Dieu* l' Eglise,/ Et les sainctz temples*
seront expoliez:/ L' enfant* la mere* mettra nud en chemise,/
Seront Arabes aux Polons ralliez. (1568)
[POLLUX-JUPITER/ Zerstörung der kath. Kirche] (Kommentar S. 207)
**Verfolgt von Gott* wird sein die Kirche,/
und die heiligen Tempel* werden ausgeplündert werden./
Das Kind* wird die Mutter* nackt im Hemd aussetzen./
Es werden Araber mit denen von Pol(lux) verbündet sein.**
 1) Mittelfr. kann das Passiv statt mit par mit de konstruiert werden. Es kann auch "de Dieu" Attribut sein zu "l' Eglise".
 2) Lat. v. exspoliare, expoliare ausrauben, ausplündern.
 3) Mittelfr. Idiom mettre qu. en chemise jdn. ins Elend, an den Bettelstab bringen (le réduire à la misère, à la mendicité). - Vom Bild her müßte es die Mutter sein, die das Kind aussetzt. Aber vom Satzbau her ist eher das Kind Subjekt und die Mutter Objekt. Und so ist es auch gemeint, s. Kommentar.
 4) Lat. Polonia Polen. Die Polons könnten verkürzte Polonais (die) Polen sein. Oder es sind die Anhänger von Pol(lux), wie er z.B. in **10/29** heißt.
 ---> 2/73, 7/23, 10/73 (JUPITER)
 ---> 1/73, 2/73, 7/23, 9/73 (Letzte Zeit der alten Erde)

07/23 Le Royal sceptre* sera contrainct de prendre,/ Ce que ses
predecesseurs auoient engagé:/ Puis que l' aneau on fera mal
entendre,/ Lors qu' on viendra le palays saccager. (1568)
[JUPITER/ Zerstörung der katholischen Kirche]
**Das königliche Szepter* wird genötigt sein wegzunehmen,/
was seine Vorgänger versprochen hatten./
Denn man wird bewirken, daß der Ring mißverstanden wird,
wenn man den Palast wird ausplündern wollen.**
 1) Zum Szepter s. das Glossar unter Jupiter.

Das Szepter ist als Attribut Jupiters geläufig, und dieser als Chiffre für den Weltherrscher. Seine "Vorgänger" sind Napoléon und Hitler, **8/29**. Dazu macht sie in der Schau des N. ihr Streben nach der Vorherrschaft in Europa. Zudem stehen sie für N. wegen ihrer Gegnerschaft gegen den christlichen Glauben und die Kirchen in einer Linie. Der Weltherrscher werde konsequenter in dieser Hinsicht sein als seine Vorgänger, **9/5**. Auch sie hätten schon >versprochen, mit dem christlichen Glauben aufzuräumen<. Die Gegnerschaft des Korsen war deutlicher als die des Deutschen, an dessen unchristlicher Gesinnung aber kein Zweifel besteht. <u>Daß das Szepter >gezwungen< sein werde, die alten Glaubenslehren zu verbieten, besagt, daß dies als notwendige Konsequenz aus der Geschichte dargestellt werden wird, 10/73.</u> - Der Ring ist Symbol der Bindung und Treue, besonders in der Ehe. Hier ist die >Ehe< der >Mutter Kirche< mit dem Vater im Himmel gemeint. Diese werde "man" mißverstehen, indem "man" sich dem vermeintlich wieder auf Erden erschienenen >Sohn< >ehelich verbindet<, **10/55**, und damit dem Vater untreu wird, **9/83**. Wer gemeint ist, wird erst in anderen Versen ganz deutlich: die Spitze der katholischen Kirche. Durch >den ihr angetrauten Sohn< wird die Kirche schließlich ihrer Lehren beraubt werden, **8/62**.
 ---> 2/73, 5/73, 10/73 (JUPITER)
 ---> 1/73, 2/73, 5/73, 9/73 (Letzte Zeit der alten Erde)

09/73 Dans Fois entrez Roy ceiulee Turban,/ Et regnera moins
euolu Saturne*,/ Roy Turban blanc Bizance coeur ban,/
Sol*, Mars*, Mercure* pres la hurne*. (1568)
[Islamische Invasion Europas/ Unterdrückung der
christlichen Religion] (Kommentar S. 208)
In Foix eingezogen (ein) König (mit) dunklem Turban,/
und er wird herrschen weniger als eine Saturn*bewegung./
König (mit) weißem Turban ruft Byzanz auf zum heiligen Krieg,/
Sonne*, Mars*, Merkur* nah der Urne. (1568)
<small>1) Lat. adj. caeruleus blau, schwarz, dunkel.
2) V. evoluer sich bewegen, Umdrehungen machen > lat. v.
evolvere hinausrollen, hinauswälzen.
3) Mittelfr. n.m. ban I. öffentliche Bekanntmachung (proclamation publique) 2. Aushebung von Truppen (levée, assemblée des troupes) II. Exil, Verbannung (exil).</small>
---> 1/73 (Islamische Invasion Europas)
---> 1/73, 2/73, 5/73, 7/23 (Letzte Zeit der alten Erde)

10/73 Le temps present auecques le passé/ Sera iugé
par grand iouialiste*,/ Le monde tard luy sera lassé,/
Et desloial par le clergé iuriste. (1568)
[JUPITER]
Die Gegenwart wird nebst der Vergangenheit/
ihr Urteil erhalten durch den großen Jupiterhaften*./
Die Welt wird spät seiner müde sein,/
und (für) untreu (wird er erklärt) durch die Kirchenrechtler.
<small>4) Das n.m. juriste (Jurist) wird hier wie das Adjektiv juridique verwendet, damit es sich reimt. Nähme man es als Substantiv, wäre es ein Jurist, der "untreu" wird, aber das ergibt keinen Sinn.</small>

Der Name des obersten Gottes der römischen Antike ist bei N. Chiffre des Weltherrschers, **10/71**. Es scheint, daß er sich auf ein sehr hohes Roß setzen wird, um vom hohen Thron seiner Gegenwart über die Vergangenheit zu richten. Er wird alle vergangenen Epochen verwerfen, um für seine Zeit das prophetisch verheißene Friedensreich zu beanspruchen und als nunmehr erreichtes >Ziel< der Geschichte auszurufen, **5/53**. Denn es sei nun >er< nicht nur "anwesend" (présent), **5/31**, sondern habe sich - anders als 2000 Jahre zuvor - auch durchsetzen können. Nun habe man endlich eine vollkommene und daher gottgefällige Weltordnung errichtet. -   In der Vergangenheit habe es nur >unvollkommene Vorstufen< des nun Erreichten gegeben. Die Perfektionierung des Überwindens der Vergangenheit führt am Ende dazu, daß die alten Glaubenslehren verboten und ihre schriftlichen Urkunden von der Oberfläche der Erde verbannt werden, VH (44). Später, wenn die Macht "Jupiters" gebrochen ist, werden ihm Kirchenrechtler dann vorwerfen, er sei dadurch seiner Rolle als >wiedergekommener Heiland< und seinem Bündnis mit der Kirche, **10/55**, "untreu" geworden. Daß er der, für den sie ihn hielten, niemals war, scheint ihnen dann immer noch nicht in den Sinn zu kommen. Dann müßten sie die fatale Fehleinschätzung zugeben.

---> 2/73, 5/73, 7/23 (JUPITER)

Centurie 2, Vers 73
Au lac Fucin de Benac le riuaige
Prins du Leman au port* de l' Orguion*:
Nay* de troys bras predict bellique image,
Par troys couronnes au grand Endymion.
(Textfassung bei Benoist Rigaud, Lyon 1568)

Übersetzung:
Vom Ufer des Fucinersees bis zum Gardaseeufer/ aufgenommen bis zum Genfer (See) vom Hafen* des großen Gold*führers. Entstanden* (das) vorhergesagte kriegerische Bild dreier Arme, mit drei Kronen (geht es) gegen den großen Endymion.

Kommentar zu 2/73:
Der Mann, den die Juden für ihren Messias halten, **6/18**, wird vielen Christen als >wiedergekommener Heiland< gelten, **1/95**. Den Muslimen ist ein >Mahdi<, d.h. ein Gottgesandter versprochen, der den Islam und die Welt erneuern werde. An der in 10/30 Vz 4 genannten Folge ist ablesbar, daß dem >neuen Heiligen< auch diese Krone verliehen wird. <u>So kommt man auf insgesamt >drei Kronen<, die er erhält.</u>
  Gold steht für die Lehren der christlichen Religion. Ein "großer Goldführer" ist also ein religiöser Führer, dessen Lehren von Christen als christlich inspiriert aufgefaßt werden. Sein >Hafen< bedeutet die von ihm signalisierte Bereitschaft, >Schiffe< aufzunehmen, **1/30**. Diese stehen für die alten Glaubensgemeinschaften, ihre Lehren und ihre Anhänger, und die Aufnahmebereitschaft des >Hafens< ist die Akzeptanz der alten Lehren durch die neue religiöse Autorität.
  Je mehr Ansehen ihm zuwächst, desto mehr wird sich sein Werben verwandeln in ein Deutungsmonopol, das er für die alten Religionen beansprucht, **1/79**. <u>Seine Anhänger innerhalb dieser werden zu >drei Armen<, 5/86, d.h. zu seinen Machtinstrumenten,</u> die er dann einsetzt, um die alten Lehren zu verdrängen.
  Die Mondgöttin Selene liebte den Jüngling Endymion und bat Zeus, ihm ewige Jugend zu verleihen, damit sie ihn immer für sich haben könnte. Zeus entsprach der Bitte, aber nur um den Preis, daß Endymion in ewigen Schlaf verfiel. Während seines todesähnlichen Schlummers besuchte die Göttin ihren Liebling allnächtlich. Zeus als Chiffre für den Weltherrscher und die Mondgöttin Selene als Name für die Offenbarung Gottes durch Mohammed, 6/78, sind geläufig.
  Der zur weltweit höchsten religiösen Autorität aufgestiegene Mann wird Endymion in >Schlaf< versetzen. Er steht für jene Europäer, die >sich von Zeus hypnotisieren lassen<. Anders als die spröden Jünglinge Hippolyt, **5/52**, und Bellerophon, **8/13**, können sie dazu bewegt werden, im geistigen Dauerschlaf mit dem Islam zu liebäugeln, 10/97, dessen Anhänger nach Europa vordringen in der Zeit, da >Zeus< auf den Plan getreten sein wird.
  Wenn dann die >Arme< eingesetzt werden, wird es für den leblosen <u>Endymion, d.h. die von Zeus >hypnotisierten< Christen, zuoberst den Papst</u>, ein böses Erwachen geben, 6/86. Der Traum von einer Zeit des Friedens wird ausgeträumt sein, wenn die Lehren des Zeus sich zu einer >neuen Religion< verdichtet haben, die überall durchgesetzt werden soll.
  Von Mittelitalien (Fucinersee) bis Oberitalien (Gardasee) und bis in die Schweiz (Genfersee) sah N. die Menschen überlaufen zu dem >großen Goldführer<. Das wird aber darüber hinaus in ganz Europa geschehen, 1/52 Vz 3/4.

Centurie 5, Vers 73
Persecutee de Dieu* sera l' Eglise,
Et les sainctz temples* seront expoliez:
L' enfant* la mere* mettra nud en chemise,
Seront Arabes aux Polons ralliez.
(Textfassung bei Benoist Rigaud, Lyon 1568)

Übersetzung:
Verfolgt von Gott* wird sein die Kirche,
und die heiligen Tempel* werden ausgeplündert werden.
Das Kind* wird die Mutter* nackt im Hemd aussetzen.
Es werden Araber mit denen von Pol(lux) verbündet sein.

Kommentar zu 5/73:
Eine "Verfolgung der Kirche" hat N. es genannt, daß im Jahr 1606 die Republik Venedig gegen die päpstliche Gewalt auf ihrem Gebiet es durchsetzte, auch in kirchlichen Belangen das letzte Wort zu haben, VH (35). Zu Plünderungen kam es aber damals nicht. Einen Höhepunkt der Verfolgung der Kirche machte N. aus in der Zeit der Revolution in Frankreich, die auch zur Enteignung von Kirchengütern durch staatliche Instanzen führte, 2/12 (Bd.1). Nur spielten die Araber damals noch keine Rolle.
In der letzten Zeit der alten Erde wird es zu Christenverfolgungen kommen, VH (42), (43). Sie gehören neutestamentlich zu den Vorzeichen des Endes der Welt, Mark 13 9-13. "Die Kirche" könnte hier die katholische Kirche bedeuten. Aber das ist fraglich, weil ihre Spitze "der Sekte der neuen Ungläubigen verfallen", VH (14), d.h. sich zu den Anhängern des vermeintlich >wiedergekommenen Heilandes< schlagen wird. Wenn dann der Bann gegen die Lehren der katholischen Kirche verhängt ist, **10/65**, werden die regimetreuen Christen, die sich das gefallen lassen, nicht verfolgt werden. Verfolgen wird man nur jene Christen, die am alten Glauben festhalten in einer Zeit, da eine mächtige >neue Religion< ihn verdrängen will, **6/72**.
Aber inwiefern werden diese Gläubigen von Gott selbst verfolgt? Da Gott Verfolgungen allenfalls zuläßt, kann es nicht wörtlich gemeint sein. An die Spitze der >Weltfriedensordnung< wird nach einiger Zeit der >Wiedergekommene< berufen werden, **8/41**, der sich aufführt, als sei die Gottheit durch ihn anwesend, **5/31**, und auch dementsprechend verehrt wird, **10/71**. <u>Von diesem >Gott<, der ein von Menschen gemachter Götze ist, wird also die Verfolgung ausgehen.</u>
Dieser Mann wird in der ersten Zeit seines öffentlichen Wirkens noch ohne formelle Machtposition sein und von der Spitze der katholischen Kirche als der >wiedergekommene Sohn Gottes< anerkannt und >aufgebaut< werden, **1/95**. Insofern wird er >Kind der Mutter Kirche< sein. Dieses >Kind< wird, wenn es erwachsen, d.h. mächtig geworden ist, seine >Mutter< ins Elend stürzen, Vz 3. Es wird "die heiligen Tempel", die christlichen Kirchen >ausplündern<, **8/62**, d.h. ihnen die alten Lehren wegnehmen, diese schließlich verbieten.
Das Regime wird sich der zuvor unterworfenen Orientalen bedienen, um jene Bewohner Europas zu disziplinieren, die sich verweigern, **9/80**.

Centurie 9, Vers 73
Dans Fois entrez Roy ceiulee Turban,
Et regnera moins euolu Saturne*,
Roy Turban blanc Bizance coeur ban,/
Sol*, Mars*, Mercure* pres la hurne*.
(Textfassung bei Benoust Rigaud, Lyon 1568)

Übersetzung:
In Foix eingezogen (ein) König (mit) dunklem Turban,
und er wird herrschen weniger als eine Saturn*bewegung.
König (mit) weißem Turban ruft Byzanz auf zum heiligen Krieg.
Sonne*, Mars*, Merkur* nah der Urne*.

Kommentar zu 9/73:
Für das Ende des zwanzigsten Jahrhunderts, **1/48**, ist eine erneute >Herrschaft des Mondes<, d.h. ein weltlicher Aufstieg des Islam angekündigt, der sich in Iran seit 1978/79 erkennbar erfüllte (s. Band 1). Er wird sich anscheinend nach der Katastrophe fortsetzen und dann auch islamisch geprägte Länder Nordafrikas erfassen, **6/54**, die dem Beispiel Irans folgen, 1/73 Vz 2.
Es scheint, daß diese Völkerschaften unter "zwei Häuptern" sich in Bewegung setzen, 5/86. Ein nordafrikanischer Turbanträger wird, nachdem Spanien wohl schon erobert ist, 5/14, in der Stadt Foix auf der französischen Seite der Pyrenäen einziehen. Etwa zur gleichen Zeit ruft der persische Turbanträger "Byzanz", d.h. die Türkei zum heiligen Krieg auf. Das alte Wort ban bedeutete u.a. den Ruf zu den Fahnen, die öffentliche Aushebung von Soldaten. Ein coeur ban ist dann der öffentliche Aufruf zur Heeresfolge als Sache des Herzens, oben etwas freier wiedergegeben.
Die letzte Vz könnte eine Konstellation bedeuten. Im Tierkreis gibt es nur eine Urne, die des Wassermanns. Sie ist am Ende des zwanzigsten Jahrhunderts bei einer ekliptikalen Länge von 5° bis 12° Fische zu finden, **6/85**. Da die Angabe "bei der Urne" lautet, muß man die Umgebung noch hinzunehmen. Nimmt man plus/minus 10° hinzu, ergeben sich von 1980 bis 2020 Konjunktionen der genannten Planeten bei der Urne im Februar 1998 und im April 2011. Da dieser Angabe das Sternbild zugrundeliegt, kann die Verschiebung der Ekliptik nach dem Kataklysmus vernachlässigt werden.
Wahrscheinlich ist aber die letzte Vz symbolisch zu verstehen. Die Sonne steht bei N. für die Offenbarung Gottes in Christus, der sonnennahe Götterbote Merkur für Jesus Christus selbst. Diese beiden wird man nicht dem Feuertod (Urne) ausliefern können. Aber den altgläubigen Christen wird man mit >Feuer vom Himmel<, **2/81**, d.h. dem Bann gegen die alte Religion, ihren Glauben austreiben wollen. Mars steht für Krieg, und sein >Feuertod< bedeutet wie in **4/67** Vz 1 die Ächtung des Widerstandes gegen die Anordnungen des Regimes sowie die Diffamierung derer, die abseits stehen, als Feinde des Friedens.
Die Dauer der Fremdherrschaft (in Südfrankreich) wird angegeben mit "weniger als eine Saturnbewegung". Die in der Vorauflage vertretene Auffassung, wonach evolu (wörtlich: hinausgewälzt) im Unterschied zu revolu die Hälfte eines Umlaufes bedeute, also etwa 15 Jahre, konnte lexikalisch nicht belegt werden. Es ist hier demnach eine Zeit von weniger als 29,5 Jahren gemeint, welche Saturn für einen ganzen Umlauf benötigt.

Gruppe 24 - 74

01/24 A cité neufue* pensif pour condemner,/ L oysel de proye*
au ciel* se vient offrir:/ Apres victoire a captifs pardonner,/
Cremôe & Mâtoue grâds maux aura souffert. (1555)
[Erste Zeit nach der Katastrophe/ POLLUX-JUPITER]
In der neuen Stadt* (ist man) stark bestrebt zu verurteilen./
Der Raubvogel* am Himmel* kommt sich anzubieten./
Nach (dem) Sieg behandeln sie schonend die Gefangenen./
Cremona und Mantua werden großes Leid erlitten haben.
   1) Mittelfr. adj. pensif wer stark beschäftigt ist mit einem
   Gedanken (qui est fortement occupé avec une pensée).
   2) Zum Raubvogel s. das Glossar unter aigle.
   3) Ebenso möglich: "...behandelt er schonend die Gefange-
   nen".
   Mittelfr. v. pardonner schonen, verschonen (épargner).
   4) Korrekt wäre "auront souffert", der Numerus des Prädikats
   ist bei N. oft falsch.
Ein "Adler, der freudig um die Sonne herum sich tummelt", tritt in 1/23 auf, hier ein "Raubvogel am Himmel". So kommt die Vermutung auf, daß 1/24 sich auch in der ursprünglichen Abfolge an 1/23 anschließt. Dort war der >Sonnen-Adler< Symbol für einen Mann, von dem a) bedrängte Israelis glauben, daß er ihnen von Gott gesandt sei, und der es b) fertigbringt, eine Einstellung der Kämpfe zwischen Israel und seinen Feinden zu erwirken. Es scheint, daß als Folge dieser Kämpfe israelische Juden, zu denen auch der >von Gott Gesandte< gehört, aus ihrem Land verbannt sein werden, 2/7 Vz 1/2. - Die "große neue Stadt" in **6/97** (historisch) und die "neue Stadt" in **1/87** Vz 1/2 (historisch) ist New York. Dort, am Sitz der Vereinten Nationen, will man etwas verurteilen, aber was ? Im angegebenen Kontext könnte es sich um die Verbannung von Juden aus ihrer Heimat handeln, die verurteilt wird. Auch deren schlechte Behandlung am Verbannungsort scheint Empörung hervorzurufen, 6/58 Vz 3/4. In dieser Lage "kommt" der oben genannte charismatische Jude, "sich anzubieten", aber wem und wozu ? Wahrscheinlich der Völkergemeinschaft, und wahrscheinlich als Friedensstifter, d.h. er strebt für seine Friedensbemühungen einen Auftrag der UNO an. Bei einem Besuch in der "neuen Welt" versteht er es, einen ausgesprochen positiven Eindruck zu machen, **8/74**. - Es scheint, daß er erfolgreich beitragen wird a) zum Frieden zwischen Israel und seinen Feinden, 1/23 Vz 3, und b) auch bei späteren Friedensvermittlungen, 4/95 Vz 3. Dem Mann wird später offiziell eine hohe Machtposition übertragen werden, **8/41**. In diesem Sinn wird er einen "Sieg" erringen, als "Sieger" hervorgehen, 4/95 Vz 4. Von seiner hohen Position aus wird er dann seinem Volk "Gunst erweisen", **6/18** Vz 3/4, und dafür sorgen, daß die verbannten Juden schonend behandelt werden, Vz 3. Es wird ihnen ein "neues Edikt" geschmiedet, 2/7 Vz 4, das ihre Freiheit garantieren dürfte, 6/58 Vz 4. - Cremona und Mantua sind Städte in der oberitalienischen Ebene. Worin ihr "großes Leid" besteht, und in welchem Zusammenhang dieses steht mit dem Schicksal der israelischen Juden, ist ungeklärt.
   ---> 4/24, 5/24, 8/74 (POLLUX-JUPITER)

01/74 Apres seiourné vogueront en Epire:/ Le grand secours viendra
vers Antioche,/ Le noir poil crespe tendra fort à l' empire:/
Barbe d' aerain le (!) roustira en broche. (1555)
[JUPITER/ Europäischer Freiheitskrieg/ Heinrich V.]
**Nach einer Ruhepause werden sie sich nach Epirus einschiffen./
Die große Hilfe wird bis nach Antiochia kommen./
Der schwarze Krausbart wird mächtig nach der Oberherrschaft trachten./
Der Bart von Erz wird ihn am Spieß rösten.**
1) Mittelfr. v. voguer losfahren (von Schiffen), in See stechen.
3) Der Gemeinte wird in 2/79 als barbe crespe & noire (schwarzer Krausbart) bezeichnet. Daher wird der Widersacher des "Erzbartes" hier auch als "Bart" übersetzt und nicht als "Haar".
Epirus ist Nordwestgriechenland. Antiochia hießen mehrere Städte, an einer Küste lag nur ein Antiochia: Antakya im heutigen Libanon. Es geht über Epirus bis dorthin, man fährt also von West nach Ost, wie in 9/60 und 9/30 (Bd.3). - Der "schwarze Krausbart" unterwirft in 2/79 "mit Geschick" die Orientalen. Gemeint ist ein Vertreter des globalen Regimes (empire), wohl der Weltherrscher selbst. Der Name "Erzbart" ist eine Anspielung auf die Kaisersage, die von Friedrich I. Barbarossa erzählt wurde, 5/59. Die Stelle des sagenhaften >Messiaskaisers< wird N. zufolge ein Mann einnehmen, der als Retter und Helfer der bedrängten Europäer in Erscheinung tritt (große Hilfe), **5/74**, und als Heinrich V. in die Geschichte eingeht, 10/27. Kern seiner Streitmacht scheint die Marine zu sein (sich einschiffen). Zu seinen Aktivitäten in Kleinasien s.a. **6/85**.
---> 5/74, 6/24 (Europäischer Freiheitskrieg/ Heinrich V.)

04/24 Ouy sous terre* saincte d' ame (!), voix fainte (!),/ Humaine flamme
pour diuine voyr luire,/ Féra des seuls de leur sang* terre tainte/
Et les saints têples* pour les impurs destruire. (1555)
[POLLUX-JUPITER/ >Neue Religion</ Unterdrückung der christl. Religion]
**Gehört (wird) im Heiligen Land* (einer) Seele vorgetäuschte Stimme,/
menschliche Flamme sieht man leuchten statt göttlicher./
Sie wird bewirken, daß von der Priester Blut* die Erde beschmutzt ist,/
und wird die heiligen Kirchen* für die Unreinen zerstören lassen.**
1) Der Text späterer Fassungen ist meist sehr entstellt.
In den Kämpfen der Vz 3/4 geht es um den Glauben, und es werden die "heiligen Tempel", zerstört, das sind für N. die christlichen Kirchen. Das geschieht im Interesse der "Unreinen". Gemeint sind die Anhänger des >neuen Glaubens<, der bis eine >Vermischung der Sprachen< zunutze macht, VH (29), insbesondere christliche mit islamischen Elementen vermengt, **6/10**. Die Wiederkunft Christi (bzw. Ankunft eines Mahdi) in der Person des >neuen Heiligen<, 10/30, wird das wichtigste Versatzstück mißverstandener biblischer Prophetie sein, dessen sich seine Anhänger bedienen werden. - Der Mann wird dem Volk des Staates Israel entstammen, **7/32**, aus dem >Heiligen Land<. Um die Menschen abzuwerben, **1/96**, wird er mancherlei "Zeichen und Wunder" wirken, Matth 2424. Somit sind die Vz 1/2 wörtlich zu nehmen: Es soll den Leichtgläubigen vorgemacht werden, es spreche dort die Stimme einer >wiedergeborenen Seele<. Aber es ist alles nur Show (voix fainte).
---> 1/24, 5/24, 8/74 (POLLUX-JUPITER)
---> 5/24, 10/74 (Letzte Zeit der alten Erde)

Gruppe 24 - 74

05/24 Le regne & loy* souz Venus* esleué,/ Saturne* aura
sus Iupiter* empire:/ La loy* & regne par le Soleil* leué,/
Par Saturnins* endurera le pire. (1568)
[>Weltfriedensordnung</ JUPITER/
Unterdrückung der christlichen Religion] (Kommentar S. 213)
Die Herrschaft und (das) Gesetz* unter Venus* aufgestiegen,/
Saturn* wird über Jupiter* sein Reich besitzen./
Das Gesetz* und (die) Herrschaft durch die Sonne* aufgehoben,/
durch die vom Saturn* wird sie das Schlimmste erdulden.
  2) Mittelfr. sus, suz I. Präposition 1. auf, über (sur) 2. bei
  (chez) 3. nah bei (près de) 4. (zeitlich) gegen II. Adverb 1. oben
  (en haut), obendrauf (dessus) 2. aufrecht (debout).
  3) Das v. lever kann aufrichten, aber auch aufheben, beseitigen bedeuten. Hier kommt nur die zweite Bedeutung in Frage,
  da der Vers den Aufstieg einer Ordnung in den Vz 1/2 dem
  Abstieg einer anderen Ordnung in den Vz 3/4 gegenüberstellt.
  3) Die Umstandsbestimmung "par le Soleil" wird in der Deutung
  zum Subjekt loy & regne gezogen, nicht zum Prädikat levé,
  was natürlich auch möglich ist, aber keinen Sinn ergibt.
  ---> 8/74 (>Weltfriedensordnung<)
  ---> 4/24, 10/74 (Letzte Zeit der alten Erde)
  ---> 1/24, 4/24, 8/74 (JUPITER)

05/74 De sang* Troyen* naistra* coeur Germanique/ Qu' il deuiendra en
si haute puissance:/ Hors chassera gent estrange Arabique/
Tournant l' Eglise en pristine preeminence. (1568)
[Heinrich V./ Europäischer Freiheitskrieg] (Kommentar S. 214)
Von trojanischem* Geblüt* wird erscheinen* ein germanisches Herz,/
es wird in eine sehr hohe Machtstellung hineinkommen./
Hinausjagen wird es das fremde arabische Volk/
und die Kirche versetzen in (ihre) ehemals überragende Stellung.
  4) Lat. adj. pristinus vorig, vormalig, ehemalig, früher.
  ---> 1/74, 6/24 (Europäischer Freiheitskrieg)
  ---> 1/74, 6/24 (Heinrich V.)

06/24 Mars* & le sceptre* se trouuera conionct,/ Dessoubz Cancer
calamiteuse guerre:/ Vn peu apres sera nouueau Roy oingt,/
Qui par long temps pacifiera la terre*. (1568)
[Europäischer Freiheitskrieg/ Heinrich V.] (Kommentar S. 215)
Mars* und das Szepter* werden sich vereint finden/
unter Krebs, (es wird einen) unheilvollen Krieg (geben)./
Ein wenig später wird (ein) neuer König gesalbt werden,/
der für lange Zeit die Erde* befrieden wird.
  1) Das Szepter war Attribut Jupiters, zu diesem s. das Glossar.
  1)2) Die Umstandsbestimmung "unter Krebs" könnte auch zu
  dem Krieg gezogen werden. Aber Jupiter-Mars-Konjunktionen
  ohne Ortsangabe finden etwa alle zwei Jahre statt, eine Aussage ließe sich nicht ableiten. Und ein "Krieg unter Krebs",
  d.h. im Juli, könnte jedes Jahr stattfinden.
  ---> 1/74, 5/74 (Europäischer Freiheitskrieg)
  ---> 1/74, 5/74 (Heinrich V.)

08/74 En terre* neufue bien auant Roy entré/ Pendant subges luy
viendront faire accueil,/ Sa perfidie aura tel rencontré/
Qu' aux citadins lieu de feste & recueil. (1568)
[POLLUX-JUPITER/ >Weltfriedensordnung<] (Kommentar S. 216)
**In der Neuen Welt* (wird) ein König weithin gut aufgenommen,/
geneigte Untertanen werden ihm Beifall spenden./
Seine Heimtücke wird solchen Widerhall finden,/
daß sie den Bürgern Grund zu Feier und Andacht gibt.**
2) Mittelfr. v. pendre auch: neigen zu (pencher de). Modern v.
refl. se pendre (à) sich hängen (an jdn). Pendant kann auch
Konjunktion sein, eine Variante ohne Einfluß auf die Deutung.
3) Mittelfr. v. rencontrer 1. finden, auf etw. stoßen (trouver,
tomber sur) 2. mit jdm. übereinstimmen (être d' accord avec
qu.) 3. das passende Wort finden (trouver le mot juste).
4) Mittelfr. n.m. citadin 1. Bürger (bourgeois) 2. Staatsbürger,
Mitbürger (citoyen), im 16. Jahrhundert oft pejorativ.
---> 1/24, 4/24, 5/24 (JUPITER)
---> 5/24 (>Weltfriedensordnung<)

10/74 Au reuolu du grand nombre septiesme/ Apparoistra au temps
leux d' Hecatombe,/ Non esloigné du grand aage milliesme,/
Que les entrés sortiront de leur tombe*. (1568)
[Verfolgung der Altgläubigen im totalitären Weltstaat]
**Bei der Vollendung der großen Zahl, der siebten,/
wird offenbar werden zur Zeit der Spiele der Hekatombe,/
nicht weit vom großen Tausendzeitalter,/
daß die ins Grab* Gestiegenen ihrem Grab* entsteigen werden.**
1) Adj. revolu vergangen, (zeitlich) vollendet, verstrichen.
2) N.f. hecatombe 1. (bei den Griechen:) Sühnopfer von
hundert Stieren 2. Massaker, Blutbad. Vgl. 2/16, 5/18, 9/84.
Unter der "Hekatombe" sind Menschenopfer zu verstehen, 2/16. Die Anhänger der >neuen Religion< werden deren >Sieg< feiern. Die nicht mitfeiern wollen, werden umgebracht. Es sind viele Menschen. Es kommen aus religiösen Gründen Menschen zu Tode, so daß der Begriff des Menschenopfers paßt. Es scheint, daß wie im alten Rom die Todesstrafe im Verlauf von "Spielen", d.h. öffentlichen Veranstaltungen vollzogen wird, **1/45**. - In VH (6) ist vom Beginn des "siebten Jahrtausends" die Rede, hier von seinem Ende. Gemeint ist die Zeit von der Katastrophe bis zum Ende der alten Erde. Diese Zeit ist nicht wörtlich ein Zeitraum von tausend Jahren, schon deshalb nicht, weil der Zeitpunkt des Endes im voraus nicht bekannt gegeben wird, Mark 1332, und er dann ja errechenbar wäre. - In dieser schweren Zeit "werden auch die vollkommensten Geister aus den Himmeln sich zeitweilig verkörpern, um einen geistigen Aufstieg unter den Menschen zu erzielen, weil ohne solche Hilfe letztere zu schwach sind zum Widerstand. Und dann werden aufstehen auch die Toten aus ihren Gräbern, d.h. die im Geist völlig Blinden können durch einen hell leuchtenden Blitzstrahl von Oben erweckt und sehend werden." (B. Dudde, Der Vorläufer Christi)
---> 4/24, 5/24 (Letzte Zeit der alten Erde)

Centurie 5, Vers 24
Le regne & loy* souz Venus* esleué,
Saturne* aura sus Iupiter* empire:
La loy* & regne par le Soleil* leué,
Par Saturnins* endurera le pire.

(Textfassung bei Benoist Rigaud, Lyon 1568)

Übersetzung:
Die Herrschaft und (das) Gesetz* unter Venus* aufgestiegen,
Saturn* wird über Jupiter* sein Reich besitzen.
Das Gesetz* und (die) Herrschaft durch die Sonne* aufgehoben,
durch die vom Saturn* wird sie das Schlimmste erdulden.

Kommentar zu 5/24:
Die >Weltfriedensordnung<, die sich nach der Katastrophe zu etablieren beginnt, heißt hier, ganz ähnlich wie in **5/53**, "Herrschaft und Gesetz unter Venus". Das Gesetz im Signum der Venus, die Ordnung der Gemeinsamkeit, **4/32**, wird einen Aufstieg erleben, aber >schnell< wieder verblassen, wie die Venus am morgendlichen Himmel. Erst auf der neuen Erde wird eine wirklich auf das Wort Gottes gebaute Lebensordnung - der Sonne entsprechend - sich durchsetzen.

Zuvor aber wird das Gesetz der Venus sich entfalten, und "Saturn" wird dann "sein Reich besitzen". Kronos alias Saturn herrschte im >goldenen Zeitalter< des Friedens mit den Göttern. Nach der Katastrophe wird der Friede auf Erden ausgerufen werden. Die Menschen werden sich für geläutert halten, **1/69**. Der Krieg wird geächtet, Kriegswaffen werden verschrottet, **3/36**. Alle Länder und alle Religionen werden willkommen sein in einer neuen großen Friedensordnung, **4/32**. So ist es gemeint, daß Saturn >sein Reich besitzen< werde.

Unter der Herrschaft Saturns wuchs in der Sage Jupiter im verborgenen heran. Erwachsen geworden, entthronte er seinen Vater und verbannte ihn auf die Inseln der Seligen am äußersten Rand der Erde, wo der alte Gott im Stand der Entrückung weiterhin sein Reich hat. Überall sonst aber ging die Macht auf Jupiter über.

Der neue Heilige, **10/30**, wird "kraftvoll emporgehoben werden", **1/95**, zur Weltherrschaft nämlich. N. belegt ihn vielerorts mit dem Namen Jupiter, **10/71**. Saturn wird dann sein entrücktes Reich nur noch in der Phantasie jener einnehmen, die immer noch glauben, im >goldenen Zeitalter< zu leben. Aber dieses wird dann nur noch ein Traum sein, ein Trugbild, **5/32**.

Zeus/Jupiter konnte im Mythos Blitze schleudern gegen konkurrierende Götter. Er wird nach wenigen Jahren seiner Herrschaft die alten Glaubenslehren mit dem Bann belegen, d.h. durch entsprechende Dekrete >außer Kraft setzen<, sie "annullieren", **8/77**. "Das Alte" wird "weggeräumt" werden, **4/32**. "Sie werden die heiligen Ordnungen unrechtmäßig niederschlagen wollen", **4/43**. Die in christlichem Geist nach der Katastrophe in Europa errichteten Ordnungen werden dann "aufgehoben" werden, Vz 3.

Die christlichen Kirchen, die sich mit >Jupiter< verbunden haben, werden dann auf Linie gebracht, gleichgeschaltet und ihrer Inhalte beraubt werden, **10/65**. Das nennt N. "das Schlimmste", was ihnen geschehen kann. All jene, die sich zu der >neuen Religion< nicht bekennen wollen, werden dann durch die <u>"Vertreter des Weltstaats, die im Namen des imaginären >goldenen Zeitalters< des Friedens auftreten (= Saturnins)</u>, und alles Recht auf ihrer Seite wähnen, Verfolgung und Tod erleiden.

Centurie 5, Vers 74

De sang* Troyen* naistra* coeur Germanique
Qu' il deuiendra en si haute puissance:
Hors chassera gent estrange Arabique,
Tournant l' Eglise en pristine preeminence.

(Textfassung bei Benoist Rigaud, Lyon 1568)

Übersetzung:

Aus trojanischem* Geblüt* wird erscheinen* ein germanisches Herz,
es wird in eine sehr hohe Machtstellung hineinkommen.
Hinausjagen wird es das fremde arabische Volk
und die Kirche versetzen in (ihre) ehemals überragende Stellung.

Kommentar 5/74:

Der Vers stenographiert Wesen und Taten des Mannes, der im Kampf um die Freiheit der Religion und die Freiheit Europas obsiegen wird, 6/70. Er wird - und darin liegt für N. der Triumph - >die alte Ordnung<, d.h. das Kaisertum mit der durch den Monarchen beschützten Kirche wiederherstellen. Diese Neuordnung wird aber nicht wirklich restaurativ sein, sondern etwas noch nicht Dagewesenes bringen.

Nachdem die Abkunft der Herrscher von den Göttern im Zuge der Christianisierung verpönt war, ließen die Könige ihren Stammbaum gern auf Helden der antiken Sagenwelt zurückführen. Ein beliebter >Stammvater< war der Trojaner Aeneas, den auch die französischen Könige für sich beanspruchten. Das "trojanische Geblüt" bedeutet demnach die Herkunft aus einer Sippe, die einst den König von Frankreich stellte. Das waren in den letzten gut zwei Jahrhunderten des Königtums die Bourbonen, 4/97.

Das "germanische Herz" weist hin auf Wehrhaftigkeit, Tapferkeit im Kampf und Treue. Diese Merkmale galten seit der Beschreibung Germaniens durch Tacitus als hervorstechende Eigenschaften der Germanen.

Das globale Regime wird seine strengen Auflagen im Bereich der Religion mit Hilfe der Araber in Europa durchzusetzen suchen, 9/80. Wer sich vornimmt, die Freiheit der Religion wiederherzustellen, wird deshalb die Araber zum Feind haben. Wenn "der große Königliche" den Krieg entfesselt, wird daher die Erde "mit barbarischem Blut bedeckt" sein, 5/19. Die Araber werden dann aus g a n z Europa vertrieben werden, denn es ertönt sein Schlachtruf von der ungarischen Tiefebene bis nach Gibraltar, 5/13.

Mit der "ehemals überragenden Stellung", in welche der gemeinte Herrscher die Kirche nach seinem Sieg versetzen wird, meint N. zunächst die Einheit der Kirche und des Klerus, 8/99, die in seiner Zeit schmerzlich verlorenging. Nach dem Erlebnis der existenziellen Bedrohung der christlichen Religion gleich welcher Prägung werden die konfessionellen Unterschiede bedeutungslos geworden sein. Restauriert wird die Einheit der Kirche und ihr Schutz gegen äußere Feinde durch den Kaiser, 5/75.

Die Kirche wird im Geist Christi erneuert werden, 10/89, ihre Attraktivität durch das "Wesen des fleischgewordenen Geistes" bestimmt sein, 8/95. "Für heiligen Pomp" wird die Zeit gekommen sein, "die Flügel zu senken durch die Ankunft des großen Gesetzgebers", 5/79. Er wird der Kirche inhaltlich keine Vorschriften machen, den Bereich von Verkündigung und Lehre freigeben, **5/75**, anders als sein unseliger Vorgänger.

Dann werden die Menschen endlich ohne Not das Wort Christi befolgen können: Gebt dem Kaiser, was des Kaisers ist, und Gott, was Gottes ist, Matth 2221.

Centurie 6, Vers 24
Mars* & le sceptre* se trouuera conioinct,
Dessoubz Cancer calamiteuse guerre:
Vn peu apres sera nouueau Roy oingt,
Qui par long temps pacifiera la terre.
(Textfassung bei Benoist Rigaud, Lyon 1568)

Übersetzung:
Mars* und das Szepter* werden sich vereint finden
unter Krebs, (es wird einen) unheilvollen Krieg (geben).
Ein wenig später wird (ein) neuer König gesalbt werden,
der für lange Zeit die Erde befrieden wird.

Kommentar zu 6/24:
Der König, der "für lange Zeit die Erde befrieden wird", ist der bei N. vielerorts angekündigte Herrscher, der als Sieger aus dem Kampf gegen die Bedrückung Europas durch das globale Regime hervorgehen wird, 6/70. Ihm wird es gegeben sein, nach "sehr hartem Kampf" die von vielen Menschen fast schon aufgegebenen Hoffnungen auf einen Frieden unter dem christlichen Kreuz zu erfüllen, 4/5. Er wird danach zum König von Frankreich und Deutschland gekrönt werden, 4/86.

Zuvor aber wird er in einem "unheilvollen Krieg" bestehen müssen. Dabei wird es um die Rückeroberung Europas gehen, das dann seiner Freiheit und Selbstbestimmung beraubt sein wird. Dem globalen Regime wird einige Zeit nach seiner Entstehung die Macht gegeben sein, die nach der Katastrophe in christlichem Geist errichteteten Ordnungen aufzuheben, 5/24 Vz 3. Die den religiösen Bereich betreffenden Dekrete wird es auch dort durchsetzen wollen, wo sie auf Widerstand treffen. An die Spitze des Widerstandes wird sich der Gemeinte setzen, 5/71. Daher wird er es mit den nach Europa vorgedrungenen Arabern zu tun bekommen sowie mit dem "Reich des Antechristen", dessen Heerscharen von Asien her heranstürmen, VH (17).

"Das Szepter" gehört dem regierenden Olympier Zeus, dem römischen Jupiter. Somit sind es die Planeten Mars und Jupiter, die eingangs des Verses "vereint unter Krebs" stehen. Angaben zu Gestirnständen beziehen sich bei N. auf die Sternbilder, 1/51 (Bd.1). Zu ihrer ekliptitalen Lage s. 6/85. "Vereint unter Krebs" treffen sich Mars und Jupiter nach der Jahrtausendwende erstmals im August 2015 und dann wieder im Oktober 2026.

Aus Vers 4/86 ergab sich, daß der Herrscher von Europa wohl in den Jahren zwischen 2024 und 2027 gekrönt werden wird. Da diese Krönung "wenig später" nach dem hier genannten Krieg stattfindet, müßte die Jupiter-Mars-Konjunktion des Jahres 2026 der gemeinte Gestirnstand sein.

Alle diese Angaben stehen unter Vorbehalt. Denn erstens kann die Deutung fehlgehen, und zweitens können wir Tag und Stunde des Endes der alten Erde im voraus nicht kennen. <u>Wer solche spekulativen Berechnungen wichtig nimmt, läßt sich ablenken von dem Gebot, allezeit wach und bereit zu sein: "Wachet; denn ihr wißt nicht, an welchem Tag euer Herr kommt. ... Denn der Menschensohn kommt zu einer Stunde, da ihr's nicht meint", Matth 2442,44.</u>

Centurie 8, Vers 74
En terre* neufue bien auant Roy entré
Pendant subges luy viendront faire acueil,
Sa perfidie aura tel recontré
Qu' aux citadins lieu de feste & recueil.
(Textfassung bei Benoist Rigaud, Lyon 1568)

Übersetzung:
In der Neuen Welt* (wird) ein König weithin gut aufgenommen,
geneigte Untertanen werden ihm Beifall spenden.
Seine Heimtücke wird solchen Widerhall finden,
daß sie den Bürgern Grund zu Feier und Andacht gibt.

Kommentar zu 8/74:
Aus der Perspektive des Jahres 1558 war Amerika eine "neue Erde", ein neuer Erdteil. Es wurde von Europäern gegründet, die durch die Obrigkeit bedrängt, in der freien Ausübung ihres Glaubens behindert wurden oder wirtschaftlicher Not entkommen wollten. Ihnen galt Amerika als >das gelobte Land der Freiheit<. Daher wurde auch die Trennung von Staat und Kirche 1776 zum Verfassungsgrundsatz erhoben.

Vor diesem Hintergrund mutet es befremdlich an, wenn der Vers davon spricht, daß ein "König" ins Land kommt, dem "geneigte Untertanen Beifall spenden" und dessen "Bürger" ihm "Feier" oder "Fest" ausrichten sowie "Andacht" oder "Besinnlichkeit" widmen. Ein verehrtes ausländisches Staatsoberhaupt kann es nicht sein, denn dem wären die Bürger nicht untertan. Der Papst kann es nicht sein, denn der ist seit 1870 kein Herrscher mehr.

Das Zusammentreffen von politischer Billigung und religiös anmutender Verehrung läßt den Verdacht aufkommen, daß hier von dem Mann die Rede ist, der nach der Katastrophe auftreten und die Menschen durch den Anschein einer Verbindung von politischer und spiritueller Kompetenz faszinieren wird, **1/29**. Sein Ruf und Anspruch, in der Nachfolge Christi zu stehen, **1/95**, wird ihm in einem Land die Türen öffnen, das die Gestalt des freien, nur dem christlichen Gott verpflichteten Predigers kennt und schätzt. Durch souveräne Verfügung über das gesprochene Wort, **1/96**, die ihnen als Zeichen höchster Weisheit gilt, wird er die Amerikaner in seinen Bann ziehen, **5/31**.

Aber wie ist damit zu vereinbaren, daß gerade die "Heimtücke" so großen Widerhall findet ? Sie wird offenbar von den beifallspendenden Amerikanern nicht erkannt, sondern ist als Wahrnehmung des Sehers zu verstehen, der weiß, daß der Betreffende "den Heiligen" nur "spielt", **8/41**. Es wird hier eine Bereitschaft der Jubelnden erkennbar, auf einen Menschen hereinzufallen, der ihrer Geistesart in gewisser Weise entspricht. Das Wort pendant deutet auf eine inhaltliche Nähe, so wie auch rencontrer eigentlich ein Zusammentreffen im Sinne des Sich-Treffens von Zusammengehörigem meint.

In Amerika bilden Religion und Spektakel keinen Gegensatz. Die vielen Prediger, z.T. mit eigenen Fernsehkanälen, leben davon, möglichst viel Religion sicht- und hörbar zu machen. So gibt es keinen Mangel an Shows mit Bekehrungen, Heilungen und anderen Wundern. Abseits der in Amerika auch verbreiteten echten Frömmigkeit, von der hier nicht die Rede ist, gibt es dort also einen Umgang mit der Religion, der die Tore für Heuchelei und Bigotterie weit öffnet. Auf diesem Nährboden wird der "König" offenbar gut gedeihen.

Eine Schlußfolgerung ist, daß in der Zeit der Unterdrückung der alten Religionen mit einer Hilfe aus Amerika eher nicht zu rechnen ist, **5/62 Vz 4**.

01/25 Perdu, trouué, caché de si long siecle/ Sera pasteur demi
dieu* honore,/ Ains que la lune* acheue son grand cycle (!)/
Par autres veux (!) sera deshonoré. (1555)
[>Der Gute Hirte ist wieder da<: POLLUX]
Verloren, gefunden, verborgen für sehr lange Zeit,/
wird (der) Hirte halb wie Gott geehrt werden./
Wenn der Mond* seinen großen Zyklus vollendet hat,/
wird ihm durch andere Autoritäten die Ehre abgeschnitten werden.
  2) N.m. pasteur protestantischer Pfarrer > lat. n.m. pastor Hirte.
  N.m. demi-dieu 1. Mensch, dessen außerordentliche Eigenschaften ihn anscheinend über menschliches Maß hinausheben,
  der immenses Prestige genießt (homme que ses qualités
  exceptionnelles semblent placer au-dessus de la condition
  humaine, qui jouit d' un prestige immense) 2. (Mythologie) ein
  aus der Verbindung eines Gottes mit einem Menschen hervor-
  gegangener Halbgott.
  4) N.m. voeu Gelübde. Mittelfr. wird es auch veu geschrieben.
  Aber durch Gelübde kann wohl niemand entehrt werden. Es
  dürfte ein fehlerhaft geschriebenes vieux Alte sein.
Der Vers wurde auf den französischen Chemiker Louis Pasteur gedeutet, einen Mitbegründer der Lehre von den durch Mikroorganismen hervorgerufenen Krankheiten. Der Vers würde behaupten, daß es sich bei diesen medizinischen Erkenntnissen des 19. Jahrhunderts nur um Wiederentdeckungen handle. Doch die Erkenntnisse Pasteurs und Semmelweis' waren anfangs umstritten und wurden erst später hochgeschätzt, während es der Vers andersherum will. -   Gemeint ist der spätere Weltherrscher, der zunächst als >wiedergekommener Heiland<, **1/95**, verehrt werden wird. In ihrer Frühzeit hatte die Menschheit ihren Hirten, sprich Gott, aus den Augen verloren (Paradiesvertreibung). In der Gestalt Jesu Christi, des Guten Hirten, Joh 1011, war dann Gottes Sohn "angetroffen worden" (trouvé), jedenfalls im Urteil der Christen. Dann blieb er für "ein sehr langes Zeitalter" (si long siecle), fast 2000 Jahre lang, >im verborgenen< (caché) und hat >nicht mehr menschliche Gestalt angenommen<. Doch nun, in der gemeinten Zeit, nähert sich erneut ein >Hirte< der orientierungslosen Menschheitsherde und wird "halb wie Gott" oder "wie ein Halbgott" geehrt werden. Als Einschränkung der Huldigungen ist das nicht zu verstehen, **10/71**, und setzt voraus, daß der Gemeinte es sich gefallen läßt. Das sagt allein schon genügend über ihn, Jesus ließ es sich noch nicht einmal gefallen, wenn man ihn nur >guter Meister< nannte, Mark 1017-18. -   Der große Zyklus des Mondes könnte das 97 Sonnenjahre dauernde Mondjahrhundert sein, das in **3/97** bis 2015 oder bis 2017 reicht, wenn der Vers richtig gedeutet wurde. -   Eine inhaltliche Parallele zu Vz 4 bietet **10/73**: Nachdem der >wiedergekommene Heiland< und Weltherrscher sich als der große >Richter der Geschichte< aufgespielt hatte, werden Kleriker in späterer Zeit, irgendwann nach 2015/17, ihrerseits ihr Urteil über ihn sprechen und sich dabei als "treulos" gegen ihn erweisen - fatal, weil das einschließt, daß sie ihm zuvor Treue gelobt hatten.
   ---> 6/25, 8/25, 8/75 (POLLUX)

05/25 Le prince Arabe Mars*, Sol*, Venus*, Lyon*,/ Regne d' Eglise par
mer succombera:/ Deuers la Perse bien pres d' vn million,/
Bisance, Egypte ver. serp inuadera. (1568)
[Islamische Invasion Europas]
**Der arabische Fürst wird - Mars*, Sonne*, Venus* im Löwen* - /
die Herrschaft der Kirche über das Meer hinweg zu Fall bringen./
Bei Persien stehen fast eine Million (Mann)./
In Byzanz und Ägypten werden sie (mit) Kanonen eindringen.**
<small>1)2) Das v. succomber zusammenbrechen, unterliegen ist wie
lat. succumbere intransitiv im Gebrauch, wird hier aber transitiv
eingesetzt.
4) Mittelfr. n.m. verat (eine Art) Kanone, hier abgekürzt.
Mittelfr n.m. serpentin verlängerte Kanone, hier abgekürzt.
Diese Deutung der Kürzel (Pfändler 1996 S. 366) ist nahe-
liegender als die Deutung in der Vorauflage.</small>
Das "Reich der Kirche" ist 1870 auf ein schmales Areal in Rom zusam-
mengeschmolzen, worein sich der Vatikan 1929 gefügt hat. Es gibt also
ein weltliches "Reich der Kirche" nicht mehr, doch Vorgänge der beschriebenen Art sind bisher nicht eingetreten. Daraus kann man folgern, daß N.
sich hier wohl vertan habe. Eine andere Möglichkeit ist, daß Mittelitalien
gemeint ist, wo der Kirchenstaat einst lag. Eine weitere Möglichkeit ist,
regne mit Herrschaft zu übersetzen und darunter die Dominanz der
katholischen Kirche in religiöser Hinsicht zu verstehen. Dann bedeutet
das regne d' Eglise aber alle europäischen Gebiete, die überwiegend
katholisch sind in der gemeinten Zeit. Diese Möglichkeit erhält hier den
Zuschlag. - Was die Zeit angeht, gibt der Vers zu Beginn
Hinweise. Nimmt man Sternbilder statt der Ekliptikabschnitte, wofür **1/51**
(Bd.1) spricht, gab es die Konstellation zuletzt 1983, 1985, 1987, 1989
und 1991, jeweils im August/September. Es wird sie (bis 2030) wieder
geben 2006, 2008, 2017, 2019, jeweils im September/Oktober, wobei
diese Angaben sich auf die (dann wahrscheinlich etwas verschobenen)
Sternbilder beziehen, 6/85. - Anscheinend läuft dann
zweierlei gleichzeitig ab: Ein "arabischer Fürst" läßt seine Truppen über
das Mittelmeer nach Europa vordringen, 1/18. Außerdem ist ein Heer "bei
Persien" marschbereit mit zwei Stoßrichtungen: Erstens Türkei (Byzanz)
und Balkan, 5/27, zweitens Ägypten.

05/75 Montera haut sur le bien plus à dextre,/ Demourra assis
sur la pierre* quaree:/ Vers le midy posé à la senestre,/
baston tortu en main, bouche serree. (1568)
[Heinrich V.] (Kommentar S. 223)
**Er wird hoch hinaufsteigen zum Allerhöchsten auf (der) Rechten,/
wird sitzenbleiben auf dem Quaterstein*,/
nach Süden gewandt auf der Linken,/
(den) Hirtenkrummstab in der Hand, (der) Mund geschlossen.**
<small>1) N.m. le bien das Meiste, das Höchste.</small>
---> 10/75 (Heinrich V.)

04/25 Corps sublimes sans fin à l' oeil* visibles/ Obnubiler viendront par
ses (!) raisons:/ Corps, front comprins, sens, (!) chief inuisibles,/
Diminuant les sacrées oraisons. (1555)
[Entrückung am Ende der alten Erde]
Leiber schwebend, endlos für' s Auge* sichtbar,/
ins Wolkenverhüllte werden sie gelangen durch ihre Geistesart./
Leiber, Gesicht inbegriffen (und) Bewußtsein, Köpfe unsichtbar,/
leiser werdend die heiligen Gebete.

Wegen sinnentstellender Abweichungen von der Urfassung sind spätere Textfassungen kaum sinnvoll zu übersetzen und zu deuten. Die Urfassung ist schwierig genug.
1) Adj. sublime erhaben, überragend > lat. sublimis hoch in der Luft, schwebend; erhaben, hehr, berühmt.
2) Altfr. v. obnubler 1. mit Wolken bedecken (couvrir de nuages) 2. verdunkeln (obscurcir), altfr. v. obnublir dunkel werden (s' obscurcir) > lat. obnubilare umwölken, verhüllen, nubes Wolke. "Obnubiler" hat hier kein Objekt, daher sind es die "corps" selbst, die "dunkel werden". Die Wiedergabe oben ist freier.
3) Mittelfr. n.m. chef, chief Kopf (tête) > lat. caput.
Es fehlt das Plural-s, chiefs müßte es heißen, denn das Prädikat (seront) invisibles steht im Plural.

Das ist eine der wenigen esoterisch anmutenden Ankündigungen, die aber ein wirkliches Geschehen erfassen, das in anderen Prophetien seine Parallelen hat. Von der Entrückung der Gottgetreuen handelt die Offenbarung des Johannes, wo in Kap. 14 von dem "Lamm auf dem Berg" und den ihm folgenden 144000 die Rede ist, "die freigekauft und von der Erde weggenommen worden sind". - Der Vorgang der Entrückung, nicht der Zustand des Entrücktseins, wird hier plastisch geschildert. Zunächst sind die Leiber "schwebend", aber noch "sichtbar". dann gelangen sie in größere Höhe, in Wolken. Schließlich sind sie "unsichtbar". Da die Vorgänge >von unten< wahrgenommen werden, erklärt es sich, daß die Gebete leiser werden. Mehrere Stellen im NT handeln von der Ankunft des Menschensohns "in den Wolken", Matth 2430, 2664, und von der Entrückung derer, die ihm entgegengehen, "auf den Wolken in die Luft", 1 Thess 417. Vgl. a. 5/85. Daher ist die Zuordnung dieses Verses zur Ankunft Christi ziemlich eindeutig. - Auch einen Grund des Geschehens deutet N. an. Wegen ihrer Geisteshaltung (raisons) werden die im Glaubenskampf Verfolgten entrückt. Weil sie sich durch Wort und Tat mit Gott verbunden haben, fließt ihnen die Kraft zu, die sie brauchen, um auszuharren. (Zur Qualität des Geschehens ist aus den Kundgaben der B. Dudde zu erfahren, daß die letzten Gottgetreuen der alten Erde im Geistleib entrückt werden, ihre alten stofflichen Hüllen also zurücklassen.)

06/25
Par Mars* contraire sera la monarchie,/ Du grand pescheur en trouble ruyneux:/ leune noir* rouge* prendra la hierarchie,/ Les prodileurs iront iour bruyneux. (1568)
[Letzter Papst/ >Weltfriedensordnung</ Unterdrückung der katholischen Kirche]
Durch Krieg* (als) Feind wird die Alleinherrschaft/ des großen Fischers in ruinösem Aufruhr sein./ (Ein) junger übler* Roter* wird sich der Hierarchie bemächtigen./ Die Verräter werden gehen an nebligem Tag.

1) Adj. contraire entgegengesetzt, widersprechend, Gegen.... .
Mittelfr. n.m. contraire 1. feindliche Aktion (action hostile) 2. Feind (ennemi), Gegner, Widersacher (adversaire).
4) Lat. n.m. proditor Verräter.
Adj. bruineux vom n.f. bruine Sprühregen.

Der "Krieg" wird in der >Weltfriedensordnung< geächtet, 6/94, also zum "Feind" erklärt sein. Es wird nach einigen Jahren eine >neue Religion< geben, die dem Frieden des Weltstaats dienen zu wollen sich den Anschein gibt, 9/9. Sie wird Ausschließlichkeit beanspruchen, 1/79, und die alten Glaubensformen verdrängen. Zu "Feinden des Friedens", 6/38 (Bd.3), werden dann jene Menschen erklärt werden, die an ihrem alten Glauben festhalten. - Den "Fischer" als einen Papst zu deuten, der an Bord des "Fischerbootes", der Kirche, 1/4, auf Seelenfang geht, bietet sich an. Die "Alleinherrschaft" bedeutet das Primat, das der Bischof von Rom unter seinesgleichen beansprucht. Vgl. 5/21 (Bd.1), wo ein Papst "lateinischer Monarch" heißt. - Wenn der Bannstrahl seine Kirche trifft, 10/65, wird sie nach einer Zeit des Schocks und des Verheimlichens, 5/65, in "ruinösen Aufruhr" geraten - vorstellbar angesichts der gewaltigen Zumutung, die im Namen des Friedens, "durch Krieg (als) Feind", den Frieden gerade zerstört. - Die zweite Vershälfte handelt wohl davon, daß dann ein "Roter", vielticht ein junger Kardinal die Macht an sich reißt. Seine Bewertung durch N. als ein "Übler" läßt darauf schließen, daß er die Linie des Regimes in der Kirche durchsetzen will, was ihn auch zum "Verräter" am alten Glauben machen würde. S. dazu auch 4/11, 8/19.
---> 8/25, 8/75 (Letzter Papst)

Gruppe 25 - 75

08/25 Coeur de l' amant ouuert d' amour fertiue/ Dans le ruysseau
fera ravyr la Dame*,/ Le demy mal contrefera lassiue,/
Le pere à deux privera corps de l' ame. (1568)
[Letzter Papst/ Katholische Kirche nach der Jahrtausendwende/ POLLUX]
**Herz des Liebenden, offen für eine fruchtbare Liebe,/
wird in der Gosse die Dame* hinreißen lassen./
Der halb so Schlimme wird der Sinnlichen (etwas) vormachen./
Der Vater wird zwei Körpern die Seele rauben.**
  1) Lat. p.p.a. amans liebend.
  fertive steht reimbedingt statt fertile. Es könnte auch furtif
  heimlich, verstohlen gemeint sein. Aber die gemeinte Liebe
  wird keine heimliche sein, **10/55**.
  3) N.m. demi-mal minder schwere Unzuträglichkeit, die man
  nicht zu fürchten braucht.
  Mittelfr. v. contrefaire 1. nachahmen (imiter) 2. vortäuschen
  (feindre) 3. eine Rolle spielen, um andere zu täuschen (jouer
  un rôle pour tromper autrui) 4. den Anschein erwecken, etwas
  zu tun (faire semblant de faire qch.)
  Nachdem in Vz 1 fertiue das falsche Genus hat, könnte das
  auch bei lassiue der Fall sein. Dann wäre zu übersetzen: "...
  wird den Sinnlichen spielen".
Der letzte Papst, den die Kirche hervorbringt, wird "unbändig vor Liebe" sein zu dem >wiedergekommenen Heiland<, **8/13**. Diese Liebe wird "fruchtbar" sein, weil viele >Kinder< aus dieser Verbindung hervorgehen, d.h. durch >Mutter Kirche< zum Glauben an den neuen Mann geführt werden. Er sei "harmlos", "halb so schlimm" (demy mal), werden seine Anhänger im Klerus denen entgegenhalten, die etwas ahnen von seinen Ambitionen. - Das immense Prestige, das er genießt, **1/25**, wird den Geruch der Macht haben, und durch die Aussicht auf Macht wird der weltlich Gesonnene >sinnlich<. Die "Dame", d. i. >Mutter Kirche< wird sich betören lassen. Groß ist daher die Freude, wenn die >Heirat< dann gefeiert wird, **10/55**. - Daß die "Dame" sich "in der Gosse" vom >neuen Heiligen< hinreißen läßt, ist die Wertung N.s. Er erkennt in der Verbindung von >Mutter Kirche< mit dem >wiedergekommenen Sohn< Gottes einen >Inzest<, **6/50**. - Der "Vater", der letzte Papst, wird "zwei Körpern die Seele rauben", wird seine eigene Seele und die der >Mutter Kirche< preisgeben. Durch das Zusammengehen mit dem >Wiedergekommenen< werden am Ende "alle beide zugrundegehen", **8/13**.
  ---> **8/75** (Letzter Papst)
  ---> **1/25, 8/75** (POLLUX)

08/75 Le pere & filz seront meurdris ensemble/ Le prefecteur dedans
son pavillon/ La mere* à Tours du filz ventre aura enfle./
Caiche verdure de fueilles papillon. (1568)
[Letzter Papst/ Zerstörung der kath. Kirche/ POLLUX-JUPITER]
Vater und Sohn werden gemeinsam ermordet werden,/
der Vorsteher im Busen seiner Mutter./
Die Mutter* wird in Tours vom Sohn den Bauch gebläht haben,/
verborgen (im) Grün von Blättern (ein) Schmetterling.
 2) Altfr. n.m. pavillon 1. Schmetterling (papillon) 2. Zelt mit konischer Form 4. Gartenlaube 3. Mutterbusen (sein de la mère).
 Wegen der Mutter wird "Busen" übersetzt, wie in 8/66 (Bd.1).
 4) fueille ist eine alte Schreibweise von feuille Blatt.

Die Bilder von Schwangerschaft und Geburt sowie der Metamorphose gehen hier ineinander über. Das Leben der Raupe erstirbt in der Puppe und ersteht im Falter neu. Der aus der Puppe kriechende "Schmetterling" meint einen Menschen, der nach einer Metamorphose wieder ins Leben geboren wird. Er erlebt dann einen >zweiten Frühling< (Grün von Blättern). - Die >Mutter< ist die katholische Kirche, die den >Zwillingsbruder< Christi, **1/95**, >austrägt und gebiert<. Denn sie läßt zu, daß er sich nährt und fett wird an der Identität Christi, welche die Kirche in ihrem >Mutterbusen< bewahren will. Sich in der Identität Christi zu verpuppen, wird die >Mutter< diesen ganz besonderen >Sohn< nicht hindern. - Wenn dann der >Schmetterling< sich erhebt, wird er zur höchsten religiosen Autorität in der Welt, **2/73**. Er wird Christus, den wahren Sohn Gottes, von der Erde tilgen wollen, VH (40). Der "Vater", der letzte Papst, wird dann >verbluten<, **8/45**. Verfolgung und Mord kündigen die Taten dieses monströsen Kindes der Kirche an.
 ---> 1/25, 8/25 (POLLUX)
 ---> 8/25 (Letzter Papst)

10/75 Tant attendu ne reuiendra iamais/ Dedans l' Europe,
 en Asie apparoistra/ Vn de la ligue yssu du grand Hermes,/
 Et sur tous roys des orientz croistra. (1568)
[POLLUX-JUPITER/ Heinrich V.]
So sehr ersehnt, wird er doch niemals zurückkehren/
nach Europa. In Asien wird erscheinen/ einer,
hervorgegangen aus der Liga des großen Hermes,/
und über alle Könige der Orientalen wird er wachsen.

"Hermes" als Verfertiger geistiger Nahrung war in 4/29 eine Chiffre für den >wiedergekommenen Christus< als höchste religiöse Autorität in der Welt. Sein Regime wird sich die Orientalen unterwerfen, VH (28). Durch seinen Sieg im Kampf um die Freiheit Europas wird der spätere Heinrich V. dafür sorgen, daß man ihn fürchtet, 6/70, und als "CHYREN Selin" besonders die Orientalen das Fürchten lehren, 4/77. - Die "Liga des großen Hermes" ist das globale Regime der >Weltfriedensordnung<. Demnach besagt Vz 3, daß der spätere König von Europa, 10/86, schon in der >Weltfriedensordnung< eine Position einnimmt, zu deren Gegner er später wird. Nach seinem Sieg tritt er als "großer Gesetzgeber" auf, 5/79, wird zum "christlichen König der Welt", 4/77, der auch Asien neu ordnet, Vz 4.
 ---> 5/75 (Heinrich V.)

Centurie 5, Vers 75

Montera haut sur le bien plus à dextre,
Demourra assis sur la pierre* quarree:
Vers le midy posé à la senestre,
Baston tortu en main, bouche serree.

(Textfassung bei Benoist Rigaud, Lyon 1568)

Übersetzung:

Er wird hoch hinaufsteigen zum Allerhöchsten auf (der) Rechten,
wird sitzenbleiben auf dem Quaterstein*,
nach Süden gewandt auf der Linken,
(den) Hirtenkrummstab in der Hand, (der) Mund geschlossen.

Kommentar zu 5/75:

Es geht um denselben Herrscher wie im voraufgehenden Vers, der andernorts auch der "Königliche" heißt, "der der große Stellvertreter Jesu Christi sein wird", VH (17). Diese Einstufung seiner Person und Aufgabe würde erklären, daß N. ihn hier auf derselben Höhe sieht wie Christus, der nach seiner Himmelfahrt den Platz "zur Rechten" Gottes eingenommen hat, Röm 834.

Nach der mittelalterlichen Zweigewaltenlehre gibt es von Christus aus zwei Schwerter, welche für die durch sie verliehene weltliche und geistliche Gewalt stehen, damals repräsentiert durch Kaiser und Papst. Wenn der Gemeinte einen Platz auf gleicher Höhe wie Christus einnimmt, Vz 1, aber "auf der Linken" Gottes, dann dürfte damit die ihm verliehene weltliche Macht angesprochen sein. Er wird zum "christlichen König der Welt" werden, 4/77.

Er sitzt "nach Süden gewandt", wo die Sonne am höchsten steht. Die Sonne steht bei N. für die Offenbarung Gottes in Christus. Die Ausrichtung nach Süden soll demnach besagen, daß der gemeinte Herrscher gottzugewandten Willens ist und seinen Thron in einer Zeit einnehmen wird, wenn der christliche Glaube - wie die Sonne im Süden - in höchster Blüte steht.

Der Krummstab ist das Attribut des Guten Hirten. Es fällt diesem Herrscher die Aufgabe zu, die Christenheit zu hüten und zu schützen. Seine Herde ist die dann lebende, dezimierte Menschheit, 4/20. Der "verschlossene Mund" bedeutet in Verbindung mit dem Hirtenstab, daß dieser Mann seine weltliche Macht nicht dazu benutzt, auf dem Gebiet der Religion "etwas zu sagen", sondern daß er diesen Bereich freiläßt.

Er thront "auf dem Quaterstein", d.h. seine Herrschaft wird wohlgegründet und von Dauer sein. Er wird "bleiben", für lange Zeit herrschen, 4/97. Das Quadrat bedeutet die Erde, das Begrenzte, im Unterschied zum Kreis als Sinnbild des Unendlichen. Der Quaterstein steht demnach für eine weltliche Machtstellung.

Über den zukünftigen Herrscher kann, abgeleitet 5/74 und 5/75, zusammenfassend gesagt werden:

1. Seine Macht erwirbt er mit militärischen Mitteln. Wenn er seine Herrschaft erreicht hat, ist sie sicher und fest gegründet, so daß er lange unanfechtbar herrscht.

2. Seine Religion ist die christliche. Das Christentum wird, wenn er zur Herrschaft gekommen ist, in höchster Blüte stehen.

3. Er nutzt seine Macht, um eine erneuerte Kirche, 5/79, die ein hohes Ansehen wiedergewonnen hat, wirksam zu schützen, greift aber nicht in die christliche Verkündigung ein.

03/26 Des rois & princes dresseront simulacres*,/ Augures, creuz
esleués aruspices:/ Corne, victime d' oree*, & d' azur, d' acre:/
Interpretés seront les extispices. (1555)
[>Neue Religion</ Unterdrückung der christlichen Religion]
**Von Königen und Fürsten werden sie Götterbilder aufstellen,/
Wahrsager finden Glauben, Zeichendeuterei wird modern./
Horn, Opfer von Gold, von Azur, von Weihrauch (?)./
Ausgedeutet werden die Eingeweide.**
>2) Lat. n.n. haruspicium Eingeweideschau, n.m. haruspex
>Zeichendeuter, Wahrsager.
>3) Altfr. n.f. corne 1. Horn eines Tieres (corne d' animal)
>2. Stärke (force), Macht (puissance) 3. Spitze (coin) > lat.
>n.n. cornu Horn, Füllhorn, Blashorn.
>Adj. doré vergoldet, golden; reich, vornehm.
>Lat. n.f. acrimonia, mittellat. n.f. acredo Schärfe, Energie,
>Lebhaftigkeit. N.f. acerra Räucherpfanne, Weihrauchkästchen.
>4) Lat n.m. extispex Eingeweideschauer.

Von Königen und Fürsten werden Bilder aufgestellt, an denen die Menschen vorbeiziehen, um ihnen zu huldigen, ihnen zu opfern. Die Herrscher werden also vergöttert, 1/91. Im antiken Rom herrschten solche Zustände, angefangen bei Augustus, der sich noch gegen die Verehrung als Gott wehrte, für die aber anscheinend ein Bedürfnis bestand. In moderner Zeit denkt man an die Feierlichkeiten in den kommunistisch beherrschten Ländern, bei denen Abbildungen der Herrscher und Ideologen öffentlicher Verehrung dienten. In der >Weltfriedensordnung<, die sich nach der Jahrtausendwende etabliert, wird es nach einiger Zeit ähnlich zugehen, denn N. charakterisiert Entwicklung und Zustände vielfach durch Bezugnahme auf das antike Rom, z.B. in 1/43 und 9/32. - Es scheint, daß dann auch antike Kultpraktiken wiederaufleben, 1/45. In diesen Zusammenhang gehören wahrscheinlich auch die Verse, die von den "neuen Spielen", 4/36 (Bd.3), und den "Spielen der Hekatombe" handeln, 10/74. - Gold ist bei N. Entsprechung der christlichen Religion, Azur ist die Farbe des Himmels. Ihre Opferung bedeutet, daß Gott und die christliche Religion >geopfert< werden, und zwar den "Königen und Fürsten". Übrig bleiben religiöse >Erscheinungen<, in denen das Religiöse wie im Zerrspiegel aufscheint, als Zeichen des nicht Anwesenden. Wenn "Wahrsager Glauben finden" und "Zeichendeuterei modern" wird, sucht man in den Erscheinungen nach dem Verlorenen.

01/27 Dessoubz de (!) chaine Guien du ciel* frappe*/ Non loing de la
est caché le tresor*,/ Qui par longs siecles auoit (!) este grappé,/
Trouue mourra: l' oeil* creué de ressort. (1555)
[Letzter Papst/ POLLUX-JUPITER/
Zerstörung der katholischen Kirche] (Kommentar S. 230)
Unter (einer) Eiche großer Führer vom Himmel* geschlagen*,/
nicht weit von dort ist verborgen der Schatz*./
An ihm war lange Zeiten hindurch festgehalten worden./
(Der ihn) gefunden, wird sterben. (Das)Auge* ausgestochen vom
Zuständigen.

1) Altfr. n.m. chesne, chasne Eiche (chêne). Altfr. n.f. chaisne Kette (chaîne). Altfr. n.m. guion Führer (guide). Groß geschrieben, ist es ein großer Führer. Alternativ wäre an die Guyenne zu denken, das Gebiet des alten Herzogtums Aquitanien in Südwestfrankreich.
1) Zu >Vom Himmel geschlagen< s. das Glossar unter foudre.
3) Mittelfr. v. grapper ankoppeln, befestigen, mit einem Haken ergreifen (accrocher, saisir avec un crochet), > n.f. grappe 1. Anker, Haken, Klaue (grappin, crochet, griffe) 2. Traube (grappe).
4) Loc. crever un oeil (wörtlich: ein Auge platzen lassen) nicht mehr sehenden Auges hinnehmen, den Kredit sperren. S.a. das Glossar unter oeil.
N.m. ressort I. Feder; Triebfeder, Schwung, Tatkraft II. Fach, Gebiet, Zuständigkeitsbereich. Idiom être de ressort zuständig sein.

---> 4/27, 8/77 (JUPITER)
---> 2/27 (Letzte Zeit der alten Erde)

02/27 Le diuin* verbe sera du ciel* frapé*,/ Qui ne pourra
proceder plus auant./ Du reserant le secret estoupé/
Qu' on marchera par dessus & deuant. (1555)
[Unterdrückung der christlichen Religion] (Kommentar S. 231)
Das göttliche* Wort wird vom Himmel* geschlagen* werden,/
es wird nicht weiter sich zeigen können./
Von dem, der es zusammenschnürt, wird das Siegel befestigt,/
und man wird darüber hinweg- und daran vorbeilaufen.

2) V. procéder vom lat. v. procedere vorgehen, insbesondere: auftreten, öffentlich erscheinen, sich zeigen.
3) V. resserrer fester ziehen, zusammenziehen, zusammenschnüren. Lat. v. reserare Tür aufriegeln, öffnen.
Mittelfr. n.m. secret 1. Vertrauter (homme de secret, confident) 2. kleines Siegel für Geheimsachen (petit sceau pour les affaires secretes).
Mittelfr. v. estouper 1. zumachen, schließen (boucher, fermer) 2. zum Schweigen bringen (faire fermer la bouche, faire taire).

---> 1/27 (Letzte Zeit der alten Erde)

Gruppe 27 - 77

03/27 Prince Libyque puissant en Occident/ Francois d' Arabe viendra
tant enflammer:/ Scauans aux lettres fera condescendent,/
La langue* Arabe en Francois translater. (1555)
[Islamische Invasion Europas]
Libyscher Fürst, mächtig im Abendland,/
wird Franzosen für das Arabische stark begeistern./
Büchergelehrte wird er dazu bringen, sich darauf einzulassen,/
die arabische Sprache* ins Französische zu übersetzen.
Von Nordafrika aus wird politische Macht in Europa ausgeübt, Vz 1, und
auf dieser Grundlage wird arabische Kultur in Europa verbreitet, Vz 2-4.
Nach der Katastrophe wird ein arabisches Reich sich nach Europa ausdehnen, 6/80, auch bis nach Deutschland, 10/31. Man wird, so scheint
es hier, aus politischer Dominanz eine kulturelle und damit auch religiöse Vorherrschaft machen wollen. Die >arabische Sprache< ist die
religöse Sprache der Araber, der Islam. Die Sprache des Islam soll den
Franzosen aufgedrängt werden -   Manch Europäer
wird dann das Christentum verleugnen, 6/54, und zum Islam konvertieren. Die "Gebildeten" erkennt N. als anfällig dafür, kultureller Fremdherrschaft Vorschub zu leisten. Er überzieht jene mit beißendem Spott,
die ihr Mäntelchen gar nicht schnell genug nach dem Wind hängen
können, 10/97. -   Ihnen wird man dann auch leicht
>Tau< ins >Mineral< mischen können, 5/36, d.h. Versatzstücke des
Islam mit sinnentleerten christlichen Lehren servieren können.
---> 5/27 (Islamische Invasion Europas)

04/27 Salon, Mansol (!), Tarascon de SEX. l' arc,/ Ou est debout
encor la piramide,/ Viendront liurer le prince Dannemarc/
Rachat honni au temple d' Artemide*. (1555)
[JUPITER/ Europäischer Freiheitskrieg/ Heinrich V.]
(Kommentar S. 232)
Salon, >allein Machtvoller<, Tarascon vom SEXTUS-Bogen,/
wenn noch aufrecht steht die Pyramide./
Sie werden den Fürsten (der) Annamark preisgeben wollen,/
ehrloses (Sich)-Loskaufen im Tempel der Artemis*.
1) N.m. arc Bogen, gebogener Teil, altfr. Jagd- oder
Kriegswaffe. N.m. larcin Diebstahl, Raub. Lat. n.m. arcus
Bogen zum Schießen, Regenbogen, Triumphbogen, Bogen an
Gebäuden.
2) Da es keine Pyramiden in der Provence gibt, ist ou hier
eher temporal aufzufassen.
3) Pfändler (1996 S. 290) begründet überzeugend, daß hier
nicht Dänemark, sondern die Annamark als alter Name für die
Brétagne gemeint ist.
4) Altfr. n.m. rachat 1. Auslösung, Entlastung (dégagement)
2. Erlösung (rédemption), Errettung (délivrance). Modern
Rückkauf, Loskauf. -   Altfr. v. honir 1. entehren
(deshonorer), verfluchen (maudire) 2. schlecht behandeln
(maltraiter), übel zurichten (mettre à mal)
---> 1/27, 8/77 (JUPITER)
---> 10/27 (Europäischer Freiheitskrieg)
---> 4/77, 10/27 (Heinrich V.)

- 226 -

Gruppe 27 - 77

**04/77 SELIN* Monarque l' Italie pacifique,/ Regnes vnis, Roy chrestien
du monde:/ Mourant voudra coucher en terre blesique,/
Apres pyrates auoir chassé de l' onde. (1568)**
[Heinrich V.]
(Über) SELIN* Monarch, Italien friedlich, /
Reiche geeint, (wird er) christlicher König der Welt (sein)./
Sterbend wird er ruhen wollen in der Erde von Blois,/
nachdem er Piraten vom Meer gejagt hat.
_{3) Die Stadt Blois hieß lat. Blesae.}

Selin ist eine abgewandelte Selene, wie die griechische Mondgöttin hieß.
Der Mond steht bei N. für den Islam, **1/49** (Bd.1). Rückwärts gelesen,
ergibt sich Niles, und der Fluß steht für den Orient als ganzen. Damit ist
Selin eine Chiffre, die den Islam und das Gebiet meint, wo diese Religion
ihren Ursprung hatte und verbreitet ist. Auch auf den Orient wird sich die
Monarchie des gemeinten Monarchen erstrecken, will "SELIN Monarque"
besagen. Da der aber "König der Welt" sein wird, wäre seine Herrschaft
über den Orient ohnehin klar. Hervorgehoben wird das, weil der Gemeinte erst durch Niederringen der Orientalen seine Herrschaft durchsetzen
kann. Italien wird ihm schon gehören, wenn es noch nicht "friedlich"
zugeht, 5/13. Die Identität dieses >Mondbezwingers< mit der Herrscher-
gestalt des großen Heinrich ist in 6/27 (Bd.3) ablesbar. Sein Aufstieg zum
"Haupt der Welt", 6/70, entspricht hier der Titel "König der Welt". Und
damit er nicht mit seinem unseligen Vorgänger verwechselt wird, heißt es,
daß Heinrich "c h r i s t l i c h e r König der Welt" sein wird. -
Geboren ist der Mann in Blois, 10/44, und da möchte er auch begraben
werden. Die >Piraten< gehören in das Sinnbild des Krieges auf See für
den Kampf um die Freiheit der Religion, den Heinrich führt, 10/27.
Gemeint sind die Anhänger der >neuen Religion<, die sich der Beschlag-
nahme fremden Geistesgutes verdanken wird, 8/62.
---> 4/27, 10/27 (Heinrich V.)

**05/27 Par feu & armes non loing de la marnegro,/ Viendra de Perse
occuper Trebisonde:/ Trembler* Phatos, Methelin, Sol* alegro,/
De sang* Arabe d' Adrie couvert onde. (1568)**
[Kriegerische Ereignisse nahe der Jahrtausendwende/ Kataklysmus]
Durch Feuer und Waffen nicht weit vom Schwarzen Meer/
wird (man) kommen von Persien, Trapezunt zu besetzen./
Es beben* Phatos, Mytilene, Sonne* munter,/
von arabischem Blut* (ist) der Adria Flut bedeckt.
<sub>3) Pfändler (1996 S. 367) meint, daß Phatos ein ver-
schriebenes Pharos ist. So hieß eine Insel bei Alexandria.
Man kommt also auch auf Ägypten.
Alegro ist ein abgewandeltes allègre fröhlich, munter.</sub>

Den Hinweis zur Einordnung liefert Sol alegro, die Sonne ist munter, was
nur erwähnenswert ist, wenn sie es vorher nicht war. Alltägliche Vorgänge sind auszuschließen, weil N. zwar Verseschmied, aber kein Lyriker
war. Sonnenfinsternisse sind wegen ihrer zu großen Häufigkeit ohne
Aussagewert. In der Zeit um die Jahrtausendwende wird die Sonne aufgrund außerordentlicher Ereignisse "ihre matten Tage nehmen", **1/48**,
aber auch wieder >munter< werden. Zum sogenannten Kataklysmus s.

- 227 -

VH (18). - Mytilene ist eine Stadt auf der griechischen Insel Lesbos, die hier für die Ägäis bzw. Griechenland insgesamt steht. Einer der sieben Mündungsarme des Nil hieß cornus P h a t niticus, und so könnte mit Phato der Nil und damit Ägypten angesprochen sein. Kriegerische Ereignisse lassen demnach gleichzeitig Griechenland und Ägypten "erbeben". - Das erinnert an die doppelte Stoßrichtung in 5/25, wo ein aus Persien kommender Heereszug auf "Byzanz" und dann weiter nach "Makedonien", 2/96, marschiert, während ein anderer persischer Heereszug sich nach Ägypten bewegt. Zwischenstation auf dem Weg nach "Byzanz" ist Trapezunt, heute Trabzon, am südöstlichen Rand des Schwarzen Meeres. - Die Naturereignisse werden auch gewaltige Stürme mit sich bringen, 2/41, wodurch sich erklärt, daß Schiffe, die in dieser Zeit unterwegs sind, Schiffbruch erleiden. So ist aus Vz 4 zu folgern, daß während des persischen Vormarsches zu Lande arabische Schiffe das Mittelmeer, insbesondere die Adria befahren, wenn die Naturereignisse einsetzen.
---> 3/27 (Islamische Invasion Europas)

08/77 L' antechrist trois bien tost annichilez,/ Vingt & sept ans sang* durera sa guerre,/ Les heretiques* mortz, captifs exilez,/ Sang* corps humain eau rogie gresler* terre. (1568)
[JUPITER/ Unterdrückung der alten Religionen]
(Kommentar S. 233)
Der Antechrist (wird) drei recht bald annulliert (haben)./ Siebenundzwanzig Blut*jahre wird sein Krieg dauern./ Die Ketzer* tot, gefangen die Exilanten,/ Blut* von Leichnamen rötet das Wasser, Hagel* schlägt das Land.
1) V. annihiler vernichten, für nichtig erklären. Das Tempus des Prädikats ist ein unvollständiges Futur II.
---> 1/27, 4/27 (JUPITER)
---> 2/27, 4/27 (Letzte Zeit der alten Erde)

10/27 Par le cinquiesme & vn grand Hercules/ Viendront le temple*
ouurir de main bellique,/ Vn Clement, Iule & Ascans recules,/
Lespe, clef, aigle*, n' eurent onc si grand picque. (1568)
[Heinrich V./ Europäischer Freiheitskrieg]
Durch den Fünften und einen großen Herkules/
werden sie kommen, zu öffnen den Tempel* mit kriegerischer Hand./
Ein Clemens, Julus und Ascans zurückgewichen,/
das Schwert, Schlüssel, Adler* hatten nie ein so schweres Stechen.

1) Hercules kommt weiter vor in 5/51, 4/23, 10/79, 9/33, 9/93, alle Band 3, und in 5/13.

Ascanius, Sohn des Aeneas, eines trojanischen Kriegshelden, soll an der Gründung Roms beteiligt gewesen sein, nachdem er mit seinem Vater aus Troja geflohen war. (Er besiegte in Italien, nun Julus genannt, die Etrusker und wurde Stammvater der römischen gens Iulia.) Als Mann aus "trojanischem Geblüt" wird uns Heinrich in **5/74** vorgestellt, und so liegt es nicht fern, daß er hier unter dem Namen Ascans auftritt. Heinrich ist einer von drei verbündeten Feldherren, 1/99, die auch "drei Brüder", 8/17, oder "drei Lilien", 8/18, heißen. Sie könnten hier in Vz 3 gemeint sein; die Bedeutung von "Clemens" ist ungeklärt. - "Herkules" bekommt in 10/79 (Bd.3) das Attribut "Lilienblume" und ist damit als französischer Herrscher mit den Lilien im Wappen ausgewiesen. Der spätere Herrscher über Europa, ein Franzose, Sz 4, mit Namen Henry (s. die CHIREN* im Glossar), würde als König von Frankreich Henry V. (cinquiesme) heißen, weil dem IV. seines Namens seit 1610 kein Namensvetter mehr gefolgt ist. Das "und" in der ersten Verszeile läßt an zwei verschiedene Personen denken, aber eher sind "der Fünfte" und der "große Herkules" identisch, 9/33 (Bd.3). - <u>Im Krieg um die Freiheit Europas wird es um >Öffnung des Tempels<, d.h. um die Freiheit der Religion gehen.</u> Man wird den >Raub des Tempels<, 6/10, rückgängig machen, das Monopol der Einheitsreligion des Weltstaats brechen wollen. Die letzte Vz gibt Sinnbilder der kämpfenden Mächte: Das >Schwert< sind die zuvor erwähnten Freiheitskämpfer, der >Schlüssel< ist der Himmel selbst, der allein die widergöttliche Macht >wegsperren<, sie binden kann, Offb 201, und der >Adler< des Reichs steht für das globale Regime, VH (30), das Frieden mit Unterwerfung gleichsetzt, 6/29.

---> 4/27, 4/77 (Heinrich V.)
---> 4/27 (Krieg um die Freiheit der Religion und Europas)

Centurie 1, Vers 27

Dessoubz de (!) chaine Guien du ciel* frappe*
Non loing de la est caché le tresor*,
Qui par longs siecles auoit (!) este grappé,
Trouue mourra: l' oeil* creué de ressort.

(Urfassung bei Macé Bonhomme, Lyon 1555)

Übersetzung der Urfassung:

Unter (einer) Eiche großer Führer vom Himmel* geschlagen*, nicht weit von dort ist verborgen der Schatz*.
An ihm war lange Zeiten hindurch festgehalten worden.
(Der ihn) gefunden, wird sterben. Das Auge* ausgestochen vom
                                                        Zuständigen.

Kommentar zu 1/27:

Der Orden der Tempelritter wurde im 14. Jahrhundert aufgehoben, seine Güter beschlagnahmt. Hartnäckig hielt sich das Gerücht, der eigentliche Schatz sei der Konfiszierung entgangen. Dieses Gerücht fände hier seine Bestätigung, der Fund des sagenhaften Templer-Schatzes werde angekündigt. Doch Schatzsucher leben gefährlich, womöglich lastet ein Fluch auf dem alten Geschmeide. Diese Deutung ist unterhaltsam, hat aber den Nachteil, daß sie nicht zutrifft.

Der >Fund des verborgenen Schatzes< bedeutet, daß man meinen wird, der Heiland sei wieder auf Erden erschienen. Verborgen war dieser >Schatz<, weil vielen Christen unklar war und ist, wann, wo und wie Christus der biblischen Ankündigung entsprechend wiederkommen werde. Die Wiederkunft des Herrn hatten schon die frühen Christen für die nahe Zukunft erhofft. Als das ausblieb, lebte die Hoffnung auf kleinerer Flamme weiter. "Lange Zeiten" haben die Christen festgehalten am Glauben an die bevorstehende Gegenwart des Herrn, griechisch Parusie, die N. hier mit dem >verborgenen Schatz< meint.

Gleich nach der Katastrophe, 1/46 Vz 2/3, wird ein Mann auftreten, der sich hinreichend verdächtig macht, der wiedergekommene Christus zu sein, **1/95**. In der katholischen Kirche scheint sich jene Richtung durchzusetzen, die diesen Mann anerkennt, **8/13**. Den in ihm vermuteten >Schatz< wird der dann gewählte Papst für seine Kirche heben wollen, sich die größten Dinge von ihm versprechen, **6/93**. Er wird sich zu Großem berufen wähnen, sich eine "große Kappe" dünken, **8/19**, einen "großen Führer" (Guien) der Kirche.

Eichen wuchsen im Tempelbezirk des Zeus, **1/65**. Der >neue Heilige<, **10/30**, wird, auch dank der Mithilfe des >Schatzfinders<, zur weltweit höchsten religiösen Autorität aufsteigen, **9/79**. N. nennt ihn daher öfters mit dem Namen Jupiter alias Zeus, **10/71**, des Höchsten der olympischen Götter. Die >Lage des verborgenen Schatzes nah bei Eichen< besagt, daß >Christi Wiederkehr< gefeiert werden wird, wenn >Zeus< seinen geschichtlichen Auftritt hat.

Nach einiger Zeit wird >Zeus Blitze schleudern<, d.h. Verbote gegen die alten Glaubensformen erlassen, diese "annullieren", **8/77**. Es wird auch die katholische Kirche treffen, **10/65**, und es wird ihr "Führer vom Himmel geschlagen" sein. Als höchste religiöse Autorität in der Welt wird >Zeus< für "zuständig" gehalten werden, die Glaubensinhalte neu zu bestimmen, sich das jedenfalls herausnehmen, **9/9**. So wird "das Auge ausgestochen vom Zuständigen", 3/41 Vz 3, d.h. der die Aufsicht über die christliche Wahrheit Führende seiner geistlichen Macht beraubt werden. Der >Finder des Schatzes< wird sterben.

Wer von Schätzen noch nicht genug hat, kann zum Vergleich die Verse 5/7, 5/66, und **8/29** heranziehen, die auch Schatzfunde ankündigen.

Centurie 2, Vers 27
Le diuin* verbe sera du ciel frapé*,
Qui ne pourra proceder plus auant .
Du reserant le secret estoupé
Qu' on marchera par dessus & deuant.
(Urfassung bei Macé Bonhomme, Lyon 1555)

Übersetzung der Urfassung:
Das göttliche Wort wird vom Himmel* geschlagen* werden,
es wird nicht weiter sich zeigen können.
Von dem, der es zusammenschnürt, wird das Siegel befestigt,
und man wird darüber hinweg- und daran vorbeilaufen.

Kommentar zu 2/27:
Der Himmel will nicht, daß sein Wort "geschlagen" wird, was auch immer damit genau gemeint sein mag, sondern er will, daß sein Wort möglichst unverfälscht allen Menschen zugänglich gemacht wird. Er entzieht auch den Menschen keineswegs seine Offenbarung, noch nicht einmal läßt er das auf Dauer zu. Daraus folgt, daß der "Himmel" hier keine Metapher für Gott sein kann. Es müssen vielmehr Vertreter des Himmels auf Erden sein, die hier sarkastisch >der Himmel< genannt werden, weil die Gemeinten sich wohl sehr erhaben und herausgehoben über den Rest der Menschheit dünken.
    Mit dem göttlichen Wort können Offenbarungen aller Art, also Gottes Wort schlechthin gemeint sein, so wie etwa 7/36 (Bd.3) davon spricht, daß "Gott, der Himmel, das ganze göttliche Wort" in einen Strudel gerät, von dem es weggerissen wird. Dann würde der Vers Ereignisse aus der letzten Zeit der alten Erde beschreiben. >Der Himmel< wäre die Führungsebene des globalen Regimes. Der Mann an seiner Spitze wird - ähnlich wie die Kaiser im alten Rom - gottähnlich verehrt werden, 1/25. Unter diesem Regime wird schließlich den christlichen Kirchen das Recht genommen werden, die alten Lehren zu vertreten, **10/65**.
    Man wird die Bibel "aus der Welt schaffen", VH (45). Es ist wahrscheinlich, daß auch anderes Schrifttum dann auf den Index kommen wird, wenn es nicht >auf Linie<, den Machthabern nicht genehm sein wird. Solche Schriften werden "weggeschlossen", kommen in den >Giftschrank<, zu dem nicht jeder Zugang hat, und werden in diesem Sinne "versiegelt". Zugänglich werden dann nur >auf das Wesentliche< reduzierte Fassungen der Lehren der alten Religionen sein, 6/61 Vz 1/2. Sie sollen nämlich in Zukunft rein diesseitig verstanden werden **3/44, 4/56**. Das ist die eine Möglichkeit der Deutung.
    Es könnte hier aber auch eine Einzelszene in der Vision des Sehers aufgetaucht sein. Es wäre dann etwa ein einzelner Priester, der eine bestimmte einzelne Schrift versiegelt und wegschließt, mit der Folge, daß sie unbekannt bleibt, man "darüber hinweg- und daran vorbeiläuft". Die Bibel oder seine Centurien kann N. nicht gemeint haben, denn sie sind sehr weit verbreitet. Die Schriften der Neuoffenbarung des 19. und 20. Jahrhunderts sind vergleichsweise wenig bekannt, aber weggeschlossen sind sie auch nicht, noch nicht. Nicht ganz abwegig ist es, an den Umgang des Vatikans mit dem dritten Teil der Botschaft von Fatima zu denken, der 1960 veröffentlicht werden sollte. Man ließ dann nur eine sogenannte >diplomatische Fassung< heraus, welche abgemildert und von kirchlicherseits Unerwünschtem befreit wurde, wie man vermuten darf.

Centurie 4, Vers 27
Salon, Mansol (!), Tarascon de SEX. l' arc,
Ou est debout encor la piramide,
Viendront liurer le prince Dannemarc
Rachat honni au temple d' Artemide.
(Urfassung bei Macé Bonhomme, Lyon 1555)

Übersetzung der Urfassung:
(In) Salon >allein Machtvoller<, Tarascon vom Sextus-Bogen,
wenn noch aufrecht steht die Pyramide.
Sie werden den Fürsten (der) Annamark preisgeben wollen,/
ehrloses (Sich)-Loskaufen im Tempel der Artemis.

Kommentar zu 4/27:
"Mansol" ist, wenn Vers **10/29** richtig gedeutet wurde, eine Chiffre für den >allein Machtvollen<. Gemeint ist jener Mann, der zur obersten religiösen Autorität in der Zeit nach der Katastrophe aufsteigen wird.
   Die griechische Göttin Artemis dient N. wegen ihrer sagenhaften Keuschheit und Jungfräulichkeit als Deckname für die Jungfrau Maria, **5/52**. Der "Tempel der Artemis" steht demnach für christliche Kirchen, gleich welcher Konfession.
   Der "Fürst (der) Annamark" ist in 9/33 (Bd.3) identisch mit >Herkules< und dieser in 10/27 mit dem von N. vielgelobten Heinrich, der sich im Krieg um die Befreiung Europas an die Spitze des Widerstandes stellen wird. Die Annamark ist ein alter, im 16. Jahrhundert noch geläufiger Name für die Brétagne.
   Bei Salon und Tarascon gibt es mancherlei antike, hauptsächlich römische Ruinen. St.-Remy, der Heimatort des Sehers, hat z.B. einen Bezirk mit römischen Bauten, u.a. ein gut erhaltenes Monument, das der Inschrift des Frieses zufolge zum Gedenken an einen Sextus von einer Julierfamilie errichtet wurde.
   Doch eine Pyramide oder Reste davon sind im Süden Frankreichs nicht anzutreffen. Die >Pyramide<, die "noch aufrecht" steht, dürfte daher ein Sinnbild sein, wahrscheinlich für das globale Regime. Es kann bedeuten, daß die Stellung des Mannes an der Spitze der eines Pharao, eines Gottkönigs ähnelt, **1/43**. Es kann auch auf die >ägyptische< Gefangenschaft seiner Gegner, des >Volkes Gottes< gemünzt sein, VH (29). Da die Pyramide "noch" aufrecht steht, ist das Ende dieses >ägyptischen< Regimes nahe.
   Die erste Verszeile, in der ein Prädikat fehlt, ist vieldeutig. Tarascon scheint die provencalische Stadt zu bedeuten, aber eine tarasque war auch ein sagenhaftes Ungeheuer, in der nach ihm benannten Stadt bezwungen von der Heiligen Martha. Mit dem "SEX. l' arc" wird kaum das oben erwähnte Monument, sondern eher eine Person in Diensten des Regimes gemeint sein, 5/57 (Bd.3). Ein Bogen (arc) wird von Säulen getragen, und >Säule< ist in 10/30 Name für eine Stütze des Regimes.
   In 8/46 stirbt "Pol Mensolee" nicht weit von der Rhône, es ist vom Ende seines Regimes in einem furchtbaren Krieg die Rede. Der Leser wird aufgefordert, sich vor den Nachfolgern in acht zu nehmen und "tarasc" zu zerstören. In denselben Zusammenhang scheint auch der vorliegende Vers zu gehören.
   Die im >Tempel der Artemis<, d.h. in christlichen Kirchen sich Versammelnden hoffen anscheinend auf Befreiung durch Heinrich, der bereits die Brétagne erobert hat. Da aber die >Pyramide< an den angegebenen Orten >noch aufrecht< steht, verhehlt man seine Sympathien. Man distanziert sich öffentlich von Heinrich, gibt ihn in diesem Sinne preis (livrer). Die Bedrängten >kaufen sich frei< und entehren sich dadurch nach Meinung des Sehers. Daher spricht er von einem "ehrlosen Freikauf" (rachat honni).

Centurie 8, Vers 77
L' antechrist trois bien tost annichilez.
Vingt & sept ans sang* durera sa guerre,
Les heretiques* morts, captifs exilez,
Sang* corps humain eau rogie gresler* terre.
(Textfassung bei Benoist Rigaud, Lyon 1568)

Übersetzung:
Der Antechrist (wird) drei recht bald annulliert (haben).
Siebenundzwanzig Blut*jahre wird sein Krieg dauern.
Die >Ketzer<* tot, gefangen die Exilanten.
Blut* von Leichnamen rötet das Wasser, Hagel* schlägt das Land.

Kommentar zu 8/77:
Mit Antichristen sind Personen gemeint, die widerchristlich denken und handeln. Hier geht es um jenen religiösen Charismatiker, der nach der Jahrtausendwende für den wiedergekommenen Christus gehalten werden wird, **1/95**, und später zur Weltherrschaft aufsteigen kann, **1/43**.

Die drei großen Religionen, die Gott als geschichtlich Handelnden auffassen, sind die jüdische, die christliche und die islamische Religion. Wie die anderen alten Religionen werden sie in den ersten Jahren des sich nach der Katastrophe etablierenden globalen Regimes noch gleichberechtigt sein, **8/69**. Viele Anhänger der alten Religionen werden meinen, sich Schutz und Existenzrecht zu sichern, indem sie den >neuen Heiligen< als oberste religiöse Autorität anerkennen.

Aber schon nach wenigen Jahren, "recht bald", werden die alten Glaubenslehren nicht mehr geduldet sein. Die drei Offenbarungsreligionen werden "ausgelöscht" werden, VH (25). D i e s e "drei" sind es, die "annulliert" oder "für nichtig erklärt" werden.

Wer sich darein nicht fügt, wird dann als "Häretiker", d.h. Anhänger einer Irrlehre gelten, **8/78**. Zunächst wird noch versucht, die Abweichler einzubeziehen, sie in die "militante Kirche" des Weltstaats hineinzuholen, **8/78**. Später werden dann die Unbotmäßigen umgebracht.

Unter einem weltumspannenden Regime, **1/4**, kann es in Wahrheit kein Exil geben. Daher werden Menschen, die ein vermeintliches Exil aufsuchen, am Ende eingefangen.

Das Blut von Leichnamen, das das Wasser rötet, gehört in das Sinnbild des >Krieges auf See< für den Kampf gegen die alten Religionen, **9/100**. Die Schiffe bedeuten die verschiedenen Glaubensgemeinschaften. Wenn ihnen ihr >Blut<, ihr geistiges Leben genommen wird, werden sie zu >Leichnamen< oder, um im Bild zu bleiben, zu >Wracks<, **1/65**. Ihr >vergossenes Blut< wird dann ohne Form und Gestalt im >Meer<, dem Sinnbild des religiösen Bereiches schwimmen.

Der >Hagel< gehört in Exodus 9 zum Handeln Gottes, das den Auszug seines Volkes aus der Knechtschaft vorbereitet.

Der antichristliche Weltherrscher werde "siebenundzwanzig Jahre" Krieg führen; in VH (45) ist von 25 Jahren die Rede. Diese Angaben sind auch deshalb mit Vorsicht zu behandeln, weil Christus versprochen hat, daß die Tage der Bedrängnis verkürzt werden sollen, Matth 24,22, und weil den Tag und die Stunde nur der Vater im Himmel kennt, Mark 13,32.

01/28 La tour de Bouq gaindra (!) fuste* Barbare*,/ Vn têps lôg temps apres barque* hesperique*,/ Bestail, gês, meubles tousdeux ferôt grât tare/ Taurus* & Libra* quelle mortelle picque ! (1555)
[Islamische Invasion Europas/
Unterwerfung der Orientalen unter das globale Regime/
JUPITER/ >Weltfriedensordnung<]
Der Turm von Bouq wird beklagen das barbarische* Schiff*,/ einmal, viel später, (kommt) die westliche* Flotte*./ Vieh, Menschen, Gütern werden alle beide großen Schaden zufügen./ Stier* und Waage*, welch tödliches Stechen !
   1) V. geindre klagen, jammern.
   Mittelfr. n.f. fuste 1. Holz, Stück Holz 2. eine Art Schiff, > lat.
   n.f. fusta Knüppel, Knute.
   2) barque wird hier pars pro toto als Flotte übersetzt.
   4) Lat. n.f. libra Waage, s. balance*.
   Lat. n.m. taurus Stier, s. boeuf*.

Eingangs dürfte das Hafenstädtchen Port-de-Bouc im Rhônedelta nahe Marseille gemeint sein. Die "barbarische" oder "punische Knute", **2/81**, in Gestalt einer Invasion über 's Meer werden nach der Katastrophe die Bewohner der südlichen Küsten Europas zu spüren bekommen. Rhônedelta und Gegend um Marseille werden in diesem Zusammenhang öfters erwähnt, **3/79, 1/18**. -   So wie hier die "westliche Flotte" spät kommt, läßt auch der "große Neptun" in **2/78** auf sich warten. "Hesperien" steht für den Westen, in **4/50** (Bd.1) für Europa im ganzen, aber hier dürfte die "hesperische Flotte" eine amerikanische sein. Französische Küstenbewohner leiden unter den Invasoren, aber Jahre später auch unter der westlichen Flotte, denn es wird durch deren Eingreifen nordafrikanisches, aber auch französisches Blut vergossen, **2/78**. Man weiß daher auch nicht recht, auf wessen Seite die "westliche Flotte" eigentlich steht. -   "Libra" bedeutet hier wie in **5/70** und **2/81** die >Weltfriedensordnung<. Der "Stier" erinnert an das "gehörnte Rind", **8/90**, nämlich den stiergestaltigen Zeus, d.h. den Weltherrscher an der Spitze dieser Ordnung, s. das Glossar unter Jupiter. Diese Ordnung heißt auch "Gesetz der Venus", **5/53**, weil sie vorgeben wird, den Ausgleich zwischen den Völkern (Waage-Venus) auf ihre Fahnen zu schreiben und für alle Platz zu bieten (Stier-Venus). Bei dem Hauen und Stechen (pique) geht es demnach um die Unterwerfung der Orientalen unter die >Weltfriedensordnung<. Zur Erreichung **d i e s e s** Ziels kommt die "westliche Flotte". -   Es schließt sich ein Kreis: Die drei astrologisch zusammengehörigen Begriffe Libra, Venus und Taurus gehören auch in den Spezialbedeutungen zusammen, die N. ihnen verleiht: Libra und Venus als Namen für Merkmale der Ideologie der >Weltfriedensordnung<, und Taurus als deren oberster Herrscher.
   ---> **6/78** (Islamische Invasion Europas)
   ---> **2/78, 5/78, 6/78, 9/28** (Unterwerfung der Orientalen d. das globale Regime)
   ---> **6/28, 6/78, 10/28** (JUPITER)
   ---> **4/28, 10/28** (>Weltfriedensordnung<)

Gruppe 28 - 78

02/78 Le grand Neptune* du profond de la mer*/ De gent Punique & sang* Gauloys meslé,/ Les Isles à sang*, pour le tardif ramer:/ Plus luy nuira que l' occult mal celé. (1555)
[Unterwerfung der Orientalen unter das globale Regime/
>Neue Religion<]
Der große Neptun* (wird) aus der Tiefe des Meeres*,/
französisches Blut* vermischt (haben mit Blut) von punischen Leuten./
Die Inseln im Blut* wegen der verspäteten Abfahrt./
Mehr wird ihm schaden, daß das verborgene Übel verheimlicht (wird).
1) Die antiken Punier besiedelten Nordafrika.
4) luy dürfte sich auf grand Neptune beziehen.
Andere Übersetzungsmöglichkeit: "Mehr wird ihm schaden der schlecht verheimlichte Verborgene."
"Der große Neptun" ist eine durch ihre Seestreitkräfte bedeutende Macht. In 3/1 (Bd.1) heißen die USA "großer Neptun". Neptun ist hier verspätet aufgebrochen, so wie die "westliche Flotte" in 1/28 spät kommt. Nicht nur die Eindringlinge aus Nordafrika (Punier) werden durch deren Eingreifen beschädigt, auch Franzosen, 1/28 Vz 3. - Zu den "Inseln" der Vz 3 vgl. 6/58 Vz 4, 2/7 Vz 1. - Über das "verborgene Übel" läßt sich trefflich spekulieren. Chemische oder biologische Verseuchung ist nicht lange geheimzuhalten. Radioaktivität ist nicht sichtbar, bleibt aber doch in Kriegszeiten kaum "verborgen", wenn man damit rechnet. Gemeint ist etwas ganz anderes, nämlich die "verborgene", weil als Projekt geheimgehaltene "Form", **4/28**, die dem Bereich der Religion im ganzen übergestülpt werden soll. Der diese >neue Religion< später erfindet, wird zuvor auch in Amerika große Anerkennung gefunden haben, **8/74**. Der "große Neptun" kommt, um die Orientalen der >Weltfriedensordnung< zu unterwerfen, 1/28. Wenn später die "verborgene Form" enthüllt ist, wird deutlich werden, daß er d i e s e m Projekt den Weg geebnet haben wird. Das werde ihm, meint N., mehr schaden als die Verspätung seines Eingreifens. - Nach etwa dreizehn Jahren "barbarischer Statthalterschaft" ist mit den Ereignissen des Verses zu rechnen, wie aus 5/78 hervorgeht.
---> 1/28, 5/78, 6/78, 9/28 (Unterwerfung der Orientalen d. das globale Regime)
---> 4/28, 8/28, 8/78, 10/28 (>Neue Religion<)

04/28 Lors que Venus* du sol* sera couuert,/ Souz l' esplendeur sera forme occulte,/ Mercure* au feu les aura descouuert/ Par bruit bellique sera mis à l' insulte. (1555)
[>Weltfriedensordnung</ >Neue Religion</
Unterdrückung der christlichen Religion] (Kommentar S. 241)
Wenn Venus* von der Sonne* verdeckt sein wird,/
wird unter dem Lichtglanz eine verborgene Form sein./
Merkur* im Feuer, (dann) wird (man) sie enthüllt haben,/
bei Kriegsgeschrei wird er der Beschimpfung ausgesetzt sein.
1) bis 4) Die Verse **4/28**, **4/29** und **4/30** gehören zusammen. Alle drei Verse nennen die Namen von Himmelskörpern, die seltsamen, alchemistisch anmutenden Wandlungen zu unterliegen scheinen. Die Sonne kommt in allen drei Versen vor.
---> 1/28, 10/28 (>Weltfriedensordnung<)
---> 2/78, 8/28, 8/78, 10/28 (>Neue Religion<)
---> 6/28, 8/28, 8/78, 10/78 (Letzte Zeit der alten Erde)

05/78 Les deux vnis ne tiendront longuement,/ Et dans treze ans au
Barbare* Satrappe:/ Aux deux costez feront tel perdement,/
Qu' vn benyra le Barque* & sa cappe. (1568)
[Unterwerfung der Orientalen unter das globale Regime/ Heinrich V.]
**Die zwei Vereinten werden nicht lange Bestand haben,/ und
nach dreizehn Jahren werden sie der barbarischen* Statthalterschaft/
von zwei Seiten starken Verlust zufügen,/
bis einer gedeihen lassen wird die Barke* und ihre Mütze.**
1) V.i. tenir Bestand haben, dauern, Platz finden. Da es zwei
sind, bedeutet tenir hier zusammenhalten oder festhalten (an
der Herrschaft), zusammen Bestand haben.
2) dans kann auch bedeuten: i n n e r h a l b   v o n dreizehn
Jahren.
Satrapen hießen die Stellvertreter des persischen Großkönigs
in den Provinzen seines Reichs.
4) V. bénir 1. weihen, einweihen, segnen, einsegnen 2. loben,
preisen 3. gedeihen lassen, begünstigen.
Mittelfr. n.f. cappe 1. Kapuze, (Mönchs-)Kappe (vêtement à
capuchon) 2. kirchliches Gewand, das den Rang des Trägers
anzeigt (vêtement ecclésiastique indiquant le rang du porteur).

Die "zwei Vereinten", die "nicht lange Bestand haben" oder "nicht lange zusammenhalten", erinnern an 6/58. Dort heißt es, daß in der Zeit der Bedrängnis des Christentums durch den vordringenden Islam - in den Jahren nach der Katastrophe - zwei voneinander weit entfernte Mächte miteinander rivalisieren werden; es werden wohl die USA und China sein. Die "zweien "überlassene Herrschaft" werde von diesen nur drei Jahre und sieben Monate innegehabt werden. - Dann werde es zu einem Krieg kommen, in dem sich beider Rivalität entlädt. Eines aber scheinen sie gemeinsam zu haben, was sie auch nach diesem Krieg noch zu "Vereinten" macht, nämlich die Gegnerschaft gegen den aufstrebenden islamischen Machtbereich. Angedeutet wird das in 6/58 durch die zwei Mächte, die gemeinsam "empört" sind über die Zustände auf "den Inseln" und in Mittelitalien. Hier ist es daraus ersichtlich, daß "der Barbarenstatthalterschaft nach dreizehn Jahren von z w e i Seiten starker Verlust zugefügt" werden wird. Die Orientalen werden durch "Neptun", der sich in den Dienst des globalen Regimes gestellt haben wird, **5/62** Vz 4, unterworfen werden. - Zur Frage, wann das geschieht, erhalten wird die Angabe in Vz 2. Schon im Jahr nach der Katastrophe werden sich Nordafrikaner erheben, **6/54** Vz 1. Dann würde demnach die Frist der dreizehn Jahre zu laufen beginnen. Vgl. auch **3/97** Vz 3/4. - Mit dem "Einen", der für die "Barke", d.h. die katholische Kirche eintreten, sie später unter seinen Schutz stellen wird, dürfte der spätere Heinrich V. gemeint sein, **5/74**.

---> 1/28, 2/78, 6/78, 9/28 (Unterwerfung der Orientalen d. das globale Regime)
---> 6/28 (Heinrich V.)

06/28   Le grand Celtique* entrera dedans Rome*,/ Menant amas
d' exilés & bannis:/ Le grand pasteur mettra à mort tout homme,/
Qui pour le coq estoient aux Alpes vnis. (1568)
[POLLUX-JUPITER/ Christenverfolgungen/
Europäischer Freiheitskrieg]
**Der große Keltische* wird in Rom* Einzug halten/
mit sich führend einen großen Haufen von Exilierten und Verbannten./
Der große Hirte wird alle Menschen dem Tode aussetzen,/
die für den Hahn bei den Alpen vereint waren.**
   1) Zu Rom s. das Glossar unter Rome. Hier scheint die Stadt
   selbst gemeint zu sein.
   3) Klassische Bedeutung des v. mettre: aussetzen, gefährden
   (exposer), zum Opfer bringen (sacrifier) (großer Larousse).
Im historischen Band erhalten Menschen das Attribut keltisch, wenn sie sich gegen eine christlich legitimierte Ordnung stellen, 2/99 (Bd.1), oder sich mit deren Gegnern verbünden, 2/69 (Bd.1). Der "große Keltische" könnte der >neue Heilige<, 10/30, sein, der, wenn er zur höchsten religiösen Autorität in der Welt aufgestiegen ist, **10/28**, den Bann gegen die christlichen Glaubensgemeinschaften selbst verfügen wird, 2/27 Vz 1, **10/65**, und sich so die Qualifikation "großer Keltischer" im angegebenen Sinne verdient. -   Dieser Mann kann anscheinend machen, was er will, viele Christen werden dennoch nicht davon abzubringen sein, ihn für den >wiedergekommenen Christus< zu halten.   Sie werden sich geradezu an diese Vorstellung klammern, 2/56, weil sie womöglich die letzte Hoffnung ist in bedrängter Lage.   So könnten die vielen "Exilierten und Verbannten", die er mitbringt, zu i h m geflohen sein in der Hoffnung auf gnädige Aufnahme.   Diese wird auch gewährt, vorerst wenigstens, und wenn er in Rom Einzug hält, kommen weitere Bedrängte dazu, 10/78. Manche kommen von weit her, sind ihm entgegengezogen, 3/43. -   Christus ist der Gute Hirte, Joh 10,11, und so ist es folgerichtig, wenn auch der ihn vermeintlich beerbende >wiedergekommene Heiland< als >Hirte< sich aufführt, 1/25, wenigstens denen gegenüber, die sich ihm bedingungslos unterwerfen. Wer dazu nicht bereit ist, dem kann es geschehen, daß er "dem Tode ausgesetzt" wird, Vz 3, d.h. von diesem schrecklichen >Hirten< für vogelfrei erklärt wird. -   Der >Hahn< ist wahrscheinlich jener Franzose, der am Ende siegreich aus dem Kampf um die Freiheit Europas und der Religion hervorgeht und >das große Kamel< "bei den Alpen" zugrunderichtet, 5/68.
   ---> 1/28, 6/78, 10/28 (JUPITER)
   ---> 4/28, 8/28, 8/78, 10/78 (Letzte Zeit der alten Erde)
   ---> 10/78 (Rom)

06/78 Crier victoire du grand Selin* croissant,/ Par les Romains sera l' Aigle* clamé,/ Ticcin, Milan, & Gennes n' y consent,/ Puis par eux mesmes Basil grand reclamé. (1568)
[Islamische Invasion Europas/ JUPITER/ Unterwerfung der Orientalen durch das globale Regime]
Es rufen Sieg die vom großen zunehmenden Mond*,/ durch die Römer wird der Adler* gerufen./ Tessin, Mailand und Genua stimmen dem nicht zu./ Dann wird durch sie selbst ein großer König gefordert.
4) Altgriech. n.m. basileus König.

Der Adler steht bei N. für >das Reich< sowie das Kaisertum, d.h. für eine übergeordnete Herrschaft. Der >Mond< bedeutet bei N. den Islam, der zunehmende Mond einen Machtzuwachs seiner Anhänger. Der "Ruf nach dem Adler" und das "Fordern eines großen Königs" meinen das Gleiche, nämlich daß Bedrängte sich das Eingreifen einer >höheren Macht< wünschen. Zunächst ist es ein Hilferuf von Europäern (Römern), die von nach Europa vordringenden Muslimen bedrängt werden, 6/80. Warum Oberitalien dem nicht zustimmt, wird nicht klar. - Am Schluß des Verses sind es dann die Muslime selbst, die um Hilfe rufen. Denn ihnen wird von zwei Seiten "schwerer Verlust" zugefügt werden, 5/78. Der geforderte "große König" dürfte der >neue Heilige<, 10/30, sein, der zur höchsten religiösen und legislativen Autorität des globalen Regimes aufgestiegen ist, 8/41. Herbeigerufen als Helfer, wird er die Orientalen "mit Geschick unterwerfen", 2/79.
---> 1/28 (Islamische Invasion Europas)
---> 1/28, 6/28, 10/28 (JUPITER)
---> 1/28, 2/78, 5/78, 9/28 (Unterwerfung der Orientalen d. das globale Regime)

08/28 Les simulachres* d' or* & d' argent* enflez,/ Qu' apres le rapt au lac* furent gettez/ Au descouuert estaincts tous & troublez./ Au marbre* escriptz prescriptz intergetez. (1568)
[>Neue Religion</ Unterdrückung der christlichen Religion] (Kommentar S. 242)
Die Götterbilder aus Gold* und aus Silber* aufgeblasen,/ und nach dem Raub wurden sie in den See* geworfen./ Bei der Enthüllung verdunkelt allesamt und verworren,/ auf dem Marmor* Schriften, Vorschriften eingefügt.
1) Lat. n.m. simulacrum Bild, Götterbild, Traumbild.
V. enfler anschwellen lassen, übertreiben, > lat. v. inflare hineinblasen, aufblasen; aufblähen, stolz machen; ermutigen, anfeuern.
3) Mittelfr. v. esteindre 1. ersticken (étouffer) 2. sterben (mourir), sterben lassen (faire mourir) > lat. v. ex(s)tinguere löschen. Die Grundbedeutung "löschen" führt wegen der "Götterbilder aus Gold und Silber", entsprechend den Lichtern Sonne und Mond, auf die sich das Löschen bezieht, zur Übersetzung "verdunkeln".
4) Mittelfr. n.m. prescript Vorschrift (précepte), Verordnung (préscription).
---> 2/78, 4/28, 8/78, 10/28 (>Neue Religion<)
---> 4/28, 6/28, 8/78, 10/78 (Letzte Zeit der alten Erde)

08/78 Vn Bragamas auec la langue* torte/ Viendra des dieux*
le sanctuaire,/ Aux heretiques* il ouurira la porte/
En suscitant l' eglise militaire. (1568)
[>Neue Religion</
Verfolgung der altgläubigen Christen] (Kommentar S. 243)
**Ein Vielschreier mit der geschraubten Sprache*/
wird treten an der Götter* Hochaltar./
Den Ketzern* wird er das Tor öffnen,/
dadurch aufrichtend die militärische Kirche.**
1) Bragamas gibt es nicht. V. brailler schreien, kreischen, plärren, > mittellat. v. bragulare schreien. Ein Brag-amas ist dann ein Vielschreier.
Mittelfr. n.m./adj. bragard 1. Hochmütiger (fier), Überheblicher (orgueilleux) 2. eleganter, prunkliebender, mondäner Mann (homme élégant, fastueux, mondain) 3. eindringlich (vif), geschickt (habile).
Prov. adj. bragous schmutzig, unanständig.
1) Adj. torte > lat. v. torquere, torsi, tortum drehen, winden; verdrehen, verrenken; genau untersuchen; martern, quälen.
---> 2/78, 4/28, 8/28, 10/28 (>Neue Religion<)
---> 4/28, 6/28, 8/28, 10/78 (Letzte Zeit der alten Erde)

09/28 Voille* Symacle port* Massiliolique,/ Dans Venise port* marcher
aux Pannons:/ Partir du goulfre & synus Illyrique,/
Vast à Socille, Ligurs coups de canons. (1568)
[Unterwerfung der Orientalen unter das globale Regime]
**Verbündete Flotte (im) Hafen* von Marseille,/
im Hafen* von Venedig, sie marschieren zu den Pannoniern./
Sie kommen vom Kvarner Golf und der illyrischen Bucht./
Verwüstung für Sizilien, auf Ligurer Kanonenschüsse.**
1) Altgriechisch symmachos Bundesgenosse, Verbündeter im Kriegsfall.
Lat. Massilia, davon das adj. Massiliolique.
4) Lat. adj. vastus leer, öde, verwüstet, verheert.
Die Gegend bei Marseille wird unter der Invasion von Arabern zu leiden haben, 1/28 Vz 1. - Hier aber befindet sich im Hafen der Stadt eine "verbündete Flotte". Das dürfte die "westliche Flotte" sein, die "viel später" kommen wird, 1/28 Vz 2. In 1/28 Vz 4 wird deutlich, daß es dieser Flotte um die Durchsetzung der Forderungen der >Weltfriedensordnung< gegenüber den nach Europa gekommenen Orientalen geht. In gleicher Mission landen sie in Venedig, Vz 3. Von da aus dringen die gelandeten Truppen weiter nach Serbien und Ungarn (antike römische Provinz Pannonien). - Die zweite Vershälfte könnte auf Rückzugsbewegungen der Orientalen hindeuten. Von der Adria her (Kvarner Golf, illyrische Bucht) fahren sie südwärts und zerstören noch, was sie können. Die Ligurer sind die Anrainer des ligurischen Meeres rund um den Golf von Genua.
---> 1/28, 2/78, 5/78, 6/78 (Unterwerfung der Orientalen d. das globale Regime)

10/28 Second & tiers qui font prime musique/ Sera par Roy en
honneur sublimee,/ Par grasse & maigre presque demy eticque/
Raport de Venus* faulx rendra deprimee. (1568)
[>Weltfriedensordnung</ POLLUX-JUPITER/
Gerüchte betreffend eine >Neue Religion<] (Kommentar S. 2)
Zweite und Dritte, die die erste Musik machen,/
werden beim König in erhabener Ehre stehen./
Betreffend Fleisch- und Fasten(speise), nahezu auszehrender/
(eine) Falschmeldung über Venus*, sie wird (sie) heruntermachen.

2) Die Vertauschung von Singular und Plural, hier sera statt des zu erwartenden seront, kommt bei N. häufiger vor.
3) Idiom jours gras Fleischtage, jours maigres Fastentage. Da grasse weiblich ist, muß das fehlende Satzglied, auf das sich die Adjektive beziehen, weiblich sein. Interpoliert werden können z.B. die n.f. nourriture Speise, table Kost oder placente Gebäck, 5/36. - Das Adj. étique mager, kümmerlich, ausgezehrt ist im hier Zusammenhang offenbar Steigerung von maigre und muß entsprechend übersetzt werden.

---> 1/28, 4/28 (>Weltfriedensordnung<)
---> 1/28, 6/28 (JUPITER)
---> 2/78, 4/28, 8/28, 8/78 (>Neue Religion<)

10/78 Subite ioye en subite tristesse,/ Sera à Rome* aux graces
embrassees,/ Dueil, cris, pleurs, larm. sang* excellent liesse/
Contraires bandes surprinses & troussees. (1568)
[Religiöse Verfolgungen]
Plötzliche Freude (gewandelt) in plötzliche Trauer./
Es wird in Rom* sein wegen Begnadigungen, Umarmungen./
Kummer, Schreie, Weinen, Tränen, Blut*, höchster Jubel./
Gegnerische Gruppen überrumpelt und weggeschafft.

2) N.f. grâce 1. Gnade 2. Begnadigung 3. Gunst 4. Anmut. V. embrasser umarmen, v. embraser versengen.
3) Mittelfr. n.m. deul, duel, dueil 1. schwerer Kummer (affliction) 2. Schmerz (douleur). "larm." sind wohl larmes Tränen.
Altes n.f. liesse Jubel.

Szenen aus einer Zeit religiöser Verfolgungen, worauf besonders die "Begnadigungen" deuten und die emotional aufgeheizte Atmosphäre allgemein. - Der an der Spitze des Regimes stehende >Friedensfürst< kommt persönlich nach Europa und landet in Rom, 6/28. Es wird offenbar viele geben, die dann immer noch nicht wissen, mit wem sie es zu tun haben. Denn sonst könnte nicht Hoffnung aufkeimen und "plötzliche Freude" herrschen bei jenen Verfolgten, die auf scheinbar großzügige Gnadenerweise, Bekehrungsansinnen, **8/78**, hereinfallen, weil sie glauben möchten, einen Mann Gottes vor sich zu haben. Wer die Wahrheit nicht sehen will, wird unangenehm überrascht, überrumpelt werden. Wie etwas ausgeht, sagen die Verse meist am Schluß. Blutige Verfolgung, und "höchster Jubel" bei den Verfolgern, die meinen, Gott damit einen Dienst zu erweisen, **3/60**.

---> 4/28, 6/28, 8/28, 8/78 (Letzte Zeit der alten Erde)

Centurie 4, Vers 28
Lors que Venus* du sol* sera couuert,
Souz l' esplendeur sera forme occulte,
Mercure* au feu les aura descouuert
Par bruit bellique sera mis à l' insulte.
(Urfassung bei Macé Bonhomme, Lyon 1555)

Übersetzung:
Wenn Venus* von der Sonne* verdeckt sein wird,
wird unter dem Lichtglanz eine verborgene Form sein.
Merkur* im Feuer, (dann) wird (man) sie enthüllt haben,
bei Kriegsgeschrei wird er der Beschimpfung ausgesetzt sein.

Kommentar zu 4/28:
Gegen Vorgänge im All spricht die Beleidigung oder Beschimpfung (insulte), die Merkur erleidet, was einem Planeten schwerlich widerfährt.
    Die Sonne bedeutet bei N. die Offenbarung Gottes in Christus, ihr "Gesetz" ist die christliche Religion sowie eine auf die christlichen Gebote gegründete staatliche Ordnung. "Gesetz der Venus" heißt die >Weltfriedensordnung<, 5/53, das ist die Ordnung des globalen Regimes, das einige Jahre nach der Katastrophe errichtet werden wird. Der sonnennahe Götterbote Merkur steht bei N. für Jesus Christus, 9/12. Mit diesem Vokabular im Rücken hat man eine Chance, den Vers zu begreifen.
    Nach der Katastrophe "werden die Kirchen wiederaufgerichtet werden wie in der ersten Zeit, und der Klerus wird zurückversetzt werden in seinen früheren Stand", VH (22). Die christliche Religion wird geistig ihren Glanz entfalten. So ist es zu verstehen, daß die Sonne in vollem Lichtglanz erstrahlen wird. Darüber wird im Hintergrund bleiben und wenig bemerkt werden, was sich im großen anbahnt. In diesem Sinne wird in den ersten Jahren nach der Katastrophe >Venus von der Sonne verdeckt< sein.
    Hinter dem Lichtglanz der Sonne wird außerdem eine "verborgene Form" sein. Es wird ein Mann in erscheinen, der sich die Maske des >wiedergekommenen Heilandes< aufsetzt, in diese Form schlüpft und sich in ihr verpuppt, 8/25. Die Prophezeiung, daß Christus wiederkommen werde, ist aber genaugenommen nicht "verborgen", sondern nur in den Hintergrund getreten, in die Nähe der Vergessenheit abgesunken.
    Die alten Religionen werden in der >Weltfriedensordnung< gleiches Recht genießen, 8/69 Vz 3, sich gut behaupten können, 4/32 Vz 3. Das Vorhaben, eine >neue Religion< zu begründen, dem Bereich des Glaubens eine neue Form zu geben, wird als Projekt geheimgehalten werden, 4/30 Vz 4, und in diesem Sinn "verborgen" sein. Nach einigen Jahren wird es in die Tat umgesetzt werden. Das Wesen des Regimes im Signum der Venus, zunächst verborgen, wird dann enthüllt sein ebenso wie die verborgene Form.
    Die >neue Religion< wird ein Monopol beanspruchen für den ganzen religiösen Bereich, 1/79. Sie wird diesem eine >endgültige Form< geben wollen, welche die Vorzüge der alten Religionen in sich vereint und sie in den Schatten stellt, 9/12.
    "Merkur im Feuer" bedeutet, daß >Feuer vom Himmel<, d.h. der Bannstrahl des globalen Regimes Christus und sein Evangelium trifft. Er wird dann Beschimpfung und Verunglimpfung erleiden. Die altgläubigen Christen werden verfolgt, denn die >neue Religion< macht Ernst mit ihrer Militanz im Namen des Friedens, Vz 4.

Centurie 8, Vers 28

Les simulacres* d' or* & d' argent* enflez,
Qu' apres le rapt au lac* furent gettez
Au descouuert estaincts tous & troublez.
Au marbre* escriptz prescriptz intergetez.

(Textfassung bei Benoist Rigaud, Lyon 1568)

Übersetzung:

Die Götterbilder* aus Gold* und aus Silber* aufgeblasen,
und nach dem Raub wurden sie in den See* geworfen.
Bei der Enthüllung verdunkelt allesamt und verworren,
auf dem Marmor* Schriften, Vorschriften eingefügt.

Kommentar zu 8/28:

Das Wort simulacre bedeutet Statue oder Bildnis einer Gottheit. Es fragt sich, um welche Götter und welche ihrer Abbilder es hier geht.

Gold gilt von altersher als Entsprechung der Sonne, diese wiederum steht für den sich in Christus offenbar gewordenen Gott. Silber entspricht dem Mond, der wiederum das Symbol des Islam ist. Die goldenen und silbernen Götterbilder sind die des Christentums und des Islam.

In beiden Religionen werden Bilder nicht als Idole selbst verehrt. Am Schluß ist von Schriften die Rede, die verbindlich ausgelegt werden. Mit den >Götterbildern< sind daher die in Worte gefaßten Bilder und Gleichnisse gemeint, in denen sich die Gottheit durch die Propheten und Stifter der beiden Religionen offenbart und zugleich verhüllt hat.

Es ist demnach die Sprache der christlichen und islamischen Offenbarung, die "aufgeblasen" wird. Im Bild des Aufblasens ist enthalten, daß den alten Schriften ein >anderer Geist< eingeblasen wird und daß die Aufgeblasenheit der Täter in ihrem Tun sich zu erkennen gibt.

Die >Götterbilder< werden geraubt, nämlich d u r c h das Aufblasen. >Raub< und >Plünderung< im Zusammenhang mit Glaubenslehren begegneten bereits, z.B. in **1/30, 8/62**. Die >neue Religion< wird sich im geistigen Fundus der alten Religionen nach Gutdünken bedienen, die Offenbarungen der alten Religionen von ihrem eigenen Ort entwenden und usurpieren. Usurpieren bedeutet, einen fremden Gegenstand zu gebrauchen und dabei den Anschein zu erwecken, als sei es der ureigene.

Die alten Glaubenslehren selbst werden >in den See geworfen<, d.h. sie sollen vergessen werden.

Bei der "Enthüllung", **4/28** Vz 2/3, werden sich die Ideen des >Hauptes der Weisheit<, **5/31**, zu einer >neuen Religion< verdichtet haben, ein Projekt, das erst nach einer Zeit der Geheimhaltung offenbar wird.

Die alten Lehren werden durch die >neue Religion< >gesiebt<, **9/9**, >auf das Wesentliche reduziert<, **6/61**, und >eingeschmolzen<, **3/13**, d.h. ihrer Gestalt beraubt. Das von ihnen ausgehende geistige Licht (Sonne und Mond entsprechend Gold und Silber) wird so "verdunkelt". Die bildhafte, die Wahrheit in Bildern verpackende Sprache der alten Religionen (Götterbilder) wird so durcheinander gebracht, "verworren".

Diese erhalten marmorne Grabsteine, Begräbnisse erster Klasse, weil die Freude groß ist, sie endlich los zu sein. Auf ihnen steht geschrieben, daß die alten Lehren von nun an und für immer als unvollkommene, nur noch geschichtlich bedeutsame Vorläufer der neuen Lehre aufzufassen seien, **6/61** Vz 1/2.

Centurie 8, Vers 78

Vn Bragamas avec la langue* torte
Viendra des dieux* le sanctuaire,
Aux heretiques* il ouurira la porte
En suscitant l' eglise militaire.
(Textfassung bei Benoist Rigaud, Lyon 1568)

Übersetzung:
Ein Vielschreier mit der geschraubten Sprache*
wird treten an der Götter* Hochaltar.
Den Ketzern* wird er das Tor öffnen,
dadurch aufrichtend die militärische Kirche.

Kommentar zu 8/78:
Der militärische Charakter der gemeinten Kirche findet eine Parallele in der "militanten Kirche", von der VH (43) berichtet, daß sie "das heilige Volk Gottes, das sein Gesetz beachtet, und alle religiösen Gesellschaften hart verfolgen und niederschlagen" wird. Es ist die staatstragende Religion des Weltstaats, **9/9**, deren militanter Pazifismus, **3/67**, die Begründungen dafür liefern wird, die alten Religionen für "nichtig" zu erklären, **8/77**. Sie wird ihren Anordnungen mit den Mitteln staatlicher Gewalt Geltung verschaffen.

Es scheint hier, daß der Versuch gemacht werden wird, all jene, die an ihrem alten Glauben festhalten und bei den Vertretern des Weltstaats und dessen regionalen Kirchen schon als >Ketzer< gelten, doch noch zu bekehren. Ihnen wird man noch einmal im guten "die Tür öffnen", ihnen "Umarmungen anbieten", **10/78**. Die militärische Kirche" wird "dadurch aufgerichtet", d.h. die Bekehrungsversuche zeitigen manchen Erfolg.

Dabei tut sich jemand hervor, den N. mit dem künstlichen Wort "Bragamas" benennt. Die Analyse des Wortes ergibt einen "üblen Vielschreier" und einen "Hochmütigen", der sprachlichen Prunk und Bombast liebt.

Die >Götter< sind aus 1/91 als die Führungselite des neuen, sich einen heiligmäßigen Anstrich gebenden Regimes bekannt, an dessen Spitze der Weltherrscher alias Zeus/Jupiter stehen wird. Von d i e s e m Herrn und Meister, seiner angeblichen Liebe zu allen Menschen wird der Schreihals tönen. Dabei scheint er im Kultus der >neuen Religion< des Weltstaats eine herausgehobene Stelle einzunehmen, denn er darf sich "an den Hochaltar stellen" bzw. "in das Allerheiligste eintreten". Es könnte sich hier um denselben handeln, der "von Jupiter herkommt", **1/80**, und diesem Feste ausrichtet, **1/50**.

Das Regime des >größten Philosophen aller Zeiten<, **5/31**, wird sich >höchsten Einsichten< verpflichtet zeigen und sich dazu einer "gewundenen", "verdrehten" oder "geschraubten Sprache" bedienen. Man beansprucht ein Deutungsmonopol für die alten Religionen, **1/79**, und nutzt es, die Sprache des Evangeliums zu >martern<, sie zu >rösten<, **4/56**.

Centurie 10, Vers 28
Second & tiers qui font prime musicque
Sera par Roy en honneur sublimee,
Par grasse & maigre presque demy eticque
Raport de Venus* faulx rendra deprimee.
(Textfassung bei Benoist Rigaud, Lyon 1568)

Übersetzung:
Zweite und Dritte, die die erste Musik machen,
werden beim König in erhabener Ehre stehen.
Betreffend Fleisch- und Fasten(speise), nahezu auszehrender
(eine) >Falschmeldung< über Venus*, sie wird (sie) heruntermachen.

Kommentar zu 10/28:
Das "Gesetz der Venus" ist eine Chiffre für die >Weltfriedensordnung<, **5/53**. Nachdem Venus in **5/24** und **4/28** ebenfalls Signum dieses globalen politischen Systems ist, müßte das auch hier gelten.
   An dessen Spitze wird nach einigen Jahren der neue charismatische Führer berufen werden, **8/41**, der nach der Katastrophe erstmals auftritt, **3/42**. So kann man auf die Idee kommen, daß er es ist, der hier als "König" angesprochen wird. Dieser Mann wird dem Volk der Juden entstammen, **7/32**, und vielen seiner Landsleute als der Messias gelten, **6/18**. Doch es scheint, daß seine Pläne weiter reichen.
   Die "zweite" und "dritte" Religion, die Gott als einen geschichtlich Handelnden begreifen, sind nach der jüdischen die christliche und die islamische Religion. Sie werden beim "König", dem neuen Führer mit >messianischen Qualitäten<, "die erste Musik machen", d.h. den Ton angeben, eine Hauptrolle spielen. Sie werden bei ihm "in erhabener Ehre" stehen - wie auch umgekehrt er bei ihnen. Denn bei diesen Religionen ist noch, ähnlich wie bei den Juden, >eine Stelle frei<. Den Christen ist die Wiederkunft Christi versprochen, den Muslimen die Ankunft eines Mahdi, d.h. eines Gottgesandten, der den Islam und die Welt erneuern werde. Verbunden mit dem universellen Anspruch beider Religionen werden diese beiden >Posten< phantastische >Karrierechancen< eröffnen, zumal wenn sie Personalunion vergeben werden sollten. Es scheint, daß dem "König" am Ende alle "drei Kronen" verliehen werden, **2/73**.
   Die zweite Vershälfte handelt von einer späteren Zeit. Es sickert etwas von den Plänen durch, die das Regime schmiedet. Man wird >einen eigenen Laden aufmachen<, d.h. eine >neue Religion< begründen wollen. Die >Fleischspeise< bedeutet den als eucharistische Gabe genossenen Leib Christi. Er soll, so wird es heißen, durch eine von dem >Bruder Christi< selbst verfertigte geistige Nahrung ersetzt werden, **5/36 Vz 3**. Diese wird von den Verbreitern der Meldung und auch von N. als Fastenspeise gewertet. An die Stelle von >Fleisch< werde >Fisch< treten, nennt Vers **4/32 Vz 1** den gleichen Vorgang.
   Die vom >wiedergekommenen Heiland< kommende geistige Nahrung werde den ihr Zusprechenden nur zum >Fasten< taugen, und mehr noch, sie werde sie auszehren (étique). Denn sie wird das >Fleisch<, den Leib Christi, ersetzen und verdrängen wollen und dadurch eine geistige Hungersnot auslösen, **VH (44)**.
   Gerüchte, die von einer >neuen Religion< wissen wollen, werden als "Falschmeldung" zurückgewiesen (raport de Venus faulx). Wer sie verbreite, wolle damit nur "Venus heruntermachen" (rendra deprimee), d.h. den Frieden stören. Aber die >Falschmeldung< wird sich als wahr erweisen.

Gruppe 29 - 79

01/29 Quand le poisson* terrestre & aquatique/ Par forte (!) vague
au grauier sera mis,/ Sa forme estrange suaue & horrifique,/
Par mer* aux murs* bien tost les ennemis*. (1555)
[POLLUX-JUPITER] (Kommentar S. 252)
Wenn der Fisch*, land- und wassertauglich,/
durch eine starke Woge auf den Strand getragen wird,/
(wird) seine fremdartige Form angenehm und schrecklich (erscheinen)./
Über 's Meer* zu den Mauern* (kommen) recht bald die Feinde*.
    2) Mittelfr. n.m. gravier 1. Kiesfläche (étendue de gravier)
    2. Strand (plage).
---> 2/79, 4/29, 8/79, 9/79, 10/29 (JUPITER)

01/79 Bazaz, Lectore, Condon, Ausch, & Agine/ Esmeus par loys*,
querele & monopole./ Car Bourd. Thoulouze Bay. metra en ruine/
Renouueller voulant leur tauropole. (1555)
[Unterdrückung der christlichen Religion] (Kommentar S. 253)
Bazas, Lectoure, Condom, Auch und Agen/
(werden) geschüttelt durch Gesetze*, Streit und Monopol./
Carcassonne, Bordeaux, Toulouse, Bayonne wird (es) zerstören,/
wenn diese ihre Taurische* erneuern wollen.
    1) Die genannten fünf Orte liegen alle in Südwestfrankreich.
    2) Mittelfr. v. esmouvoir in Bewegung setzen, schütteln
    (secouer), stoßen (pousser), anreizen zu (inciter à) > lat.
    emovere hinausschaffen, aus den Angeln heben, erschüttern.
    N.f. monopole 1. (wirtschaftliches) Vorrecht 2. ausschließ-
    liches Vorrecht, Ausschließlichkeit (exclusivité), > lat. n.n.
    monopolium Recht des Alleinhandels, Alleinverkauf.
    Mittelfr. allgemeiner: Intrige, Machenschaften, Verschwörung.
    3) In "Car" wird mit Pfändler (1996 S. 110) ein abgekürztes
    Carcassonne erkannt (Stadt im Languedoc-Roussillon).
    Als Subjekt zu metra en ruine kommen querele und monopole
    in Frage. Die Vertreter des Monopols werden die Macht
    haben, das Gesetz zu zerstören.
    4) Altgriech. adj. tauropolos aus Taurien stammend, taurisch.
    Das war ein Beiname der in Attika verehrten Göttin Artemis.
    Zu Artemis s. Glossar. Eine weitere Fundstelle von tauropole
    gibt es nicht.
---> 2/29, 4/29, 6/29, 8/79, 9/79, 10/29 (Letzte Zeit der alten Erde)

02/29 L' oriental sortira de son siege,/ Passer les monts Apennins,
voir la Gaule:/ Transpercera du (!) ciel* les eaux & neige:/
Et un chascun frapera de sa gaule. (1555)
[Verfolgung der altgläubigen Christen]
Der Morgenländler wird seinen Aufenthaltsort verlassen,/
das Apenninengebirge überqueren, um Gallien aufzusuchen./
Er wird vom Himmel* her die Gewässer und den Schnee durchfahren/
und einen jeden schlagen mit seiner Peitsche.
    3) Zum Himmel s. das Glossar unter ciel.
Die Völker Nordafrikas und des Orients werden nach der Katastrophe,
6/54, nach Europa vordringen, **6/80**. Einige Jahre später, **3/97**, werden
sie durch das Regime des >Weltfriedensordnung< unterworfen, **2/79**, und
ideologisch gleichgeschaltet werden, **10/30**. Dann wird man sie beauf-
tragen, die Europäer auf Linie zu bringen, **9/80**. -   Daß

- 245 -

Gruppe 29 - 79

die Fremden "vom Himmel her" kommen, hat man als Luftangriffe gedeutet. Aber gemeint ist, daß die Orientalen im Auftrag des globalen Regimes handeln werden. Dieses wird sich im Namen des Weltfriedens einen religiösen Anstrich geben, **1/91**. Man wird vorgeben, im Auftrag Gottes gegen die alten Religionen vorzugehen.

---> 1/79, 4/29, 6/29, 8/79, 9/79, 10/29 (Letzte Zeit der alten Erde)

02/79 La barbe crespe & noire par engin/ Subiugera la gent
cruele & fiere./ Le grand CHYREN* ostera du longin/
Tous les captifs par Seline* baniere. (1555)
[JUPITER/ Unterwerfung der Orientalen unter das globale Regime/
Heinrich V./ Krieg um die Freiheit der Religion und Europas]
Der schwarze krause Bart wird mit Geschick/
das grausame und hochmütige Volk unterwerfen./
Der große Heinrich* wird, von weither (kommend), befreien/
alle durch das Mond*banner Gefangenen.

1) Mittelfr. n.m. engin 1. Geist, Intelligenz (esprit, intelligence)
2. Talent, Geschick (habilité, adresse) 3. Kunstgriff, List
(artifice) 3. Mittel, Druckmittel (moyen).
3) Mittelfr. oster 1. wegbringen (ôter), gewaltsam wegnehmen, ausheben (enlever) 2. jdm. etw. entziehen (soustraire à qu.). Wegnehmen aus der Gefangenschaft bedeutet so viel wie befreien.
longin vom lat. adj. longinquus weit entfernt, entlegen.

In Südwestfrankreich wird um die Erhaltung des christlichen Glaubens gekämpft werden, **1/79**. Die Bewohner werden vor einem "schwarzen Krausbart" gewarnt, **3/43**. Dieser ist demnach ihr Gegner, gibt sich aber als Freund aus, denn sonst wäre keine Warnung nötig. Gemeint ist der >neue Heilige<, **10/30**, dessen "Bart" ihn als >Weisen< kennzeichnet, **10/29**. Er wird am Ende zulassen, daß auch jene Menschen, die sich für "die Seinen" halten, getötet werden, **9/80**, wenn sie sich ihm nicht bedingungslos unterwerfen. - Sein Regime wird die Orientalen überwältigen, VH (28), und diese dann für die Gleichschaltung der Europäer einsetzen, **9/80**. Ihnen dies als Aufgabe zu übertragen, nennt N. vielleicht deshalb "geschickt", weil für den durch Unterdrückung geschaffenen Haß dann gleich Opfer bereitstehen. - In der zweiten Vershälfte ist der Krieg um die Befreiung Europas gemeint. "Heinrich" wird die von den Orientalen (Mondbanner) bedrängten Europäer befreien und den schwarzen Krausbart "am Spieß rösten", **1/74**.

---> 1/29, 4/29, 8/79, 9/79, 10/29 (JUPITER)
---> 8/79 (Unterwerfung der Orientalen durch das globale Regime)
---> 5/79 (Heinrich V.)

03/79   L' ordre fatal sempiternel par chaisne/ Viendra tourner par
ordre consequent:/ Du port Phocen sera rompue la chaisne:/
La cité prinse, l' ennemi* quand & quand. (1555)
[Kataklysmus/ Islamische Invasion Europas]
**Die Schicksalsordnung, ewig durch Aufeinanderfolge,/
wird sich verwandeln in eine nachfolgende Ordnung./
Die Kette des Hafens Marseille wird durchbrochen,/
die Stadt wird besetzt, der Feind* (kommt) zur selben Zeit.**
  1) Das n.f. chaîne Kette wird hier wegen der Deutung der
  Ordnung als kosmische Ordnung frei übersetzt, vgl. VH (32).
  3) Marseille, von der ionischen Stadt Phokaia gegründet,
  dürfte hier mit dem "port Phocen" gemeint sein, wie in 1/18
  und andernorts.
  "Die große Kette des Hafens" kommt auch vor in VH (27).
Durch den Kataklysmus wird die Drehachse des Planeten kippen, VH
(18). Der Planet wird sich wieder stabilisieren, aber in anderer Position,
so daß die Fixsterne eine andere Lage einnehmen, 3/46. Das ist mit dem
Wandel der Ordnung in eine "nachfolgende Ordnung" gemeint. Denn die
Ordnung wird fatal, d.h. schicksalhaft bezeichnet, woraus erhellt, daß
es um die Ordnung der Sterne geht, in welcher die Menschen seit
Urzeiten erkennen, was ihnen blüht. Vgl. VH (32), wo die "Ordnung der
Kette" die Ordnung der Planetenumläufe bedeutet, die sich aneinander-
reihen wie auf einer Kette. -   Die Kette vor Marseille könnte
aus Schiffen bestehen. Diese Schiffe dienen offenbar dem Schutz der
Stadt. Denn wenn er versagt, dringt gleichzeitig "der Feind" ein.

04/29   Le sol* caché eclipse par Mercure*/ Ne sera mis que pour
le ciel* second./ De Vulcan (!) Hermes* sera faite pasture:/
Sol* sera veu pur rutilant & blond. (1555)
[Unterdrückung der christlichen Religion/ POLLUX-JUPITER/
>Neue Religion</ Neue Erde]
**Die Sonne* verborgen, verbraucht, wird durch Merkur*/
nur aufgestellt für den zweiten Himmel*./
Vom Feuergott Hermes wird Nahrung gemacht sein./
Sonne* wird (wieder) zu sehen sein, klar, glänzend und hell.**
  1) Mittelfr. v. eclipser 1. verschwinden 2. verbrauchen
  (dépenser). Mittelfr. n.f. eclipse Verschwinden (disparition),
  Abwesenheit (absence).
  V.t. éclipser 1. verdunkeln 2. metaphorisch: in den Schatten
  stellen, überbieten (surclasser), übertrumpfen (surpasser), lt.
  großem Larousse. Die verdunkelte Sonne würde sich von der
  "verborgenen" nicht wesentlich unterscheiden. Die >über-
  trumpfte< Sonne ergibt einen anderen Sinn, der aber auch gut
  in die vorliegende Deutung der Centurien paßt, 9/12.
  3) Lat. Vulcanus Gott des Feuers und der Schmiedekunst.
Der Kleinplanet Merkur kann die Sonne nicht verdunkeln, außer er käme
in unmittelbare Erdnähe, wofür sonst keine Anhaltspunkte vorliegen.
Somit gibt der Vers Sinnbilder. -   Die Sonne ist bei N.
Symbol der Offenbarung Gottes in Christus. Nur eine in die Geschichte
gestellte Offenbarung kann sich verbrauchen, Vz 1, nicht Gott selbst -
verbrauchen auch nur im Sinne dessen, daß die Menschen sich durch sie
nicht mehr ansprechen lassen. Unter dem naturmäßigen Himmel, d.h. auf

Erden, wird doe Sonne, d.h. Gottes Offenbarung in Christus, verborgen sein. D.h. die christliche Religion wird auf Erden verboten sein, genauer: Die Ausübung dieser Religion in der Liturgie, in den Zeichenhandlungen des Ritus wird untersagt sein. Doch am geistigen, dem "zweiten Himmel" zu scheinen, wird man ihr nicht verbieten können. Was die Menschen im Herzen tragen, kann ihnen keiner nehmen. Merkur, d.h. Christus, **9/12**, wird dafür sorgen, daß seine Getreuen im Licht stehen, auch unter widrigen Umständen. - Der "Feuergott Hermes" ist eine Chiffre für den vermeintlich >wiedergekommenen Heiland< in jener Zeit, wenn er bereits zum Weltherrscher aufgestiegen sein wird. Der römische Merkur wurde mit dem griechischen Hermes identifiziert, so wie man Christus mit seinem vermeintlichen >Zwillingsbruder<, **1/95**, identifizieren wird. Wenn dann Hermes >Feuer vom Himmel< schleudert, d.h. die alte Religion verbietet, wird ihn das zum "Feuergott Hermes" machen. - Die von ihm verfertigte geistige Nahrung ist die >neue Religion<, die aber nur zum Fasten taugen wird, **4/32 Vz 1**. - Erst auf der neuen Erde wird die Sonne wieder "klar, glänzend und hell" scheinen. D.h. es wird Gottes Wort auch unter dem natürlichen Himmel zu hören sein und nicht nur in den Herzen seiner Getreuen vernehmbar sein.

---> 1/79, 2/29, 6/29, 8/79, 9/79, 10/29 (Letzte Zeit der alten Erde)
---> 1/29, 2/79, 8/79, 9/79, 10/29 (JUPITER)

05/79 Par sacree pompe viendra baisser les aisles,/ Par la venue
du grand legislateur:/ Humble haulsera vexera les rebelles,/
Naistra sur terre aucun aemulateur. (1568)
[Heinrich V. als Erneuerer der christlichen Kirche]
**Für heiligen Pomp wird (die Zeit) kommen, die Flügel zu senken,/
durch die Ankunft des großen Gesetzgebers./
Erniedrigte wird er erhöhen, zugrunderichten die Rebellen./
Auf Erden wird kein ihm Ebenbürtiger geboren werden.**
4) Lat. adj./subst. aemulus 1. nacheifernd 2. neidisch
3. gleichkommend, ebenbürtig. N.m. aemulator Nacheiferer.

Seinem König Heinrich II. schmeichelt N. in der diesem gewidmeten Vorrede in hohen Tönen, aber sonst läßt er höchstes Lob nur einem zuteil werden, VH (17), dem zukünftigen Befreier Europas von der Fremdherrschaft, der wohl als Heinrich V. in die Geschichte eingehen wird, 10/27. Nach seinem Sieg, 6/70, wird er sich als "Gesetzgeber" betätigen, wie das Sieger zu tun pflegen. Auch das bis dahin gültige Geschichtsbild wird sich nach dem Niedergang der >Weltfriedensordnung< grundlegend wandeln, 10/73. - Heinrich wird die Freiheit der Religion erkämpfen, 6/3. Die Kirche wird unter seinem Schutz ihre "alte überragende Stellung" wiedererlangen, **5/74**. Damit ist, wenn Pomp keine Rolle spielt, Vz 1, geistige Anziehungskraft durch Rückbesinnung auf den Ursprung und keine weltliche Macht gemeint, **10/89**.

---> 2/79 (Heinrich V.)

06/29 La vefue saincte entendant les nouuelles,/ De ses rameaux mis
en perplex & trouble:/ Qui sera duict appaiser les querelles,/
Par son pourchas des razes fera comble. (1568)
[Zerstörung der katholischen Kirche/ Unterdrückung der Altgläubigen]
(Kommentar S. 254)
Die heilige Witwe (wird), wenn sie vernimmt die Neuigkeiten,/
von ihren Zweigen in Ratlosigkeit und Verwirrung gestürzt./
Der den Befehl erhält, zu befrieden die Streitigkeiten,/
wird mit seiner Verfolgung der Geschorenen das Maß vollmachen.
    2) perplexité hier metrumbedingt abgekürzt.
    3) Altfr. v. duire I. (> lat. docere) 1. unterrichten, benach-
    richtigen (instruire) 2. erziehen, bilden (élever) 3. schulen
    (dresser) II. (> lat. ducere) 1. führen, befehligen (conduire,
    mener) 2. regieren (gouverner), bearbeiten, zurichten
    (faconner), zähmen (apprivoiser) 3. passen (convenir), dienen
    (servir), nützen (profiter), gefallen (plaire).
---> 1/79, 2/29, 8/79, 9/79, 10/29 (Letzte Zeit der alten Erde)

08/29 Au quart pillier* lon sacre à Saturne*,/ Par tremblant* terre
& deluge* fendu/ Soubz l' edifice Saturnin trouuee vrne*,/
D' or* Capion rauy & puis rendu. (1568)
[>Weltfriedensordnung<] (Kommentar S. 255)
Bei der vierten Säule*, die man dem Saturn* weiht,/
bei bebender* Erde und durch gespaltene Flut* hindurch/
wird unter dem Gebäude (des) Saturnin eine Urne* gefunden/
mit (dem) Gold* des Caepio, geraubt und dann zurückgegeben.
    3) Saturnin (oder Sernin), der erste Bischof von Toulouse,
    starb 250 n. Chr. den Märtyrertod und wurde heiliggesprochen.
    Heute noch ist ihm die Kirche Saint-Sernin in Toulouse
    geweiht.
    4) Gold kann bei N. höchste Wertschätzung markieren, s.
    Glossar. Capion ist ein verkürzter Genitiv: Caepion(is).

08/79 Qui par fer pere perdra nay de Nonnaire*,/ De Gorgon sur la
sera sang* perfetant/ En terre estrange sera si tout de taire,/
Qui bruslera luy mesme & son enfant*. (1568)
[Zerstörung der katholischen Kirche/ POLLUX-JUPITER entstammt
den Juden/ Unterwerfung der Orientalen unter das globale Regime]
**Der durch Schwert (den) Vater verderben wird, (wird) geboren (sein)
von (einer) Nonne*./
Der Gorgo Geblüt* wird bis zu ihr hindurch überfruchtbar sein./
In fremdem Land wird ein vollständiges Verstummen sein./
Dieser wird sich selbst verbrennen und sein Kind*.**
1) Mittelfr. n.f. nonnain Nonne (religieuse) wird reimbedingt abgewandelt. Zur Nonne vgl. das Glossar unter vierge.
2) Gorgon(is) ist verkürzter Genitiv von Gorgo. Die Gorgonen waren schlangenhaarige Frauen. Eine von ihnen hieß Medusa, deren Blick in Stein verwandelte, wen er traf. Pfändler (1996 S. 623) erklärt perfetant als ein verkürztes (su)perfétant. Dieses Wort bedeutet, daß eine bereits schwangere Frau noch ein zweites Kind empfängt.

Der vermeintliche >Zwillingsbruder Christi< wird dem jüdischen Volk entstammen, 7/32. Die Juden haben nach christlicher Auffassung den auch und zuerst zu ihnen gekommenen Herrn nicht angenommen, 6/18 Vz 4. Die ihm bestimmte Braut hat den himmlischen Bräutigam abgewiesen, ist in diesem Sinne >alleingeblieben<, heißt daher >Nonne<. Aus christlicher Sicht wird sich das mit der >Nonne< gemeinte Volk sogar als "überfruchtbar" erweisen, wenn es n o c h einen Mann >vom Schlage Christi< hervorzubringen scheint, 3/91. - Die mythischen Gorgonen waren Ungeheuer, deren Blick versteinerte, wen er traf. Zur Versteinerung gehört das "Verstummen", 8/78, welches sich im gegebenen Zusammenhang auf den Bereich der Religion bezieht, den der Gemeinte monopolisieren wird, 1/79. Zugrundegerichtet wird dadurch die katholische Kirche und ihr Vorsteher (Vater), aber auch die Muslime (fremdes Land) werden "verstummen", ihrem alten Glauben nicht mehr öffentlich anhängen dürfen, VH (28). - Die letzte Vz bleibt offen.

---> 1/29, 4/29, 2/79, 9/79, 10/29 (JUPITER)
---> 2/79 (Unterwerfung der Orientalen unter das globale Regime)

09/79 Le chef de classe* par fraude stratageme,/ Fera timides sortir
de leurs galleres,/ Sortis murtris chef renieur de cresme,/
Puis par l' embusche lui rendront les saleres. (1568)
[JUPITER/ Unterdrückung der alten Religionen]
**Das Oberhaupt der Flotte* wird durch Betrug (und) Kriegslist/
Furchtsame dazu bringen, daß sie ihre Schiffe verlassen./
Von Bord Gegangene in Bedrängnis, Oberhaupt abtrünnig vom Salböl./
Dann durch die Falle werden sie ihm den Lohn geben.**
3) Mittelfr. v. renier 1. leugnen (nier) 2. ausschließen, als unerwünscht betrachten (exclure, considérer comme indésirable) 3. abschwören, den Glauben oder eine Partei verlassen (abjurer, déserter sa foi ou son parti). N.m. renié 1. Abtrünniger (renégat) 2. Ungläubiger, Verräter (infidèle, traître). Hier steht schon die modernere Form renieur statt renié.

Daß der Vers eher ein Sinnbild gibt, erhellt daraus, daß der Flottenkommandant "abtrünnig vom Salböl" ist. Das Wort renieur kommt aus dem kirchlichen Bereich, das "Salböl" spielt im NT eine Rolle, und Christen sind, wörtlich übersetzt, >Gesalbte<, werden bei Paulus auch so genannt, 2 Kor 121. "Abtrünnig vom Salböl" bedeutet demnach abtrünnig vom Christentum. - Indem der >neue Heilige<, 10/30, dem Anschein, er sei Christus, nicht widerspricht, wird er viele Menschen über seine Absichten im unklaren lassen und deren Selbsttäuschung dadurch zulassen, 6/93. Das ist es, was N. hier "Betrug und Kriegslist" nennt. Die >Schiffe<, d.h. die Organisationen der alten Glaubensformen, 1/30, wird er auf sich verpflichten können, dadurch zum >Oberhaupt der Flotte< werden, d.h. zur obersten religiösen Autorität im Bereich der Religion, 10/71. - Später wird er die Menschen von ihrem alten Glauben abzubringen suchen, 1/96, und dann auch die Mittel staatlicher Gewalt einsetzen lassen, um Widerstrebende seiner >neuen Religion< zuzuführen. Wer dann den alten Glauben nicht hingeben will und daher >ganz von Bord geht<, die dem Haupt unterstehende >Flotte< ganz verläßt, wird dadurch in Bedrängnis geraten, Vz 3. - Wegen des Verbotes der christlichen Religion, das er ausspricht, 10/65, wird er als >abtrünnig vom Salböl<, d.h. vom Christentum denen erscheinen, die ihn für den >wiedergekommenen Christus< hielten, 10/73 Vz 4 (untreu). Aber auch dieser Anschein der Untreue beruht noch auf der Täuschung, daß der Gemeinde einmal der gewesen sei, für den man ihn hielt und sich nur anders entwickelt habe. Wer aufpaßt, wird von Anfang an wissen können, daß der >Wiedergekommene< im Unterschied zu Christus weltliche Macht anstrebt, 4/31 Vz 4 (im Busen Hände). - Die letzte Verszeile wird sich später klären.

---> 1/29, 2/79, 4/29, 8/79, 10/29 (JUPITER)
---> 1/79, 2/29, 4/29, 6/29, 8/79, 10/29 (Letzte Zeit der alten Erde)

10/29 De Pol MANSOL dans cauerne caprine/ Caché & prins extrait hors par la barbe,/ Captif mené comme beste mastine/ Par Begourdans amenee pres de Tarbe. (1568)
[POLLUX-JUPITER/ Zerstörung der katholischen Kirche]
(Kommentar S. 256)
Von Pol(lux), (dem) allein Machtvollen, in (einer) Ziegenhöhle/ verborgen und festgehalten. Herausgezogen durch den Bart,/ (als) Gefangener behandelt wie ein hündisches Vieh,/ durch die aus Bigorre abgeführt nah bei Tarbes.

1) MANSOL vgl. Pol mensolée 8/46; sainct pol de Manseole 9/85; Mansol 4/27, 5/57 (Bd.3), Mausol 8/34 (Bd.3).
1) Die Deutung auf das Kloster Saint-Pol-de Mausole in Saint-Rémy-de-Provence, dem Geburtsort des Sehers, liegt nahe, aber dagegen spricht, daß dieses Kloster 1807 aufgehoben wurde. Es wäre dann nur Ortsangabe.
Die Übersetzung wird im Kommentar begründet.
4) Die Stadt Tarbes liegt in der Bigorre, einer Landschaft im äußersten Südwesten Frankreichs, angrenzend an die Pyrenäen.

---> 1/29, 2/79, 4/29, 8/79, 9/79 (JUPITER)
---> 1/79, 2/29, 4/29, 6/29, 8/79, 9/79 (Letzte Zeit der alten Erde)

Centurie 1, Vers 29
Quand le poisson* terrestre & aquatique
Par forte (!) vague au grauier sera mis,
Sa forme estrange suaue & horrifique,
Par mer* aux murs* bien tost les ennemis*.
(Urfassung bei Macé Bonhomme, Lyon 1555)

Übersetzung der Urfassung:
Wenn der Fisch*, land- und wassertauglich,
durch eine starke Woge auf den Strand getragen wird,
(wird) seine fremdartige Form angenehm und schrecklich (erscheinen).
Über 's Meer* zu den Mauern* (kommen) recht bald die Feinde*.

Kommentar zu 1/29:
Es soll um die Landung in der Normandie im Juni 1944 gehen. Für diese gewaltige amphibische Operation wurden überlegene Flottenverbände an der französischen Kanalküste zusammengezogen. Infanteristen in großer Zahl wurden an die Ufer verfrachtet. Die "starke Woge" wäre der anbrandende Sturmangriff, der den auf Befreiung Hoffenden "angenehm" und den Angegriffenen "schrecklich" schien. Die "Mauern" wären die zum >Atlantikwall< ernannten Befestigungsanlagen.

Doch es ist von nur e i n e m Fisch die Rede, der sich an Land u n d im Meer bewegen kann, was die 1944 in Vielzahl auftretenden Landungsboote nicht vermochten. Ihre Form war die für Boote übliche und nicht "fremdartig". Und es waren Freunde, 3/33 (Bd.1), die da über 's Meer kamen.

In Vers 3/21 begegnete bereits ein "grausiger Fisch mit menschlichem Antlitz und fischigem Schwanz", also wie hier ein Fisch von ungestalter und "fremdartiger Form". Dieses fremdartige, offenbar aus dem Meer stammende Wesen läßt sich dort an einer Angel aus dem Wasser ziehen, scheint auf das Leben an Land erpicht und dazu auch fähig zu sein, ist also wie hier "land- und wassertauglich". Die >Herkunft aus dem Meer< will hier wie andernorts besagen, daß der Gemeinte als dem religiösen Bereich seinem Ursprung nach zugehörig erscheinen wird. Er wird als Lehrer und Prediger anfangen, 4/31. Seine Landtauglichkeit bedeutet, daß dieser seltsame >Fisch< außer spiritueller auch politische Kompetenz beanspruchen, d.h. durch sein Verhalten Zuständigkeit auch für die weltlichen Dinge zu erkennen geben wird. <u>Die fremdartige, weil amphibische Form ist ein Gleichnis für den Anschein dieser doppelten Eignung und Zuständigkeit.</u>

Die "starke Woge", die ihn ans >Ufer< trägt, d.h. ihm ermöglicht, erste Proben seiner Eignung als Politiker zu geben, steht für die die schweren Turbulenzen, in welche das >Meer< (Religion) in der Zeit der Katastrophe geraten wird. Die Hoffnung der Menschen, daß Gott oder ein Gottgesandter eingreifen möge, wird gewaltig aufleben. Die Gleichzeitigkeit der Katastrophe mit der Erscheinung eines gottgesandten Mannes (hier des >Fisches<) ist auch in 3/91 und 1/46 ablesbar und unterstützt so diese Deutung der >starken Woge<.

Die widersprüchliche Wertung "angenehm und schrecklich" für den >Fisch< kann 1) das von Anfang an gespaltene Urteil über diesen Mann, 9/65 Vz 4, bedeuten, oder 2) ein Hinweis darauf sein, daß Christus bei seiner Wiederkunft am Ende der Zeit die Lebenden und die Toten richten werde, 1 Petr 45, und sich jeder dann fragen kann, wie das für ihn wohl ausgeht.

Bei den >Mauern< ist hier an den geistlichen Schutz durch die Kirche zu denken, der durch die nach Europa vorstoßenden Muslime erschüttert werden wird.

Centurie 1, Vers 79
Bazaz, Lectore, Condon, Ausch, & Agine
Esmeus par loys*, querele & monopole.
Car Bourd. Thoulouze Bay. metra en ruine
Renouueller voulant leur tauropole.
(Urfassung bei Macé Bonhomme, Lyon 1555)

Übersetzung:
Bazas, Lectoure, Condom, Auch und Agen
(werden) geschüttelt durch Gesetze*, Streit und Monopol.
Carcassonne, Bordeaux, Toulouse, Bayonne wird (es) zerstören,
wenn diese ihre Taurische erneuern wollen.

Kommentar zu 1/79:
Die "Taurische" war ein Beiname der Göttin Artemis. Diese dient N. wegen ihrer Keuschheit und Jungfräulichkeit als Chiffre für die Jungfrau Maria, **5/52**, die für den christlichen Glauben steht.

Demnach werden französische Städte erschüttert, die den christlichen Glauben erneuern wollen. Das führt die Erneuerer in einen Streit um "Gesetze". Eine loy ist bei N. das Prinzip einer staatlichen Ordnung. Es wird um den Glauben und z u g l e i c h um "Gesetze" gestritten, woraus erhellt, daß es um unterschiedliche religiöse Begründungen der staatlichen Ordnung geht.

Eines dieser Gesetze beansprucht ein "Monopol", d.h. Ausschließlichkeit. Es will andere Gesetze nicht dulden. Eine Religion stiftet das Prinzip der staatlichen Ordnung und beansprucht, im Alleinbesitz der Wahrheit zu sein. Erneuerer des christlichen Glaubens werden zu Gegnern dieses Anspruchs.

In den französischen Glaubenskriegen des sechzehnten Jahrhunderts standen die (calvinistisch) Reformierten den Katholiken gegenüber, deren Religion Staatsreligion war und im Besitz des allein wahren christlichen Glaubens zu sein beanspruchte (wie ihrerseits die Reformierten). Doch in diesem Bürgerkrieg hat N. klar für die Katholiken Partei ergriffen und die Reformierten verurteilt, **5/72** (Bd.1). Wenn hier französische Städte "erschüttert" und "zerstört" werden durch ein religiöses Monopol, beurteilt N. dieses Monopol negativ und steht auf seiten der Gegner und Erneuerer.

In Vers **1/4** wird ein "Alleinherrscher über die ganze Welt" angekündigt. Der geistige >Zwillingsbruder Christi< wird hoch aufsteigen, **1/95**, zur höchsten religiösen Autorität eines globalen Regimes. Die alten Religionen, die sich zunächst behaupten können, werden nach ein paar Jahren von einer >neuen<, angeblich dem Frieden des globalen Staates verpflichteten >Religion< verdrängt werden. <u>Deren Verfertiger wird ein Deutungsmonopol für die alten Lehren beanspruchen.</u> Dem Bereich der Religion soll eine >endgültige Form< gegeben werden, die ihn in Wahrheit erstarren und veröden läßt, **10/71**.

Es wird also noch einmal einen >allein wahren Glauben< geben, der zugleich das Prinzip des (dann globalen) Staates ist. Die alten Glaubensrichtungen sollen ausgelöscht werden, 3/45 Vz 4, Gegner werden zu >Ketzern< erklärt, **3/36**. Die Altgläubigen werden einer "großen Bedrückung" ausgesetzt, VH (29).

Ihr zum Trotz werden, das ist hier abzulesen, Christen im Süden Frankreichs den christlichen Glauben reformieren, seine Integrität wiederherstellen wollen. Ihre Städte werden daraufhin zerstört.

Centurie 6, Vers 29

La vefue saincte entendant les nouuelles,
De ses rameaux mis en perplex & trouble:
Qui sera duict appaiser les querelles,
Par son pourchas des razes fera comble.

(Textfassung bei Benoist Rigaud, Lyon 1568)

Übersetzung:
Die heilige Witwe (wird), wenn sie hört von den Neuigkeiten,
von ihren Zweigen in Ratlosigkeit und Verwirrung gestürzt.
Der den Befehl erhält, zu befrieden die Streitigkeiten,
wird mit seiner Verfolgung der Geschorenen das Maß vollmachen.

Kommentar zu 6/29:
Hier wurde meist Katharina von Medici erkannt, seit 1559 verwitwet, deren >Zweige< dann ihre Kinder wären. Aber die Medici war nicht heilig, und ihre Söhne haben katholische Mönche nicht verfolgt, gehörten vielmehr selbst diesem Bekenntnis an.
  Die katholische Kirche versteht sich als >Mutter< der Gläubigen, >verheiratet< mit dem Vater im Himmel. Die >Witwe< könnte die Kirche in einer Zeit sein, in welcher ihr >Ehemann< ihr nicht mehr zur Seite steht, sie ohne Schutz auf Erden zurückläßt. In eine solche Lage wird die Kirche nach der Katastrophe geraten, wenn militante Muslime von Afrika nach Europa vordringen, **5/73**. Erneut wird es ihr in der letzten Zeit der alten Erde so ergehen, wenn ein mächtiger "Bannstrahl" sie vernichtet, **10/65**.
  Wenn dieser Bannstrahl niederfährt, wird er schlimme "Neuigkeiten" bringen. Sie treffen unerwartet ein, man will es zuerst gar nicht wahrhaben, **5/65**. "Streitigkeiten" werden sich daran entzünden, wie man sich verhalten solle. Das schließt ein, daß manche Christen sich dem Diktat nicht beugen wollen. In "Ratlosigkeit und Verwirrung" würden die Kirchenoberen dabei geraten, wenn sie es unternähmen, zwischen den Zumutungen der übergeordneten Instanz und ihren unbotmäßigen >Zweigen< zu vermitteln. Denn es wird in Wirklichkeit keinen Mittelweg geben, nur Unterwerfung oder deren Verweigerung. Dennoch wird man den Eindruck erwecken, daß der Streit geschlichtet werden könne, Vz 3, und manch einer wird das glauben.
  Den Auftrag dazu erhält aber nicht die Kirche, sondern ein Abgesandter des globalen Regimes, der Macht hat, Verfolgungen zu befehlen. Es ist die Durchsetzung der Verfügungen von oben, welche die Streitigkeiten "befrieden" soll. So werden der Kirche ihre widerspenstigen >Zweige abgeschnitten< werden. In **4/71** werden die >Töchter< der >Ehefrau< ermordet, bevor diese selbst "ausgelöscht" wird. (Die >Töchter< sind die >Abkömmlinge< der römischen Kirche, d.h. die Landeskirchen und letztlich ihre >Kinder<, die Gläubigen.)
  Unfreiwilliger Haarverlust bedeutete Entehrung, Erniedrigung sowie Ausschluß aus der Gesellschaft. Es scheint, daß die "Geschorenen" hier jene Glieder der >Mutter Kirche< sind, die dem alten Glauben treu bleiben und dafür Erniedrigung und Verfolgung auf sich nehmen. Die >heilige Witwe< wäre dann also die Kirche oder besser: die sich bewährenden Gemeinden der Christen.

Centurie 8, Vers 29
Au quart pillier* l' on sacre à Saturne*,
Par tremblant* terre & deluge* fendu
Soubz l' edifice Saturnin trouuee vrne*,
D' or* Capion rauy & puis rendu.
(Textfassung bei Benoist Rigaud, Lyon 1568)

Übersetzung:
Bei der vierten Säule*, die man dem Saturn* weiht,
bei bebender* Erde und durch gespaltene Flut* hindurch
wird unter dem Gebäude (des) Saturnin eine Urne* gefunden
mit (dem) Gold* des Caepio, geraubt und dann zurückgegeben.

Kommentar zu 8/29:
Auf Säulen ruht im Mythos der Himmel. Mit der "Säule aus Porphyr", 1/43, ist eine dem antiken Kaisertum vergleichbare politische Instanz gemeint, die erheischt, >den Himmel zu tragen<.

Die e r s t e nachantike >Säule< dieser Art ist bei N. das mittelalterliche, von Karl dem Großen begründete Kaisertum, das eine Brücke zwischen Himmel und Erde schlagen wollte, den Kaiser als von Gott gekrönten Herrscher der Christenheit begriff. Dieses Kaisertum gab es bis 1806, als die z w e i t e, erheblich kurzlebigere >Säule<, Napoléons Kaisertum, sich auf große Teile Europas erstreckte. Hitlers Großreich nennt N. das "d r i t t e", 9/17 (Bd.1). In diese Reihe gehört die "v i e r t e Säule", gedeutet als ein >viertes Reich<, das die Völker mindestens Europas umfaßt.

Man werde dann >dem Saturn eine Säule weihen<. Der herrschte im goldenen Zeitalter des Friedens mit den Göttern, 5/32. Viele Überlebende der Katastrophe werden sich für geläutert halten, 1/69, und daher ein Regime begrüßen, welches ihnen das von den Propheten verheißene Friedensreich verspricht.

Saturnin, ein von römischen Christen nach Gallien gesandter Missionar, starb im Jahr 250 als Märtyrer. Wenn u n t e r dem ihm geweihten Gebäude, einer nach ihm benannten Kirche in Toulouse, eine Urne gefunden wird, >gräbt< man in der geschichtlichen Erfahrung, bis man in v o r christlicher Zeit ankommt.

Ein römischer Feldherr namens S. Caepio plünderte den Goldschatz des vorchristlichen Tempels in Toulouse und machte so den antiken Oberherren wenig Ehre. Er ging dann mit seinem Heer zugrunde, was man auf den Goldraub zurückführte - das aurum Tolosanum wurde sprichwörtlich für einen unrechtmäßig erworbenen Gegenstand, der Unglück bringt. Das Regime der >Weltfriedensordnung< wird den Menschen weismachen, daß ihnen nun >Gold zurückgegeben<, d.h. die Pax Romana zu guter Letzt doch noch verwirklicht werde. Gemeint ist die >neue Religion<, die dem Weltfrieden das Wort reden und sich höchster Wertschätzung erfreuen wird, 9/12. Dieses vermeintliche Gold wird zuvor geraubt werden, da die >neue<, angeblich höherstehende Religion sich ideologisch im Fundus auch der christlichen Religion bedienen wird, 8/62. Dieses geraubte Gold aber werde kein Glück bringen, sondern jene, die es schätzen, wie Caepio in den Untergang führen.

Die >bebende Erde< bedeutet die politischen Erschütterungen durch das Verbot der alten Religionen etwa zehn Jahre nach Ausrufung der >Weltfriedensordnung<. Die >gespaltene Flut< weist hin auf den Exodus, d.h. den Auszug der Gottgetreuen aus der Knechtschaft, Exod 1421.

Centurie 10, Vers 29

De Pol MANSOL dans cauerne caprine
Caché & prins extrait hors par la barbe,
Captif mené comme beste mastine
Par Begourdans amenee pres de Tarbe.
(Textfassung bei Benoist Rigaud, Lyon 1568)

Übersetzung:
Von Pol(lux), (dem) allein Machtvollen, in (einer) Ziegenhöhle verborgen und festgehalten. Herausgezogen durch den Bart, (als) Gefangener behandelt wie ein hündisches Vieh, durch die aus Bigorre abgeführt nah bei Tarbes.

Kommentar zu 10/29:
Pol MANSOL klingt nach jener Art von verkürztem Latein, das durch Inschriften auf Säulen, Tempeln usw. in gedrängter Form von Göttern, Heroen oder Herrschern kündet.
  Pol kann als ein verkürztes Pollux aufgefaßt werden. Castor und Pollux waren Zwillingsbrüder, Castor sterblich, Pollux unsterblich. Für den geistigen >Zwillingsbruder Christi<, d.h. den wiedergeborenen Christus werden viele Christen den nach der Katastrophe erscheinenden Charismatiker halten, 1/95. >Im Unterschied zu seinem sterblichen Vorläufer< wird die Gemeinte >Nägel mit Köpfen machen<, ein auf Dauer angelegtes Vorhaben ins Werk setzen wollen.
  MANSOL kann als abgekürztes MAN(US) SOL(A) aufgefaßt werden. Lat. manus bedeutet Hand, Arm, Macht, väterliche Gewalt. MANSOL wäre dann ein "allein Mächtiger", vom Allmächtigen mit exklusiver Vollmacht ausgestattet, dem auch zuzutrauen ist, die ehernen Pforten des Himmelreichs kraft seiner Heiligkeit zu öffnen, 10/80. Als Pol mensolee, 8/46, "Zwillingsbruder (des) einzigen Geistes" wird der Gemeinte teilhaftig am göttlichen Allwissen erscheinen. Das erinnert an den "neuen Weisen" mit dem "einzigartigen Hirn", 4/31, an das Mahnungen verbreitende "Haupt der Weisheit", 5/31.
  Die Bedeutungen der Chiffre geben nicht des Sehers eigenes, sondern das zukünftig populäre Urteil über den Gemeinten wieder. Er wird als Lehrer mit höchster spiritueller Kompetenz seine Karriere beginnen und nach einigen Jahren politischer Wirksamkeit als sagenumwölkte Magnifizenz auf den >Olymp<, d.h. an die Spitze der >Weltfriedensordnung< versetzt werden, 1/43, die sich nach der Katastrophe zu etablieren beginnt. Die Führungsebene dieses Regimes bilden >die Götter<, 1/91, deren Oberhaupt Zeus alias Jupiter war, 10/71.
  In das Bild fügt sich die "Ziegenhöhle". In der Verborgenheit und Tarnung einer Höhle mußte der Sage nach Zeus aufwachsen, wo den jungen Gott eine Ziege aus einem unerschöpflichen Füllhorn nährte. Der >neue Heilige< wird anfangs über die außerordentlichen Machtmittel eines >Zeus< noch nicht verfügen.
  Es sind die frühen Jahre des >Zwillingsbruders<, in denen jemand in dessen >Gefangenschaft< gerät. Es dürfte sich um die katholische Kirche handeln, die "ihren Herrn in die heidnische Sekte der neuen Ungläubigen stürzen wird", VH (14). Der wird dadurch in die Abhängigkeit von dem neuen Mann geraten und am Ende, wie es hier scheint, vor Gericht gestellt werden, 6/72. Der "Bart" als klassisches Attribut von Propheten und Philosophen, als Zeichen von Würde und Weisheit, ist mit dem >wiedergekommenen Christus< identisch, 2/79, der als "Haupt der Weisheit" gefeiert werden wird, 5/31.

Gruppe 30 - 80

01/30 La nef* estrange par le tourment marin*/ Abourdera pres de
port* incongneu,/ Nonobstant signes de rameau palmerin/
Apres mort, pille : bon auis tard venu. (1555)
[>Weltfriedensordnung< nimmt auch die Muslime auf/
Unterdrückung des Islam] (Kommentar S. 262)
**Das fremde Schiff* wird durch das Meeres*ungewitter hindurch/
eine Küste anlaufen nah bei (einem) unbekannten Hafen*./
Trotz Signalen des Palmzweiges/ später Tod, Plünderung.
Guter Rat ist spät gekommen.**

1)2) N.m. tourment Qual, n.f. tourmente Seesturm, Unwetter.
Nachdem das Subjekt nef und das Prädikat abourder dem maritimen Bereich entstammen, ist mit tourment(e) ein Seesturm gemeint, auch wegen des Attributs marin. Zur Schiffs- und Meeresmetaphorik s. das Glossar unter nef, mer und port.
3) Lat. adj. palmaris zur Palme gehörig. Der Palmzweig war in der Antike Zeichen des Sieges, des Lobpreises, der Ehre.
4) Mittelfr. n.f. pille 1. Plünderung (pillage) 2. Beute (butin).
---> 10/80 (>Weltfriedensordnung<)
---> 10/30 (Unterdrückung des Islam)

01/80 De la sixiesme claire splendeur celeste/ Viendra tonner* si fort
en la Bourgoigne:/ Puîs naistra monstre de tres hideuse beste./
Mars, apuril, May, luîg grâd charpî & rôgne. (1555)
[JUPITER/ Unterdrückung der christlichen Religion]
(Kommentar S. 263)
**Vom sechsten klaren himmlischen Lichtglanz her/
wird er kommen, sehr stark zu donnern* in Burgund./
Dann wird erscheinen ein Monstrum des abscheulichsten Tiers./
Im März, April, Mai, Juni große Zerrissenheit und Streit.**

2) Zum >Donner< s. das Glossar unter foudre.
4) Mittelfr. v. charpir zerreißen (déchirer), in Stücke schlagen (mettre en pièces).
Mittelfr. n.f. rogne, rongne I. 1. Krätze (gale) 2. Hautausschlag (maladie éruptive) II. 1. Grummeln (grognement) 2. Streit suchen (chercher rogne).
---> 2/30, 6/30, 8/80, 9/80, 10/30, 10/80 (JUPITER)
---> 2/30, 4/30, 6/30, 6/80, 8/80, 9/80, 10/30, 10/80 (Letzte Zeit der alten Erde)

02/30 Vn qui les dieux* d' Annibal infernaulx/ Fera renaistre, effrayeur
des humains/ Oncq' plus d' horreurs ne plus pire journeaux/
Qu' auint viendra par Babel* aux Romains*. (1555)
[JUPITER/ Unterdrückung der christlichen Relgion in Italien]
**Einer, der die höllischen Götter Hannibals/
wiederauferstehen läßt, (ist der) Schrecken der Menschen./
Niemals (gab es) mehr Schrecknisse und schlimmere Tage/
als es durch Babel* auf die Römer* kommen wird.**

3) Mittelfr. n.m. journal Dauer oder Arbeit eines Tages.

Das "neue Babylon" steht in VH (19) für den Kommunismus bzw. für die Länder, in denen diese mit dem Christentum unvereinbare Ideologie herrschte. N. verwendet diesen Namen in derselben Bedeutung wie das Neue Testament, das den >Ort des Unglaubens<, an dem gottfeindliche Mächte herrschen, so nennt, 8/69. In der letzten Zeit der alten Erde wird das Regime des >Königs von Babylon<, 10/86, d.h. des Weltherrschers, gegen die altgläubigen Christen in Europa vorgehen, d.h. versuchen, sie zum >Abschwören< zu zwingen. - Im alten Rom ging die Sage, daß die Karthager, über die man wenig wußte, ihren Göttern auch Menschen opferten, sogar kleine Kinder. Die "höllischen Götter Hannibals" könnten demnach bedeuten, daß die Anhänger >Babylons< ihrer >Religion< Menschen opfern werden, 2/16. - Die Römer sind die Bewohner Italiens oder die Katholiken Europas. Dorthin wird ein "Heerführer", der "die Seinen ausrotten" läßt, die "bestgerüsteten Orte der Fremden" schicken, 9/80.

---> 1/80, 4/30, 6/30, 6/80, 8/80, 9/80, 10/30, 10/80 (Letzte Zeit der alten Erde)
---> 1/80, 6/30, 8/80, 9/80, 10/30, 10/80 (JUPITER)

04/30 Plus XI. fois ☽.☉. ne voudra,/ Tous augmentés & baissés de degré:/ Et si bas mis que peu or* lon coudra:/ Qu' apres faim*, peste* descouuert le secret. (1555)
[>Neue Religion</Unterdrückung der christlichen Religion] (Kommentar S. 264)
Mehr als elfmal wird der zunehmende Mond* die Sonne* nicht wollen,/ beide vergrößert und niedrig stehend dem Grade nach/ und so tief gestellt, daß man wenig Gold* zusammenbringen wird,/ (und) daß nach Hunger*, Seuche* enthüllt (sein wird) das Geheimnis.

3) lon = là on. V. coudre nähen > lat. consuere zusammennähen, zusammenbringen.

---> 8/80, 10/30 (>Neue Religion<)
---> 1/80, 2/30, 6/30, 6/80, 8/80, 9/80, 10/30, 10/80 (Letzte Zeit der alten Erde)

06/30 Par l' apparence de faincte saincteté,/ Sera trahy aux ennemis* le siege:/ Nuict qu' on cuidoit dormir en seureté,/ Pres de Braban marcheront ceux de Liege. (1568)
[POLLUX-JUPITER/ Verfolgung der altgläubigen Christen]
Durch die Erscheinung der falschen Heiligkeit/ wird den Feinden* der Aufenthaltsort verraten werden./ In der Nacht, als man in Sicherheit zu schlafen meinte,/ werden nah bei Brabant marschieren die von Lüttich.

1) In manchen späteren Ausgaben findet sich saincte saincteté. Die "heilige Heiligkeit" würde abheben auf die quasigöttliche Verehrung, die diesem Mann zuteil werden wird, bringt die Deutung also keineswegs in Verlegenheit.

Die "falsche Heiligkeit" dürfte identisch sein mit dem "neuen Heiligen" in 10/30, dem höchste Verehrung zuteil werden wird, **10/71**, der aber "den Heiligen" nur "spielt", **8/41**. Dafür spricht auch, daß man "in Sicherheit zu schlafen meint", sich durch die Anwesenheit dieses Mannes in falscher Sicherheit wiegt. Zur Täuschung als dem Wesen dieses Mannes s. **2/45**. Zu den Folgen für jene, die sich täuschen lassen, s. **9/80**.

---> 1/80, 2/30, 8/80, 9/80, 10/30, 10/80 (JUPITER)
---> 1/80, 2/30, 4/30, 6/80, 8/80, 9/80, 10/30, 10/80 (Letzte Zeit der alten Erde)

06/80 De Fez le regne parviendra à ceux d' Europe,/ Feu leur cité*, & lame trenchera:/ Le grand d' Asie terre* & mer* à grand troupe,/ Que bleux, pers, croix, à mort dechassera. (1568)
[Islamische Invasion Europas/ Verfolgung der altgläubigen Christen]
Die Herrschaft von Fez wird kommen zu denen von Europa,/
Feuer wird ihre Stadt* und Seele zerschneiden./
Der Große aus Asien (kommt) auf Land* und Meer* mit großem Heer,/
um Blaue, Väter, Kreuz zu Tode zu jagen.

<small>1) Wie Pfändler (1996 S. 477) treffend feststellt, ist die Aussage doppeldeutig ("Herrschaft ü b e r Fez...") Es könnten auch Europäer sein, deren Herrschaft nach Nordafrika ausgreift. Aber viele Verse belegen, daß es umgekehrt sein wird, s. das Register unter Punkt (VI) 8.
2) N.f. lame Klinge, hier ist eher l' âme die Seele gemeint.</small>

Nach der Jahrtausendwende werden Araber und Perser nach und nach Teile Europas ihrer Herrschaft unterwerfen. So überschreiten sie z.B. in 9/73 die Pyrenäen, nachdem zuvor "Spanien in Besitz genommen" wurde, 5/14. Présage 40 (Bd.3) zufolge schlägt der König des Orients alle Abendländler in die Flucht und "unterwirft seine früheren Eroberer". Es ist hier demnach das Ergebnis des Vordringens der Araber nach Europa gemeint. -   Ihre militärische und politische Dominanz werden sie durch kulturelle und religiöse Vorherrschaft ergänzen wollen, 3/27. Das wird manchen Europäer in Gewissenskonflikt bringen, was mit dem Zerschneiden der Seele gemeint sein dürfte. -   Die Orientalen werden ihrerseits vom globalen Regime politisch und ideologisch unterworfen, VH (28), und danach dafür eingesetzt werden, die Europäer auf Linie zu bringen, 9/80. -   "Der Große Asiens" ist der Weltherrscher oder einer seiner Statthalter, VH (17). Er wird kommen, um die Anhänger der alten Religionen zu bekehren oder töten zu lassen. -   Zu den "Blauen" vgl. 5/69.
---> 1/80, 2/30, 4/30, 6/30, 8/80, 9/80, 10/30, 10/80 (Letzte Zeit der alten Erde)

08/80 Des innocens le sang* de vefue & vierge*./ Tant de maulx faitz par moyen se grand Roge,/ Saints simulachres* trempez en ardant cierge,/ De frayeur crainte ne verra nul que boge. (1568)
[POLLUX/ >Neue Religion</ Verfolgung der altgläubigen Christen]
Von Unschuldigen (fließt) das Blut, von (einer) Witwe und Jungfrau,/
so viele Schandtaten durch Vorschub dieses großen Totengräbers (?)./
Heilige Götterbilder in heißes Wachs getaucht,/
vor Schrecken (und) Furcht wird (man) niemanden sich rühren sehen.

<small>2) Lat. n.m. rogus Scheiterhaufen, Grab, Vernichtung. Aber es könnte auch ein verschriebenes Rouge sein.
4) boge steht wohl statt bouge.</small>

Die Deutung auf die Terreure 1793/94 ist nicht abwegig. Die >Witwe< wäre das französische Volk nach der Hinrichtung seines Königs, 9/20 (Bd.1). Das >vergossene Blut der Jungfrau< wäre der verpönte christliche Glaube. Aber zu Opfern wurden damals alle bei den Machthabern mißliebig Gewordenen und keineswegs nur Anhänger des alten Glaubens. -   Die "heilige Witwe" ist eine Allegorie für die ungeschützte, sich verlassen glaubende katholische Kirche, 5/73,

Gruppe 30 - 80

sowie jene Christengemeinden, die am Ende der alten Erde dem alten Glauben treu bleiben, **6/29**. >Witwe< und >Jungfrau< sind identisch, sinnbilden die irdische Schutzlosigkeit der Gemeinten sowie deren Hoffnung auf die himmlische Hochzeit. - Die "Götterbilder" sind die Sprachbilder, in denen sich die Stifter des Islam und des Christentums offenbart haben, **8/28**. Diese werden >versunken<, abgetan und vergessen sein, **9/12**, weil man in der >Neuschöpfung< eines "Formgebers" etwas Besseres zu haben glaubt. Honig und Wachs bedeuten das Wort Gottes, dessen Buchstaben (Wachs) und dessen Geist (Honig). Wenn "heilige Götterbilder in heißes Wachs getaucht" werden, überzieht man sie mit einer unkenntlich machenden Schicht. Vom >Honig<, d.h. vom Geist, den die Waben des Wachses zusammenhalten sollen, ist nicht mehr die Rede. Den "Formgeber" ist nicht am Geist der alten Offenbarungen interessiert, er nimmt sie nur als Wortmaterial her, **3/44**. Dieses wird >eingeschmolzen<, **3/13**, um es nach Gutdünken neu zu formen. - Angst und Schrecken verbreiten sich, weil das Regime des "Formgebers" dessen wächserne Wahrheit überall durchsetzen will. Für "Unschuldige", deren >Schuld< ihr anderer Glaube ist, gibt es kein Lebensrecht mehr, Vz 2.
---> 1/80, 2/30, 6/30, 9/80, 10/30, 10/80 (JUPITER)
---> 4/30, 10/30 (>Neue Religion<)
---> 1/80, 2/30, 4/30, 6/80, 9/80, 10/30, 10/80 (Letzte Zeit der alten Erde)

09/80 **Le Duc* voudra les siens exterminer,/ Enuoyera les plus forts lieux estranges,/ Par tyrannie Bize & Luc ruiner,/ Puis les Barbares* sans vin feront vendanges. (1568)**
[JUPITER/ Unterwerfung der Orientalen durch JUPITER/ Unterdrückung der altgläubigen Christen] (Kommentar S. 265)
Der Kriegsherr* wird die Seinen endgültig ausrotten wollen./ Losschicken wird er die bestgerüsteten Orte der Fremden,/ durch Tyrannei Pisa und Lucca zu zerstören./ Dann werden die Barbaren* ohne Trauben Weinlese halten.
1) Der Duc kann bei N. ein Herzog, ein Heerführer oder politischer Führer sein, s. das Glossar unter Duc.
---> 1/80, 2/30, 6/30, 8/80, 10/30, 10/80 (JUPITER)
---> 10/30 (Unterwerfung der Orientalen durch JUPITER)
---> 1/80, 2/30, 4/30, 6/30, 6/80, 8/80, 10/30, 10/80 (Letzte Zeit der alten Erde)

10/30 Nepveu & sang* du saint nouveau venu,/ Par le surnom soustient
arcs & couvert,/ Seront chassez & mis a mort chassez nu,/
En rouge* & noir* convertiront leur vert. (1568)
[POLLUX-JUPITER/ Unterwerfung der Orientalen/
>Neue Religion</ Unterdrückung des Islam]
**Neffe und Geblüt* des >neuen Heiligen< gekommen,/
durch den Beinamen hält er aufrecht Bögen und Dächer./
Gejagt und zu Tode gebracht werden sie, wehrlose Verfolgte./
In Rot* und Schwarz* werden sie verwandeln ihr Grün.**
2) Bögen und Dächer können durch Säulen aufrechterhalten werden, zur Säule s. das Glossar unter colonne.
Jener Mann, den viele für den wiedergekommenen Christus halten werden, heißt hier bündig >neuer Heiliger<. Das meint N. nicht ernst, denn es ist eine falsche Heiligkeit, 6/30. Einer seiner Günstlinge (Neffe) und Gesinnungsgenossen (Geblüt) kommt und setzt Verfolgungen in Gang. Er stützt den Tempel der >neuen<, dem Frieden des Weltstaats verpflichteten >Religion<. Es ist nicht eindeutig, ob es der >Neffe vom Geblüt< des >neuen Heiligen< oder dieser selbst ist, der sich Vz 2 zufolge als Säule des Regimes erweist. - Grün ist die heilige Farbe des Islam. Der Islam wird den >Hafen< der Ruhe und des Schutzes ansteuern, den der >neue Heilige< für alle alten Religionen anfangs bieten will, 1/30. Daher wird er und werden seine Anhänger unterworfen und ideologisch gleichgeschaltet werden können, VH (28), wenn später eine >neue Religion< die geschichtliche Bühne betritt, die Ausschließlichkeit beansprucht, 1/79. Schwarz kennzeichnet diese inhaltlich als Ausgeburt geistiger Finsternis, rot ist bei N. die Farbe der Auflehnung gegen die gottgewollte Ordnung.
---> 1/80, 2/30, 6/30, 8/80, 9/80, 10/80 (JUPITER)
---> 9/80 (Unterwerfung der Orientalen)
---> 4/30, 8/80 (>Neue Religion<)
---> 1/30 (Unterdrückung des Islam)

10/80 Au regne grand du grand regne regnant,/ Par force d' armes
les grands portes d' airain/ Fera ouurir, le Roy & Duc* ioignant,/
Port* demoly nef* à fons iour* serain. (1568)
[JUPITER/ >Weltfriedensordnung</
Zerstörung der katholischen Kirche] (Kommentar S. 266)
**Im großen Reich mit großer Macht herrschend,/
wird er mit Waffengewalt die großen Tore aus Erz/
öffnen, der König und Kriegsherr* dabei.
Hafen* zerstört, Schiff* auf Grund, an heiterem Tag*.**
3) Zu Duc s. das Glossar unter Duc. König und Kriegsherr können zwei Personen sein. Aber es kann auch gemeint sein, daß der König sich als Kriegsherr entpuppen wird.
Altes Adverb joignant nah, nahebei.
4) Mittelfr. adj. serain ohne Wolken und ohne Wind (sans nuages et sans vent) > lat. adj serenus heiter.
---> 1/80, 2/30, 6/30, 8/80, 9/80, 10/30 (JUPITER)
---> 1/80, 2/30, 4/30, 6/30, 6/80, 8/80, 9/80, 10/30 (Letzte Zeit der alten Erde)

Centurie 1, Vers 30

La nef* estrange par le tourment marin*
Abourdera pres de port* incongneu,
Nonobstant signes de rameau palmerin
Apres mort, pille : bon auis tard venu.
(Urfassung bei Macé Bonhomme, Lyon 1555)

Übersetzung der Urfassung:
Das fremde Schiff* wird durch das Meeres*ungewitter hindurch
eine Küste anlaufen nah bei (einem) unbekannten Hafen*.
Trotz Signalen des Palmzweiges/ später Tod, Plünderung.
Guter Rat ist spät gekommen.

Kommentar zu 1/30:
Es fehlen Orts- und Zeitangaben, auch Eigennamen. So würde der Vers auf viele versprengte Schiffe in Vergangenheit und Zukunft passen, verstünde man ihn wörtlich. Dann wüßte man auch nicht, warum N. so etwas mitteilt. Demnach gibt der Vers ein Sinnbild.
  Das "Fischerboot" ist als Symbol der katholischen Kirche bekannt, **1/4**. Wenn hier von "dem fremden Schiff" die Rede ist, müßte damit eine andere als die christliche Religion gemeint sein. Das >Meer< bedeutet in dem Sinnbild den Bereich der Religion, verstanden als die natürliche Beziehung aller Menschen zu dem Grund, aus dem sie herstammen und in den sie zurückkehren sollen.
  Dort entlädt sich ein >Meeresungewitter< - d.h. es kommt zu Spannungen, die sich in Kämpfen entladen, bei denen es um den Glauben geht. Die natürliche Religiosität der Menschen führt nicht zu äußeren Kämpfen, da sie ein Name für das Verhältnis der Menschen zu Gott ist. Die >Schiffe< hingegen mit ihren >Mannschaften< und >Passagieren< als Bild der Institution, Organsisation und sozialen Gemeinschaft der betreffenden Glaubensform ragen in den politischen Raum hinein, in dem Auseinandersetzungen möglich sind. Sie werben um Passagiere, können sie sich gegenseitig abspenstig machen und verteidigen die befahrenen Routen und Landeplätze. Es kann zwischen ihnen sogar zu Seeschlachten kommen, 2/40, 9/100, VH (43). Die Sturmsee, das Unwetter auf dem Meer, bedeutet eine Auseinandersetzung zwischen verschiedenen Glaubensformen.
  Das fremde Schiff ist der Islam, dessen Vordringen nach Europa nach der Katastrophe N. öfters ankündigt. In dieser Zeit wird auch ein neuer und daher "unbekannter Hafen" erbaut. Von ihm gehen Signale höchster Ehrung aus (Palmzweig). Sie zeugen von dem >neuen Weisen<, **4/31**, der den alten Religionen seine Friedenskompetenz und seine Philosophie anempfiehlt, ihnen Aufnahmebereitschaft, Ruhe und Frieden signalisiert, VH (27). A l l e seien willkommen, **4/32**. Das >Schiff des Islam< wird diese Küste und diesen >Hafen anlaufen<, ein anderes Schiff denselben Kurs steuern, **1/4**.
  Später aber wird dieser >Hafen zerstört<, **10/80**. Die dort ankernden Schiffe erleiden eine >Plünderung< und ihre Besatzung den Tod, womit die Kapitäne nicht gerechnet hatten angesichts der Zeichen eines Sieges, an dem man teilzuhaben hoffte. Die >neue Religion< wird ideologisch ein Konglomerat (Mischung) sein, das sich beim Geistesgut der alten Religionen bedient, **6/10**, um diese dann zu verdrängen (Plünderung). Christen, aber eben auch Muslime, die >von Bord ihrer Schiffe gehen< wollen, nämlich die vom >Oberhaupt der Flotte< gleichgeschalteten, d.h. ihrer Lehren beraubten alten Glaubensgemeinschaften verlassen wollen, werden dann durch das Regime bedroht werden, **9/79**.

Centurie 1, Vers 80
De la sixiesme claire splendeur celeste
Viendra tonner* si fort en la Bourgoigne :
Puis naistra monstre de tres hideuse beste.
Mars, apuril, May, luîg grâd charpî & rôgne.

(Urfassung bei Macé Bonhomme, Lyon 1555)

Übersetzung der Urfassung:
Vom sechsten hellen himmlischen Lichtglanz her
wird er kommen, sehr stark zu donnern* in Burgund.
Dann wird erscheinen ein Monstrum des abscheulichsten Tiers.
Im März, April, Mai, Juni große Zerrissenheit und Streit.

Kommentar zu 1/80:
Der "sechste helle himmlische Lichtschein" ist ein Deckname für den Planeten Jupiter, weil der sich im geozentrischen astronomischen System des Ptolemäus hinter Mond, Merkur, Venus, Sonne und Mars durch die s e c h s t e himmlische Sphäre bewegt. Gemeint ist aber nicht der Planet selbst. Vielmehr wird hier wie andernorts, 10/71, in doppelt verdeckter Weise jener Mann mit dem Namen des obersten Gottes der römischen Antike belegt, der einige Jahre nach der Katastrophe als Weltherrscher und dann auch als Stifter einer >neuen Religion< in Erscheinung treten wird.
    Der von Jupiter her kommen wird, ist demnach ein Statthalter, jedenfalls ein hoher Repräsentant seines Regimes. Seine Aufgabe wird es sein, "sehr stark zu donnern in Burgund", also jene Machtinstrumente - Blitz und Donner - stellvertretend einzusetzen, derer sich Jupiter im Mythos bedient. Das >Unwetter mit Blitz und Donner< ist bei N. ein Bild für das Verbot der christlichen Religion. Hier dürfte es sich um durchgreifende Verordnungen und Maßnahmen handeln, die dieses Verbot überall in Burgund durchsetzen sollen. Das wird die Menschen in "Streit" darum führen, wie man sich verhalten solle. "Zerrissenheit" wird entstehen, weil es keine Mittelwege mehr gibt.
    Das "Monstrum" wäre dann der Weltherrscher selbst, der zunächst einen seiner Statthalter (>Köpfe<) schicken und später selbst nach Europa kommen wird, Vz 3. Sein grausiger Name ist eine Anspielung auf das letzte Buch des Neuen Testamentes. Dort beschreibt Johannes von Patmos seine Vision des aus dem Meer steigenden Tieres, das mit seinen "zehn Hörnern und sieben Köpfen" einen monströsen Anblick bot. So wie diesem monströsen Tier "Macht gegeben wurde über alle Stämme und Völker und Sprachen und Nationen", Offb 137, wird auch der Weltherrscher unumschränkte Macht über die Menschen sich anmaßen, besonders über das, was sie glauben sollen.
    Dieses monströse Tier wiederum hat in des Johannes Vision "seine Gewalt", "seinen Thron und seine große Macht" vom Drachen, Offb 132, und dieser gilt als das "abscheulichste Tier", weil damit der Widersacher Gottes gemeint ist. Es wird deutlich, wie der Weltherrscher als das Monstrum dieses Tiers in den Visionen des N. erschien. In 8/79 heißt er >Gorgonensohn<.
    Über das am Ende des Verses gemeinte Jahr läßt sich sagen, daß es in die zweite, offen totalitäre Phase der >Weltfriedensordnung< fällt, die N. zufolge etwa zwölf bis dreizehn Jahre nach der Katastrophe beginnen wird

Centurie 4, Vers 30
Plus XI. fois ☽. ☉. ne voudra,
Tous augmentés & baissés de degré:
Et si bas mis que peu or* Ion coudra:
Qu' apres faim*, peste* descouuert le secret.
(Urfassung bei Macé Bonhomme, Lyon 1555)

Übersetzung der Urfassung:
Mehr als elfmal wird der zunehmende Mond* die Sonne* nicht wollen,
beide vergrößert und niedrig stehend dem Grade nach
und so tief gestellt, daß man wenig Gold* zusammenbringen wird,
(und) daß nach Hunger*, Seuche* enthüllt (sein wird) das Geheimnis.

Kommentar zu 4/30:
Daß der Mond etwas will, als handelndes Subjekt auftritt, spricht gegen außerordentliche natürliche Vorgänge im Kosmos.
Der >Mond< des Islam wird die >Sonne< der christlichen Religion nicht scheinen lassen wollen, d.h. Anhänger des Islam werden die christliche Religion zurückdrängen wollen, "mehr als elfmal". Damit sind wahrscheinlich elf Jahre gemeint. Vgl. das Ende einer dreizehnjährigen "barbarischen Statthalterschaft" in 5/78. Die elf Jahre, in denen die Kirchenvölker von den orientalischen Herrschern verfolgt werden sollen, VH (42), können dagegen n i c h t die gleichen sein, weil dann diese vereint sind mit den "aquilonischen Herrschern", nämlich mit den auf die >Weltfriedensordnung< verpflichteten Mächten. "Vereint" werden sie sein, weil die Orientalen von diesem Regime unterworfen sein werden, VH (28).
Aber auch der >Mond< selbst kann in der gemeinten Zeit nicht unbehindert scheinen, denn auch er steht "dem Grade nach abgesenkt". Dabei ist die Vergrößerung von Sonne und Mond bei niedrigem, horizontnahem Stand bekanntlich nur eine scheinbare.
Daß die alten Offenbarungen philosophisch noch gar nicht richtig verstanden wurden, wird das >Haupt der Weisheit<, 5/31, weismachen wollen. Durch ihre Umdeutung in seinem bombastischen philosophischen System wird dieser charismatische Mann vorgeben, den alten Religionen erst ihre >wahre Bedeutung< zu verleihen. In diesem Sinne wird er sie >vergrößern<, sie >aufblasen<, 8/28, ihnen einen anderen Geist einblasen. Er selbst und seine anmaßende Philosophie sind es in Wahrheit, die sich >im Zwielicht< der niedrig stehenden Lichter an die höchste Stelle drängen.
In der globalen Götterdämmerung wird man "wenig Gold zusammenbringen". Das Evangelium Christi wird nichts mehr gelten. Dem alten christlichen Glauben werden nur noch wenige Versprengte anhängen. Es werden dann die alten Religionen "zurücksinken", 8/69. Dem entspricht hier der niedrige Stand von Mond und Sonne. Er bedeutet die Geringschätzung und Verdrängung, der die alten Lehren anheimfallen werden, 9/12.
Die >Seuche< bedeutet in diesem Zusammenhang wie in 8/21 die >Ansteckung< mit den Ideen des >neuen Weisen<. Der >Hunger< zeigt an, daß zuträgliche geistige Nahrung dann schwer zu bekommen ist.
Daß das >Haupt der Weisheit< es so weit treibt, seine philosophischen Spekulationen zu einer >neuen Religion< gedeihen zu lassen, wird zu Beginn seines Wirkens nicht erkennbar sein. Dieses geheime Vorhaben wird anfangs im dunkeln bleiben. Das "enthüllte Geheimnis" ist wie in 4/28 diese >ganz neue< Religion, in deren Mittelpunkt dieser vermeintlich >Weise< selbst stehen wird.

Centurie 9, Vers 80

Le Duc* voudra les siens esterminer,
Envoyera les plus forts lieux estranges,
Par tyrannie Bize & Luc ruiner,
Puis les Barbares* sans vin feront vendanges.

(Textfassung bei Benoist Rigaud, Lyon 1568)

Übersetzung:

Der Kriegsherr* wird die Seinen endgültig auslöschen wollen.
Losschicken wird er die bestgerüsteten Orte der Fremden,
durch Tyrannei Pisa und Lucca zu zerstören.
Dann werden die Barbaren* ohne Trauben Weinlese halten.

Kommentar zu 9/80:

Eine Weinlese ohne Wein, ohne reife Trauben gibt es nicht. Die Weinlese ist hier ein Sinnbild. Im Gleichnis vom Weinstock, Joh 15, hat Christus ein Bild dafür gegeben, in welchem Verhältnis er zur Menschheit stehe. Er selbst ist darin der Weinstock, an dem die Reben - die Menschen im irdischen Dasein - wachsen und aus dem sie leben können.

Die Reben sind nicht um ihrer selbst willen da, es sollen Trauben an ihnen reifen. Die Traube ist Sinnbild dessen, was im irdischen Leben für die Ewigkeit erwirkt wird, und ein Gleichnis dafür, daß alles aus dem Geist Christi Getane nicht verloren ist, sondern den Reichtum des Lebens in der Ewigkeit ausmacht - die Trauben enthalten die "Werke, die ihnen nachfolgen", Offb 14:13. Bei der Weinlese wird die Traube (Geistleib) von der Rebe (irdischer Leib) getrennt. Die Rebe hat ihre Aufgabe erfüllt, das irdische Leben ist zu Ende.

Es sind "Barbaren", Menschen von "fremden Orten", deren Tun im Bild der Weinlese erfaßt wird. Sie töten demnach Menschen, die Jesus Christus anhängen. "Barbaren" oder "fremdes Volk" sind Namen, die der Seher für die orientalischen Völker reserviert, weil sie die Sprache der christlichen Offenbarung nicht verstehen, wegen deren >Unglauben< also.

Nach der Katastrophe werden Muslime nach Europa vordringen, 6/80. Zu einer verstärkten Bedrängnis wird es in der Zeit des letzten Glaubenskampfes kommen, wenn zehn Jahre der >Weltfriedensordnung< verstrichen sind, 8/69. Daß diese letzte Zeit hier gemeint ist, will der Satz besagen, daß "der Kriegsherr d i e S e i n e n wird auslöschen wollen".

Der Mann an der Spitze der Kirche des Weltstaats wird als >Heiliger<, 2/45, und >wiedergekommener Heiland<, 1/95, verehrt werden. Seine Anhänger werden in ihm eine Lichtgestalt sehen, welcher die Mißstände seiner Zeit zuzurechnen nicht statthaft ist. Viele werden sich dann immer noch an die Hoffnung klammern, daß die Bedrängnis enden werde, wenn endlich der an der Spitze des Regimes stehende Mann die örtlichen Mißstände kennenlernen und seine Macht zugunsten derer einsetzen werde, die sich als Anhänger des >Heilandes< für "die Seinen" halten. Doch es ist gerade dieser vermeintliche >Fels< in der Brandung, an den sie sich zu klammern suchen, durch den sie in Wirklichkeit Schiffbruch erleiden, 2/56 Vz 3/4.

Es werden dann alle, die sich nicht davor verschließen wollen, erkennen können, daß es die Führungsebene des Regimes selbst ist, von der die Verfolgung derer ausgeht, die sich der Gleichschaltung nicht beugen wollen. Als Verfolger wird man sich der Orientalen, die zuvor unterworfen wurden, 2/60, bedienen. Man schickt die "bestgerüsteten Orte der Fremden" nach Europa. In Italien scheint sich hauptsächlich die Toskana zu widersetzen, 9/5.

Centurie 10, Vers 80

Au regne grand du grand regne regnant,
Par force d' armes les grands portes d' airain
Fera ouurir, le Roy & Duc* ioignant,
Port* demoly, nef* à fons, iour* serain.

(Textfassung bei Benoist Rigaud, Lyon 1568)

Übersetzung:

Im großen Reich mit großer Macht herrschend,
wird er mit Waffengewalt die großen Tore aus Erz
öffnen, der König und Kriegsherr* dabei.
Hafen* zerstört, Schiff* auf Grund, an heiterem Tag*.

Kommentar zu 10/80:

Das "große Reich" ist die ganze Welt, und die "große Macht" entspricht der Angabe in 1/4, daß der gemeinte Herrscher Alleinherrscher sein werde, im universalen Sinne der Antike, VH (30), und des Mittelalters, 2/47.

Der Mann, der man einige Jahre nach der Jahrtausendwende an die Spitze eines globalen Regimes berufen wird, wird als Mann von "hoher Gesinnung", 4/21, und gar als >wiedergekommener Heiland<, 1/95, gelten. Seine Anhänger werden ihn für den Fürsten des Gottesvolkes halten, der das verschlossene Tor des nur diesem zugänglichen Heiligtums, Ez 441-3, durchschreiten kann.

Ihm werde es zuzutrauen sein, der Menschheit als ganzer die Tore des Gottesreiches zu öffnen. Ihnen verlieh der Psalmist das Attribut "ehern", um deutlich zu machen, daß ihre Öffnung nicht leicht zu bewerkstelligen sei. Im Lied der Erlösten heißt es, die Menschen schuldeten dem Herrn Dank dafür, daß "er sie führte aus Finsternis und Dunkel und zerriß ihre Bande" und daß "er zerbricht eherne Türen und zerschlägt eiserne Riegel", hinter denen sie in Angst und Not gefangen lagen, Ps 10714ff, um sie einzulassen in sein Reich.

Im biblischen Danklied ist es Gott selbst, der v o n o b e n aus die Pforten des Himmelreichs denen öffnet, die zu ihm rufen, und dem der Dank der Menschen dafür gilt. Hier dagegen erweckt der >Hochgesinnte< den Eindruck, e r sei es, der v o n u n t e n her die Herabkunft des Gottesreichs vermöge seiner Heiligkeit erwirke. Nicht zu überhören der bitter ironische Klang, den die Worte im Munde des Sehers haben, weil der das Ende vom Lied kennt, Vz 4.

Die gemeinten >Tore aus Erz< führen also ins Gottesreich und können daher auch nur in der >Waffenrüstung Gottes< geöffnet werden, über welche in Fülle zu verfügen der gemeinte Herrscher keinen Zweifel lassen wird - nämlich im Panzer der Gerechtigkeit und mit dem Schild des Glaubens, wie es im Paulusbrief heißt, Eph 610ff.

Der >Hafen<, 1/30, bedeutet die Aufnahmebereitschaft des Weltstaats, 9/9, für die alten Religionen. Seinen vermeintlichen Schutz anzulaufen, werden sie allesamt eingeladen sein. Auch das "Fischerboot", die katholische Kirche, wird den Signalen folgen und dadurch in seine größte Niederlage gesteuert werden, 1/4. Denn nach wenigen Jahren wird dieser "Hafen zerstört" sein. Der Schutz, den den das Regime des >neuen Heiligen<, 10/30, zu bieten schien, wird sich als Phantom erweisen.

Die dort ankernden "Schiffe" werden dann geplündert, 1/30, und liegen "auf Grund", sind Wracks, 1/65. Das geschieht an "heiterem Tag", in einer Zeit mit scheinbar besten Friedensaussichten, somit von den meisten unerwartet und "plötzlich", 5/65.

Gruppe 31 - 81

02/31 En Campanie Cassilin sera (!) tant/ Qu' ô ne verra que d' eaux
les châps couuerts/ Deuant apres la pluye de long temps/
Hors mis les arbres* rien l' on verra de vert. (1555)
[Komet-Kataklysmus/ Überschwemmungen in Süditalien]
**In Kampanien wird es (bei) Casilinum so weit kommen,/
daß man nichts sehen wird als von Fluten bedeckte Felder./
Vor (und) nach dem langandauernden Regen/
wird man dort außer den Bäumen* nichts Grünes sehen.**

In der Folge des Kometensturzes kommt es zu, außerordentlichen Regenfällen in Italien, 2/43, aber nicht nur dort, sondern anscheinend europaweit, 3/12 (Bd.3). Der Vers schildert anschaulich gewaltige Über-schwemmungen in Süditalien. Das antike Casilinum lag nahe des heutigen Capua, in der Ebene nördlich von Neapel. - Daß auch v o r dem langandauernden Regen die Felder schon überschwemmt sind, könnte damit zusammenhängen, daß es in Italien anscheinend zu gewaltigen Springfluten kommt, 8/16. Sie könnten durch Seebeben oder Massenanziehung eines Himmelskörpers ausgelöst sein. Wenn diese Fluten sich verlaufen, bietet sich das Bild, das der Vers schildert. Erst danach kommen die Regenfälle.
---> 2/81 (Komet-Kataklysmus)

02/81 Par feu du ciel* la cité* presque aduste:/ L' Vrne* menasse
encor Deucalion:/ Vexée (!) Sardaigne par la Punique fuste/
Apres que Libra* lairra son Phaeton. (1555)
[Komet-Kataklysmus/ >Weltfriedensordnung</ POLLUX-JUPITER/
Bann gegen die alten Religionen] (Kommentar S. 269)
**Durch Feuer vom Himmel* die Stadt* fast verbrannt,/
die Urne* bedroht auch noch Deukalion./
Heimgesucht Sardinien durch die punische Knute,/
nachdem Waage* (die Zügel) überlassen wird ihrem Phaeton.**

1) Zu >Feuer vom Himmel< s. das Glossar unter foudre.
Lat. v. adurere, adussi, adustum verbrennen, versengen
2) Deukalion kommt auch vor in 10/6.
3) Lat. n.m. fustis Knüppel, Prügelstock, Knute. Mittelfr. n.f. fuste konnte auch eine Art von Schiff bedeuten.
4) Lairra ist ein metrumbedingt verkürztes laissera. Zudem ist hier lairra à zu lairra verschmolzen, denn sonst wird es kein sinnvoller Satz. Die Interpolation "die Zügel" ergibt sich aus der durch den Namen Phaeton aufgerufenen griechischen Sage, s. Kommentar.
Zu Libra ("Waage") s. das Glossar unter balance.
---> 2/31 (Komet-Kataklysmus)
---> 4/31 (>Weltfriedensordnung<)
---> 4/31, 5/31 (POLLUX-JUPITER)
---> 5/31 (Letzte Zeit der alten Erde)

Gruppe 31 - 81

04/31 La lune* au plain de nuit sus le haut mont*,/ Le nouueau sophe (!)
d' vn seul cerveau la veu:/ Par ses disciples estre immortel semond/
Yeux au mydi. En seins (!) mains, corps au feu.
[POLLUX-JUPITER/ >Weltfriedensordnung<] (Kommentar S. 270)
Der Mond* (steht) mitten in der Nacht über dem hohen Berg*,/
der >neue Weise< mit einzigartigem Hirn hat es erkannt./
Für seine Jünger ist es (eine) ewiggültige Mahnung./
Augen nach Süden, in (den) Herzen Hände, Körper im Feuer.
  1) Adj. seul allein > lat. adj. solus 1. allein 2. einsam 3. einzig,
  außerordentlich, ungemein.
  2) Lat. n.m. sophus Weiser.
  la ist zusammengezogen aus le a = l' a = hat ihn, hat es. Statt
  "hat es erkannt" ebenso möglich: "hat ihn (den Mond) gesehen".
  3) N.m. disciple Schüler, Anhänger, Jünger.
  Altfr. n.f. semonse, semonte 1. Zurechtweisung (semonce),
  Anweisung (assignation) 2. Aufforderung, Einladung (invitation)
  3. Ratschlag (conseil), > v. semondre warnen, einladen, anweisen, raten, tadeln > lat. submonere (unter der Hand) erinnern.
---> 2/81, 5/31 (POLLUX-JUPITER)
---> 2/81 (>Weltfriedensordnung<)

05/31 Par terre* Attique chef de la sapience,/ Qui de present est la
rose* du monde:/ Pont* ruiné, & sa grand' preeminence,/
Sera subdite & naufrage* des vndes. (1568)
[POLLUX-JUPITER/ Zerstörung der kath. Kirche] (Kommentar S. 271)
Durch attisches Land* (kommt das) Haupt der Weisheit,/
das vom Anwesenden ist, die Rose* der Welt./
Brücke* zerstört, und ihr großer Vorrang/ wird unterworfen sein,
und Schiffbruch* in den Wogen.
  1) Das Prädikat in der ersten Vz muß interpoliert werden: Das
  Haupt "kommt durch" oder "herrscht über" >attisches< Land.
  Mittelfr. n.f. sapience Weisheit (sagesse).
  2) Adj. présent anwesend, gegenwärtig, zugegen.
  3) Lat. subdare, subdidi, subditum unterwerfen, aussetzen,
  preisgeben; als wahr ausgeben, unterschieben.
  4) Zum >Schiffbruch< s. das Glossar unter nef.
---> 2/81, 4/31 (POLLUX-JUPITER)
---> 2/81 (Letzte Zeit der alten Erde)

10/31 Le saint empire viendra en Germanie,/ Ismaelites trouueront
lieux ouuerts,/ Anes vouldront aussi la Carmanie,/
Les soustenans de terre tous couuerts. (1568)
[Islamische Invasion Europas] (Kommentar S. 272)
Das >heilige Reich< wird nach Deutschland kommen,/
Ismaeliten werden die Orte frei zugänglich finden./
Esel(treiber) werden auch Carmanien (besitzen) wollen,/
die Verteidiger (sind) alle mit Erde bedeckt.
  2) Ismael ist biblisch der Stammvater der Araber.
  3) Carmanien hieß ein Gebiet im Südosten Irans.
  4) V. soutenir unterstützen, aufrecht halten, verteidigen.

Centurie 2, Vers 81
Par feu du ciel* la cité* presque aduste :
l' Vrne* menasse encor Deucalion :
Vexée Sardaigne par la Punique fuste
Apres que Libra* lairra son Phaeton.
(Urfassung bei Macé Bonhomme, Lyon 1555)

Übersetzung der Urfassung:
Durch Feuer vom Himmel* die Stadt* fast verbrannt,
die Urne* bedroht auch noch Deukalion.
Heimgesucht Sardinien durch die punische Knute,
nachdem Waage* (die Zügel) überlassen wird ihrem Phaeton.

Kommentar zu 2/81:
Deukalion, der griechische Noah, überlebte eine Flutkatastrophe. Es scheint, daß der Komet immense Regenfälle, gewaltige Überflutungen in Europa hervorrufen wird, 2/43. Unter dem Namen Deukalion ist von den Überlebenden die Rede.
  Mit lateinisch Libra, französisch balance, deutsch Gleichgewicht bezeichnet N. eine staatliche Ordnung, die gleichermaßen >von oben<, d.h. von Gott her, wie >von unten<, d.h. von den Menschen her ihre Legitimation beziehen will. In **4/50** ist mit Libra das Prinzip der konstitutionellen Monarchie gemeint, das sich im 19. Jahrhundert in Europa durchsetzte.
  In Vers **5/70** wird der Begriff des Gleichgewichtes auf die >Weltfriedensordnung< angewendet, weil diese beanspruchen und vorgeben wird, ein gleichermaßen >von oben<, d.h. von Gott, wie auch >von unten<, d.h. von den Menschen durch Wahlen legitimiertes politisches System zu sein. Auch hier müßte also "Libra" ein Name der >Weltfriedensordnung< sein.
  Phaeton, der Sohn des Sonnengottes Helios, wollte unbedingt einmal selbst den Sonnenwagen lenken und drängte so lange, bis sein Vater ihm die Zügel überließ. Die Pferde bemerkten die unsichere Hand und gingen durch. Am Himmel ging es chaotisch zu, die Sonne kam der Erde zu nahe. Ganze Länder verbrannten zu Wüsten, Quellen trockneten aus.
  Die Sonne, griechisch Helios, bedeutet bei N. den christlichen Gott (s. Glossar), und Helios' Sohn Phaeton steht für den vermeintlich >wiedergekommenen Sohn Gottes<, **1/95**. Der Deckname Phaeton allegorisiert dessen Untauglichkeit und Vermessenheit. Dieser Mann mit religionenübergreifender Autorität, **10/28**, wird in der >Weltfriedensordnung< zu höchsten Ehren gelangen, **10/71**, und maßgeblichen Einfluß auf die Gesetzgebung erhalten. <u>Die >Weltfriedensordnung< wird dem vermeintlichen >Sohn Gottes< in diesem Sinne die Zügel überlassen.</u> Er wird >Feuer vom Himmel<, d.h. Bannstrahle gegen die alten Religionen schleudern, die deren äußere Existenz beenden, **1/65, 10/65**.
  Wegen dieses >Feuers vom Himmel< werden die >Brunnen und Quellen<, die Offenbarungen der alten Religionen ihr >lebendiges Wasser< nicht mehr spenden dürfen und austrocknen. Die Sprache der Bibel wird >geröstet<, ihr wird das >Wasser< entzogen, **4/56**. >Feuer vom Himmel< wird dann >die Stadt< und ihre Bewohner, die Gottgetreuen als Anwärter für das himmlische Jerusalem, mit dem >Feuertod< (Urne) bedrohen, d.h. es wird sie der Bann mit der geforderten Aufgabe des alten Glaubens bedrohen.
  Um die Europäer auf Linie zu bringen, wird sich das globale Regime der Orientalen bedienen (punische Knute), **9/80**.

Centurie 4, Vers 31

La lune* au plain de nuit sus le haut mont*,
Le nouueau sophe d' vn seul cerveau l' a veu:
Par ses disciples estre immortel semond
Yeux au mydi. En seins mains, corps au feu.

(Urfassung bei Macé Bonhomme. Lyon 1555)

Übersetzung:
Der Mond* (steht) mitten in der Nacht über dem hohen Berg*,
der >neue Weise< mit einzigartigem Hirn hat es erkannt.
Für seine Jünger ist es (eine) ewiggültige Mahnung,
Augen nach Süden, in (den) Herzen Hände, Körper im Feuer.

Kommentar zu 4/31:
Es werden mehrere Symbole (Nacht, Mond, Berg), reale Personen (neuer Weiser, dessen Jünger) und ihre An- und Absichten (Mahnung, Hände) zu einer surrealen Landschaft verknüpft.

Die Menschheit befindet sich >mitten in der Nacht<, d.h. in der Finsternis nur irdisch gerichteten Denkens und Handelns, was in die reale Finsternis der großen Naturkatastrophe, VH (18), geführt hat.

Der siebenstufige >Läuterungsberg< ist ein Bild für die politische und religiöse Ordnung, in deren Bahnen sich die zu vermeintlicher Läuterungsbereitschaft gewandelte Menschheit als ganze in der gemeinten Zeit nach der Katastrophe bewegen wird, 1/69. Auch hier bedeutet der >hohe Berg<, dessen Umrisse sich in der >Nacht< abzeichnen, die sich abzeichnende Gestalt dieser neuen, himmelhoch aufragenden Ordnung, die endlich das Reich Gottes auf Erden verwirklichen soll.

Das Dunkel wird erhellt durch den Mond, bei N. Symbol des Islam. Am Ende der >Nacht<, >bei Tagesanbruch<, d.h. nach dem Kataklysmus werden sich Muslime erheben, 6/54. Vor dem mondbeschienenen Umriß des >hohen Berges< erscheint der >neue Weise<, der er "es erkannt hat", nämlich die >Nacht< als die Orientierungslosigkeit der Menschen, 1/21, ihre Bereitschaft zu Läuterung und neuem Aufstieg (hoher Berg) und den mit Macht einsetzenden Aufstieg des Islam (Mond). >Die Lage erkannt< zu haben und eine Vision des kommenden >Tages< geben zu können, wird der >neue Weise< erheischen.

Er hat Jünger, tritt also als Meister auf. Seine "Zurechtweisungen", "Mahnungen" oder "Warnungen" gelten ihnen als ewige Wahrheiten. "Ein einzigartiges Hirn" kommt ihm zugute, er scheint ein außerordentlich begabter Mann zu sein. Seine inspirierte Redegabe begeistert die Zuhörer, 1/96, die ihn als "Haupt der Weisheit" verehren, 5/31.

Er und seine Anhänger schauen südwärts, wo die Sonne am neuen Welttage am höchsten stehen wird. Die Sonne als Symbol bedeutet bei N. den Gott, der sich in Christus offenbart hat. Man wird sich gottzugewandt geben, aufgeschlossen auch und gerade für die christliche Religion.

Seiner Herkunft entsprechend, 1/50, wird der Mann seine Karriere als religiöser Lehrer beginnen. Aber den aufmerksamen Zeitgenossen wird nicht entgehen, daß bei ihm und seine Anhängern von Anfang an "Hände" herausschauen, >Hände< als Symbole weltlicher Macht - sein Reich wird von dieser Welt sein, Joh 1836.

Centurie 5, Vers 31
Par terre* Attique chef de la sapience,
Qui de present est la rose* du monde:
Pont* ruiné, & sa grand preeminence,
Sera subdite & naufrage* des vndes.
(Textfassung bei Benoist Rigaud, Lyon 1568)

Übersetzung:
Durch attisches Land* (kommt das) Haupt der Weisheit,
das vom Anwesenden ist, die Rose* der Welt.
Brücke* zerstört, und ihr großer Vorrang
wird unterworfen sein, und Schiffbruch* in den Wogen.

Kommentar zu 5/31:
Roosevelt (Allgeier 1988) mag ein weitblickender Politiker gewesen sein, aber die Bezeichnung als "Haupt der Weisheit" scheint zu hoch gegriffen, zumal N. bei bürgerlichen Herrschern nicht zu Hymnen neigt.
 Die "griechische Dame" bedeutet in 9/78 (Bd.1) die Staatsform einer demokratischen Republik. Die Demokratie ist seit der Antike mit den griechischen Stadtstaaten verknüpft, unter denen die attische Polis Athen einige Zeit dominierte.
 Im Weltmaßstab, den der Vers anlegt, ist die moderne Heimat der Demokratie nicht in Frankreich, sondern eher in den USA zu erkennen, die seit 1776 ohne Unterbrechung demokratisch verfaßt sind und im 20. Jahrhundert für den weltweiten Erfolg der demokratischen Idee gesorgt haben.
 Das "Haupt der Weisheit" ist "der neue Weise", **4/31**, der zu Beginn seiner Karriere als Friedensvermittler in Erscheinung treten und sich zur obersten religiösen Autorität in der Welt aufschwingen wird, **2/73**. Auch in den USA, dem >attischen Land<, wird dieser bigotte Mann erreichen, daß man sich seinem Machtanspruch beugt, **8/74**. Er wird "durch" dieses Land kommen und seine Herrschaft ausbauen.
 Sein Regime wird sich später als totalitär erweisen, **8/69**. Auch die katholische Kirche, das >Schiff< und dessen >Brücke< mit dem Papst als Kapitän, wird dann "unterworfen" sein, **10/65**, und "Schiffbruch" erleiden, **1/65**.
 Als Symbol höchster W e i s h e i t, von welcher zuvor die Rede ist, erscheint die Rose in den Allegorien der Alchemisten. Sie brachten die Rose mit dem Martyrium Christi in Verbindung. Die Dornen entsprechen den Leiden des Kreuzweges, die Röte der Blütenblätter dem auf Golgatha vergossenen >rosenfarbenen< Blut des Heilands. In seiner Selbstopferung zur Versöhnung der Gottheit erkannte man die Tat höchster Liebe u n d W e i s h e i t, auf welche der Alchemist das Gewicht legt. Durch Anspannung seiner Erkenntniskräfte will er die Materie und sich selbst veredeln.
 <u>Somit ist die "Rose", die "über der Mitte der großen Welt" blüht, **5/96**, und von dort aus den Duft des Paradieses zu verströmen erheischt, identisch mit dem "Haupt der Weisheit".</u> "Dem Anwesenden zu gehören" oder "an ihm teilzuhaben", "von ihm zu sein", wird vorgeben, also glauben machen wollen, daß die Gottheit in ihm und durch ihn anwesend sei. Wen er nachäfft, wird hinreichend deutlich.
 Die Neuzeit erscheint als ein Prozeß der Transmutation (Veredlung). Vermöge der >heiligen< Vernunft, **7/14** (Bd.1), werde man sich zum >Edleren< hin verwandeln und den >Stein der Weisen< finden wollen, mit dem der Zustand der Welt als ganzer zum Besseren gewendet werden kann. In jener Alchemie, die sich als solche nicht erklärt, erkannte N. den Grund für den Niedergang des Christentums und die Bedrängungen der Christen, die er erschaute.

Centurie 10, Vers 31

Le saint empire viendra en Germanie,
Ismaelites trouueront lieux ouuerts,
Anes vouldront aussi la Carmanie,
Les soustenans de terre tous couuerts.

(Textfassung bei Benoist Rigaud, Lyon 1568)

Übersetzung:

Das >heilige Reich< wird nach Deutschland kommen,
Ismaeliten werden die Orte frei zugänglich finden.
Esel(treiber) werden auch Carmanien (besitzen) wollen,
die Verteidiger (sind) alle mit Erde bedeckt.

Kommentar zu 10/31:

Das "Kommen", Vz 1, und das "Finden", Vz 2, bedeuten beide, daß Menschen sich von einem Ort zum andern bewegen, was dafür spricht, daß beide Vz den gleichen Vorgang meinen.

Araber, die Nachfahren des biblischen Ismael, sind bisher nicht als Herren, die ein Reich bringen, gleich was für eines, nach Deutschland gekommen. Wenn sie es versucht hätten, hätte man sie nicht hereingelassen. Aber hier sind "die Orte offen", für Eindringlinge frei zugänglich.

Heiliges Reich hieß zu Nostradamus' Zeiten das Kaiserreich, das den Anspruch erhob, die ganze Christenheit, also die Christen aller Nationen zu vereinen und nach außen zu schützen (Universalreich).

Das hier gemeinte "heilige Reich" ersteht aber nicht in Deutschland selbst aus dessen geschichtlichen Gegebenheiten und geistigen Voraussetzungen, sondern es wird dorthin "k o m m e n". Es sind Araber, die Nachfahren des biblischen Ismael, die nach Deutschland kommen und ihr "heiliges Reich" nach Deutschland bringen.

Es scheint ein islamisch geprägtes, in diesem Sinn heiliges Reich zu sein, das sich dann bis nach Europa erstreckt, 6/80, und seinen Einflußbereich bis nach Deutschland ausdehnt. Seine Anrede als "heilig" klingt aus dem Munde N.s, der vom christlichen Standpunkt aus urteilt, befremdet und ironisch, was durch Anführungszeichen kenntlich gemacht ist.

Ganz Europa scheint nach der Katastrophe so vollständig darniederzuliegen wie nie zuvor in seiner Geschichte. Eine Verteidigung scheint nicht mehr möglich zu sein. Die offenen Orte dürften überdies darauf hinweisen, daß die Fremden von manchem mit offenen Armen empfangen werden, sei es aus Angst vor den Invasoren, **6/54**, oder aus Begeisterung für die fremde Geisteswelt, 3/27. Die wichtigste geistige Strömung ist aber zunächst eine Neubesinnung auf christlicher Grundlage, VH (22).

Mit den "Esel(treibern)" dürften wiederum die Araber gemeint sein, in deren Ländern das Tier verbreitet ist. Dafür spricht auch, daß die zweite Vershälfte die gleiche Ausdehnungstendenz aufweist wie die erste. Die Araber stoßen nach Europa vor, aber auch nach Iran. Carmanien ist der antike Name einer Landschaft im Süden des Iran.

Daß die "Verteidiger" den Tod erleiden, kann bedeuten, daß die Araber den Iran (Carmanien als pars pro toto) erobern werden, also dort ähnlich erfolgreich sind wie in Deutschland.

Gruppe 32 - 82

01/82 Quand les colonnes* du bois grande trêblée*/ D' Auster conduicte couuerte de rubriche*/ Tant vuidera dehors grand assemblée,/ Trembler* Vienne & le païs d' Austriche. (1555)
[Kriegerische Ereignisse nahe der Jahrtausendwende/ Kataklysmus] (Kommentar S. 280)
Wenn die Säulen* des Waldes großes Beben* (erleiden),/
vom Süd(ost)sturm regiert, überzogen von roter* Erde,/
wird (eine) große Truppenansammlung so sehr hinausdrängen,/
(daß) Wien und das österreichische Land erbeben*.

2) Mittelfr. n.m. auster Wind aus Süden (vent du midi) > lat. n.m. auster 1. Südostwind, Schirokko 2. Wind, Sturm.
Lat. n.f. rubrica 1. rote Erde 2. (rot geschriebener Titel) eines Gesetzes 3. Gesetz.
3) Mittelfr. v. vuider I. v.i. 1. einen Ort verlassen, abreisen quitter un lieu, partir) 2. hervorbrechen, vorrücken gegen (déboucher, donner sur) II. v.t. 3. frei machen (rendre libre) 4. leer machen, abziehen (rendre vide, dégarnir).
Mittelfr. n.f. assemblee 1. Armee (armée) 2. Begegnung zweier Armeen, Schlacht (rencontre de deux armées, bataille) 3. Zusammenziehung, Sammeln (rassemblement) 4. Zusammenrücken (rapprochement), Vereinigung (union) 5. Fest (fête), Turnier (tournoi).

---> 4/82 (Kriegerische Ereignisse nahe der Jahrtausendwende)

02/32 Laict*, sang*, grenoilles* escoudre en Dalmatie,/ Conflit donné, peste* pres de Balenne:/ Cry sera grand par toute Esclauonie/ Lors naistra monstre pres & dedans Rauene. (1568)
[>Neue Religion</ Verfolgung der Altgläubigen/
POLLUX-JUPITER]
Milch*, Blut* erschüttern Frösche* in Dalmatien,/
es gibt Krieg, Seuche* nah bei Palermo./
(Der) Aufschrei wird groß sein im ganzen Slawenland,/
dann wird (ein) Monstrum erscheinen nah bei und in Ravenna.

1) Zu Fröschen s.a. das Glossar unter rane.
Mittelfr. v. escourre I. 1. schütteln, erschüttern (secouer), in Aufregung oder Aufruhr versetzen (agiter) 2. schwer zusetzen (malmener) II. 1. auftrennen (découdre), aufreißen (déchirer) 2. entreißen, abpressen (arracher).
Altfr. v. escoudre, escorre 1. auf-, abtrennen, zerreißen, zerrütten (déchirer) 2. aus-, losreißen (arracher).
2) Balenne ist ein reimbedingt abgeschliffenes Balerne.
Balerne castrum ist der antike römische Name von Palermo.

>Milch< steht für die vom >neuen Heiligen<, 10/30, verfertigte geistige Nahrung, 1/21. Wenn diese in der Lage ist, Menschen zu erschüttern, ihnen zuzusetzen, dann hat sie bereits den Status einer >neuen Religion< mit dem Anspruch, ihre Vorgängerinnen zu verdrängen. Das >Blut< bedeutet in diesem Zusammenhang >das Blut der alten Götter<, **5/62**, d.h. die Lehren der alten Glaubensformen. Es wird vergossen, die >alten Götter< müssen sterben. - Daher kommt es zu Auseinandersetzungen mit denen, die noch am Alten festhalten wollen (conflit donné). Gleichzeitig breitet sich die >neue Religion< rasend aus; eine >Seuche< nennt N. sie von seinem konservativ katholischen Standpunkt. Wie es hier scheint, landen die Vertreter der >neuen Religion< auch in Sizilien, 8/84, kommen aber zudem über den Balkan, 2/84 (Bd.3),

- 273 -

9/60. - Das "Monstrum", das nah bei Ravenna landet, hat eine Parallele in dem "grausigen Fisch", der **3/21** zufolge bei der Mündung des Flusses Conca erscheint, etwa 20 Kilometer südlich von Ravenna. Er konnte als Allegorie für den >wiedergekommenen Heiland< gedeutet werden.
---> 3/32, 3/82, 4/32, 5/32, 7/32, 9/82, 10/82 (Letzte Zeit der alten Erde)
---> 5/32, 7/32, 9/32 (POLLUX-JUPITER)

03/32 Le grand sepulcre* du peuple Aquitanique/ S' aprochera aupres de la Tousquane,/ Quâd Mars* sera pres du coing Germanique,/ Et au terroir de la gent Mantuane. (1555)
[Christenverfolgungen in der letzten Zeit der alten Erde]
**Das große Grab* des aquitanischen Volkes/
wird herannahen bei der Toskana,/
wenn Krieg* sein wird bei der germanischen Ecke/
und auf dem Gebiet der Leute von Mantua.**
1) Aquitanien hieß ein Herzogtum in Südwestfrankreich.

In 3/83 soll "aquitanisches Volk" vernichtet werden. Es scheint, daß ein Teil dieses Volkes nach Italien flieht. Denn in 3/43 werden Menschen aus dieser Gegend gewarnt, die Appeninnen zu überschreiten. Ihr Grab werde bei Rom und Ancona vom "schwarzen Krausbart" aufgerichtet werden. Im vorliegenden Vers sind die Gemeinten bereits in der Toskana angekommen, haben also diese Warnung nicht gehört oder nicht beachtet. Rom, Ancona und der "schwarze Krausbart" sind nicht mehr weit. Unzutreffende Annahmen über diesen Mann könnten das Motiv dieser Flucht sein, 10/78. - Zur gleichen Zeit gibt es Verfolgungen (Mars) in der Poebene (Mantua) und in einem Randbereich Deutschlands.
---> 2/32, 3/82, 4/32, 5/32, 7/32, 9/82, 10/82 (Letzte Zeit der alten Erde)

03/82 Freins, Antibol, villes au tour de Nice,/ Seront vastées fer, par mer* & par terre*:/ Les sauterelles* terre* & mer* vent propice,/ Prîs, morts, troussés, pilles, sans loy* de guerre. (1555)
[Verfolgungen in der letzten Zeit der alten Erde]
**Fréjus, Antibes, Städte rings um Nizza/
werden mit Waffen verwüstet werden, über Meer* und Land*./
Die Heuschrecken* kommen (auf) Land* und Meer* bei günstigem Wind./
Gefangene, Tote, Verschleppte, Ausgeraubte, ohne Kriegsrecht.**
1) Freins steht für Freius, n und u sind bei N. manchmal vertauscht. Antibes hieß in der Antike Antipolis.
2) Mittelfr. n.m. fer u.a.: Schwert (epée).
4) Mittelfr. v. trousser u.a.: einpacken (emballer), gewaltsam wegnehmen (enlever), von etwas Besitz ergreifen.

Heuschrecken werden massenweise in der Poebene auftreten, 4/48. Gemeint sind Menschen, die das von Christus (Sonne) ausgehende Licht verdunkeln und die >Seuche< einer >neuen Religion< verbreiten, **5/85**. Dabei setzen sie Waffengewalt ein gegen alle, die sich nicht fügen, Vz 2. Bewaffnete Widerständler und unbewaffnete Zivilbevölkerung leiden gleichermaßen, das Kriegsrecht wird nicht beachtet, Vz 4. Die Existenz von Lois de la guerre ist eine in Erfüllung gegangene Prognose, denn ein Völkerrecht gibt es erst seit 1648.
---> 2/32, 3/32, 4/32, 5/32, 7/32, 9/82, 10/82 (Letzte Zeit der alten Erde)

04/32 Es lieux & temps chair au poiss.* donrra lieu./ La loy* commune
sera faicte au contraire:/ Vieux tiendra fort, puis oste du milieu/
Le πάντα κοινά φιλωμ (!) mis fort arriere. (1555)
[Von der >Weltfriedensordnung< zum totalitären Weltstaat/
>Neue Religion<] (Kommentar S. 281)
**Wenn Ort und Zeit reif sind, wird Fleisch dem Fisch* Platz machen./
Die gemeinsame Ordnung* wird ins Gegenteil verkehrt sein./
Altes wird sich stark behaupten, dann weggeräumt (sein) aus der Mitte./
Das >Alle Gemeinwesen (sind) willkommen< (wird) ganz zurückgestellt.**
   1) Loc. en temps et lieu in passender Zeit an passendem Ort,
   oder: wo und wann es angemessen, zweckdienlich, ratsam ist.
   "poiss." ist ein metrumbedingt abgekürztes poisson.
   2) Adj. commun 1. gemeinsam, gemeinschaftlich 2. allgemein,
   öffentlich 3. alltäglich, gewöhnlich 4. gering, mittelmäßig.
   3) Mittelfr. v. oster 1. wegräumen, beseitigen (ôter) 2. aufheben, wegschaffen (enlever), zurückziehen (retirer).
   4) Das Einschiebsel ist altes Griechisch. φιλωμ ist ein verkürztes Partizip Perfekt Passiv philomena vom griechischen v.
   philein lieben. Griech. n.n. ta koina Gemeinde, Gemeinwesen,
   Staat. Griech. adj. pas, pasa, pan ganz, jeder, alle.
   Wörtlich also: "Alle Gemeinwesen (sind) geliebte".
---> 5/32, 9/32, 10/82 (>Weltfriedensordnung<)
---> 2/32, 3/32, 3/82, 5/32, 7/32, 9/82, 10/82 (Letzte Zeit der alten Erde)

04/82 Amas s' approche venant d' Esclauonie*,/ L' Olestant
vieux cité ruynera:/ Fort desolee verra sa Romanie./
Puis la grand flamme estaindre ne scaura. (1568)
[Kriegerische Ereignisse an der Jahrtausendwende]
**Große Truppenkonzentration nähert sich, kommend aus
Slawenland./
Die gewaltige Heeresmasse wird (eine) alte Stadt zerstören./
Stark verwüstet wird sie sehen ihr Römerland./
Dann wird sie die große Flamme nicht zu löschen wissen.**
   1) Mittelfr. n.m. amas 1. Tätigkeit des Sammelns, Anhäufens
   (action d' amasser) 2. was gesammelt ist (ce qui est amassé)
   3. große Truppe, Armee (grande troupe, armée) 4. Konzen-
   tration von Streitkräften (concentration des forces).
   2) Vorschlag für den "Olestant": das mittelfr. n.m. olifant
   Elephant, kombiniert mit dem p.p.a. des mittelfr. v. molester
   plagen, quälen > lat. n.f. moles schwere Masse, Heeresmasse.
   Man erhält einen "massiv Plagenden", eine "gewaltige
   Heeresplage". Begründung: Diese Deutung paßt zum
   Kontext von amas und ruiner.
   3) Der lat. Eigenname "Romania" (n.f.) stand für das ganze
   römische Weltreich. In 8/60 wird Romanie dem Wort Gaule
   für Frankreich gegenübergestellt, das Teil von "Romania" war.
   Es kann daher nicht die alte lat. Bedeutung haben, sondern
   steht eher für Italien. Das gilt dann auch hier. Vgl. VH (15).
In 2/32 ist "ganz Slawenland" Osteuropa, und auch hier dürfte "Slawenland" für den Osten Europas im allgemeinen stehen, weil die Alternative
Slawonien, das Land zwischen Drau und Save, einer "gewaltigen Heeresmasse" kaum genügend Raum bietet. - Die Heeres-
masse dringt von Osten vor nach "Römerland", d.i. Italien, s. Anmerkung.
Ihr Ziel ist, es zu erobern, Italien zu dem "ihren" zu machen. Die "alte

Stadt" kann (fast) jede italienische Stadt sein, aber wahrscheinlich ist es Rom. Doch nicht nur Rom wird zerstört, sondern ganz Italien schwer verwüstet, Vz 3. - Nachdem sie ihr Ziel erreicht haben, würden die Eindringlinge den Krieg gern beenden, doch die "Flamme" des Krieges läßt sich dann nicht mehr löschen, Vz 4. Der Grund dürfte sein, daß dann Gegner von außerhalb des besiegten Italiens auf den Plan treten. - Der Krieg hat dann nicht nur Italien erfaßt, sondern auch Mitteleuropa, 1/82.

---> 1/82 (Kriegerische Ereignisse an der Jahrtausendwende)

05/32 Où tout bon est tout bien Soleil* & Lune*,/ Est abondant sa ruine s' approche:/ Du ciel* s' aduance vaner ta fortune,/ En mesme estat que la septiesme roche*. (1568)
[>Weltfriedensordnung</ POLLUX-JUPITER/ Totalitärer Weltstaat] (Kommentar S. 282)
Wenn alles gut ist, alles gute Sonne* und guter Mond*,/ im Überfluß vorhanden, nähert sich sein Sturz./ Vom Himmel* kommt er her, vergehen zu lassen dein Glück,/ (es) in denselben Stand (zu versetzen) wie den siebten Felsen*.
1) Mittelfr. Konjunktion où mit örtlicher oder zeitlicher Bedeutung: wenn, in dem Moment, wo (lorsque, au moment où).
2) "Sein" Sturz, nämlich von "allem", und damit auch von Sonne und Mond.
3) V. vaner gebildet in Anlehnung an lat. adj. vanus leer, nichtig, v. vanescere schwinden, vergehen, zerfallen, hier transitiv: entleeren, vergehen lassen.
Lat. n.f. fortuna Schicksal, Geschick, Glück.
---> 4/32, 9/32, 10/82 (>Weltfriedensordnung<)
---> 2/32, 7/32, 9/32 (POLLUX-JUPITER)
---> 2/32, 3/32, 3/82, 4/32, 7/32, 9/82, 10/82 (Letzte Zeit der alten Erde)

06/82 Par les desers de lieu, libre, & farouche,/ Viendra errer nepueu* du grand Pontife:/ Assomme à sept auecques lourde souche,/ Par ceux qu' apres occuperont le cyphe. (1568)
[Katholische Kirche nach der Jahrtausendwende]
Durch die Verlassenheit eines Ortes, frei und verwildert,/ wird irren (der) Neffe* des großen Papstes./ Erschlagen von sieben mit schwerem Baumstamm,/ durch jene, die danach den Becher in Besitz nehmen werden.
2) N.m. pontife 1. Oberpriester 2. Kirchenfürst 3. Koryphäe.
N.m. pontificat Papstwürde, Papstamt.
4) Lat. n.m. scyphus Becher, Pokal.

Wortgleich grand Pontife nennt N. in **2/41** und **5/15** den derzeitigen (2001) Amtsinhaber, eine Wertung, deren Grund in **2/28** (Bd.1) deutlich wird. Sein >Neffe< ist einer, der ihn beerben wird, **5/15**, in einer Zeit, die zuvor den Papst aus Rom fliehen ließ, **2/41**, wodurch das Umherirren des >Neffen< sich erklären würde. - Wie in **5/15** wird deutlich, daß er ermordet wird, "v o n" irgendwelchen Gedungenen, aber "d u r c h" jene, die danach den Becher in Besitz nehmen". Der >Becher< steht für den Meßkelch und dieser für die katholische Kirche. Demnach scheint es, daß der Mann im Auftrag von Mitgliedern der eigenen Kirche getötet wird, worauf auch die Verse 6/39 und 8/47 deuten. Dort ist auch über den Grund etwas zu erfahren. Ort des Geschehens ist Umbrien, 8/47.

07/32 Du mont* Royal naistra* d' vne casane,/ Qui caue*, & compte viendra tyranniser/ Dresser copie de la marche Millane,/ Fauene, Florence d' or* & gens espuiser. (1568)
[POLLUX-JUPITER's Herkunft/
Unterdrückung der christlichen Religion] (Kommentar S. 283)
Vom königlichen Berg* wird geboren* werden von einer Seßhaften/ (einer), der Gruft* und Erzählung tyrannisieren wird./ Sie stellen Truppen auf vom Mailänder Grenzland,/ um Faenza (und) Florenz Gold* und Menschen zu entziehen.
  1) N.f. casanière häusliche Frau (qui aime à rester chez soi), seßhafte Frau (sédentaire), hier abgekürzt wegen des Reimes (und zur Verschleierung).
  2) Klass. n.f. cave 1. Grabgewölbe in einer Kirche (caveau dans une église) 2. Höhle (caverne). Zur >Gruft< s. das Glossar unter sepulchre.
  Mittelfr. n.m. compte, conte I. 1. Rechnung, Aufzählung II. 1. wahrer Bericht (récit de choses vraies) 2. unterhaltende Erzählung (récit pour divertir) 3. phantasiereiche Geschichte (récit fantaisiste), betrügerische Erzählung (récit pour tromper).
  3) Lat. n.f.pl. copiae Mannschaft, Truppe.
  N.f. marche I. Grenzland II. Gang, Marsch, Aufmarsch.
  Die Fügung "Mil ans" in 1/48, 8/13 wurde als Jahrtausend gedeutet.
  4) Mittelfr. v. espuiser 1. schöpfen (puiser), herausziehen (retirer) 2. leeren, leer machen (vider).
---> 2/32, 5/32, 9/32 (POLLUX-JUPITER)
---> 2/32, 3/32, 3/82, 4/32, 5/32, 9/82, 10/82 (Letzte Zeit der alten Erde)

08/82 Ronge long, sec* faisant du bon valet,/ A la parfin n' aura que son congie,/ Poignant poyson* & lettres au collet/ Sera saisi eschappé en dangie. (1568)
[Letzter Papst vor und nach dem Bann gegen die kath. Kirche]
Lange abgenagt, ausgetrocknet*, macht er den guten Diener,/ wird am Ende nichts haben als seinen Abschied./ Scharfes Gift* und Briefe, am Kragen/ wird er ergriffen werden. Entkommen in Gefahr.
  1) Mittelfr. adj. sec ausgetrocknet (desseché), abgemagert (amaigri).
  2) Mittelfr. n.m. congie 1. Erlaubnis (permission) 2. Erlaubnis zu gehen, Abschied, Entlassung, oft im militärischen Sinne (permission de s' en aller).
  3) Mittelfr. adj. poignant 1. was sticht (qui pique) 2. spitz (pointu), hervorstechend (saillant) 3. heftig (aigu), schrill (strident) 4. aktiv, wirksam (active, effiface).
Es spielt einer die Rolle des "guten Dieners", obwohl man an ihm >nagt<, d.h. ihm die Seele rauben will, 4/88, und obwohl er zuwenig zu trinken bekommt. Gemeint ist der letzte Papst in der Zeit, wenn er seine Kirche dem vermeintlich >wiedergekommenen Christus< verbunden haben wird. D i e s e m Herrn also wird der Papst dienen wollen und es dadurch mit dessen Ideen zu tun bekommen. Diese erkennt N. als austrocknende

>heiße Luft<, 4/67, weil sie kein >lebendiges Wasser<, keine Wahrheit transportieren, 5/36. - Als >Dank< für seine Dienste erhält er nach wenigen Jahren von seinem Herrn >giftige Briefe<, 1/41, die die alten Lehren der katholischen Kirche schlicht verbieten, **10/65.** Der letzte Papst muß den Abschied nehmen. Das ist eher nicht als formelle Absetzung zu verstehen, weil die Spitze der Kirche noch gebraucht wird, um das Verbot durchzusetzen, 4/11 Vz 2. Es ist der Abschied von der Stellung eines willigen Dieners, die gestrichen und durch die Stelle eines willenlosen Befehlsempfängers ersetzt wird. - Das Ergreifen am Kragen ist ein Bild der Entwürdigung. Sollte dem Mann der Kragen dann platzen, wäre er der Gefahr "entkommen", sich gänzlich dem Gegner Gottes zu ergeben.

09/32 De fin porphire* profond collon* trouuee/ Dessouz la laze* escriptz capitolin:/ Os* poil retors Romain force prouuee,/ Classe* agiter au port* de Methelin. (1568)
[>Weltfriedensordnung</ POLLUX-JUPITER] (Kommentar S. 284)
(Eine) Säule* aus feinem tief(liegend)em Porphyr* (wird) gefunden,/ unter der Grabplatte* capitolinische Inschriften./ Knochen*, gelocktes Haar. R ö m i s c h e Macht (wird) bewiesen,/ (die) Flotte* schwenkt zum Hafen* des Metellus.
1) N.f. colonne Säule, hier zu collon abgewandelt.
2) Altfr. n.f. lose 1. flacher Stein (pierre plate), Steinplatte, Fliese (carreau, dalle) 2. Grabplatte (tombe) 3. Grabinschrift (épitaphe). Prov. n.f. lause, lauze Schieferplatte. S.a. das Glossar unter sepulchre.
4) Lat. n.f. classis Flotte. S.a. das Glossar.
Methelin ist ein abgewandeltes Metellus, s. Kommentar. Es könnte auch Mytilini gemeint sein, Hauptstadt der Insel Lesbos (Pfändler 1996 S. 665). Aber einen Sinn ergibt das wohl nicht.
---> 4/32, 5/32, 10/82 (>Weltfriedensordnung<)
---> 2/32, 5/32, 7/32 (POLLUX-JUPITER)

09/82 Par le deluge* & pestilence* forte/ La cité* grande de long temps assiegee,/ La sentinelle & garde de main morte,/ Subite prinse, mais de nul oultragee. (1568)
[>Neue Religion</ Zerstörung der katholischen Kirche]
Durch die Überschwemmung* und machtvolle Seuche*/ (wird) die große Stadt* lange Zeit belagert./ Die Wache und Schutz von toter Hand/ plötzlich ergriffen, doch >von niemandem schlecht behandelt<.
2) Zur "großen Stadt" ohne geographische Angaben vgl. das Glossar unter cité grande.
4) Mittelfr. v. oultrager 1. schlagen, verletzen 2. sich Übles zuziehen (se faire du mal) 3. verwüsten (dévaster) 4. kränken, beleidigen (outrager).
Überschwemmung und Seuche müssen Menschenwerk sein, wenn sie eine Belagerung zuwege bringen. Sie sind nicht wörtlich zu verstehen. Die >Fluten< der Lehre einer >neuen Religion<, die angeblich vom >Quell lebendigen Wassers< (Gott) herkommen, erkennt N. als >Seuche<, 2/32. Denn sie werden aus einer Vermischung der alten Lehren entstehen, **6/10,** in diesem Sinne unrein sein, die alten Lehren fortreißen und die

meisten Menschen befallen. - Die von diesen >Fluten< Bedrohten leben in einer belagerten "großen Stadt" mit "Wache und Schutz". Gemeint ist der Ort der irdischen Anwärter für das himmlische Jerusalem. Zu den irdischen Wächtern dieser Stadt sind die Propheten bestellt, Ez 317. Da aber die römische Kirche die Menschen für das himmlische Jerusalem vorbereiten will, ist sie es, die "Wache und Schutz" jener >Stadt< übernommen hat, in der die Anhänger des alten Glaubens leben. Er wurde in des Sehers Schau "lange" bedrängt, schon zu seinen Lebzeiten durch die Reformation, im 17. Jahrhundert durch die Aufklärung, VH (35), im 18. Jahrhundert durch die französische Revolution, 2/8 (Bd.1). - Diese Schutzwache wird "von toter Hand plötzlich ergriffen". Im neuen >goldenen Zeitalter<, das man nach der Katastrophe ausruft, **8/29**, wird der Krieg geächtet sein, VH (37), und man wird meinen, ihn für alle Zeit >begraben< zu haben. Aber er wird sich als nur >gelähmt<, als scheintot erweisen, **3/36**, wenn die Militanz der Anhänger des >goldenen Zeitalters< offenbar wird. Die katholische Kirche wird sich in Abhängigkeit vom >neuen Heiligen< begeben und selbst eine Situation geschaffen haben, in der sie mit Machtmitteln "ergriffen" werden kann. Das wird "plötzlich" und unerwartet geschehen, **5/65**. - "Römisches Volk", die Katholiken, erfahren in Wahrheit "niemals so schwere Kränkung", wie es dann geschehen wird, 10/20 Vz 4. Anfangs wird man das Ausmaß des Desasters noch verheimlichen, **5/65**. Rom wird in seiner Verzweiflung, 6/34, noch eine Zeit lang den Anschein wecken, als sei man >von niemandem gekränkt<, VH (24).
---> 2/32 (>Neue Religion<)
---> 2/32, 3/32, 3/82, 4/32, 5/32, 7/32, 10/82 (Letzte Zeit der alten Erde)

10/82 Cris, pleurs, larmes viendront auec coteaux/ Semblant fouyr donront dernier assault/ Lentour parques planter profons plateaux,/ Vifz repoulsez & meurdrys de prinsault. (1568)
[>Weltfriedensordnung</ Letzte Zeit der alten Erde]
Schreie, Klagen, Tränen werden kommen mit Messern,/ scheinbar auf der Flucht, werden sie den letzten Angriff ausführen./ Die drinnen Gelagerten stellen hohe Plattformen auf,/ werden lebend zurückgetrieben und getötet beim ersten Sprung.
3) Mittelfr. parquer sich einquartieren (s' installer).
Mittelfr. v. planter hinstellen (placer), ausstellen (exposer).
4) Mittelfr. de saut, de plain saut auf einen Schlag (tout d' un coup), gleich beim ersten Schlag (d' un premier coup).
"Schreie, Klagen und Tränen", d.h. Kriege im allgemeinen, sind scheinbar "auf der Flucht", der Krieg ist scheinbar von der Oberfläche der Erde verbannt, 6/94 Vz 2. Aber die kriegerische Aggression schleicht sich auf hinterhältige Weise (Messer) wieder ein und greift noch einmal an. Wen denn ? Die "drinnen Gelagerten", jene Bewohner des Neuen Jerusalems, des Ortes der Gottgetreuen, die noch auf der Erde verweilen müssen, 9/82. Sie wollen >nach oben entkommen<, Vz 3, hoffen auf Hilfe von dort, werden lebendig "zurückgetrieben", aus der Welt gedrängt. Wer nicht standhält, wer abspringen will, stirbt.
---> 4/32, 5/32, 9/32 (>Weltfriedensordnung<)
---> 2/32, 3/32, 3/82, 4/32, 5/32, 7/32, 9/32 (Letzte Zeit der alten Erde)

Centurie 1, Vers 82
Quand les colomnes* de bois grande trêblée
D' Auster conduicte couuerte de rubriche*
Tant vuidera dehors grand assemblée,
Trembler* Vienne & le pais d' Austriche.
(Urfassung bei Macé Bonhomme, Lyon 1555)

Übersetzung:
Wenn die Säulen* des Waldes großes Beben* (erleiden),
vom Süd(ost)sturm regiert, überzogen von roter* Erde,
wird (eine) große Truppenansammlung so sehr hinausdrängen,
(daß) Wien und das österreichische Land erbeben*.

Kommentar zu 1/82:
Als Waldland schlechthin galt in der Antike Germanien. Zu Lebzeiten des Sehers gehörte Germanien weitgehend zum alten Kaiserreich, wie das "österreichische Land" auch. Diese Länder werden von einem Sturm aus Südost überzogen. Damit ist der Schauplatz umrissen.

Rot ist bei N. die Farbe derer, die Blutvergießen heraufbeschwören, indem sie einen Umsturz betreiben, 1/3 (Bd.1), oder einen Krieg anzetteln, 3/1 (Bd.1). Rote "Erde" ist ein Land, das solches Blutvergießen erlebt. Das Wort assemblée kann mittelfranzösisch aufständische Rotten ebenso bedeuten wie Truppenaufmärsche und Schlachten zwischen Armeen. Gegen eine Revolution aus dem Innern spricht der Südoststurm, der deutlich macht, daß jene, die das Beben des Waldlandes verursachen, von außen kommen. Zugleich macht der Kontext aus Blutvergießen und assemblée deutlich, daß der Sturm n i c h t meteorologisch und das Beben n i c h t seismologisch zu verstehen ist.

Dieser >Sturm< und zugleich das erste >Beben< wären demnach ein kriegerisches Geschehen. Es ergibt sich das Bild eines kriegerischen Geschehens in Deutschland sowie Österreich, das von "Südosten" her, etwa von Ungarn oder vom Balkan aus hereinbricht. Doch anscheinend bleiben die eingefallenen Truppen nicht lange. Denn in der zweiten Vershälfte drängen sie schon wieder hinaus, oder man wirft sie hinaus - beide Übersetzungen sind möglich. Dieses Geschehen wird von N. ein zweites Beben genannt, das demnach ebenfalls nicht wörtlich gemeint ist.

Während des zweiten Weltkrieges drangen sowjetische Truppen von Osten, auch von Südosten her über den Balkan nach Deutschland und Österreich vor, und amerikanische Truppen kamen u.a. über die Alpen. Das wäre das erste kriegerische Beben. Doch der Abzug dieser Truppen nach Jahren und Jahrzehnten geschah friedlich ohne Erschütterungen. Daher scheidet diese Deutungsidee aus.

Es scheint, daß "von Slawenland" her, also von Osten aus noch einmal eine Invasion Italiens ausgehen wird, 4/82. Trotz des anderen Schauplatzes könnten beide Verse in den gleichen zeitlichen Zusammenhang gehören, weil in beiden Fällen Truppen von Ost- nach Westeuropa vordringen.

Es scheint, daß diese Truppen nicht sehr lange bleiben werden. Das >Beben<, in dessen Verlauf sie das Land wieder verlassen, könnte wiederum ein kriegerisches sein. D.h. es würden westliche Truppen die Eindringlinge wieder hinauswerfen. Die andere Möglichkeit ist, daß die außerordentlichen Naturereignisse des Kataklysmus dem Vordringen Einhalt gebieten, weil sie das Geschehen in ganz andere Bahnen versetzen.

Centurie 4, Vers 32
Es lieux & temps chair au poiss.* donrra lieu :
La loy* commune sera faicte au contraire :
Vieux tiendra fort, puis oste du milieu
Le παντα κοινα φιλωμ mis fort arriere.

(Urfassung bei Macé Bonhomme, Lyon 1555)

Übersetzung der Urfassung:
Wenn Ort und Zeit reif sind, wird Fleisch dem Fisch* Platz machen.
Die gemeinsame Ordnung* wird ins Gegenteil verkehrt sein.
Altes wird sich stark behaupten, dann weggeräumt (sein) aus der Mitte.
Das >Alle Gemeinwesen (sind) willkommen< (wird) ganz zurückgestellt.

Kommentar zu 4/32:
Es geht um eine staatliche Ordnung als ganze (loy*). Ihr Prinzip ist die Gemeinsamkeit derer, die teilnehmen. Von einem radikalen Wandel dieser Ordnung wird gesprochen, nach dem sie in ganz anderem Licht erscheint als zuvor.

Die Umwälzungen der Jahre 1789ff, 1917ff und 1933ff stützten sich jeweils auf eine Ideologie, die das den Menschen Gemeinsame zur Begründung ihres Umsturzes und Herrschaftsanspruches benannte, nämlich Freiheit und Gleichheit aller Bürger (1789), Solidarität der gleichermaßen ausgebeuteten Arbeiter und Bauern (1917), Zugehörigkeit zu Volksgemeinschaft und >arischer Rasse< (1933). Diese Umbrüche wurden anfangs mit großer Heilserwartung begrüßt, führten aber dann zu diktatorischer Herrschaft und Krieg.

Aber allesamt benannten diese Umstürze von vornherein ihre Gegner: Adel und Klerus (1789), Grundbesitzer und Kapitalisten (1917), Juden und Gegner des Deutschtums, wie es der Nationalsozialismus verstand (1933). Dagegen grenzt die "gemeinsame Ordnung" a n f a n g s niemanden aus, will a l l e Menschen einbeziehen, denn "alle Gemeinwesen (sind) willkommen".

Der Weltstaat wird im Stadium der Entstehung das gemeinsame Interesse aller Menschen am friedlichen Zusammenleben und der gegenseitigen Hilfe hervorheben. In der >Weltfriedensordnung< werden "alle Gemeinwesen willkommen" sein, d.h Staaten wie Glaubensgemeinschaften bleiben unter ihrem Dach zunächst bestehen. "Altes wird sich stark behaupten".

Später werde >Fleisch dem Fisch Platz machen<. Das bezieht sich auf die angebliche Messianität des dann an der Spitze der >Friedensordnung< stehenden Mannes. Das >Fleisch< ist das in den Leib Christi verwandelte Brot der Kommunion bzw. des Abendmahls. Anfangs werden viele Christen, von ihren Kirchen angeleitet, meinen, Gemeinschaft mit Christus zu begründen, wenn sie dem angeblich >Wiedergekommenen< folgen. Einige Jahre später wird deutlich werden, daß die erhoffte Gemeinschaft so nicht begründbar ist. Wer >Fleisch< verzehren wollte, erlebt dann eine >Fastenzeit<, muß die Kommunion nach altem Ritus entbehren. An die Stelle von >Fleisch< werde dann >Fisch< treten, nämlich die geistige Fastennahrung, **10/28**, die der >Wiedergekommene< erst seinen Anhängern und dann allen anderen Menschen serviert.

Es werden dann n i c h t mehr alle Gemeinwesen willkommen sein. "Das Alte", d.h. die eigenen Ordnungen und Glaubensformen der Völker, steht dem Regime dann im Wege, **10/10**. Daher werden sie "aus der Mitte", dem Ort der Gemeinsamkeit, "vertrieben". Eine scheinbare Friedensordnung schlägt um in eine Tyrannei, die dann doch Feinde benennt, Menschen ausschließt und verfolgt. Die Gemeinsamkeit aller wird "ganz zurückgestellt".

Centurie 5, Vers 32

Où tout bon est tout bien Soleil* & Lune*,
Est abondant sa ruine s' approche:
Du ciel* s' aduance vaner ta fortune,
En mesme estat que la septiesme roche*.
(Textfassung bei Benoist Rigaud, Lyon 1568)

Übersetzung:
Wenn alles gut ist, alles gute Sonne* und guter Mond*,
im Überfluß vorhanden, nähert sich sein Sturz.
Vom Himmel* kommt er her, vergehen zu lassen dein Glück,
(es) in denselben Stand (zu versetzen) wie den siebten Felsen*.

Kommentar zu 5/32:
Der Fels mit Quelle steht in der Bibel für Gott als festen und verläßlichen Ursprung des Lebens. Daher kann der >nährende Felsen< in **1/21** einen geistlichen Lehrer bedeuten, der sich als Mann Gottes ausgibt. Vorliegender Vers löst das Symbol des Felsens vom biblischen Hintergrund, so daß es frei wird für >einen Gott< im allgemeinen.

Der griechische Gott Kronos erhält hier die Bezeichnung "der siebte", weil er im ptolemäischen System als siebter Wandelstern durch die siebte Sphäre seine Bahn zieht. Mit der Herrschaft des Gottes Kronos, des römischen Saturn, verbindet sich die Sage vom goldenen Zeitalter.

Dessen Reichtum wird beschrieben mit dem Überfluß, dem reichlichen Schein von >Sonne< und >Mond<, welche bei N. den Gott der Christen und der Muslime bedeuten. In der Zeit nach der Katastrophe werden die alten Religionen zunächst einen ungeahnten Aufschwung nehmen, VH (22).

In der neuen Weltordnung werden alle Gemeinwesen, auch die alten Religionen und ihre Glaubensgemeinschaften willkommen sein, **4/32**. Die neue Weltordnung wird anfangs >Sonne< und >Mond<, Christentum und Islam, für "gut" befinden und überhaupt "alles gut" heißen, auch die anderen alten Religionen, **8/69**.

Mit dem Namen Zeus bzw. Jupiter belegt N. den Mann, der in der neuen Weltordnung höchstes Ansehen genießen und dem dann auch höchste Macht übertragen wird, **10/71**. Die neue Weltordnung wird ein neues goldenes Zeitalter des Friedens ausrufen, und als Garant dieses Friedens wird sich >Jupiter< aufspielen, der dann bald an ihre Spitze gestellt werden wird.

Der Untergang des goldenen Zeitalters kommt in der Sage und so auch hier "vom Himmel", wo Götter einander bekämpfen. Am Ende kann der Sohn des Kronos namens Zeus (alias Jupiter) den Vater fesseln und ihn auf die Insel der Seligen am äußersten Rand der Erde berbringen, wo der alte Gott und mit ihm das goldene Zeitalter im Stand der Entrückung weiterleben.

>Jupiter< wird es sein, der am Ende >vom Himmel<, d.h. von seiner gottähnlichen Machtstellung "herkommt", um das >goldene Zeitalter< zu stürzen und "vergehen zu lassen dein Glück" - das Glück der >Sonne< und des >Mondes<, das Glück eines Friedens, der alle hatte einschließen, niemanden hatte ausschließen wollen. Das >goldene Zeitalter< wird von >Jupiter< mit seinem Bann gegen die alten Religionen, **1/65**, gestürzt werden. Es wird dann in den Stand der Entrückung versetzt, d.h. ins Reich der Phantasie verwiesen sein.

Centurie 7, Vers 32

Du mont* Royal naistra* d' vne casane,
Qui caue*, & compte viendra tyranniser
Dresser copie de la marche Millane,
Fauene, Florence d' or* & gens espuiser.

(Textfassung bei Benoist Rigaud, Lyon 1568)

Übersetzung:

Vom königlichen Berg* wird geboren* werden von einer Seßhaften (einer), der Gruft* und Erzählung tyrannisieren wird.
Sie stellen Truppen auf vom Mailänder Grenzland,
um Faenza (und) Florenz Gold* und Menschen zu entziehen.

Kommentar zu 7/32:

Es geht um "Gruft und Erzählung", um einen Begrabenen und seine Legende. Die >Gruft< bedeutet die Erinnerung an Jesus von Nazareth und seinen Kreuzestod. Die >Erzählung< ist die Deutung dieses Todes und der anschließenden Vorgänge durch die Gläubigen. >Gruft und Erzählung< von Jesus Christus werden >tyrannisiert< werden, indem man ihm ein >zweites Begräbnis< wird bereiten wollen, 3/72. D.h. die Erinnerung an ihn soll aus dem Gedächtnis der Menschheit gelöscht werden. Das haben Revolution, Machtverfall der Kirche und der Kult anderer Götter bislang nicht zuwege gebracht.

Völker als ganze sind bei N. wie in der Bibel weiblich, **10/10**. Die "Seßhafte", die den Mann hervorbringt, der gegen Christus antritt, ist demnach ein bestimmtes Volk. Von ein paar nomadisierenden Stämmen abgesehen, sind aber alle Völker seßhaft. Die einzige Ausnahme bildete das jüdische Volk nach seiner Vertreibung aus dem Land der Väter im 1. und 2. Jahrhundert nach Christus. Seitdem lebte es in der Diaspora, wurde vielerorts ansässig, aber nirgends seßhaft in dem Sinne, daß ihm ein eigenes Land gehörte, wie es bei allen anderen Völkern ist. Geändert hat sich das erst 1948, als die Völkergemeinschaft den Juden ein eigenes Land zuwies, 3/97. <u>Die "Seßhafte", wieder seßhaft Gewordene ist das jüdische Volk des Staates Israel</u>.

Im Zusammenhang mit der Seßhaftigkeit der Juden ist der "königliche Berg" der Berg Zion in Jerusalem, dessen Burg König David einst für sein Volk eroberte, und an dem die Juden 1948 wieder seßhaft wurden. Durch den Propheten Nathan wurde König David ein von ihm abstammender Gottessohn versprochen, 2 Sam 7. Da Jesu Abstammung auf König David zurückgeführt wurde, Luk 127, bedeutet die >Herkunft vom Zion<, daß der Gemeinde ein Mensch >vom selben Stamm<, d.h. ein israelischer Jude sein wird, 3/91.

Der >neue Heilige<, wie er in 10/30 bündig heißt, wird demnach dem jüdischen Volk des Staates Israel entstammen. Für die gläubigen Juden ist klar, daß der verheißene, bisher ausgebliebene Messias nur Jude sein kann, weil er durch die Propheten des alten Bundes i h r e m Volk versprochen wurde. Den Christen wird dieser Mann als >wiedergekommener Heiland< dargestellt werden, **1/95**. Er wird sich in der Identität Christi verpuppen, 8/75. Dabei wird ihm helfen, daß er Jude ist, wie es Jesus von Nazareth war.

Die zweite Vershälfte springt in die Zeit, wenn die Herrschaft des angeblich >Wiedergekommenen< zu voller Entfaltung gelangt ist. "Gold und Menschen" sind die alten christlichen Lehren und die Christen. In der Toskana bzw. in Umbrien scheinen sich dann noch >Reservate< von Christen zu befinden, 7/5, auch dort wird es zu Verfolgungen kommen, **9/5**.

Centurie 9, Vers 32
De fin porphire* profond collon* trouvee,
Dessouz la laze* escripts capitolin:
Os* poil retors Romain force prouvee,
Classe* agiter au port* de Methelin.

(Textfassung bei Benoist Rigaud, Lyon 1568)

Übersetzung:
(Eine) Säule* aus feinem tief(liegend)em Porphyr* (wird) gefunden, unter der Grabplatte* capitolinische Inschriften. Knochen*, gelocktes Haar. R ö m i s c h e Macht (wird) bewiesen, (die) Flotte* schwenkt zum Hafen* des Metellus.

Kommentar zu 9/32:
Daß nach dem Fund der Säule "Macht bewiesen" wird, spricht gegen eine archäologische Deutung.
　Die porphyrne Säule bedeutet in **1/43** eine Institution, die wie das antike Kaisertum >den Himmel tragen< will, d.h. eine auf Gott oder die Götter sich berufende irdische Ordnung aufrecht halten will. In der Tiefe wird diese >Säule< gefunden, unter einer Grabplatte. Man muß so tief graben, bis man in der Schicht ankommt, die Gegenstände der römischen Antike führt.　Es steht dann auch schon ein >Felsen< bereit, solide genug, die >Säule< auf ihn zu bauen, **1/43**.
　Das >Ausgraben< und >Finden< bedeutet, daß eine alte, schon >begrabene< Idee wiederbelebt wird, die >schon da< ist, d.h. zum Bestand und Erfahrungsschatz der Gattung gehört und in der gemeinten Zeit erneut aufgegriffen wird. Das >Ausgraben der Porphyrsäule< steht für die Errichtung einer politischen Institution, in der N. das antike römische Kaisertum wiedererkannte. Die >Weltfriedensordnung< wird mit dem römischen Imperium gemeinsam haben: 1) die Universalität, 2) den Charakter der herrschenden Religion als einer dem Frieden des Imperiums verpflichteten Staatsreligion und 3) die stufenweise Errichtung eines Kaiserthrons, VH (30).
　Die "Knochen" im geöffneten Grab wie das antikisierende Detail des "gelockten Haares" lassen erkennen, daß nicht nur eine Institution, sondern auch eine Person aus ihrem Grabe >aufersteht<.　Der "große Römer", dessen >Gebeine gefunden< werden, **6/66**, ist Kaiser Augustus.
　Die römischen Kaiser waren zugleich die obersten Priester eines staatstragenden Kultes. Die "capitolinischen Inschriften" auf der Säule verweisen auf das Capitol in Rom, wo der Jupitertempel stand.　Der Hinweis auf Jupiter, den obersten Gott dieses Kultes, läßt die religiöse Verehrung durchblicken, die dem neuen Regime und dem Mann an der Spitze zuteil werden wird, **10/71**.
　Wie sich die Machtentfaltung der >neuen Römer< auf die alten Religionen auswirken wird, verrät der Vers am Schluß. Q.C. Metellus war, noch in republikanischer Zeit, durch eine Rede gegen die Ehescheu hervorgetreten, die Kaiser Augustus aufgriff, als er Ehegesetze verordnete, die dem Sittenverfall entgegenwirken sollten. Der "Hafen des Metellus" ist demnach der sinnbildliche >Hafen der Ehe<. Kurs auf diesen >Hafen< wird eine >Flotte< nehmen, **1/30**, d.i. die Vielzahl der alten Glaubensgemeinschaften, **3/13**. Der Kaiser selbst ist in dem Sinnbild der >Ehegatte<, dem sich die Völker verbinden sollen, **10/10**. Seine Philosophie, die den alten Glaubensformen zunächst Referenz erweist, **10/28**, und seine Friedenskompetenz ist der >Hafen<, der ihnen Schutz und Aufgehobensein verspricht.
　Der Schutz dieses >Hafens< wird sich als trügerisch erweisen, **10/80**.

01/83 La gent estrange diuisera butins,/ Saturne* en Mars* son
regard furieux:/ Horrible strage (!) aux Tosquans & Latins,/
Grecs, qui seront à frapper curieux. (1555)
[Islamische Invasion Europas/ >Weltfriedensordnung<]
**Das fremde Volk wird die Kriegsbeutestücke aufteilen,/
Saturn* (wirft) auf Mars* seinen grimmigen Blick./
Furchtbare Vernichtung den Toskanern und Latinern,/
Griechen, die begierig sein werden loszuschlagen.**
   3) Lat. n.f. strages das Niederstürzen, Einsturz; Verwüstung; Vernichtung.
   4) Adj. curieux neugierig, wißbegierig. Mittelfr. adj. curieux
   1. bestrebt, bedacht (prenant soin de, attentif à) 2. peinlich genau (minutieux), beharrlich (insistant) 3. bemüht um (soucieux de), erpicht (désireux) 4. begierig (avide de).

"Fremdes Volk" oder "Barbaren" sind bei N. die Bewohner Nordafrikas oder Arabiens, 5/74. Die Italiener dagegen sind für ihn "Nachbarn", 3/63 (Bd.1). Deshalb scheiden die italienischen Expansionsgelüste in der Zeit des Faschismus aus. - Die Araber werden nach der Katastrophe auf den darniederliegenden europäischen Kontinent vordringen. Es scheint, daß der dann von verschiedenen Führern, 5/86, in Einflußbereiche aufgeteilt wird (divisera butins). In dieser Zeit wird eine neue Weltordnung entstehen, die den Krieg von der Erde verbannen, 3/36, und so ein neues >goldenes Zeitalter< errichten will, 8/29. So ist es zu verstehen, daß "Saturn", der oberste Gott im goldenen Zeitalter, "auf Mars", den Kriegsgott, "seinen grimmigen Blick (wirft)". - Es scheint hier, daß sich Südeuropäer gegen die Invasion der Muslime wehren und einen Aufstand wagen, dafür aber teuer bezahlen müssen.
---> 7/33, 8/83, 9/83, 10/83 (>Weltfriedensordnung<)

02/33 Par le torrent* qui descent de Verone/ Par lors qu' au Po (!)
guindera son entrée,/ Vn grand naufraige*, & nô moins en Garône/
Quât ceux de Gênes marcherôt leur côtrée. (1555)
[Komet]
**Durch die Sturzflut*, die von Verona herabkommt,/
dadurch, daß sie sich in den Po hineinwindet,/
ein großer Schiffbruch*. Nicht weniger auf der Garonne,/
wenn die von Genua ihren Gegenangriff vortragen.**
   1) Zur Sturzflut s. das Glossar unter fleuve.
   3) Zum Schiffbruch s. das Glossar unter nef.
   4) N.f. contrée Gegend, aber hier ist das n.m. contre Gegenangriff, Konterschlag reimbedingt zu contrée abgewandelt.

Po und Garonne führen Sturzfluten, sie befahrende Schiffe erleiden Schiffbruch. Weil Orte und natürliche Folgen, Vz 2, angegeben sind, ist das hier offenbar wörtlich zu nehmen. Anscheinend gehen außerordentliche Regenfälle europaweit nieder und lassen die Flüsse anschwellen. Damit muß unmittelbar nach dem Kometensturz gerechnet werden, 2/43. Die Fluten scheinen so gewaltig zu sein, daß sie auch den Verlauf von Flüssen ändern, 6/4, denn die Etsch mündet zur Zeit nicht in den Po, sondern direkt in die Adria. - "Die von Genua" können Genueser, aber auch dort landende Truppen sein, die nach Italien vorstoßen wollen.

03/83 Les lons cheueux de la Gaule Celtique*/ Accompagnés
d' estranges nations,/ Metront captif la gent Aquitanique,/
Pour succomber à internitions. (1568)
[Christenverfolgung in der letzten Zeit der alten Erde]
**Die Langhaarigen des keltischen* Galliens,/
begleitet von fremden Nationen,/
werden gefangennehmen das aquitanische Volk,/
um es vollständiger Vernichtung unterliegen zu lassen.**
<sub>1) Wörtlich: "Die langen Haare..."
3) Südwestfrankreich heißt seit der Römerzeit Aquitanien, damals begrenzt von der Loîre, dem Zentralmassiv, den Pyrenäen und dem Atlantik.
4) Lat. n.f. internicio, internecio Niedermetzelung, vollständige Aufreibung oder Vertilgung (eines Heeres oder Volkes).</sub>

Pfändler (1996 S. 257) weist darauf hin, daß die Römer die nördlichen Regionen Galliens Gallia comata, behaartes Gallien nannten, um es dadurch als unberührt von der römischen Zivilisation verächtlich zu machen. >Keltisches Gallien< nennt N. Frankreich, wenn dort vorchristliche oder vorzivilisatorische Zustände herrschen. Solche >keltischen< Zustände gab es für ihn nach der französischen Revolution, 4/63 (Bd.1), deren antikirchliche und antichristliche Tendenz er hervorhob, VH (35). Die ausländischen Truppen, die in der Folge auf Frankreichs Boden standen, wollten aber nicht das Volk Südwestfrankreichs vernichten, sondern die aus der Revolution hervorgegangene Herrschaft Napoleons beenden. -   Die Verwendung des römischen Namens für den Südwesten Frankreichs spricht dafür, daß hier eine Zeit gemeint ist, die N. vielfach mit der Kaiserzeit der römischen Antike vergleicht, **9/83**. Den Beginn der letzten Zeit der alten Erde in der hier gegebenen Deutung der Centurien wird markiert durch den Bannstrahl des globalen Regimes gegen die katholische Kirche, **10/65**. Daß sich dann in Südwestfrankreich Widerstand gegen die Unterdrückung der alten Religion regen wird, ist mehrfach belegt, 9/10, **1/79**, 9/85, 1/72 (Bd.3). Die Menschen "fremder Nationen" dürften hauptsächlich aus dem Orient und Nordafrika kommen, 2/29.
---> 7/33, 8/83, 9/83, 10/83 (Letzte Zeit der alten Erde)

07/33 Par fraude regne, forces expolier,/ La classe* obsesse,
passages à l' espie:/ Deux fainctz amys se viendront rallier,/
Esueiller hayne de long temps assoupie. (1568)
[>Weltfriedensordnung</ Christenverfolgungen]
**Durch Betrug (an der) Macht, plündern sie Streitkräfte* aus./
Die Flotte eingeschlossen, Durchfahrten für den Kundschafter./
Zwei geheuchelte Freunde werden sich verbünden./
Sie erwecken Haß, der lange geschlummert hatte.**
<sub>1) V. exspoliare, epoliare ausplündern, gänzlich berauben.
Andere Fundstellen: 6/39, **5/73**.
2) Lat. v. obsidere, obsedi, obsessum besetzen; belagern, einschließen. Mittelfr. n.f. espie 1. Spion (espion) 2. Aufklärer, Kundschafter (éclaireur).</sub>

Mit den "geheuchelten Freunden" könnten Hitler und Stalin gemeint sein (Allgeier 1987), die vor dem Krieg einen Nichtangriffspakt schlossen, eine

"vorgetäuschte Waffenruhe", 5/94 (Bd.1). Dadurch hatte Hitler den Rücken frei, um Frankreich anzugreifen, den >Erbfeind< (alter Haß). Die betrügerische Regierung soll die französische sein, weil sie den Aufbau der Landesverteidigung nicht mit dem nötigen Nachdruck betrieben habe. Die Aufrüstung der Marine sei blockiert gewesen (obsesse). Kennzeichnend für die französische Politik vor dem Krieg waren aus N.s Sicht aber nicht betrügerische Absicht, sondern Unfähigkeit, 1/78 (Bd.1), und Schwäche, 1/34 (Bd.1). Außerdem sind die zwanzig Jahre zwischen erstem und zweitem Weltkrieg aus seiner Perspektive auch nicht wirklich lang. -   Nach der Katastrophe wird man eine Weltordnung errichten, die den Weltfrieden auf ihre Fahnen schreibt. Es wird ein allgemeines Verbot des Krieges und von Kriegswaffen geben, VH (37), "sie plündern Streitkräfte aus", Vz 1. In Wahrheit werden die Errichter der neuen Ordnung "die Waffen n i c h t wegsperren", ihre Versprechungen werden sich als "nichtig" erweisen, 1/38. Die Herrschaft wird mit falschen Versprechungen erlangt, es ist "Betrug" im Spiel. -   Die >Flotte< bedeutet die Vielzahl der alten Glaubensgemeinschaften, 3/13. Wenn die >Weltfriedensordnung< später ideologisch ein Monopol beansprucht, **1/79**, werden sie in Bedrängnis geraten, es wird die >Flotte belagert< oder >eingeschlossen< sein. -   Die beiden "geheuchelten Freunde" sind der >wiedergekommene Heiland< und der letzte Vorsteher der katholischen Kirche. Beide sind nicht wirklich Freunde, aber eine Zeit lang wird der >Wiedergeborene< als "Freund" der Kirche erscheinen, 5/9. Der letzte Papst wird diesen Mann lieben, **8/13**, um seine Freundschaft werben. Doch die Verbindung der Kirche mit dem falschen Freund wird den Boden bereiten für ihr Ende, 5/49. -   Der "seit langer Zeit eingeschlafene Haß" ist der von den staatlichen Instanzen eines Weltreichs gelenkte Haß auf jene, die nicht bereit sind, zum Zeichen religiöser Verehrung >vor dem Bild des Kaisers zu opfern<, weil Jesus Christus ihr einziger Herr ist. Dieser Haß war seit der Bekehrung des Kaisers Konstantin zum christlichen Glauben "eingeschlafen".
---> 1/83, 9/83 (>Weltfriedensordnung<)
---> 3/83, 8/83, 9/83, 10/83 (Letzte Zeit der alten Erde)

08/83 Le plus grand voile* hors du port* de Zara,/ Pres de Bisance fera son entreprise,/ D' ennemy* perte & l' amy ne sera/ Le tiers a deux fera grand pille & prinse. (1568)
[>Neue Religion</ JUPITER/ Unterwerfung der Orientalen/ Unterdrückung der alten Religionen]
Das größte Segel* verläßt den Hafen* von Zara,/ bei Byzanz wird es sein Vorhaben ausführen./ Des Feindes* Verderben, und befreundet wird nicht sein/ der Dritte, zweien wird er zufügen große Plünderung und Eroberung.
  1) N.f. voile Segel. N.m. voile Schleier, >Deckmantel<, Schein. Mittelfr. n.m. voile auch heiliges Banner (bannière sacrée). Da voile einen Hafen verläßt, ist es wohl eher ein Segel. Da >Schiffe< in allen Varianten bei N. Glaubensgemeinschaften bedeuten (s. das Glossar unter nef, barque), ergibt auch >heiliges Banner< einen Sinn.
  4) Mittelfr. n.f. pille 1. Plünderung (pillage) 2. Beute (butin). N.f. prinse alt für prise Ergreifen, Eroberung, Fang, Beute.

>Schiffe< können bei N. Glaubensgemeinschaften bedeuten, 1/4, deren Vielzahl dann eine >Flotte< ist, 3/13. Das "größte Segel" ist in der gemeinten Zeit die Religion mit der größten Anhängerschaft. In VH (30) ist von der >neuen Religion< die Rede als einer "Sekte", die sich auf die ganze Welt ausdehnen wird in einer Zeit, in welcher drei große Mächte die Welt beherrschen. Sie dürfte hier mit dem "größten Segel" gemeint sein. - Dazu paßt "der Dritte", der in N.s Schau nach Napoléon und Hitler dritte Aspirant auf die Weltherrschaft, wie in **9/5**, **2/88** u.a. Der "Feind" sind die nach Europa vorgedrungenen Muslime, ihr "Verderben" ist ihre Unterwerfung unter das globale Regime, VH (28). - Darüber brauchen sich die Christen nicht freuen, denn der "Dritte" erweist sich dadurch in Wahrheit nicht als ihr Freund. Denn "zweien" wird er Schaden zufügen, nicht nur dem Islam, auch dem Christentum, **3/13**. Die alten Glaubenslehren werden von ihm geplündert werden, **8/62**. - Zadar, ein Adriahafen an der dalmatinischen Küste, heißt italienisch Zara. Ein Zentrum des Islam scheint dann in der Türkei zu liegen (Byzanz). Das "Vorhaben" dürfte darin bestehen, den Islam ideologisch gleichzuschalten, **10/30**.
  ---> 3/83, 7/33, 9/83, 10/83 (Letzte Zeit der alten Erde)
  ---> 9/83, 10/83 (JUPITER)

09/83 Sol* vingt de Taurus* si fort terre* trembler*./ Le grand theatre* rempli ruinera,/ L' air*, ciel* & terre* obscurcir & troubler,/ Lors l' infidelle Dieu* & sainctz voguera. (1568)
[>Weltfriedensordnung</ POLLUX-JUPITER/ Unterdrückung der alten Religionen] (Kommentar S. 290)
Sonne* (bei) zwanzig Stier*, es bebt* mächtig die Erde*,/ das große vollbesetzte Theater* wird einstürzen./ Die Luft*, Himmel* und Erde* verfinstern sich und geraten in Aufruhr./ Dann werden die Untreue, Gott* und Heilige in See stechen.
  1) Pfändler (1996 S. 702) ist der Ansicht, daß ein 6. Mai gemeint sei, weil im Mittelalter die Sonne am 6. Mai bei 20° Stier gestanden habe. Aber N.s Visionen, in denen auch Planeten auftauchten, VH (7) Anm 5, bezogen sich nicht auf das Mittelalter, sondern die Zeit nach 1555. Ein Sonnenstand

von 20° Stier bedeutet seit 1582 bis zu den außerordentlichen Naturereignissen an der Jahrtausendwende einen 10. Mai und danach möglicherweise ein 1. April, 3/5.
1) Zum Stier s. das Glossar unter boeuf.
2) V. ruiner modern nur transitiv: ruinieren, zugrunderichten. Mittelfr. v. ruiner 1. einstürzen lassen (mettre en ruine) 2. zu Boden werfen (jeter à terre) 3. zerstört sein (être détruit) 4. einstürzen (s' écrouler).
3) V. obscurcir nur transitiv: verfinstern. Mittelfr. v. obscurcir 1. verfinstern (obscurcir) 2. sich verdunkeln (s' obscurcir) 3. die Sicht trüben (troubler la vue). V.t. obscurcir und v.t. troubler aufregen sind hier beide intransitiv gebraucht.
4) Infidelle ist die weibliche Form des adj./n. infidèle 1. untreu 2. unzuverlässig 3. ungenau, trügerisch (Erinnerung) 4. falsch (Gerüchte) 5. ungläubig 6. unehrenhaft.
Mittelfr. v. voguer 1. rudern (ramer) 2. vorwärtsfahren, von einer Flotte gesagt (avancer, en parlant d' une flotte). Reimbedingt steht voguera statt des korrekten vogueront.
---> 1/83, 7/33, 8/83 (>Weltfriedensordnung<)
---> 8/83 (JUPITER)
---> 3/83, 7/33, 8/83, 10/83 (Letzte Zeit der alten Erde)

10/83 **De batailler ne sera donné signe,/ Du parc seront contrains de sortir hors,/ De Gand lentour sera cogneu l' ensigne,/ Qui fera mettre de tous les siens à mors. (1568)**
[POLLUX-JUPITER/ Verfolgung der altgläubigen Christen]
Es wird nicht das Zeichen gegeben werden zu kämpfen,/ aus dem Reservat herauszukommen, werden sie gezwungen sein./ (In der) Umgebung von Gent wird das Hoheitszeichen (dessen) wiedererkannt,/ der die Seinen töten lassen wird von allen.
2) Mittelfr. n.m. parc 1. Pferch für Tiere 2. Herde 3. Umgrenzung, befestigtes Lager.
3) Mittelfr. enseigne 1. Zeichen zur Unterscheidung 2. frommes Standbild. Narbe, Mal 4. Spur 5. Wappen, Hoheitszeichen 6. Fahne, Standarte 7. Infanteriekompanie.
Mittelfr. v. cognoistre 1. sich vertraut machen mit 2. wiedererkennen 3. bemerken, unterscheiden 4. verstehen 5. vernehmen.
Der "die Seinen endgültig wird auslöschen wollen", **9/80**, ist der >wiedergekommene Heiland<, der, zur Weltherrschaft aufgestiegen, **1/95**, seine widerchristliche Gesinnung offenbaren wird. Viele seiner Anhänger brauchen lange um zu begreifen, wen sie vor sich haben, und halten sich immer noch für "die Seinen", wenn sie vom Regime schon längst zur Ausrottung bestimmt sind. - Die Regimegegner dürfen sich anscheinend nur noch in abgegrenzten Gebieten aufhalten. Da der Krieg geächtet ist, **3/36**, will man sie nicht militärisch bekämpfen, sondern verfällt darauf, sie zu isolieren, damit sie wählen müssen zwischen Tod und Aufgabe. - In Gent wird Jahre zuvor die katholische Kirche sich mit jenem Mann verbunden haben, **10/52**, dessen Hoheitszeichen dann wieder erscheint, aber nicht mehr den Triumph der Kirche, sondern den Tod der altgläubigen Christen anzeigt.
---> 8/83, 9/83 (JUPITER)
---> 1/83, 3/83, 7/33, 8/83, 9/83 (Letzte Zeit der alten Erde)

Centurie 9, Vers 83

Sol* vingt de Taurus* si fort terre* trembler*,
Le grand theatre* remply ruinera,
L' air* ciel* & terre* obscurcir et troubler,
Lors l' infidelle Dieu* & saincts voguera.
(Textfassung bei Benoist Rigaud, Lyon 1568)

Übersetzung:

Sonne* (bei) zwanzig Stier*, es bebt* mächtig die Erde*,
das große vollbesetzte Theater* wird einstürzen.
Die Luft*, Himmel* und Erde* verfinstern sich und geraten in Aufruhr.
Dann werden die Untreue, Gott* und Heilige in See stechen.

Kommentar zu 9/83:

"Sonne bei zwanzig Stier" bedeutet bis zum Kataklysmus einen 10. Mai. Für die Zeit danach ist unsicher, an welchem Tag im Jahreslauf die Sonne bei zwanzig Grad Stier stehen wird. Eine Vermutung darüber (1. April) stützt sich auf Vers **3/5** in Verbindung mit Vers **6/85**.

Nach den außerordentlichen Ereignissen an der Jahrtausendwende "werden die meisten in das Colosseum fliehen", **10/6**. Dieses größte Amphitheater Roms steht für die sich anschließend etablierende >Weltfriedensordnung<, die N. in vielerlei Hinsicht mit der römischen Antike vergleicht, VH (30). Das Wort selbst zeigt an, daß der globale Staat sich als großes Spektakel inszenieren und so die Menschen unterhalten und vom Denken abhalten will. Im historischen Kolosseum wurde u.a. der Sieg des Augustus Octavian, von dessen >Auferstehung< einige Verse handeln, **6/66**, durch szenische Wiederaufbereitung seiner Schlachten gefeiert. <u>Das >Theater< bedeutet die öffentliche Feier, auf der die augusteische aurea aetas, d.h. ein neues >goldenes Zeitalter des Friedens< ausgerufen wird.</u>

Im Vers geht es um eine Erschütterung, die den >Einsturz des Amphitheaters<, d.h. den Zusammenbruch der >Weltfriedensordnung< herbeiführt. Mit dem >Erdbeben< sind die politischen Erschütterungen gemeint, die die Folge eines Unwetters mit >Blitz und Donner< sein werden. Damit ist der Bannstrahl gegen die alten Religionen, besonders jener gegen >die Untreue< gemeint. Diesen Namen verdient sich die katholische Kirche, indem sie sich mit dem angeblich wiedergekommenen Sohn Gottes >vermählt< haben, **10/55**, und so dem Vater im Himmel untreu geworden sein wird, **6/50**. Die Zeit des Friedens wird dann schon vorbei sein, **4/35**, der Anschein von den Machthabern aber noch aufrechterhalten werden.

Glaubensgemeinschaften werden bei N. als >Schiffe< allegorisiert, die sich auf der >Meeresoberfläche< tummeln, dem Bereich der Religion, soweit er sichtbar ist. Alle alten Religionen werden dann stürmische Zeiten erleben, **1/30**. Denn >Gott<, d.h. der >neue Heilige<, **10/30**, gottgleich verehrt, **10/71**, wird dann a u c h >in See stechen<, **10/93**. D.h. er wird eigene Glaubensgemeinschaften gründen, die auch die Passagiere der Konkurrenten aufnehmen wollen, **9/79**. >Schiffe<, die sich dem widersetzen, werden dann >untergetaucht schwimmen< müssen, **3/13**.

Dann werden sich Luft, Himmel und Erde >verfinstern<, weil >Sonne< und >Mond< ihren Schein nicht mehr geben dürfen, **3/5**, nämlich weil der Gott der Christen und der Gott der Muslime dann offiziell nicht mehr zugelassen ist.

Wer die "Heiligen" sind, ob vermeintliche oder echte, und wenn echte, was sie zu Heiligen macht, bleibt offen.

01/84 Lune* obscurcie aux profondes tenebres,/ Son frere passe de couleur ferrugine:/ Le grand caché long temps sous les latebres (!),/ Tiedera fer dans la plaie (!) sanguine*. (1555)
[POLLUX-JUPITER/ Unterdrückung der alten Religionen] (Kommentar S. 295)
**Mond* verdunkelt in tiefer Finsternis,/
sein Bruder von rostfarbener Tönung zieht vorbei./
Der Große lange Zeit verhüllt im Verborgenen,/
wird (dann sein) Schwert kühlen in der blutigen* Wunde.**
   2) Adj. ferrugineux eisenhaltig, hier reimbedingt verkürzt, > lat. ferrugineus rostfarben, schwärzlich, dunkel.
   3) Lat. n.f. latebra, latebrae Verborgenheit, Schlupfwinkel, Zufluchtsort.
   4) V.i. tiédir lau(warm) werden, mild werden. Hier transitiv gebraucht, bedeutet es genau: "lauwarm werden lassen".
   Adj. sanguinolent mit Blut vermischt, hier reimbedingt verkürzt.
---> 3/34, 4/34, 9/84 (POLLUX-JUPITER)
---> 3/34, 6/34, 8/84, 9/84 (Letzte Zeit der alten Erde)

03/34 Quand le defaut du soleil* lors sera,/ Sus (!) le plain iour le monstre* sera veu:/ Tout autrement on l' interpretera./ Cherté n' a garde: nul ny aura pourueu. (1555)
[POLLUX-JUPITER/ Unterdrückung der christlichen Religion]
**Wenn das Fehlen der Sonne* da sein wird,/
wird oben den ganzen Tag das Monstrum* zu sehen sein./
Ganz anders wird man es deuten./ Vor der Teuerung
hat (man) keinen Schutz, wird überhaupt nichts vorausgesehen haben.**
   2) Mittelfr. sus als Adverb 1. oben (en haut), obendrauf (dessus) 2. aufrecht, auf den Füßen (debout); als Präposition 1. auf (sur) 2. bei (chez) 3. (zeitlich) gegen (vers).
   4) V. pourvoir vorsorgen > lat. providere voraussehen, Vorkehrungen treffen.

Die Sonne steht bei N. für die Offenbarung Gottes in Christus. Wenn diese Sonne fehlt, verbreiten die christlichen Glaubensgemeinschaften als die Träger dieser in die Geschichte gestellten Offenbarung kein geistiges Licht mehr. Das >Monstrum< ist der >mißgebildet Geborene<, 5/97, der >Zwitter<, 2/45, mit den >zwei Zähnen im Rachen<, 3/42, mit >Fischschwanz und menschlichem Antlitz<, 3/21. Diese körperlichen Abnormitäten sind Entsprechungen geistiger Abartigkeit (aus der Sicht N.s). - Am ganzen >Tag Jupiters<, **10/71**, d.h. in der ganzen letzten Zeit der alten Erde wird dieser Mißgebildete "oben zu sehen sein", **5/24** Vz 2, wird >den Himmel ausfüllen<, d.h. die Ideologie der neuen Weltordnung beherrschen. Wenn er seine Herrschaft voll entfaltet, wird die christliche Religion auf Erden nicht mehr geduldet sein, VH (38), (43). In diesem Sinne also >wird die Sonne fehlen<, wird sie verborgen und verbraucht sein, 4/29 Vz 1. - Die "andere Deutung" für das "Monstrum" setzt voraus, daß zuvor schon eine Deutung gegeben wurde. Sie kann nur in dem Wort Monstrum selbst liegen, das in der Antike für grausige Zeichen verwendet wurde, die man für göttlichen Ursprungs hielt. Die "ganz andere Deutung" des Gemeinten ist seine Einschätzung als Heilsbringer und Friedensgarant, d.h. als p o - s i t i v e s Zeichen göttlichen Ursprungs. So nämlich werden ihn die

Gruppe 34 - 84

meisten Menschen auffassen, 2/73 Vz 4. - Die >Teuerung< trifft jene, die am alten Glauben festhalten, von der alten geistigen Nahrung nicht lassen wollen. Das wird sie >mehr kosten< als zuvor, 1/44 (Bd.1). Am Schluß ist gemeint, daß man mit der Unterdrückung der christlichen Religion nicht gerechnet, "überhaupt nichts vorausgesehen" haben wird. Inwiefern das einen "Schutz" geboten hätte, soll hier offenbleiben, weil es für die Deutung des Verses keine Rolle spielt.
---> 1/84, 4/34, 9/84 (POLLUX-JUPITER)
---> 1/84, 6/34, 8/84, 9/84 (Letzte Zeit der alten Erde)

04/34 Le grand mené captif d' estrange terre*,/ D' or* enchainé au roy
CHYREN* offert,/ Qui dans Ausonne, Millâ perdra la guerre,/
Et tout son ost (!) mis à feu & à fer.(1555)
[JUPITER/ Europäischer Freiheitskrieg/ Heinrich V.]
Der Große gemacht zum Gefangenen fremder Erde./
Golden* gekettet (zu sein), bietet er dem König Heinrich* an./
Er wird in Italien, Mailand den Krieg verlieren,/
und sein ganzes Heer (ist) Feuer und Schwert überlassen.

<small>1) Mittelfr. v. mener 1. machen (faire, effectuer) 2. treiben zu, dazu führen (pousser, conduire à) 3. ziehen, schleppen (traîner) 4. schwer zusetzen (malmener).
Das hebräische Wort gehörte zur Schrift an der Wand bei Dan 5: >Mene mene tekel u-parsin< - "Gott hat dein Königtum gezählt und beendet". Daran zu denken, ist wegen der goldenen Ketten der Vz 2 nicht gar so abwegig, s. Kommentar.
2) Lat. v. offerre anbieten, offert = er, sie, es bietet an. Wäre offert p.p.p. von offrir, müßte übersetzt werden: "In goldenen Fesseln wird er dem König Heinrich angeboten".
V. enchaîner anketten, fesseln, être enchaîné in Ketten liegen.
3) Ausonia ist ein alter Name für Italien.
4) Mittelfr. n.m./n.f. ost Armee (armée).</small>

Goldene Ketten werden in Gen 4142 (Joseph-Sage) und Dan 529 vom Pharao bzw. König von Babylon zum Zeichen der Erhöhung und Verleihung einer sehr hohen Stellung im Reich um den Hals Josephs bzw. Daniels gelegt. Bei Dan 5 stirbt der babylonische Herrscher in der folgenden Nacht, in Übereinstimmung mit Daniels Deutung der bedrohlichen Schrift an der Wand, derzufolge das >mene< bedeutet: Gott hat dein Königtum gezählt und es weggegeben. - Der "Große" ist der Weltherrscher, 1/4, weil er die Reihe Pharao - König von Babylon würdig fortsetzt, und weil diese beiden Herrscher goldene Ketten verliehen. Der "Große" sieht bedrohliche Zeichen, bedarf der Hilfe (Menetekel). Er kommt von fremder, anscheinend europäischer Erde nicht los, wird zu deren "Gefangenem". Sie ist ihm "fremd", gehört ihm nicht, hört nicht auf ihn. Er >bietet< Heinrich >eine goldene Kette an<, d.h. er will sich auf ihn stützen und ihm dafür eine hohe Stellung in seinem Reich verleihen. In Wahrheit will er ihn an sich ketten. Der Krieg beider gegeneinander, VH (17), geht anschließend weiter, woraus erhellt, daß das Angebot abgelehnt wird. Die Tage des Weltherrschers >sind gezählt<, er wird sein Heer und seine Herrschaft im Kampf mit Heinrich verlieren.
---> 1/84, 3/34, 9/84 (JUPITER)

06/34 De feu volant la machination,/ Viendra troubler au
grand chef assiegez:/ Dedans sera telle sedition,/
Qu' en desespoir seront les profligez. (1568)
[Zerstörung der katholischen Kirche]
Von fliegendem Feuer (wird) der Anschlag (verübt werden),/
er kommt Aufregung zu bringen dem großen Oberhaupt der Belagerten./
Drinnen wird es einen solchen Aufstand geben,/
daß die Überwältigten in Verzweiflung sein werden.
  1) N.f. machination Anstiftung, Anschlag.
  2) Mittelfr. ist troubler auch v.i.: sich verwirren, sich beunruhigen
  (se troubler), unruhig, in Aufregung sein (s' agiter), einen
  schlechten Dienst erweisen (desservir), schaden (nuire).
  4) Lat. v. profligare niederwerfen, überwältigen.
Das "fliegende Feuer" könnten Brandbomben o.ä. sein, aber ohne Ortsangabe läßt sich das nicht zuordnen. - Es geht hier eher um
einen örtlich nicht beschränkten, von N. öfters erwähnten >Blitzstrahl<,
der in Wirklichkeit ein Bannstrahl ist. Er wird u.a. die katholische Kirche
treffen, die sich anschließend im Zustand der >Belagerung< befindet, wie
in 1/41, 9/82. Verzweifelt werden dann manche der Gläubigen sein, die
die Dekrete nicht hinnehmen wollen. Denn eine offene Gegenwehr ist
dann nicht mehr möglich.
  ---> 1/84, 3/34, 8/84, 9/84 (Letzte Zeit der alten Erde)

08/84 Paterne orra de la Sicille crie,/ Tous les aprest du
goulphre de Trieste/ Qui s' entendra iusque à la trinacrie./
De tant de voiles* fuy, fuy l' horrible peste*. (1568)
[Verfolgung und Unterdrückung der altgläubigen Christen]
(Der) Väterliche wird von Sizilien her Geschrei hören,/
all die Vorbereitungen vom Golf von Triest,/
die sich vernehmen lassen werden bis nach Sizilien./
Vor so viel Schiffen* flieh ! Flieh vor der schrecklichen Seuche* !
  1) Es gibt einen Ort Paterno auf Sizilien. Aber es handelt sich
  wohl eher um das substantivierte Adjektiv paterne gutmütig > lat.
  adj. paternus väterlich.
  2) Mittelfr. n.m.n.f. aprest 1. Vorbereitungen (préparatifs) 2. Ein-
  richtung (arrangement) 3. Vorzeichen (signe avant-coureur).
  3) Lat. Trinacria (Dreispitzland) = alter Name Siziliens.
  4) Zum Segel (voile) s. das Glossar unter nef.
Von der oberen Adria her bricht in 8/83 "das größte Segel" auf, d.i. die
Spitze der im Entstehen begriffenen Kirche des Weltstaats. Sie fahren
Richtung Türkei in der Absicht, Christentum u n d Islam zu plündern.
Insofern sind "Vorbereitungen" im Gang. Der "Väterliche" könnte der
Papst in Rom sein. Er wird gewarnt vor der >Seuche<, d.h. der Infektion
mit dem Unglauben, 8/21, der >neuen Religion<. Sie wird sich schnell
ausbreiten, wenn die unter das globale Regime unterworfenen Orientalen
später zurückkommen, 9/80. Dann werden sie mit vielen (realen) Schiffen
kommen und in Sizilien wie auch in der Adria landen, 9/28, 2/32, VH (16).
Vers 8/9, der ebenfalls von Sizilien u n d Venedig spricht, müßte zeitlich
später liegen, weil sich dann bereits eine Gegenmacht (Adler und Hahn)
den Eindringlingen entgegenstellt.
  ---> 1/84, 3/34, 6/34, 9/84 (Letzte Zeit der alten Erde)

Gruppe 34 - 84

09/84 Roy exposé parfaira l' hecatombe,/ Apres auoir trouué
son origine,/ Torrent ouurir de marbre* & plomb* la tombe*/
D' vn grand Romain d' enseigne Medusine. (1568)
[POLLUX-JUPITER/
Verfolgung der Altgläubigen im totalitären Weltstaat]
**König gefährdet, er wird die Hekatombe vollenden,/
nachdem er seinen Ursprung gefunden hat./
(Eine) Sturzflut öffnet das Grab* aus Marmor* und Blei*/
eines großen Römers vom Zeichen der Medusa.**

1) Eine Hekatombe meint eine große Anzahl von Menschen,
die einem unheilvollen Ereignis zum Opfer fallen, z.b. einem
Massaker. Andere Fundstellen: 2/16, 10/74.

Es geht um einen "König" erst am Beginn (Ursprung) und dann auf dem Höhepunkt seiner Macht (großer Römer). Am Beginn ist er "gefährdet", nämlich durch eine "Hekatombe", aber auch durch eine "Sturzflut". Am Ende ist er als "großer Römer" mächtig, erregt Furcht (Medusa) und "vollendet die Hekatombe". - Der Gemeinte findet "seinen Ursprung" in einer Zeit, in der er und sein Volk äußerst "gefährdet" ist, manche auch verschleppt werden, 2/7. In dieser Situation wird er auf die Idee gebracht, >der Messias< seines Volkes zu sein. Das trifft anscheinend auf breite Zustimmung, denn es wird in d i e s e r Zeit "die neue Sekte gegründet", **6/66**, das ist seine Anhängerschaft. In diese Zeit fällt auch die "Sturzflut", die zu den Naturkatastrophen an der Jahrtausendwende gehört, 2/33. - Die >Öffnung des Grabes eines großen Römers< bedeutet wie in **6/66** und **3/65**, daß die Idee eines Weltreichs mit seiner Pax Romana wiederbelebt wird. Diese Idee wird hochgeschätzt (Marmor), weil man sich von ihr ein goldenes Zeitalter des Friedens verspricht, in dem Saturn herrschte, als dessen metallische Entsprechung das Blei galt. Nach der Katastrophe wird der Ruf nach dem großen Frieden bei den gepeinigten Menschen überlaut werden. - Einige Jahre später wird der Gemeinte tatsächlich an die Spitze einer weltumspannenden Herrschaftsstruktur berufen, 4/95, die sich auf drei Mächte stützt, 5/7. In der letzten Zeit der alten Erde wird sich sein Vorhaben enthüllen, eine Einheitsreligion für alle Menschen verbindlich zu machen. Die >Friedensfeste< des globalen Regimes werden begleitet sein von der >Opferung< all jener Menschen, die ihren alten Glauben nicht aufgeben wollen, vgl. die Hekatomben in 2/16 und 10/74. Der Medusensohn, 5/9, an der Spitze wird Enthusiasmus verbreiten, auch Furcht, da er wie Gott verehrt zu werden beansprucht, **10/71**. - Das "Vollenden" der ersten durch die zweite Hekatombe deutet eine Parallele der Vorgänge am Beginn und auf dem Höhepunkt der Herrschaft des >großen Römers< an. Es ist beide Male ein Volk, das sich als >Gottes Volk< versteht, das verfolgt und getötet wird.

---> 1/84, 3/34, 4/34 (JUPITER)
---> 1/84, 3/34, 6/34, 8/84 (Letzte Zeit der alten Erde)
---> 8/34 (Bd.3) (Hekatombe)

Centurie 1, Vers 84

Lune* obscurcie aux profondes tenebres,
Son frere passe de couleur ferrugine :
Le grand caché long temps sous les latebres,
Tiedera fer dans la plaie sanguine*.

(Urfassung bei Macé Bonhomme, Lyon 1555)

Übersetzung der Urfassung:

Mond* verdunkelt in tiefer Finsternis,
sein Bruder von rostfarbener Tönung zieht vorbei.
Der Große lange Zeit verhüllt im Verborgenen,
wird (dann sein) Schwert kühlen in der blutigen* Wunde.

Kommentar zu 1/84:
Der Vers erinnert an Jesu Rede über die Endzeit und das Kommen des Menschensohns, wo es heißt: "Sofort nach den Tagen der großen Not wird sich die Sonne verfinstern, und der Mond wird nicht mehr scheinen...", Matth 24/29. Ähnliches scheint Johannes von Patmos gesehen zu haben, wenn er schreibt, daß "die Sonne wurde schwarz wie ein Trauergewand, und der ganze Mond wurde wie Blut...", Offb 6/12. Eine außerordentliche n a t ü r l i c h e Verfinsterung der Sonne kündigt auch Nostradamus an, VH (18).

Es muß aber bezweifelt werden, daß der Vers außergewöhnliche kosmische Vorgänge schildern will. Denn wenn hier "der Große" sein Schwert in einer Wunde kühlt, dann ist e r jedenfalls k e i n Himmelskörper, weil die nicht mit Schwertern aufeinander losgehen. Von daher ist anzunehmen, daß auch der >verdunkelte Mond< hier keinen Himmelskörper bedeutet.

Die >Schwester< der Sonne ist der Mond, 5/36, somit ist der >Bruder< des Mondes die Sonne. Bekanntlich dienen die beiden dem Seher als Symbole für die christliche (Sonne) und die islamische Religion (Mond).

In 4/30 stehen >Mond< und >Sonne< niedrig am Horizont, geben nur wenig Licht. Dort wie hier sind beide Religionen in ihrer irdischen Wirkung beeinträchtigt. Es herrscht eine globale Götterdämmerung, in welcher >die alten Götter<, d.h. die alten Religionen zurücksinken, 8/69, der Geringschätzung und dem Vergessen anheimfallen, 9/12, und schließlich auch vergessen werden s o l l e n, VH (44). Der "Große" im Sinne von Mächtige, 3/58 (Bd.1), ist der zur obersten religiösen Autorität in der Welt aufgestiegene Mann mit angeblich messianischer Qualität. "Lange Zeit" - es werden wohl etwa zehn Jahre sein, 8/69 - wird sein Vorhaben, den Glauben betreffend, "im verborgenen" bleiben. Wenn er dann seine Macht voll entfaltet, werden die Orientalen unterworfen, 2/79, und wird der Islam gleichgeschaltet werden, 10/30. Der >Mond< wird in diesem Sinne >verdunkelt< sein.

Aber der christlichen Religion wird es nicht besser ergehen. Die >rostfarbene Tönung< der Sonne deutet dem Bilde nach auf eisenoxidhaltige Staubwolken. Eisen entspricht herkömmlich dem Mars, dem Kriegsgott. Dem alten Glauben, der sich um die Gestalt Jesu Christi rankt, werden in der gemeinten Zeit starke Gegner erwachsen, er wird "unter Kriegsgeschrei der Beschimpfung ausgesetzt" sein, 4/28.

Von einem "Strengen" gesandte "Schriften" werden einen "schrecklichen Einschnitt" bedeuten. "Das scharfe Schwert wird allen", die noch am alten Glauben festhalten, "hineingestoßen werden bis zum Heft", 10/65. Die >blutige Wunde< der >Mutter Kirche< wird demnach tödlich sein.

04/35 Le feu estaint, les vierges* trahiront/ La plus grand part de la
bande nouuelle:/ Fouldre* à fer, lance les seuls roy garderont:/
Etrusque & Corse, de nuit gorge allumelle. (1555)
[Alte Glaubensgemeinschaften als Büttel des Regimes
der >Weltfriedensordnung<] (Kommentar S. 300)
Das Feuer ausgelöscht, die Jungfrauen* werden/
den größten Teil der neuen Bande verraten./
Bann* gegen Schwert, Lanze. Die Alleinstehenden werden
(den) König bewachen./
Etrurien und Korsika wird nachts die Kehle durchschnitten.
2) Mittelfr. n.f. bande 1. Armee 2. bewaffneter Trupp (détachement armé) 3. Gruppe, Gruppierung 4. (aufrührerische) Partei (faction). Mit dem Übersetzungsvorschlag "Bande" wird das Sich-Binden der Teilnehmer eingefangen zusammen mit dem negativen Klang, den das für N. sicherlich hatte.
Das Wort bande findet sich in Bd.1: 10/48; in Bd.2: 9/52, 10/11, 10/78; in Bd.3: 8/56, 2/59, 3/61, 4/13, 8/86.
4) Mittelfr. n.f. alumelle 1. Klinge von Schwert oder Lanze (lame d' épée ou de lance) 2. jeder schneidende Gegenstand (objet tranchant quelconque) 3. weibliches Geschlecht (sexe féminin).
Wörtliche Übersetzung: "Etrurien, Korsika, nachts Kehle, Klinge."
---> 5/85, 6/35, 7/35, 9/85 (Letzte Zeit der alten Erde)

05/85 Par les Sueues & lieux circonuoisins,/ Seront en guerre
pour cause des nuees:/ Gamp marins* locustes* & cousins,/
Du Leman fautes seront bien desnuees. (1568)
[Verfolgung der altgläubigen Christen in Mitteleuropa]
(Kommentar S. 301)
Bei den Sueben und benachbarten Orten/
werden sie im Krieg sein wegen der Sache der Wolken./
Vom Meer* kommen Wanderheuschrecken* und Stechmücken,/
(die) >Fehler< vom Genfer (See) werden deutlich enthüllt werden.
1) Sueues > lat. Suebi waren ein germanischer Völkerstamm. In 1/61 (Bd.1) stehen sie für die Deutschen des alten Reichs als Vertragspartner Frankreichs vor der Revolution, besonders für Südwestdeutschland, wohin viele französische Adlige damals flohen.
2) Mittelfr. n.f. nuee Wolke (nuage). Alte Bedeutung lt. großem Larousse: dunkle, phantastische, abergläubische Ideen (idées obscures, chimériques).
3) Ein franz. Wort gamp gibt und gab es nicht. Gemeint ist wohl lat. gamba Sprunggelenk (von Tieren). Von lat. gamba kommt das franz. n.f. jambe Bein. Oben frei wiedergegeben. N.m. cousin 1. Vetter 2. guter Freund 3. Stechmücke. Wegen der Parallele zu den Heuschrecken ist Nr. 3 gemeint.
4) Mittelfr. v. desnuer 1. entblößen, bloßlegen (dénuder) 2. beseitigen (ôter) 3. berauben (priver).
---> 4/35, 6/35, 7/35, 9/85 (Letzte Zeit der alten Erde)

06/35 Pres de Rion, & proche à blanche laine,/ Aries, Taurus*, Cancer,
Leo*, la Vierge*,/ Mars*, lupiter*, le Sol* ardra grand plaine,/
Bois & citez, lettres cachez au cierge. (1568)
[Komet/ Letzte Zeit der alten Erde]
(Kommentar S. 302)
Beim Orion und nah an der weißen Wolle - /
Widder, Stier*, Krebs, Löwe*, die Jungfrau*./
Mars*, Jupiter*, die Sonne* wird in Brand setzen eine große Ebene,/
Wälder und Städte. Buchstaben, verborgen im Wachs.

    1) Rion ist rückwärts noir schwarz. Die Verkürzung des Namens
Orion kann ein Hinweis auf die >Wolke< sein, die den Kometen
eine Zeit lang verdecken wird, 2/41. Vgl. Jesaja 13 Vers 10.
    1)2) Orion war ein Jäger im griechischen Mythos. In Vz 2 fehlt
das Sternbild Zwillinge auffallend. Vgl. dazu Dante, La Divina
Commedia, Inferno I 100-105, wo von einem Jagdhund die Rede
ist, der den Wolf, die Verkörperung des Bösen, töten werde.
<u>Dieser >Hund< (des Jägers Orion) werde "zwischen Filz und
Filz" geboren.</u> Filzmützen waren Attribute der beiden Dioskuren
Castor und Pollux, nach denen die Sterne Alpha und Beta
Geminorum benannt sind. (Diese Stelle gilt als dunkel.) In
Höhe dieser Sterne schwingt der Orion seine Keule.
---> 4/35, 5/85, 7/35, 9/85 (Letzte Zeit der alten Erde)

06/85 La grand cité de Tharse par Gaulois/ Sera destruite, captifz
tous à Turban:/ Secours par mer* du grand Portugalois,/
Premier d' esté le iour du sacre Vrban. (1568)
[Kataklysmus/ Europäischer Freiheitskrieg/ Heinrich V.]
(Kommentar S. 303)
Die große Stadt von Thrazien wird durch Franzosen/
zerstört werden, gefangen all die Turbanträger./
Hilfe (kommt) über 's Meer* von dem großen Portugiesen,/
der erste Sommertag (ist) der Tag des heiligen Urban.

    3) N.m. portugais Portugiese. Adj. portuaire Hafen-...
Lat. n.m. Gallus Gallier. So könnte ein Portu-Galois auch als
Hafengallier aufgefaßt werden.
    4) N.m. esté ist die alte Form von été Sommer, > lat. aestas.

07/35 La grand pesche* viendra plaindre, plorer,/ D' avoir esleu,
trompez seront en l' aage:/ Guiere avec eux ne voudra demourer,/
Deceu sera par ceux de son langage*. (1568)
[Letzter Papst/ Zerstörung der katholischen Kirche]
Den großen Fischfang wird (man) beklagen, bejammern,/
(ihn) gewählt zu haben. Getäuscht werden sie sein beizeiten./
Nicht lange wird er bei ihnen bleiben wollen,/
hintergangen wird er werden durch Menschen seiner Sprache.

    1) Pesche ist eine alte Schreibweise von pêche Fischfang.
Altfr. v. plorer 1. weinen (pleurer) 2. wehklagen (se lamenter).
    2) Mittelfr. n.m./n.f. aage 1. Lebensalter 2. Lebensphase 3. verschiedene Lebenszeiten 4. Z e i t (temps) 5. Dauer einer
Generation 6. Epoche. Modern: l' âge = das Alter (vielleisse).
    4) Mittelfr. n.m. langage 1. Sprache 2. Gespräch, Predigt.

Der >große Fischfang<, 1/4, bedeutet das Unternehmen des letzten
Papstes, die katholische Kirche mit Hilfe des >wiedergekommenen

Heilandes<, **1/95**, zur weltweit dominierenden Religionsgemeinschaft zu machen, **5/49**. Er selbst und die ihn auf den Schild hoben, werden "beizeiten" merken, daß ihr Glaube an dieses Vorhaben auf Selbsttäuschung beruhte, **6/93**. Daher wird er "vom Senat nicht lange mit Beifall bedacht", **3/65**, vielmehr wird man "beklagen, bejammern,/ (ihn) gewählt zu haben". - Menschen >seiner (religiösen) Sprache< haben das Neue Testament als Grundlage ihres Glaubens angenommen, sind Glaubensbrüder. Die letzte Vz könnte jene Ereignisse meinen, die **8/19** und **4/11** deutlicher schildern.

---> 4/35, 5/85, 6/35, 9/85 (Letzte Zeit der alten Erde)

09/85 Passer Guienne, Languedoc & la Rosne,/ D' Agen tenans de Marmande & la Roole,/ D' ouurir par foy parroy, Phocê tiêdra son trosne/ Conflit aupres saint Pol de Manseole. (1568)
[Unterdrückung der christlichen Religion/ POLLUX-JUPITER]
Sie kommen durch Guyenne, Languedoc und über die Rhône,/ von Agen angrenzend an Marmande und La Réole./ Mauer zu öffnen für (den) Glauben, wird Marseille seinen Thron ausüben./ Konflikt um (den) heiligen Pol(lux) des allein Machtvollen.

2) V. tenir de qch. an etwas grenzen.
3) Mittelfr. n.f./n.m. paroi 1. Mauer (mur) 2. Verschlag (cloison).
Altfr. n.m. parroi steiniger Weg (chemin pierreuse). -
Marseille ging aus der griechischen Stadt Phokaia hervor.
4) Pol wird als verkürztes Pollux aufgefaßt. - Manseole variiert MANSOL, **10/29**, Mansol, **4/27**, und mensolee, **8/46**.

Daß es in St.-Rémy, dem Geburtsort des Sehers, ein Kloster namens Saint-Paul-de-Mausole gab (bis 1807), wird ihm als falsche Fährte willkommen gewesen sein. - Pol(lux) ist der Unsterbliche zweier Zwillingsbrüder. Als geistiger Zwillingsbruder Christi wird der nach der Katastrophe erscheinende Charismatiker ausgegeben werden, **1/95**. In **8/46** ist Pol mensolee eine Person, was demnach auch für Manseole als Variante von MANSOL gelten müßte. MAN(US) SOL(A) kann als >allein Machtvoller< übersetzt und dies als Chiffre für Gott bzw. einen von Gott Bevollmächtigten gedeutet werden, **10/29**. Der >Pollux des allein Machtvollen< bedeutet demnach den >Zwillingsbruder Christi<, angeblich mit Vollmacht ausgestattet vom Allmächtigen. Diese Deutung wird hier durch das Attribut heilig (saint) unterstützt. - Um diesen Mann kommt es zu einem "Konflikt", in dem es um den Glauben geht, Vz 3. Von Westen und Süden über 's Meer kommen Menschen ins Land, um es "für den Glauben zu öffnen". Es dürfte die >neue Religion< des gemeint sein, die Allgemeinverbindlichkeit beansprucht, **1/79**. Man trifft anscheinend auf Widerstände (Mauer), die mit Machtmitteln gebrochen werden sollen (Thron).

---> 4/35, 5/85, 6/35, 7/35 (Letzte Zeit der alten Erde)

10/85 Le vieil tribung au point de la trehemide/ Sera pressee
captif ne desliurer,/ Le veuil non veuil le mal parlant timide/
Par legitime à ses amys liurer. (1568)
[Kampf um die Freiheit der alten Religionen in der
>Weltfriedensordnung</ POLLUX-JUPITER]
**Der Alte (wird zum) Tribunen genau dann, wenn die Dreifeuchtigkeit/
bedrängt wird, (den) Gefangenen nicht auszuliefern./
Der Wille, (dann) Unwille benennt das Übel zaghaft,/ (will)
rechtmäßigen Gefährten von seinen >Freunden< befreien.**

1) N.m. tribun 1. (im antiken Rom) Beamter, der Rechte und Interessen des Volkes wahrzunehmen hatte 2. Mitglied des Tribunats während des Konsulates und des Empire 3. begabter Redner, der die Massen mitreißt (großer Larousse).
Das Wort "trehemide" ist eine eigene Bildung von N. In den Sinnzusammenhang paßt es, wenn hier lat. tres drei und lat. (h)umidus, franz. humide (feucht) zusammengezogen wurden.
2) Mittelfr. v. délivrer 1. befreien (libérer) 2. aushändigen (remettre), ausliefern (livrer) 3. anvertrauen (confier).
3) Mittelfr. n.m. vueil Wille (volonté), Begehren (désir).
4) Mittelfr. n.m. par, pair Gefährte (compagnon).
V. livrer > liberare befreien, auslösen. Das v. livrer hat hier die gleiche Sinnrichtung wie das Nicht-Ausliefern in Vz 2.

In dem >neuen Heiligen<, **10/30**, werden vielen Christen den "neuen Alten", **3/72**, erkennen, >denselben wie damals<, d.h. den >wiedergekommenen Christus<, **1/95**. Er wird im Bereich aller drei Offenbarungsreligionen als religiöse Autorität gelten, **10/28**. Diese werden dadurch zu einer "Dreiheit", **1/50**. - Im >lebendigen Wasser< verbindet sich der Geist der Gottheit (>Luft<) mit der Sprache als Material (>Erde<), **5/36**. Zu einer >Dreifeuchtigkeit< werden die drei Religionen für den, der in allen dreien das >lebendige Wasser<, d.h. das Wort Gottes erkennt und sich dabei auf einen vermittelnden >höheren Standpunkt< stellt. - Je mehr Autorität dem >neuen Weisen<, **4/31**, zuwächst, desto leichter wird er die alten Glaubenslehren für sein Machtkalkül umdeuten können, **9/9**. Beharrende Kräfte in den drei Religionen werden dann das Ziel haben, den "Gefangenen", den jeweiligen Begründer ihres Glaubens, "nicht" gänzlich "auszuliefern", d.h. die Verschüttung ihrer Ursprünge nicht zuzulassen. Gegen diese Bedrohung seines Vorhabens wird der >Weise< die Völker der Welt mobilisieren, er wird zum "Tribunen" kraft seiner rhetorischen Talente, **1/96**. - Daß er sich durchsetzen kann, belegen u.a. die drei Kronen, die ihm aufgesetzt werden, **2/73**, und seine Anerkennung als Messias bzw. wiedergekommener Christus bzw. Mahdi bedeuten. Seine >neue Religion< wird die alten Glaubenslehren verdrängen, **9/12**. Daß Christus in dem >neuen Heiligen< und seinen Paladinen falsche >Freunde< erwachsen sind, bis weit in die Kirchen hinein, wird dann offenbar. - Die willigen Unwilligen sind jene Anhänger der drei alten Religionen, die bereit waren, den neuen Mann als Friedensstifter anzuerkennen, dann aber den Verlust ihrer alten Religion beklagen. Christus wurde zum wahren und damit "rechtmäßigen Gefährten" für die Menschen, indem er sich für sie opferte. Christi Evangelium von den Zerstörern befreien zu können, wird dann mancher wünschen, sich aber nur noch "zaghaft" äußern angesichts der Machtverhältnisse und des totalitären Anspruchs des Regimes.

---> 4/35, 5/85, 6/35, 7/35, 9/85 (Letzte Zeit der alten Erde)

Centurie 4, Vers 35
Le feu estaint, les vierges* trahiront
La plus grand part de la bande nouuelle:
Fouldre* à fer, lance les seuls roy garderont:
Etrusque & Corse, de nuit gorge allumelle.
(Urfassung bei Macé Bonhomme, Lyon 1555)

Übersetzung:
Das Feuer ausgelöscht, die Jungfrauen* werden
den größten Teil der neuen Bande verraten.
Bann* gegen Schwert, Lanze. Die Alleinstehenden werden
                                              (den) König bewachen.
Etrurien und Korsika wird nachts die Kehle durchschnitten.

Kommentar zu 4/35:
Das Feuer im antiken römischen Tempel der Vesta wurde von den vestalischen Jungfrauen unterhalten, die dem pontifex maximus unterstanden. Dieses Feuer durfte nie erlöschen und galt als Voraussetzung für das Wohlergehen des römischen Imperiums. Der >Vestakult< bedeutet bei N. den Kult des Weltstaats, **9/9**, bevor sich dieser als eine >neue Religion< ausprägt. Die Menschen von Krieg und Not zu erlösen, das Gottesreich auf Erden zu schaffen, werden die Betreiber einer globalen politischen Herrschaft antreten. Die alten Glaubensgemeinschaften werden aufgefordert sein, sich zum gemeinsamen Dienst am Weltfrieden zu verbünden ("neue Bande").
   Mit >Frauen< usw. meint N. Kollektive, d.h. politische oder religiöse Gemeinschaften als Gegenüber ihres jeweiligen Herrn. Die >vestalischen Jungfrauen< sind jene Parteien, Kirchen usw., die dem Kult des Weltstaats sich anschließen und dessen oberstem Zelebranten (pontifex maximus) unterstehen. Zu ihnen werden auch christliche Kirchen gehören, **2/17**.
   Dem >neuen Heiligen<, **10/30**, und religiösen Charismatiker wird weltliche Macht übertragen werden, **8/41**, wenn die "beiden Vestalinnen", die Anhängerschaften dieses Mannes in zwei einander bekriegenden Ländern, eine Beendigung dieses Krieges erwirkt haben werden, **4/95**.
   Der oberste Zelebrant des Weltstaats wird seine Macht dazu nützen, die alten Religionen zu verbieten, **8/77**, und damit den Keim des Unterganges des globalen Regimes zu setzen. <u>Die Idee des vestalischen Feuers, das Gemeinwesen zu erhalten, wird damit ausgelöscht sein.</u> Hier sollen es nun die >Vestalinnen<, die regimetreuen Kirchen s e l b s t sein, die Verrat an der Eintracht eines Friedens begehen, der alle Religionen hatte einschließen wollen. Doch das ist nur ein scheinbarer Widerspruch, denn damit sind deren Führungen gemeint, die angehalten sein werden, die Dekrete >von oben< zu vollziehen und sich dagegen zum "größten Teil" nicht wehren werden.
   Wenn N. in diesem Zusammenhang die Ächtung des Krieges und von Kriegswaffen erwähnt, VH (37), macht er damit deutlich, daß dann alle zu Friedensfeinden erklärt werden, die sich gegen die Religionspolitik des globalen Regimes stellen. Die "alleinstehenden" vestalischen Jungfrauen, d.h. die Führungen der regimetreuen Kirchen, werden den Mann an der Spitze "bewachen" müssen, wenn dessen Verbote ergangen sind - vor wem denn ? Vor Abweichlern in den jeweils eigenen Reihen, d.h. vor allen >Friedensfeinden<, die es wagen, am >zweiten Begräbnis Christi<, **3/72**, nicht teilzunehmen.
   Die letzte Verszeile bleibt späteren Deutern überlassen. Zu Etrurien vgl. **4/58**.

Centurie 5, Vers 85
Par les Sueues & lieux circonuoisins,
Seront en guerre pour cause des nuees:
Gamp marins* locustes* & cousins,
Du Leman fautes seront bien desnuees.
(Textfassung bei Benoist Rigaud, Lyon 1568)

Übersetzung:
Bei den Sueben und benachbarten Orten
werden sie im Krieg sein wegen der Sache der Wolken.
Vom Meer* (kommen) Wanderheuschrecken* und Stechmücken,
(die) >Fehler< vom Genfer (See) werden deutlich enthüllt werden.

Kommentar zu 5/85:
Heuschrecken und Schmeißfliegen werden auch in der Poebene auftreten, dort den >Sonnenschein verdunkeln< und >alles abnagen<, 4/48. Entgegen mancher Vermutung sind damit nicht Tiere gemeint, auch nicht Außerirdische oder Kampfhubschrauber, sondern Menschen. Denn was sie dann tun, hier enthüllen sie Fehler, ist am ehesten Menschen zuzutrauen. Wie die >Heuschrecken< in Offb 9 1-11 sind sie nicht hinter Vegetation und Ernten her, sondern hinter anderen Menschen.

Diese Heuschrecken-Menschen ziehen in Schwärmen über Land und >nagen< an den Bewohnern. Daß sie lebensbedrohlich sind, ergibt sich hier daraus, daß sie Krieg führen, und ist in 3/82 daran abzulesen, daß sie auch Tote hinterlassen. Das >Abgenagtwerden< ist ein Bild für den Verlust der Seele, den Seelentod, 2/9, 4/88. Aber inwiefern sind die Plagegeister hinter den Seelen her, worum geht es überhaupt?

Es geht um die "Sache der Wolken", Vz 2. Das Wort nuees bezeichnete u.a. >wolkige Ideen< im abwertenden Sinne des Aberglaubens oder verstiegener Phantasterei. Darin also bestehen die >Fehler<, die die >Heuschrecken< offenlegen und tilgen wollen. Jede Idee und jede Wahrheit, die sich mehr als einen Meter über den Boden der Tatsachen erhebt oder sich gar auf Jenseitiges bezieht, gilt als gefährliche Schwärmerei. Von solch >obskurem Unsinn< soll nichts übrigbleiben.

Im NT bedeuten Wolken die Verhüllung der Verbindung von Himmel und Erde. Gott kann aus einer leuchtenden Wolke zum engsten Jüngerkreis sprechen, Matth 17 5. Auffällig oft werden Wolken bemüht, wenn von den letzten Dingen die Rede ist. Die übriggebliebenen Gottgetreuen werden am Ende "auf den Wolken in die Luft entrückt, dem Herrn entgegen", 1 Thess 4 17, 4/25, ähnlich wie Christus bei seiner Auffahrt von einer Wolke verhüllt wurde, Apg 1 9. Der Menschensohn kommt ihnen dann entgegen, auch "auf den Wolken", Matth 24 30. Aber so kommt er auch schon jetzt, denn, sagt Jesus vor Kaiphas, "v o n   n u n   a n werdet ihr den Menschensohn ... auf den Wolken des Himmels kommen sehen", Matth 26 64.

Die "Sache der Wolken" dürfte ein Streit um die Wiederkunft Christi sein. Wenn Christus "auf den Wolken" kommt, kommt er verhüllt, nur mit dem geistigen Auge sichtbar, was unannehmbar ist für die Anhänger des >Wiedergekommenen<. Wer von Wolken, dem "Wasser im Gewand", Spr 30 4, d.h. von dem >lebendigen Wasser<, dem Wort Gottes, Joh 4, nicht lassen will, wird des Obskurantismus bezichtigt und wegen >fehlerhaften Bewußtseins< verfolgt.

Der Vers handelt von solchen Verfolgungen in Deutschland und Umgebung. In der Südschweiz (Genfer See) werden Abweichler gehäuft anzutreffen sein, 9/44.

Centurie 6, Vers 35

Pres de Rion, & proche à blanche laine,
Aries, Taurus*, Cancer, Leo*, la Vierge*,
Mars*, Iupiter*, le Sol* ardra grand plaine,
Bois & citez, lettres cachez au cierge.

(Textfassung bei Benoist Rigaud, Lyon 1568)

Übersetzung:

Beim Orion und nah an der weißen Wolle -
Widder, Stier*, Krebs, Löwe*, die Jungfrau*.
Mars*, Jupiter*, die Sonne* wird in Brand setzen eine große Ebene,
Wälder und Städte. Buchstaben, verborgen im Wachs.

Kommentar zu 6/35:
Es wird hier der Blick in einen winterlichen Nachthimmel geschildert, denn die genannten Sternbilder sind allesamt, d.h. an einem Nachthimmel, nur in den Monaten zwischen November und März zu sehen. Dabei zieht offenbar ein bestimmter Ausschnitt des Firmamentes die Aufmerksamkeit auf sich, denn es werden drei Orte hervorgehoben, die optisch nah beieinander liegen:
1) die Gegend "nah beim Orion", einem der bekanntesten Wintersternbilder, das unterhalb der Ekliptik bei einer Länge von etwa 80° bis 90° liegt.
2) ein Bereich "nahe bei der weißen Wolle", d.h. nah der Milchstraße, die bei etwa 85° bis 100° ekliptikaler Länge die Abfolge der genannten Sternbilder kreuzt.
3) das in der Aufzählung auffällig fehlende Sternbild Zwillinge, das in der gleichen Himmelsgegend bei etwa 95° bis 115° ekliptikaler Länge liegt.

Es stellt sich die Frage, warum das Sternbild Zwillinge ausgelassen wird, obwohl es doch in der Mitte des beschriebenen Nachthimmels prangen müßte. Möglicherweise bleiben die Zwillinge unerwähnt, weil sie nicht zu sehen sein werden. Wenn ganz in ihrer Nähe eine Lichtquelle erscheinen würde, die schon bald so hell ist, daß benachbarte Sterne dahinter verblassen, wäre das der Fall. In Vers 5/93 ist von einer ungewöhnlichen "Leuchte" unterhalb der "Heimat des Mondes" die Rede ist - unterhalb der Krebsgrade der Ekliptik (90° bis 120°) also, wo das Sternbild Zwillinge zu finden ist. Dazu paßt es auch, wenn 6/6 zufolge "nicht weit vom Krebs" ein behaarter Stern, sprich ein Komet erscheint. Und daß es nach weiterer Annäherung der "Leuchte" ausschaut, als ob "zwei Sonnen" scheinen, 2/41, würde so auch eine Erklärung finden.

Würde die zweite Vershälfte Konstellationen von Planeten angeben, wäre an eine Jupiter-Mars-Konjunktion im Winter (November bis März) in Höhe der genannten Sternbilder zu denken. Diese gab es zuletzt im März/April 2000 und wird es wieder geben im November 2026 und Februar 2036. Der Komet würde zur Helligkeit einer Sonne anwachsen, 2/41, und bei seinem Vorbeiflug weiträumige Brände entfachen.

Besser ist folgende Deutung: Jupiter dient N. als Chiffre für den Weltherrscher, Mars bedeutet seinen Krieg gegen die alten Religionen, den er am Ende anzettelt. Die Sonne, die der Erde zu nahe kommt, ist auf diesen >wiedergekommenen Sohn< Gottes gemünzt, der in der letzten Zeit der alten Erde >den Sonnenwagen lenken<, >Feuer vom Himmel< schleudern und dadurch die Brunnen und Quellen der alten Offenbarungen zum Versiegen bringen will, 2/81. Die "Buchstaben im Wachs" deuten auf die Schriftrolle mit sieben Siegeln, Offb 5.

Zusammenfassung: Wenn der Komet erscheint, beginnt die Zeit des angeblich >wiedergekommenen Heilandes<. Sie endet so, wie es die Johannes-Apokalypse in Bildern gibt.

Centurie 6, Vers 85
La grand' cité de Tharse par Gaulois
Sera destruite, captifs tous à Turban :
Secours par mer du grand Portugalois,
Premier d' esté le iour du sacre Urban.
(Textfassung bei Benoist Rigaud, Lyon 1568)

Übersetzung:
Die große Stadt von Thrazien wird durch Franzosen
zerstört werden, gefangen all die Turbanträger.
Hilfe kommt über' s Meer von dem großen Portugiesen,
der erste Sommertag (ist) der Tag des heiligen Urban.

Kommentar zu 6/85:
Erster Sommertag ist bisher in der Nordhemisphäre der 22. Juni. Papst Urban I. wurde heiliggesprochen und von den Weinbauern zum Schutzpraton erkoren. Sein Tag ist der 25. Mai, der erste Tag der Rebenblüte. Wenn nun der Sommeranfang auf den 25. Mai fällt, hat sich offenbar der Kalender geändert. Es liegt nicht fern zu vermuten, daß dies mit den Naturereignissen der Katastrophe, dem sog. Kataklysmus zusammenhängt, VH (18). Aus 3/46 ist bekannt, daß nachher der Fixsternhimmel sich geändert haben wird. Der vorliegende Vers legt nahe, daß dann die ekliptiknahen Sternbilder um etwa 27° >nach vorn< geschoben erscheinen werden, bezogen auf den ehemaligen Punkt des Frühlingsäquinoktiums.

Ekliptikale Position der Sternbilder des Tierkreises		
	vor dem	nach dem
	Kataklysmus	
Widder	28° - 51°	57°- 78°
Kopf des Widders	33° - 42°	60°- 69°
Stier	52° - 90°	79°-117°
Krebs	117°-137°	144°-164°
Löwe	138°-172°	165°-199°
Jungfrau	170°-220°	197°-247°
Waage	220°-239°	247°-266°
Schütze	267°-297°	294°-324°
Steinbock	298°-326°	325°-353°
Wassermann	323°-345°	350°-372°
Urne des - Fische	334°-343°	361°-370°
	345°-28°	12°- 55°

Ihre alte und neue Position ist der Tabelle zu entnehmen. Diese beschränkt sich auf die im Gesamttext erwähnten Sternbilder. Die Positionen für Jahre vor 1999 ergeben sich, wenn man von der Werten der linken Spalte 0,014° pro Jahr, also rund 1,4° pro Jahrhundert abzieht.
Der Vers handelt demnach von Ereignissen n a c h der Katastrophe. Europa scheint dann weitgehend in der Hand von Muslimen zu sein, 6/80, ebenso die Türkei, **9/73**. Es könnte um Kämpfe in der Zeit der Rückeroberung Europas durch den späteren Heinrich V. gehen. Dieser dürfte der "große Portugiese" sein, weil er wohl Marinebasen an der iberischen Atlantikküste unterhält, 9/30 (Bd.3).
Thrakien hieß in der Antike der nordöstliche, bis zum Hellespont und zum Bosporus reichende Teil der Balkanhalbinsel. Am Bosporus lag Byzanz. Die "große Stadt von Thrazien" dürfte Istanbul sein.

02/86 Naufrage* a classe* pres d' onde Hadriatique:/ La terre* (!) esmeue* sus l' air* en terre* mis:/ Egypte tremble* augment Mahommetique/ L' Herault soy rendre à crier est commis. **(1555)**
[Verbot der alten Religionen/ >Neue Religion</ Unterwerfung der Orientalen unter das globale Regime]
Schiffbruch* erleidet eine Flotte* nah beim adriatischen Meer./
Die Erde erschüttert*, von oben die Luft*, zur Erde gesandt./
Ägypten bebt*, vergrößert mohammedanischer (Glaube)./
Dem Boten ist aufgetragen bekanntzumachen, daß man sich ergibt.
  1) Zum Schiffbruch s. das Glossar unter nef.
  2) Zur Erschütterung der Erde s. das Glossar unter trembler.
  Altfr. sus als Adverb 1. oben (en haut) 2. von oben (d' en haut) 4. aufrecht, auf den Füßen (debout, sur pied) 5. obendrauf (dessus).
  3) Das Adjektiv Mahommetique verlangt ein Substantiv. Im Kontext ergibt foy (Glaube) einen Sinn.

In der Vorauflage wurde vertreten, daß der Vers sich auf den Kataklysmus bezieht. Nachteil dieser Auffassung ist, daß sie Vz 4 im Zusammenhang damit nicht erklären kann. - >Luft< kann der lebendige Geist der Gottheit sein, und >Erde< den Buchstaben bedeuten, der ihn transportiert. Beide sollen sich im >lebendigen Wasser< zum Wort Gottes verbinden, **5/36**. Aber hier erreicht nur Luft die Erde, kein Wasser. Die gemeinte >trockene Luft< gibt sich den Anschein, von Gott zu kommen, tut es aber nicht. Sie steht hier für die >neue Religion<, **4/67**, der der Jenseitsbezug und damit die Qualität einer Religion in Wahrheit fehlen wird. - Ihre Verkündung >von oben< geht einher mit dem Verbot der alten Religionen. Daher >erleidet die Flotte Schiffbruch<, d.h. die alten Glaubensgemeinschaften werden zerstört. Daher gibt es politische Erschütterungen, die mit dem von oben ausgelösten >Beben der Erde< gemeint sind. Nachdem der >neue Heilige< zuvor schon bei Juden und Christen höchste Anerkennung sich erworben hat, wird er die Orientalen mit Geschick unterwerfen, **2/79**. Die >Vergrößerung< des islamischen Glaubens ist dessen Umdeutung in einem bombastischen philosophischen System, **4/30**. In der letzten Vz ist gemeint, daß man sich dieser erdrückenden Vereinnahmung ergibt - weil man sie nicht als Vorstufe der Zerstörung erkennt oder diese Zerstörung selbst will. - Daß der >Schiffbruch< "nah beim adriatischen Meer" stattfindet, kann bedeuten, daß dort in der Nähe die entsprechenden Dekrete ausgefertigt werden oder in Versammlungen religiöser Führer verkündet werden. Vgl. **3/21** Vz 1/2, **2/32** Vz 4.

---> 3/36, 4/36, 5/36, 5/86 (Letzte Zeit der alten Erde)
---> 5/36, 5/86 (>Neue Religion<)

Gruppe 36 - 86

03/36 Enseueli non mort apopletique/ Sera trouue auoir les
mains mangées:/ Quand la cité* damnera l' heretique*,/
Qu' auoit leurs loys* si (!) leur sembloit châgées. (1555)
[>Weltfriedensordnung</
Unterdrückung der alten Religionen] (Kommentar S. 308)
(Ein) Begrabener (ist) nicht tot, (nur) gelähmt./
Er wird angetroffen werden mit vertilgten Händen,/
wenn die Stadt* den Ketzer* dafür verdammen wird,/
ihre Gesetze*, die ihr doch ihre schienen, verändert zu haben.
---> 2/86, 4/36, 5/36, 5/86 (Letzte Zeit der alten Erde)

04/86 L' an que Saturne* en eau sera conionct,/ Auecques Sol*,
le Roy fort & puissant:/ A Reims & Aix sera receu & oingt,/
Apres conquestes meurtrira innocens. (1568)
[Heinrich V.]
In dem Jahr, wenn Saturn* im Wasser vereint sein wird/
mit (der) Sonne*, wird der starke und mächtige König/
in Reims und Aachen empfangen und gesalbt werden./
Nach Eroberungen wird er Unschuldige töten.
4) Oder: "... wird töten (der) Unschuldige".
Oder: "wird er/man (den) Unschuldigen töten".

Die Könige von Frankreich wurden bis ins 19. Jahrhundert in Reims, die deutschen Kaiser zuletzt 1531 in Aachen, französich Aix-la-Chapelle gekrönt. Die Salbung gehörte zur Krönungszeremonie. Die Orte zeugen von dem Willen, an diese Tradition anzuknüpfen. Es werden demnach Frankreich und Deutschland zum Kern eines europäischen Reiches gehören. Es wird auch Spanien dabeisein, 4/5, später auch Italien, 5/6. Daher nennt N. den großen Herrscher, den er hier ankündigt, auch den "König von Europa", 10/86, dessen Reich dann durch "Eroberungen" ausgebaut wird, Vz 4. -   Die Krönung fällt in das Jahr, wenn "Saturn im Wasser vereint sein wird mit der Sonne". Konstellationsangaben beziehen sich bei N. auf die sichtbaren Sternbilder, **1/51** (Bd.1), weshalb die Ekliptikverschiebung nach dem Kataklysmus, **6/85**, vernachlässigt werden kann. Die Waage wird wegen der sich auf- und abbewegenden Waagschalen "das bewegliche Zeichen" genannt, **1/54** (Bd.1), ungeachtet der astrologischen Regeln. So ist mit dem "Wasser" wahrscheinlich der Aufenthaltsort der Fische gemeint. Saturn und Sonne begegnen sich erstmals nach der Jahrtausendwende im Sternbild dieses Namens: März/April 2024, März/April 2025, März/April 2026, März/April 2027. -   Die "Unschuldigen", die er töten läßt, könnten Menschen sein, die sich als unschuldig an Greueln darstellen, es aber nicht sind. Denn ernst gemeint, würden sie nicht zu dem sehr positiven Bild passen, das N. von diesem Mann zeichnet, **5/74, 5/75**.
---> 10/86 (Heinrich V.)

05/36 De soeur le frere par simulte faintise,/ Viendra mesler rosee
en myneral:/ Sur la placente donne à vieille tardifue,/
Meurt, le goustant sera simple & rural. (1568)
[POLLUX-JUPITER/ >Neue Religion</
Zerstörung der katholischen Kirche] (Kommentar S. 309)
**Von (der) Schwester wird der Bruder aus Rivalität, Scheinheiligkeit/
Tau hineinmischen ins Mineral./
Auf das Gebäck gegeben der Alten, Langsamen,/
stirbt sie. Wenn sie davon kostet, wird es einfach sein und ländlich.**
   1) Lat n.f. simultas Eifersucht, Rivalität, Groll, Feindschaft.
   Mittelfr. n.f. feintise das Heucheln (action de feindre),
   Verstellung (dissimulation), Scheinheiligkeit (hypocrisie),
   Täuschung (tromperie).
   2) N.f. rosée Tau > lat. n.m. ros Tau.   Lat. adj. roseus
   rosenfarbig, rosig, aus Rosen, > lat. n.f. rosa Rose.
   3) Altfr. n.f. placenta runder und flacher Kuchen (galette,
   gâteau rond et plate), > lat. n.f. placenta Kuchen.
   4) Adj. tardif langsam, geistig träge, spät kommend, spät
   reifend.
---> 5/36, 5/86 (POLLUX-JUPITER)
---> 2/86, 5/86 (>Neue Religion<)
---> 2/86, 3/36, 4/36, 5/86 (Letzte Zeit der alten Erde)

05/86 Par les deux testes, & trois bras separés,/ La cité* grand
par eaux sera vexee:/ Des grands d' entre eux par exil esgarés,/
Par teste perse Bisance fort pressee. (1568)
[POLLUX-JUPITER/ >Neue Religion</ Unterdrückung der alten Religionen]
**Durch die zwei Köpfe und die drei gesonderten Arme/
wird die große Stadt* mit Fluten verheert werden./
Große unter ihnen durch Verbannung beiseite geschafft,/
durch persisches Haupt Byzanz hart bedrängt.**
   2) Zur >großen Stadt< ohne weiteres Attribut s. das Glossar
   unter cité grande.
   Zu den Fluten s. das Glossar unter deluge.
   3) Mittelfr. v. esgarer 1. in Aufruhr versetzen (troubler),
   beunruhigen (inquiéter) 2. vom Weg abkommen (dévier),
   beiseite schaffen, entführen (détourner).
   Adj. esgaré vereinzelt (isolé), verlassen (abandonné),
   entblößt (dépourvu).
Die lange belagerte Stadt, heimgesucht von >Überschwemmung und Seuche<, ist das >Neue Jerusalem<, verstanden als Ort der Gottgetreuen, **2/81**, **9/82**, der in den Lehren einer ansteckenden >neuen Religion< untergehen soll. -   Der >siamesische Zwilling mit zwei Köpfen< ist in Vers **1/58** ein Sinnbild für das Verhältnis >engster Verwandtschaft<, in welchem der populären Auffassung zufolge Jesus Christus und sein Wiedergänger stehen werden. Mit den "drei gesonderten Armen" dürften die jüdische, die christliche und die islamische Religion gemeint sein, **2/73** Vz 3. Von ihnen wird der >neue Heilige< als oberste Autorität in Dingen der Religion anerkannt und geehrt werden, **2/73** Vz 4. Indem der >siamesische Zwilling< die drei Religionen zur Machtausübung mißbraucht, werden sie zu seinen >Armen<.   Sein Deutungsmonopol, **1/79**, wird sich auf alle drei Glaubensformen erstrecken, VH (25). Sie dienen ihm als Baumaterial zu einer selbst ver-

fertigten >neuen Religion<. - Die Altgläubigen werden aus der Gesellschaft ausgestoßen und in diesem Sinne >verbannt<. Aber ein Asyl wird es nicht geben, weil das Regime global ist, **8/77**. - Von Byzanz, der Pforte zu Europa, wird ein "persisches Haupt" seinen >heiligen Krieg< nach Europa tragen, **9/73**.

---> 5/36, 6/86 (POLLUX-JUPITER)
---> 5/36 (>Neue Religion<)
---> 3/36, 4/36, 5/36, 7/36 (Letzte Zeit der alten Erde)

06/86 Le grand Prelat vn iour apres son songe,/ Interpreté au rebours
de son sens:/ De la Gascogne luy suruiendra vn monge,/
Qui fera eslire le grand Prelat de sens. (1568)
[Letzter Papst/ POLLUX-JUPITER]
**Der große Prälat an einem Tag nach seinem Traum,/
(der) seinem Sinn entgegen gedeutet (wird)./
Aus der Gascogne wird ihm ein Mönch zu Hilfe kommen,/
der den großen Prälaten des Sinns wählen lassen wird.**
   2) Zu "au rebours de son sens" vgl. 6/93 Vz 3.
   3) Provencalisch heißt ein Mönch monge (moine).
Der "große Prälat" ist derselbe wie der ehrgeizige Prälat in **6/93**. Der Wunschtraum, seiner Kirche zu weltweiter Dominanz zu verhelfen, **5/49**, wird bald ausgeträumt sein und in diesem sarkastischen Sinn >anders< als wunschgemäß >gedeutet< werden. "Wenn alles ins Gegenteil verkehrt ist", **6/93**, der Bann gegen Rom verhängt wurde, **10/65**, wird zu entscheiden sein, was zu tun ist. Manch Katholik, darunter der Mönch aus der Gascogne, wird sich als linientreuer Anhänger des großen Würden- und Sinnträgers sowie >Traumdeuters< erweisen, als welcher der vermeintlich >wiedergekommene Heiland< hier ins Bild tritt. Es scheint, daß ein Mönch die Kurie dazu bringen kann, sich ebenso zu entscheiden.

---> 5/36, 5/86 (POLLUX-JUPITER)

10/86 Comme vn gryphon viendra le roy d' Europe/ Accompagné de
ceux d' Aquilon*,/ De rouges* & blancz* conduira grand troppe/
Et iront contre le roy de Babylon. (1568)
[Heinrich V./ JUPITER]
**Wie ein Greif wird er kommen, der König von Europa/
begleitet von den Aquioniern*./
Von Roten* und Weißen* wird er eine große Truppe anführen,/
und sie werden ziehen gegen den König von Babylon.**
   1) Der Greif war ein Fabeltier mit Adlerkopf und Löwenleib.
In Dantes Läuterungsberg, den N. in **1/69** zitiert, nämlich in purgatorio 29,108 ist der Greif wegen seiner Doppelnatur Symbol Christi. Als den großen Stellvertreter Christi bezeichnet N. den "Königlichen, der gegen den Antichristen Krieg führt", VH (17), der als Heinrich V. König sein wird von Europa, **4/86**. Er wird begleitet von den einstigen Stützen des globalen Imperiums, VH (30), die die Seite hier schon gewechselt haben; es könnten Amerikaner sein. Seine Truppen sind als "Weiße" Getreue des französischen Königs und stehen als "Rote" auf gegen das globale Imperium des Königs von Babylon, des Ortes des Unglaubens, VH (19).

---> 4/86 (Heinrich V.)
---> 5/36, 5/86, 6/86 (JUPITER)

Centurie 3, Vers 36
Enseueli non mort apopletique
Sera trouue auoir les mains mangées:
Quand la cité* damnera l' heretique*,
Qu' auoit leurs loys* si (!) leur sembloit châgées.
(Urfassung bei Macé Bonhomme, Lyon 1555)

Übersetzung der Urfassung:
(Ein) Begrabener (ist) nicht tot, (nur) gelähmt.
Er wird angetroffen werden mit vertilgten Händen,
wenn die Stadt* den Ketzer* dafür verdammen wird,
ihre Gesetze*, die ihr doch ihre schienen, verändert zu haben.

Kommentar zu 3/36:
Erleidet jemand einen Schlaganfall (Apoplex), kann es zu Lähmungen kommen, doch bleibt der Gelähmte erkennbar am Leben, so daß niemand auf die Idee kommt, ihn zu begraben. Wenn das aber doch geschähe, ein noch Lebender irrtümlich begraben würde, ist es erneut unwahrscheinlich, daß er als Gelähmter sich aus dem Grab befreien kann. Warum Mäuse und Würmer zuerst an den Händen des Scheintoten geknabbert haben sollten, wüßte man auch nicht zu sagen. Buchstäblich genommen, ist es abstrus.
In 10/42 heißt es, daß der "Krieg gefangen" sein werde, "versenkt in sein Verlies". Ein Begriff wird dort mit einem Bild verhüllt (Allegorie), der Begriff des Krieges mit dem Bild eines eingekerkerten Menschen. Könnten Schlaganfall und Scheintod hier auch allegorisch gemeint sein, und weiter, könnte es auch der Krieg sein, den man für alle Zeit >begraben< zu haben meint, der dann aber doch wieder >aufersteht< ?
Zuvor stellt sich die Frage, welche Zeit gemeint ist. Den idealistischen Pazifismus gibt es erst seit der französischen Revolution, als viele Aufgeklärte optimistisch glaubten, das Böse aus der Welt drängen zu können. Doch maßgeblichen Einfluß auf die Politik hat diese Bewegung bisher nicht erringen können. Der Wunschtraum, den Krieg von der Erde zu verbannen, ist nicht verwirklicht worden. Es muß also eine zukünftige Zeit gemeint sein.
Es scheint, daß die Erfahrung des Abgrundes anschließend zu einem allgemeinen Verbot von Kriegswaffen führen wird, VH (37). Es werden dann die "Hände" des Krieges "vertilgt" sein, d.h. es werden die Waffen, mit denen der Krieg >sein Handwerk ausübt<, vernichtet werden. Der Vers warnt davor, den >begrabenen Krieg< für tot zu halten. Er werde sich als nur >gelähmt< erweisen, wiedererstehen und >angetroffen< werden unter den Lebenden. Denn "ganz leise werden sie die Waffen n i c h t wegsperren", 1/38.
In derselben Zeit werde es noch einmal "Abweichler vom rechten Glauben" geben. >Ketzer< fassen dann das Gesetz, nämlich die Gesetzgebung in Sachen Religion, anders auf, als es "die Stadt" für richtig hält. In der letzten Zeit der alten Erde wird es zu Verfolgungen von Christen im Namen einer >neuen Religion< kommen, 10/20, die ein Monopol beansprucht, 1/79. Da das Regime global sein wird und der Vers keine Orte angibt, ist >die Stadt< hier gleichbedeutend mit allen Zentren, die in der gemeinten Zeit politische Macht ausüben.
Erst nach dem Ende dieser Zeit der Verfolgungen wird "der Krieg" wirklich für lange Zeit "in sein Verlies versenkt" sein, 10/42.

Centurie 5, Vers 36
De soeur le frere par simulte faintise
Viendra mesler rosee en myneral:
Sur la placente donne a vieille tardive,
Meurt, le goustant sera simple & rural.
Textfassung bei Benoist Rigaud, Lyon 1568)

Übersetzung:
Von (der) Schwester wird der Bruder aus Rivalität, Scheinheiligkeit
Tau hineinmischen ins Mineral.
Auf das Gebäck gegeben der Alten, Langsamen,
stirbt sie. Wenn sie davon kostet, wird es einfach sein und ländlich.

Kommentar zu 5/36:
Man denkt auf den ersten Blick an einen Giftmord. Aber diese Deutung läßt sich nicht begründen, weil nähere Angaben zu den Personen völlig fehlen.

Wasser verflüchtigt sich, wenn es erhitzt wird, als Dampf in die Luft, und zurück bleibt nur etwas >Erde<, nämlich Mineralien, namentlich Kalk. Der >naiven< Anschauung zufolge besteht demnach Wasser aus Luft und Erde. Das >lebendige Wasser< bedeutet das vom Menschen aufgenommene Wort Gottes, Joh 46-15. Die >Luft< ist der lebendige Geist der Gottheit, und die >Erde< ist der Buchstabe, der ihn transportiert. Im Wort Gottes verbinden sich beide zum >lebendigen Wasser<.

Das >Mineral< ist hier wie die >Erde< in 3/44 ein Bild für die Sprache des NT als Material, d.h. ohne den ihr innewohnenden Geist, der sich verflüchtigt hat. Denn man wird die >Sprache rösten<, ihr das >Wasser< entziehen, 4/56. Dabei wird z.B. aus dem Gebot der Barmherzigkeit, dem es um die Seele des Reichen geht, die absetzbare Spende und der Anspruch des Armen auf Existenzsicherung im Dienst der Erhaltung des Staates.

Unter das zum >Mineral< herabgekommene Wort Christi wird >Tau< gemischt. Tau schlägt sich nachts nieder, beim Schein des Mondes. Der ist im Französischen weiblich, kann dichterisch "Schwester" der Sonne genannt werden und steht bei N. für den Islam, 1/49 (Bd.1). Der "Tau von der Schwester" ist >Wasser<, das sich beim Schein des >Mondes< niedergeschlagen hat. Gemeint sind die Lehren des Islam, 6/10.

Die krude Mischung wird dann "auf das Gebäck gegeben", auf flache Kuchen. Es sind Hostien besonderer Rezeptur, die der "Bruder", der >Zwillingsbruder Christi im Geiste<, 1/95, verfertigen wird. In Wahrheit ist er Rivale Christi, weiß sich aber als dessen geistiger >Bruder< zu verstellen. Die "einfache und ländliche" Machart seiner Backware bedeutet, daß sie nur einen zeitlichen Sinn hat und für die Ewigkeit nichts herausschmeckt.

Die "Alte", die sich beim Erscheinen des >Wiedergekommenen< wieder ganz jung fühlt, 10/52, ist >Mutter Kirche<. In Wahrheit ist sie eine "Langsame", weil sie lange nicht begreift, was vorgeht. Sie und ihre Gläubigen sind es, denen die >mineralisch< faden, mit >Tau< gewürzten Hostien dargeboten werden. Sie zu genießen, wird Gemeinschaft mit dem >Wiedergekommenen< begründen.

Sie munden der "Alten", doch sie wird daran sterben. "Wenn jemand an meinem Wort festhält, wird er auf ewig den Tod nicht erleiden", sagt Christus, Joh 852. Die Kirche wird die Verflüchtigung des >lebendigen Wassers< hinnehmen und den ersatzweise beigefügten >Tau< nicht verschmähen. D.h. sie wird den Manipulationen des >Wiedergängers< am Wort Christi nicht entgegentreten und so versäumen, es zu bewahren. Daran wird sie sterben, d.h. ihr Glaubensbekenntnis am Ende vollständig preisgeben müssen, 10/65.

Gruppe 37 - 87

01/37 Vng peu deuant que le soleil* s' esconse/ Conflict donné,
grand peuple dubieux:/ Proffligés, port* marin ne faict responce,/
Pont* & sepulchre* en deux estranges lieux. (1555)
[Kriegerische Ereignisse nahe der Jahrtausendwende/
Kataklysmus/ JUPITER] (Kommentar S. 313)
**Kurz bevor die Sonne* sich verbirgt,/
(wird) Konflikt herbeigeführt. Ein großes Volk unschlüssig./
Überwältigte, Hafen* am Meer erhält keine Antwort./
Brücke* und Grab* an zwei fremden Orten.**
   1) Altfr. v. esconser 1. verbergen (cacher) 2. untergehen, von der Sonne gesagt (se coucher, en parlant du soleil) 3. sich verbergen (se cacher, se dissimuler). Mit "untergehen" zu übersetzen, empfiehlt sich nicht, denn alltägliche Vorgänge waren für N. als Nicht-Lyriker uninteressant.
   2) Lat. adj. dubius 1. unsicher, unschlüssig 2. unsicher, gefährlich
   3) Lat. v. profligare (politisch oder geistig) niederschlagen, überwältigen, vernichten, stürzen.
   ---> 1/87 (Kriegerische Ereignisse nahe d. Jahrtausendwende)
   ---> 9/37 (Kataklysmus)
   ---> 1/87, 6/37 (JUPITER)

01/87 Ennosigée (!) feu du centre de terre*/ Fera trembler* au tour (!)
de cité* neufue:/ Deux grâs rochiers* lôg têps feront la guerre/
Puis Arethusa rougira nouueau fleuue*. (1555)
[Kriegerische Ereignisse nahe der Jahrtausendwende/
Letzte Zeit der alten Erde/ JUPITER] (Kommentar S. 314)
**Erderschütterin wird Feuer aus der Mitte der Erde*/
(das Land) erbeben* lassen beim Turm der neuen Stadt*./
Zwei große Felsen* werden lange Zeit Krieg führen,/
dann wird Arethusa einen neuen Fluß* rot färben.**
   1) Griech. ennosigaios Erderschütterer, ein Beiname des griechischen Meeresgottes Poseidon. Aber dieser ist männlich, und auch feu ist n.m. Die weibliche Endung ist erklärt, wenn Arethusa schon in den Vz 1/2 am Werk ist. Daß es so gemeint ist, bestätigt Vz 4 dadurch, daß Arethusa später einen "neuen", d.h. einen weiteren Fluß rot färbt.
   2) Spätere Ausgaben ziehen au tour zusammen zu autour. Dann müßte es heißen: "...wird (das Land) beben lassen um die neue Stadt herum". Eine Variante ohne echten Bedeutungsunterschied, aber der "Turm" ist Urtext und trifft das Ereignis präziser.
   3) Das n.m. rochier, modern rocher wird manchmal mit ungenau mit "Block" übersetzt, um dann darin einen politischen oder militärischen >Block< zu erkennen. Das n.f. roche oder n.m. rocher ist mit Fels wiederzugeben und wird von N. als Metapher mit besonderer Bedeutung verwendet, s. Glossar.
   4) Arethusa wird von Allgeier (1987) so gedeutet: Hebräisch areth Erde + usa ergeben das "Land USA". Ist möglich, paßt aber nicht zu der im Kommentar angegebenen Deutung, weil Arethusa als Name für eine Macht, die New York erschüttert, nicht mit den USA identisch sein kann. Die USA können sich nicht selbst erschüttern.
   ---> 1/37 (Kriegerische Ereignisse nahe d. Jahrtausendwende)
   ---> 1/37, 6/37 (JUPITER)
   ---> 6/37 (Letzte Zeit der alten Erde)

05/87 L' an que Saturne* hors de seruage,/ Au franc terroir sera
d' eau inondé*:/ De sang* Troyen* sera son mariage*,/
Et sera seur d' Espagnols circundé. (1568)
[Europäischer Freiheitskrieg/ Heinrich V.]
**In dem Jahr, wenn Saturn* frei wird von der Knechtschaft,/
wird das freie Land von Wasser überschwemmt* sein./
Mit trojanischem* Geblüt* wird es sich verheiraten*,/
und wird sicher von Spaniern umgeben sein.**
  2) N.m./ adj. franc I. Franke II. Franken (Geldstück) III. frei,
  freimütig. Die Befreiung aus der Knechtschaft in Vz 1 spricht
  dafür, daß franc hier "frei" bedeuten soll.
  4) Mittelfr. seur I. adj. sicher (seur) II. n.f. Schwester (soeur)
  III. n.m. Holunder (sureau).

Kronos/Saturn herrschte im mythischen >goldenen Zeitalter<, als die Menschen im Frieden mit den Göttern lebten. Viele Christen werden ein >goldenes Zeitalter<, d.h. eine Blütezeit der christlichen Religion für gekommen halten, wenn einige Zeit nach der Katastrophe der Weltfrieden allenthalben ausgerufen wird. (Gold steht für die Lehren der christlichen Religion, s. Glossar). Aber aus dem Mythos ist auch bekannt, daß Kronos/Saturn von seinem Sohn Zeus/Jupiter entthront und mit ihm das goldene Zeitalter auf die Insel der Seligen am äußersten Rand der Erde verbannt wurde. Nach Saturns Niederlage hatte Jupiter allein das Sagen, 5/24, und das ist mit der "Knechtschaft Saturns" gemeint. Bald nachdem Jupiter, Deckname für den Mann, der zum Weltherrscher berufen werden wird, 10/71, die Macht hat, ist es mit dem voreilig ausgerufenen >goldenen Zeitalter< vorbei, 5/32. Vorliegender Vers handelt von dem "Jahr", wenn diese Zeit ein Ende nimmt, wenn Saturn aus seiner Knechtschaft befreit und dann wirklich ein dauerhaftes Zeitalter des Friedens mit den Göttern beginnt. - Wer dann >Jupiter< beerben wird, verrät der Vers auch, ein Mann von "trojanischem Geblüt" nämlich. Damit ist ein Mann gemeint, der wie der griechische Aeneas im Krieg aus seiner Heimat vetrieben wird, aber später an der Gründung eines Weltreichs beteiligt ist, 5/74. - Seine >Heirat< mit dem "freien Land" bedeutet, daß er zum Herrscher über jene Gebiete berufen wird, die sich dem Szepter >Jupiters< bereits entzogen haben. Das zeitliche Zusammentreffen der Befreiung von Jupiters Herrschaft mit einer >Überschwemmung< der freien Länder macht klar, daß diese ein Sinnbild ist für die Wiederzulassung des lang entbehrten >lebendigen Wassers<, des von Gott inspirierten Wortes in allen seinen Formen. - Daß Spanien im Kampf um die Befreiung Europas eine besondere Rolle spielt, ist vielerorts ablesbar. Näheres zu Vz 4 kann derzeit nicht gesagt werden.

06/37 L' oeuure ancienne se paracheuera,/ Du toict chera sur
le grand mal ruyne:/ Innocent faict mort on accusera:/
Nocent caché, taillis à la bruyne. (1568)
[Unterdrückung der christlichen Religion/ JUPITER/ Neue Erde]
Das uralte Werk wird sich vollenden,/
vom Dach wird fallen auf das große Übel Zerrüttung./
(Den) Unschuldigen, zu Tode Gebrachten wird man anklagen,/
(der) Schuldige verborgen, abgeschnitten im Nebel.
<sub>4) Lat. adj. nocens 1. schädlich, verderblich 2. schuldig, strafbar.
Hinsichtlich bruyne wird deutlich, daß ein Ort gemeint ist, an dem man sich verbergen kann, was für die Wiedergabe mit "Nebel" spricht. Vgl. a. 9/100.</sub>

Mit dem "uralten Werk" dürfte das Erlösungswerk Christi gemeint sein, das von ihm aus vollendet ist, dessen Wirkung aber für die Menschen andauert und noch im Begriff ist, sich zu erfüllen. Wie die Kirche im Mittelalter die Juden als Volk der >Mörder Christi< verunglimpfte, werden in der letzten Zeit der alten Erde die Christen aus religiösen Gründen angeklagt werden, 6/72. Christus selbst wird angeklagt werden, Vz 3, Zwietracht unter den Menschen zu säen, sie vom wahren Glauben abzubringen, 4/28, so wie der geschichtliche Jesus am Ende seines Lebens der Gotteslästerung angeklagt und getötet wurde, obwohl er nichts verbrochen hatte. - Mit dem "Dach" der Welt ist wohl der Himmel gemeint. Dann würde Vz 2 besagen, daß "das große Übel", die Christenverfolgungen am Ende der alten Erde, nicht ohne Hilfe >von oben< beendet werden können. Der "Schuldige" wird seine Schuld an den Verfolgungen lange verborgen halten können, Vz 4. Bis zuletzt wird es ihm gelingen, den >Friedensfürsten< zu markieren, 9/44, den die Menschen in ihm erkennen wollen. Spät erst werden manche, die sich für "die Seinen" gehalten hatten, begreifen, daß er es ist, von dem die Verfolgung ausgeht, 9/80. - Der >Nebel<, der das Land feuchtet, gehört in der Genesis zum Schöpfungsakt. Der am "großen Übel" Schuldige und seine Anhänger werden auf die in Offb 21 verheißene neue Erde nicht mitkommen.
---> 1/37, 1/87 (JUPITER)

09/37 Pont* & molins en Decembre versez,/ En si hault lieu
montera la Garonne:/ Murs*, edifices, Tholose renuersez,/
Q' on ne scaura son lieu autant matronne. (1568)
[Kataklysmus]
Brücke* und Mühlen im Dezember umgestürzt,/
so hoch wird die Garonne steigen./
Mauern*, Gebäude, Toulouse niedergerissen,/
so daß man seine Lage nicht kennen wird, ebensowenig (die) Marne.
_{4) Lat. Matrona Marne.}

In Südfrankreich kommt es zu gewaltigen Überschwemmungen, wie in 10/6 (Nîmes). Aber auch Italien leidet gleichzeitig, 2/33 Vz 4, unter außerordentlichen Fluten, wie auch der Norden Frankreichs (Marne). Es stehen wohl große Teile Europas unter Wasser. Der Komet wird zu Überschwemmungen führen, 2/43. - Zu der "großen Versetzung" kommt es im Oktober, VH (18), zu den Überschwemmungen im "Dezember".
---> 1/37 (Kataklysmus)

Centurie 1, Vers 37

Vng peu deuant que le soleil* s' esconse
Conflict donné, grand peuple dubieux :
Proffligés, port* marin ne faict responce,
Pont* & sepulchre* en deux estranges lieux.

(Urfassung bei Macé Bonhomme, Lyon 1555)

Übersetzung der Urfassung:

Kurz bevor die Sonne* sich verbirgt,
(wird) Konflikt herbeigeführt. Ein großes Volk unschlüssig.
Überwältigte, Hafen* am Meer erhält keine Antwort.
Brücke* und Grab* an zwei fremden Orten.

Kommentar zu 1/37:
Die Sonne "verbirgt sich" des öfteren, z.B. dann, wenn der Mond zwischen Erde und Sonnenscheibe tritt und diese verdeckt, was im Durchschnitt 2,3mal im Jahr irgendwo auf Erden zu beobachten ist. Solchen Ereignissen fehlt die Qualität des Geschichtlichen (Ausnahme: **10/72**), die bei N. fast immer anzutreffen ist. Zu geschichtlich bedeutsamen Verfinsterungen der Sonne wird es wegen der Annäherung irregulärer Himmelskörper kommen, VH (22), (18).
  "Kurz bevor" das geschieht, kommt es zu einem "Konflikt". Daß vor dem Kataklysmus kriegerische Auseinandersetzungen im Gang sind, wird z.B. in 2/43 angekündigt. In 2/62 gibt es "für Mensch und Tier eine schreckliche Vernichtung", und d a n n sieht man die "Rache" in Gestalt eines Kometen.
  "Kurz" vor dem Naturgeschehen kommt der "Konflikt". "Während der Komet erscheint", verfeinden sich drei große Mächte, 2/43. Von der Erscheinung eines Kometen bis zur Erreichung seiner größten Erdnähe dürfte es aufgrund der Erfahrungen mit bisher unbekannten Kometen weniger als ein Jahr dauern.
  Ein "großes Volk" wird, wenn der Konflikt da ist, "unschlüssig" sein. Das könnten die Amerikaner sein, die zögern, ob und wie sie in den in Europa, **9/55**, sich ausbreitenden Konflikt eingreifen sollen, so wie sie im ersten und zweiten Weltkrieg in dieser Frage zögerten. Die "Überwältigten" könnten Franzosen oder Europäer sein, die sich in der Defensive befinden und "niedergeworfen" werden. In welchem Küstenhafen man um Hilfe ruft, aber keine Antwort bekommt, bleibt offen.
  Das Bild des Schiffes ist als Symbol der Kirche geläufig, **1/4**. Ein pont kann die Brücke eines Schiffes, dessen Kommandoebene also, bezeichnen - das wäre die römische Kurie mit dem Papst, **8/21**. Es scheint, daß er kurz vor den Naturereignissen Rom verlassen, **2/41**, und unterwegs gefangengenommen wird, **5/15**. Möglicherweise gelangt er in den arabischen Machtbereich, der dann mit den "fremden Orten" gemeint wäre.
  Dort befindet sich auch ein "Grab". Das >Grab des großen Römers< begegnet in 9/84. In der Zeit der Naturkatastrophen wird jener Mann erstmals auftreten, der als hochbegabter Prediger anfängt und später an die Spitze eines globalen Regimes berufen wird. In ihm sieht N. - unter anderem - Kaiser Augustus auferstehen, den ersten Kaiser im alten Rom. Diese >Auferstehung< meint N. nicht ernst, sie dient ihm nur dazu, den Gemeinten zu charakterisieren.

- 313 -

Centurie 1, Vers 87

Ennosigée (!) feu du centre de terre*
Fera trembler* au tour (!) de cité neufue*:
Deux grâs rochiers* lôg têps feront la guerre
Puis Arethusa rougira nouueau fleuue*.

(Urtext, Macé Bonhomme 1555)

Übersetzung:
Erderschütterin wird Feuer aus der Mitte der Erde*
(das Land) erbeben* lassen beim Turm der neuen Stadt*.
Zwei große Felsen* werden lange Zeit Krieg führen,
dann wird Arethusa einen neuen Fluß* rot färben.

Kommentar zu 1/87:
Arethusa hieß eine Nymphe, die von Artemis in einen Fluß verwandelt wurde, der unter dem Meer von Griechenland nach Westen bis nach Sizilien floß und dort als friedliche Quelle wieder zum Vorschein kam. Erderschütternd tritt sie im griechischen Mythos nicht in Erscheinung, aber N. bringt sie in diesem Vers mit vulkanischen Kräften aus der Tiefe in Verbindung, wie sie für Sizilien mit seinem großen Vulkan kennzeichnend sind. Als eine der Hesperiden, dem Namen nach mit dem Abend, griech. hespera verbunden, wohnte sie >im Westen<. Daher kann mit der "neuen Stadt" New York gemeint sein, in **6/97** "große neue Stadt" genannt. Der "Turm" wäre dann Manhattan mit den Wolkenkratzern.

Der Vers könnte ein Erdbeben an der amerikanischen Ostküste ankündigen, das New York in Mitleidenschaft zieht. Dann käme es zu einem Krieg, an dem die USA beteiligt sind. Die "Felsen" wären die unterirdischen Befehlszentralen der Kriegsgegner.

Folgende Deutung ist besser, 1) weil nach dem September 2001 klar ist, daß das Erdbeben nicht wörtlich zu nehmen ist, und weil 2) davon auszugehen ist, daß N. hier die Felsmetapher in der gleichen Bedeutung verwendet wie sonst auch. In der "Mitte der Erde" ist im Weltbild des mittelalterlichen Christen der gefallene Luzifer eingeschlossen (s. z.B. Dante, Comedia, Inferno). Das von dort hervorbrechende Feuer bedeutet, daß der Teufel aus seinem Gefängnis freigelassen ist (was vor der Errichtung des Reiches Christi für eine "kleine Zeit" zugelassen wird, Offb 20³). In seinem Dienst also erschüttert Arethusa die Erde "beim Turm der neuen Stadt".

Die >Erde< steht metaphorisch für den weltlichen, das >Meer< für den religiösen Bereich, 1/50. Der untermeerische Fluß Arethusa bedeutet eine religiös motivierte, von Ost nach West sich bewegende, aus der Tiefe kommende, d.h. vom Bösen inspirierte und nicht vorhergesehene Macht, die New York politisch erschüttert. Die erste Vershälfte wäre demnach seit dem Ereignis vom September 2001, von dem Vers **6/97** detaillierter handelt, erfüllt.

Die zweite Vershälfte könnte sich auf einen anschließenden Krieg beziehen. Wegen N.s zeitenübergreifender Perspektive ist es wahrscheinlicher, daß er hier in die letzte Zeit der alten Erde springt. Die beiden >Felsen< sind Christus und der >wiedergekommene Heiland<. Ihre Anrede im Bild des Felsens mit Quelle bedeutet, daß sie sich den Menschen als Zuflucht und Quell geistiger Nahrung anbieten, s. Glossar. Sie bekämpfen einander auf dem Schlachtfeld der Menschenseele, führen in diesem Sinne Krieg, weil, entgegen mancher Vermutung, **1/95**, unvereinbar ist, was sie sind und was sie lehren.

Der "neue Fluß", den Arethusa dann rötet, dürfte aus dem Blut bestehen, das am Ende der alten Erde von den Anhängern des angeblich Wiedergeborenen vergossen werden wird, VH (43)

Gruppe 38 - 88

01/38 Le sol* & l' aigle* au victeur paroistront:/ Responce vaine au
vaincu l' on asseure,/ Par cor ne crys harnoys n' arresteront/
Vindicte, paix par mort si acheue à l' heure. (1555)
[>Weltfriedensordnung</ JUPITER/ Unterdrückung der christl. Religion]
**Die Sonne* und der Adler* werden beim Sieger erscheinen./
Nichtige Gewähr wird man dem Besiegten versprechen,/
ganz leise werden sie die Waffen n i c h t wegsperren./
Ahndung. Frieden wird sich pünktlich durch Tod vollenden.**
2) Mittelfr. v. asseurer 1. jds. Sicherheit garantieren (garantir la
sûreté de qu.) 2. persönliche Sicherheit garantieren (accorder
une sauvegarde) 3. sich verpflichten (s' engager), versprechen
(promettre) 4. beruhigen (rassurer), Vertrauen schaffen (mettre
en confiance).
3) Idiom à cor et à cri ungestüm, lauthals (fordern usw.). Hier
verneint: "ganz leise".

Wie manche Kommentatoren hier auf Napoléon kommen, bleibt ihr
Geheimnis; ein Adler allein macht keinen Napoléon. -   Ein "Sieger"
gründet in christlichem Namen (Sonne) ein Imperium (Adler) und gibt dem
Besiegten Zusicherungen. Lauthals (cor & cri) verkündet er, daß man die
Waffen wegsperren, sie aus der Welt schaffen werde. In Wahrheit denkt er
nicht daran, sein Versprechen zu halten. Des Besiegten Gutgläubigkeit wird
>geahndet<. Es werden Menschen getötet im Namen eines Friedens, der
d a d u r c h vollendet werden soll. -   Das Wegsperren
der Waffen, mit dem dann nicht Ernst gemacht wird, erinnert an Vers **3/36**.
Dort scheint der Krieg >begraben< zu sein, ist aber nur >gelähmt< und >steht
wieder auf<, entgegen allen Erwartungen. Es sind dort wie hier Vorgänge in
der Zeit nach der Katastrophe gemeint, wenn der Krieg geächtet sein wird,
6/94. Man wird vorgeben, niemanden mit Gewalt in die neue >Friedens-
ordnung< hineinzwingen zu wollen. Alle Gemeinwesen werden zur Teilnahme
freundlich eingeladen sein, **4/32**. Aber die >Friedensordnung< wird sich als
unfriedlich erweisen, **2/88**. Man wird jene, die abseits stehen, weil sie dorthin
gestellt werden, als >Friedensfeinde< diffamieren. -   Der
"Sieger", **4/56, 4/95**, ist der >neue Heilige<, **10/30**. Er wird an die Spitze
eines globalen, mit gesetzgeberischer Macht ausgestatteten Regimes gestellt
werden, **1/43**. "Besiegte" sind alle Staaten und Glaubensgemeinschaften, die
diesem Regime erst freiwillig ihre Souveränität, **4/21**, und dann zwangsweise
alle, die sich der Gleichschaltung nicht beugen, zum Opfer bringen.
---> 2/88 (>Weltfriedensordnung<)
---> 2/88, 4/88, 5/88 (JUPITER)
---> 2/88, 3/88, 4/88, 6/88 (Letzte Zeit der alten Erde)

Gruppe 38 - 88

02/88 **Le circuit du grand faict ruineux/ Le nom septiesme du cinquiesme sera:/ D' vn tiers plus grand I' estrange belliqueux./ Monton (!), Lutece, Aix ne garantira. (1555)**
[>Weltfriedensordnung</ JUPITER/ Unterdrückumg der christl. Religion]
Der Umweg des großen ruinösen Geschehens:/ Der siebte Name wird dem Fünften gehören./ Der kriegerische Fremde eines dritten Größten/ wird keine Gewähr bieten für Osterlamm (?), Paris, Aix.

2) V. i. être de gehören zu, teilhaben an.
4) Monton könnte ein verschriebenes Mouton sein. Für die Vertauschung der Typen n und u gibt es Beispiele (4/38 Vz 2). N.m. mouton Schaf, Hammel. Mittelfr. n.m. mouton 1. Münzgeld aus Gold, welches das Osterlamm abbildet (monnaie d' or représentant I' agneau pascal) 2. ein Kriegsgerät 3. sanfter und einfacher Mensch (personne douce et simple). Lutetia ist der lat. Name von Paris. Aix kann Aix-en-Provence, Aix-les-Bains oder Aix-la-Chapelle (Aachen) sein.

Es soll sich um den Niedergang des Königsgeschlechtes der Valois handeln (Allgeier 1988). Katharina von Medici hatte zehn Kinder, drei starben bald nach der Geburt; der spätere Heinrich III. war ihr sechstes Kind. Er war der dreizehnte und letzte König aus dem Geschlecht der Valois. Dieses stellte mit Philipp VI. seinen ersten, mit Karl VII. seinen fünften und mit Karl VIII. seinen siebten König. Es geht da nichts zusammen. - Der siebte Planet im ptolemäischen System heißt Saturn. Die fünfte Sphäre ist die des Mars. So gedeutet, würde die zweite Vz besagen: >Saturn wird der Mars heißen<. Mars kann Krieg bedeuten, und Saturn kann das goldene Zeitalter bedeuten, in dem er der Sage nach herrschte. Ein Mars, eine in Wahrheit friedlose Zeit, werde Saturn genannt, als ein neues >goldenes Zeitalter< des Friedens bezeichnet und den Menschen dargestellt werden. - Manche mit großen Heilserwartungen begrüßte >neue Zeit< erwies sich dann als kriegerisch, z.B. die Zeit nach der Revolution in Frankreich. N. erkennt hier einen "Umweg", eine Abwärtsspirale, in der sich das "große ruinöse Geschehen" vollzieht. Er meint den Niedergang des Christentums und der alten, im Glauben gegründeten Ordnung. Der "Umweg" ist der dorther kommende, im Krieg endende Versuch, ein Paradies auf Erden von Menschenhand zu schaffen. - Hier geht es um die Zeit von der Katastrophe bis zum Ende der alten Erde, in der ein neues >goldenes Zeitalter< ausgerufen werden wird, **8/29**. Denn der "d r i t t e Größte" heißt bei N. der - nach Napoléon und Hitler - dritte Herrscher über ein Imperium und Aspirant auf die Weltherrschaft, **9/5**. Er wird nach der Jahrtausendwende in Erscheinung treten, **1/48**, später die Orientalen unterwerfen und sie für die Unterwerfung Europas dienstbar machen, VH (29). Ihm wird der "kriegerische Fremde", ein Orientale demnach, gehören (Genitiv). Die Gewähr, die dieser und das Regime, dem er dient, nicht bieten werden, bezieht sich auf Zusicherungen politischer und religiöser Freiheit, die nicht eingehalten werden, 1/38.

---> 1/38 (>Weltfriedensordnung<)
---> 1/38, 4/88, 5/88 (JUPITER)
---> 1/38, 3/38, 4/88, 6/88 (Letzte Zeit der alten Erde)

03/38 La gent Gauloise & nation estrange/ Outre les monts*, morts
prins & profligés:/ Au mois (!) contraire & proche de vendange/
Par les seigneurs en accord rediges. (1555)
[Verfolgung altgläubiger Christen]
**Das gallische Volk und Menschen fremder Herkunft/
(sind) jenseits der Berge*, tot, gefangen und überwältigt./
Im dem Monat, widerstreitend und nahe der Weinlese,/
werden sie durch die Herren in Übereinstimmung zurückgetrieben.**
4) Lat. v. redigere zurücktreiben; (ins Gedächtnis) zurückrufen; in einen Zustand bringen, zu etw. machen; beschränken, reduzieren.

In 3/43 werden Leute von Tarn, Lot und Garonne gewarnt, die Apenninen zu überqueren, und aquitanisches Volk stirbt dann in der Toskana, 3/32. Die >Weinlese< bedeutet in 9/80, daß Menschen, die Christus anhängen wie die fruchttragenden Reben dem Weinstock, getötet werden. In der letzten Vz scheint es, daß Abweichler genötigt werden, ihrer >Irrlehre< abzuschwören und das geforderte Bekenntnis abzulegen, 8/78. Die Betreffenden werden vor die Alternative gestellt, dies zu tun oder getötet zu werden, und sind der >Weinlese< in diesem Sinne "nahe". Gleichzeitig wirkt diese Alternative "gegen" die >Weinlese<, weil, wer nicht standhält, nicht >geerntet< werden kann. - "Seht, ich sende euch wie Schafe mitten unter die Wölfe; seid daher klug wie die Schlangen und arglos wie die Tauben", Matth 10,16. Drängen zum Martyrium soll sich also niemand. Aber: "Wer das Leben gewinnen will, der wird es verlieren; wer aber das Leben um meinetwillen verliert, wird es gewinnen", Matth 10,39. Ausschließen soll man das Martyrium also auch nicht. "Der Täter wird immer erst vollständig durch sein Opfer. Also ist das Opfer ein Teil des Bösen" (Döbereiner 1996 S.272). Das Opfer, das man wird (victime), ist Teil des Bösen, aber nicht ein Opfer, das man bringt (sacrifice). Daß der Mensch in der Welt ist, ist sein unaufhebbarer Rest an Dualität. Fazit: Es muß dem Himmel überlassen sein, ob es Blutzeugen gibt.
---> 1/38, 2/88, 4/88, 6/88 (Letzte Zeit der alten Erde)

04/38 Pendant que duc*, roy, royne occupera/ Chef Bizant dn captif
en Samothrace,/ Avant l' assault l' un l' autre mangera,/
Rebours ferré (!) suyura du sang* la trasse. (1555)
[>Neue Religion<]
**Während Heerführer* sich (des) Königs, (der) Königin bemächtigt,/
(wird) byzantinisches Haupt des Gefangenen auf Samothrake (sein)./
Vor dem Angriff wird der eine den anderen verzehren,/
Gegensinn eisenbewehrt, wird folgen der Spur des Blutes*.**
4) Mittelfr. n.m. rebours das Gegenteil (le contraire), was gegen jds. Meinung, jds. Willen geht (ce qui va à l' encontre d' une opinion, de la volonté de quelq' un).

In 3/13 verzehren zwei Gefangene einander gegenseitig. Gemeint ist, daß Christentum und Islam Inhalte der jeweils anderen Religion bei sich aufnehmen, um dem Anpassungsdruck der Religion des Weltstaats zu begegnen und sich zu erhalten. Diese ist der "Gegensinn", der die alten Lehren ihres Jenseitsbezuges beraubt, 5/36. Ihr wird mit Machtmitteln Geltung verschafft (eisenbewehrt). Dabei geht es dem >neuen Heiligen<, der im Mittelpunkt der >neuen Religion< steht, nicht um militärische Erfolge, sondern um das >Blut< seiner Opfer, deren Spur er aufgenommen hat, Vz 4. Mit dem >Blut< sind wie vielfach andernorts, z.B. **2/97**, die Inhalte der alten Religionen gemeint. - Die erste Vershälfte ist ungeklärt. Samothrake ist eine Insel in der nördlichen Ägäis, nicht weit von >Byzanz< (Istanbul).

**04/88 Le grand Antoine du nom de faict sordide/ De Phthyriase
à son dernier rongé:/ Vn qui de plomb voudra estre cupide,/
Passant le port* d' esleu sera plongé.** (1568)
[Letzter Papst/ JUPITER/ Zerstörung der katholischen Kirche]
**Der große Antonius, (groß) dem Namen nach, der Tat nach schäbig,/
wird von Läusebefall bis auf 's Letzte abgenagt sein./
Einer, der begierig ist auf Blei,/ wird vorbeikommen
im Hafen* des Erwählten, wird untergetaucht werden.**
2) N.f. phthiriasis, phthiriase Hautkrankheit, Läusebefall.
Antoine de Bourbon, König von Navarra von 1555-62, Vater Heinrichs IV., sympathisierte eine Zeit lang mit den Reformierten, schlug sich aber dann auf die Seite der katholischen Partei, weil die Spanier ihm Sardinien versprachen. Er wurde 1562 bei der Hafenstadt Rouen tödlich verletzt. Aber Läusebefall, Blei, das Untertauchen werden nicht erklärt. - Der heilige Antonius von Padua war ein >glühender< Prediger, der sogar die Fische nicht schonte, gilt als Schutzpatron der Liebenden und Eheleute und wurde gern angerufen, wenn etwas verlorenging. Der Gemeinte wird Schutzpatron einer Ehe der besonderen Art sein. Mit Erfolg wird er dafür eintreten, daß sich >Mutter Kirche< dem >wiedergekommenen Heiland<, **1/95**, >verlobt<, **5/49**, und dann auch >vermählt<, **10/55**. "Schäbig" daran ist, daß die Kandidatin ja bereits >ehelich< gebunden ist, der Vater im Himmel aber nun nichts mehr zu melden hat. - Von der >Hochzeit< wird sich die gemeinte große Papst ein >goldenes Zeitalter< für die Kirche versprechen, nichts werde dann mehr unerreichbar sein, **6/93**. Im >goldenen Zeitalter< herrschte Saturn, als dessen metallische Entsprechung das Blei galt. >Begierig auf Blei<, **5/7**, soll also bedeuten, daß dieser Papst paradiesische Zustände für seine Kirche mit Vehemenz anstreben wird. - So wird er das >Schiff< seiner Kirche, **1/4**, in einen >Hafen< steuern, von dem Friedenssignale ausgehen, **1/30**. Dieser ist ein Sinnbild für Aufnahmebereitschaft und Schutz, den die >Weltfriedensordnung< den alten Religionen bieten wird, die sich eine Zeit lang noch gleichberechtigt werden halten können, **8/69**. - Wenn der >neue Heilige<, **10/30**, dann "erwählt", von der Kirche als >wiedergekommener Christus< anerkannt ist, wird sich eines "heiteren Tages" plötzlich alles verfinstern. Der >Hafen der Ehe<, **9/32**, wird "zerstört" sein, keinen Schutz mehr bieten, die darin vor Anker gegangene katholische Kirche samt Besatzung "auf Grund" liegen, **10/80**, "untergetaucht sein". - Die blutsaugenden Parasiten sind die Anhänger der >neuen Religion<. Diese wird sich beim Geistesgut der alten Religionen bedienen, dieses >Blut saugen<, bis die Kirche nur noch eine >blutleere Hülle< ist, **10/65**. Sie ist dann >bis auf' s Letzte abgenagt<, d.h. ihrer Seele beraubt, **2/9**.
---> 1/38, 2/88, 5/88 (JUPITER)
---> 1/38, 2/88, 3/38, 6/88 (Letzte Zeit der alten Erde)

05/88 Sur le sablon par vn hideux deluge*,/ Des autres mers* trouué
monstre marin:/ Proche du lieu sera faict vn refuge,/
Tenant Sauone esclaue de Turin. (1568)
[JUPITER]
**Auf dem Sandstrand durch eine scheußliche Überschwemmung*/
(wird) ein Meeresungeheuer aus anderen Meeren* gefunden./
In der Nähe des Ortes wird eine Zufluchtsstätte geschaffen,/
wenn Savona versklavt wird von Turin.**
   3)4) Von der Syntax her ist auch möglich, daß die Zuflucht es
   ist, die Savona als Sklaven von Turin hält.
In **3/21** erscheint ein "schrecklicher Fisch mit menschlichem Antlitz und fischigem Schwanz" am adriatischen Meer und kommt an Land. Es ist eine "gewaltige Woge", **1/29**, hier eine "scheußliche Überschwemmung", die diesen landgängigen >Fisch< ans Ufer trägt, **1/29**. Der >Fisch< wird in den zitierten Versen als der >neue Heilige< gedeutet, dessen >Herkunft aus dem Meer< bedeutet, daß er dem religiösen Bereich seinem Ursprung nach zugehörig und seinem Vorhaben nach verpflichtet zu sein sich den Anschein geben wird. Aber er stammt aus "a n d e r e n Meeren", d.h. jedenfalls nicht aus einer christlichen Tradition. Das macht die >Überschwemmung< - mit den Lehren einer Pseudoreligion, **10/20** - für N. zu einer scheußlichen. - Die >Landung< dieses Mannes bedeutet den Beginn seines politischen Wirkens. Das >Land< steht für den weltlichen, das >Meer< den religiösen Bereich, **1/50**. Aber er wird wohl auch real während der Zeit der Naturkatastrophen irgendwo an der Küste der Adria landen, **3/21**, vielleicht nahe Ravenna, wo laut **2/32** ein Monstrum erscheinen soll. Es scheint, daß dort eine Gedenkstätte oder eine Art Heiligtum errichtet wird, das in Bedrängnis Geratene später als "Zuflucht" aufsuchen. - Zu Savona s.a. **10/60** (Bd.3).
   ---> 1/38, 2/88, 4/88 (JUPITER)

06/88 Vn regne grand demourra desolé,/ Aupres del Hebro se
feront assemblees:/ Monts Pyrenees le rendront consolé,/
Lors que dans May seront terres* tremblees*. (1568)
[Islamische Invasion Europas/ Verbot der alten Religionen]
**Ein großes Reich wird verwüstet zurückbleiben,/
beim Ebro werden große Armeen sich aufstellen./
Die pyrenäischen Berge werden ihm Trost geben,/
wenn im Mai Erderschütterungen* sein werden.**
   2) Mittelfr. n.f. assemblee 1. Armee (armée) 2. Schlacht
   (bataille) 3. Versammlung (rassemblement) 4. Annäherung
   (rapprochement), Verbindung (union), Heirat (mariage).
Die >Erdbeben< im Mai sind bekannt aus **9/83**, auch **10/67**. Sie wurden dort als die politischen Erschütterungen gedeutet, welche die Bannstrahle des globalen Regimes gegen die alten Religionen hervorrufen werden. Hier geht es also um die Zeit ca. zwölf bis dreizehn Jahre nach der Katastrophe. In dem verwüsteten "großen Reich" dürfte mit Pfändler (1996 S. 482) Spanien zu erkennen sein. Die Truppenansammlungen im Nordosten des Landes, **2/17**, dürften nordafrikanischer Herkunft sein, **5/14**, und zu einem weiteren Vormarsch über die Pyrenäen rüsten, **9/73**. Vz 3 bleibt offen.
   ---> 1/38, 2/88, 3/38, 4/88 (Letzte Zeit der alten Erde)

06/39 L' enfant* du regne par paternelle prinse,/ Expolié sera
pour deliurer:/ Aupres du lac Trasimen l' azur prinse,/
La troupe hostaige par trop fort s' enyurer. (1568)
[Katholische Kirche nahe der Jahrtausendwende]
Das Kind* der Herrschaft durch väterliche (Versammlung) ergriffen,/
beraubt wird es sein, um (es) auszuliefern./
Beim trasimenischen See der Azurne ergriffen./
Die Schar (wird zur) Geisel, weil sie sich allzu sehr berauscht.
   1) Ein n.f. prinse gibt es auch mittelfr. nicht, es handelt sich
   um das p.p.p. von prendre. Das adj. paternel väterlich bezieht
   sich auf ein n.f., das fehlt. Vorgeschlagen wird im Hinblick auf
   Vz 4 troupe oder assemblée. Will man das nicht, wäre
   paternelle zu substantivieren: "Das Kind der Herrschaft durch
   (eine) Väterliche ergriffen..." - für die Deutung macht das
   keinen Unterschied.
   2) V. expolier vom lat. v. exspoliare plündern, gänzlich berauben.
   4) N.m. otage Geisel, Bürge. Mittelfr. n.m. otage 1. Pfand
   (gage), Bürgschaft (caution) 2. Geisel (otage). Mittelfr. n.m.
   hostage 1. Gastfreundschaft (hospitalité), Beifall (accueil)
   2. Wohnung (logement), Bleibe (demeure).
Unter dem Nachfolger des Siebenmonatspapstes wird sich in der katholischen Kirche jene Richtung durchsetzen, die sich mit dem >wiedergekommenen Christus< verbindet, **5/46**, durch den man sich Wunderdinge für die Kirche erhofft, **5/49**. Man "berauscht sich" an den Perspektiven einer kirchenpolitisch instrumentalisierten Parusie - doch "allzu sehr", der Kater wird nicht ausbleiben. Man wird sich von dem vermeintlichen >Zwillingsbruder Christi im Geiste<, **1/95**, abhängig machen, zu dessen "Geisel" werden, zum Gefangenen, **10/29**. - Die "Regierung" ist die Regierung der katholischen Kirche, das "Kind" dieser Regierung ein neuer Papst. Die ersten drei Verszeilen handeln davon, wie der Weg für den gewünschten Rausch freigemacht wird, **8/47**.

10/89 De brique en marbre* seront les murs* reduits/ Sept & cinquante
annees pacifiques,/ Ioie aux humains, renoué l' aqueduict,/
Santé, grandz fruicts, ioye & temps melifique. (1568)
[Neue Erde] (Kommentar S. 321)
Die Mauern* werden aus Backsteinen in Marmor* verwandelt werden,/
(es gibt) siebenundfünfzig friedliche Jahre./
Freude unter den Menschen, erneuert der Aquädukt,/
Gesundheit, große Früchte, Freude und honigbringende Zeit.
   1) V. reduire qch. en qch. etwas in etwas anderes verwandeln.
   2) Mittelfr. adj. pacifique 1. befriedet (pacifié) 2. friedliebend
   (qui aime la paix) 3. friedlich, ruhig (paisible).
   4) Mittelfr. n.m. fruit 1. Nachkommenschaft (progéniture) 2. les
   fruits alles, was ein Hof produziert (tout ce que produit une
   ferme) 3. Gewinn (profit), Vorteil (avantage).

Centurie 10, Vers 89
De brique en marbre* seront les murs* reduits
Sept & cinquante annees pacifiques,
Ioie aux humains, renoué l' aqueduict,
Santé, grandz fruicts, ioye & temps melifique.
(Textfassung bei Benoist Rigaud, Lyon 1568)

Übersetzung:
Die Mauern* werden aus Backsteinen in Marmor* verwandelt werden,
(es gibt) siebenundfünfzig friedliche Jahre.
Freude unter den Menschen, erneuert der Aquädukt,
Gesundheit, große Früchte, Freude und honigbringende Zeit.

Kommentar zu 10/89:
Da sage noch einer, Nostradamus rede nur vom Untergang. Aber gerade weil der Vers ein heller Farbtupfer zu sein scheint im sonst dunklen Gemälde, muß damit gerechnet werden, daß hier kein echtes Entzücken sich kundgibt. So könnte auch sarkastisch ein dummes Schlaraffenland voll prunkenden Reichtums beschrieben werden.

Das auffälligste Detail ist "der Aquädukt". Daß ein realer Aquädukt wieder aufgebaut wird, ist wegen des technischen Wissensstandes nicht zu erwarten. Diese Bauten führten reines Wasser aus den Bergen heran. In 5/66 konnte der Aquädukt als Bild für das Lehrgebäude des christlichen Dogmas gedeutet werden, das den Menschen >reines Wasser vom Fels< zugänglich macht, d.h. das unverfälschte Wort Gottes - für N. das Wort, wie es die katholische Kirche verkündet. Dieses Transportmittel der Wahrheit wird hier "erneuert". Das wird nötig sein, weil es zuvor eine "Ruine" war, 5/66, und >Brunnen und Quellen< eine Zeit lang vergiftet waren, 4/66, was für die letzte Zeit der alten Erde angekündigt ist, **10/65**. Vorliegender Vers handelt demnach von der anschließenden Zeit der neuen Erde, "wenn das Wesen des fleischgewordenen Geistes wieder aufgerichtet und angenommen wird als wahre Heimstatt", 8/99.

Wahrer Frieden beruht nicht auf Verträgen oder der Zufriedenheit der Satten, sondern darauf, daß die Menschen ihren Frieden mit Gott machen. Da N. so etwas weiß, werden hier nicht irgendwelche Mauern, sondern die Mauern der Kirchen aufgewertet. Der Marmor, in den sich die Backsteine verwandeln, bedeutet die erhöhte Wertschätzung einer aus dem Geist Christi wiedererstandenen Kirche.

>Honig< ist ein Bild für die >Süße<, die das Wort Gottes entfaltet, wenn die Menschen es >zu sich nehmen<, d.h. aus seinem Geist leben, 1/44 (Bd.1). Ein solches Leben bringt dann auch zwanglos die doppelt erwähnte "Freude" mit sich. Daß die >Früchte< in einer solchen Zeit groß ausfallen, ist auch klar, denn damit ist gemeint, was die Menschen im Erdenleben für die Ewigkeit erwirken. Und die "Gesundheit" ist dann zuerst eine geistige, indem die Menschen wieder ihrer Bestimmung gemäß leben.

Dieser Deutung zufolge bezieht sich der Vers nicht auf die Zeit nach 1945. Denn es geht um geistigen, nicht um materiellen Reichtum. Merkwürdig ist, daß nicht der geringste Hinweis gegeben wird, warum Friede und Freude nach 57 Jahren enden sollen. Entwarnung für das Jahr 2002 kann aber nicht gegeben werden, denn die Deutung besagt ja nur, daß a u s   d i e s e m   V e r s für 2002 sich nichts ableiten läßt.

02/40 Vn peu apres non point longue interualle./ Par mer* & terre* sera
fait grand tumulte,/ Beaucoup plus grande sera pugne nauale*,/
Feus, animaux, qui plus feront d' insulte. (1555)
[Zeit der Verfolgungen im totalitären Weltstaat]
**Wenig später, nach einer gar nicht langen Zwischenzeit,/
wird es auf dem Meer* und zu Lande* ein großes Getümmel geben./
Sehr viel heftiger wird der Kampf auf dem Meer* sein,/
Feuersbrünste, Untiere, sie werden den schwereren Affront begehen.**
  3) Lat. pugna navalis Seekampf, Seekrieg.
Der Vers soll sich an 2/39 (Bd.1) anschließen, der vom Frankreichfeldzug 1940 handelt. Gegen diese Deutung spricht vor allem das Wort insulte, das nicht einen Angriff im allgemeinen, sondern einen Angriff auf Ehre und Ansehen, eine Verunglimpfung, Kränkung, Verhöhnung, Beschimpfung oder Beleidigung meint. -   Das >Meer< bedeutet den Schöpfungsgrund und den religiösen Bereich, **10/71**, und hat sein Gegenstück im >Land< als dem weltlichen Bereich, 1/50. Wenn auf d i e s e m >Meer< "Untiere" sich tummeln und "Feuersbrünste" zu sehen sind, denkt man an die zwei Tiere, die in Offb 13 dem Meer entsteigen und dafür sorgen, daß >der Drache angebetet< wird und jene, die nicht mitmachen, getötet werden. Der "Tumult auf dem Land", d.h. der politische Kampf um die Unterordnung der Völker unter das globale Regime der >Weltfriedensordnung<, **4/32**, wird die Menschen nicht so schwer bedrücken wie der >Kampf auf dem Meer<, d.h. der Zwang in Dingen der Religion, VH (44), der am Ende ausgeübt werden wird. -   Das "Intervall" ist ohne Kenntnis des ursprünglich voraufgehenden Verses nicht zu deuten.
  ---> 3/40, 8/40, 8/90 (Verfolgungen im totalitären Weltstaat)

03/40 Le grand theatre* se viendra redresser:/ Le dez geté, & les
rets ia tendus./ Trop le premier en glaz* viendra lasser,/
Par arcs prostraits de log temps ia fendus. (1555)
[>Weltfriedensordnung</
Kath. Kirche im totalitären Weltstaat/ Letzter Papst]
**Das große Theater* wird sich wieder aufrichten./
Der Würfel gefallen, und die Netze schon ausgeworfen./
Allzu sehr wird der Erste auf (dem) Eis* ermüden/
wegen niedergeworfener Bögen, seit langem schon gespalten.**
  2) Altfr. adv. ja, jai 1. jetzt (maintenant) 2. schon, bereits,
  (déja) 3. sogleich (aussitôt).
  3) Mittelfr. glas I. n.m. Geläut, Tumult II. n.f. Eis (glace).
  4) Lat. v. prosternere, davon p.p.p. prostratus niedergeworfen, niedergestreckt. Modernes adj. prostré entkräftet.
Das den Himmel verstellende >Amphitheater<, **6/100**, ist ein Sinnbild der >Weltfriedensordnung<, des nach der Katastrophe sich etablierenden Regimes, das N. durch Vergleiche mit dem Imperium Romanum vor der Christianisierung kennzeichnet. -   Durch das Zusammengehen der Kirche mit dem >wiedergekommenen Heiland<, **5/49**, wird ihr Schicksal besiegelt und in diesem Sinne "der Würfel gefallen" sein. Die Gegenfischernetze eines Alleinherrschers und "großen Fischers", **6/25**, werden dann ausgeworfen werden, in denen auch viele Christen sich verfangen. Die >neue Religion< dieses Mannes wird Ausschließlichkeit

beanspruchen, **1/79**, und so das >Meer<, d.h. den religiösen Bereich erstarren und >gefrieren lassen<, **10/71** (Eis). Der "Erste" i.S.v. Oberste, der Papst, wird dann "allzu sehr ermüden", denn eine >Blutvergiftung< wird ihn tödlich schwächen, **3/65**. - Die "Bögen" gehören zur >Brücke in die Ewigkeit< als Bild für die christlichen Kirchen. Die Kirche des Abendlandes, "gespalten" seit dem 16. Jahrhundert, wird dann mit Beihilfe des letzten >Brückenbauers< (Pontifex) vollständig "niedergeworfen" und ruiniert, **10/65**.

---> 8/40, 8/90 (Katholische Kirche im totalitären Weltstaat)
---> 8/90 (Letzter Papst)

08/40 **Le sang* du luste par Taurer* la daurade*,/ Pour se venger contre les Saturnins*/ Au nouueau lac* plongeront la maynade,/ Puis marcheront contre les Albanins. (1568)**
[Katholische Kirche im totalitären Weltstaat />Neue Religion<)]
Das Blut* des Gerechten (vergossen), um die Goldene* taurisch* zu machen,/ um sich zu rächen an denen vom Saturn*./ In den neuen See* werden sie die Mänade stürzen,/ dann gegen die Albaner marschieren.

1) Zu >taurisch machen< s. das Glossar unter Artemis.
1) N.f. daurade hochgeschätzter Meeresfisch, der im Golf von Gascogne gefangen wird. Das Wort leitet sich her von lat. deauratus vergoldet. Eine Kirche in Toulouse heißt Notre-Dame-de-la-Daurade. Sie steht an der Stelle einer frühchristlichen Kirche, die wegen glänzender Mosaiken la Deaurata hieß. Die Wiedergabe mit "die Goldene" geht also auf den lateinischen Ursprung des Wortes zurück.
Zu >Gold< s. das Glossar unter or.
3) Lat. n.f. maenas die Rasende, Verzückte > griech. mainas.

Gemeint sind Kämpfe um die Wiederherstellung des christlichen Glaubens in der letzten Zeit der alten Erde. In **1/79** will man "die Taurische erneuern". Die Taurische ist Artemis, die aus dem Taurosgebirge stammt. Sie dient N. als Chiffre für die Jungfrau Maria, **5/52**, die für den chistlichen Glauben in seiner katholischen Ausprägung steht. Der christliche Glaube also soll erneuert werden. Hier soll "die Goldene taurisch gemacht" werden, und gemeint ist das Gleiche wie in **1/79**. Denn Gold galt als Entsprechung der Sonne, und diese steht bei N. für den christlichen Gott. Die Goldene ist daher Maria, die Mutter Jesu. Wenn "die Goldene taurisch gemacht" werden soll, soll der alte christliche Glaube wiederhergestellt werden. - Gegner sind "die vom Saturn", nämlich die Vertreter des Weltstaats und seines Kultes, die im Namen des >goldenen Zeitalters< antreten, **5/24**. Wenn man sich an ihnen "rächen" will, wird offenbar Gewalt von denen angewendet, die das Christentum wiederherstellen wollen. So entstehen Zweifel, ob hier "das Blut des Gerechten" vergossen wird. Aber N. wertet das so. - Die >Götterbilder der Diana im See< bedeuten die Versunkenheit des christlichen Glaubens, **9/12**, und der >See< selbst steht für die >neue Religion<, die das Christentum >untergehen< lassen will. Mänaden dienten einem Gott, dessen Wiedergeburt zur Zeit der kürzesten Tage gefeiert wurde, wobei sich seine Dienerinnen wie irrsinnig aufführten. "Die Mänade" steht hier für Christen, die gegen "die vom Saturn", **5/24** Vz 4, keine Chance haben und sich irrsinnig aufführen, weil sie den bewaffneten Kampf nicht scheuen. Sie werden von den Anhängern der >neuen Religion< "in den neuen See gestürzt", d.h. der >neuen Religion< geopfert. - Die "Albaner" werden in **8/94** als Katholiken gedeutet, die den >neuen Heiligen< und seine Anhänger niederringen wollen. Was sie von den >Tauriern< unterscheidet, ist ungeklärt.

---> 3/40, 8/90 (Katholische Kirche im totalitären Weltstaat)

08/90 Quand des croisez vn trouué de sens trouble,/ En lieu du sacre verra vn boeuf* cornu/ Par vierge* porc son lieu lors sera comble,/ Par Roy plus ordre ne sera soustenu. (1568)
[Kath. Kirche im totalitären Weltstaat/ Letzter Papst]
Wenn einer der Gekreuzten angetroffen wird mit verwirrtem Sinn,/ wird (man) am Ort des Heiligen ein gehörntes Rind* sehen./ Durch Jungfrau* (als) Schwein wird sein Ort dann ausgefüllt werden,/ durch (den) König wird (der) Orden nicht mehr aufrechterhalten.

1) croisé I. n.m. Kreuzfahrer II. p.p.p. von croiser kreuzen.
2) Präp. en lieu de statt, anstatt; oben wörtlich wiedergegeben, um das Bild deutlich werden zu lassen.
3) Das n.m. porc kann eine schmutzige, unanständige oder grobe, gemeine Person bedeuten. Im Italienischen ist porco in Verbindung mit religiösen Termini Bestandteil von Flüchen.
4) N.m. ordre 1. Ordnung 2. (sozialer) Stand 3. Orden 4. Ordenszeichen 5. les ordres Priesterweihe 6. Befehl.

Die "Gekreuzten" sind die Christen. Den letzten Papst nennt N. in **8/47** "einen mit Mattscheibe". Der hier auftretende Christ "verwirrten Sinnes" dürfte derselbe sein. Die Schmähungen verdankt er dem aussichtslosen Unterfangen, durch ein Bündnis mit dem >wiedergekommenen Heiland< dem Christentum zu weltweiter Dominanz zu verhelfen, **5/49**. Am Ende wird erreicht sein, daß anstelle Christi ein "gehörntes Rind" verehrt wird. Gemeint ist der zum Weltherrscher Aufgestiegene, der wie einst Zeus >den Himmel beherrschen< und von dort seine Exkursionen in die Gefilde der Sterblichen unternehmen wird. Der Europa näherte er sich in Stiergestalt. Wie im Mythos wird er sie >hinreißen< 8/21, d.h. auch dort verehrt werden. Das "gehörnte Rind" meint also Zeus als Chiffre für einen Menschen, dem Verehrung als Gott zuteil wird, **10/71**, mit Hörnern als Zeichen seiner weltlichen Macht. - Ein Schwein, das einen "Ort ausfüllt", ist ein Muttertier mit reicher Nachkommenschaft. Hier ist es nicht irgendeine Jungfrau, sondern die Jungfrau Maria, sprich der christliche Glaube, dessen >reiche Nachkommenschaft< den "Ort des Heiligen" ausfüllt, den Platz des Gekreuzigten einnimmt. Die >Jungfrau< wird in der Verbindung mit >Zeus< zur >unreinen Mutter< (vierge porc). Unter den unreinen Nachkommen des christlichen Glaubens kann man sich Heilslehren aller Art vorstellen, zu denen N. somit auch die Lehren des "gehörnten Rindes" zählt. (Vorgänger waren Kommunismus, auch die Psychoanalyse, wie die >neue Religion< begründet von Männern jüdischer Herkunft. Das hat zu tun mit der unerfüllten Messiaserwartung der Juden.) - Welcher "Orden" dann nicht mehr aufrechterhalten wird, bleibt offen.

---> 3/40, 8/40 (Katholische Kirche im totalitären Weltstaat)
---> 3/40 (Letzter Papst)

Gruppe 41 - 91

01/41 Siege en cité*, & de nuict assaillie,/ Peu eschapés: non
loing de mer* conflict./ Femme* de ioye, retours filz defaillie/
Poison* & lettres cachées dans le plic. (1555)
[Ende der katholischen Kirche]
Belagerung gegen (die) Stadt*, und nachts angegriffen,/
wenige (sind) entkommen. Nicht weit vom Meer* Konflikt./
Freudenfrau* schwach geworden, wenn (die) Söhne zurück sind,/
Gift* und Briefe verborgen im Umschlag.

<small>3) Fille de joie Straßendirne, variiert als femme de ioye.
Zur >Frau< s. das Glossar unter dame.
4) Poison & lettres hat gleichlautend Vers 8/82.
Zu >Gift< s. das Glossar unter poison.</small>

Die "Stadt" ohne weitere Angaben ist in den historischen Versen oft Paris. Daher ist es plausibel, hier die Rückeroberung der französischen Hauptstadt durch die Alliierten im Sommer 1944 zu erkennen (Allgeier 1987). Am Ärmelkanal wurde noch gekämpft, und die "Freudenfrau" stünde für die weiblichen Kollaborateure, die nichts zu lachen hatten. Aber "belagert" wurde Paris genaugenommen nicht, denn der deutsche General übergab die Stadt gegen Hitlers Befehl am 25.8. an seinen französischen Kollegen. Und die letzte Vz wird nicht erklärt. -   Wie die >Konkubine<, 10/54, könnte die "Freudenfrau" eine wenig schmeichelhafte Bezeichnung für die katholische Kirche sein, die sie erhält, weil sie sich >einem Sinnlichen hingibt<, 8/25, der ihr oder von dem sie sich große Dinge verspricht. Die Stadt wäre dann Rom als das Zentrum der Kirche. Dieses wird >belagert<, d.h. ein >Angriff< wird vorbereitet. Vom >Belagerer< werden die Lehren der Kirche genau geprüft, ob sie in sein Machtinteresse passen, **9/9**. Wenn er sich dann als "streng" entpuppt, treffen "Briefe" von ihm die Kirche ins Mark, **10/65**. Sie erhält Schreiben mit >giftigem< Inhalt, **8/82**. Sie wird zur >geschlagenen Frau<, **8/63**. Der Angriff auf die Freiheit und Integrität der Kirche erfolgt >nachts<, d.h. als gelungene Überraschung, **5/65**. Es sind "wenige entkommen", wenige Gläubige entziehen sich der Gleichschaltung. -   Es scheint, daß der Klerus die Zerstörung verbergen, **5/65**, und so tun wird, als sei die Kirche >von niemandem gekränkt<, **9/82**. So würde sich erklären, daß sie die "Briefe verborgen im Umschlag" hält, als hätte sie sie gar nicht zur Kenntnis genommen. -   Wenn >Söhne< der >Mutter Kirche<, d.h. gläubige Christen "zurück", d.h. auf dem Schauplatz wieder zu sehen sind, werden sie die Freiheit der Religion wieder erkämpfen, **10/27**.

---> 1/91, 3/41, 3/91, 8/41 (Letzte Zeit der alten Erde)

Gruppe 41 - 91

01/91 Les dieux* feront aux humains apparence,/ Ce quils seront
auteurs de grand conflit:/ Auant ciel* veu serain espée & lance,/
Que vers main gauche sera plus grand afflit. (1555)
[>Weltfriedensordnung</ Verfolgung im totalitären Weltstaat]
>Die Götter< werden es den Menschen augenscheinlich machen,/
daß s i e die Urheber des großen Konfliktes sind./
Bevor ein heiterer Himmel zu sehen (ist), Schwerter und Lanzen./
Und linkerhand wird die schlimmste Heimsuchung sein.
   4) N.f. affliction Betrübnis hier verkürzt zu affli(c)t.
Für N. als Christen gibt es Gott nur in der Einzahl, woraus erhellt, daß
>die Götter< jedenfalls nicht wörtlich gemeint sind. -   Um die
Verhältnisse der >Weltfriedensordnung< zu kennzeichnen, zieht N. Vergleiche mit dem antiken römischen Imperium. Die Kaiser ließen sich teils
schon zu Lebzeiten, teils nach ihrem Tode vergöttlichen. An die Spitze
der neuen Weltordnung wird nach einigen Jahren ein Mann gestellt
werden, dem messianische Qualität zugesprochen und der dementsprechend verehrt wird, **10/71**. Das wird auf das ganze Regime abfärben,
das sich einen heiligmäßigen Anstrich gibt. Dessen Mitglieder, die Statthalter in den verschiedenen Weltteilen insgesamt dürften es daher sein,
die hier ironisch >Götter< heißen. Sie werden sich wahrscheinlich auch
so aufführen. -   Weil sie die ganze Welt erfaßt, **1/4**,
wird die >Weltfriedensordnung< keine äußeren Feinde haben. Niemand
wird sie in Gefahr bringen oder gar stürzen können. Wenn es dann doch
wieder zu einem "großen Konflikt" kommt mit Verfolgungen, **3/60**, wird
allen klar sein können, daß die Machthaber selbst die "Urheber" dieses
Konflikts sind. -   "Linkerhand" bedeutet wohl >Westen<.
In **4/50** (Bd.1) ist mit >dem Westen< ganz Europa gemeint. Erst auf der
neuen Erde wird der >Himmel heiter< sein, weil die >Sonne< des
Christentums, d.h. der in Christus offenbar gewordene Gott, wieder "klar,
glänzend und hell" scheinen kann, 4/29.
   ---> 10/91 (>Weltfriedensordnung<)
   ---> 1/41, 3/41, 3/91, 8/41 (Letzte Zeit der alten Erde)

02/41 La grand' estoile par sept iours* bruslera,/ Nuée fera
deux soleils* apparoir:/ Le gros mastin* toute nuit hurlera/
Quand grand pontife changera de terroir. (1555)
[Komet-Kataklysmus/ Katholische Kirche nahe
der Jahrtausendwende] (Kommentar S. 332)
Der große Stern wird sieben Tage* brennen,/
(eine) Wolke wird zwei Sonnen* erscheinen lassen./
Der dicke Hund* wird die ganze Nacht über heulen,/
wenn der große Papst den Heimatboden wechseln wird.
   3) N.m. mâtin Hofhund. Mittelfr. mastin abscheuliche Person
   (personne détestable).   Altfr. mastin 1. dicker Hund (gros
   chien) 2. Diener (domestique), Knecht (valet).
   ---> 3/91 (Kataklysmus)
   ---> 3/41 (Katholische Kirche nahe der Jahrtausendwende)

03/41 Bosseu sera esleu par le conseil,/ Plus hideux monstre
en terre n' aperceu./ Le coup volant (!) prelat creuera l' oeil*:/
Le traistre au roy pour fidele receu (1555)
[POLLUX-JUPITER/ Katholische Kirche nahe der Jahrtausend-
wende/ ... nach dem Bannstrahl/ Letzter Papst]
**Verwachsener wird erwählt werden durch den Rat,/
(ein) scheußlicheres Monster (wird) auf Erden nicht erblickt./
Der fliegende Schlag wird (des) Prälat(en) Auge* platzen lassen./
Der Verräter wird vom König als glaubwürdig angesehen.**

1) Mittelfr. v. eslire wählen, aussuchen, erwählen, seine Wahl
treffen (choisir, faire son choix).
3) Manche späteren Ausgaben haben voulant statt volant.
Idiom crever un oeil >ein Auge platzen lassen<, nicht mehr
sehenden Auges hinnehmen, den Kredit sperren.

Es soll Prinz Louis de Condé gemeint sein, der sehr häßlich und ein
Führer der Calvinisten gewesen sei. Er habe an Verschwörungen gegen
die Krone teilgenommen, sei von Karl IX. begnadigt und durch Pistolen-
schuß ums Leben gekommen. Aber der Prälat wird nicht erklärt, und die
Wertung in Vz 2 wäre wohl auch übertrieben. -   Der
"Prälat" dürfte ein Papst sein, wie in Vers **6/93**. Der "Verwachsene" oder
"Bucklige" erinnert an den "mißgebildet Geborenen" in **5/97**. Bucklig
wurde gern der Teufel dargestellt (Hans Sachs). Mißbildung ist Allegorie
für die geistige Abnormität des >wiedergekommenen Christus<, dessen
vermeintlich >hohe Gesinnung<, **4/21**, seinen >Blutdurst<, **2/9**, verbergen
wird, der sich später offenbart. Auch andere Mißbildungen und Monstro-
sitäten, z.B. Zweigeschlechtlichkeit, **2/45**, zwei Zähne im Rachen, **3/42**,
und Fischschwanz **3/21**, sind körperliche Entsprechungen geistiger Abnormität. -   Dieser "Verwachsene" wird durch einen
"Rat" gewählt, und anschließend ist von einem "Prälaten" die Rede, der
Aufsicht führt (Auge), d.h. einem Papst. Das spricht dafür, daß der "Rat"
eine Instanz der katholischen Kirche ist, z.B. ein Kardinalskollegium. Die
Wahl des >Verwachsenen< bedeutet, daß die Kirche den Gemeinten als
den >wiedergekommenen Heiland< anerkennt und sich ihm dadurch verbindet. Er wird der "Erwählte" der Kirche sein, die den >Hafen der Ehe<
mit ihm anläuft, **4/88**. -   Der "fliegende Schlag" ist
eine Variante des >von oben< niederfahrenden Bannstrahls, der >die
Jungfrau<, nämlich den christlichen Glauben, **3/44**, und insbesondere die
katholische Kirche treffen wird, **3/13**. Das >Auge< des Papstes bedeutet
die geistliche Aufsicht, die er führt. Sie wird ihm durch die Anordnungen
des >Zuständigen< genommen werden, **1/27**. -   "Der
Verräter" müßte im Kontext ein hochgestellter Kleriker sein, der sich als
linientreu erweist, wenn der Bann die Kirche trifft. Das kann der Papst
selbst sein, **6/20** Vz 4, oder ein anderer Kirchenmann, der es dann übernimmt, die Kirche auf Linie zu bringen, **6/86** Vz 3/4.

---> 3/91, 10/91 (POLLUX-JUPITER)
---> 2/41 (Kath. Kirche nahe der Jahrtausendwende)
---> 1/41, 1/91, 3/91, 8/41 (Letzte Zeit der alten Erde)
---> 3/91, 9/91 (Letzter Papst)

03/91 L' arbre* qu' auoit par lôg temps mort seché*,/ Dans vne nuit viendra a reuerdir:/ Cron.*roy malade, prince pied estaché/ Craint (!) d' ennemis* fera voile* bondir. (1555)
[POLLUX-JUPITER/ Kataklysmus/ Letzter Papst/ Katholische Kirche im totalitären Weltstaat]
Der Baum*, der für lange Zeit tot war, vertrocknet*,/ wird in einer Nacht wieder ergrünen./ König Kronos* krank, dem Fürsten Fuß durchbohrt,/ Furcht vor Feinden* scheucht ein Segel* auf.

<small>3) Der griechische Kronos wurde mit dem römischen Saturn identifiziert. Zu >Saturn< s. das Glossar. - Altfr. v. estachier 1. befestigen (attacher) 2. einrammen (ficher) 3. stechen, bohren (percer, transpercer).
4) Manche spätere Textausgaben haben criant statt craint. Loc. faire bondir aufscheuchen. Craint könnte auch das p.p.p. von craindre sein: "Gefürchtet von Feinden, wird er ein Segel aufscheuchen". Einen Sinn ergibt das nicht.
4) Zu >Segel< s. das Glossar unter nef.</small>

Das Volk der Juden kann als Stammbaum aufgefaßt werden, der den Heiland hervorgebracht hat. Dieser Stammbaum war lange >tot und vertrocknet< insofern, als kein Heiland, keiner wie Jesus von Nazareth mehr aus ihm hervorgegangen ist. Nach der Katastrophe wird erstmals seit fast 2000 Jahren wieder jemand auftreten, der ernstlich im Verdacht der Messianität stehen und von dem viele Christen glauben werden, er sei einer wie Jesus von Nazareth oder gar dieser selbst in neuer Verkörperung. In einer Zeit außerordentlicher Naturkatastrophen, einhergehend mit ungewöhnlichen Verfinsterungen, VH (18), wird er "seinen Ursprung finden", 9/84, und erstmals als >neuer Heiliger<, 10/30, in Erscheinung treten. "In einer Nacht" wird der Stamm, der Christus hervorgebracht hat, wieder ergrünen, d.h. a) in der Finsternis des Kataklysmus und b) über Nacht, unversehens, in einer unerwartet kurzen Zeit. - Wenn es wirklich derselbe Baum ist, der dann wieder ergrünt, müßte der >neue Messias< dem Volk der Juden entstammen. Das wird bestätigt durch Vers **7/32** in der hier gegebenen Auslegung. Viele Christen werden dann glauben, daß >derselbe Baum< wie damals vor 2000 Jahren >neu austreibt<. - Die zweite Vershälfte springt in die Zeit, wenn >Kronos König< sein wird. Unter dem >Wiedergekommenen< wird ein >goldenes Zeitalter< ausgerufen werden, **5/32**, in welchem der Sage nach der griechische Gott Kronos herrschte. - Hier ist er bereits >krank<, der Glaube an ihn bereits beschädigt, weil einem >Fürsten< der >Fuß durchbohrt< ist. Der letzte Vorsteher der katholischen Kirche wird sein Ostern, sein Kreuz erleiden, **8/45**, wenn die katholische Kirche durch Dekrete eines "Strengen" vernichtet wird, **10/65**. Furcht vor den offen zu Feinden gewordenen Anhängern des >Wiedergeborenen< wird dann das >Segel< aufscheuchen, Vz 4. Es wird den >Hafen des Erwählten<, 4/88, heimlich verlassen und "untergetaucht" schwimmen müssen, **3/13**.

---> 3/41, 8/41 (JUPITER)
---> 2/41 (Kataklysmus)
---> 3/41 (Letzter Papst)
---> 1/41, 1/91, 3/41, 8/41 (Letzte Zeit der alten Erde)

05/41 Nay* souz les vmbres & iournee* nocturne/ Sera en regne &
bonté souueraine:/ Fera renaistre son sang* de l' antique vrne*,/
Renouuellant siecle d' or* pour l' aerain. (1568)
[Heinrich V.]
**Geboren* unter Schatten und an nächtlichem Tag*,/
wird er an der Macht sein und in höchster Güte (herrschen)./
Er wird sein Geblüt* aus der antiken Urne* wiedererstehen lassen/
und das goldene* Zeitalter anstelle des eisernen wiederbringen.**
1) N.f. ombre Schatten > lat. n.f. umbra.
Der spätere Philipp V. von Spanien, ein Enkel Ludwigs XIV., mag nachts geboren sein, aber sein Geblüt war in Frankreich an der Macht und mußte nicht durch ihn aus einem antiken Grab befreit werden. - In Napoléon erkannte N. einen Usurpator, 10/46, und "unmenschlichen Tyrannen", 10/90. Als Wiedergänger einer antiken Gestalt kennzeichnet er ihn nicht, sieht ihn nur einmal als Verkörperung des Feuergottes, der die Revolutionäre hinwegfegt, 5/77. - Die "Schatten" und der "nächtliche Tag" könnten einen Tag bedeuten, der Frankreich - der spätere Heinrich V. ist Franzose, Sz 4 - eine Sonnenfinsternis bringt. Das war am 11.8.1999 der Fall. So findet Vers **10/72** eine Erklärung, der ankündigt, daß ein "König des Schreckens" 1999 "vom Himmel kommen" werde. Das dortige "Kommen" ist demnach als die Geburt Heinrichs zu verstehen. Dafür, daß beide Verse denselben Mann meinen, spricht, daß N. in beiden Fällen ein >altes Geblüt< in dem Gemeinten wiedererstehen sieht. - Das Wiederaufleben eines Geblüts "aus der antiken Urne" bedeutet, daß Frankreich in der Person Heinrichs wieder ein König erwächst, weil das Land in den Jahren 1789ff. >den König begraben< hat. Als antik wird das Königsgeschlecht aber deshalb bezeichnet, weil die Kapetinger, von den die Valois (bis 1589) und die Bourbonen (bis 1848) abzweigen, ihren Stammbaum auf einen Trojaner zurückführten, **5/74**. - Dieser Mann wird bei seinen Feinden "Schrecken" erregen, **5/74**, aber nach seinem Sieg als "friedliebender Kaiser", **5/6**, lange Zeit in Frieden herrschen, **4/97**. Weil unter ihm die Welt wirklich geeint und friedlich sein wird, und weil eine erneuerte Kirche, **10/89**, dann ihre alte geistlich überragende Stellung wieder einnehmen wird, **5/74**, sieht N. ihn ein wahrhaft goldenes Zeitalter erneuern.

07/41 Les oz* des piedz & des mains enserrés,/ Par bruit maison long
temps inhabitee:/ Seront par songes concauant deterrés,/
Maison salubre & sans bruyt habitee. (1568)
[Alte Erde/ Neue Erde]
Die Knochen* der Füße und Hände weggesperrt,/
bei Lärm Haus lange Zeit unbewohnt./
Sie werden durch ausgrabende Träume exhumiert werden,/
Haus gesund und ohne Lärm bewohnt.

> 1) Mittelfr. v. enserrer 1. einsperren (enfermer), gefangen-
> nehmen (faire prisonnier) 2. einkreisen (encercler) 3. Zwänge
> erzeugen (produire des contraintes).
> Zu >Knochen< s. das Glossar unter os.
> 3) Lat. v. concavare hohl machen, rund aushöhlen, krümmen.
> Altfr. v. caver ausgraben, ausheben (creuser).   V. déterrer
> ausgraben, entdecken, (Schätze) freilegen, heben.

Das ist keine Geschichte über ein Spukschloß, sondern eine Allegorie für das Schicksal des christlichen Glaubens. Die Kirche ist das traditionelle >Gehäuse des Glaubens<. Grundstein dieses >Hauses< ist die Selbstopferung des Heilands. -   Die Knochen sind das, was von einem Menschen nach seinem Tod am längsten bleibt. Die >Knochen< der verwundeten Hände und Füße Christi bedeuten das Gedenken und den Glauben an seine Tat. -   "Lange Zeit" werde das >Haus des Glaubens< verlassen, am Ende gar das "göttliche Wort weggesperrt" sein, 2/27. Das lärmende Treiben bedeutet, daß man glauben wird, draußen in der Welt zu finden, was für die Ewigkeit versprochen ist. Erst zu Beginn der neuen Erde, wenn "das Ganze in Ordnung gebracht" ist, 2/10 (Bd.1), wird das >Haus des Glaubens< auf der gesunden >Bausubstanz< neu errichtet werden, 10/89, "ohne Lärm". Ein Bild aus der Überschau der Jahrhunderte. -   Bemerkenswert die "ausgrabenden Träume", denn sie sind es, die in N.s Vision den Wandel bewirken, die >Knochen exhumieren<, d.h. die Erinnerung an Christus wieder hervorholen.

08/41 Esleu sera Renard ne sonnant mot,/ Faisant le saint public
viuant pain d' orge/ Tyranniser apres tant à un cop,/
Mettant à pied des plus grans sus la gorge. (1568)
[POLLUX-JUPITER/ Unterdrückung und Verfolgung
im totalitären Weltstaat] (Kommentar S. 333)
Gewählt werden wird (ein) Fuchs, keinen Ton gibt er von sich,/
spielt den öffentlichen Heiligen, lebt (von) Gerstenbrot./
Er tyrannisiert später so viele, mit einem Schlag,/
setzt den Fuß den Größten auf die Kehle.

> 2) Loc. vivre de pain d' orge >von Gerstenbrot< leben, sehr einfach leben.
> 3) cop ist ein verschriebenes coup, denn die Redewendung ist geläufig, und nur so reimt es sich.
> 4) Loc. mettre à pied quelqu' un jemanden seines Amtes entheben, kaltstellen, entlassen.

---> 3/91, 10/91 (POLLUX-JUPITER)
---> 1/41, 1/91, 3/41, 3/91 (Letzte Zeit der alten Erde)

Gruppe 41 - 91

10/91 Clergé Romain l' an mil six cens & neuf,/ Au chef de l' an feras election/ D' vn gris* & noir* de la Compagne yssu,/ Qui onc ne feut si maling. (1568)
[Katholische Kirche nach der Jahrtausendwende/ POLLUX-JUPITER/ >Weltfriedensordnung<]
Römischer Klerus, im Jahr sechzehnhundertundneun/ wirst du am Anfang des Jahres (die) Wahl treffen/ eines Grauen* und Schwarzen*, hervorgegangen aus der großen Kameradschaft,/ der so übel sein wird, wie niemals einer war.

1) Den Reim, den N. durchgängig einhält, würden nur die Zahlen dix oder six erfüllen. Der Gedanke, daß der Vers, weil er sich vielleicht als Munition im Machtkampf eignet, nachträglich verfälscht worden sein könnte, liegt nicht fern. Aber alle Ausgaben haben neuf, es ist wahrscheinlich Urtext.
2) Mittelfr. n.m. chef kann Anfang oder Ende bedeuten, in 1/51 (Bd.1) bedeutet es "Kopf". Mittelfr. n.f. election 1. Möglichkeit zu wählen (faculté de choisir) 2. Auswahl, freie Wahl (choix), nicht i.S. der Wahl in ein Amt, sondern als Entscheidung für oder gegen jemanden oder etwas.
3) Altfr. n.f. compaigne 1. Gesellschaft (compagne), Kameradschaft (compagnonnage) 2. Truppen (troupes) 3. Herde (troupeau). Mittelfr. n.f. compaigne Gefährtin, Freundin (compagne). Man kann auch an die Campagna (italienische Landschaft) denken. Dafür spricht die Großschreibung, dagegen, daß sie französisch C a mpagne Romaine heißt.

Die Konstellationsangaben in VH (33) und (34) passen genau auf den Beginn des Jahres 1606, als es zu Auseinandersetzungen zwischen Venedig und Rom kam. 1605 war in Rom Paul V. zum Papst gewählt worden. In dessen Amtszeit wurde aus N.s Sicht der Keim einer dauerhaften "Verfolgung" der Kirche gelegt, VH (35). Er sah also den Feind der Kirche außerhalb von ihr, nicht in ihrem Innern. Daher kann Paul V. hier nicht gemeint sein, von der um dreieinhalb Jahre abweichenden Zeitangabe ganz abgesehen. - Es scheint hier eine andere Zeitrechnung gemeint zu sein, die N. die "liturgische" nennt, **6/54**. Die Deutung ergab, daß das "Jahr 1607" dieser Zeitrechnung das zweite nach dem Kataklysmus ist. Das "Jahr 1609" wäre demzufolge das vierte Jahr danach. - Es könnte um die Wahl eines Papstes gehen. Aber mittelfranzösisch bedeuten eslire und election nicht speziell die Wahl in ein Amt, sondern die Wahl i.S. einer Entscheidung. Daher entscheidet sich der Klerus hier für jemanden, erwählt ihn, dem damit k e i n Amt übertragen wird. Es ist hier wie in 3/41 gemeint, daß die Kurie einem Menschen die >Erwähltheit des von Gott Gesalbten< bestätigt. Im Jahr darauf wird dann die Leidenschaft der >Mutter Kirche< voll entfacht sein, Sz 44 Vz 3. - Der >Erwählte< wird sein Vorhaben, die Kirche zu zerstören, dann noch einige Jahre zu verbergen wissen. Daher charakterisiert ihn die Tarnfarbe grau, hinter der sich finstere (>schwarze<) Gesinnung verbirgt. - "Hervorgegangen aus der großen Kameradschaft" ist er, weil sich der Wunsch nach dem Weltfrieden in einer großen "Ordnung der Gemeinsamkeit", **4/32**, aller Völker und Staaten auf seine Person fokussieren wird, **4/21**.

---> 3/91, 8/41 (POLLUX-JUPITER)
---> 1/91 (>Weltfriedensordnung<)

Centurie 2, Vers 41

La grand' estoile par sept iours* bruslera,
Nuée fera deux soleils* apparoir :
Le gros mastin* toute nuit hurlera
Quand grand pontife changera de terroir.
(Urfassung bei Macé Bonhomme, Lyon 1555)

Übersetzung der Urfassung:
Der große Stern wird sieben Tage lang brennen,
(eine) Wolke wird zwei Sonnen* erscheinen lassen.
Der dicke Hund* wird die ganze Nacht über heulen,
wenn der große Papst den Heimatboden wechseln wird.

Kommentar zu 2/41:
Viele Verse, in denen Sterne vorkommen, hat nur ein sinnbildliches Verständnis erschließen können, z.B. die Folge 4/28 bis 4/30. Auch für die Aussagen dieses Verses ließe sich, ausgehend vom Bekannten, eine sinnbildliche Deutung finden. Aber die "sieben Tage" sowie die "zwei Sonnen" entziehen sich diesem Versuch. Daher beschreibt der Vers eher jene Ereignisse, die der Erde einen Verlust ihrer "natürlichen Bewegung", VH (18), und in der Folge eine Verschiebung des Firmamentes bringen werden, 3/46.

In VH (22) ist von einem "großen Hund" (grand chien) die Rede. Der Komet werde in der Nähe des Sternbildes Orion erscheinen, 6/35, etwa dort, wo der an den Himmel projizierte Jäger des Mythos seine Keule schwingt. Er könnte demnach mit dem >großen Hund< gemeint sein. Der Hund gehört ins Bild der Jagd, die dann eröffnet ist, die Jagd auf die Seelen der Menschen. Die Angst, die seine Annäherung auslöst, und das Ausgeliefertsein gegenüber den Vorgängen machen ihn zu einem >Verfolger<.

Der Himmelskörper ist zunächst hinter einer "Wolke" verborgen, vielleicht einer Wolke kosmischen Staubes. Wenn Himmelskörper und >Wolke< der Erde nah genug gekommen sind, wird der fremde Himmelskörper als "großer Stern" sichtbar werden. Es werde so ausschauen, als würde neben die altbekannte eine weitere Sonne treten, so als ob "zwei Sonnen scheinen". Das wird N. zufolge "sieben Tage" so gehen.

Durch seine Nähe zum Planeten Erde und seine Masse beeinflußt der Himmelskörper dann aber anscheinend Drehmoment und -achse der Erde. Man werde "glauben, die Schwere der Erde habe ihre natürliche Bewegung verloren und die Erde sei hinabgestürzt in ewige Finsternis", VH (18). Nach den sieben Tagen mit >zwei Sonnen< wird es also >Nacht< werden.

Das >Heulen< des >Hundes< während dieser >Nacht< könnte schwere Stürme bedeuten, die zu erwarten sind, wenn ein Schlingerkurs des Planeten die natürlichen Abläufe durcheinanderbringt.

Nach dem Kometensturz wird Rom durch "fremdes Volk" in Aufruhr versetzt, 2/54. In dieser Zeit werden auch Kleriker in Bedrängnis geraten, 1/15. Es scheint, daß sich dann der Papst entschließt, den Vatikan zu verlassen, Vz 4. Wenn es stimmt, daß Vers 9/65 in den gleichen Zusammenhang gehört, wäre das Ziel der Papstreise der Rand des islamisch dominierten Bereichs. Das würde darauf hindeuten, daß er einen Frieden mit den Muslimen vermitteln will.

Centurie 8, Vers 41

Esleu sera Renard ne sonnant mot,
Faisant le saint public viuant pain d' orge,
Tyranniser apres tant à vn cop,
Mettant à pied des plus grans sus la gorge.
(Textfassung bei Benoist Rigaud, Lyon 1568)

Übersetzung:
Gewählt werden wird (ein) Fuchs, keinen Ton gibt er von sich,
spielt den öffentlichen Heiligen, lebt (von) Gerstenbrot.
Er tyrannisiert später so viele, mit einem Schlag,
setzt den Fuß den Größten auf die Kehle.

Kommentar zu 8/41:
Falsche Propheten, die das Volk Gottes irreleiten, den Frieden ausrufen, wo keiner ist und >die Wand<, die das Volk aufrichtet, >tünchen<, nennt Ez 134 "Füchse in den Ruinen". Der Physiologus erzählt, daß der ausgehungerte Fuchs sich so glaubhaft in für Vögel nahrhafter Umgebung totzustellen weiß, daß diese sich bei ihm niederlassen und er sie dann erbeuten kann. Aus Tücke erweckt der Fuchs einen Eindruck, der nicht der Wirklichkeit entspricht. Der Gemeinte wird den Frieden ausrufen, wo keiner ist und "den Heiligen spielen", der er nicht ist, **2/45**. Das Böse wird sich in dem Gemeinten tot stellen.

Sein Theaterstück wird der >Fuchs< so glaubhaft spielen, daß viele es mit der Wirklichkeit verwechseln und wie die Vögel des Märchens sich >bei ihm niederlassen<, in sein Theater gehen werden, weil sie geistige Nahrung von ihm und seinem Umkreis sich erhoffen.

Die Juden werden von ihrem Messias, die Christen vom >wiedergekommenen Heiland< ein heiligmäßiges Leben erwarten. Zum Klischee gehört das >einfache Leben<, was im Französischen als >Leben von Gerstenbrot< zur stehenden Wendung wurde. Dem Gemeinten wird gar nichts anderes übrigbleiben, als sich öffentlich eines einfachen Lebens zu befleißigen.

Er wird den >Zorn des Herrn< über die Gottferne der Menschheit vortragen und die Menschen mit den erwünschten "Zurechtweisungen" bedienen, **4/31**. Von außerordentlicher rhetorischer Begabung, **1/96**, wird er die Wirkung der Pause auch im großen virtuos einsetzen. In jener kritischen Phase des Aufbaus seiner Macht, wenn es darum geht, den Ruf des Auserwählten in den Status des Gewählten umzumünzen, wird er sich in vielsagendes Schweigen hüllen - seine Person wird so bestens als Projektionsfläche für die Wünsche der Wähler geeignet sein.

"Später" geht es dann wieder um die letzte Zeit der alten Erde, wenn das globale Regime den >neuen Glauben< überall wird durchsetzen wollen. Wie im Rom der Kaiserzeit werden dann die Landesherren aufgefordert sein, ihre Völker >vor dem Bild des Kaisers opfern< zu lassen - der "Fuß auf der Kehle" ist ein Bild der Unterwerfung und des Lebens von Herrschers Gnaden, **9/5**.

Die Wendung mettre à pied bedeutet auch kaltstellen, entlassen, des Amtes entheben. Das bezieht sich vor allem auf die Vorsteher der alten Glaubensgemeinschaften, deren Macht dann gegen null tendieren wird.

Der Umschwung ins offen Totalitäre kommt "plötzlich", **5/65**, und "aus heiterem Himmel", **10/80**, hier: "mit einem Schlag", Vz 3.

03/42 L' enfant* naistra* à deux dents à la gorge/ Pierres* en Tuscie
par pluie tomberont:/ Peu d' ans apres ne sera bled, ne orge,/
Pour saouler ceux qui de faim* failleront. (1555)
[POLLUX-JUPITER/ Letzte Zeit der alten Erde]
**Das Kind* wird geboren*, mit zwei Zähnen im Rachen,/
in Tuszien wird es Steine* regnen./
Wenige Jahre danach wird es kein Korn, keine Gerste geben,/
um jene zu sättigen, die vor Hunger* umfallen.**
2) Tuscia ist der alte römische Name der Toskana.
Nach der Katastrophe, 3/91, wird das >Kind mit zwei Zähnen im Rachen<, 2/7, als >Kind<, d.h. erstmals und vor Entfaltung seiner Herrschaft in Erscheinung treten. Gemeint ist der >neue Heilige<, 10/30, der in der ersten Zeit den Anschein der >Zahnlosigkeit<, d.h. Harmlosigkeit und Friedensliebe erweckt. - Später, wenn er Macht hat, werden die Menschen die zunächst unsichtbaren >Zähne< zu spüren bekommen, wenn sie schon >verschluckt<, d.h. vereinnahmt sind und nicht mehr auskommen können. Der >Steinregen<, die Steine des >neuen Weisen<, 4/31, die dann niedergehen, bedeuten die angeblich weisheitsvolle, in Wahrheit geistig tote Lehre dieses Mannes, 2/47. - Die Toskana als Ort des Geschehens ist deshalb erwähnt, weil sich die Spitze der katholischen Kirche dann dort zu befinden scheint, worauf u.a. 7/5 und 9/5 hindeuten. Wenn das Zentrum des Katholizismus betroffen ist, sind natürlich alle Katholiken mitbetroffen. - "Wenige Jahre danach" werden die Anordnungen des Regimes, die Religion betreffend, von allen Menschen eingefordert werden. Die Ähren des Korns deuten auf die Himmelsjungfrau im Ährenkleid und diese auf die Wiedergeburt im Geist. Der >Hunger< bedeutet, daß die altgläubigen Christen den Leib Christi in der Kommunion nicht mehr genießen dürfen.

03/92 Le monde proche du dernier periode,/ Saturne* encor tard
sera de retour:/ Translat empire deuers nation Brodde:/
L' oell* arraché à Narbon par Autour. (1555)
[>Weltfriedensordnung</]
**Die Welt nah der Zerrüttung,/
Saturn* wird spät noch einmal zurückgekehrt sein./
Imperium übertragen der braunen Nation./
Das Auge* ausgerissen in Narbonne durch (einen) Habicht.**
1) Mittelfr. dernier periode Einsturz, Zerrüttung (ruine), Verfall (déchéance). Mit "Weltuntergang" verbinden viele Menschen die Vorstellung, daß es anschließend überhaupt nicht mehr weitergehe, daher empfiehlt sich dieser Terminus nicht.
3) Lat. p.p.p. translatum übertragen.
Was Brodde und Brudes angeht, wird hier eine Ableitung vom v. broder für möglich gehalten, 10/62 (Bd.1).
Pfändler (1996 S. 263) zufolge gibt es ein altfr. adj. brode braun, schwarz. Das würde die Deutung auf die Orientalen bestätigen, deren Teint dunkler ist als jener der Mitteleuropäer.
Saturn regierte im Goldenen Zeitalter des antiken Mythos. Ein neues >Goldenes Zeitalter< wird im >siebten Jahrtausend<, VH (6), d.h. in der Zeit nach der Katastrophe ausgerufen werden, 8/29, zum letzten Mal auf der alten Erde. Aber in Wahrheit ist die Welt dann "der Zerrüttung nahe", Vz 1. - Die "Brudes" - hier abgewandelt als "nation

Brodde" - sind in 10/62 (Bd.1) ein Name für die im 17. Jahrhundert auf dem Balkan gegen das alte Reich vordringenden Türken. Er könnte soviel wie >Spinner< oder >Phantasten< bedeuten und würde einem bei den Christen des Mittelalters und der beginnenden Neuzeit gängigen Vorurteil über die Muslime entsprechen. Die Orientalen werden in der letzten Zeit der alten Erde im Dienst des globalen Regimes stehen (Imperium übertragen den Phantasten) und beauftragt sein, Europa zu unterwerfen, VH (29). - Die letzte Vz läßt sich noch nicht deuten.

10/42 Le regne humain d' Anglique geniture,/ Fera son regne paix vnion tenir,/ Captiue guerre demy de sa closture,/ Long temps la paix leur fera maintenir. (1568)
Variante: "...d' Angelique geniture" (Ed. d' Amsterdam 1668)
[Neue Erde]
Die menschenfreundliche Herrschaft von engelhafter Herkunft/ wird ihrem Reich Frieden (und) Einheit verschaffen./ Gefangen (der) Krieg, versenkt in sein Verlies,/ lange Zeit wird (sie) ihnen den Frieden erhalten.
1) Lat. Anglii die Angeln, germanisches Volk an der Elbe, von wo aus sie nach England zogen, das nach ihnen benannt ist. Lat. n.m. angelus Bote, Engel, adj. angelicus zu Boten gehörend, Engeln zukommend. Wenn der Krieg wirklich "gefangen" ist, Vz 3, müssen Engel mitgeholfen haben, das schaffen die Engländer nicht. Das spricht für die Variante von 1668.
3) demy statt korrekt démise, p.p.p. vom v.t. démettre ausrenken, alte Bedeutung von être démis: abgesetzt sein (être destitué), > lat. p.p.p. demissus niedergelassen, niedergeworfen, herabgelassen, versenkt.
Altfr. n.f. closture 1. Scheidewand (cloison), Absonderung (séparation), Schranke (barrière) 2. Umgrenzung (enceinte), Zaun (clôture) 3. Blockade (blocus). Die Wiedergabe mit "Verlies" ist eine freie, die zum Prädikat demy paßt.
4) Subjekt ist wieder le regne humain, wie in der ersten Vershälfte.

Vers 3/36 zufolge wird der Krieg für tot erklärt werden, sich dann aber als nur >gelähmt< erweisen und unvermutet >wiederauferstehen<. Hier aber wird angekündigt, daß eine Zeit kommt, in welcher der Krieg w i r k l i c h >gefangen und versenkt in sein Verlies< sein wird. Die deutsche Sprache weiß, daß Kriege ausbrechen können. Daher ist dem Deutschen der eingekerkerte Krieg zwar nicht geläufig, aber keine Hürde für das Verständnis. - Wenn der Mann, der Europa von der Fremdherrschaft befreien wird, sich durchgesetzt hat, wird diese Zeit beginnen. Vgl. **4/86, 6/24.** Ihn stellt N. auch andernorts als vom Himmel gesandt und in diesem Sinne >engelhaft< dar, **10/72.**

01/43 Auant qu' auienne le changement d' empire,/ Il auiendra vn
cas bien merueilleux,/ Le champ mué, le pilier* de porphyre*/
Mis, translaté (!) sus le rochier* noilleux. (1555)
[>Weltfriedensordnung</ POLLUX-JUPITER] (Kommentar S. 341)
Bevor es zur Verwandlung des Imperiums kommt,/
wird ein recht wundersames Ereignis eintreten./
Der Acker umgegraben, die Säule* aus Porphyr*/ aufgestellt,
überführt auf den Frohe-Weihnachts-Felsen*.
   2) Mittelfr. n.m. cas 1. Ereignis (événement) 2. Umstand
(circonstance), Gelegenheit (occasion) 3. Lage (situation)
4. Angelegenheit (affaire) 5. Sache (chose).
   3) Mittelfr. v. muer 1. wandeln (changer) 2. umformen (transformer) 3. aufrühren (troubler), umwälzen (bouleverser).
Zur >Säule< s. das Glossar unter colonne.
   4) Das Wort noilleux gibt es auch mittelfr. und altfr. nicht. Es
ist eine Eigenschöpfung des Sehers. Es ist eine Kontraktion
aus Noel (Weihnachten) + joyeux (froh).
---> 2/43, 10/93 (POLLUX-JUPITER)

02/43 Durant l' estoyle cheuelue apparente,/ Les trois grâs princes
seront fait ennemis*,/ Frappes du ciel*, paix terre* tremulente*./
Po (!), Tymbre vndants, serpant sus le bort mis. (1555)
[Kriegerische Ereignisse nahe der Jahrtausendwende/
Komet-Kataklysmus/ POLLUX-JUPITER]
Während der behaarte Stern erscheint,/
werden die drei großen Fürsten zu Feinden* werden./
Schläge vom Himmel*, es beben* Friede (und) Erde*./
Po, Tiber wallen empor, Schlange wird über das Ufer getragen.
   3) Lat. v. tremere, niederlat. tremulare zittern, beben.
   4) Lat. v. undare wogen, wallen, sieden, emporwallen.
Behaarte Sterne, lat. stellae crinitae, hießen in alter Zeit die Kometen.
Es ist nicht irgendein, sondern "der" Komet, 6/6. Diese besondere Kennzeichnung erhält er, weil sich der gemeinte Komet auf der Erde auswirken
wird, 6/6, 5/93. W ä h r e n d seines Erscheinens werden drei große
Mächte zu Feinden. Der Halleysche Komet kam 1910 in Erdnähe, aber
der erste Weltkrieg brach erst 1914 aus. -   Die Feindschaft der drei großen Mächte scheint in einen Krieg zu münden, es fallen
"Schläge vom Himmel", unter denen die Erde bebt. Und das Beben des
Friedens kann kaum anders als Krieg gedeutet werden. Dann aber stürzt
der Komet zur Erde, denn Po und Tiber treten über die Ufer, entweder
unter dem unmittelbaren Einfluß des Himmelskörpers, 8/16, oder durch
anschließende massive Regenfälle, zu denen es dann wohl europaweit
kommt, 2/33. -   Am Meeresstrand von Argos grenzte
die Unterwelt unmittelbar an das Land. Bewacht wurde der Eingang von
der vielköpfigen Meeresschlange Hydra. Mit ihrem Gift verbreitete sie
den Tod, wenn sie an Land kam. Ihr >Gift< sind ihre Ideen, die N. als
verderblich erkennt, 3/65. Sie ist identisch mit dem >schrecklichen Fisch
mit menschlichem Antlitz<, der auch an Land kommt, 3/21. -   Das
zeitliche Zusammentreffen des >An-Land-Kommens der Hydra< mit einer
außerordentlichen Naturkatastrophe ist auch andernorts ablesbar und
unterstützt diese Deutung der >Schlange<, 3/42, 9/84.
   ---> 2/93, 5/93 (Komet-Kataklysmus)
   ---> 1/43, 10/93 (POLLUX-JUPITER)

Gruppe 43 - 93

02/93 Bien pres du Tymbre presse la Libytine:/ Vng peu deuant grand inundation*:/ Le chef du nef* prins, mis a la sentine:/ Chasteau, palais en conflagration. (1555)
[>Neue Religion</ Letzter Papst/ Bannstrahl gegen die katholische Kirche]
Ganz nah beim Tiber stürmt die Libytina,/
kurz vor (einer) großen Überschwemmung*./
Das Haupt des Schiffes* gefangen, in den untersten Schiffsraum gebracht./ Festung (und) Palast stehen in Flammen.
  2) Zur Überschwemmung s. das Glossar unter deluge.

Libitina war die römische Göttin des Todes und der Leichenbestatter, und sie bedrängt die Menschen dort, wo sie einst verehrt wurde, am Tiber. Der durch ein "y" abgewandelte Name kann besagen, daß es Leute aus Nordafrika (Libyen) sind, die den Tod bringen. -   Das >Schiff< ist die katholische Kirche, 1/4, ihr "Haupt" ist der Papst. Seine Verbringung "in den untersten Schiffsraum" bedeutet, daß er in der Kirche nichts mehr zu sagen haben wird, 8/82 Vz 4. -   Den Grund dafür gibt die letzte Verszeile an: Die Engelsburg (chasteau) und der Vatikan (palais) >stehen in Flammen<, 2/65, nämlich durch das >Feuer vom Himmel<, das die Kirche trifft, 2/81, d.h. den Bann gegen die christliche Glaubenslehre. Und die große Überschwemmung hilft gegen dieses >Feuer< nicht, denn sie kommt v o r dem Brand und bedeutet den Untergang der Kirche in den weitestverbreiteten Ideen des >neuen Weisen<, 4/31.
---> 2/43, 5/93 (Kataklysmus)
---> 6/93, 8/93 (Letzter Papst)

03/43 Gents d' alentour de Tarn, Loth, & Garône,/ Gardés les monts Apennines passer,/ Vostre tombeau* pres de Rome & d' Ancône/ Le noir poil crespe fera trophée dresser. (1555)
[Verfolgung im totalitären Weltstaat/ JUPITER]
Leute aus dem Umkreis von Tarn, Lot und Garonne,/
hütet euch, die Appenninen zu überschreiten !/
Euer Grab* bei Rom und Ancona/
wird der schwarze Krausbart als Siegeszeichen herrichten.
  1) Tarn und Lot sind Nebenflüsse der Garonne.

Das "schwarze Krausbart" ist der Weltherrscher, 2/79. Die >Vorgeschichte< dieses Verses könnte aus 1/79 hervorgehen, wo ebenfalls Orte in der Gascogne, darunter Toulouse erwähnt sind. Ein Teil der Bewohner versucht anscheinend eine Art Ausbruch, ausgehend von irrigen Annahmen über den "schwarzen Krausbart", von dem man sich wohl gar Hilfe erhofft, 6/30. Man versucht sich nach Italien durchzuschlagen, doch dort wird sich Freude über die Anwesenheit dieses Mannes in jähe Trauer wandeln, 10/78. In der Toskana wartet das große Grab des a q u i t a - n i s c h e n Volkes, 3/32.
---> 4/43, 5/43 (Letzte Zeit der alten Erde))
---> 1/43, 2/43, 10/93 (JUPITER)

Gruppe 43 - 93

04/43 Seront oys au ciel* les armes batre;/ Celuy an mesme les
diuins* ennemis*/ Voudront loix* sainctes iniustemêt debatre/
Par foudre* & guerre biê croyâs à mort mis. (1555)
[Verfolgung im totalitären Weltstaat] (Kommentar S. 342)
**Es wird zu hören sein, wie am Himmel* die Waffen Schläge austeilen./
In diesem selben Jahr (werden) die Gottgetreuen zu Feinden./
Sie werden die heiligen Gesetze* unrechtmäßig niederschlagen wollen./
Durch Bannstrahl* und Krieg (werden) wahrhaft Gläubige in den Tod
getrieben.**

2) Mittelfr. adj./n.m. divin 1. vollkomen (parfait), wer sich Gott
nähert (ce qui se rapproche de Dieu) 2. schön, ausgezeichnet
(beau, excellent) 3. göttlicher Charakter (caractère divin).
3) Mittelfr. v. debattre 1. heftig schlagen (battre fortement)
2. kämpfen, ringen (lutter) 3. erörtern (discuter).

---> 3/43, 5/43 (Letzte Zeit der alten Erde)

05/43 La grand ruine des sacrez ne s' esloigne,/ Prouence, Napies,
Sicille, Seez & Ponce:/ En Germanie, au Rhin & la Cologne,/
Vexez à mort par tous ceux de Magonce. (1568)
[Verfolgung der Altgläubigen im totalitären Weltstaat]
**Das große Elend der Geweihten (ist) nicht fern,/
Provence, Neapel, Sizilien, Sées und Pons./
In Germanien, am Rhein und (in) Köln/
zu Tode gequält von all denen aus Mainz.**

2) Die Stadt Sées liegt in der Normandie, die Stadt Pons
nicht weit von der Girondemündung.
4) Mainz hieß bei den Römern Maguntiacum oder
Mogontiacum. Es könnte hier gemeint sein.

Die genannten Orte liegen entweder in Meeresnähe oder am Rhein, der
ins Meer fließt. Sie dürften aber nur als Beispiele zu nehmen sein. In
Wahrheit finden die Vorgänge in ganz Europa statt. Die Rede vom "Elend
der Geweihten" könnte so aufgefaßt werden, als sei nur der Klerus betroffen. Aber **4/43** läßt erkennen, daß alle, die an der alten Religion
festhalten, verfolgt werden. Wer "die aus Mainz" sind, wird dann auch
deutlich werden, 6/40 (Bd.3).

---> 3/43, 4/43 (Letzte Zeit der alten Erde)

05/93 Soubs le terroir du rond globe lunaire*,/ Lors que sera
dominateur Mercure*:/ L' Isle d' Escosse fera vn luminaire,/
Qui les Anglois mettra à desconfiture. (1568)
[Komet- Kataklysmus]
**Unterhalb des Heimatbodens der runden Mond*kugel/
(erscheint er,) wenn Merkur* Herrscher sein wird./
Die Insel Schottlands wird eine strahlende Leuchte hervorbringen,/
welche die Engländer vollständig ruinieren wird.**

3) N.m. luminaire Beleuchtung, Leuchte. Mittelfr. n.m.
luminaire strahlende Helligkeit (éclat rayonnant)
4) Mittelfr. n.f. desconfiture 1. vollständige Niederlage (défaite
complète), 2. mit Leichen bedecktes Feld (champ couvert de
cadavres).

Dafür, daß der Komet gemeint ist, sprechen das absichtlich unklare Wort
"Leuchte", deren angedeutete verheerende Wirkung und die Ortsangabe

- 338 -

Gruppe 43 - 93 ⋙⋙⋙⋙⋙⋙⋙⋙⋙⋙⋙⋙⋙⋙⋙⋙⋙⋙⋙⋙⋙⋙⋙⋙⋙⋙⋙⋙⋙⋙⋙⋙⋙⋙⋙

zu Beginn. Als "Heimatboden" des Mondes gilt den Astrologen der mit dem Namen Krebs belegte Abschnitt der Ekliptik. In dessen Nähe, 6/6, beim Sternbild Zwillinge, das bei 0° bis 22° Krebs anzutreffen ist, und nahe dem Sternbild Orion, 6/35, soll der Komet erscheinen. Naturgemäß wird er zunächst nur nachts zu sehen sein. In der Heimat des Sehers wird man den Eindruck haben, als komme er aus der Richtung heran, in der England und Schottland liegen, nämlich von Norden, 6/6. - In Vers 9/12 und andernorts steht Merkur als Chiffre für Jesus Christus. Seine "Herrschaft" kann bedeuten, daß der Komet dem Himmel als Mittel dient, seine (geistige) Herrschaft aufzurichten. Es kann auch bedeuten, daß die Menschen angesichts der immensen Bedrohung sich Christus wieder verstärkt zuwenden.
   ---> 2/43 (Komet)

06/93 Prelat auare d' ambition trompé./ Rien ne sera que trop
viendra cuider:/ Ses messagiers, & luy bien attrapé,/
Tout au rebours voir, qui le bois* fendroit. (1568)
[Kath. Kirche nahe der Jahrtausendwende/ Letzter Papst]
(Kommentar S. 343)
**Ehrgeiziger Prälat von seinem Ehrgeiz getäuscht,/
daß da nichts zuviel sei, wird er glauben./
Seine Gesandten und er schwer getäuscht./ (Wenn) alles
ins Gegenteil verkehrt (ist), (wird man) sehen, wer das Holz* spaltete.**
   1) Adj. avare begierig. Da der "Prälat" offenbar viel erreichen
   will, Vz 2, richtet sich die Gier auf Ruhm und Ehre, daher die
   freie Übersetzung mit "ehrgeizig".
   4) Zu >Holz< s. das Glossar unter arbre.
   fendroit erfüllt den Reim nicht, es soll wohl fendait heißen.
   ---> 8/93 (Kath. Kirche nahe der Jahrtausendwende)
   ---> 2/93, 8/93 (Letzter Papst)

08/93 Sept moys sans plus obtiendra prelature/ Par son decés grand
scisme* fera naistre:/ Sept moys tiendra vn autre la preture/
Pres de Venise paix vnion renaistre. (1568)
[Kath. Kirche nahe der Jahrtausendwende/ Letzter Papst]
(Kommentar S. 344)
**Sieben Monate, nicht länger, wird er die Prälatur innehaben./
Durch seinen Abgang wird eine große Spaltung* entstehen./
Sieben Monate wird ein anderer die Prätur einnehmen,/
(dann) werden bei Venedig Friede und Einheit neu erstehen.**
   1) Eine Prälatur ist ein hohes kirchliches Amt. Daß hier die
   höchste Ebene der Kirche gemeint ist, wird durch die Spaltung
   wahrscheinlich, zu der es dann kommt.
   3) Die Prätur war ein hohes weltliches Amt im alten Rom. Die
   Rede von dem einen, der scheidet, und dem anderen, der
   dann die "Prätur" einnimmt, macht deutlich, daß Prälatur und
   Prätur dasselbe bedeuten, nämlich das Papstamt.
   ---> 6/93 (Kath. Kirche nahe der Jahrtausendwende)
   ---> 2/93, 6/93 (Letzter Papst)

10/93 La barque* neufue receura les voyages,/ Là & aupres
transfereront l' empire,/ Beaucaire, Arles retiendront les hostages,/
Pres deux colomnes* trouuees de porphire*. (1568)
[>Neue Religion</ POLLUX-JUPITER]
Die neue Barke* wird die Fahrten wieder aufnehmen,/
dorthin in die Nähe werden sie die Oberherrschaft verlegen./
Beaucaire, Arles werden die Geiseln nicht herausgeben,/
in der Nähe (werden) zwei Säulen* gefunden aus Porphyr*.

<small>1) Mittelfr. v. recevoir 1. zum Abendmahl gehen (communier)
2. empfangen (accueillir) 3. annehmen (admettre), anerkennen (reconnaître) 4. wieder aufnehmen (reprendre).
Zur >Barke< s. das Glossar unter barque.
2) N.m. empire 1. Kaiserreich 2. (imperiale) Herrschaft.</small>

Schiffe in allen Varianten sinnbilden bei N. Glaubensgemeinschaften. Die >Barke< ist in 6/22 (Bd.1) die katholische Kirche. Es könnte hier von einer erneuerten Kirche die Rede sein. Die Kirche wird auf der neuen Erde im Geist Christi erneuert werden, 10/89, d.h. ohne alle Herrschaftsansprüche, 8/99. Es wird aber hier eine Oberherrschaft (empire) aus der "Nähe" der >Barke< ausgeübt. Daher kann die >neue Barke< keine erneuerte christliche Kirche sein. - Unter dem Bild einer >porphyrnen Säule< handelt Vers **1/43** von zwei Instanzen, einer, die Herrschaft ausübt (Porphyr), und einer mit religiöser Kompetenz (Säule). Beide sind dort einander >nah<. Die Oberherrschaft eines globalen Regimes wird dort einem vermeintlichen Mann der Religion, nämlich den >wiedergekommenen Heiland< übertragen. Somit dürfte die >neue Barke< die >neue Religion< und Glaubensgemeinschaft der Anhänger dieses Mannes sein. - Eine "neue" Barke kann nicht wörtlich Fahrten wiederaufnehmen, da sie noch nicht gefahren ist. Das >Wiederaufnehmen< bedeutet demnach die Anknüpfung an eine Tradition. Nachdem der >Kapitän der Barke< von vielen Christen als der wiedergekommene Heiland aufgefaßt werden wird, ist hier an Jesus von Nazareth zu denken, der während der Ausübung seines Lehramtes umherzog. Das wird dann also auch der >neue Heilige<, 10/30, tun, zumal seine >Barke< auf a l l e n >Meeren< zuhause ist, 10/96. - Die zweite Vershälfte ist noch offen. Die beiden Porphyrsäulen stehen für zwei Männer oder Institutionen eines Regimes, das eine imperiale Herrschaft ausübt, die sich den Anschein einer religiösen Legitimation geben will, s. das Glossar unter colonne und porphire.

---> 1/43, 2/43 (POLLUX-JUPITER)

Centurie 1, Vers 43
Auant qu' auienne le changement d' empire,
Il auiendra vn cas bien merueilleux,
Le champ mué, le pilier* de porphyre*
Mis, translaté sus le rochier* noilleux.
(Urfassung bei Macé Bonhomme, Lyon 1555)

Übersetzung der Urfassung:
Bevor es zur Verwandlung des Imperiums kommt,
wird ein recht wundersames Ereignis eintreten.
Der Acker gewandelt, die Säule* aus Porphyr*/ aufgestellt,
überführt auf den Frohe-Weihnachts-Felsen*.

Kommentar zu 1/43:
Der >nährende Felsen<, ein biblisches Sinnbild, steht in Vers **1/21** für jenen Mann, der im Abgrund der Katastrophe erscheinen und sich den Menschen als Rettung und Zuflucht anbieten wird. Er wird den Christen als wiedergekommener Christus ausgegeben werden, **1/95**.
　Dieser >Fels< erhält hier das Attribut noilleux, ein von N. frei gebildetes Wort, das vielfältig gedeutet werden kann. In den Sinnzusammenhang paßt die Auffassung, wonach hier **No**(el) und (jo)**yeux** kontrahiert sind - joyeux Noel heißt fröhliche Weihnachten. Wer an die Wiederkunft Christi in der Person des vermeintlichen >Felsens< glaubt, wird wegen seiner >Geburt<, d.h. seiner Erscheinung auf der geschichtlichen Bühne, frohlocken - er wird ihm der "Felsen der fröhlichen Geburt" oder eben der "Frohe-Weihnachts-Felsen" sein.
　Im Gleichnis vom Weizen und vom Unkraut, Matth 1324-43, bedeutet der >Acker< die Welt. Diesen >Acker< besät der Himmel, aber auch der Gegner. Er wird durch die Katastrophe "gewandelt" oder "umgegraben" sein.
　Auf diesem >gelockerten Acker< wird eine "Säule aus Porphyr errichtet". Es ist die "vierte Säule, die man dem Saturn weiht", **8/29**, d.h. von der man sich ein neues >goldenes Zeitalter< verspricht. Auf Säulen ruht im Mythos der Himmel. Wer eine >Säule< in einer durch eine Katastrophe gegangenen Welt errichtet, will die Welt erhalten, indem er den >drohenden Sturz< des Himmels verhindert. Aber wer Säulen errichtet, stellt in Wahrheit einen Götzen auf. Das >Schauen auf die Säule< ist bei Jes 57₈ ein Bild des Götzendienstes.
　Porphyr war in der Antike das den Herrschern vorbehaltene Mineral. Es ist hier wie in **9/32** mit der >Porphyrsäule< eine dem Kaisertum der römischen Antike vergleichbare Instanz gemeint. Parallelen sind a) der weltumspannende Anspruch, Frieden zu schaffen sowie b) die personelle Union von politischer Macht und staatlichem Kult, **9/9**. In diese Richtung deuten auch die Verse, die von der Wiederbelebung des Cäsarentums handeln, **6/66, 9/84**.
　Die "Säule" wird "aufgestellt", die gemeinte internationale Instanz geschaffen. Dann wird sie "überführt auf den Frohe-Weihnachts-Felsen", d.h. dem >neuen Heiligen<, **10/30**, übertragen, der große Hoffnungen auf sich vereint. Erst danach kommt es zu einer vollständigen "Verwandlung der höchsten Gewalt".
　An dem Kristallisationskern, den der >Wiedergekommene< bildet, wird sich gegen Widerstände und im Verlauf einiger Zeit, **4/21**, ein planetarer Kaiserkult herausbilden. Das erschien N. als "recht wundersamer Vorgang" - begreifbar, da es eine dem antiken Kaisertum entsprechende weltumspannende Herrschaft seither nicht mehr gab. Völkerbund und UNO waren schwache, säkulare Vorläufer des bevorstehenden Regimes.

Centurie 4, Vers 43
Seront oys au ciel* les armes batre :
Celuy an mesme les diuins* ennemis*
Voudront loix* sainctes iniustemet debatre
Par foudre* & guerre bie croyas à mort mis.
(Urfassung bei Macé Bonhomme, Lyon 1555)

Übersetzung der Urfassung:
Es wird zu hören sein, wie am Himmel* die Waffen Schläge austeilen.
In diesem selben Jahr (werden) die Gottgetreuen* zu Feinden*.
Sie werden die heiligen Gesetze* unrechtmäßig niederschlagen wollen.
Durch Bannstrahl* und Krieg (werden) wahrhaft Gläubige in den Tod getrieben.

Kommentar zu 4/43:
Es geht um Kämpfe und Verfolgungen, die ein religiöses Motiv haben oder für die ein solches Motiv angegeben wird. Die Verfolgten werden "gottgetreu" und "wahrhaft gläubig" genannt, der Angriff auf "heilige Gesetze" als "unrechtmäßig" bezeichnet. Da er für einen islamischen Staat nicht Partei nehmen würde, ist es klar, daß die gemeinten Ordnungen in christlichem Geist errichtet sind.

Man fragt sich, was die religiös motivierten Verfolgungen der Vz 2 bis 4 mit den Waffen zu tun haben, die am Himmel Schläge austeilen. Wäre ein Luftkrieg mit Flugzeugen oder Raketen gemeint, gäbe es keinen Zusammenhang, nur ein zeitliches Zusammentreffen. Eine Deutung, die den >Luftkrieg< nicht wörtlich nimmt, hätte den Vorzug, den Zusammenhang der Vorgänge erklären zu können. Denn sie macht deutlich, daß zu Beginn des Verses der Grund der folgenden Kämpfe angegeben ist.

Mit der "heiligen Ordnung" könnte das Königtum herkömmlicher Prägung gemeint sein, dessen Legitimität im Glauben gegründet war. Doch die Revolution in Frankreich, die Verfolgungen unbotmäßiger Priester mit sich brachte, wurde nicht durch >Schläge von oben<, von Papst, König oder Kaiser in Gang gesetzt. Das Volk stand auf, >von unten< wurde die alte Ordnung aus den Angeln gehoben.

Nach den einschneidenden Ereignissen an der Jahrtausendwende scheint sich in Europa eine Neuordnung des Lebens in christlichem Geist durchzusetzen, VH (22). Im großen wird dann eine Weltordnung errichtet, die die Gemeinschaft und den Frieden der Völker auf ihre Fahnen schreibt, 4/32. Anfangs gibt sich die neue Ordnung offen, ihre Anhänger erweisen sich aber schon früh als fanatisch und militant, 3/67.

Dieses Regime wird nach einigen Jahren auch das Feld der Religion mit einer neuen, dem Weltstaat verpflichteten Kirche besetzen, 9/9. Die >neue Religion< wird Ausschließlichkeit beanspruchen, 1/79. Die alten Glaubensgemeinschaften werden durch die Anziehungskraft der neuen Ideen, dann durch Anordnungen >von oben< gleichgeschaltet werden. Auch die katholische Kirche wird eines Tages ein "gewaltiger Bannstrahl" treffen, 10/65. Die auf das Christentum gegründeten Ordnungen werden wieder "aufgehoben", 5/24.

Im Vollzug der Anordnungen und Verbote wird es schließlich dazu kommen, daß jene Menschen verfolgt werden, die sich dem Diktat nicht beugen wollen, VH (43). Wer sich nicht fügt und am alten Glauben festhält, wird in Acht und Bann (foudre) getan, so wie im Mittelalter der Bann der römischen Kirche die >Ketzer<, die angeblichen Abweichler vom wahren Glauben traf. Es scheint, daß solche Abweichler in Südfrankreich, Italien und Deutschland gehäuft anzutreffen sein werden, 3/43, 5/43.

Centurie 6, Vers 93
Prelat auare d' ambition trompé.
Rien ne sera que trop viendra cuider :
Ses messagiers, & luy bien attrapé,
Tout au rebours voir, qui le bois* fendroit.
(Textfassung bei Benoist Rigaud, Lyon 1568)

Übersetzung:
Ehrgeiziger Prälat von seinem Ehrgeiz getäuscht,
daß da nichts zuviel sei, wird er glauben.
Seine Gesandten und er schwer getäuscht.
(Wenn) alles ins Gegenteil verkehrt (ist), (wird man) sehen,
wer das Holz* spaltete.

Kommentar zu 6/93:
Nach der Katastrophe wird nicht nur bei den Kirchenoberen der Wunsch groß sein, Verbündete gegen den Islam zu finden, der dann verstärkt nach Europa vordringt, 6/80, und dort seinen Zulauf mehrt, 3/27. Dafür wird jener Mann und seine sich schnell mehrende Anhängerschaft in Frage kommen, dem messianische Qualitäten nachgesagt werden und der sich den Christen als >wiedergekommener Heiland< darstellen läßt, 1/95.

Nach dem Tod eines Interimspapstes kann sich in der katholischen Kirche die Linie durchsetzen und auch die Kritiker noch einmal einbeziehen, 8/93, die auf den Schutz durch die Popularität des neuen Mannes nicht verzichten zu können glaubt. Man >verlobt sich dem Feind<, 5/49, stürzt den eigenen Herrn in die "Sekte der neuen Ungläubigen", VH (14), wie N. die Anhänger des >neuen Heiligen<, 10/30, nennt. Jene Katholiken, die ihm skeptisch gegenüberstehen und sich auf die politische Auseinandersetzung oder auf ein taktisches Arrangement nicht einlassen wollen, werden in der Minderheit sein und können sich nicht durchsetzen, 8/94.

In diese Zeit paßt ein Papst, dessen "Ehrgeiz" ihn dazu verleitet zu glauben, daß für ihn "nichts zuviel sei". Er wird das Projekt verfolgen, >Rom zu erobern<, 5/49, d.h. jenen Mann für die politischen Ziele der katholischen Kirche dienstbar zu machen, der später im Mittelpunkt eines weltumspannenden Machtzentrums stehen wird. Er wird es für möglich halten, daß die über den christlichen Bereich hinausreichende Popularität dieses Mannes dem Christentum zu weltweiter Dominanz verhelfen werde.

Bald wird sich zeigen, daß der ehrgeizige Papst und "seine Diplomaten" in ihren Erwartungen schwer enttäuscht werden. Es wird "alles ins Gegenteil verkehrt" sein, Vz 4. Die katholische Kirche wird ein "mächtiger Bannstrahl" treffen, 10/65. "Die gemeinsame Ordnung wird ins Gegenteil verkehrt sein", 4/32 Vz 2.

Beginnend schon in der Zeit der Euphorie über die vermeintliche Wiederkunft des Heilandes werden die Euphoriker jene Mitchristen, die sich fernhalten, des Defätismus und des Spaltergeistes beschuldigen. Sie seien es, die sich dem Frieden verweigerten.

Aber nicht die Skeptiker sind die Spalter, sondern der >neue Heilige< wird die Anhänger des Kreuzes (>Holzes<) spalten, indem er am Ende das Evangelium verbietet und dadurch all jene "wahrhaft Gläubigen", 4/43, ausschließt, die von der Lehre Christi nicht abrücken wollen. Dann werden auch seine Anhänger noch erkennen können, woran sie mit ihm sind.

Centurie 8, Vers 93
Sept moys sans plus obtiendra prelature
Par son decés grand scisme* fera naistre :
Sept moys tiendra vn autre la preture
Pres de Venise paix vnion renaistre.

(Textfassung bei Benoist Rigaud, Lyon 1568)

Übersetzung:
Sieben Monate, nicht länger, wird er die Prälatur innehaben.
Durch seinen Abgang wird eine große Spaltung* entstehen.
Sieben Monate wird ein anderer die Prätur einnehmen,
(dann) werden bei Venedig Frieden und Einheit neu erstehen.

Kommentar zu 8/93:
Einen Siebenmonatspapst hat es seit 1558 nicht gegeben.
 Nach der Jahrtausendwende wird die Frage entstehen, wie man sich zu der dann in Erscheinung tretenden "Sekte der neuen Ungläubigen", VH (14), den Anhängern des >neuen Heiligen<, 10/30, und zu diesem selbst stellen solle. Es scheint, daß es innerhalb der katholischen Kirche zu schweren Auseinandersetzungen, 8/94 Vz 3, und sogar zu Spaltungen kommen wird, 5/46.
 Der gemeinte Interimspapst gehört zu den "Störrischen und Aufrechten", **8/47**, wohl weil er in der Frage, wie der >neue Heilige< zu beurteilen sei, eine ablehnende Haltung einnimmt. Erst "durch seinen Abgang", einen Abgang der unfreiwilligen Art, 8/20 Vz 4, wird es zur offenen Austragung des innerkirchlichen Konfliktes in der genannten Frage kommen, wodurch eine "große Spaltung" entsteht, Vz 2. Zu den verschiedenen Richtungen, die dabei um den Kurs der Kirche streiten, s. 8/94.
 Der Nachfolger des Siebenmonatspapstes - hier heißt er ein "anderer" Inhaber der "Prätur" - , ist der aus **5/46** bekannte "Sabiner". Er wird den "schwankenden Kahn", **5/49**, auf Gegenkurs bringen, eine kirchenpolitische Kehrtwende, welche mitzuvollziehen ein Teil der Gläubigen sich offenbar zunächst weigert. Anhänger des >neuen Heiligen<, 10/30, zu sein, wird allen Katholiken dann erlaubt werden. Denn das Kirchenoberhaupt selbst wird sich dem neuen Mann gegenüber aufgeschlossen zeigen, mehr als aufgeschlossen, **8/13**.
 Man fragt sich, wie es dem gemeinten "Sabiner"-Papst so schnell gelingen kann, die auseinanderdriftenden Fraktionen innerhalb der Kirche noch einmal zusammenzuhalten, ein Schisma also vorerst zu verhindern und dabei der Mehrheitsmeinung Geltung zu verschaffen, daß man sich mit dem >neuen Heiligen< verbinden müsse. Der wichtigste Grund für diese Annäherung dürfte in der Bedrängung des Abendlandes durch den militanten Islam liegen, 2/93. Sodann dürften es die Versprechungen dieses Papstes sein, von denen sich schließlich auch die Skeptiker noch einmal locken lassen. Nichts werde mit der Hilfe Gottes unmöglich sein, **6/93**. Der >Wiedergeborene< werde am Ende dem Christentum zu weltweiter Dominanz verhelfen, **5/49**.
 Schließlich werden wahrscheinlich strittige Fragen des Dogmas offengelassen und die Entscheidung darüber aufgeschoben, 8/94 Vz 4. Über die Christusnachfolge in der Person des >neuen Heiligen< werde zu gegebener Zeit entschieden werden.
 Jedenfalls scheint es dem >Sabiner< noch einmal zu gelingen, "Frieden und Einheit" zu stiften. Aber diese Versöhnung wird sich als tückische "Verstrickung" erweisen, 4/6.

03/44 Quand l' animal* à l' homme domestique/ Apres grâds peines
& saults viendra parler:/ Le (!) foudre* à vierge* sera si maleficque,/
De terre* prinse, & suspendue en l' air*. (1555)
[Unterdrückung des christlichen Glaubens im totalitären
Weltstaat] (Kommentar S. 348)
Wenn das Tier*, mit dem Menschen in Hausgemeinschaft,/
nach großen Züchtigungen und Sprüngen spricht,/
wird der Bann* gegen die Jungfrau* großes Unheil bringen./ Von (der)
Erde* genommen (wird sie) und schweben gelassen in der Luft*.
  1) animal domestique Haustier. S. im Glossar unter monstre.
  ---> 6/94, 9/44, 10/44 (Letzte Zeit der alten Erde)

03/94 De cinq cent ans plus compte lon tiendra/ Celuy qu' estoit
ornement de son temps:/ Puis à vn coup grande clarté donrra/
Que par ce siecle les rendra trescontens. (1555)
[Neue Erde] (Kommentar S. 349)
Fünfhundert Jahre lang wird man eher für ein Machwerk halten,/
was der Schmuck seiner Zeit war./
Dann auf einen Schlag wird es große Klarheit geben,/
was sie (die Menschen) in jener Zeit sehr zufrieden machen wird.
  1) Mittelfr. n.m. compte, conte I. Rechnung, Aufzählung,
  Schätzung, tenir compte de sich kümmern um (se soucier de)
  II. 1. Bericht von wahren Begebenheiten (récit de choses
  vraies) 2. Erzählung zur Unterhaltung (récit pour divertir)
  3. phantasiereiche, unseriöse Erzählung (récit fantaisiste),
  Geschichte, erfunden um zu betrügen (récit fait pour tromper).

06/94 Vn Roy iré sera aux sedifragues,/ Quant interdicts seront
harnois de guerre:/ La poison* taincte au succre par les fragues/
Par eaux meurtris, mors, disant terre* terre*. (1568)
[>Weltfriedensordnung</ Unterdrückung und Verfolgung
im totalitären Weltstaat/ Heinrich V.]
Ein Herrscher wird erzürnt sein über die Thronzerbrecher,/
wenn verboten sein werden Rüstungen zum Krieg./
Das Gift* zuckersüß gefärbt durch die Zerbrecher,/
durch Fluten* Zerquetschte, Tote, sagend Erde, Erde.
  1)3) sedifrague und frague gibt es nicht; lat. n.f. sedes Stuhl,
  Wohnsitz, Thron; lat. v. frangere zerbrechen, lat. n.m. fragor
  das Zerbrechen.
  3) taincte, modern teinte, ist p.p.p. von teindre. Mittelfr. v.
  teindre 1. sich verfärben (déteindre) 2. fleckig machen
  (tacher), beschmutzen (souiller). Wörtlich: "gefärbt mit
  Zucker".
  4) Zu den Fluten s. das Glossar unter deluge.
  Lat. n.f. mors Tod. Es könnten auch franz. mor(t)s Verstorbene gemeint sein.
Vz 2 läßt erkennen, daß der Vers von Vorgängen spricht, die noch in der
Zukunft liegen, denn Kriegswaffen schlechthin waren bisher nie verboten.
Nach der Katastrophe wird eine Zeit kommen, in welcher man meinen
wird, den Krieg "begraben" zu haben. Die Waffen, mit denen der Krieg
sein >Handwerk< ausübt, werden "vertilgt", von der Oberfläche der Erde
verbannt sein, 3/36, VH (37). - Die Philosophie
des >neuen Heiligen< ist das "Gift", das den alten Glaubenslehren beige-

mischt wird, wofür N. auch das Bild der Brunnenvergiftung gibt, 4/66. >Lebendiges Wasser< ist das Wort Gottes, 3/44. Mit den neuen Lehren werden die Menschen >überschwemmt< werden, 9/82. Die Wörter meurtris und frague machen deutlich, daß dabei ein zerstörerischer Druck ausgeübt werden wird. - Mit den "Thronzerbrechern" ist das globale Regime gemeint, das die Menschen seinen rechtmäßigen Herren abspenstig machen, 10/10, und sich diese unterwerfen wird, VH (29). Der darüber Erzürnte dürfte jener Herrscher sein, der den Krieg gegen die "Thronzerstörer" eröffnet, 10/44.
---> 3/44, 9/44, 10/44 (Letzte Zeit der alten Erde)
---> 10/44 (Heinrich V.)

08/94 Deuant le lac* où plus cher fut getté/ De sept mois,
& son ost desconfit/ Seront Hyspans par Albannois gastez/
Par delay perte en donnant le conflict. (1568)
[Kath. Kirche nahe der Jahrtausendwende] (Kommentar S. 350)
**Vor dem See*, in den der Teuerste geworfen wurde/
der sieben Monate, und wo sein Trupp in die Flucht geschlagen wurde,/
werden Spanier durch Albaner zugrundegerichtet werden./
Durch Aufschub Verderben, dadurch Raum gebend dem Konflikt.**
2) Mittelfr. n.m./f. ost Armee (armée) > lat. hostis.
Mittelfr. v. desconfire in die Flucht schlagen (mettre en déroute), den Feind vernichten (détruire l' ennemi).
3) Mittelfr. v. gaster 1. zugrunderichten (ravager), verwüsten (dévaster) 2. beschädigen (endommager), vernichten (abîmer) 3. verstümmeln (estropier).

09/44 Migrés, migrés des Genesue trestous,/ Saturne* d' or* en fer
se changera,/ Le contre RAYPOZ exterminera tous,/
Auant l'a ruent le ciel* signes fera. (1568)
Variante: "Avant l' advent ...." (Ed. Chevillot 1611)
[Christenverfolgungen in Europa/ POLLUX-JUPITER]
**Zieht weg, zieht allesamt weg von Genf !/
Saturn* wird sich aus Gold* in Eisen verwandeln./
Der gegen den Friedensfürsten (ist), wird alle ausrotten./
Vor der Ankunft wird der Himmel* Zeichen wirken.**
1) Lat. v. migrare wegziehen, übersiedeln; wegbringen.
3) Die Chiffre RAYPOZ wird von Pfändler (1996 S. 673) als Anagramm von ZOPYR(OS) gedeutet. So hieß ein Babylonier, der seine Stadt mit List an den Perserkönig verriet. <u>Hier wird vorgeschlagen, in RAYPOZ ein durch Vertauschung zweier Buchstaben entstelltes ROYPAZ zu erkennen, was wörtlich "König Frieden" heißt, etwas freier übersetzt: "Friedensfürst".</u> Span. n.f. paz Frieden.
4) Da man mit "l'a ruent" nichts anfangen kann, wird hier die Variante von 1611 übersetzt.

Friedens-Fürst ist einer der vier Titel, die dem Messias zustehen, der den Juden verheißen ist, Jes 95, und wird in der katholischen Liturgie daher auf Jesus Christus bezogen. Der Weltherrscher, 1/4, wird die Erinnerung an Jesus Christus von der Erde tilgen wollen, 3/72, und in diesem Sinne "gegen den Friedensfürsten" sein. - Saturn herrschte im goldenen Zeitalter, als die Menschen im Frieden mit den

Göttern lebten. Neun bis zehn Jahre nach ihrer Ausrufung wird es mit der >Weltfriedensordnung< schon wieder vorbei sein, weil dann den verbleibenden Anhängern der alten Religionen der Kampf angesagt werden wird. So ist es zu verstehen, daß >Saturn sich aus Gold in Eisen verwandeln< werde. - In 4/59 (Bd.1) sind "die Genfer" eine Allegorie der Völkergemeinschaft. Aber wenn >Genf< alle Völker der Welt bedeutete, hätte die Aufforderung wegzugehen keinen Sinn. Daher muß hier die Stadt selbst gemeint sein. Es scheint, daß die Schweiz wie schon öfters in der Vergangenheit, 2/64 (Bd.1), zur Zuflucht werden wird für Abweichler, 5/85. Über den Schutz, den sie bieten kann, herrschen Illusionen, was N. zu seiner Warnung veranlaßt. - Genf betreffend, handeln 4/9 (Bd.3) und 4/42 (Bd.3) von Verrat, 10/92 (Bd.3) und 4/94 (Bd.3) von Greueln. Sie werden eintreten, wenn der Gegner Christi sich angesagt hat, Vz 4. Die "Zeichen am Himmel" sollen wohl auch warnen, aber um was es sich da handelt, muß offenbleiben.

---> 3/44, 6/94, 10/44 (Letzte Zeit der alten Erde)
---> 10/44 (POLLUX-JUPITER)

10/44 Par lors qu' vn Roy sera contre les siens,/ Natif de Bloyes subiugera Ligures:/ Mammel, Cordube & les Dalmatiens,/ Des sept puis l' ôbre à Roy estrênes & lemures. (1568)
[POLLUX-JUPITER/ Verfolgung im totalitären Weltstaat/ Heinrich V./ Europäischer Freiheitskrieg]
Weil ein König gegen die Seinen sein wird,/ wird (der) in Blois Geborene (die) Ligurer unterwerfen,/ Mohammeds Meer (?), Corduba und die Dalmater./ Von sieben Hügeln der Schatten, für den König gute Vorzeichen und Seelen der Toten.

4) Mittelfr. n.m. pui, puy Anhöhe (tertre, éminence). Mittelfr. n.m. puis Brunnen (puits).
N.f. ombre > lat. n.f. umbra Schatten, Nacht.
Mittelfr. n.f. estraine, estrenne Geschenk am Neujahrstag > lat. n.f. strena gutes Vorzeichen.
Lat. n.f.pl. lemures abgeschiedene Seelen, Gespenster.

In 9/80 will ein Heerführer "die Seinen auslöschen". Gemeint ist der >wiedergekommene Christus<, 1/95, der zulassen wird, daß alle, die nicht bereit sind, den alten Glauben aufzugeben, niedergemacht werden. Damit wird er sich gegen jene stellen, die sich für "die Seinen" halten. Er wird jene >Schiffbrüchigen< zugrunderichten, die an ihn wie an einen >Fels< klammern wollen, 2/56. - Das ist der Grund dafür, daß Heinrich, nachmals der V. von Frankreich, einen Krieg um die Befreiung Europas eröffnen wird. Den "Tempel zu öffnen", Religionsfreiheit wiederherzustellen, wird sein Anliegen sein, 10/27. Er ist der "aus Blois Gebürtige", 8/38 (Bd.3). Vom Meer her, 2/5 (Bd.3), wird er Küsten erobern: Corduba sowie Ligurien und Dalmatien. Mammel, in 6/49 (Bd.3) "Mammer", könnte das Meer Mohammeds (**Ma**hometique **mer**) bedeuten, das von den "seefahrenden Orientalen", VH (29), in der gemeinten Zeit beherrschte Mittelmeer, 5/11. - Die "sieben Hügel", auf die Rom erbaut wurde, scheinen diesem Mann die Weltherrschaft anzukündigen, 4/77. Der Rest ist dunkel.

---> 9/44 (POLLUX-JUPITER) ---> 3/44, 6/94, 9/44 (Letzte Zeit der alten Erde)
---> 6/94 (Heinrich V.)

Centurie 3, Vers 44

Quand l' animal* à l' homme domestique
Apres grâds peines & saults viendra parler:
Le foudre* à vierge* sera si maleficque,
De terre* prinse, & suspendue en l' air*.

(Urfassung bei Macé Bonhomme, Lyon 1555)

Übersetzung der Urfassung:

Wenn das Tier*, mit dem Menschen in Hausgemeinschaft, nach großen Züchtigungen und Sprüngen spricht, wird der Bann* gegen die Jungfrau* großes Unheil bringen./ Von (der) Erde* genommen (wird sie) und schweben gelassen in der Luft*.

Kommentar zu 3/44:

Der "Bann gegen die Jungfrau" macht deutlich, worum es geht. Die >Jungfrau<, nämlich Maria, die Mutter Jesu, begegnete bereits als Symbol für das >Volk Gottes als dessen keusche jungfräuliche Braut<, 5/52. Wenn d i e s e s Volk vom Bann getroffen, die Zeugnisse seines Glaubens auf den Index gesetzt werden - ohne örtlichen Bezug, demnach überall - , ist die Zeit des letzten Glaubenskampfes gemeint, wenn den christlichen Kirchen verboten sein wird, den alten Glauben weiter zu lehren, 10/65.

Das >lebendige Wasser< ist bei Joh 46-15 ein Gleichnis für das vom Menschen aufgenommene Wort Gottes. In diesem >Wasser< gehen der Buchstabe, d.h. die Sprache als Material (>Erde<) und der im Wort sich äußernde Geist (>Luft<) eine Verbindung ein. Das die >Jungfrau< treffende >Feuer vom Himmel< ("Bann") löst diese Bindung, das >Wasser< zerfällt in seine Bestandteile >Erde< (Mineralien) und >Luft< (Dampf). Sie >rösten die Sprache< der Offenbarung, 4/56, bis nur noch das >Mineral< übrig ist, 5/36.

Durch den "Bann" soll sich der dem NT innewohnende Geist verflüchtigen, er wird >von der Erde genommen und in die Luft gehängt<, d.h. der Geist des NT ist auf Erden nicht mehr erwünscht. Die verbliebene >Erde<, d.h. die Sprache des NT ohne ihren Geist, wird anderen Zwecken dienstbar gemacht. Der christliche Glaube wird rein diesseitig gedeutet.

Das Tier, das den Bann gegen die Jungfrau ausspricht, ist Symbol der christusfeindlichen Macht - so wie in Offb 13 das monströse Tier, das seine Macht vom Drachen hat, gegen Gott "große Dinge redet" und die im Himmel Wohnenden lästert. Bevor es sein Maul auftut, hat dieses >Tier< in Hausgemeinschaft mit dem Menschen gelebt, scheinbar harmlos und gezähmt. Am Ende erweist es sich als unfolgsam. Der widerspenstige Schaf- oder Ziegenbock ist ein Bild für die Menschenseele, die sich dem Himmel widersetzt. <u>Eine gottabgewandte Haltung, die das Leben nur irdisch auswerten will, ist seit langem den Menschen ein vertrauter Hausgenosse. Dieser gilt als harmlos, die Kräfte, die er freisetzt, als zähmbar. Er erklärt sich nicht, ist stumm, stellt sich lange Zeit nicht offen gegen Gott.</u>

>Das Tier< als das Subjektive, das sich selbst zum Leitbild erhebt und ohne den Himmel auskommen will, kann am Ende die Alleinherrschaft auf Erden erringen. Das wird zugelassen, damit Klarheit über den Allmachtsanspruch der gottfeindlichen Kräfte entsteht, und damit jeder Mensch sich entscheiden muß und so die "Böcke von den Schafen geschieden" werden können, Matth 2532-33. <u>Das >Tier< muß gepeinigt, geradezu gezwungen werden, seine wahre Gesinnung preiszugeben, die es hinter der Tarnung aus Sprachlosigkeit, Nützlichkeit und Friedlichkeit verbirgt.</u>

Centurie 3, Vers 94
De cinq cent ans plus compte Ion tiendra
Celuy qu' estoit l' ornement de son temps :
Puis à vn coup grande clarté donrra
Que par ce siecle les rendra trescontens.
(Urfassung bei Macé Bonhomme, Lyon 1555)

Übersetzung:
Fünfhundert Jahre lang wird man eher für ein Machwerk halten,
was der Schmuck seiner Zeit war.
Dann auf einen Schlag wird es große Klarheit geben,
was sie (die Menschen) in jener Zeit sehr zufrieden machen wird.

Kommentar zu 3/94:
Mit compte soll hier offenbar eine konträre Einschätzung des gemeinten Gegenstandes zu dessen nach N. allein angemessenen Bewertung als "Schmuck seiner Zeit" zum Ausdruck kommen. Das Wort bedeutet demnach eine erdichtete Erzählung im abwertenden Sinne des Erfundenen und Erlogenen, ein "Machwerk". N. meint hier die Wertung seiner eigenen Verse.

Deren verbreitete Geringschätzung hat neben ihrer schweren Verständlichkeit allgemeine, außerhalb ihrer selbst liegende Gründe. Das zur Vorherrschaft gelangte naturwissenschaftliche Weltbild schließt die Möglichkeit prophetischer Rede aus und verstellt die Zukunft mit technischen Utopien. Auch die Kirchen stehen neu auftretenden Propheten sehr zurückhaltend gegenüber. Demgegenüber spricht Paulus, zurückgreifend auf den Propheten Joel davon, "in den letzten Tagen" werde Gott von seinem Geist auf alles Fleisch ausgießen und "eure jungen Männer werden Visionen haben, und eure Alten werden Träume haben", Apg 217. Dabei sind die "letzten Tage" ein Ausdruck für die Zeit nach der Erscheinung Christi, die sogenannte Endzeit. In der ganzen Zeit nach Christus ist demnach mit dem Auftreten von Propheten zu rechnen.

Vers 1/48 sagt, daß zu Beginn des dritten Jahrtausends christlicher Zeitrechnung N.s Prophetie "sich erfüllen und abbauen" werde. Das >Erz< der Centurien werde in dieser Zeit zu Tage gefördert werden können, d.h. die noch nicht erfüllten Prophezeiungen werden dann in Erfüllung gehen und >bei Tageslicht< auch verstanden werden. Nach fünfhundert Jahren der Undurchsichtigkeit werde "es schlagartig große Klarheit geben".

Demnach wird es die angekündigte Klarheit in der Mitte des 21. Jahrhunderts, also erst um 2055 geben. Darin liegt eine Mahnung zur Bescheidenheit an alle, die heute glauben, >den Schlüssel< zur Deutung, den es ohnehin nicht gibt, gefunden zu haben. Volle Klarheit über die Centurien zu gewinnen, ist heute noch nicht möglich, läßt der Vers unmißverständlich wissen.

Dann aber werden alle "sehr zufrieden" damit sein. Das prophetische Wort verweist den Menschen auf Gott als Herrn der Geschichte, der Übersicht mächtig auch im größten irdischen Chaos. Prophetie ist eine Art Spiegel, in dem Bilder erscheinen, die dem Geschehen ähnlich sind und in denen es sich wiedererkennen läßt. Prophetie läßt durchblicken, daß der Herr der Ewigkeit durch die Zeit mitgeht und allzeit seine Herde betreut, und mag so auch imstande sein, das Gottvertrauen der Menschen zu kräftigen.

Centurie 8, Vers 94
Deuant le lac* où plus cher fut getté
De sept mois, & son ost desconfit
Seront Hyspans par Albannois gastez
Par delay perte en donnant le conflict.
(Textfassung bei Benoist Rigaud, Lyon 1568)

Übersetzung:
Vor dem See*, in den der Teuerste geworfen wurde
der sieben Monate, und wo sein Trupp in die Flucht geschlagen wurde,
werden Spanier durch Albaner zugrundegerichtet werden.
Durch Aufschub Untergang, dadurch Raum gebend dem Konflikt.

Kommentar zu 8/94:
Der Mann "der sieben Monate" ist aus **8/93** bekannt. Der "Teuerste" heißt er, weil er zu den "Unbeugsamen und Aufrechten" gehört, **8/47**. "Der See" ist der Trasimenische See bei Perugia, **8/47**. Der "Trupp" seiner Parteigänger wird durch den Verlust ihres Vormannes "in die Flucht geschlagen".

Danach wird es eine Auseinandersetzung um den zukünftigen Kurs der Kirche geben, Vers **8/93** spricht sogar von einem Schisma. Mindestens drei Fraktionen scheinen dann um das Steuerruder der katholischen Kirche streiten: >Sabiner<, >Albaner< und >Spanier<, unterscheidbar durch ihr Verhältnis zu >Rom<. Dabei bedeutet >Rom< das später an der Person des >wiedergekommenen Christus<, **1/95**, sich auskristallisierende Machtzentrum, den Ort des >großen Römers<, **3/65**. Diese Auseinandersetzung dauert, bis ein neuer Papst gewählt wird, der das Schisma anscheinend (vorübergehend) heilen kann, **8/93**.

>Sabiner< nennt der Seher jene Katholiken, die sich von den Anhängern des >neuen Heiligen<, **10/30**, auf >deren Gebiet<, nämlich nach >Rom< einladen lassen, und Mutter Kirche dem neuen Mann >verloben<, **5/49**. Der neue Papst, der am Ende gewählt wird und dieser Fraktion angehört, **5/46**, verfolgt dabei das Projekt, >Rom zu erobern<, **5/49**.

Anders als die >Sabiner< sehen die als >Albaner< bezeichneten Katholiken den >neuen Heiligen< als Gegner. Während die "Sabiner" meinen, dessen Anhängerschaft von innen, durch eine Taktik der Verbrüderung in den Griff bekommen zu können, wollen die "Albaner" die offene Auseinandersetzung, **5/46**.

Von beiden unterscheiden sich die >Spanier< dadurch, daß sie in den p o l i t i - s c h e n Kampf mit den Anhängern des >neuen Messias< nicht einsteigen wollen und die >Sabiner< vor dem Versuch der >Eroberung Roms< warnen, der schiefgehen werde, so wie einst Hannibals von Spanien ausgehender Marsch auf Rom scheiterte, **5/49**. Aber sie setzen sich nicht durch, sondern werden "zugrundegerichtet", mindestens ihres Einflusses beraubt.

Letztlich ist die in Aussicht gestellte >Eroberung Roms< nur ein Mäntelchen, das dem für notwendig erachteten politischen Arrangement umgehängt wird. Man will sich die schnell wachsende Popularität des >neuen Heiligen< zunutze machen, weil man anders sich nicht behaupten zu können glaubt, VH (14), gewinnt aber nur eine Frist, einen "Aufschub". Er wird erkauft dadurch, daß der Kirche von da an ein Fremder hineinregieren und sie am Ende vernichten kann, **10/65**. Indem die Kirche den Glauben zum Vehikel politischer Ambitionen macht, gleich ob diese defensiver oder utopischer Art sind, macht sie ihn angreifbar, gibt sie dem "Konflikt" Raum, dem >Kampf um den wahren Glauben<.

Gruppe 45 - 95

01/45 Secteur de sectes* grand preme au delateur:/ Beste en theatre*,
dressé le ieu scenique:/ Du faict antique ennobli l' inuenteur,/
Par sectes* monde confus & scismatique*. (1555)
[JUPITER/ >Neue Religion</ Verfolgung der Altgläubigen
im totalitären Weltstaat] (Kommentar S. 356)
Schlachter der Sekten* (lobt aus) große Belohnung dem Denunzianten./
Tier im Theater*, (wieder) aufgerichtet das Bühnenspiel./
Für antike Tat (wird er) hoch geehrt, der Erfinder./
Durch Bekenntnisse* (ist die) Welt durcheinander und gespalten*.

1) Franz. secteur kann wie deutsch Sektor nicht eine Person bedeuten. Aber eine Person ist hier gemeint, denn sie verspricht Belohnung, begeht antike Tat und wird hoch geehrt. Daher ist secteur ein franz. assimiliertes lat. n.m. sector Abschneider, Zerschneider, geläufig als 1. - collorum Halsabschneider, Mörder 2. - bonorum Güteraufkäufer, -ausschlachter.
Die Übersetzung "Zerschneider" würde zur Spaltung passen, zu der es dann kommt, Vz 4. Die Wiedergabe mit "Ausschlachter" entspräche der Usurpation alter religiöser Lehren, die der "Erfinder" der >neuen Religion< betreibt, 8/62. Die Wiedergabe mit "Halsabschneider" bezöge sich darauf, daß die alten Religionen durch den "Erfinder" zerstört werden, 1/96.
"Schlachter" bedeutet beides, Tötung wie Nutzung des Getöteten, daher erhält es den Zuschlag.
1) N.f. prime 1. Zugabe (an den Käufer) 2. Zuschlag 3. Belohnung vom Staat > engl. premium > lat. praemium Belohnung.
3) V. ennoblir >adeln<, veredeln, auszeichnen, ehren. Mit ennobli wird die Wertung der Zeitgenossen erfaßt, nicht die des Sehers.

---> 1/95, 2/45, 3/45, 4/95, 10/95 (JUPITER)
---> 3/45 (>Neue Religion<)
---> 2/45, 3/45, 8/45 (Letzte Zeit der alten Erde)

01/95 Deuant monstier trouué enfant* besson/ D' heroic sang* de moine
& vestutisque:/ Son bruit par secte* langue* & puissance son/
Qu' on dira fort eleué le vopisque. (1555)
[POLLUX-JUPITER] (Kommentar S. 357)
Vor Kloster (wird) gefunden ein Zwillingskind*/
aus heroischem und uraltem Mönchsgeblüt*./ Sein Ruhm (erwächst)
aus weltanschaulicher Sprache* und machtvollem Getön,/ so daß
man sagen wird: kraftvoll aufgestiegen der lebende Zwillingsbruder.

1) Mittelfr. n.m. moustier, monstier 1. Kirche (église) 2. Kloster (monastère).
2) Lat. adj. vetustus von hohem Alter, altertümlich. vestutisque ist nach heroic zweites Attribut zu sang.
3) Mittelfr. n.m. bruit 1. Berühmtheit (renommée) 2. Ansehen (reputation), Ruhm (gloire) 3. Ehre (honneur).
secte langue wörtlich: Sekte Sprache, oben frei wiedergegeben,
puissance son wörtlich: Macht Klang, oben frei wiedergegeben.
4) Lat. n.m. vopiscus einer von Zwillingen, der zur Welt kommt, nachdem der andere zu früh geboren und gestorben ist (Georges, Ausführliches Handwörterbuch), überlebender Zwilling.
Es sind Mönche, also Zwillingsb r ü d e r.

---> 1/45, 2/45, 3/45, 4/95, 10/95 (JUPITER)

Gruppe 45 - 95

02/45 Trop le ciel* pleure l' Androgyn procrée,/ Pres de ce (!) ciel* sang*
humain respandu,/ Par mort trop tarde grand peuple recrée/
Tard & tost vient le secours attendu. (1555)
[Komet/ POLLUX-JUPITER/ Verfolgung der Altgläubigen
im totalitären Weltstaat] (Kommentar S. 359)
**Stark weint der Himmel*, wenn der Zwitter erschaffen ist./
Nah bei diesem Himmel* (wird) menschliches Blut* vergossen./
Durch (dessen) sehr späten Tod (wird) ein großes Volk wiedererweckt./
Früher oder später kommt die ersehnte Hilfe.**
<small>1) Aus der weiblichen Endung procrée für die Deutung etwas abzuleiten, ist kaum sinnvoll. Denn ein Androgyn ist nun einmal nicht eindeutig festgelegt hinsichtlich des Geschlechts. Eine neutrale Endung gibt es eben im Französischen nicht.</small>
---> 1/45, 1/95, 3/45, 4/95, 10/95 (JUPITER)
---> 1/45, 3/45, 8/45 (Letzte Zeit der alten Erde)

02/95 Les lieux peuples seront inhabitables:/ Pour champs auoir
grande diuision:/ Regnes liurés a prudents incapables:/
Lors les grands freres mort & dissension. (1555)
[Zeit nach der Katastrophe/ Geburt der >Weltfriedensordnung<]
**Die bevölkerten Orte werden unbewohnbar sein./
Wegen des Besitzes der Felder große Uneinigkeit./
Die Obrigkeiten unfähigen Klugen überlassen./
Dann (werden) die Großen Brüder. Tod und Zwietracht.**
  Es scheint, daß nach der Katastrophe Städte und vormals dicht besiedelte Landstriche unbewohnbar sind. Die fehlenden geographischen Angaben kann man so deuten, daß es mehr oder weniger überall so zugeht. Eine ABC-Verseuchung kann, muß aber nicht der Grund sein. Wenn die zentralen Strukturen weltweit kriegsbedingt zerstört sind und kein Erdöl mehr nachkommt, wird es unmöglich, die großen Städte zu versorgen. - Städter strömen dann auf 's Land und wissen nicht, wovon sie leben sollen. Es kommt zum Streit mit den eingesessenen Landbesitzern. Das Wort division bedeutet Teilung, aber auch Streit. Es geht um den Besitz des Landes (champs avoir), seine Aufteilung unter Altbesitzer und Flüchtlinge. D a r ü b e r kommt es zum Streit. Jahre später zeichnet sich eine Lösung ab. Die wegen Verseuchung unbewohnbar gewesenen Gegenden können dann wieder in Besitz genommen werden, 2/19. Wer kein Land hat, kann dorthin ziehen. - Die Oberen halten kluge Reden, sind aber überfordert. In dieser Zeit entschließt man sich, Kompetenzen an das im Entstehen befindliche globale Regime abzutreten in der Hoffnung auf Hilfe von außen. Die Regierenden werden "Brüder" in der >Weltfriedensordnung<, **4/32**. - Später wird die freundliche Aufnahme aller Gemeinwesen in die Weltgemeinschaft an Bedingungen u.a. ideologischer Art geknüpft. Diese Zumutungen führen dann erneut zu "Tod und Zwietracht".
---> 4/95 (Zeit nach der Katastrophe)
---> 3/45, 4/95 (Geburt der >Weltfriedensordnung<)

Gruppe 45 - 95

03/45 Les cinq estranges entrés dedans le temple*,/ Leur sang* viendra
la terre* prophaner:/ Aux Thoulousains sera bien dur exemple/
D' un qui viendra ses loys* exterminer. (1555)
[Geburt der >Weltfriedensordnung</
JUPITER/ Verfolgung im totalitären Weltstaat]
Die fünf Fremden eingetreten in den Tempel*,/
ihr Blut* wird die Erde* entweihen./
Den Toulousern wird das eine sehr harte Warnung sein/
vor einem, der kommen wird, ihre Gesetze* auszulöschen.
1) N.m. temple 1. Gebäude, errichtet zu Ehren einer Gottheit,
Tempel 2. Gebäude, wo die Protestanten Gottesdienst feiern.
3) N.m. exemple Beispiel, Muster, Vorbild > lat n.n. exemplum
auch: gutes Beispiel oder warnendes Beispiel.
4) Das Pronomen ses bezieht sich auf die Toulouser, weil sie
das Subjekt des Hauptsatzes sind.

Das sollen Einzelszenen sein, fünf Räuber dringen ein in eine Kirche in Toulouse, werden anschließend deswegen hingerichtet, wobei ihr Blut den Boden der Kirche besudelt. Es soll ein Exempel statuiert werden, weil die Toulouser gerade vom Katholizismus abfallen (Pfändler 1996 S. 229/230). Aber die Zeiten, in denen die Kirche Todesurteile fällen oder erwirken konnte, werden nicht wiederkehren. Darin sind sich die Tendenz der kirchengeschichtlichen Entwicklung und die Tendenz der Prophetie des N. einig. - Mit "dem Tempel" ist der >Tempel der Vesta<, 5/66 Vz 1, d.h. Ideologie der >Weltfriedensordnung< gemeint. In ihr wird anfangs "das Alte", die politischen Systeme der Völker und die Lehren der alten Religionen willkommen sein, **4/32**. Dieses Regime wird sich den Völkern und Glaubensgemeinschaften als Hafen des Friedens, **1/30**, andienen, der für alle Platz und Schutz biete. Davon werden die katholische Kirche, **1/4**, und die islamische Religion Gebrauch machen, **1/30**, sowie andere "fremde", d.h. nicht in Europa heimische Religionen, VH (15). Ihr Eintritt in den Tempel bedeutet die Verpflichtung auf die Ziele des Regimes. - Etwa zehn Jahre, **8/69**, nach der Gründung der >Weltfriedensordnung< werden die alten Religionen einem Verdrängungswettbewerb ausgesetzt werden durch eine erfundene >neue Religion<, **1/45**. Sie wird rein diesseitig orientiert, **5/36**, somit in Wahrheit keine Religion sein, sondern eine "große Nichtigkeit", **10/20**. Neben christlichen Versatzstücken finden darin Lehren des Islam Verwendung, **6/10**, und auch andere "fremde" Religionen werden etwas beisteuern dürfen. Diese fremden Lehren werden also auch in christliche Kirchen einziehen, deren geweihte Erde dadurch aus N.s Sicht entheiligt wird. - Nach dem Einzug fremder Glaubenslehren in christliche Kirchen werde "einer" das Christentum völlig auslöschen, das >Gesetz der Sonne< aufheben, **5/24**. - Toulouse scheint ein Zentrum des Widerstandes zu sein, **1/79**.
---> 2/95, 4/95 (Geburt der >Weltfriedensordnung<)
---> 1/45, 1/95, 3/45, 4/95, 10/95 (JUPITER)
---> 1/45, 2/45, 8/45 (Letzte Zeit der alten Erde)

04/95 Le regne à deux laissé bien peu tiendront/ Trois ans sept mois passés feront la guerre/ Les deux vestales* contre rebelleront,/ Victor puis nay en Armonique terre. (1568).
    Variante: " ... en Armenique terre." (Ed. Chevillot 1611)
[Zeit nach der Katastrophe/ Geburt der >Weltfriedensordnung</ POLLUX-JUPITER]
Die zweien überlassene Herrschaft werden diese sehr kurz innehaben./ Drei Jahre sieben Monate vorbei, werden sie Krieg führen./ Die beiden Vestalinnen* werden dagegen rebellieren./ Sieger dann erschienen auf armenischem Boden.
    3) Lat. adj. Vestalis der Vesta geweiht; n.f. Vestalis Vestalin, Priesterin der Vesta*.
    4) nay wörtlich: geboren. Da es armonisches Land nicht gibt, ist eher an armenisches Land zu denken.

Daß von der Zeit nach der Katastrophe die Rede ist, zeigt die Rede von den Vestalinnen in der hier gegebenen Deutung, s.u. Es scheint, daß dann "die Herrschaft zweien", zwei großen Mächten "überlassen" sein wird. Ihre Rivalität, **6/58**, entlädt sich nach "drei Jahren sieben Monaten" in einem Krieg. Diese Frist müßte zu laufen beginnen, wenn es sichtbar in Erscheinung tritt, daß die Herrschaft faktisch "zweien" überlassen ist (Kandidaten wegen 6/58: USA und China). - Die antiken Vestalinnen waren dem pontifex maximus unterstellt, dienten dem staatserhaltenden Kult, den er zelebrierte. Der Vestakult ist ein Deckname für die Kirche des Weltstaats, **9/9**, die sich später aus dem Kult um den >neuen Heiligen< entwickelt. Die "beiden Vestalinnen" stehen demnach für Glaubensgemeinschaften, die frühzeitig dem späteren >Pontifex maximus< dienen wollen. Da der >Pontifex< ein Mann der Pax Romana ist, rebellieren seine Anhänger in den kriegführenden Ländern gegen den Krieg. - Der spätere Weltherrscher wird in Armenien eines seiner Machtzentren haben, **5/50**. Er dürfte es sein, der dort als "Sieger" erscheint. D.h. ihm und seinen Anhängern wird das Hauptverdienst an der Beendigung des Krieges zugerechnet werden. Diese Vorgänge werden dann der Karriere des >neuen Heiligen< einen starken Schub geben. Der Vers handelt vom Weltstaat im Stadium der Entstehung.
    ---> 2/95 (Zeit nach der Katastrophe)
    ---> 2/95, 3/45 (Geburt der >Weltfriedensordnung<)
    ---> 1/45, 1/95, 2/45, 3/45, 10/95 (JUPITER)

08/45 La main escharpe & la iambe bandee,/ Longs puis nay de Calais portera/ Au mot du guet la mort sera tardee,/ Puis dans le temple* à Pasques saignera*. (1568)
[Kath. Kirche im totalitären Weltstaat/ Letzter Papst]
(Kommentar S. 360)
Die Hand in der Schlinge und das Bein gebunden/ wird lange der dann Erschienene aus Calais tragen./ Beim Losungswort wird der Tod aufgeschoben werden./ Dann wird er im Tempel* an Ostern verbluten*.
    2) Das -s in longs ist überzählig wegen des Singular portera.
    3) Mittelfr. v. tarder aufschieben, verschieben (retarder, différer).
    ---> 1/45, 2/45, 3/45 (Letzte Zeit der alten Erde)

08/95 Le seducteur* sera mis en la fosse,/ Et estaché iusques à
quelque temps,/ Le clerc vny le chef auec sa crosse/
Pycante droite attraira les contens. (1568)
[Neue Erde]
Der Verführer* wird in die Grube geworfen/
und in die Erde gebunden werden für einige Zeit./
Der Kleriker, das Oberhaupt geeint mit seinem Bischof ./
(Die) höchste Rechte wird die Fröhlichen anziehen.
<small>2) Mittelfr. v. estachier 1. festmachen, befestigen (attacher)
2. in die Erde stecken (planter) einrammen (enfoncer).
4) à la droite de Dieu zur Rechten Gottes.</small>

"Der Verführer" ist der Gegner Gottes, der am Ende der Zeit der alten Erde "in den Abgrund geworfen" und "gebunden" werden wird, so daß er die Völker nicht mehr zum Bösen verführen kann, Offb 20:1-3. Der Krieg wird dann "in sein Verlies versenkt sein", 10/42. -   Wenn der Klerus auf Macht verzichtet, muß er das Unterscheidende des jeweiligen Dogmas nicht mehr hervorheben und kann eine Ökumene zustandebringen. Dann kann die Kirche im Geist Christi erneuert werden, 8/99. Christus selbst ist es, der dies zustandebringt, weil die Menschen in seinem Geist die Hindernisse wegräumen.   Denn Er nahm Platz zur Rechten Gottes nach seiner Himmelfahrt. Er ist die "höchste Rechte" Gottes.

10/95 Dans les Espaignes viendra Roy tres puissant,/ Par mer* & terre*
subiuguant or Midy:/ Ce mal fera, rabaissant le croissant,/
Baisser les aisles a ceux du Vendredy. (1568)
[Unterwerfung der Orientalen/ JUPITER]
In die beiden Spanien wird kommen ein sehr mächtiger König,/
zu Lande* und auf dem Meer* unterwerfend den Süden./
Dieser Unheilbringende wird erniedrigen den Zunehmenden,/
er macht die Flügel sinken denen vom Freitag.

Der Vers wurde auf Philipp II. von Spanien gedeutet. Malta wurde 1565 durch eine spanische Flotte vor türkischer Herrschaft bewahrt, und 1571 errang eine spanisch geführte Flotte gegen die Türken den Seesieg bei Lepanto. Doch von nordafrikanischen Küsten hatte Spanien schon Anfang des 16. Jahrhunderts Besitz ergriffen und war seitdem nicht mehr weiter vorangekommen. Im Lande selbst wurden unter Philipp II. die moriscos auf vielfältige Weise gedemütigt und ihrer Freiheiten beraubt, ihr Aufstand in Granada und Andalusien 1570 niedergeschlagen. Es bliebe aber ungeklärt, welches "Unheil" dadurch heraufbeschworen worden wäre. Der katholische Eiferer N. wird den katholischen Eiferer Philipp II. auch kaum als unheilbringend eingestuft haben. -   Es ist bei dem "sehr mächtigen König" eher an den Weltherrscher oder einen in Diensten des Regimes stehenden Statthalter zu denken. Durch ihn wird, wohl in der Zeit bis 2017, **3/97**, der Islam "gebrochen" werden, auch in Spanien, **2/60**. >Zu Lande und zu Wasser< kann außer dem Einsatz von Heer und Marine auch bedeuten, daß die gegen den Islam antretende Macht politisch und religiös begründet ist, 1/50.
---> 1/45, 1/95, 2/45, 3/45, 4/95 (JUPITER)

Centurie 1, Vers 45

Secteur de sectes* grand preme au delateur :
Beste en theatre*, dressé le jeu scenique :
Du faict antique ennobli l' inuenteur,
Par sectes* monde confus & scismatique.
(Urfassung bei Macé Bonhomme, Lyon 1555)

Übersetzung der Urfassung:
Schlachter der Sekten* (lobt aus) große Belohnung dem
Denunzianten.
Tier im Theater*, (wieder) aufgerichtet das Bühnenspiel.
Für antike Taten (wird er) hoch geehrt, der Erfinder.
Durch Bekenntnisse* (ist die) Welt durcheinander und gespalten.

Kommentar zu 1/45:
Der neue religiöse Charismatiker, der nach der Katastrophe erscheint, wird es bei den alten Religionen zu höchstem Ansehen bringen, 2/73 Vz 4. An die Spitze der >Weltfriedensordnung< gestellt, 1/43, wird er die oberste religiöse und legislative Instanz des Weltstaats sein, erkennbar an seinen Dekreten, 10/65.
    Er schlachtet die alten Lehren für seine Zwecke aus, nämlich um eine dem Weltstaat verpflichtete >neue Religion< zu begründen.   Daher heißt er hier "Ausschlachter der Sekten".   Die Glaubensgemeinschaften der alten Religionen werden dann zu "Sekten" im negativen Sinne des Sektiererischen geworden sein, bewertet vom Standpunkt der Anhänger des "Ausschlachters". Die >neue Religion< wird aus Versatzstücken alter Glaubenslehren, 6/10, mit nachschöpferischer "Phantasie", 1/96, zusammengerührt, versetzt mit viel philosophischem Talmi. Der Mann greift souverän in den Fundus der Geschichte und erfindet etwas >Neues<, weshalb N. ihm hier auch in sarkastischem Ton den Titel "Erfinder" verleiht.
    Das Wort secteur kann man ebenso mit "Zerschneider" übersetzen, s. Anmerkung.   Bei den alten Religionen werden sich Gegner und Befürworter des >neuen Glaubens< finden. Dadurch wird ein Keil in die alten Kirchen getrieben, VH (14). Die Menschen werden entscheiden müssen, was sie vom Kult des Weltstaats und seinem Begründer halten. An ihm sollen sich >die Geister scheiden<, Matth 25 32. Unter dem zunehmenden Anpassungs- und Auflösungsdruck des Weltstaats werden sich die alten Glaubensgemeinschaften in mehr oder weniger anpassungsbereite Teilkirchen aufspalten, VH (14).   Daher ist die "Welt durcheinander und gespalten".
    Es werden Menschen mit "Belohnungen" verführt, Andersdenkende zu benennen, Vz 1.   "Dann werden viele zu Fall kommen und einander hassen und verraten", Matth 24 10.
    Das >antike Theater< ist bei N. Sinnbild der >Weltfriedensordnung<, die er in mancher Hinsicht mit der Antike vergleicht, VH (30). Aber hier drängt sich der Eindruck auf, daß das "Theater" nicht nur ein symbolisches ist. In dem öffentlich inszenierten "Spiel" besteht anscheinend die "antike Tat". Die im alten Rom dabei eingesetzten Tiere dienten zur Tötung der menschlichen Opfer. Auch Vers 10/74 handelt von "Spielen", solchen, in denen Menschen >geopfert<, d.h. ihre Tötung religiös >gerechtfertigt< wird.

Centurie 1, Vers 95

Deuant monstier trouué enfant* besson
D' heroic sang* de moine & vetustique :
Son bruit par secte* langue* & puissance son
Qu' on dira fort eleue le vopisque.

(Urfassung bei Macé Bonhomme, Lyon 1555)

Übersetzung der Urfassung:
Vor Kloster (wird) gefunden ein Zwillingskind*
aus heroischem und uraltem Mönchsgeblüt*./
Sein Ruhm (erwächst) aus weltanschaulicher Sprache* und
machtvollem Getön,/ so daß
man sagen wird: kraftvoll aufgestiegen der lebende Zwillingsbruder.

Kommentar zu 1/95:
Mönche begründen keine uralten Geschlechter, weil sie zölibatär leben und allfällige >Fehltritte< nicht an die große Glocke hängen.   Ein Kind aus uraltem Mönchsgeblüt kann es, wörtlich genommen, nicht geben. Man darf schlußfolgern, daß es nicht wörtlich gemeint ist.
   Von e i n e m Zwillingsbruder ist die Rede, und damit ist klar, daß es auch einen a n d e r e n gibt. Beide sind "Mönche", beide "heroisch", denn sie sind geistig >vom selben Geblüt<.   Der Erste ist >zu früh geboren und gestorben< (Begriff des vopiscus), und zwar vor langer Zeit, denn das >Mönchsgeblüt< ist schon "uralt", wenn der Zweite erscheint. Dieser wird nicht >im Kloster< geboren, wird aber dann von seinen Eltern >vor dem Kloster ausgesetzt<, ist also dem Bilde nach ein >Findelkind< (enfant trouvé).
   Der erste >Zwillingsbruder< ist Jesus Christus. Der Ort, den er geistig einnimmt, heißt hier monstier, was Kirche oder Kloster bedeutet. Am geistigen Ort Christi entstanden später die christlichen Gemeinden und Kirchen, sie sind das >Kloster<. Das >Mönchsgeblüt< dieses ersten >Zwillingsbruders< bedeutet seine Ehelosigkeit, und wegen seiner Ganzhingabe an Gott am Kreuz nennt N. ihn "heroisch".
   Dem zweiten >Zwillingsbruder< geht es nicht gut, wenn er >gefunden< wird, denn seine Eltern haben ihn ausgesetzt, 9/84 Vz 1, vielleicht aussetzen müssen. Sie legten ihn >vor das Kloster< als Appell an die Nächstenliebe der Bewohner. Dieser Appell wird anscheinend befolgt, denn der Zweite überlebt und kommt später empor.
   Beide sind Brüder, also >von denselben Eltern<. Das bezieht sich zunächst auf die natürliche Herkunft beider aus demselben Volk, 7/32. Aber diese >Zwillingsbrüder< werden von den >Zieheltern im Kloster< auch geistig für sehr nah verwandt gehalten werden.   D a h e r nimmt man dort den Ausgesetzten an und zieht ihn groß.
   <u>Das bedeutet im Klartext, daß der zweite >Zwillingsbruder< ohne die Hilfe christlicher Kirchen, die er in der frühen Zeit seines öffentlichen Wirkens erhält, nicht das werden kann, was er später wird.</u>
   Schnitt - Jahre später.
   "Man wird sagen: kraftvoll aufgestiegen der lebende Zwillingsbruder", zur Weltherrschaft nämlich, 1/4, welche Christus nicht erreicht, aber auch nicht angestrebt hat. "Ruhm" wird dieser Mann sich erwerben, indem er religiös gefärbte Anschauungen (weltanschauliche Sprache) mit politischem Machtanspruch verbindet

(machtvolles Getön). Damit erweist er sich als zugehörig zum Typus des weltlichen Ideologen, der die religiöse Prägung der Hoffnungen der Menschen durch den Glauben an innerweltlichen Fortschritt ersetzen und so das Feld der Religion unter fremde Besatzung stellen will.

In dem Wort vom kraftvollen Aufstieg dieses >Zwillingskindes< gibt sich ein Moment der Überraschung kund angesichts des Schicksals des >Vorläufers<. Nicht wenige werden meinen, Jesus Christus habe dasselbe damals auch schon vorgehabt, es aber nicht geschafft. Er sei damals >zu früh gekommen< (Begriff des vopiscus), als die Menschheit noch nicht reif für ihn war, und sei daher >gescheitert<. So etwas könne nun nicht mehr geschehen. Man bescheinigt sich gegenseitig die Reife für das Gottesreich auf Erden.

Exkurs zu Vers 1/95 (für die Deutung nicht erforderlich)
Anmerkungen zur Wiederkunft Christi

Christus ist im Ostererlebnis zu vielen Menschen in der ihnen bekannten Gestalt gekommen, so daß sie aus dem eigenen Erleben glauben konnten, daß er lebe. Vor seinem Tode hatte er ihnen aufgegeben, daß sie es n i c h t glauben sollten, wenn ihnen nur g e s a g t würde, daß hier oder dort der Christus sei, mit der Begründung, daß falsche Propheten und falsche Messiasse auftreten würden, Matth 2423-28.

Denn Christus kehrt nicht draußen wieder, als ein bestimmter Mensch von Fleisch und Blut, sondern wird in allen Menschen wiedergeboren, die ihm in Selbstverleugnung und tätiger Liebe nachfolgen. Alle Menschen, die den Geist Christi bei sich aufnehmen, werden wiedergeboren im Geist, durch sie wird Christus in der Welt lebendig. Und das ist k e i n e M e t a p h e r, sondern g e s c h i e h t w i r k l i c h, der Geist Christi ist wirklich anwesend bei und unter denen, die ihm das ermöglichen, Matth 1820, 2820.

Daß der >Zwillingsbruder< die in der Bibel angekündigte Wiederkunft Christi e x k l u s i v für sich beansprucht und dies ihm auch zugebilligt werden wird, geht z.B. aus Vers **10/29** hervor. Das kann demnach von vornherein nur Anmaßung sein. Christus hat sich nicht als heilig ausgeben lassen, obwohl er es spätestens am Kreuz war. Der vermeintliche geistige >Zwillingsbruder< aber, der >neue Heilige<, 10/30, wird sich die öffentliche Verehrung der Menschen gefallen lassen, **10/71**, **1/25** u.a.

An der Kennzeichnung Jesu Christi als >zu früh geboren und gestorben<, die im Begriff des vopiscus steckt, läßt sich die zur Zeit des >Zwillingsbruders< verbreitete Ansicht ablesen, der angeblich zu früh Gekommene sei nicht mehr am Leben. Das ist mit dem christlichen Glauben an die Auferstehung Christi vom Tode nicht vereinbar, wonach er in Ewigkeit fortlebt.

Die Menschen im irdischen Leben können wiedergeboren werden aus dem Geist Christi. Daher ist das Wort Wiederkunft irreführend, weil es suggeriert, das Kommen Christi werde sich vollziehen auf die gleiche Weise wie damals, nämlich in der Gestalt eines bestimmten einzelnen Menschen von Fleisch und Blut. Aber das Kommen des Herrn sprengt den Rahmen des Vorstellbaren, denn die Wiedergeburt aus dem Geist Christi ist Sache des Herzens und bleibt dem reinen Weltverstand eine schwer verständliche Formel.

Centurie 2, Vers 45

Trop le ciel* pleure l' Androgyn procrée,
Pres de ce (!) ciel* sang* humain respandu,
Par mort trop tarde grand peuple recrée
Tard & tost vient le secours attendu.

(Urfassung bei Macé Bonhomme Lyon 1555)

Übersetzung der Urfassung:

Stark weint der Himmel*, wenn der Zwitter erschaffen ist.
Nah bei diesem Himmel* (wird) menschliches Blut* vergossen.
Durch (dessen) sehr späten Tod (wird) ein großes Volk wiedererweckt.
Früher oder später kommt die ersehnte Hilfe.

Kommentar zu 2/45:

Ein Androgyn ist männlich und weiblich zugleich, ein Zwitter. Der Zwitter bedeutet die Einheit und Vollkommenheit, die vor dem Ursprung der Welt ist. Der Androgyn ist Symbol der Rückkehr vor den Ursprung der Welt, in das wiedergewonnene Paradies. Wenn nun ein Androgyn, ein Paradiesbewohner "erschaffen" ist, dann ist er in der Welt. Dort aber kann es ihn in Wirklichkeit nicht geben, denn zur Wirklichkeit Adams, der Gattungsform des Menschen, gehört das Vertriebensein. Wenn es so s c h e i n t, als sei da einer erschaffen, der Himmel und Erde in seiner Person zusammenbringe, ist das von vornherein eine Täuschung. Christus und die Heiligen sind nicht als Paradiesvögel, sondern als Menschen erschaffen. Wer durch sein Leben und sein Opfer am Ende heilig wird, kann nicht vorher schon Heiligkeit beanspruchen. Wenn einer die Unverfrorenheit hat, das zu tun, i s t er es sicherlich nicht, sondern spielt etwas vor, 8/41. Täuschung ist Wesensmerkmal eines jeden, der sich als Heiliger ausgibt oder ausgeben läßt.

Zum Kataklysmus scheinen außerordentliche Regenfälle, 2/43, und Überschwemmungen zu gehören. "Der Himmel weint" naturmäßig. Aber er trauert auch, da zur selben Zeit der >Zwitter erschaffen< wird, von dem sich viele Menschen werden verführen lassen. Es wird dann jener Mann auf den Plan treten, der später zur Weltherrschaft greifen kann, weil er die Hoffnungen und Wünsche vieler artikuliert und für sich nutzbar macht. Er wird als >wiedergeborener Christus< gefeiert werden, 1/95.

Sein Reich wird, im Unterschied zu dem, was Jesus Christus verheißen hat, Joh 18,36-37, erkennbar "von dieser Welt" sein. Anders als Christus, der die Herzen der Menschen verwandeln will, wird der >Androgyn<, der falsche Heilige, die irdischen Verhältnisse durchgreifend zum Besseren hin verwandeln wollen. Zum meist unausgesprochenen Selbstverständnis des weltlichen Ideologen gehört es seit der Aufklärung, das Böse aus der Welt drängen zu wollen und es für möglich zu halten, daß die Welt im ganzen zu bessern sei. Als Prachtexemplar dieses Typus wird der >Androgyn< vorgeben, im Besitz der Vollmacht zu sein, das Heil des Himmels auf die Erde herabzubringen, 10/80.

Wer möglich machen will, was in Wahrheit unmöglich ist, muß am Ende Zwangsmittel einsetzen. Schon nach wenigen Jahren, in engem zeitlichen Zusammenhang (pres), wird sein Regime totalitär werden. Es wird dann viel "Blut vergossen". Erst im letzten Krieg auf der alten Erde erhalten die Verfolgten die "ersehnte Hilfe". Und N. erkennt darin, daß erneut ein christlicher König vom französischen Volk hervorgebracht wird, dessen "Erweckung zu neuer Schöpferkraft" nach langer >Unfruchtbarkeit<, VH (12).

Centurie 8, Vers 45

La main escharpe & la iambe bandee,
Longs puis nay de Calais portera,
Au mot du guet la mort sera tardee,
Puis dans le temple* a Pasques saignera*.
(Textfassung bei Benoist Rigaud, Lyon 1568)

Übersetzung:
Die Hand in der Schlinge und das Bein gebunden
wird lange der dann Erschienene aus Calais tragen.
Beim Losungswort wird der Tod aufgeschoben werden.
Dann wird er im Tempel* an Ostern verbluten*.

Kommentar zu 8/45:
N. übersah die Abfolge der französischen Könige, aber auch die der Päpste. Die Bezeichnung als der "danach Erschienene" oder "Nachfolger" weist auf einen Vorgänger hin.
In **8/93** ist von einem Siebenmonatspapst die Rede. Dessen Nachfolger ist als "Sabiner" bekannt, **5/46**. Der >Sabiner<-Papst wird sich zutrauen, der christlichen Religion mit Hilfe des >neuen Heiligen< zu weltweiter Dominanz zu verhelfen, **6/93**, und nicht zögern, sich auf ihn zu verpflichten. Nachdem sie sich unter seinem kurzlebigen Vorgänger noch spröde gezeigt hatte, **8/47**, wird die katholische Kirche sich unter ihm bereit finden, dem >wiedergekommenen Heiland<, **1/95**, >die Heirat zu versprechen<, **5/49**. Im Bild der Verlobung und der zukünftigen Familie bleibend, wird man sich >an einen Tisch setzen< und zum Zeichen der Gemeinschaft Brot und Wein teilen, >wie damals<.
Wenn dann ein "gewaltiger Bannstrahl" die Kirche trifft, **10/65**, wird es zu spät sein, sich aus der Abhängigkeit vom >Wiedergekommenen< noch zu lösen. Die Kirche wird Macht (Hand) und Bewegungsfreiheit (Bein) eingebüßt haben, wird "die Hand in der Schlinge und das Bein gebunden" tragen, wenn die alten Glaubenslehren für null und nichtig erklärt werden, **8/77**.
Ein "Losungswort", eine "Parole" erweist die Zugehörigkeit. Wenn diese inhaltlich nicht mehr gegeben ist, man dies aber nicht wahrhaben, den Kopf in den Sand stecken will, **5/65**, kann durch das Aussprechen der Parole - gleich wie diese lauten mag - der Verlust der Zugehörigkeit und mit ihr Verfolgung und Tod, welcher den Unbotmäßigen droht, aufgeschoben werden, **8/94**. Aber daß die katholische Glaubenswahrheiten dann entleert werden und nicht mehr fortgelten, **10/65**, läßt sich dann n i c h t mehr aufhalten.
<u>So werden der gemeinte Papst und die katholische Kirche ihr Kreuz erleben. Er und alle, die ihm folgen, werden >an Ostern verbluten<, ihr Leben um der falschen Zugehörigkeit willen lassen.</u>
Die "Parole" dürfte sich auf die Messianität bzw. Christusnachfolge des >Wiedergeborenen< beziehen.
Die Kennzeichnung dieses Papstes mit den Worten "aus Calais" könnte seine Herkunft bedeuten. Aber wahrscheinlich ist, daß sich dahinter etwas anderes, noch Unverstandenes verbirgt. Man denke an die Herkunft dieses Mannes >aus dem antiken Frankreich<, **5/49**, die nicht wörtlich gemeint ist.

01/46 Tout aupres (!) d' Aux, de Lectore & Mirande/ Grand feu du ciel*
en troys nuicts tumbera:/ Cause auiendra bien stupende & mirande:/
Bien peu apres la terre tremblera*. (1555)
[Komet - Dreitägige Finsternis/ >Ankunft</
Bann gegen die alten Religionen]
Ganz in der Nähe von Auch, Lectoure und Mirande/
wird großes Feuer vom Himmel* in drei Nächten fallen./
(Eine) Sache wird sich ereignen, sehr erstaunlich und wunderbar./
Recht bald danach wird die Erde beben*.

2) Zu Feuer vom Himmel s. das Glossar unter foudre.
3) Modernes v. avenir sich ereignen, geschehen.
Mittelfr. avenir, advenir 1. ankommen, eintreffen (arriver),
2. übereinkommen, übereinstimmen (convenir).
Das adj. stupende hat N. gebildet nach dem lat. v. stupere
staunen, stutzen; desgleichen mirande nach dem lat. adj.
mirandus wunderbar, wundersam.

Feuer vom Himmel ist bei N. meist ein Symbol. Die >Blitze< bedeuten Bannstrahle, d.h. gesetzliche Verbote, gerichtet gegen Glaubensgemeinschaften. "Drei Nächte" als Geltungsdauer solcher Verbote ergeben aber keinen Sinn. Daher ist hier etwas anderes gemeint. Nahe genug an die Erde herangekommen, wird sich der Komet, den N. vielerorts ankündigt, wie eine zweite Sonne ausnehmen, 2/41. Daher ist seine Bezeichnung als "großes Feuer vom Himmel" keine Übertreibung. Wenn er dann sehr dicht an der Erde vorbeizieht, wird er eine tiefe Finsternis verursachen, VH (18). Diese soll drei Nächte anhalten, wie hier zu erfahren ist. (Die "drei dunklen Tage" sind von anderen Visionären bekannt, was aber nur am Rande erwähnt sei.) - Die drei Orte in Südwestfrankreich, die N. in diesem Zusammenhang nennt, 8/2, bedeuten sicherlich nicht, daß von einem lokal begrenzten Geschehen die Rede ist. Sie erschienen in der Vision im Vordergrund vor den Lichterscheinungen am Himmel, und N. hat das protokolliert. Wer die "drei Nächte" erlebt, wird im übrigen gut beraten sein, daheimzubleiben und auch dort die Schaulust zurückzustellen. - "In einer Nacht", während der Finsternis des Kometensturzes nämlich, wird der Stammbaum, der einst Christus hervorbrachte, wieder >ergrünen<, 3/91. Diese Ankunft der besonderen Art, VH (6), wird für viele "erstaunlich und wunderbar" sein. Die Nachricht, >der Heiland< sei >wieder auf Erden erschienen<, wird bald n a c h dem Kataklysmus die Überlebenden in freudiges Staunen versetzen. Denn w ä h r e n d der >Nacht< werden sicher andere Empfindungen vorherrschen. Wer einwendet, der >Wiedergekommene< sei doch keine "Sache", dem sei gesagt, daß N. sich da absichtlich unklar ausdrückt. - Vers 5/20 (Bd.1) handelt von dem französischen Italienfeldzug in den Jahren 1801/02 und spricht dann von der Revolution, die sich "kurz vorher" ereignen werde. Daher verwundert es nicht, wenn das >Beben der Erde< durch >Blitz und Donner<, d.h. die politischen Erschütterungen durch das Verbot der alten Religionen, **9/83**, hier für die Zeit "recht bald danach" angekündigt wird, obwohl damit erst etwa zwölf bis dreizehn Jahre später zu rechnen ist. Die Herleitung dieser Zeitangabe kann dem Register entnommen werden.

---> 3/46 (Komet-Kataklysmus)
---> 1/96, 5/96, 8/46, 9/46 (POLLUX-JUPITER)
---> 2/46, 2/96, 5/96, 9/46, 10/96 (Letzte Zeit der alten Erde)

01/96 Celui qu' aura la charge de destruire/ Temples*, & sectes*,
changés par fantasie,/ Plus aux rochiers* qu' aux viuâs viêdra nuire/
Par langue* ornée d' oreilles ressaisies. (1555)
[POLLUX-JUPITER/ Zerstörung der alten Religionen
im totalitären Weltstaat] (Kommentar S. 367)
Der die Aufgabe haben wird, zu zerstören/
Tempel* und Sekten*, durch Einbildungskraft verwandelte,/
wird mehr den Felsen* als den Lebenden schaden./
Durch brillante Rede* (werden) die Zuhörer abgeworben.
<sub>3) Venir mit Infinitiv bezeichnet meist ein zweckbestimmtes
Tun. Was getan wird, sagt das infinite Verb, während die
Form von venir nur Tempus und Numerus beisteuert.</sub>
---> 5/96, 8/46, 9/46 (POLLUX-JUPITER)
---> 2/46, 2/96, 5/96, 9/46, 10/96 (Letzte Zeit der alten Erde)

02/46 Apres grâd trouble (!) humaî plus grâd s' aprest/ Le grand moteur
les siecles renouuele./ Pluie, sang*, laict*, famine*, fer & peste*/
Au ciel* veu, feu courant longue estincele. (1555)
[Kriegerische Ereignisse nahe der Jahrtausendwende/
>Neue Religion</ Zerstörung der alten Religionen] (Kommentar S. 368)
Nach großer Menschenzwietracht bereitet sich (eine) noch größere vor./
Der große Beweger erneuert die Jahrhunderte./
Regen, Blut*, Milch*, Hungersnot*, Schwert und Seuche*./ Am Himmel*
(wird) zu sehen (sein) grassierendes Feuer, langes Aufleuchten.
<sub>1) N.m. trouble 1. Verwirrung, Unordnung 2. Uneinigkeit,
Zwietracht 3. Unruhe, Bestürzung. Irritationen der subjektiven
Befindlichkeit wie Verwirrung oder Bestürzung können vielfältige Ursachen haben, darunter Zwietracht und Uneinigkeit.
Diese äußeren Tatbestände treffen das mit trouble Gemeinte
also genauer.
4) Altfr. veu ist eine alte Form des p.p.p. vue von voir.
V. courir 1. rennen, laufen 2. umlaufen, im Umlauf sein, bei
Übeln: grassieren, sich rasend verbreiten.
Das n.f. étincelle Funke kann auch ein >Aufleuchten< des
Geistes (étincelle d' intelligence) bedeuten im Sinne von
Geistesblitzen, genialen Gedanken (éclair de génie).
Zu dem >Feuer< s. das Glossar unter foudre.</sub>
---> 1/96, 2/96, 5/96, 9/46, 10/96 (Letzte Zeit der alten Erde)

02/96 Flambeau ardent au ciel* soir sera (!) veu/ Pres de la fin &
principe du Rosne:/ Famine*, glaiue: tard le secours pourueu,/
La Perse tourne enuahir Macedoine. (1555)
[Verfolgung der altgläubigen Christen]
Brennende Fackel wird am Abendhimmel* zu sehen sein/
in der Nähe der Mündung und des Ursprungs der Rhône./
Hungersnot*, Schwert. Spät wird für Hilfe gesorgt./
Persien setzt sich in Marsch, nach Mazedonien einzudringen.
<sub>1) N.m. flambeau 1. Fackel, Kerze 2. Leuchter 3. geistige
>Leuchte<, die Orientierung gibt (großer Larousse).</sub>
Von kriegerischer Bedrängnis an der Mündung und zugleich nahe dem
Ursprung der Rhône ist auch in Vers 2/73 die Rede, der sich auf die Zeit
der Verfolgung der altgläubigen Christen bezieht. Von daher ist die
entsprechende Zuordnung hier wahrscheinlich. - In Vers

5/86 wird "Byzanz", d.h. die Türkei, durch ein persisches Haupt schwer bedrängt, und auch in 5/25 zielt eine Invasion auf "Byzanz" von Persien her. Hier scheint sie schon weiter zu sein, denn "Persien setzt sich in Marsch, nach Mazedonien einzudringen". - Die "brennende Fackel" am Abendhimmel ist sinnbildlich als Bann gegen den alten Glauben zu verstehen. Dieses >Feuer vom Himmel< soll nun alle verzehren, die sich darum nicht kümmern. Der >Abendhimmel< ist über der letzten Zeit der alten Erde aufgespannt. - Von später Hilfe spricht z.B. auch Vers 2/45.

---> 1/96, 2/46, 5/96, 9/46 (Letzte Zeit der alten Erde)

03/46 Le ciel* (de Plancus la cité) nous presaige/ Par clairs (!) insignes & par estoiles fixes,/ Que de son change subit s' aproche l' aage,/ Ne pour son bien, ne pour ses malefices. (1555)
[Komet/ Kataklysmus] (Kommentar S. 369)
Das Firmament* (die Stadt des Plancus) kündigt uns an/ durch klare Anzeichen und durch Fixsterne,/ daß die Zeit seines plötzlichen Wandels herannaht,/ weder zu ihrem Vorteil, noch zu ihrem Nachteil.

1)2) Da von "Fixsternen" die Rede ist, liegt es nahe, ciel mit Firmament zu übersetzen.
3) Wäre cité Subjekt des Halbsatzes, wäre "die Zeit i h r e s plötzlichen Wandels" zu übersetzen. Subjekt ist aber eher ciel, weil N. cité in Klammern setzt. Außerdem hat ein plötzlicher Wandel des Firmaments in der vorliegenden Deutung Parallelen, VH (18), während ein plötzlicher Wandel der Stadt Lyon, dazu noch wirkungslos, keinen Sinn erkennen läßt.
4) Idiom pour ton bien zu deinem Besten, pour ton mal zu deinem Nachteil. Es steht hier maléfices statt mal, weil ein Reim auf die estoiles fixes gebraucht wurde.
Wieder können sich die Pronomina (son und ses) auf ciel wie auf cité beziehen. Da dem Firmament wohl kein Vorteil oder Nachteil erwachsen kann, ist h i e r von Lyon die Rede.
Mittelfr. n.m. maléfice Missetat (méfait), Vergehen (délit).
---> 1/46 (Kataklysmus)

05/46 Par chapeaux rouges* querelles & nouveaux scismes*/ Quant on aura esleu le Sabinois:/ On produira contre luy grans sophismes,/ Et sera Rome* lesee par Albanois. (1568)
[Kath. Kirche nahe der Jahrtausendwende/ Letzter Papst] (Kommentar S. 370)
Durch rote* Hüte Streitigkeiten und neue Spaltungen*,/ wenn man den Sabiner gewählt haben wird./ Man wird gegen ihn vorbringen große Argumentationen,/ und Rom* wird beschädigt werden durch Albaner.

3) N.m. sophisme scheinbar logische Überlegung, die in Wirklichkeit falsch ist, Spitzfindigkeit, Trugschluß.
Aus dem Deutungskontext ergibt sich, daß N. den gemeinten Papst mit dem Namen "Sabiner" als leichtgläubigen Mann kennzeichnen will, der nicht merkt, daß er getäuscht und seiner Kirche Gewalt angetan werden soll. Daher hat das, was Gegner gegen ihn vorbringen, keinen negativen Klang und wird mit "Argumentationen" neutral übersetzt. Für die Wortwahl im Vers war wohl wieder der Reimzwang maßgebend.

05/96 Sur le milieu du grand monde la rose*,/ Pour nouueaux faicts
sang* public espandu:/ A dire vray on aura bouche close,/
Lors au besoing viendra tard l' attendu. (1568)
[POLLUX-JUPITER/ Zerstörung der alten Religionen/ Heinrich V.]
**Über der Mitte der großen Welt (blüht) die Rose*,/
wegen neuer Tatsachen wird öffentlich Blut* vergossen./
Offen gesagt, man wird den Mund geschlossen halten./
Dann in der Not wird spät der Ersehnte kommen.**
<small>2) Lat. n.f.pl. novae res Neuerungen, Staatsumwälzung, Umsturz des Bestehenden. Bei "neuen Tatsachen" liegt der Akzent darauf, daß das Neue Fakt ist, nicht mehr rückgängig zu machen.</small>

"Haupt der Weisheit", **5/31**, nennt N. einen charismatischen Mann, der an der Spitze einer "neuen Sekte von Philosophen", **3/67**, stehen wird. Den Alchemisten galt die Rose als Symbol der Weisheit, verkörpert in dem für die Versöhnung der Menschen mit Gott sich opfernden Christus. Der >Zwillingsbruder Christi<, **1/95**, wird hier wie in **5/31** wegen seiner angeblichen Weisheit unter dem Sinnbild der Rose angesprochen. Diese wird weltweit erblühen. Noch "ü b e r der Mitte der Welt, der Bewährung im Alltag entrückt, 1/100, wird der Gemeinde thronen und den >Duft< seiner >Weisheit< verströmen. - N. zufolge wird es aber eher der Hauch des Todes sein, der von ihm ausgeht, denn die "neuen Tatsachen" sind der Grund dafür (pour), daß "öffentlich Blut vergossen wird". Die "neuen Tatsachen" sind die tiefgreifenden, umstürzenden Wandlungen politischer und dann auch religiöser Art, die der >Hochgesinnte< ins Werk setzen wird, **4/21**. Das >Blut<, das öffentlich vergossen wird, ist das der >alten Götter<, die für die alten Religionen stehen, **5/70**. Hier der "verschlossene Mund", in **8/79** das "vollständige Verstummen", in **8/80** die "Angst, sich zu rühren", sind Anzeichen dafür, daß das Regime dieses >Weisen< totalitären Charakter annehmen wird. - Die "ersehnte Hilfe", **2/45**, kommt in Gestalt des späteren Heinrich V.

   ---> 1/96, 8/46, 9/46 (POLLUX-JUPITER)
   ---> 1/96, 2/46, 2/96, 9/46, 10/96 (Letzte Zeit der alten Erde)

08/46 Pol mensolee mourra trois lieues de rosne,/ Fuis les deux
prochains tarasc destrois:/ Car Mars* fera le plus horrible trosne,/
De coq & d' aigle* de France freres trois. (1568)
[POLLUX-JUPITER/ Europäischer Freiheitskrieg]
**Pol(lux), einzigartiger Geist, wird sterben, drei Meilen von der Rhône./
Meide die beiden Nächsten, bedränge (das) Ungeheuer !/
Denn Mars* wird den schrecklichsten Thron ausüben,/
vom Hahn und Adler* Frankreichs (erscheinen) drei Brüder.**
<small>1) N.f. lieue Meile, Wegstunde (altes Längenmaß, etwa 4 km).
2) Altfr. v. destroier zusammendrängen (serrer), in die Enge treiben (mettre à l' étroit). - Der tarasque, provencal tarasco war ein Ungeheuer, halb Krokodil, halb Löwe.</small>

Die Chiffre MANSOL, lat. manus sola, steht für einen Mann, dem Teilhabe an der Allmacht Gottes zugesprochen wird, **10/29**. Die Variante mensolee, lat. mens sola, steht für die Teilhabe an der einzigartigen Weisheit Gottes. Pollux ("Pol") war der unsterbliche zweier Zwillingsbrüder. Dieser geistige >Zwillingsbruder< Christi, **1/95**, wird >anders als

sein sterblicher Vorläufer Nägel mit Köpfen machen<. So werden seine Anhänger denken und reden. Pol mensolee kann daher als "Pollux, einzigartiger Geist" übersetzt und gedeutet werden. - Der Vers handelt von seinem Tod, 5/97. Er scheint sich nahe der Rhônemündung aufzuhalten, 4/27. Wie in 9/85 ist von einem Krieg in Frankreich die Rede, den der >Wiedergeborene< führen läßt gegen jene, die sich nicht zu ihm bekennen. Die ihn beerben wollen (prochains) führen auch Krieg. - Warnung und Aufforderung der Vz 2 sind an die drei "Lilienbrüder", 5/50, gerichtet. Ihr Ziel der Befreiung Europas macht sie zu >Brüdern< im Sinne von Verbündeten. Der Adler, Symbol des Universalreichs, besagt als "Adler Frankreichs", daß eine von Frankreich ausgehende, dessen Grenzen überschreitende Ordnung von den "drei Brüdern" aufgerichtet wird.
---> 1/96, 5/96, 9/46 (POLLUX-JUPITER)

09/46 Vuyder, fuyez de Tholose les rouges*/ Du sacrifice faire expiation,/ Le chef du mal dessouz l' vmbre des courges,/ Mort estrangler carne omination. (1568)
[Verfolgung der altgläubigen Christen/ POLLUX-JUPITER]
**Geht hinaus, flieht aus Toulouse vor den Roten*,/
um ein Sühnopfer zu bringen!/
Das Haupt des Bösen im Schatten der Kürbisse,/
(um) zu Tode zu würgen die fleisch(gewordene) Weissagung.**
4) omination abgeleitet vom lat. n.n. omen Vorzeichen.
Das "Haupt des Bösen" dürfte identisch sein mit dem "Antechristen" in 8/77, dem >wiedergeborenen Christus< und späteren Weltherrscher. Er ist das Haupt derer, die in der letzten Zeit der alten Erde die alten Religionen werden auslöschen wollen und wegen ihrer militanten Gegnerschaft gegen die religiöse Tradition "die Roten" genannt werden. - Zu Toulouse vgl. 9/9, 9/10, 1/79, 3/45. - Die "Kürbisse" sind ungeklärt. - Zur Tötung der dann auftretenden Propheten vgl. Offb 117.
---> 1/96, 2/46, 2/96, 5/96, 10/96 (Letzte Zeit der alten Erde)
---> 1/96, 5/96, 8/46 (POLLUX-JUPITER)

10/96 Religion du nom des mers* vaincra,/ Contre la secte*
fils Adaluncatif,/ Secte* obstinee deploree craindra,/
Des deux blessez par Aleph & Aleph. (1568)
[>Neue Religion</ Letzte Zeit der alten Erde]
Religion mit dem Namen der Meere* wird siegen/
gegen die Sekte* (des) Sohnes "Adaluncatif"./
Halsstarrige, beklagte Sekte* wird fürchten/
die beiden durch "Aleph und Aleph" Verletzten.
1) Für die "Religion mit dem Namen der Meere" schlägt Pfändler (1996 S. 793) das Christentum vor, weil lat. Meere maria heißt. Der Bedeutung des Meeres* als Metapher bei N. wird eine andere Lösung gerecht, s. Kommentar.
2) Der Vorschlag "an du califat" = Jahr des Kalifats für die Auflösung der Chiffre "Adaluncatif" stammt von M. de Fontbrune (1991 S. 53, 277). Kalif hieß der Nachfolger des Propheten Mohammed.
Eine andere Möglichkeit zur Auflösung der Chiffre wäre: secte fils "du Cain fatal" = Sekte des verhängnisvollen Kain.
4) Aleph ist der erste Buchstabe des hebräischen Alphabets.

Das >Meer< bedeutet bei N. den religiösen Bereich. >Meere<, 5/88, Plural also, bedeuten mehrere Religionen. Wenn eine Religion sich nach >den Meeren< nennt (vielleicht: die ozeanische R.), ist das eine Religion, die die alten Glaubensformen so zusammenfassen will, wie die einzelnen Meere zum Weltmeer zusammenfließen und sich mischen. Vom >Weltmeer< handelt Vers **10/71** und meint damit den ganzen religiösen Bereich in einer Zeit, wenn er durch eine Einheitsreligion verödet. Diese >neue Religion< werde "siegen", und zwar gegen alle drei alten prophetischen Religionen, VH (25). Bis hierhin ist das Terrain ziemlich sicher, weil die Deutung der Meeres-Metaphorik N.s genau folgt, und weil der "Sieg" der planetaren Einheitsreligion mehrfach belegt ist und als Basisprognose gelten kann . - Die zweite und dritte der prophetischen Religionen sind nach der jüdischen die christliche und die islamische Religion. Sie werden beim neuen religiösen Charismatiker eine Hauptrolle spielen, wie auch umgekehrt er bei ihnen, **10/28**. Daher könnte dieser Jude, **7/32**, mit der doppelten Alpha-Rolle der mysteriöse "Aleph und Aleph" sein. - Seine Alpha-Rolle wird er dazu nutzen, die auf ihn verpflichteten Glaubensformen zu zerstören, was wiederum VH (25), aber auch viele andere Stellen belegen, für den Islam z.B. **10/30** und VH (28). Daher könnten Christentum und Islam hier "die beiden" durch Doppel-Aleph tödlich "Verletzten" sein. Die "Sekte des Sohnes (vom) Jahre des Kalifats" wäre dann ein Islam, dessen Führer sich eingebildet hatten, in dem neuen Mann sei den Muslimen ein Kalif erwachsen, der ihre Einheit wiederherstellen werde, und die sich darin bitter täuschen. - Die "halsstarrige, beklagte Sekte" ist aus der Sicht manches mittelalterlich geprägten Christen das Judentum, weil es Jesus Christus ablehnt, **6/18**. Aber hier können es nicht d i e Juden sein, sondern höchstens ein Teil von ihnen, der sich der Vernichtung der mosaischen Religion durch ihren vermeintlichen Messias, VH (25), widersetzt. Würden gleichgeschaltete Christen und Muslime gegen aufmüpfige Juden eingesetzt, hätten diese ihre Peiniger zu fürchten.

---> 1/96, 2/46, 2/96, 5/96, 9/46 (Letzte Zeit der alten Erde)

Centurie 1, Vers 96
Celui qu' aura la charge de destruire
Temples*, & sectes*, changés par fantasie,
Plus aux rochiers* qu' aux viuas viendra nuire
Par langue* ornée d' oreilles ressaisies.
(Urfassung bei Macé Bonhomme, Lyon 1555)

Übersetzung der Urfassung:
Der die Aufgabe haben wird, zu zerstören
Tempel* und Sekten*, durch Einbildungskraft verwandelte,
wird mehr den Felsen* als den Lebenden schaden.
Durch brillante Rede* (werden) die Zuhörer abgeworben.

Kommentar zu 1/96:
Der neue religiöse Führer, von vielen Christen verehrt als wiedergeborener Christus, **1/95**, wird nach einigen Jahren eine >neue Religion< begründen, die dem Frieden des Weltstaat verpflichtet ist. Er betätigt sich als "Erfinder", **1/45**, indem er aus dem geschichtlichen Fundus Versatzstücke verschiedener Religionen in freier Komposition und mit nachschöpferischer "Phantasie" zu einem Konglomerat neu vereint, **6/10**.

Seine Fähigkeit zu "geschmückter" oder "brillanter Rede" sowie Zeichen, die er zu wirken oder zu inszenieren versteht, **4/24**, werden die dafür empfänglichen Menschen beeindrucken. Nicht wenige werden von ihm "abgeworben", wörtlich "an den Ohren ergriffen" werden.

Es werden aber auch Gegner ihm erwachsen. Denn durch das Monopol, **1/79**, das die >neue Religion< am Ende beansprucht, werden die alten Glaubensgemeinschaften gespalten, **1/45**, in abseits Stehende, die ihren alten Glauben bewahren wollen, und Befürworter des Regimes. Wenige Jahre nach der Katastrophe wird die Religionsgesetzgebung die alten Religionen ihrer Inhalte berauben, sie ideologisch gleichschalten, **10/65**. "Das Alte wird fortgeschafft", sagt **4/32** lapidar.

Dabei werde man "mehr den Felsen als den Lebenden schaden". Die >Felsen< als Symbol für >die alten Götter<, d.h. die alten Religionen, dürfen ihr >Wasser<, die alten Offenbarungen und Lehren, nicht mehr spenden, wenn der Bannstrahl die alten Religionen trifft, **1/65**. Diese >Felsen< werden hier den "Lebenden" gegenübergestellt. Damit sind die Menschen gemeint, die wegen ihres tätigen und dadurch lebendigen Glaubens nur äußerlich betroffen sind, weil dann die öffentlichen Formen der Ausübung (Gottesdienste usw.) nicht mehr zugelassen sein werden.

Es heißt, der brillante Redner habe "die Aufgabe, Tempel und Sekten zu zerstören". Das ist die Perspektive Gottes, der auch die zerstörerischen Kräfte zu nutzen weiß. An der Kirche des Weltstaats und ihrem Vorsteher sollen sich die Geister scheiden. An der Brutalität des Regimes wird jeder dessen unchristliches Wesen erkennen können. Wer aus Überzeugung oder Angst mitmacht, wird zum Mittäter der Zerstörung.

Auf dem Acker des Herrn bleibt nach Ernte und Drusch nur >der Weizen<, der im Endlichen das Unendliche, im sterbenden Erdenleib den Auferstehungsleib birgt, Joh 1224-25. Es werden nur die Menschen bleiben, die in christlichem Geist leben und so am Ende das Leben in der Ewigkeit haben.

Centurie 2, Vers 46

Apres grâd trouble (!) humaî, plus grand s' aprest
Le grand mouteur les siecles renouuele.
Pluie, sang*, laict*, famine*, fer & peste*
Au ciel* veu, feu courant longue estincele.
(Urfassung bei Macé Bonhomme, Lyon 1555)

Übersetzung der Urfassung.
Nach großer Menschenzwietracht bereitet sich (eine) noch größere vor.
Der große Beweger erneuert die Jahrhunderte.
Regen, Blut*, Milch*, Hungersnot*, Schwert und Seuche*./ Am Himmel*
(wird) zu sehen (sein) grassierendes Feuer, langes Aufleuchten.

Kommentar zu 2/46:
Von der Erneuerung der Jahrhunderte ist die Rede, woraus zu entnehmen ist, daß hier aus einer zeitenübergreifenden Perspektive gesprochen wird. Von dieser Warte aus kann eine "große Menschenzwietracht" kaum etwas anderes bedeuten als kriegerische Ereignisse. Wahrscheinlich ist, daß sie den ganzen räumlichen Geltungsbereich der Centurien, VH (4), betreffen.
Wegen der Mehrzahl les siecles wurde vermutet (Allgeier 1987), daß eine Jahrtausendwende gemeint ist. Das ist aus diesem Vers allein nicht zwingend abzuleiten, schon deshalb nicht, weil siècle auch allgemein "Zeitalter" bedeuten kann. Aber es soll sich um die Wende vom zweiten zum dritten nachchristlichen Jahrtausend ein erheblicher Teil der noch nicht erfüllten Verse erfüllen, 1/48. Und in der Mitte des 21. Jahrhunderts soll dann große Klarheit über die Centurien herrschen, 3/94, was vorausgesetzt, daß die meisten Voraussagen dann erfüllt sind. Daher ist anzunehmen, daß in der ersten Vershälfte die Zeit um die Jahrtausendwende gemeint ist.
Auf eine "große" werde eine "größere" Zwietracht unter den Menschen folgen. Da hier aus einer Perspektive des Überblicks gesprochen wird, dürften damit kriegerische Ereignisse gemeint sein, die N. auf den zweiten Weltkrieg folgen sah. Der "große Beweger" ging für N. in der Gestalt Jesu Christi über die Erde und führte dadurch schon einmal eine Zeitenwende herbei. Damit ist angedeutet, daß die Wende vom zweiten zum dritten nachchristlichen Jahrtausend nicht nur zahlenmäßig, sondern auch inhaltlich eine ganz neue Epoche bringt.
Die zweite Vershälfte kennzeichnet diese neue Epoche ähnlich summarisch wie die erste Hälfte die Zeit der Wende. In die Reihe der Bedrängnisse, die Vz 3 zu ihrer Kennzeichnung aufzählt, paßt die "Milch" nicht, wenn man sie wörtlich versteht. Daher sind a l l e aufgezählten Begriffe hier Metaphern, allesamt alte Bekannte in einem selben inhaltlichen Zusammenhang.
>Regen< bedeutet mißliche Zustände, die anschließend Neues hervorbringen. Das >Schwert< bedeutet, daß das >Blut der alten Götter vergossen< werden wird, d.h. daß die alten Glaubensformen zerstört werden. Die >Hungersnot< bedeutet den Mangel an zuträglicher geistiger Nahrung. Und die >Milch< ist die von dem >nährenden Felsen<, 1/21, verfertigte geistige Nahrung, die sich wie eine >Seuche< verbreiten wird.
Das >Aufleuchten< einer angeblich großen geistigen >Leuchte<, 5/66, wird dann die Menschen beeindrucken und "lange" in ihren Bann ziehen. Das überall "umlaufende Feuer" fügt dem >Feuer vom Himmel<, d.h. dem Bannstrahl gegen die alten Religionen, eine neue Variante hinzu. Es wird also am Schluß der Grund für die Übel der dritten Vz angegeben.

Centurie 3, Vers 46
Le ciel* (de Plancus la cité) nous presaige
Par clairs (!) insignes & par estoiles fixes,
Que de son change subit s' aproche l' aage,
Ne pour son bien, ne pour ses malefices.
(Urfassung bei Macé Bonhomme, Lyon 1555)

Übersetzung:
Das Firmament* (die Stadt des Plancus) kündigt uns an
durch klare Anzeichen und durch Fixsterne,
daß die Zeit seines plötzlichen Wandels herannaht,
weder zu ihrem Vorteil, noch zu ihrem Nachteil.

Kommentar zu 3/46:
Munatius Plancus war Legat Caesars in Gallien. Eine seiner Gründungen in der römischen Provinz war Lugdunum am Zusammenfluß von Saône und Rhône, das spätere Lyon. Dort anscheinend beobachtet N. das Firmament und erkennt an der Lage der Fixsterne, daß ein "plötzlicher Wandel" am gestirnten Himmel vor sich gehen werde, sich ihm und dadurch uns ankündige. Eine langsame, erst nach Jahrhunderten und Jahrtausenden sichtbar werdende "Wandlung" des Fixsternhimmels, wie sie durch das Kreiseln der Erdachse mit einer Periode von etwa 25000 Jahren sich vollzieht, konnte er damit nicht meinen. Es können nur außerordentliche, mit den Mitteln der wissenschaftlichen Astronomie nicht vorhersehbare Ereignisse sein, die einen plötzlichen Wandel des Firmamentes bewirken. Von einem solchen Geschehen spricht der Seher in mehr oder weniger verdeckter Weise des öfteren.
  Aufgrund der Annäherung eines fremden Himmelskörpers an den Planeten, also eines plötzlich eintretenden Ereignisses und nicht eines langsamen Wandels, wird jene "große Versetzung" geschehen, die so einschneidend ist, "daß man glauben wird, die Schwere der Erde habe ihre natürliche Bewegung verloren, und sei in den Abgrund gestürzt, in ewige Finsternis", Vorrede H (18). <u>Danach aber werden sich Drehachse und Drehmoment des Planeten, wie es hier scheint, wieder stabilisieren, und die Erde wird eine neue Lage einnehmen,</u> erkennbar eben an dem veränderten Fixsternhimmel, auf den auch 6/85 verdeckt hinweist.
  Die Ereignisse, die den Wandel herbeiführen, werden außerordentlich sein und Schrecken erregen, doch der Planet wird sich in einer Lage stabilisieren, die der Stadt Lyon - und damit Mitteleuropa insgesamt - "weder zu ihrem Vorteil, noch zu ihrem Nachteil" gereicht. Das ist keineswegs selbstverständlich, da z.B. auch eine Polregion sich in unsere Längen und Breiten verlagern könnte. <u>Es werden die Menschen in Mitteleuropa, im großen und ganzen, keinen Schaden durch die neue Lage des Planeten erleiden.</u> Das Klima allerdings scheint dann ein anderes zu sein, VH (4).
  Bleibt noch die Frage, was der Hinweis auf Lyon zu bedeuten hat. Wenn der Fixsternhimmel über dieser Stadt ein anderer geworden ist, muß das selbstverständlich auch für jeden anderen Punkt der Erdoberfläche gelten - warum also wird gerade Lyon erwähnt ? Ein gewandeltes Firmament k a n n man nur von i r g e n d e i n e m Punkt der Erde aus beobachten. In seiner Vision fand sich der Seher nach Lyon versetzt oder hat sie dort gehabt, notierte das und setzte es in Klammern, da ihm klar war, daß das nebensächlich für den Leser sein würde. Solche überschüssige, nicht aus einem Zusammenhang konstruierbare Information spricht für die Glaubwürdigkeit des Protokolls.

Centurie 5, Vers 46
Par chapeaux rouges* querelles & nouveaux scismes*
Quant on aura esleu le Sabinois :
On produira contre luy grands sophismes,
Et sera Rome* lesee par Albanois.
(Textfassung bei Benoist Rigaud, Lyon 1568)

Übersetzung:
Durch rote* Hüte Streitigkeiten und neue Spaltungen*,
wenn man den Sabiner gewählt haben wird.
Man wird gegen ihn vorbringen große Argumentationen,
und Rom* wird beschädigt werden durch Albaner.

Kommentar zu 5/46:
Sabiner und Albaner waren Nachbarvölker der Römer in deren sagenhafter Frühzeit. Den Albanern entstammte Romulus, der mythische Gründer Roms. Schon im Keimzellenstadium des Weltreichs wurden beide Völker eingemeindet, auf unterschiedliche Weise. Die Albaner wurden militärisch besiegt, die Sabiner wurden überlistet. Die Römer luden die Sabinerinnen zu Festspielen ein, überwältigten sie und versprachen ihnen dann die ordnungsgemäße Heirat. Der anschließende Krieg zwischen beiden Völkern wurden von den geraubten Sabinerinnen beendet, die ihren Widerstand gegen die Heirat mit den Römern aufgaben. Sie traten vermittelnd zwischen die Kämpfenden und erwirkten deren Versöhnung.
    Es geht um "rote Hüte", d.h. Kardinäle, die sich nach einer Papstwahl streiten. >Der Sabiner< ist ein gerade gewählter Papst. Seinem Namen nach läßt er sich vom listigen Feind zur Teilnahme an dessen Fest locken, wagt sich auf fremdes Gebiet vor. Zur >Heirat< braucht der Gemeinte allerdings nicht überredet zu werden, er ist gleich Feuer und Flamme, **8/13**. Er selbst heiratet aber nicht, sondern vermittelt >Mutter Kirche< auf ihre alten Tage noch einen Kandidaten. Nachdem sie unter einem Interimspapst noch gezögert hatte, wird dann auch >Mutter Kirche< "leidenschaftlich" sein, **8/13**. Der Sabiner >verspricht dem Feind die Heirat<, **5/49**.
    Mit dem Feind, der wie die alten Römer sich anschickt, ein völkerübergreifendes Weltreich zu gründen, ist hier der >wiedergekommene Messias< gemeint, der nach der Katastrophe erstmals in Erscheinung treten wird. Der >Sabiner-Papst< wird vermittelnd zwischen Begeisterte und Skeptiker in den eigenen Reihen treten, **8/93**. Seine Politik, die auf ein Bündnis (>Verlobung<) mit dem >neuen Heiligen<, **10/30**, ausgeht, wird sich durchsetzen können.
    Wohin das führt, läßt seine Bezeichnung als Sabiner befürchten, nämlich in den Identitätsverlust. Am Ende wird es nur noch >Römer< geben, weil die >Sabiner< ununterscheidbar im Volk der >Römer< aufgehen. Die neuen >Römer<, die Anhänger des >Wiedergekommenen< werden die >Sabiner<, d.h. die willigen, z.T. begeisterten Christen >heiraten<, sind dann am Ende die Herren im Haus und können mit dem alten Glauben machen, was sie wollen.
    Auch "Albaner" wird es geben, die ihren >römisch< gesonnenen Glaubensbrüdern entgegentreten. Sie erkennen die >Römer< als Gegner, **8/94**. Es kommt zu "Streitigkeiten und Spaltungen", **1/45**. Es werden "große Argumentationen" vorgebracht. Dabei dürfte es auch um das richtige Verständnis von der Wiederkunft Christi gehen, **5/85**. Die Glaubwürdigkeit des neuen >Rom< und damit die des >Sabiners< werden dabei anscheinend beschädigt (Rome lesée).
    Später wird der Konflikt mit Machtmitteln entschieden, **10/65**.

02/47 L' ennemi* grand viel dueil meurt de poison*:/ Les souuerains
par infinis subiuguez./ Pierres* plouuoir, cachés sous la toison*:/
Par mort articles en vain sont allegués. (1555)
[Das Kaisertum siegt über das Papsttum/ >Weltfriedensordnung<]
(Kommentar S. 375)
**Der Feind* (des) großen alten Zweikampfes stirbt an Gift*./
Die Souveräne werden zahllos unterjocht./
Es regnet Steine*, verborgen unter dem Schafsfell*./
Beschwerden, den Tod betreffend, werden vergeblich vorgebracht.**
1) N.m. duel Duell, Zweikampf. Mittelfr. n.m. duel: gleiche
Bedeutung. Dann gibt es mittelfr. noch das n.m. deul, duel,
dueil Betrübnis, Schmerz.-
Das adj. vie(i)l steht im falschen Genus, statt vieux. -
Die Syntax des Satzes ist mehrdeutig. Die einfachste Lösung
ist, (de) grand viel dueil zu ergänzen. Das "de" paßte nicht
mehr ins Metrum.
3) Der >Steinregen< kommt auch vor in 3/42 und 2/18.
Zu dem Schafsfell s. das Glossar unter loup (Wolf).
4) Mittelfr. n.m. article 1. Prinzip (principe), Grundsatz (règle
générale) 2. Klausel in (Staats-)Verträgen (clause d' un traité)
3. Umstand (circonstance) 4. Gesuch (pétition), Beschwerde,
Klage (plainte).
V.t. alléguer zitieren, anführen, vorbringen, sich berufen auf.
---> 2/97 (Zerstörung der katholischen Kirche)

02/97 Romain Pontife garde de t' approcher/ De la cité qui deux
fleuues* arrouse,/ Ton sang* viendras au pres de la cracher,/
Toy & les tiens quand fleurira la rose*. (1555)
[Letzter Papst/ Zerstörung der katholischen Kirche im totalitären
Weltstaat/ POLLUX-JUPITER] (Kommentar S. 376)
**Römischer Pontifex, hüte dich davor, nahezukommen/
der Stadt, die zwei Flüsse* umspülen./
Dein Blut* wirst du dort in der Nähe ausspeien,/ du und die Deinen,
wenn erblühen wird die Rose*.**
1) N.m. pontife 1. Oberpriester 2. Kirchenfürst 3. Koryphäe.
2) Prädikat im falschen Numerus: arrouse statt arrousent.
---> 8/47 (Letzter Papst)
---> 2/47 (Zerstörung der katholischen Kirche)
---> 5/97 (JUPITER)

03/97 Nouuelle loy* terre* neufue occuper/ Vers la Syrie,
Iudee, & Palestine:/ Le grand empire barbare* corruer,/
Avant que Phebés son siecle determine. (1555)
[Osmanisches Reich/ Israel/ Arabisches Reich/ Unterwerfung der Orientalen
unter das globale Regime] (Kommentar S. 377)
**(Ein) neues Gesetz* besetzt neues Land*/
in Richtung Syrien, Judäa und Palästina./
Das große Barbarenreich* wird zusammenbrechen,/
bevor Phoibe ihr Jahrhundert beschließt.**
1)2) Die erste Vershälfte ist schon erfüllt. Daher findet sich der
Vers auch im historischen Band.
3) Lat. v. corruere zusammenstürzen, einstürzen.

04/97 L' an que Mercure*, Mars* Venus* retrograde,/ Du grand Monarque la ligne ne faillir:/ Esleu du peuple Lusitain pres de Graulade,/ Qu' en paix & regne viendra fort enviellir. (Ed. d' Amsterdam 1668)
Variante: "... peuple l' usitant pres de Gagdole" (Ed. Benoist Rigaud 1568)
[Heinrich V.] (Kommentar S. 378)
In dem Jahr, wenn Merkur*, Mars*, Venus* rückläufig sind,/
wird die Linie des großen Monarchen Erfolg haben./
Gewählt vom lusitanischen Volk nah bei Graulade,/
wird er im Frieden und als Herrscher ein hohes Alter erreichen.
2) Mittelfr. v. faillir 1. fehlen (manquer), knapp sein (faire défaut) 2. keinen Erfolg oder kein Glück haben (ne pas réussir), scheitern (échouer), fehlschlagen (manquer le coup) 3. versagen (rater) 4. unterliegen, fallen (succomber) 5. enden (finir) 6. sterben (mourir).
3) Die Fassung mit "Gagdole" erfüllt den Reim nicht.

05/97 Le nay* difforme par horreur suffoqué,/ Dans la cité* du grand Roy habitable:/ L' edict seuere des captifs reuoqué/ Gresle* & tonnere*, Condon inestimable. (1568)
[JUPITER]
Dem mißgebildet Geborenen durch Schreck der Atem geraubt/
in der Stadt, vom großen König bewohnbar./
Die strenge Verordnung über die Gefangenen aufgehoben,/
Hagel und Donner, Condon nicht einschätzbar.
1) V.t./i. suffoquer ersticken, metaphorisch kann es eine atemberaubende Überraschung bedeuten, vgl. 2/39 (Bd.1).
3) Das Edikt kann von den Gefangenen verfaßt sein oder, wahrscheinlicher, diese betreffen.
4) Zu >Donner< s.a. das Glossar unter foudre.
Adj. inestimable unschätzbar, unbezahlbar > lat. inaestimabilis 1. nicht einschätzbar, unberechenbar 2. unvergleichlich, außerordentlich.
Die Stadt Condom liegt im Dept. Gers in Südwestfrankreich.
Der spätere Weltherrscher erscheint in 3/21 als >schrecklicher Fisch mit menschlichem Antlitz und fischigem Schwanz<, in 1/29 als >Amphibie<, als landgängiger Fisch, in 3/42 und 2/7 >mit zwei Zähnen im Rachen<, in 2/43 als vielköpfige Hydra. All das sind symbolische >Mißbildungen<, so daß man auf die Idee kommen kann, daß er mit dem "mißgebildet Geborenen" gemeint ist. - Es geht hier um das Ende seiner Macht, die er sich wohl durch Zugeständnisse, darunter die Aufhebung der "strengen Verordnung", zu erhalten trachtet, 4/34. Diese erinnert an das "strenge Statut" in 2/85 (Bd.3). Weil zuvor von einer Verordnung die Rede war, ist es wahrscheinlich, daß >Hagel< und >Donner< metaphorisch, nämlich als Verbotsgesetze mit Strafandrohung zu verstehen sind. - Einer der Gegner des >Mißgebildeten< ist der spätere Heinrich V., der Avignon als Regierungssitz zu wählen scheint, 8/38 (Bd.3).
---> 2/97 (JUPITER)

06/97
Cinq & quarante degrés ciel* bruslera,/ Feu approcher de la grand cité* neufue,/ Instant grand flamme esparse sautera/ Quand on voudra des Normans faire preuue. (1568)
[Kriegerische Ereignisse an der Jahrtausendwende] (Kommentar S. 379)

Am fünfundvierzigsten Grad wird der Himmel* brennen,/
Feuer nähert sich der großen neuen Stadt*./
Augenblicklich schießt eine große ausgegossene Flamme empor,/
wenn man den Normannen (gegenüber) sich wird bewähren wollen.

1) N.m. degré 1. (Treppen-) Stufe 2. (Rang-)Stufe 3. Grad, Höhe 4. (Einteilungs-)Grad. Der degré climaterique in 5/98 ist durch das Attribut eindeutig als Breitengrad ausgewiesen.

1) Sobald paragnostisch Begabte über den Inhalt des ihnen zugänglich Gewordenen hinausgehen und eigene Überlegungen äußern, kann man darauf nichts mehr geben. Wenn ein Visionär wie N. einen Breitengrad angibt, den man nicht sehen kann, muß er diesen errechnet oder aus irgendwelchen Karten abgeschrieben haben, und prompt wird es falsch.

3) Adj. épars vereinzelt, verstreut. Mittelfr. v. espardre trennen (séparer), verstreuen (disperser), ausgießen (répandre). Davon ist das p.p.p. esparse abgeleitet.

4) Idiom faire la preuve de qc. den Beweis von etwas antreten, faire ses preuves sich bewähren, mettre à l' épreuve auf die Probe stellen. Mittelfr. n.f. preuve Probe, Prüfung (épreuve), faire ses preuves bestätigen.

1) bis 4) Nachdem der Vers komplett erfüllt ist, gehört er eigentlich in den historischen Band. Da eine Neuauflage deswegen nicht lohnt, erscheint er hier.

08/47
Lac Trasmenien portera tesmoignage,/ Des coniurez sarez dedans Perouse/ Vn despolle contrefera le sage,/ Tuant Tedesq de sterne & minuse. (1568)
[Kath. Kirche nach d. Jahrtausendwende/ Letzter Papst]
(Kommentar S. 380)

Der Trasimenische See wird Zeugnis ablegen/
von den Verschwörern, festgehalten in Perugia./
Einer mit Mattscheibe wird den Weisen spielen/ und (den)
Deutschen töten, der zu den Widerspenstigen und Aufrechten gehört.

2) Im Provencal gibt es das v. sarra 1. schließen, einschließen (fermer, enfermer) 2. verschließen (serrer) 3. drücken, bedrängen (presser) 4. sägen (scier).

3) V. dépolir matt schleifen, glanzlos machen, verre dépoli Milchglas. Für die metaphorische Verwendung konnte kein Beleg gefunden werden, aber sie paßt in den Zusammenhang, weil der als "despolle" Beschriebene weise nicht ist, sondern Weisheit nur vorspielt.

4) Tedesque ist ein französisch abgewandeltes italienisches n.m. tedesco Deutscher. Es geht um Vorgänge in Italien. Lat. adj. sternax störrisch, sich bäumend. Lat adj. minax emporragend, drohend, trotzig. Die Endung -use steht, damit der Reim erfüllt wird.

---> 2/97 (Letzter Papst)

08/97 Aux fins du VAR changer le pompotans,/ Pres du riuage les
trois beaux enfans* naistre*./ Ruyne au peuple par aage
competans*/ Regne au pays changer plus voir croistre. (1568)
[Nordafrika 1956 bis 1962/ Islamische Invasion Europas]
An den Grenzen der VAR wandelt sich der Pompotans,/
in Ufernähe werden die drei schönen Kinder* geboren*./
Zerrüttung beim Volk wegen heiratsfähigem* Alter,/
Herrschaft im Land wandelt sich, (ihr werdet sie) noch wachsen sehen.
   1) Mittefr. n.f. fin 1. Gegenstand (objet), Ziel (finalité, but)
   2. Grenzen (confins) 3. Frist (terme), Ende (fin) 4. Tod (mort).
   3) Mittelfr. age competant heiratsfähiges Alter. par kann auch
   zeitlich gemeint sein: "bei heiratsfähigem Alter".
   Zu >Heirat< s. das Glossar unter mariage.
Zu den historischen Ereignissen der ersten Vershälfte siehe Vers 8/97
(Bd.1). Die "drei schönen Kinder", die "in Ufernähe geboren" werden,
sind die drei Mittelmeerstaaten Marokko, Algerien und Tunesien, die
zwischen 1956 und 1962 ihre Unabhängigkeit von Frankreich gewannen
und damit einen Wandel im Sinne des Rückzugs der alten Kolonialmächte
bewirkten. -   Die beiden letzten Vz sind noch nicht erfüllt.
Das "heiratsfähige Alter" meint bei N. eine Zeit, in der das Volk sich einen
Herrscher sucht. "Zerrüttung" kann dabei entstehen, weil das Volk sich
nicht einig ist, wer zum Herrscher bestimmt wird oder weil es einen wählt,
der sich als verderblich erweist. Daß wir diese Staaten noch "wachsen
sehen" werden, deutet auf letzteres, denn offenbar sollen Probleme durch
eine expansive Politik gelöst werden. Siehe auch Vers **3/97**, der vom
Zusammenbruch des "Barbarenreiches" spricht.
   ---> 10/97 (ISLINVEUR)

10/97 Triremes pleines tout aage captif,/ Temps bon à mal, le doux
   pour amertume:/ Proye à Barbares* trop seront hastifs,/
   Cupid de veoir plaindre au vent la plume. (1568)
[ISLINVEUR] Dreiruderer gefüllt mit Gefangenen jeden Alters,/
gute Zeit wird elend, die Süße (macht Platz) für Bitternis./
Beute für die Barbaren* (zu werden) allzu bald, werden sie hastig bemüht
sein,/ begierig, klagen zu sehen die Feder im Wind.
   4) Die Feder im Wind (plume au vent) kann mittelfr. die
   Bereitschaft zu Abenteuern bedeuten.
Es scheint, daß es im Zuge des Vordringens der Araber nach Europa und
der Ausdehnen ihres Machtbereichs, **6/80**, dazu kommen wird, daß viele
Europäer zum Islam als der Religion der dann Herrschenden übertreten
werden. Hinweise darauf enthalten auch **6/54** sowie **3/27**. Manche Europäer werden auch verschleppt werden, einem ungewissen Schicksal ent-
gegensehend, die Rolle der Herren in den ehemaligen Kolonien, **8/97**, mit
einem Sklavendasein vertauschend, Vz 1.   Die Übertritte zum Islam
geißelt der Seher und überzieht die Konvertiten mit beißender Ironie: Es
könne ihnen gar nicht schnell genug gehen, auch geistig zur "Beute" der
Barbaren, sprich Muslime zu werden, Vz 3. Sie würden sich sogar selbst
leid tun, weil sie wie die Feder im Wind diesem ausgeliefert wären und
ihm so gar nichts entgegenzusetzen hätten, Vz 4. Wären sie auch nur
halbwegs im Christentum verankert, würden sie sich mit mehr Gewicht als
dem einer Feder widersetzen, will N. wohl zu verstehen geben.
   ---> 8/97 (Islamische Invasion Europas)

Centurie 2, Vers 47

L' ennemi* grand viel dueil meurt de poison*:
Les souuerains par infinis subiuguez.
Pierres* plouvoir, cachés sous la toison* :
Par mort articles en vain sont allegueés.

(Urfassung bei Macé Bonhomme, Lyon 1555)

Übersetzung der Urfassung:

Der Feind* (des) großen alten Zweikampfes stirbt an Gift*.
Die Herrscher werden zahllos unterjocht.
Es regnet Steine*, verborgen unter dem Schafsfell*.
Beschwerden, den Tod betreffend, werden vergeblich vorgebracht.

Kommentar zu 2/47:

In der Vorauflage wurden hier kriegerische Ereignisse erkannt, unterbrochen von einem kosmisch bedingten Geschehen. Das wird es in dieser Reihenfolge auch geben, aber es ist hier nicht gemeint. Denn die folgende Deutung kann den Zusammenhang der Vorgänge und das >Schafsfell< besser erklären.

Die Lehren eines >neuen spirituellen Meisters< werden dem aus >Brunnen und Quellen<, d.h. aus Bibel und Tradition stammenden >lebendigen Wasser< der christlichen Glaubenslehre beigemengt werden. Der >neue Heilige<, 10/30, wird nur den weltlichen Nutzen der alten Lehren gelten lassen, 5/36, geistiges Streben aber als unnütz und gefährlich hinstellen, weil es vom weltlichen Aufbau ablenke und die Gefahr fanatischer Verblendung berge. Der Tradition verhaftet, erkennt N. die Lehren dieses Mannes als verderbliches >Gift<, das der christlichen Religion beigemengt werden soll, 4/66.

Aufgestiegen zum Weltherrscher, 1/4, wird er eine Position haben, die N. mit der eines antiken römischen Kaisers vergleicht, 6/66. Die Lenker der Staaten werden als Statthalter des globalen Regimes, auf das sie sich verpflichtet haben werden, dessen oberste Legislative ausführen müssen. Das ist in Vz 2 gemeint.

Der antike Kaiser war Herrscher, stand aber auch im Mittelpunkt des sich als Religion gebenden Kultes des Imperiums und seiner Pax Romana, 9/9. Der Weltherrscher wird Positionen auf sich vereinen, die im christlichen Abendland verteilt waren auf Kaiser und Papst. Der Papst war jahrhundertelang des Kaisers "Feind" im Ringen um das Verhältnis und die Abgrenzung ihrer beider Macht, in einem "großen alten Zweikampf".

Der katholische Papst wird dann mit einem neuen faktischen (beliebige Titel tragenden) Kaiser konfrontiert sein, dessen Doppelkompetenz am Ende das >Gift< seiner verderblichen Lehre zwangsverordnen und den Papst so zur Marionette machen wird. Der letzte Papst >stirbt an Gift<, und mit ihm die Kirche, 3/65.

Der >Steinregen< gehört in das Bild des >Unwetters mit Blitz und Donner< für den Bannstrahl des globalen Regimes gegen die christlichen Glaubensgemeinschaften, 9/83, der das >Gift< verbindlich vorschreibt. Es >bebt die Erde< unter dem >Steinregen< im Sinne einer großen Erschütterung der altgläubigen Christen. Die >Steine< des >neuen Weisen<, 4/31, d.h. seine in Wahrheit geistig toten Lehren werden dann >regnen<, 3/42, d.h. den Menschen als Produkte höchster Weisheit >von oben< dargestellt werden.

Als >Wölfe im Schafsfell<, als nur scheinbar demütige Diener des Herrn kommen die falschen Propheten daher, Matth 715. Der >Steinregen unter dem Schaffell< besagt, daß nun >von oben< Wölfe ausgesandt werden, die sich friedlich geben, aber jene zerreißen werden, die die >Steine< nicht freiwillig fressen.

"Beschwerden über (den) Tod" des alten Glaubens werden nicht angenommen.

Centurie 2, Vers 97
Romain Pontife garde de t' approcher
De la cité qui deux fleuues* arrouse,
Ton sang* viendras au pres de la cracher,
Toy & les tiens quandfleurira la rose*.
(Urfassung bei Macé Bonhomme, Lyon 1555)

Übersetzung der Urfassung:
Römischer Pontifex, hüte dich davor, nahezukommen
der Stadt, die zwei Flüsse* umspülen.
Dein Blut* wirst du dort in der Nähe ausspeien,
du und die Deinen, wenn erblühen wird die Rose*.

Kommentar zu 2/97:
Papst Pius VI. starb 1799 in Valence bei Lyon, wo die Saône in die Rhône fließt, an einem Bluthusten, und zwar im August, wenn die Rosen blühen (Allgeier 1988). Aber Valence liegt 80 Kilometer südlich von Lyon, und Rosen blühen meist schon im Juni. Ansteckend ("...und die Deinen") war die Krankheit auch nicht. Einen Sinn hätte eine derartige Warnung an einen seiner Freiheit beraubten Greis auch schwerlich gehabt.
Als >größter Philosoph aller Zeiten< wird der neue religiöse Charismatiker seinen Anhängern gelten. Dieses "Haupt der Weisheit", heißt bei N. auch "die Rose der Welt" in Anlehnung an die Symbolsprache der Alchemisten, **5/31**. Sie erkannten in der rot blühenden Dornenrose ein Gleichnis der in Blut und Schmerzen vollendeten Weisheit und Liebe Christi. D i e s e >Rose< wird "über der Mitte der großen Welt" blühen, **5/96**, d.h. eine sehr herausgehobene Stelle einnehmen. Es ist von jener Zeit die Rede, in der diese >Rose< ihre Blüten treiben und den Duft ihrer >Weisheit< verströmen wird.
Dazu wird gehören, daß die >Vermählung< des >wiedergekommenen Heilandes< mit >Mutter Kirche< in Aussicht genommen wird, in die einzuwilligen der letzte Papst sich bereitfindet, **5/49**. Das Haupt der katholischen Kirche wird "der Sekte der neuen Ungläubigen verfallen", VH (14), d.h. sich zum Anhänger des neuen Mannes erklären und intern dessen Anerkennung betreiben.
Wenn die >Heirat< vollzogen ist, wird der >neue Weise<, **4/31**, der Herr im Haus sein. Er wird sich als "streng" erweisen, **10/65**, an der Rose werden ihre Dornen fühlbar. Die Dekrete des "Strengen" werden "das Blut und die Substanz Roms" zerstören, **10/65**. Der Papst wird "an Ostern verbluten", **8/45**, er und mit ihm die katholische Kirche werden ihr Kreuz erleben. Das >Blut<, das er und alle, die ihm folgen, am Ende >ausspeien< werden, steht hier wie an den angegebenen Parallelstellen für die Glaubensinhalte der Kirche. Ihrer wird man sich entledigen müssen, weil sie von dem >Wiedergeborenen< nicht mehr geduldet werden.
Die Zwei-Flüsse-Stadt ist das belgische Gent am Zusammenfluß von Leie und Schelde, wo die >Hochzeit< der greisen >Mutter Kirche< mit dem angeblich wiedergeborenen Heiland gefeiert werden wird, **10/52**.
Man kann einwenden, daß es nichts helfe, vor dem Betreten von Städten mit zwei Flüssen zu warnen, weil dort eine >unglückliche Ehe< geschlossen werde. Denn wenn der Gewarnte die Entscheidung für die >Heirat< trifft, weil er, "unbändig vor Liebe", **8/13**, sich mächtig darauf freut, **10/55**, wird er von einer >unglücklichen Ehe< nichts wissen wollen. Der Einwand ist berechtigt, und N. wird geahnt haben, daß man nicht auf ihn hören werde. Die Warnung gilt somit weniger dem "römischen Pontifex" als vielmehr jenen Katholiken, die im Zweifel sind, ob sie ihm folgen sollen.

Centurie 3, Vers 97

**Nouuelle loy* terre* neufue occuper
Vers la Syrie, Iudee, & Palestine :
Le grand empire barbare* corruer,
Auant que Phebés son siecle determine.**

(Urfassung bei Macé Bonhomme, Lyon 1555)

Übersetzung der Urfassung:

**(Ein) neues Gesetz* besetzt neues Land*
in Richtung Syrien, Judäa und Palästina.
Das große Barbarenreich* wird zusammenbrechen,
bevor Phoibe ihr Jahrhundert beschließt.**

Kommentar zu 3/97:
Ein erster großer Erfolg der zionistischen, auf einen eigenen Judenstaat abzielenden Bewegung war die Deklaration der britischen Regierung vom 2.11.1917, welche die "Errichtung einer nationalen Heimstätte für das jüdische Volk in Palästina" unterstützte. Im April 1920 wurde Palästina von den Siegermächten unter britisches Mandat gestellt. Erst nach dem zweiten Weltkrieg und dem Holocaust konnte die zionistische Bewegung am 14.5.1948 ihr Hauptziel mit der Gründung des Staates Israel erreichen.

Da der Vers von der "Besetzung" neuen Landes spricht, könnten außer den drei genannten Terminen noch andere Zeiten in Frage kommen: Erste jüdische Einwanderungswellen hatte es schon 1881ff. und 1904ff. gegeben, und einen starken Schub erhielt die Einwanderung 1933ff. <u>Aber der Vers meint nicht die Tatsache der Einwanderung als solche, sondern die Einwanderung infolge der Konstituierung eines neuen staatlichen Prinzips,</u> 2/90 (Bd.1), und somit bleibt es bei den oben genannten Terminen.

In der zweiten Hälfte des Verses gerät das Umfeld der jüdischen Besiedlung Palästinas in den Blick - "Barbaren" nennt N. jene außereuropäischen Völker, die auf dem Gebiet der Religion eine >andere Sprache< sprechen. Zugleich macht die Rede von Mondjahrhundert und Barbarenreich klar, daß zukünftige Vorgänge gemeint sind. Denn ein islamisch geprägtes R e i c h hat es trotz mancher Bestrebungen seit dem Untergang des Osmanenreiches nicht mehr gegeben. N. hat den erneuten weltlichen Aufstieg der islamisch geprägten Länder am Ende des zwanzigsten, 1/48, und zu Beginn des einundzwanzigsten Jahrhunderts, 6/54, gesehen. Er erkennt einen Zusammenhang zwischen der Gründung Israels und dem Zusammenschluß islamisch geprägter Länder zu einem wie immer gearteten "Reich".

Doch wird "das große Barbarenreich" auch wieder "zusammenbrechen", und zwar "bevor Phebes", die griechische Phoibe, eine mit dem Mond identifizierte Titanin, "ihr Jahrhundert beschließt". "Phoibes Jahrhundert" dürfte auf dem islami-schen Mondjahr basieren, das 354 bzw. 355 Tage zählt; das Mondjahrhundert entspricht 97 Sonnenjahren unseres Kalenders.

Der Balfour-Deklaration vom November 1917 folgte im Oktober 1918 die Kapitulation des osmanischen Reiches, das im August 1920 aufgelöst und im Oktober 1923 durch die türkische Republik ersetzt wurde, 1/40 (Bd.1). Möglich ist, daß N. hier zwei Zusammenbrüche islamischer Großreiche in zeitliche Beziehung zueinander setzt, den von 1918 bzw. 1920 mit dem zweiten ein Mondjahrhundert später bis 2015 bzw. 2017. Dieser Zusammenbruch dürfte zusammenhängen mit der Unterwerfung der Araber unter das Regime der >Weltfriedensordnung<, VH (28).

Centurie 4, Vers 97
L' an que Mercure*, Mars* Venus* retrograde,
Du grand Monarque la ligne ne faillir:
Esleu du peuple Lusitain pres de Graulade,
Qu' en paix & regne viendra fort enviellir.
(Textfassung der Ed. d' Amsterdam 1668)

Übersetzung:
In dem Jahr, wenn Merkur*, Mars* und Venus* rückläufig sind,
wird die Linie des großen Monarchen Erfolg haben.
Gewählt vom lusitanischen Volk in der Nähe von Graulade,
wird er im Frieden und als Herrscher ein hohes Alter erreichen.

Kommentar zu 4/97:
Die drei Planeten sind alle sechs bis sieben Jahre meist nicht gleichzeitig, doch zum Teil überlappend, jedenfalls aber i m   s e l b e n   J a h r "rückläufig" (retrograde). Mehr oder Genaueres fordert der Vers nicht. Den Gestirnstandstabellen läßt sich entnehmen, daß die drei Planeten z.B. im Jahr 1999 rückläufig waren und in den Jahren 2005, 2012, 2018, 2024/25 und 2031 wieder sein werden.

Wenn von einem "großen Monarchen" die Rede ist, denkt man an den in den Centurien vielfach angekündigten Herrscher. Der Gemeinte steht in einer "Linie", welche durch ihn "nicht zu Fall kommt". Wenn sie unterbrochen wurde, bedeutet das, daß diese Linie von Herrschern   n i c h t   e n d ü l t i g   zu Fall kommt, sondern wieder aufgerichtet wird, sozusagen >aufersteht<, **10/72**. Gemeint ist die Linie der französischen Könige im allgemeinen und das Geschlecht der Bourbonen im besonderen, Sz 4, welches die letzten zweihundert Jahre des Ancien Régime den König von Frankreich stellte. In dieser Linie ist der Gemeinte "der große Nachgeboreme", **7/12** (Bd.3). Es scheint, daß er sie als "ein großer fünfter Fürst", **10/27**, d.h. unter dem Titel Heinrich V. fortsetzen wird.

Der Gemeinte wird nicht als der "große Monarch" schon gleich anfangen, sich aber im Verlauf langjähriger Vorbereitungen und Kämpfe eine solche Stellung erwerben können. Daher braucht es nicht zu verwundern, wenn er in den letzten beiden Verszeilen am Rand des europäischen Geschehens, nämlich irgendwo in Portugal finden ist. Die Variante Gagdole scheidet aus, weil sie den Reim nicht erfüllt, aber Graulade gibt es nicht; im Süden Portugals gibt es eine Stadt Grandola, die gemeint sein könnte; das muß offenbleiben. In 3/62 (Bd.3) scheinen Gegenden um den Fluß Duero in Nordspanien bzw. Nordportugal einen Ausgangspunkt für die Rückeroberung Europas zu sein.

Der Hinweis auf Portugal paßt insofern ins Bild, als der Gemeinte spätere Monarch noch des öfteren im Zusammenhang mit Portugal erwähnt wird. Wahrscheinlich ist er es, der über 's Meer Franzosen zu Hilfe kommt, die in Kleinasien gegen Moslems kämpfen. In diesen Zusammenhang dürften auch die Verse 9/30 (Bd.3) und 9/60 gehören.

Centurie 6, Vers 97
Cinq & quarante degrés ciel* bruslera,
Feu approcher de la grand cité* neufue,
Instant grand flamme* esparse sautera
Quand on voudra des Normans faire preuue.
(Textfassung bei Benoist Rigaud, Lyon 1568)

Übersetzung:
Am fünfundvierzigsten Grad wird der Himmel* brennen,
Feuer nähert sich der großen neuen Stadt*.
Augenblicklich schießt eine große ausgegossene Flamme empor,
wenn man den Normannen (gegenüber) sich wird bewähren wollen.

Kommentar zu 6/97:
Die Normannen kamen aus dem Süden Skandinaviens und unternahmen von dort aus Eroberungszüge, indem sie mit Schiffen über's Meer die europäischen Küsten heimsuchten.
Im zweiten Weltkrieg besiegten die USA u.a. dank ihrer überlegenen Marine ihre Kriegsgegner und heißen daher in 3/1 (Bd.1) "großer Neptun". Der römische Gott dieses Namens beherrschte das Meer. Ihre Seestreitkräfte ermöglichen es den Amerikanern, überraschend an jeder Küste präsent zu sein und für ihre Feinde als Schrecken der Meere in Erscheinung zu treten. Deshalb kann N. sie mit den Normannen der Zeit um 1000 n. Chr. vergleichen.
Die hier beschriebene Katastrophe trifft "die große neue Stadt". Damit kann aus der Sicht von 1555 jede heutige Großstadt gemeint sein, die es damals noch nicht gab. Da von Normannen, sprich Amerikanern die Rede ist, kommt hauptsächlich New York als größte Stadt der USA in Frage, zumal es auch dem Namen nach eine neue Gründung ist (gegründet 1626 als Neu-Amsterdam, seit 1667 New York).
Anders als bei den Breitengraden gab es zu Lebzeiten des Sehers für die Längengrade noch keine verbindliche Zählweise, was dafür spricht, daß in der ersten Verszeile ein Breitengrad gemeint ist. Nun liegt zwar der Bundesstaat New York zwischen 40. und 45. Breitengrad, die Stadt selbst aber am 41. Breitengrad, eine Abweichung von über 500 Kilometern. Die Berechnung der Breite war im 16. Jahrhundert schon recht genau, hier hat N. sich schlicht vertan.
Das Ereignis selbst wird präzis beschrieben. Das "Feuer" entsteht nicht auf dem Boden der Stadt, sondern wird in sie hineingetragen, denn es "nähert" sich ihr. Dann schießt "augenblicklich .. eine große ausgegossene Flamme empor". Daß der Himmel brannte, bedeutet nur, daß das Großfeuer weithin sichtbar war. Vor dem Ereignis vom September 2001 war eher an eine einzelne Rakete zu denken. Daß es Flugzeuge waren, die Kerosinbrände verursachten, spielt für das verheerende Ergebnis keine Rolle.
Dem Zerstörungsakt liegt das Motiv zugrunde, den Amerikanern "(etwas) zu beweisen", sich ihnen gegenüber "als glaubwürdig zu erweisen" oder "zu bewähren". Schon im Juli 1995 lag es nahe, hier an einen terroristischen Akt in New York zu denken und wegen Vers 1/56 einen nahöstlichen Hintergrund zu vermuten. Über den Zeitpunkt konnte vorab nur gesagt werden, daß es die Zeit der Jahrtausendwende sein müßte, d.h. 2000 plus/minus einige Jahre. Inzwischen hat sich gezeigt, daß die erste Hälfte von Vers 1/87 in den gleichen Zusammenhang gehört.

Centurie 8, Vers 47
Lac Trasmenien portera tesmoignage,
Des coniurez sarez dedans Perouse
Vn despolle contrefera le sage,
Tuant Tedesq de sterne & minuse.
(Textfassung bei Benoist Rigaud, Lyon 1568)

Übersetzung:
Der Trasimenische See wird Zeugnis ablegen
von den Verschwörern, festgehalten in Perugia.
Einer mit Mattscheibe wird den Weisen spielen/ und (den)
Deutschen töten, der zu den Widerspenstigen und Aufrechten gehört.

Kommentar zu 8/47:
Die Charakterisierung des Ermordeten als zu den "Widerspenstigen" und "Aufrechten" gehörig kann als Hinweis zu Hintergrund und Motiv der Tat gelten. Der Seher lehnte die Bestrebungen zur Reformation der Kirche in seiner Zeit vehement ab, seine Gesinnung muß sehr konservativ genannt werden. So ist unter einem "widerspenstigen" und "aufrechten" Mann der Kirche einer zu verstehen, der die Tradition hochhält, sich aber Zumutungen gegenübersieht, Wesentliches davon aufzugeben.
   Nach dem Tod des Siebenmonatspapstes scheint sich eine Gruppe durchzusetzen, die einen Papst installiert, den N. "den Sabiner" nennt, 5/46, weil er sich vom listigen Feind >auf dessen Gebiet einladen läßt<, das dessen Anhänger besetzen.   Dieser Papst wird >Mutter Kirche< mit dem vermeintlich wiedergekommenen Christus >verloben< und später >vermählen<, 10/55, in der Hoffnung, dessen Popularität für die Ziele der Kirche dienstbar machen zu können, 5/49.
   Ehrgeiz und Vermessenheit werden es sein, die das Urteilsvermögen dieses Papstes beeinträchtigen, 6/93.   Das trägt ihm hier die wenig schmeichelhafte Bezeichnung als "einer mit Mattscheibe" ein. "Einer mit verwirrtem Sinn" heißt er in Vers 8/90. Das wird aber wahrscheinlich nicht besonders auffallen, denn mit seiner Begeisterung für den >Wiedergekommenen<, 8/13, wird er durchaus nicht allein sein.
   Sein beeinträchtigtes Urteilsvermögen wird diesen Papst nicht davon abhalten, "den Weisen zu spielen".   Skeptiker wird er des Kleinglaubens bezichtigen, es gebe nichts, was unerreichbar sei, wenn man nur glaube, 6/93.
   Es soll hier noch auf die Frage eingegangen werden, was N. veranlaßt haben mag, von dem Interimspapst in (mindestens) acht Versen zu handeln, während andere Amtsinhaber, die der Kirche viel länger vorstanden, gar nicht oder viel seltener erwähnt werden.   Das läßt sich nur aus dem Gesamtkontext der Vorschau beantworten.   Für N. war dieser Mann >der letzte Kapitän, der Kurs hält< gegen sehr starken inneren Widerstand.   In seiner kurzen Amtszeit würden sich die Gegner der Tradition durchsetzen, die dann ihre Kirche in den Untergang lenken würden.   Wie beim Königtum dachte N. vom Ende her, das er in der Zeit des Siebenmonatspapstes mit großen Schritten näherkommen sah.

01/48 Vingt ans du regne de la lune* passés/ Sept mil ans autre tiendra
sa monarchie:/ Quand le soleil* prendra ses iours* lassés/
Lors accomplir & mine ma prophetie*. (1555)
[Komet-Kataklysmus/ POLLUX-JUPITER/
Unterdrückung der christlichen Religion] (Kommentar S. 385)
**Wenn zwanzig Jahre der Herrschaft des Mondes* verstrichen sind,/
wird, siebentausend Jahre, ein Anderer seine Alleinherrschaft
innehaben./
Wenn die Sonne* ihre matten Tage* nimmt,/
dann wird sich meine Prophetie* erfüllen und aufzehren.**
  2) Mil ans tausend Jahre, millénaire Jahrtausend. Sept mil
  ans wörtlich: siebentausend Jahre. Hier ist von einer irdischen
  Herrschaft die Rede, wie in Vz 1, und eine solche dauert
  niemals so lange. Aus dem Deutungszusammenhang ergibt
  sich, daß hier der Beginn des siebten Jahrtausends einer
  eigenen Zeitrechnung des Sehers gemeint ist, VH (6). Sept ist
  demnach ein abgekürztes sept(iesme), mil ans ein
  metrumbedingt verkürzter Ausdruck für Jahrtausend. -
  "Mil ans" kommen auch vor in Vers **8/13**.
  4) V.t. miner 1. verminen 2. unterminieren, untergraben 3.
  aushöhlen, unterspülen 4. verzehren, aufreiben. Wie das v.t.
  accomplir steht miner hier ohne Objekt, muß entsprechend
  übersetzt werden. Der Vers hat mine statt miner, weil miner
  nicht ins Metrum paßte.
  Pfändler (1996 S. 87) übersetzt: "dann wird sich meine
  Prophezeiung erfüllen und eine Drohung sein". Das v. miner
  kann mittelfr. auch drohen (menacer) bedeuten. Aber das
  kann N. nicht meinen, denn seine Prophetie enthält - bis zum
  Ende der alten Erde - i m m e r Drohungen.
  ---> 6/48 (POLLUX-JUPITER)
  ---> 4/48, 5/98, 6/48, 6/98, 10/98 (Letzte Zeit der alten Erde)

04/48 Plannure Ausonne fertile, spatieuse/ Produira taons
si trestant sauterelles*:/ Clarté solaire* deviendra nubileuse,/
Ronger le tout, grand peste* venir d' elles. (1568)
[Verfolgung der altgläubigen Christen]
**Ausonische Ebene, fruchtbar, weiträumig,/ wird
Schmeißfliegen hervorbringen (und) gewaltig viele Heuschrecken*./
(Der) Sonnenschein* wird trübe werden,/
sie nagen alles ab, (eine) große Seuche* rührt von ihnen her.**
  1) Ausonia ist ein alter Name für Mittel- und Unteritalien,
  kann aber auch, pars pro toto, für Italien im ganzen stehen.
  Dann würde man bei der weiträumigen Ebene zuerst an die
  Poebene denken, 6/48.
  3) Zum >Sonnenschein< s. das Glossar unter Sol.
  Pfändler (1996 S. 307) erkennt tatsächliche Heuschreckenschwärme und
  deutet die anschließende peste als Unheil im Sinne einer Hungersnot.
  Allgeier (1988) erkennt in den sauterelles Kampfhubschrauber und in der
  anschließenden peste radioaktive Verseuchung. Das sind Deutungen,
  die vom Wortlaut gedeckt sind und von daher nicht widerlegt werden
  können. Aber der Sonnenschein, sein Trübewerden, das Abnagen der
  Ernte durch Heuschrecken und die Seuche können alle auch sinnbildlich
  gedeutet werden und geben erst dann ihren inneren Zusammenhang zu
  erkennen. In Offb 91-11 haben es die dortigen Heuschrecken, über sich
  den Engel des Abgrunds, nicht auf Felder oder Bäume abgesehen,

sondern peinigen die (Mit-)Menschen. Sie nagen am >Weizen, der reif zur Ernte auf den Feldern steht< und ein Bild für Tod und Auferstehung gibt, Joh 12₂₄₋₂₅. Gemeint sind Menschen, die wegen ihrer Gesinnung auf Erden nicht mehr geduldet sind. - Die >Seuche<, die die >Heuschrecken< bringen, 8/21, sind die nichtigen Ideen der >neuen Religion<. Die Sonne, die sie verdunkeln, steht für den in Christus offenbar gewordenen Gott, dessen Wirken und Zeugnis aus der Welt gedrängt werden soll. Alles, was der Himmel spendet, wird als >wolkiger< und gefährlicher Irrglaube bekämpft, 5/85. Zur Erreichung ihres Ziels setzen die >Heuschrecken< Waffengewalt ein, nicht nur in Italien, 3/82.

---> 1/48, 5/98, 6/48, 6/98, 10/98 (Letzte Zeit der alten Erde)

05/98 A quarante huict degre climaterique,/ Afin de Cancer si grande seicheresse*:/ Poisson* en mer*, fleuve*, lac* cuit hectique,/ Bearn, Bigorre par feu* ciel en detresse. (1568)
[Zerstörung der alten Religionen und Verfolgung der Altgläubigen]
Vom achtundvierzigsten Neigungsgrad/
bis hin zum Krebs (herrscht) sehr schwere Trockenheit*./
Fisch* in Meer*, Fluß* (und) See* hinüber, kränklich,/
Bearn, Bigorre durch Feuer* (vom) Himmel in Not.
1) N.m. clima Gegend, Region sowie das in dieser anzutreffende Klima. Dem griech. Ursprung nach bedeutet es "Neigung" im Sinne des Winkels, bis zu dem sich die Sonnenbahn je nach der Breite aufschwingt. Hier als Adjektiv dem n.m. degré Stufe, Grad zugesellt, liegt es auf der Hand, daß ein B r e i t e ngrad gemeint ist.
3) Das p.p.p. cuit gekocht bedeutet umgangssprachlich auch: >fertig<, hinüber. Mittelfr. v. cuire auch: quälen (tourmenter), leiden lassen (faire souffrir), zerstören (détruire), verheeren (ravager), zunichtemachen (réduire à rien). -
Adj. hectique sehr mager, morbid, angekränkelt.

Der 48. Grad nördlicher Breite verläuft quer durch Mitteleuropa. Der Bereich von dort "bis hin zum Krebs" wird genannt. Es liegt nahe, daß auch diese Angabe geographisch gemeint ist. Der Wendekreis des Krebses bei 23,5 ° nördlicher Breite verläuft quer durch Nordafrika. Es ist also der ganze Mittelmeerraum angesprochen samt seines weiteren Umfeldes. - Dort werde "äußerste Trockenheit" herrschen. Es fragt sich, ob das sinnbildlich oder wörtlich gemeint ist. Mindestens das Meer wird auch bei sehr trockenem Klima nicht austrocknen, den Fischen darin wird es dennoch gut gehen. In 2/3 ist es die >Sonnenbahn über dem Meer<, die den Fischen zusetzt, was wörtlich genauso wie hier keinen Sinn ergibt. - Mit den >Fischen< sind die Getauften, nämlich die Christen gemeint, 2/3. Die >Trockenheit< ist die Abwesenheit des >lebendigen Wassers<, in dem sie sich tummeln können. Dieses ist ein Bild für das Wort Gottes, Joh 4. Die alten Offenbarungen und Glaubenslehren sind in der gemeinten Zeit nicht mehr zugelassen. Die >Luft< ist für eine lange Übergangszeit >ausgetrocknet<, **4/67**. - Das >Feuer vom Himmel< bedeutet den Bann gegen die alte Religion, s. Glossar unter foudre. Die angesprochenen Gegenden in Südwestfrankreich erwähnt z.B. Vers **10/29** im gleichen Zusammenhang.

---> 1/48, 4/48, 6/48, 6/98, 10/98 (Letzte Zeit der alten Erde)

06/48 La saincteté trop faincte & seductiue*,/ Accompagné d' vne langue* diserre:/ La cité vieille & Parme trop hastiue,/ Florence & Sienne rendront plus desertes. (1568)

[POLLUX-JUPITER/ Verfolgung der altgläubigen Christen]
**Die Heiligkeit, allzu geheuchelt und verführerisch*,/
wird begleitet von einer beredten Sprache*./
Die alte Stadt und Parma, allzu eilfertig,/
werden Florenz und Siena noch menschenleerer machen.**

1) N.f. sainteté 1. Heiligkeit 2. Sa sainteté Seine Heiligkeit (Anrede des Papstes).
2) Statt diserre hätte diserte redegewandt stehen sollen, das den Reim erfüllt.

Die "Heiligkeit" ist der Begründer der >neuen Religion<. Er wird die Menschen von ihrem alten Glauben abspenstig machen, sie in diesem Sinne verführen wollen (seductive), 10/10. In 10/30 heißt er "neuer Heiliger", in 6/30 "heilige Heiligkeit". Er erregt den Anschein von Heiligkeit (allzu geheuchelt). Einem wirklich Heiligen dürfte es eher peinlich sein, wenn ihn jemand so nennt, dieser aber wird offenbar nichts dagegen haben. Die "beredte Sprache", die ihn begleitet, ist einer seiner >Propheten<, 8/78. Er selbst schweigt gern bedeutungsvoll, 8/41. - Die "alte Stadt", vielleicht Rom, sowie Parma nehmen ihn mit offenen Armen auf (allzu eilfertig). In der Toskana dagegen scheinen sich Menschen zu versammeln, die die falsche >Heiligkeit< ablehnen, 7/5, 7/8 (Bd.3). Das bringt ihnen Vertreibung oder Tod, mit der Folge, daß diese Gegenden "noch menschenleerer" werden, 9/5. Die zweite Vershälfte erweckt den Eindruck, als ob die "allzu eilfertig" Jubelnden selbst gegen die abseits Stehenden eingespannt werden, 6/98.

---> 1/48 (POLLUX-JUPITER)
---> 1/48, 4/48, 5/98, 6/98, 10/98 (Letzte Zeit der alten Erde)

06/98 Ruyné aux Volsques de peur si fort terribles,/ Leur grand cité taincte, faict pestilent*:/ Piller sol*, Lune*, & violer leurs temples*:/ Et les deux fleuues* rougir de sang* coulant. (1568)

[Zerstörung der kath. Kirche/ Letzter Papst/ >Neue Religion<]
**Ruiniert von den Volskern, vor Furcht tief erschrocken,/
ihre große Stadt gefärbt, ansteckend* geworden./
Sie plündern Sonne*, Mond*, und entheiligen gewaltsam deren Tempel*./
Und die zwei Flüsse* röten sich von strömendem Blut*.**

1)2) Die Deutung greift zurück auf die Sage von den Volskern und dem Römer Coriolan. Aus diesem Deutungskontext ergibt sich, daß die erste Vershälfte implizit von Rom ("große Stadt") und den Römern handelt.
2) V.t. teindre färben. Mittelfr. v. teindre 1. sich verfärben (déteindre) 2. beflecken (tacher), beschmutzen (souiller).
3) V. violer 1. verletzen 2. entheiligen 3. vergewaltigen.

Ein Römer namens Coriolan lief einst über zu den Volskern, einem Nachbarvolk der antiken Römer in ihrer sagenhaften Frühzeit. Er führte dann die Volsker an im Kampf gegen sein eigenes Volk. Auf Bitten von Verwandten in Rom verzichtete er auf die Einnahme der Stadt und wurde deshalb von den Volskern getötet. - Der letzte Papst wird >zum Gegner überlaufen<, indem er die Kirche mit dem >wieder-

gekommenen Heiland< verbindet, **5/49.** Zu >Volskern<, d.h. Anhängern des >Wiedergeborenen<, werden wie der >Überläufer-Papst< dann all jene >Römer<, d.h. Mitglieder der katholischen Kirche, die ihm auf diesem Weg folgen. - Der >Wiedergeborene< wird zur obersten Autorität in der Welt aufsteigen, **10/28.** Seine >neue Religion< wird sich beim christlichen und islamischen Glauben bedienen, die alten Lehren >plündern<, **6/10,** sie in rein diesseitigem Sinn umdeuten, **5/36,** und dadurch "entheiligen", Vz 3. Wenn der Bannstrahl seines Regimes die alten Glaubensformen, darunter die katholische Kirche trifft, **10/65,** wird "großer Schrecken" herrschen, **5/65** ("vor Furcht tief erschrocken"). Es werden der Kirche andere Inhalte verordnet werden, sie wird dadurch >eine andere Farbe annehmen<, 9/100 ("gefärbt"). In Wahrheit ist sie dann vollkommen "ruiniert", Vz 1. - So wird die Kirche selbst zum >Infektionsherd< des >neuen Glaubens< geworden sein, 8/21 ("ansteckend geworden"). Die zu den >Volskern< Übergelaufenen werden sich gegen die >in Rom Gebliebenen<, die dem alten Glauben treu Gebliebenen stellen, sie werden >gegen das eigene Volk< vorgehen, 6/48. Die Sage endet damit, daß der Überläufer von den >Volskern<, zu denen er überlief, umgebracht wird. - Wenn im Zusammenhang mit der Plünderung von christlicher und islamischer Religion sich "zwei Flüsse .. röten von strömendem Blut", wird diesen alten Glaubensformen das (äußere) Leben genommen, indem die alten Lehren ihres lebendigen Zusammenhanges beraubt werden.
   ---> 1/48, 4/48, 5/98, 6/48, 10/98 (Letzte Zeit der alten Erde)

10/98 La splendeur claire à pucelle* ioyeuse/ Ne luira plus, long temps
   sera sans sel*:/ Auec marchans, ruffiens, loups* odieuse,/
   Tous pesle mesle monstre* vniuersel. (1568)
   [Unterdrückung der christlichen Religion im totalitären Weltstaat]
   **Der strahlende Glanz wird der freudvollen Jungfrau*/
   nicht mehr leuchten, lange Zeit wird sie ohne Salz* sein,/
   in Gesellschaft von Marktschreiern, Wüstlingen, verhaßten Wölfen./
   Alles ein Durcheinander, (das) Ungeheuer* überall.**
   4) N.m. monstre Ungeheuer, Unmensch. Mittelfr. n.m.
   monstre 1. erstaunliche, unglaubliche Sache 2. scheußliche, kriminelle Tat (action monstreuse, criminelle).

"Der strahlende Glanz der freudvollen Jungfrau", der Jungfrau Maria, ist eine Allegorie des christlichen Glaubens, um dessen Niedergang es geht. Das >Fehlen des Salzes<, Matth 513, bedeutet das Fehlen von Menschen, die nach den christlichen Liebegeboten leben. Aber ein lebendiger Glaube war wohl immer etwas Besonderes. Ebenso hat es Menschen der üblen Art, Vz 3, zu allen Zeiten gegeben, auch in den Reihen der Kirche. So dürfte der Vers die ganze, aus der Perspektive des Sehers gottvergessene letzte Zeit der alten Erde meinen. - Den Höhepunkt des Abfalls von Gott wird das Treiben des antichristlichen Weltherrschers erst noch bringen, wenn das "Ungeheuer überall" ist. "Und es wurde ihm erlaubt, mit den Heiligen zu kämpfen und sie zu besiegen. Es wurde ihm auch Macht gegeben über alle Stämme, Völker, Sprachen und Nationen", Offb 137. Zur Deutung des >Tiers< **3/44.**
   ---> 1/48, 4/48, 5/98, 6/48, 6/98 (Letzte Zeit der alten Erde)

Centurie 1, Vers 48
Vingt ans du regne de la lune* passés
Sept mil ans autre tiendra sa monarchie :
Quand le soleil* prendra ses iours* lassés
Lors accomplir & mine ma prophetie*.

(Urfassung bei Macé Bonhomme, Lyon 1555)

Übersetzung der Urfassung:

Wenn zwanzig Jahre der Herrschaft des Mondes* verstrichen sind,/ wird, siebentausend Jahre, ein Anderer seine Alleinherrschaft innehaben.
Wenn die Sonne* ihre matten Tage* nimmt, dann wird sich meine Prophetie* erfüllen und aufzehren.

Kommentar zu 1/48:

N. hat die Ereignisse in Iran 1978/79 gesehen, **1/70** (Bd.1), **8/70** (Bd.1). In der Folge wurde dort eine islamische Theokratie errichtet. Diese heißt hier "Herrschaft des Mondes". Wenn seitdem zwanzig Jahre verstrichen sind, ist demnach von der Zeit ab 1999 die Rede.

Die Vorrede H (6) spricht von einer "Ankunft", mit der "zu Beginn des siebten Jahrtausends" zu rechnen sei. N. macht dort eine eigene Zeitrechnung auf, welche die Schöpfungsgeschichte der Genesis als Sechstagewerk zugrundelegt. Dem siebten Schöpfungstag, an dem der Schöpfer ruhte, entspricht ein >siebtes Jahrtausend<. Dem vorliegenden Vers ist zu entnehmen, daß der Beginn dieses >siebten Jahrtausends< zusammenfällt mit der Zeit, "wenn zwanzig Jahre der Herrschaft des Mondes verstrichen sind". Das >siebte Jahrtausend< der Zeitrechnung des Sehers beginnt in der Nähe der Wende vom zweiten zum dritten nachchristlichen Jahrtausend. Eine exakte Synchronisation beider Zeitrechnungen ist noch nicht möglich, könnte demnächst mit Hilfe von **6/54** und den Sechszeilern möglich werden.

Die "Ankunft", VH (6), die das >siebte Jahrtausend< einleitet, besagt, daß dann mit dem Erscheinen eines Mannes zu rechnen ist, den viele Christen für den wiedergekommenen Heiland halten werden. Er ist der "Andere", der dann "seine Alleinherrschaft" innehaben wird. Die Anrede als "Anderer" deutet an, daß ihn - in der Schau des Sehers - mehr als nur der Zeitpunkt seines Auftretens von Jesus Christus unterscheidet.

Danach werde die Sonne "ihre matten Tage nehmen". Nachdem vorher vom >Mond< als Symbol des Islam die Rede war, bedeutet hier die >Sonne< die christliche Religion, **5/72** (Bd.1). Die >matten Tage< deuten an, daß die christliche Religion ihr geistiges Licht nicht unbehindert wird scheinen lassen können, wenn die Alleinherrschaft des >Anderen< voll entfaltet ist.

Von außerordentlichen kosmischen Ereignissen, welche auch die Verfinsterung der natürlichen Sonne mit sich bringen werden, handeln mehrere Passagen, z.B.VH (18). Die matten Tage der natürlichen Sonne werden den matten Tagen der geistigen Sonne vorausgehen.

Seine Prophetie werde sich im siebten Jahrtausend "erfüllen und aufzehren". Weil es erst in der Mitte des 21. Jahrhunderts volle Klarheit über ihren Inhalt geben wird, **3/94**, ist demnach im vorliegenden Vers der B e g i n n des siebten Jahrtausends gemeint, sind es dessen erste Jahre und Jahrzehnte, in denen der noch nicht erfüllte Teil der Centurien in Erfüllung gehen wird. Die Einblicke, die dem Seher auch in fernere Zeiträume gewährt wurden, sind vereinzelt und widersprechen dieser Deutung nicht.

01/99 Le grand monarque que fera compaignie/ Auecq deux roys
vnis par amitié:/ O quel souspir fera la grand mesnie:/
Enfants* Narbon à l' entour quel pitie ! (1555)
[Heinrich V./ Europäischer Freiheitskrieg]
**Der große Monarch, der Gemeinschaft machen wird/
mit zwei Königen, vereint durch Freundschaft.../
O welch ein Seufzen wird die große Armee verursachen !/
Kinder* von Narbonne (und) Umgebung, welcher Jammer !**
3) Altfr. n.f. maisnie, mesniee 1. Großfamilie mit Domestiken (la grande famille avec les domestiques) 2. Gefolge des Königs oder großen Herrn (suite du roi ou d' un grand seigneur) 3. Heer, Armee 4. Begleitung allgemein, Menge, Truppe (compagnie en general, multitude, troupe)

Der "große Monarch" ist Heinrich, der spätere Sieger, 6/70, in einer Zeit, in welcher er seine Herrschaft sich erkämpft. Er benötigt dafür die Hilfe zweier anderer Könige, erst die Gemeinschaft mit diesen wird ihn am Ende zum "großen Monarchen" machen. Die drei, die sich zusammentun, sind die des öfteren erwähnten "drei Brüder", 8/17, 8/18, VH (30), drei "weltliche Herrscher", 8/99. - In dem Befreiungskrieg, den sie entfachen, werden manche das Leben lassen müssen. Das "Seufzen" kann Ausdruck der Bedrängnis im Krieg wie auch der Hoffnung auf Frieden sein. - Auch Vz 4 ist noch nicht geklärt. In Narbonne wird es sein, daß ein >Habicht< ein >Auge< ausreißt, 3/92.

05/49 Nul de l' Espaigne, mais de l' antique France/ Ne sera esleu
pour le tremblant nacelle*,/ A l' ennemy* sera faict fiance*,/
Qui dans son regne sera peste* cruelle. (1568)
[Letzter Papst/ Katholische Kirche nahe der Jahrtausendwende/
>Neue Religion<] (Kommentar S. 389)
**Keineswegs aus Spanien, sondern aus dem antiken Frankreich/
wird er gewählt werden für den schwankenden Kahn*./
Dem Feind* wird die Heirat* versprochen werden,/
die während seiner Regierung eine grausame Seuche* sein wird.**
1)2) Die logisch unsinnige doppelte Verneinung Nul.../Ne... keiner nicht klingt nach einer emotional vorgetragenen Behauptung. Das soll mit dem "keineswegs" angedeutet werden.
2) Nacelle ist n.f., der Artikel le steht statt des richtigen la. Zum >Schiff< als Metapher s. das Glossar unter nef.
3) Altfr. n.f. fiance 1. Vertrauen (confiance), Glaube (foi) Zuversicht (certitude) 2. (Vasallen-)Huldigung (foi et hommage), Treue (fidélité) 3. Verpflichtung, Versprechen (engagement) 4. Verlobung (fiancailles).
Zur >Verlobung< als Metapher s. das Glossar unter mariage.
4) Das Relativpronomen qui kann auch auf den Feind bezogen werden. Aber die >Seuche< entsteht aus der >Ansteckung<, 8/21, beim Feind, die erst durch die Bindung an ihn möglich wird. Daher bezieht sich das qui auf fiance.

Gruppe 49 - 99

08/99 Par la puissance des trois rois temporelz,/ En autre lieu sera mis le saint siege:/ Où la substance de l' esprit corporel,/ Sera remys & receu pour vray siege. (1568)
[Neue Erde]
Durch die Macht der drei weltlichen Könige/ wird der heilige Stuhl an einen anderen Ort verlegt werden./ Dort wird das Wesen des fleischgewordenen Geistes/ wieder aufgerichtet und angenommen werden als wahre Heimstatt.

Die drei "weltlichen Könige" dürften mit den öfters erwähnten "drei Brüdern", identisch sein VH (12). S. auch 1/99. - Auf der neuen Erde wird die Kirche im Geiste Christi vom Grunde her erneuert werden, 10/89. So dürfte die zweite Vershälfte zu verstehen sein. Davon weiß auch Vers 8/95 zu berichten. - Die Verlegung des heiligen Stuhles "an einen anderen Ort" könnte bedeuten, daß der Papst nicht mehr in Rom residiert. Aber gemeint ist mit feiner Ironie, daß der >heilige Stuhl<, auf dem die Wahrheit sich niederläßt, dann in den Herzen der Menschen errichtet werden wird, wo das Heilige - das Wort Gottes - sich niederlassen kann. Auf die Idee, daß ein zum Sitzen geeigneter Stuhl samt seinem Inhaber heilig sein könnte, wird man dann gar nicht mehr kommen.

10/99 La fin le loup*, le lyon*, boeuf* & l' asne,/ Timide dama seront auec mastins,/ Plus ne cherra à eux la douce manne,/ Plus vigilance & custode aux mastins. (1568)
[Verfolgungen in der letzten Zeit der alten Erde]
Am Ende werden der Wolf*, der Löwe*, Rind* und Esel/ (und das) furchtsame Reh es mit üblen Hunden halten./ Nicht mehr wird für sie das süße Manna herabfallen,/ und niemand bewacht mehr und hütet die Hunde.

2) Lat. n.f. dama Reh, Gemse.
N.m. mâtin 1. großer Hund, Wachhund 2. unangenehme Person. Mittelfr. n.m. mastin abscheuliche Person (personne détestable)
Loc. être avec qu. es mit jemandem halten.
4) Plus ne ... ist hier sinngemäß zu ergänzen. Sonst würde der Vers in der letzten Zeile seine Sinnrichtung ändern, was nicht zu erwarten ist, weil die zweite Vershälfte im gleichen Sinn fortfährt wie die erste. Das "ne" paßte nicht mehr ins Metrum. Wörtlich: "Nicht mehr (gibt es) Wächter und Hüter für die Hunde".
N.f. custode 1. Altarvorhang 2. Hostienschachtel. Altfr. n.m. custode 1. Wache (garde) 2. Wächter (gardien) > lat. n.m. custos Behüter, Überwacher.

Hunde gehören in der Bibel zu den unreinen Tieren, denen man das Heilige nicht geben soll, Matth 76. Die "Unreinen" treten in 4/24 als Zerstörer der christlichen Kirchen auf und heißen so, weil ihre >neue Religion< ideologisch aus der Vermengung der Lehren verschiedener alter Religionen entstehen wird, 6/10. Hunde sind eine Erscheinung des Bösen, weil sie als domestizierte Wölfe einen Teil der in ihnen angelegten Triebe nicht leben dürfen. - Süßes Manna fiel während der Wüstenwanderung der Israeliten vom Himmel, Exod 16. Auf der >Wüstenwanderung< als Allegorie des irdischen Lebens spendet der

Himmel sein Brot direkt einem jeden, der danach verlangt, sowie indirekt, aber in besonderem Maße durch die Propheten und Stifter der Religionen. Jesus Christus nennt sich selbst das lebendige Brot, das vom Himmel herabkam, Joh 651. Dieses wird am Ende, in der allerletzten Zeit der alten Erde nicht mehr zur Verfügung stehen. Die >losgelassenen Hunde< werden die >edleren Tiere< daran hindern wollen, es zu verzehren. Sie gehören im übrigen ins Bild der Jagd, der Jagd nach den Seelen der Menschen.

10/49 **Iardin du monde aupres de cité neufue*,/ Dans le chemin des montaignes* cauees,/ Sera saisi & plongé dans la Cuue,/ Beuuant par force eaux soulfre enuenimees. (1568)**
[POLLUX-JUPITER am Ende]
**Garten der Welt (ist) nahe der neuen Stadt*/
auf dem Weg der höhlenführenden Berge*./
Er wird ergriffen und getaucht werden in den Bottich,/
unter Zwang trinkend mit Schwefel versetztes Wasser.**

Der "Garten der Welt" wird gern als geographischer Ort gedeutet. Es sei z.B. Italien gemeint, und die "neue Stadt" wäre dann Neapel. Aber schöne Urlaubserinnerungen reichen als Begründung nicht aus. Allgeier (1987) meint, daß hier von der Schweiz gesprochen wird wegen der vielen Tunnels (höhlenführende Berge). - Was in der zweiten Vershälfte mit dem >Garten< geschieht, macht deutlich, daß damit eine Person oder Personen gemeint sein müssen, denn nur sie können zum Trinken gezwungen werden. - "Die Rose der Welt" ist in **5/31** eine der Alchemie entnommene Allegorie für den "neuen Weisen", **4/31**, den angeblich >wiedergekommenen Heiland<, **1/95**. Diese >Rose der Welt< erblüht im >Garten der Welt<. Der war >verloren<, wird sich dann aber wieder >gefunden< haben, **1/25**. Er bedeutet das Paradies auf Erden, als dessen Vorkämpfer und Garant sich der Gemeinte ausgeben wird, **10/80**. - Hier aber ist er bereits "auf dem Weg der höhlenführenden Berge". In die Tiefe führende Felsspalten und Höhlen bilden im Mythos den Eingang ins Schattenreich, in den Hades. Das Erdendasein des Gemeinten nähert sich dem Ende. Der Rosengarten ist ein dichterischer Ausdruck für Friedhof. - Die "neue Stadt" ist in **6/97** und **1/87** New York. Der gemeinte Paradiesvogel ist "nahe der neuen Stadt" auf dem Weg in den Hades. Das kann bedeuten, daß sein Ende erst naht, wenn er seine Wertschätzung und Unterstützung durch die USA, **8/74**, verliert. - Schwefel dient in der Bibel zur Reinigung der Gottlosen, Gen 1924. In Offb 1920 werden >das Tier< und der falsche Prophet am Ende in einen feurigen, mit Schwefel brennenden Pfuhl geworfen. Hier ist es ein >Bottich<, in dessen schwefliges Wasser die >Rose< samt ihrem >Garten< getaucht wird. Der dabei ausgeübte Zwang geht vom Himmel aus. Im Feuer des Schwefels wird das Böse ausgetrieben, des falschen Heilsbringers irdische Existenz beendet.

Centurie 5, Vers 49

Nul de l' Espaigne, mais de l' antique France
Ne sera esleu pour le tremblant nacelle*,
A l' ennemy* sera faict fiance*,
Qui dans son regne sera peste* cruelle.

(Textfassung bei Benoist Rigaud, Lyon 1568)

Übersetzung:

Keineswegs aus Spanien, sondern aus dem antiken Frankreich
wird er gewählt werden für den schwankenden Kahn*.
Dem Feind* wird die Heirat* versprochen werden,
die während seiner Regierung eine grausame Seuche* sein wird.

Kommentar zu 5/49:

Das Schiff ist Symbol der Kirche, **1/4**. Der "schwankende Kahn" ist die durch kriegerische Ereignisse, **1/15**, sowie internen Richtungsstreit, **8/20**, in Bedrängnis geratende katholische Kirche. Auf die Kommandobrücke wird ein neuer Papst gewählt, dessen >Programm< der Vers skizziert.

An der Herkunft seiner Person ist wenig gelegen. Die Angaben der ersten Vz meinen nicht den Ort seiner Geburt, sondern Ausgangspunkt und Ziel des neuen Papstes. Von Gallien aus wurde durch die dort ansässigen Kelten Rom einst erobert und niedergebrannt. Von Rom aus gesehen war das die >Gallierkatastrophe< des Jahres 387 v. Chr. Später, zur Zeit der punischen Kriege, versuchten die Karthager, es den Galliern gleichzutun und im Kampf um die Vormacht Rom niederzuringen. Spanien war dabei einer ihrer Ausgangspunkte. Im Unterschied zu den Galliern aber scheiterten sie am Ende mit ihrem Vorhaben.

Wenn der neue Papst >aus dem antiken Frankreich< kommt, aber >keineswegs aus Spanien<, wird er demnach >Rom erobern< wollen und an seinen Erfolg glauben. Es k ö n n t e auch bedeuten, daß er w i r k l i c h Erfolg haben wird, aber damit ist die "grausame Seuche" nicht zu vereinbaren, die am Ende heraufbeschworen wird. So werden zu Beginn des Verses - bei genauem Hinhören - "Ehrgeiz", **6/93**, und Vermessenheit dieses Mannes ironisiert.

Das antike Rom war das Zentrum eines völkerübergreifenden Weltreichs, das regionale und nationale Götterkulte tolerierte, da sie der Verehrung der römischen Staatsgötter, die für alle Bürger Pflicht war, nicht im Wege standen. In der nach der Jahrtausendwende sich etappenweise etablierenden >Weltfriedensordnung< werden nach einiger Zeit vergleichbare Verhältnisse herrschen. Neben die alten Religionen wird eine >neue Religion< treten, die dem Weltstaat verpflichtet ist und ihre Konkurrenten am Ende verdrängt, **1/79**.

<u>Unter dem neuen Papst wird >Mutter Kirche< dem neuen Mann >die Heirat versprechen<. Dieser Papst wird die Popularität des >Wiedergekommenen<, die über den christlichen Bereich hinausreicht, **10/28**, für die Ziele der Kirche einspannen, seiner Kirche in der ganzen Welt eine Vorrangstellung verschaffen und in diesem Sinne >Rom erobern< wollen.</u>

Die Minderheit der >Spanier< in seiner Kirche, **8/94**, warnt vor diesem Unternehmen und hält dessen Scheitern für wahrscheinlich, so wie einst Hannibals von Spanien aus vorgetragener Feldzug auf Rom scheiterte.

Die "grausame Seuche", die sich dann ausbreitet, besteht in dem Vorbild des Arrangements, das der "Sabiner"-Papst abgibt. Den Christen, die ihm folgen, wird am Ende abverlangt werden, die christliche Identität aufzugeben, **5/46**. Sie werden sich >mit dem Unglauben angesteckt< haben, **8/21**.

Gruppe 50 - 100

01/50 De l' aquatique triplicité naistra/ D' vn qui fera le ieudy*
pour sa feste:/ Son bruit, loz, regne, sa puissance croistra,/
Par terre* & mer* aux orients tempeste. (1555)
[POLLUX-JUPITER/ Unterwerfung der Orientalen]
**Von dem im Wasser Lebenden wird (eine) Dreiheit erscheinen,/
von einem, der den Jupiter*tag zu seinem Fest machen wird./
Sein Ruhm, Ansehen, Reich, seine Macht werden wachsen,/
auf Land* und Meer* für die Orientalen ein Unwetter.**
  1) Adj. aquatique im Wasser lebend.
  N.f. triplicité dreifaches Vorkommen, Merkmal der Dreifachheit (caractère de ce qui est triple).

Ein im Meer lebendes Tier mit zehn Hörnern und sieben Häuptern wird in Offb 13 vom Drachen zu den Menschen gesandt. Der "schreckliche Fisch", **3/21**, ist Sinnbild für den >neuen Heiligen<, **10/30**, mit religionenübergreifender Autorität, **10/28**. Er wird von N. auch unter dem Namen Jupiter, des obersten Gottes der römischen Antike angesprochen, dessen >Tag< die Zeit seiner Herrschaft bedeutet, **10/71**. In dieser Zeit wird der endlich und endgültig für erreicht gehaltene Weltfrieden gefeiert werden (Jupitertag als Fest). - Drei große Religionen fassen Gott als einen in der Geschichte Handelnden auf: Judentum, Christentum und Islam. Zu einer "Dreiheit", einer Dreiergruppe wird sie ihre gemeinsame Anerkennung des >neuen Heiligen< machen, **2/73**. Der wird später eine >neue Religion< stiften. Das >Unwetter für die Orientalen< bedeutet, daß sie mit >Blitz und Donner<, d.h. durch verbindliche Anordnungen und Verbote auf diese >neue Religion< verpflichtet werden, **10/30**. Dadurch werden Jupiters "Ruhm" und "Ansehen" wachsen.
  ---> 1/100, 6/50 (POLLUX-JUPITER)

1/100 Long temps au ciel* sera veu gris* oiseau/ Au pres de Dole
& Tousquane terre,/ Tenant au bec vn verdoiant rameau,/
Mourra tost grand, & finira la guerre. (1555)
[POLLUX-JUPITER/ >Weltfriedensordnung</
Unterdrückung der alten Religionen]
**Lange Zeit wird am Himmel* zu sehen sein (ein) grauer* Vogel/
in der Nähe von Dôle und der Toskana,/
im Schnabel haltend einen grünenden Zweig./
Großer wird bald sterben, und enden wird der Krieg.**
  2) Dôle ist eine Stadt im Osten Frankreichs, in der Landschaft Bresse (Département Jura), 6/47 (Bd.3), 8/34 (Bd.3).

Die Deutung auf Henry Charles de Bourbon, Enkel Charles' X., krankt daran, daß dieser nie König wurde, also kein "Großer" war - so nennt der Seher nur die Mächtigen, ohne damit eine Wertung zu verbinden, **1/31** (Bd.1). Seine nach der Abdankung von Napoléon III. ins Spiel kommenden Thronansprüche brachten zwar innenpolitische Auseinandersetzungen, aber keinen Krieg. Hier hat es in der letzten Vz den Anschein, als stünde der gemeinte "Große" einem Frieden im Wege, der erst nach seinem Tod möglich wird. - Der Vogel mit dem grünenden Zweig im Schnabel ist die Taube, die, nach der Sintflut von Noah ausgesandt, mit einem Olivenzweig im Schnabel zurückkam, Gen 810-11, die sprichwörtlich gewordene Friedenstaube. Gemeint ist der Stifter der >neuen Religion<, die als Religion des Weltstaats konzipiert

Gruppe 50-100

ist. Das erhellt aus folgendem: >Am Himmel<, wo die Menschen Orientierung suchen, ist die >Friedenstaube< zwar zu sehen, aber sie kommt nicht auf die Erde, dort herrscht vielmehr Krieg. In 5/96 schwebt die >Rose der Welt<, ein andere Allegorie für den >neuen Weisen<, **4/31**, noch ü b e r deren Mitte, der Bewährung im Alltag entrückt. So wird auch hier den Menschen der Frieden wohl versprochen, von oben in Aussicht gestellt, aber der das Versprechen gibt, landet damit nicht auf der Erde. Die >Friedenstaube< hält einen "grünenden Zweig im Schnabel", redet viel vom Frieden, befördert ihn aber nur anfangs und zettelt dann selbst Verfolgung und Krieg an, 1/4. Erst wenn der Weltherrscher und das ihm verpflichtete Regime ein Ende finden, wird Frieden möglich, "wird der Krieg enden". - Die graue Farbe dieser vermeintlichen Friedenstaube deutet darauf hin, daß sie sich tarnt, ihre Aggressivität verbirgt (vgl. die >zwei Zähne im Rachen<, 3/42). Sie deutet außerdem auf die Vermischung der "Tempel der Farben weiß und schwarz", nämlich des Christentums und des Islam in der neuen Staatsreligion, **6/10**. Schwarz und weiß ergibt grau. - Die Toskana scheint ein Zentrum der katholischen Kirche in der letzten Zeit der alten Erde zu sein, 7/5. Dôle liegt im Osten Frankreichs.
---> 1/50, 6/50 (POLLUX-JUPITER)
---> 6/50, 6/100 (>Weltfriedenordnung<)

05/50 L' an que les freres du lys* sont en aage;/ L' vn d' eux tiendra
la grande Romanie:/ Trembler* les monts*, ouuert Latin passage/
Pache marcher, contre fort d' Armenie. (1568)
[Europäischer Freiheitskrieg/ JUPITER]
Im Jahr, wenn die Brüder der Lilie* alt genug sind,/
wird der eine von ihnen in Besitz nehmen das große Römerland./
Es beben* die Berge*, offen die Durchfahrt nach Latium,/
Pakt marschiert gegen den Mächtigen von Armenien.
1) Loc. être en âge alt genug sein.
4) Mittelfr. n.m. pache Pakt, Übereinkunft.

Das Lilienwappen führten die französischen Könige. Die "Brüder der Lilie" sind die mehrfach erwähnten verbündeten Feldherren französischer Herkunft, die sich zum Kampf um die Befreiung Europas von der Fremdherrschaft durch das globale Regime zusammentun werden, VH (12), (30). Das >Beben der Berge< bedeutet, daß es dabei auch um die Religion geht, denn auf den Bergen wohnten in den Mythen der Völker die Götter. Einer ihrer Ausgangspunkte der >Lilienbrüder< scheint die iberische Halbinsel zu sein, **6/85**. - In 2/5 (Bd.3) erscheint eine U-Boot-Flotte an der italienischen Küste bei Rom. Der "Mächtige von Armenien" ist der Weltherrscher, der in Armenien eines seiner Machtzentren hat, VH (17), 4/95, 5/54.
---> 1/50, 1/100, 6/50 (JUPITER)

Gruppe 50 - 100

06/50 Dedans le puys* seront trouués les oz*,/ Sera l' incest commis par la maratre*:/ L' estat changé, on querra bruict & loz,/ Et aura Mars* attendant pour son astre. (1568)
[POLLUX-JUPITER/ Kath. Kirche nahe der Jahrtausendwende/ >Weltfriedensordnung</ Heinrich V.] (Kommentar S. 395)
In dem Brunnen* werden gefunden werden die Knochen*,/ es wird der Inzest begangen werden durch die Stiefmutter*./ Der Staat gewandelt, man wird suchen Ruhm und Ehre/ und wird erhalten Mars*, wartend auf seinen Stern.
 1) Altfr. n.m. puis Brunnen, Schacht (puits), > lat. puteus Brunnen, Quell. S. das Glossar unter puits.
 2) N.f. marâtre 1. Stiefmutter 2. Rabenmutter. Zur >Mutter< s. das Glossar unter mère.
 Inzest ist ein anderes Wort für Blutschande.
 3) Mittelfr. n.m. bruit 1. Berühmtheit (renommée) 2. Ansehen (réputation), Ruhm (gloire). - Mittelfr. n.m. los, loz 1. Ruhm (gloire), Ehre (honneur) 2. Lob (louange), > lat. laus.
 Mittelfr. v. querir, querre suchen (chercher), verlangen (demander)
---> 1/50, 1/100 (POLLUX-JUPITER)
---> 1/100, 6/100 (>Weltfriedensordnung<)

6/100 Fille de l' Aure, asyle du mal sain,/ Où jusqu' au ciel* se void l' amphithéatre*,/ Prodige veu, ton mal est fort prochain,/ Seras captive, & deux fois plus de quatre. (Amsterdam 1668)
 Dieser Vers fehlt in der Ausgabe von 1568.
[>Weltfriedensordnung</ Unterdrückung der christlichen Religion]
Tochter der Höhe, Zuflucht der Leidenden,/ wenn bis zum Himmel* das Amphitheater* zu sehen ist,/ (wird ein) Wunder gesehen, dein Unheil ist ganz nah,/ du wirst gefangen sein, und zweimal mehr (ergriffen) an vier (Seiten).
 1) Lat. n.f. aura Luft, Himmel, Höhe, Oberwelt, Tageslicht; Hauch, günstiges Wehen, Gunst.
Die "Tochter der Höhe" ist in der christlichen Religion Maria, die Himmelskönigin, die im katholischen Dogma (seit 1854) >unbefleckt empfangen< ward, der mancher Gläubige seine Nöte anvertraut und Wundertätigkeit zutraut. Aber sie kann nicht gefangengesetzt werden. So ist die >Tochter der Höhe< eher die Kirche bzw. die Gemeinde der Gläubigen, die den Kirchenvätern, angefangen bei Paulus, als das Volk Gottes galt, als dessen >jungfräuliche Braut<, 2 Kor 112. -   Unheil droht dieser >Tochter< in einer Zeit, die N. durch ein "Amphitheater" kennzeichnet, das so hoch aufragt, daß es >den Himmel verdeckt<, ihn verstellt. N. nimmt es als Bild für die >Weltfriedensordnung<, s. Glossar. Es gemahnt an die Verfolgungen in der römischen Antike, als Christen, die den Kaiser nicht als Gott anerkennen wollten, im Verlauf öffentlicher Veranstaltungen zum Tode befördert wurden, 10/74. -   Das Versende deutet auf den Kreuzestod.
---> 1/100, 6/50 (>Weltfriedensordnung<)
---> 9/100 (Kath. Kirche in der letzten Zeit der alten Erde)

8/100 Pour l' abondance de l' arme respandue/ Du hault en bas
par le bas au plus hault/ Trop grande foy par ieu vie perdue,/
De soif* mourir par habondant deffault. (1568)
Dieser Vers fehlt in der Ausgabe von 1568.

[>Neue Religion<]
Wegen des Überflusses der verbreiteten Waffe,/
von oben nach unten (gelangt) durch das Gemeine an höchster Stelle,/
(herrscht) allzu großer Glaube, (geht) durch Spiel Leben verloren,/
sterben sie an Durst* bei überfließendem Mangel.
1) Es könnte auch l' arme für larme Träne stehen.

Mangel an Wasser macht "Durst", auch wenn sonst Überfluß herrscht. Aber was hat das mit dem "Glauben" zu tun ? Wörtlich genommen, ist es unverständlich. >Wasser< heißt in Joh 46-15 das Wortes Gottes, das in die Herzen der Menschen fließen und dort lebendig werden kann, 3/44. An d i e s e m >Wasser< herrscht Mangel, und das von ihm gespeiste Leben aus dem Geist der Wahrheit "geht verloren". - Der Mangel wird durch einen "Überfluß" hervorgerufen und zugleich verdeckt. Dieser wird a) von oben nach unten verbreitet, b) als Waffe genutzt, c) mit großem Glauben aufgenommen und hat d) etwas Spielerisches an sich. Daß N. diesen >Überfluß< ablehnte, ist daran zu erkennen, daß er ihn als vom Niedrigen oder Gemeinen ausgehend erkennt, das an höchste Stelle gelangt sei, und daran, daß dieser geistige Überfluß "allzu großen" Glauben findet. - Vom christlichen Standpunkt des Sehers ist mit dem geistigen >Reichtum< eine sehr attraktive und reichhaltig scheinende weltliche Ideologie gemeint, welche die christliche Religion zerstören will. - Bemerkenswert ist das "Spiel", das der >Überfluß< treibt. Darin steckt ein Hinweis auf den abgeleiteten, nicht originalen Charakter der >neuen Religion<, die es nach der Katastrophe geben wird. Es werden Elemente bereits vorhandener Religionen zu etwas scheinbar Neuem vermischt, 6/10, nach Art eines Glasperlenspiels. - Dieser vermeintliche geistige Reichtum "blendet das Ehrgefühl", 8/14, über dem schönen Glitzern der Glasperlen gibt man die Inhalte preis.

9/100 Naualle* pugne nuit sera superee,/ Le feu, aux naues* à
l' Occident ruine:/ Rubriche* neufue la grand nef* coloree,/
Ire à vaincu, & victoire en bruine. (1568)
[Kataklysmus/ Glaubenskämpfe in der letzten Zeit der alten Erde]
See*schlacht (wird stattfinden), wenn (die) Nacht überwunden ist./
Das Feuer, für die Schiffe* im Abendland Verderben./
Neue Röte*, das große Schiff* gefärbt./
Zorn dem Besiegten, und Sieg im Winternebel.
   1) Lat. n.f. pugna Kampf, Schlacht.   Lat. v. superare überschreiten, überwinden.
   3) Lat. n.f. rubrica rote Erde, Rötel; (rot geschriebener) Titel eines Gesetzes.
   4) Altfr. I. n.m. bruin, n.f. bruine 1. Last des Kampfes (effort de la bataille) 2. Kampf (lutte), Streit (querelle) 3. Zwietracht, Aufruhr (trouble), schwierige Lage (embarras).
   II. n.m. bruin, broin, brume dichter Nebel (brume) > lat. n.f. bruma Winterkälte, Winterzeit, kürzester Tag.

Für ein Sinnbild sprechen die in Vz 1 angegebene Zeit und die Ortsangabe der Vz 2. "Schiffe im Abendland" sind ungewöhnlich, weil sich Schiffe in der Regel auf See befinden. Mit den >Schiffen< sind die christlichen Kirchen gemeint, die im Abendland, d.h. in Europa entstandenen Kirchen, und das >große Schiff< ist die katholische Kirche, **1/4**. Die >Nacht< ist die Finsternis, die der Kataklysmus mit sich bringt, VH (18). In ähnlicher Weise spricht **6/54** von der Zeit nach der Katastrophe als der Zeit eines neuen Welttages. -   Die >Seeschlacht< ist der Kampf verschiedener Glaubensformen um die Vor-herrschaft, VH (43), wobei im Vordergrund zunächst die Auseinander-setzung mit dem Islam stehen wird. Durch ihre Bindung an den >neuen Messias<, **5/49**, wird sich die katholische Kirche eine >rote Färbung< erwerben. Rot ist die Farbe der Auflehnung gegen die hergebrachte Ordnung, 1/3 (Bd.1), und so bedeutet die "Röte" eine Anpassung an Lehren, die nicht in der christlichen Tradition stehen. Zu einer ersten großen Selbstverleugnung vieler Christen kam es   - in der Schau des Sehers - im revolutionären Frankreich, als eine neue konstitutionelle Kirche neben die illegal gewordene Kirche derer trat, die den Eid auf die revolutionäre Verfassung verweigerten. In der letzten Zeit der alten Erde wird die Kirche als ganze >rot gefärbt<, ihrer alten Lehren beraubt, **10/65**, und so "besiegt" werden. Wer den alten Glauben bewahren will, wird den Zorn des Siegers auf sich ziehen.
   ---> 6/100 (Katholische Kirche in der letzten Zeit der alten Erde)

Centurie 6, Vers 50
Dedans le puys* seront trouvez les os*,
Sera l' inceste commis par la maratre*:
L' estat change, on querra bruit & los,
Et aura Mars* attendant pour son astre.
(Textfassung bei Benoist Rigaud, Lyon 1568)

Übersetzung:
In dem Brunnen* werden gefunden werden die Knochen*,
es wird der Inzest begangen werden durch die Stiefmutter*.
Der Staat gewandelt, man wird suchen Ruhm und Ehre
und wird erhalten Mars*, wartend auf seinen Stern.

Kommentar zu 6/50:
Knochen in einem Brunnen sind ungewöhnlich, aber belanglos, es sei denn, Fund wie Fundort seien nicht wörtlich, sondern sinnbildlich zu verstehen. Wasser stärkt und belebt den Durstenden und kann heilkräftig sein. Der "Quell lebendigen Wassers" wird bei Jer 17:13 zum Namen des Herrn. Am Jakobsbrunnen spricht Jesus vom >lebendigen Wasser<, das er als Heiland geben kann, Joh 4:6-15. Wenn >Knochen in einem Brunnen gefunden< werden, soll das demnach bedeuten, daß ein Mensch >dem Grab entsteigt<, in dem die Wiedergeburt dessen erkannt wird, der zum Leben führt und heilen kann.

So wird der >neue Messias<, der vermeintliche >Zwillingsbruder< Christi im Geiste, 1/95, denen erscheinen, die an die Messianität Jesu n i c h t glauben. Denn der hat mit seiner Selbstopferung zur Versöhnung der Gottheit erkennbar im Vollmaß getan, was er als Mensch auf Erden tun kann. Eine zweite Verkörperung braucht es daher nicht. Seine angekündigte Wiederkunft ist ganz anders zu verstehen, 1/95. Den >neuen Heiligen<, 10/30, für den Messias halten, heißt Jesus die Messianität absprechen. Es gibt da nur zwei Möglichkeiten, und nichts dazwischen.

In ihrer Bedrängnis durch den aufstrebenden militanten Islam, 2/93, wird der weithin populär werdende >neue Heilige< der römischen Kirche als Rettungsanker erscheinen. Sie wird nach dieser vermeintlichen >Arznei< greifen, 8/13. Indem sie ihm erlaubt, in die Identität Christi hineinzuschlüpfen, wird sie diesen Mann >austragen< und dann >an ihrem Busen nähren<, 8/75.

Statt dem Herrgott treu zu bleiben, wird >Mutter Kirche< dem >neuen Heiligen< sich versprechen, 5/49, und ihn >heiraten<, 10/55. Da sie diesen Mann selbst als >Sohn< heranwachsen läßt, ist das ein >inzestuöses Verhältnis<.

Die >wahren Kinder der Mutter Kirche< sind all jene, die durch sie an Jesus Christus als den wahren Gesalbten des Herrn glauben. Diese Gläubigen wird sie vernachlässigen, ihnen nur noch "Stiefmutter" sein können und sie schließlich im Stich lassen müssen.

Unter den neuen Herren wird sich die politische Verfassung der Welt grundlegend wandeln, 4/21. Das neue Regime wird die prophetischen Verheißungen der alten Religionen, die ein Friedensreich auf der Erde ankündigen, auf die eigene Gegenwart beziehen, 5/53, und in diesem Sinne "Ruhm und Ehre" für sich beanspruchen, 1/50.

Diese Ordnung wird sich als totalitär entpuppen und Widerstand herausfordern. Der wird - in Gestalt des Befreiers namens Heinrich und seiner Verbündeten - auf >seinen Stern<, d.h. die rechte Zeit zum Eingreifen warten müssen, 8/61. Der sich bewaffnet organisierende Widerstand, insbesondere der ihn Anführende erhält hier den Namen Mars.

Nachträge zu Band 1

Durch Zeitablauf, durch Fortschreiten der Erkenntnis und durch Aufnahme der Sechszeiler sind zu den historischen Versen einige Verse hinzugekommen, die wegen der sich bietenden Gelgegenheit hier nachgetragen werden.

Zunächst sind das die inzwischen erfüllten Verse **6/97** und **1/87 Vz 1/2**, die oben in ihren jeweiligen Gruppen zu finden sind.

Bei den Sechszeilern wurden die Sz 08, 36, 37 und 52 als historisch erkannt.

Hinzu kommt noch Vers 3/6:

**03/06 Dans temples* clos le foudre* y entrera,/ Les citadins dedans
leurs forts greués:/ Cheuaux, beufs*, hômes. l' ôde* mur* touchera,/
Par faim*, soif* sous les plus foibles arnés (!). (1555)**
[Aufhebung des Edikts von Nantes 1685]
**In verschlossene Tempel* wird der Blitz* einschlagen./
Die Bürger (werden) in ihren Festungen bedrückt./
Pferde, Rinder*, Menschen. Die Woge* wird (die) Mauer* erreichen./
Durch Hunger*, Durst* unter den Schwächsten
                    (werden sie) erschöpft (sein).**

    2) Mittelfr. v. grever 1. schwer machen (alourdir) 2. niederdrücken (accabler) 3. verletzen (blesser) 4. beschädigen (endommager) 5. in Verlegenheit bringen (embarrasser) 6. heimsuchen (affliger), quälen (tourmenter), > lat. v. gravare beladen.
    3) Zur Woge vgl.. das Glossar unter deluge.
    4) Altfr. v. amer, esrener überanstrengen, erschöpfen (éreinter).

Protestantische Kirchen heißen französisch "Tempel". Nach dem Regierungsantritt Ludwigs XIV. im Jahr 1661 wurde der französische Protestantismus immer stärker unterdrückt. Die Ausübung des calvinistischen Glaubens wurde aus der Öffentlichkeit gedrängt und unterlag auch sonst immer mehr Einschränkungen, z.B. durften protestantische Prediger nicht mehr in Nachbargemeinden predigen. Reiche hugenottische Gemeinden durften arme Gemeinden dieses Glaubens nicht mehr unterstützen. Es durfte kein Katholik mehr bekehrt werden. Mischehen waren verboten. So wurden die reformierten Gemeinden Frankreichs voneinander und von der übrigen Gesellschaft isoliert, sie waren schon "v e r schlossen" (clos), noch bevor sie endgültig g e schlossen (fermés) wurden.

Der "Blitz" ist der vom König verhängte Bann gegen den "vorgeblich reformierten Glauben". Das Toleranzedikt von Nantes, **5/72** (Bd.1), wurde im Oktober 1685 in Fontainebleau vollständig aufgehoben. Protestantische Gottesdienste wurden verboten, die Zerstörung der "Tempel" angeordnet. Predigern dieses Glaubens, die sich nicht bekehren wollten, wurde befohlen, das Königreich zu verlassen, den anderen >einfachen< Hugenotten war es verboten auszuwandern. So wurden die protestantischen "Bürger in ihren Festungen bedrückt", Vz 2. Die Festungen sind hier als die Festen des Glaubens, d.h. als die Kirchen zu verstehen, denn militärische Festungen gab es für die Protestanten schon seit 1628 nicht mehr, als La Rochelle gefallen war.

In das Bild des >Unwetters mit Blitz und Donner< gehört die >Woge<. Gemeint ist der mit dem >Blitz< losbrechende >Sturm<, der die Mauern der protestantischen Tempel erreicht und sie einreißt. Er steht für die Durchführung des Revokations-Edikts. Trotz des Auswanderungsverbots waren es ganze Gemeinden, vor allem im Süden des Landes, die sich auf den Weg ins Exil machten, als klar wurde, daß das Verbot des Königs nicht zurückgenommen werden würde. Die Schweiz war das erste Ziel der Bedrängten, 2/64 (Bd.1). Die Menschen nahmen mit, was sie an Wertvollem besaßen und gefährdeten sich dadurch wegen des Auswanderungsverbots. Es waren Züge des Elends, zu denen "Pferde", manchmal sogar "Rinder" gehörten.

"Hunger" und "Durst" können hier als Begleitumstand illegal Reisender wörtlich gemeint sein. Zur anderen Möglichkeit s. den Kommentar zu Vers 2/64 (Bd.1).

³³³³³³³³³³³³³³³³³³³³³³³³³³³³³³³³ Vorrede an Heinrich II. (VH) - Textfassung bei B. Rigaud, Lyon 1568

(1) A L' INVICTISSIME (a), TRES-PVISSANT, Et tres Chrestien Henry Roy de France second, Michel Nostradamus son tres-humble, et tres-obeissant seruiteur et subiect, victoire et felicité.
(a) Lat. adj. unbesiegt, unbesieglich, unbezwingbar.

> Dem unbezwinglichsten, höchst machtvollen und höchst christlichen Heinrich dem Zweiten, König von Frankreich, (wünscht) Michel Nostradamus, sein sehr niedriger und sehr gehorsamer Diener und Untertan, Sieg und Glückseligkeit.

Anm N. widmet die Vorrede und mit ihr seine ganze Prophetie dem König seines Heimatlandes. Der unseren nachrevolutionären Ohren allzu unterwürfig klingende Gestus der Anrede war die seinerzeit einzig akzeptable Art, einem Mitglied des Hochadels, und zumal dem König, in einer schriftlichen Anrede sich zu nähern und entsprach im übrigen der königstreuen Gesinnung des Sehers. Mit der Weglassung des "von" in seinem eigenen Namen, Adel der untersten Stufe kennzeichnend, legt der Seher die Haltung dessen an den Tag, der sich selbst zurücknimmt, um das, was er zu sagen hat, um so glaubhafter und bedeutsamer erscheinen zu lassen. Außerdem gibt er damit zu erkennen, daß er der Ansicht war, sein Verdienst sei nicht ererbt, sondern werde von seiner Zukunftsschau erst begründet.

(2) POVR icelle souueraine obseruation que i' ay eu, ô tres Chrestien & tres victorieux Roy, depuis que ma face estant long temps obnubilee (a) se presente au devant de la deité de vostre maiesté immesuree (b), depuis en ca i' ay esté perpetuellement esblouy, ne desistant de honorer et dignement venerer iceluy iour que premierement deuant icelle ie me presentay comme à une singuliere maiesté tant humaine. Or cerchant quelque occasion par laquelle ie peusse manifester le bon coeur & franc courage que moyennant iceluy mon pouuoir eusse faict ample extension de cognoissance enuers vostre serenissime maiesté. Or voyant que par effects le declairer ne m' estoit possible, ioint auec mon singulier desir de ma tant longue obtenebration (c) & obscurité, estre subitement esclarcie et transportee au deuant de la face du souuerain oeil*, & du premier monarque de l' uniuers,
(a) Altfr. v. obnubler mit Wolken bedecken, verdunkeln > lat. v. obnubilare verhüllen.
(b) Adj. mesuré gemessen.
(c) Mittellat. n.f. obtenebratio Verdunklung, Verfinsterung

> Wegen jener aufmerksamen Beachtung durch den Souverän, die ich erfahren habe, o allerchristlichster und siegreichster König, präsentiert sich nun mein Angesicht, nachdem es lange verhüllt war, vor der Göttlichkeit Eurer unermeßlichen Majestät. Seit damals bin ich noch immer geblendet und höre nicht auf, jenen Tag zu ehren und wahrhaft zu preisen, als ich das erste Mal jenem Mann mich vorstellte, einer ebenso einzigartigen wie menschlichen Majestät. Seither bin ich auf der Suche nach einer Gelegenheit, bei der ich mit Zuversicht mein Herz ausschütten und Mut zur Offenheit an den Tag legen könnte, um so vor Eurer huldreichsten Majestät zu verdeutlichen, daß meine Fähigkeiten eine große Erweiterung des Wissens erreicht haben. Mit der Einsicht, daß ich dies durch Effekte nicht deutlich machen konnte, war mein besonderer Wunsch verbunden, aus meiner langen Verborgenheit und Unbekanntheit mit einem Sprung ins Licht und vor das Auge des Souveräns zu treten, des ersten Königs der ganzen Welt.

Anm Katharina von Medici, Gattin Heinrichs II., war es gewohnt, vor wichtigen Entscheidungen Astrologen zu befragen und hatte auch die Dienste des Michel N. schon in Anspruch genommen, der dafür eigens nach Paris gereist war. Bei dieser Gelegenheit ist N. auch dem König vorgestellt worden, worauf er hier anspielt. Er hat diesen Mann als verbindlich im Umgang, aber skeptisch bis ablehnend gegenüber der Möglichkeit einer Zukunftsschau erlebt, 4/57 (Bd.1). Es wird deutlich, daß N. mit seiner "großen Erweiterung des Wissens" an die Öffentlichkeit treten will, aber Gründe dafür nennt er nicht. Zu dem Entschluß, den Rest der Verse zu veröffentlichen, brauchte es Zuversicht und Mut, was darauf schließen läßt, daß er nach dem Erscheinen des ersten Teils der Verse im März 1555 Anfeindungen ausgesetzt war, wohl auch verdächtigt wurde, mit finsteren Mächten im Bunde zu sein, (8). Das konnte seinerzeit gefährlich werden. Indem er die Verse dem König widmet, gibt er zu verstehen, daß er das Licht nicht zu scheuen brauche, solche Beschuldigungen mithin unbegründet seien, und tritt gewissermaßen die Flucht nach vorn an. Die Distanz des Königs gegenüber "Effekten", d.h. Zeichen und Wundern andeutend, vermeidet er es aber, seinen König durch Inanspruchnahme als Schutzpatron zu nötigen.

(3) tellement que i' ay esté en doute longuement à qui ie viendrois consacrer ces trois Centuries du restant de mes Propheties, paracheuant la miliade, & apres auoir eu longuemêt cogité **(a)** d' vne temeraire audace, ay prins mon addresse envers vostre Majesté, n' estant pour cela estôné **(b)**, comme raconte le grauissime **(c)** aucteur Plutarque en la vie de Lycurgue que voyant les offres & presens qu' on faisoit par sacrifices aux temples* des dieux* immortels d' iceluy temps, & à celle fin que l' on ne s' estonnast par trop souuent desdictes **(d)** fraiz & mises **(e)** ne s' osoyent presenter aux temples*. Ce nonobstant voyant vostre splendeur Royalle, accompagnee d' vne incôparable humanité ay prins mon addresse, non comme aux Rois de Perse, qu' il n' estoit nullement permis d' aller à eux, ni moins s' en approcher.
(a) Mittelfr. n.f. cogitation Gedanke, Überlegung > lat. v. cogitare nachdenken.
(b) Mittelfr. v. estonner 1. brechen (rompre) 2. (nieder)schlagen (assommer) 3. erschüttern, wanken lassen (ébranler) 4. lähmen (paralyser).
(c) Lat. adj. gravis auch: gewichtig, ehrwürdig.
(d) Mittelfr. v. desdire verneinen, ablehnen, zurückweisen.
(e) Mittelfr. n.f. mise 1. was man im Spiel setzt 2. Ausgabe, Aufwand (dépense).

So kam es, daß ich lange Zeit im Zweifel war, wem ich die drei Centurien aus dem Rest meiner Prophezeiungen, welche die Tausendzahl vollenden, widmen solle. Und nachdem ich lange mit verwegenem Mut nachdachte, habe ich meine Anrede an Eure Majestät gerichtet, ohne hierin wankend zu werden, wie es der höchst ehrwürdige Autor Plutarch in seinem "Leben des Lykurg" von denen erzählt, welche im Angesicht der Weihegaben und Geschenke, die man in den Tempeln den unsterblichen Göttern jener Zeit als Opfer brachte, am Ende nicht wankend wurden, obwohl (ihre Gaben) allzu oft zurückgewiesen wurden als neu und aufwendig, so daß sie es nicht mehr wagten, sie in den Tempeln zu präsentieren. Davon ungehindert habe ich im Blick auf Euren königlichen Ruhm, der von einer unvergleichlichen Menschlichkeit begleitet wird, eine Anrede gewählt, wie sie bei den Königen Persiens keinesfalls erlaubt war, zu denen man nicht vorgelassen wurde und erst recht keinen freien Zutritt hatte.

Vorrede an Heinrich II. (VH)

Anm Inhaltlich bringt dieser Abschnitt gegenüber (2) kaum Neues. Daß N. angibt, die Zahl tausend werde mit seinen restlichen Prophezeiungen vollendet, ist bemerkenswert, denn es sind nur 942, in manchen Ausgaben auch nur 940 Vierzeiler überliefert. Möglich ist, daß die übrigen Verse verlorengingen. Vielleicht ist es aber auch kein Zufall, daß die posthum aufgetauchten Sechszeiler gerade 58 sind.

(4) Mais à vn tresprudent, à vn tressage Prince i' ay consacré mes nocturnes & prophetiques supputations, composees plustost d' vn naturel instinct, accompagné d vne fureur poetique, que par reigle de poesie, & la plus part composé & accordé à la calculation Astronomique, correspondant aux ans, moys & sepmaines des regions, contrees, & de la pluspart des villes & citez de toute l' Europe, comprenant de l' Affrique, et vne partie de l' Asie par le changemêt des regions, qui s' approchant la plus part de tous ces climats **(a)**, & composé d' vne naturelle faction **(b)**:
(a) Lat. n.m. clima Witterung, Klima, mittellat. und mittelfr. auch: Gegend.
(b) Mittelfr. n.f. faction Partei, Verschwörung, Machenschaft, militärische Aktion, > lat. n.f. factio Tun, Treiben, Umtriebe, Aufstand, Umsturz.

Doch einem sehr klugen, sehr weisen Fürsten habe ich meine nächtlichen prophetischen Berechnungen gewidmet, die eigentlich von einer natürlichen Eingebung zusammengebracht wurden, begleitet von poetischer Leidenschaft statt von Regeln der Poesie. Das meiste wurde verfaßt in Übereinstimmung mit astronomischer <u>Berechnung, die sich auf Jahre, Monate und Wochen von Landschaften und Gegenden bezieht</u> und <u>auf den größten Teil der Städte und Großstädte ganz Europas, einschließlich jener Afrikas und eines Teils von Asien [1]</u>, wegen dem Wandel der <u>Landschaften, die sich größtenteils zubewegen auf einen vollständigen Wandel ihrer Klimate, verursacht durch einen natürlichen Umsturz [2]</u>.
Anm 1 [Räumlicher Geltungsbereich] In welcher Weise "natürliche Eingebung" und "astronomische Berechnung" zusammenwirken, wird hier nicht klar. Der räumliche Geltungsbereich seiner Prophetie fällt im wesentlichen zusammen mit der Ausdehnung der antiken Zivilisation des Mittelmeerraumes, eingeschlossen Nordafrika und Kleinasien. In einigen Fällen wird dieser Rahmen überschritten, z.B. handeln einige (wenige) Verse von den USA, 3/1 (Bd.1), 2/89 (Bd.1), **6/97**, **8/74**, einige (wenige) Verse auch von Asien, nicht Kleinasien, **2/60**, **3/60**, 3/3.
Anm 2 [Umsturz und Klimawandel] Mit dem "natürlichen Umsturz" ist dasselbe gemeint wie in (18) mit der "großen Versetzung" infolge der Naturereignisse, die nahe der Zeit der Jahrtausendwende eintreten werden. Dieser "Umsturz" werde einen Klimawandel im gesamten räumlichen Geltungsbereich seiner Prophetie herbeiführen.

(5) respondra quelqu' vn qui auroit biê besoin de soy moucher, la rithme estre autant facile, comme l' intelligence du sens est difficile. Et pource, ô tres-humanissime Roy, la plus part des quatrains prophetiques sont tellement scabreux **(a)**, que l' on n' y scauroit donner voye ny moins aucuns interpreter, toutefois esperant de laisser par escrit les ans, villes, citez, regions où la plus part aduiendra, mesmes de l' année 1585. & de l' annee 1606.
(a) Adj. scabreux gewagt, heikel, anstößig > lat. n.f. scabies Krätze, Juckreiz.

Jemand, der es freilich nötig hat, sich die Nase zu putzen, wird darauf sagen, der Rhythmus sei ebenso eingängig wie das Erkennen ihres Sinns schwierig. Und das kommt daher, o menschlichster König: der größte Teil der prophetischen Vierzeiler ist so anstößig, daß man keine Hinweise und noch weniger irgendeine Deutung wird geben können [1], jedoch erwarten darf, die Jahre, Städte, Großstädte, Regionen schriftlich niedergelegt zu finden, in denen das meiste sich ereignen wird, und zwar in den Jahren 1585 [2] und 1606 [3].

Anm 1 [Anstößig] Auf Erden müssen Menschen sich u.a. die Nase putzen, und daß die Sterblichen es schwer mit seinen Versen haben würden, erkannte N. klar. Als Grund für die absichtliche Verdunklung gibt er an, daß ihr Inhalt, wenn man ihn verstünde, Anstoß erregen, mindestens als "gewagt" oder "heikel" (scabreux) empfunden werden würde. Aber inwiefern heikel ? In (12) kündigt er dem Adel, dem Stand der Fürsten als ganzem dessen Sturz, und der Kirche als ganzer deren Niedergang an, was seinerzeit noch ganz unglaublich geklungen haben muß und dem, der es nicht als Unsinn abtat, schon Anlaß gewesen sein kann, beunruhigt zu sein. Daß er genau dies meint, ergibt sich aus den erwähnten beiden Jahreszahlen.

Anm 2 [1585] Im Jahr 1585 wurde in Frankreich das Ende der Dynastie der Valois eingeläutet, jenes Königshauses, dem N. als Arzt, Astrologe und Seher verbunden war und dessen Oberhaupt er seine Verse zuvor widmet. Heinrich von Navarra, der im Jahr zuvor an die erste Stelle der Thronfolge gerückt war, wurde im Juli 1585 unter dem Druck der katholischen Liga von der Thronfolge ausgeschlossen. In dem >Krieg der drei Heinriche<, der darauf begann, wurde König Heinrich III., Repräsentant der nationalen Einheit, immer schwächer und isolierter. Nachdem er den Anführer der Liga hatte ermorden lassen, wurde der Kinderlose im Jahr 1589 schließlich selbst ermordet, 3/51 (Bd.1). Damit war die Dynastie der Valois ausge-storben. Daraufhin erkämpfte sich Heinrich von Navarra den Thron, der Hugenotte war und von dem der Seher schon deshalb gar nichts hielt, 5/72 (Bd.1). Das war zwar noch nicht der Sturz des Adels aus der Herrschaft, doch N. erkannte im Untergang der Valois, 1/36 (Bd.1), der einem >Ketzer< auf den Thron verhalf, einen Markstein auf dem Weg dorthin. Hätte er nun den Hinweis auf das Jahr 1585 so verdeutlicht, wäre man in Paris nicht erbaut gewesen und hätte, wie vom Seher befürchtet, Anstoß genommen, Anm 1.

Anm 3 [1606] N. erkennt im Jahr 1606 den Ausgangspunkt des langsamen, aber um so tiefgreifenderen Niedergangs der Kirche, ihrer weltlichen Macht wie ihrer geistlichen Autorität. Er spricht in (35) von einer "Verfolgung der Kirche", die 1606 einsetzen werde; was er meint, wird dort erläutert. Aus den Konstellationen in (35) ergibt sich eindeutig, daß er das Jahr 1606 der christlichen Zeitrechnung meint. Das gilt dann auch für das im gleichen Atemzug genannte Jahr 1585.

(6) accommencant depuis le temps present, qui est le 14. de Mars, 1557. & passant outre bien loing iusques à l' aduenement **(a)** qui sera apres au commencement du septiesme millenaire profondement supputé, tât que mon calcul astronomique & autre scauoir s' a peu estêdre, où les aduersaires de Iesus Christ & de son eglise, commenceront plus fort de pulluler,

(a) Mittelfr. n.m. avenement 1. Durchbruch (événement décisif qui permet le succés) 2. Ankunft, Eintreffen (arrivée) 3. Erhebung zu höchster Würde (élévation a une dignité suprême), > lat. n.m. adventus Ankunft

Beginnend in der Gegenwart, dem 14. März 1557, schreite ich weit darüber hinaus fort bis zu der <u>Ankunft [2]</u>, die nachher stattfinden wird am <u>Beginn des siebten Jahrtausends [1]</u> - gründlich berechnet, soweit mein astronomisches Kalkül und anderes Wissen sich darauf erstrecken konnten - , <u>wenn die Gegner Jesu Christi und seiner Kirche beginnen werden, sich sehr stark zu vermehren [3]</u>.

Anm 1 [Beginn des siebten Jahrtausends] Der Kirchenlehrer Augustin stellte sich den Ablauf der Heilsgeschichte, den sechs Schöpfungstagen des Buches Genesis entsprechend, in sechs Jahrtausenden im Sinne von Weltaltern vor: Von der Erschaffung Adams bis zur Sintflut, von der Sintflut bis Abraham, von Abraham bis zu König David, von David bis zur babylonischen Gefangenschaft, von dieser bis zu Christus, und von Christus bis zum jüngsten Gericht. Wenn N. hier von einem siebten >Jahrtausend< spricht, dürfen wir annehmen, daß er Augustins Spekulation aufgriff. Er hat sich aber nicht an sie gebunden gefühlt. Sie diente ihm vielmehr dazu, seine außerordentlichen Einblicke in eine eigene Ordnung zu bringen, von deren Chiffre er dann würde sprechen können. -   Vom siebten Schöpfungstag heißt es in Gen 2, daß Gott an diesem Tag seine Werke vollendete und von ihnen ruhte, und daß er diesen Tag segnete und ihn heiligte. Demnach wäre ein "siebtes Jahrtausend" ein Zeitalter, dessen Bewohner sich und ihre Zeit als von Gott gesegnet und vollendet auffassen und >zur Ruhe kommen<, d.h. den geschichtlichen Wandel in einer vollkommenen Ordnung abschließen, dies sich wenigstens vornehmen. Es k ö n n t e auch eine Zeit sein, deren Bewohner von Gott gesegnet und vollendet s i n d und nicht nur meinen und hoffen, es zu sein. Doch dagegen steht, daß erst der "a c h t e Seraph" den >Fall Babylons< verkündet, 8/69, und damit den Untergang aller weltlichen Mächte anzeigt, die dem Reich Gottes im Wege stehen. Erst der a c h t e Schöpfungstag eröffnet eine neue Weltwoche, bringt die neue Erde und den neuen Himmel, deren Vision Offb 21 enthält. Erst im a c h t e n Jahrtausend werde Gottes Wille erfüllt sein, heißt es in der Vorrede an César N. Aus 1/69 geht hervor, daß es die Zeit nach Krieg und Naturkatastrophe sein wird, in der sich die Menschheit für geläutert halten und eine neue Friedensordnung errichten wird, die sich dann als instabil und zerstörerisch erweist. <u>Es ist somit die Zeit der >Weltfriedensordnung<, 4/32, die hier "siebtes Jahrtausend" heißt.</u>

Anm 2 [Ankunft] Für den Beginn dieser Zeit erschaute N. eine nicht näher erklärte "Ankunft". Er hätte auch von einem Ereignis (événement), einer Angelegenheit (affaire) oder einem Vorfall (incident) sprechen können, doch er wählt das Wort "Ankunft" (advenement) und macht sich dessen Mehrdeutigkeit zunutze. Die Zeit am Beginn des dritten christlichen Jahrtausend wird ein gewaltiges Naturgeschehen bringen, verursacht durch einen irregulären Himmelskörper, der in die Nähe des Planeten kommt. Schon lange unterwegs, wird er dann "ankommen". Die Auslegung von Vers 1/48 ergibt, daß der Beginn des "siebten Jahrtausends" in der Nähe des Beginns des dritten Jahrtausends christlicher Zeitrechnung liegen muß, mit ihm möglicherweise zusammenfällt. -   Aber es wird dann noch eine >Ankunft< anderer Art von sich reden machen: Es erscheint dann jener Mann, von dem sich viele Christen erhoffen, in seiner Person erfülle sich die Ankündigung Christi, daß er dereinst wiederkommen, erneut auf Erden >ankommen< werde, Matth 24 29-31.

Anm 3 [Gegner Christi] Die sehr starke Vermehrung der Gegner Christi und seiner Kirche am Beginn des "siebten Jahrtausends" meint zunächst den

Vorrede an Heinrich II. (VH)

Vormarsch des militanten Islam auf Europa, der in der Zeit unmittelbar nach der Katastrophe einsetzen wird, 6/54. (Als d i e Katastrophe werden hier Krieg u n d Kataklysmus zusammen bezeichnet.) Vor allem ist mit der sehr starken Vermehrung der Gegner Christi gemeint, daß der >neue Heilige<, 10/30, der in dieser Zeit >ankommt< und sich dann als Gegner Christi entpuppt, sehr viele Anhänger haben wird, 8/21 Vz 3.

(7) le tout a esté composé & calculé en iours & heures d' election & bien disposees, & le plus iustemêt qu' il ma esté possible. Et le tout *Minerva libera, & non inuita* (a), supputant presque autant des aduentures du temps aduenir, comme des ages passez, comprenât de present, & de ce que par le cours du temps par toutes regiôs l' on cognoistra aduenir tout ainsi nommement comme il est escrit, n' y meslant rien de superflu, combien que l' on dit: *Quod de futuris non est determinata omnino veritas.* Il est bien vray, Sire, que pour mon naturel instinct qui m' a esté donné par mes auites (b) ne cuidant presager, adioustant & accordant iceluy naturel instinct auec ma longue supputation vny, & vuidant (c) l' ame, l' esprit, & le courage de toute cure, solicitude, & fascherie par repos & tranquilité de l' esprit. Le tout accordé & presagé l vne partie *tripode aeneo*. Combien qu' ils sont plusieurs qui m' attribuent ce qu' est autant à moy, comme de ce que n' est rien, Dieu* seul eternel, qui est prescrutateur (d) des humains courages (e) pie, iuste, & misericordieux, en est le vray iuge,

(a) Horaz sagt in der Ars Poetica, daß der Dichter seine Kräfte kennen und nichts versuchen solle, was über sein handwerkliches Können geht und damit eine Sünde "wider den Willen" oder "gegen den Geist der Minerva" (*Minerva invita*) wäre, Vz 385.
(b) Lat. adj. avitus großväterlich, großmütterlich, hier als Substantiv gebraucht.
(c) Mittelfr. v. vuider ausräumen (dégarnir), entleeren (rendre vide).
(d) prescrutateur gebildet nach dem lat. n.m. scrutator Untersucher, Durchsucher.
(e) Mittelfr. n.f. courage 1. Neigungen der Seele (dispositions de l' âme) 2. besonders das Herz (le coeur en particulier) 3. Neigungen des Geistes (dispositions de l' esprit).

Und das ganze ist zusammengestellt und berechnet worden in ausgewählten Tagen und Stunden, die dazu geeignet waren, und zwar so sachgerecht, wie ich es nur konnte. Das ganze geschah mit Hilfe der freien Minerva, nicht gegen ihren Geist [5], und ich berechnete fast ebenso viele Begebenheiten der Zukunft wie vergangener Zeiten, eingeschlossen der Gegenwart, von denen man im Lauf der Zeit in allen Gegenden erkennen wird, daß es bis ins einzelne genau so kommt, wie es geschrieben steht. Ich mischte nichts Überflüssiges hinein [4], wie oft man auch deshalb das Sprichwort zitieren mag: >Was die Zukunft angeht, so gibt es keine gänzlich feststehende Wahrheit<. Das ist wohl wahr [3], Sire, und ich behaupte nicht, allein aus der natürlichen Eingebung, die ich von meinen Vorfahren ererbt habe [1], zu weissagen, sondern ordne natürliche Eingebungen und bringe sie in Übereinstimmung mit ausführlichen und systematischen Berechnungen [5] und lasse dabei Seele, Geist und Wille ganz frei werden von Sorge, Bemühung und Ärger, um Ruhe und Stille zu finden für den Geist. Alles ist in Übereinstimmung gebracht und vorhergesagt einesteils mit Hilfe des ehernen Dreifußes [2]. Mag es auch viele geben, die urteilen, es komme nur aus mir selbst, so ist daran doch nichts, (das weiß) der alleinige ewige Gott, der die Herzen der Menschen prüft, treu, gerecht und mitleidig und daher der wahre Richter ist.

Anm 1 [Vorfahren] Seine Vorfahren väterlicherseits gehörten zu den in Spanien ansässigen, dort von der Inquisition bedrohten und zur Emigration gezwungenen Juden; sein Vater gehörte bereits dem christlichen Glauben an. Bei den Vorfahren mütterlicherseits, zu denen ebenfalls spanische Juden gehörten, war des öfteren eine Neigung und Begabung für Mathematik und Astronomie aufgetreten, welche N. teilte. Ob auch die Anlage zum prophetischen Charisma ererbt war, wie N. hier behauptet, sei dahingestellt. Ihren biographischen Ursprung hatte diese Begabung wohl erst in der tiefen Existenzkrise, die der angesehene und erfolgreiche, in Agen niedergelassene Arzt erlitt, als er den Tod seiner Familie an einer unbekannten Seuche nicht verhindern konnte und daraufhin mehrere Jahre lang als fahrender Arzt umherzog.

Anm 2 [Eherner Dreifuß] Die antike, von Apollon begabte Priesterin in Delphi saß auf einem ehernen Dreifuß, wenn sie sich in Trance versetzen ließ. Die Echtheit ihrer Teilhabe an dem Willen und der Weisheit Apolls war so unumstritten wie die richtige Deutung ihrer Schicksalssprüche schwierig. Indem er für seine Weis-sagungen die Hilfe des "ehernen Dreifußes" beansprucht, behauptet N., wie die Pythia über echte prophetische Begabung zu verfügen, deren Resultate ähnlich schwer zu deuten seien. Da es menschliches Maß übersteigt, etwas Sicheres über die Zukunft sagen zu können, gehört es zur Logik von Orakeln aller Art, daß ihr Urheber auf Teilhabe an göttlichem Wissen berufen muß.

Anm 3 [*Quod de futuris*] Daß Menschen von der Zukunft nichts Bestimmtes wissen können, weil das Zukünftige selbst nicht feststehe, will die lateinische Sentenz besagen, und N. stimmt dem bei. Doch gilt dieser Satz nur für die Menschen, während Gott die Zukunft kennt und einweihen kann, wen er will. Wenn das geschieht, kann es Seher und Propheten geben. - Aber die Vorwegnahme der Ergebnisse seines Verhaltens birgt für den Menschen die Gefahr, daß er das Gute statt um seiner selbst willen des erkannten Vorteils wegen tut und es dadurch entwertet. Statt im schlichten Gehorsam gegen Gott aufnahmefähig zu werden für dessen Güte, will der nach der Zukunft Fragende erst den Lageplan der Wege des Himmels kennen, bevor er ihnen folgt. Wegen des Mißtrauens gegen Gott, den diese Haltung verrät, war man im ausgehenden Mittelalter noch der Ansicht, daß es unzulässig sei, dem einzelnen Menschen sein Horoskop zu stellen. Weniger Bedenken hatte man, wenn sich Weissagungen auf das Schicksal eines ganzen Volkes oder seines Herrschers bezogen. Daran gemessen, wird man die Verse des Nostradamus als weniger problematisch einstufen können. Denn da, wo sie aus der Überschau des Ganzen gesprochen sind, lassen sie dem Menschen seine Freiheit, und wo sie allzusehr ins Detail gehen und in Wahrsagerei abgleiten, sind sie erst in der Rückschau, n a c h Eintritt der Ereignisse verständlich, und alle Deutungen im voraus bleiben ungewiß.

Anm 4 [Bedingungen der Wahrheit prophetischer Rede] Zu den Bedingungen dafür, daß Prophetie sich bewahrheitet, gehört die Redlichkeit des Berufenen. N. schildert, daß er nur seine besten Stunden auf die Ausübung seiner außerordentlichen Begabung verwendet und sein Organ für die ihm gewährten Einblicke möglichst rein gehalten habe. Zudem macht er geltend, sein Charisma nicht für eigene Zwecke mißbraucht, es nicht durch "Hineinmischen von Überflüssigem" verunreinigt zu haben. Für die Glaubwürdigkeit dieser Behauptung spricht, daß die Vorhersagen hauptsächlich Zeiten jenseits seiner eigenen Lebensfrist betreffen, (8). - Doch gerade wer dem Seher Redlichkeit zu unterstellen bereit ist, muß erkennen, daß diese zwar notwendige, aber noch nicht hinreichende Bedingung dafür ist, daß das Erschaute auch wirklich eintrifft. Als wahr wird sich das Wort von Sehern und Propheten nur erweisen, wenn es göttlicher und nicht dämonischer Herkunft ist. Es müßte den Blickwinkel dessen erkennen lassen, der im äußeren Geschehen dessen wahre heilsgeschichtliche Bedeutung durchscheinen läßt. Von diesem Hintergrund gelöst, wäre es nur Wahrsagerei. Manchmal ist bei N. diese >Perspektive des Himmels< erkennbar, etwa in Vers 1/96. - Schließlich gehört zu den Bedingungen dafür, daß Prophetie sich erfüllt, auch immer, daß jene ihr keinen Glauben schenken, deren politisches Wirken und Handeln sie widerspiegelt. Daher muß Prophetie, sofern sie Ergebnisse des Handelns der Menschen vorwegnimmt, in verdunkelter Form dargeboten werden, um ihre Freiheit nicht einzuschränken.

Anm 5 [Berechnungen im Geist der Minerva] Seine "langwierigen Berechnungen" hätten N. in die Gefahr des Hineinmischens von Eigenem, Überflüssigen gebracht, verstünde man darunter das Wahrsagen von Ereignissen aus den Konstellationen der Wandelsterne in der Manier der alten Astrologen. Dies aber tut er gerade nicht, fordert vielmehr in seinem Bannspruch am Ende der 6. Centurie die Astrologen auf, sich von seinem Werk fernzuhalten, eben weil es mit Astrologie nichts zu tun habe. <u>Die "Berechnungen" entsprangen dem Wunsch, die Vielzahl und Vielfalt seiner Intuitionen zeitlich zu ordnen, sie auf die Reihe zu bringen. Möglich wurden die Berechnungen dadurch, daß die Intuitionen "begleitet" waren "vom Lauf der Gestirne", (11), die Planeten und ihre Positionen mithin Bestandteil seiner Schau waren.</u> Dadurch konnte er in Anwendung seiner astronomischen Kenntnisse anschließend nachrechnen, wann die erschauten Vorgänge eintreffen würden. Ein Beispiel für diese "judizielle Astrologie", wie er sie in der Vorrede an César N. nennt, ist Vers 1/51 (Bd.1). In diesem Zusammenhang will der Hinweis auf Minerva, zuständig für Handwerker, Künstler und Dichter, besagen, daß N. seine Fähigkeiten nicht überzogen, sich nichts angemaßt hat, was über sein handwerkliches Können gegangen und daher eine Sünde "gegen den Geist der Minerva" (Minerva invita) gewesen wäre.

(8) auquel ie prie qu' il me vueille defendre de la calomnie des meschans, qui voudroyent aussi calomnieusement s' enquerir pour quelle cause tous vos antiquissimes progeniteurs Rois de France ont guery des escrouelles, & des autres nations ont guery de la morsure des serpens les autres ont eu certain instinct de l' art diuinatrice, & d' autres cas qui seroyent long ici à racompter. Ce nonobstant ceux à qui malignité de l' esprit malin ne sera comprins par le cours du temps apres la terrene mienne extinction, plus sera mon escrit qu' à mon viuant, ce pendant si à ma supputation des ages ie faillois ou ne pourroit estre selon la volonté d' aucuns. Plaira à vostre plus qu' imperialle maiesté me pardonner, protestant **(a)** deuant Dieu* & ses Saincts, que ie ne pretends de mettre rien quelconque par escrit en la presente epistre, qui soit contre la vray foy Catholique, conferant les calculations Astronomiques, iouxte mon scauoir:

(a) Mittelfr. v. protester 1. Eid ablegen, schwören (prêter serment, jurer) 2. feierlich erklären, bekräftigen (déclarer de manière solennelle, affirmer).

<u>Zu ihm bete ich, er möge mich verteidigen gegen die Verleumdung der Boshaften, die in ähnlich verleumderischer Absicht nach der Ursache</u>

Vorrede an Heinrich II. (VH)

dafür suchen würden, daß alle Eure ältesten Vorfahren als Könige von Frankreich die Skrofulose heilten [1], die Könige anderer Nationen Schlangenbisse heilten und wieder andere eine gewisse natürliche Begabung zur Weissagung hatten und noch anderes mehr, was hier zu weit führen würde. Trotz jener, deren Boshaftigkeit schlimmer nicht sein kann, wird meine Schrift, im Lauf der Zeit besser verstanden, nach meinem irdischen Verlöschen mehr gelten als zu meinen Lebzeiten [2], auch wenn ich bei meiner Berechnung der Zeitalter Fehler gemacht haben oder es nicht verstanden haben sollte, den Wünschen der Leser zu entsprechen. Es wird Eurer mehr als kaiserlichen Majestät gefallen, mir zu vergeben, wenn ich vor Gott und den Heiligen feierlich erkläre, im vorliegenden Brief nichts zu Papier zu bringen, was gegen den wahren katholischen Glauben wäre [3], auch nicht, indem ich astronomische Berechnungen mit meinem Wissen verbinde.

Anm 1 [Skrofulose] So hieß eine früher nicht heilbare Tuberkulose der Haut und der Lymphknoten. Daran Erkrankte zu berühren, um sie zu heilen, gehörte zum hergebrachten Krönungszeremoniell französischer Könige, zuletzt unternommen im Juni 1775 von Ludwig XVI., der ein redlicher, im Glauben fester Mann war. Heilkraft wurde dem frisch gesalbten und gekrönten König als Zeichen der ihm zuteil gewordenen Gnade Gottes zugetraut. Wenn jemand "in verleumderischer Absicht" die Zeremonie und deren Erfolg untersucht, will er den Glauben der Beteiligten und die dem König verliehene Kraft verleumden. Es können nur Ungläubige und Gegner der Monarchie sein, die so etwas tun, will N. andeuten, und das seien dieselben, die ihn angriffen. Er bezichtigt also hier die Gegner seiner prophetischen Schrift pauschal des Unglaubens. Das erscheint uns als ein grober Keil, von dem man aber annehmen darf, daß er auf ebenso grobe Klötze gesetzt wurde. N. lebte in einer Zeit, die gerade wegen der aufbrechenden Kirchenspaltung zu Differenzierungen in Glaubensfragen nicht aufgelegt war. Man meinte bei jeder Einzelfrage, daß es immer gleich ums ganze gehe. Die unaufgeregte Haltung des Kaisers Karl V., für den 1530 die Lutherischen "nicht so teuflisch sind wie vorgebracht ist", wurde zu Lebzeiten des Sehers selten eingenommen. Für uns Erben der geschichtlichen Erfahrung scheint es leichter als für die Zeitgenossen des 16. Jahrhunderts zu sein, Menschen anderen Glaubens anzunehmen. Für uns ist wohl auch leichter einzusehen, daß der Gläubige prophetischer Rede mißtrauen oder nur beiläufiges Interesse entgegenbringen kann, weil er sie für sein Gottvertrauen nicht braucht - letzteres sicher die gesündeste Haltung dazu.

Anm 2 [Nachruhm] Nach seinem Tode werde man ihn besser begreifen und höher schätzen als zu Lebzeiten. Bis heute (2002) ist das nicht wirklich eingetroffen, denn das Jahrmarktsgeschrei hat mit Wertschätzung der Inhalte nichts zu tun. Aber 3/94 zufolge wird es auch erst in der Mitte des 21. Jahrhunderts sein, wenn auf einen Schlag jene Klarheit herrschen werde, von welcher N. sich seinen Nachruhm erwartet.

Anm 3 [Gehorsam] Daß er manche Wünsche, die man an die Zukunft knüpfen mag, wohl nicht erfüllen könne, ist blanke Ironie, die Gegnern pauschal Befangenheit im Subjektiven unterstellt, während es doch klar sein müsse, daß er als Seher in der Nachfolge der biblischen Vorgänger, (11), niemandem außer Gott zu gefallen den Wunsch haben könne. Die Angriffe gegen seine Gegner dienen wie die ausgiebigen Bibelzitate, (9), dem einen Ziel, sich als kirchentreuer, über allen

Verdacht erhabener Katholik zu zeigen. Wenn diese Selbstdarstellung hier demonstrativ überzogen wirkt und sicher auch dem Schutz der eigenen Person diente, sollte das aber nicht zu falschen Schlüssen verleiten. Man kann während der Lektüre seiner Schrift auch an unscheinbarem Ort, 1/31 (Bd.1), des öfteren den Eindruck gewinnen, daß des Sehers Kirchentreue und sein Christenglaube echt gewesen sind. Neben der Zukunft seines Heimatlandes ist es vor allem das Schicksal der katholischen Kirche und der christlichen Religion, das dem Seher am Herzen lag und seinem visionären Blick die Richtung vorgab.

(9) car l' espace de temps de nos premiers, qui nous ont precedez sont tels, me remettant sous la correction du plus sain iugement, que le premier homme Adam fut deuant Noé enuiron mille deux cens quarante deux ans, ne computant les temps par la supputation des Gentils (a), comme a mis par escrit Varron: mais tant seulement selon les sacrees Escriptures, & selon la foiblesse de mon esprit, en mes calculations Astronomiques. Apres Noe, de luy & de l vniuersel deluge, vint Abraham enuiron mille huictante ans, lequel a esté souuerain Astrologue (b), selon aucuns, il inuêta (c) premier les lettres Chaldeiques: apres vint Moyse enuiron cinq cens quinze ou seize ans, & entre le temps de Dauid & Moyse, ont esté cinq cens septâte ans là enuiron. Puis apres entre le temps de Dauid, & le temps de nostre sauueur & redempteur Jesus Christ, nay de l' vnique Vierge*, ont esté (selon aucuns Cronographes) mille trois cens cinquâte ans: pourra obiecter quelqu' vn ceste supputatiô n' estre veritable, pource qu' elle differe à celle d' Eusebe. Et depuis le temps de l' humaine redemption iusques à la seduction* detestable des Sarrazins, s' ont esté six cens vingt & un an, là enuiron,
(a) Alte Bedeutung des n.m. gentil: Heide.
(b) Mittellat. n.f. astrologie bedeutete das Studium der Sterne und ihrer Bewegungen, aber auch ihres Einflusses auf das Schicksal der Menschen, und der astrologue widmete sich beidem.
(c) Mittelfr. v. inventer 1. finden, entdecken (découvrir) 2. auf etwas kommen (s' aviser de).

Es waren nämlich die Zeiträume unserer ersten Vorfahren die folgenden, wobei ich mich der Korrektur durch das heiligste Urteil unterstelle. Der erste Mensch Adam lebte etwa 1242 Jahre vor Noah, dies aber nicht nach der Rechnung der Heiden, wie sie <u>Varro [1]</u> niedergelegt hat, sondern ganz allein nach der Heiligen Schrift und, sofern es die Schwäche meines Geistes zuläßt, nach meinen astronomischen Berechnungen. Etwa 1080 Jahre nach Noah und der weltweiten Sintflut kam Abraham, welcher ein sehr fähiger Astronom war und manchen zufolge die chaldäische Wissenschaft entdeckte. Etwa 515 oder 516 Jahre später kam Moses, und zwischen der Zeit Davids und Moses' sind es etwa 570 Jahre gewesen. Dann lagen zwischen der Zeit Davids und der Zeit unseres Retters und Erlösers Jesus Christus, geboren von der einzigartigen Jungfrau, 1350 Jahre (einigen Chronisten zufolge). Man wird einwenden können, diese Rechnung sei nicht wahrheitsgetreu, weil sie von jener des <u>Eusebius [1]</u> abweiche. Und von der Zeit der Erlösung des Menschen bis zu der abscheulichen <u>Verführung der Sarazenen [2]</u> sind ungefähr 621 Jahre vergangen.
Anm 1 [Varro und Eusebius] N. ergänzt in diesem Abschnitt sein soeben vorgetragenes Bekenntnis der Treue zum katholischen Glauben, indem er sich der obersten Autorität Roms in Auslegungsfragen unterwirft. Wie das einleitende

Vorrede an Heinrich II. (VH)

Wörtchen "nämlich" zeigt, will er vor allem seinen Gehorsam unterstreichen, indem er die Berechnung der seit der Erschaffung Adams verstrichenen Zeit ausschließlich auf die Heilige Schrift gründet und einen Gelehrten wie Varro wegen seines Heidentums demonstrativ ablehnt. In Wahrheit geht es ihm also gar nicht um diese Zählung selbst, erkennbar auch daran, daß der Einwand, seine Rechnung weiche ab von der des Eusebius, zwar vorgetragen, aber nicht diskutiert wird. Eusebius von Cäsarea verfaßte eine Geschichte der Kirche, war einer der sogenannten Kirchenväter und dient hier dazu, Gelehrsamkeit durchblicken zu lassen.

Anm 2 [Verführung der Sarazenen] Im Mittelalter hießen die nach Europa und Afrika vorgedrungenen Muslime auch Sarazenen, womit hier die Anhänger Mohammeds überhaupt gemeint sind. Dessen Auszug aus dem im Götzendienst befangenen Mekka, die sog. Hedschra im Jahr 622, markiert den Beginn der islamischen Zeitrechnung. Indem er die Begründung des Islam als abscheuliche Verführung bezeichnet, will N. erneut seine stramm christliche Gesinnung unter Beweis stellen und gibt sich als Kind seiner Zeit zu erkennen, die erst mühsam und unter viel Blutvergießen zu lernen begann, wie das Wort Toleranz buchstabiert wird.

(10) depuis en ca l' on peut facilement colliger quel temps sont passez, si la miène supputation n' est bonne & valable par toutes nations, pource que le tout a esté calculé par le cours celeste*, par associacion d' esmotiô infuse à certaines heures delaissees par l' esmotion de mes antiques progeniteurs: Mais l' iniure **(a)** du temps, ô serenissime Roy, requirent que tels secrets euenemens ne soyent manifestez, que par aenigmatique sentence, n' ayant qu' vn seul sens, & vnique intelligence **(b)**, sans y auoir rien mis d' ambigue n' amphibologique calculation:

(a) Mittelfr. injure 1. Ungerechtigkeit (injustice) 2. Unrecht (tort) 3. Kränkung (offense).
(b) Mittelfr. n.f. intelligence auch: Sinn, Verständnis (von Worten).

Von da an <u>kann man nach all dem leicht überblicken</u>, welche Zeiten verstrichen sind, <u>ob meine Berechnung gut und für alle Nationen gültig ist [1]</u>, derzufolge alles nach dem Lauf der Sterne kalkuliert ist zusammen mit der Erschütterung, die in bestimmten einsamen Stunden in mich einströmte, jener Erschütterung, mit der schon meine antiken Vorgänger geschlagen waren. Doch <u>die Ungerechtigkeit der Zeit</u>, o huldreichster König, <u>erfordert, daß solche geheimen Ereignisse nicht anders als in verrätseltem Sinnspruch zum Vorschein kommen [2], der aber nur einen einzigen Sinn und eine einzige Bedeutung hat, ohne auf zweideutige oder doppelsinnige Berechnung gestellt zu sein [3]</u>.

Anm 1 [Biblische Autorität] Die dem hl. Malachias des 12. Jahrhunderts zugeschriebene Päpsteweissagung geht auf einen Autor des 16. Jahrhunderts zurück, der prophetisch begabt war, aber meinte, seine Sinnsprüche um >bereits erfüllte Weissagungen< nach rückwärts ergänzen zu sollen, um ihre Glaubwürdigkeit zu heben (Troll 1985). Wenn N. von seiner Aufreihung der Lebensalter biblischer Gestalten sagt, daß sich seine Berechnungen auch auf diese vergangenen Zeiten bezögen, will er ihnen damit die gediegene Glaubwürdigkeit der Bibel verleihen und versucht wie der Autor der Päpsteweissagung, die eigene Autorität mit einem zweifelhaften Mittel zu stärken. Denn auch wenn die Jahresangaben korrekt im Sinne der Übereinstimmung mit Rom abgezählt sein sollten und auch wenn er aus Konstellationen vergangener Zeiten seine Schlüsse gezogen haben mag, folgt

Vorrede an Heinrich II. (VH)

daraus nicht, daß seine "astronomischen Kalkulationen" auch für die Zukunft richtig sind. Um die Glaubwürdigkeit seiner Schrift zu erhöhen, hätte der Autor der Centurien i n h a l t l i c h e Parallelen zwischen eigener und biblischer Prophetie aufzeigen müssen. Sein Versuch, sich das Gewand biblischer Autorität anzulegen, ist also untauglich und zudem überflüssig: N. ist selbst Urheber, der für die Anerkennung des von ihm >Gehobenen< nichts tun kann, vielmehr genug daran tut, es zur Verfügung zu stellen. Einer Bestätigung von außen bedarf seine Prophetie nicht, sie kann eintreffen, o b w o h l seine Beweisführung unter Berufung auf die Bibel scheitert. Mit ihr zugleich scheitert die Version von N. als dem begnadeten Hochstapler, der alle Welt narrt, denn sein Versuch, die eigene mit fremder Autorität zu stärken, ist durchschaubarer als der seines Zeitgenossen, und er geht dabei weniger dreist zu Werk als der Autor der Päpsteweissagung.

Anm 2 [Notwendigkeit der Verdunklung] Daß es Neider und Denunzianten gab, war e i n Grund, sich unklar und mehrdeutig auszudrücken, denn im Klartext hätte manches Anstoß erregt bei den Herrschenden, (5). Über diese "Ungerechtigkeit der Zeit" hinaus gibt es einen weiteren Grund für die Verschleierung. Wenn Weissagung in die Niederungen des geschichtlichen Daseins der Menschen hinabsteigt, kann sie in dem Maß, wie sie verstanden wird, sich als Eingriff in die Willens- und Handlungsfreiheit auswirken, was sie keinesfalls darf. Umreißt sie nicht das Geschehen der Gestalt der Heilsgeschichte auf dem Weg zu ihrer Vollendung, sondern nur die Resultate, muß sie so dunkel und vieldeutig formuliert sein, daß die Ereignisse erst nach ihrem Eintreffen ablesbar werden. Die Alternative wäre, daß man diese Dinge für sich behält und sich auf die Grundlinien des Bildes beschränkt, wozu N. sich aber offenbar nicht entschließen konnte.

Anm 3 [Möglichkeit der Deutung] Trotz des Anscheins der vielfachen Deutbarkeit hat seine Prophetie aber nur einen Sinn, das jeweils Gemeinte ist Eines und nicht beliebiges Vieles. Das teilt hier der Autor, der es wohl wissen muß, ganz klar mit. Wer also der Ansicht ist, es könne jeder das Gewünschte herauslesen, irrt sich, sollte aber nicht bedrängt werden, von seinem Irrtum zu lassen. Wer dagegen vermutet, es müsse neben den vielen Fehldeutungen doch auch eine jeweils zutreffende Deutung geben, die zu dem in Wahrheit Gemeinten vordringt, darf sich ermuntert fühlen, auf die Suche zu gehen.

(11) mais plustost sous obnubilee (a) obscurité par vne naturelle infusion approchant à la sentence d' vn des mille & deux Prophetes, qui ont esté depuis la creation du monde, iouxte la supputation & Chronique punique de Ioel, *Effundam spiritum meum super omnem carnem & prophetabunt filii vestri, & filiae vestrae.* Mais telle prophetie procedoit de la bouche du sainct Esprit, qui estoit la souueraine puissance eternelle, adioincte auec la celeste à d' aucuns de ce nombre ont predit de grandes & esmerueillables aduentures: Moy en cest endroict ie ne m' attribue nullement tel tiltre. ja (b) à Dieu* ne plaise, ie confesse bien que le tout vient de Dieu*, & luy en rends graces, honneur, & louange immortelle, sans y auoir meslé de la diuination que prouient à *fato* (c): mais à *Deo*, à *natura*, & la pluspart accompagnee du mouuement du cours celeste*, tellement que voyant comme dans un mirouer ardant, comme par vision obnubilee, les grands euenemens tristes, prodigieux, & calamiteuses aduentures qui s' approchent par les principaux culteurs.

(a) Altfr. v. obnubler mit Wolken bedecken, verdunkeln, > lat. v. obnubilare verhüllen.
(b) Mittelfr. adv. ja 1. schon, bereits (dèja) 2. sofort, gleich (tout à l' heure).
(c) Lat. n.n. fatum (eigentlich: Spruch) 1. Götterspruch 2. Schicksal 3. Verhängnis.

- 409 -

Vorrede an Heinrich II. (VH)

Nur in nebligem Dunkel bei natürlichem Einfließen nähere ich mich dem, was einer von tausendundzwei Propheten, die es seit der Erschaffung der Welt gegeben hat, der Zählung und punischen Chronik [2] zufolge, (nämlich) Joel sagte: "Ich will meinen Geist über alles Fleisch ausgießen, und es werden weissagen eure Söhne und eure Töchter." [1] Doch solche Prophetie ging aus dem Munde des Heiligen Geistes hervor, der unumschränkten ewigen Macht, und mit dieser himmlischen (Macht) verbunden, haben einige aus der Zahl (der Propheten) große und wunderbare Begebenheiten vorausgesagt. Mir lege ich hier keinesfalls einen solchen Titel zu. Das mißfiele Gott sogleich, von dem, ich bekenne es wohl, alles kommt, dem ich dafür Dank, Ehre und ewiges Lob erweise, und in dessen Sehergabe ich nichts hineingemischt habe, was von einem Schicksalsspruch herrührt [3]. (Es kommt) vielmehr (alles) von Gott, von der Natur, das meiste begleitet vom Lauf der Gestirne derart, daß ich wie durch einen Brennspiegel, wie vernebelten Blicks die traurigen, ungeheuerlichen Ereignisse und unheilvollen Irrfahrten sehe, die herannahen durch die fürstlichen Landbesteller [4].

Anm 1 [Joel] N. stellt sich hier in die Reihe der alttestamentarischen Propheten. So wie die wahren Propheten Gottes an dessen Geist, der in sie eingegossen wurde, ihren Anteil hatten, will auch er seine "natürliche Eingebung" als das Einfließen (infusion) des Heiligen Geistes verstanden wissen. Das Joel-Zitat zieht N. als Beleg dafür heran, daß immer und überall Seher und Propheten aufstehen können und die Menschen sich dann, wenn es geschieht, darüber nicht wundern brauchen. Mancher Theologe wird einwenden, daß die Ankündigung Joels durch die Pfingstereignisse (Apg 2) erfüllt sei. Aber Joel 31 steht in apokalyptischem Zusammenhang, Joel 33-5, und ist somit nicht zeitlich eingrenzbar und bestimmbar, weil der biblischen Apokalyptik darum nicht geht. Die Ereignisse nach der Himmelfahrt Christi s i n d eine Erfüllung von Joel 31, ohne diese Ankündigung geschichtlich auszuschöpfen. Mit der Liebe als dem Grundwesen Gottes wäre es nicht vereinbar, sich den Menschen einmal zu offenbaren und sie dann alleinzulassen, denn: "Ich bin bei euch a l l e Tage bis ans Ende der Welt", Matth 2820.

Anm 2 [Punische Chronik] Eine "punische Chronik", aus der hervorgeht, daß es 1002 Propheten gegeben habe, ist nicht bekannt geworden. Über Nordafrika, wo in der Antike die Punier siedelten, sind Elemente der morgenländischen Kultur nach Europa gekommen. Dazu gehören die Märchen von Sindbad dem Seefahrer, von Aladin mit der Wunderlampe und anderen Gestalten des Orients, die Märchen aus tausendundeiner Nacht. Was er, Nostradamus, zu sagen habe, sei ja vielleicht nur ein weiteres, ein tausendundzweites Märchen aus dem Orient, deutet er hier an. Ernst meint er das nicht, sondern will mit hintergründigem Humor zu verstehen geben, er wisse schon, daß mancher seine Schrift so auffassen und abtun werde. Er lacht über jene, die über ihn lachen, weil er weiß, daß er keine Märchen erzählt.

Anm 3 [Vision und Wort] Seine Ablehnung des Titels Prophet ist nicht nur eine Geste der Demut. Im Unterschied zu den biblischen Propheten, deren Rede nach Meinung N.s unmittelbar "aus dem Munde des Heiligen Geistes hervorging", ist er nicht unmittelbar Sprachrohr Gottes, behauptet nicht, eine Verbalinspiration wiederzugeben. Er versteht sich vielmehr ausdrücklich als Seher, hat Visionen gehabt, die in Worte übersetzt werden mußten, wenn er etwas davon mitteilen wollte. Dabei habe er in die Sehergabe nichts, "was von einem Schicksalsspruch herrührt" (que provient à fato), hineingemischt. Was von einem Schicksalsspruch herrührt, ist dessen zweifelhafte oder bezweifelbare Deutung. Er behauptet also allen Ernstes, bei der Übertragung seiner Visionen in Worte die Visionen nicht gedeutet zu haben, >nur das wiederzugeben, was er gesehen hat<. Er m e i n t damit sicherlich nur, daß er ehrlich war, nichts aus Eigenem hinzugefügt oder gefälscht hat, gibt damit aber auch zu erkennen, daß er den Prozeß, der aus Visionen Vierzeiler werden ließ, nicht reflektiert hat. Wer Bilder beschreibt, ihren Inhalt wiedergibt, kann nicht umhin, sie auch zu deuten, und er wird das vor dem Hintergrund seines Wissens und seiner Erfahrungen tun. So hat auch N. seine Visionen vor dem Hintergrund seiner persönlichen Bildung, seines geschichtlichen Wissens, seiner politischen Überzeugung und vor allem seines Glaubens gedeutet, ohne sich darüber sonderlich Rechenschaft zu geben. Um so mehr muß, wer die Aufzeichnungen des Sehers begreifen will, dessen Weltbild herausarbeiten.

Anm 4 [Fürstliche Landpfleger] Dazu geben die "fürstlichen Landpfleger" gleich Gelegenheit. Im Gleichnis vom Weizen und vom Unkraut, Matth 13 24-30,36-43, bedeutet >der Acker< die Welt. "Der gute Same, das sind die Kinder des Reiches, und das Unkraut sind die Kinder des Bösen". Dieser >Acker< ist verflucht um der Sünde Adams willen, Gen 3 17, und doch kann in ihm das Himmelreich gleich einem verborgenen Schatz gefunden werden, Matth 13 44. Die Fürsten sind eingesetzt, den >Acker< zu bestellen, dem Unkraut zu wehren, das Wachstum des Weizens zu fördern. Damit sind sie Diener der Menschen, sollten es jedenfalls sein. Wenn sie von ihrer dienenden Aufgabe abweichen und die Herrschlust allerorten ins Kraut schießt, wenn man sie deshalb schließlich von ihrem >Acker< vertreibt, werden die "traurigen Ereignisse und unheilvollen Irrfahrten" heraufbeschworen, die der Seher erschaute und deren Grund er sich so erklärt.

(12) Premierement des temples* de Dieu*, secondement par ceux qui sont terrestrement sousstenus s' aprocher telle decadence, auecques mille autres calamiteuses aduentures, que par le cours du temps on cognoistra aduenir: car Dieu* regardera la longue sterilité de la grande dame*, qui puis apres conceura deux enfans* principaux: mais elle periclitant (a), celle qui luy sera adioustee (b) par la temerité de l' aage de mort periclitant (a) dedans le dixhuictiesme, ne pouuant passer le trentesixiesme qu' en delaissera trois masles, & vne femele, & en aura deux, celuy qui n' en eut iamais d' vn mesme pere, des trois freres seront telles differences, puis vnies & accordees, que les trois & quatre parties de l' Europe trembleront*:

(a) Mittelfr. v. pericliter 1. Schiffbruch erleiden (faire naufrage) 2. untergehen, von einer Stadt gesagt (périr en parlant d' une ville) 3. einer Gefahr aussetzen (exposer à un danger).
(b) Mittelfr. v. adjouster 1. verbinden (joindre), noch hinzusetzen (mettre en plus) 2. einen, vereinen (unir).

<u>Erstens den Tempeln G o t t e s, zweitens den i r d i s c h Unterstützten nähert sich ein gewaltiger Verfall [1]</u>, zusammen mit tausend anderen unheilvollen Begebenheiten, die man im Lauf der Zeit kommen sehen wird. In der Folge wird Gott die <u>lange Unfruchtbarkeit der großen Dame [1]</u> sehen, die darauf dann zwei fürstliche Kinder empfangen wird. Doch sie gerät in Gefahr, es gerät jene, die ihm verbunden werden wird, wegen der Leichtfertigkeit des Alters in <u>Todesgefahr im achtzehnten (Jahr), kann das sechsunddreißigste (Jahr) nicht überschreiten [2]</u> und wird <u>drei männliche (Kinder) [3]</u> und ein weibliches (Kind) hinterlassen. <u>Daraufhin</u>

wird jener zwei (Kinder) haben, der noch nie von ein und demselben Vater (empfangen) hatte [4]. Unter drei Brüdern wird es große Zwistigkeiten geben, dann werden sie geeint und einträchtig sein, so daß drei und vier Teile Europas erbeben werden [3].

Anm 1 [Verfall und Unfruchtbarkeit] Mit den irdisch Unterstützten ist der Adel gemeint, dessen Unterhalt das Volk bestritt. Auf die Kirchen sieht N. den "Niedergang" ihrer geistlichen Autorität und auf den Adel einen Verfall seiner Macht zukommen. Weil Ortsangaben fehlen, hätte man diese Ankündigung auch im Vorwege richtig gedeutet, wenn man sie auf ganz Frankreich und darüber hinaus ganz Europa bezogen hätte. Durch diesen Verfall werde >die große Dame unfruchtbar< werden. Die große Dame ist hier ein Bild für die Christenheit in ihrer weltlichen Verfassung. Denn sie ist es, die keine Herrscher mehr von Gott >empfängt<, da sie den Glauben als Grundlage legitimer Herrschaft ablehnt, **2/8** (Bd.1). Das werde "lange" gehen, doch dann werde Gott das von ihm aus Nötige tun, die >Dame< werde, freilich ohne ihr Wissen, >empfangen<, d.h. es werden die späteren Könige geboren.

Anm 2 [Jahresangaben] Eine sichere Deutung kann es heute nicht geben. Das Jahr der >Empfängnis< müßte den Ausgangspunkt bilden. Der spätere König von Europa, 10/86, wird wohl im August 1999 geboren, "an nächtlichem Tag", 5/41. N. erkennt in ihm einen vom Himmel gesandten Herrscher, **10/72 Vz 2**, was zu der hier erklärten >Vaterschaft Gottes< paßt. Die >Dame<, nämlich die (europäische) Christenheit, trägt daraufhin "einen Männlichen" aus, Sz 4 Vz 5, soll heißen einen König. Die Christenheit Europas wird ihm "verbunden" werden, d.h. ihn zum >Gatten< nehmen, wenn er sich durchgesetzt haben wird, **6/24**.

(Es sind z w e i Sinnbilder: 1) ist der Herrscher >Kind< des ganzen Volkes. Dieses >empfängt< ihn bei seiner Geburt, die >Schwangerschaft< ist die Zeit des Aufwachsens, und bei der >Geburt< tritt dieser Sohn seines Volkes die Herrschaft an; 2) Wenn das Volk >heiratet<, erkennt es den >Gatten< an als seinen Herrn.)

Zuvor aber wird sie, die europäische Christenheit, im 18. Jahr ihrer >Schwangerschaft< in tödliche Gefahr geraten, demnach um 2017. Parallelen zur "Leichtfertigkeit des Alters" könnten die "Nachlässigkeit" in 1/73 und die Verträumtheit in **2/73 Vz 4** sein. Was der >Tod der Dame< mit 36 bedeutet, ist ungeklärt, ebenso, um wen es sich bei dem zweiten "fürstlichen Kind" handelt.

Anm 3 [Drei männliche Kinder] Nachdem zunächst nur "zwei fürstliche Kinder" auf den Plan getreten waren, sind nach dem Tod der >Dame< vier Kinder zu erkennen, darunter drei männliche Kinder. "Drei Brüder" bringen in 8/17 die Welt durcheinander, sind wie hier auch in 6/7 "geeint" und greifen von den Rändern des Kontinents aus nach der Herrschaft über Europa, heißen in 8/18 Lilienbrüder und bringen die vom globalen Regime ausgehende Bedrängung zum Stillstand, indem sie einen Krieg auf europäischem Boden entfesseln, 8/46. Der Widerspruch zwischen der Eintracht der drei Brüder und dem von ihnen ausgelösten kriegerischen Beben ganz Europas würde sich auflösen, nähme man an, daß die betreffenden militärischen Führer im Widerstand gegen die Fremdherrschaft geeint sind und erst ihr Zusammenschluß sie den Versuch wagen läßt, den gemeinsamen Gegner niederzuringen.

Anm 4 [Der noch nie empfangen hat] Dem Bilde nach müßte es eine >sie< sein, die empfängt oder nicht empfängt, aber im Text steht in allen Ausgaben celuy jener. Es muß ein Volk gemeint sein, das noch nie einen christlich legitimierten

Herrscher hatte. Obwohl es sich als gern >Gottes eigenes Land< versteht, kommen da hauptsächlich die USA in Betracht, die aus der Gegnerschaft gegen die alte Ordnung in Europa entstanden sind. Es ist vielleicht seine militärische Potenz, die in der alten Anschauung untrennbar zum Herrschertum gehört, weshalb dieses Volk als männlich angesprochen wird. Doch es werden dort dann gleich zwei Herrscher auftreten. Die folgenden Angaben unter (13) zu den Aktivitäten dieser beiden >anderen Kinder< passen zu der hier gegebenen Deutung dessen, "der noch nie empfangen hat".

(13) par le moindre d' aage sera la monarchie Chrestienne sousteneu, augmentee: sectes* esleuees, & subitement abaissees, Arabes reculez, Royaumes vnis, nouuelles Loix* promulguees: des autres enfans* le premier occupera les Lions* furieux coronnez, tenants les pattes dessus les armets (a) intrepidez. Le second se profondera (b) si auant par les Latins accompagné, que sera faicte la seconde voye (c) tremblante* & furibonde au mont louis* (d) descendant pour monter aux Pyrenees, ne sera translatee (e) à l' antique monarchie,
(a) Mittelfr. n.m. armet leichter Helm.
(b) Mittelfr. v. profonder vertiefen, tief eindringen (approfondir); lat. se profundere sich ergießen lassen, hervorstürzen
(c) Altfr. n.f. voie 1. Straße, Weg 2. Reise, Fahrt (voyage) 3. Wallfahrt (pélerinage).
(e) Lat. p.p.p. (von transferre) translatum hinübergebracht.

<u>Durch das jüngere (Kind) wird die christliche Monarchie verteidigt und gestärkt werden, Sekten finden Zulauf und verschwinden plötzlich in der Versenkung, Araber werden zurückgedrängt, Königreiche geeint, neue Gesetze verkündet [1]. Das erste der anderen Kinder wird die grimmigen gekrönten Löwen in seinen Besitz bringen, die furchtlos die Pranken über die Helme schützend halten [2]. Das zweite wird tief eindringen und weit vorankommen, von den Lateinern begleitet, und so wird der zweite zornbebende Zug zum Berg Jupiters unternommen [3].</u> Von dort geht der Zug hinunter, um die Pyrenäen zu erklimmen, wird aber nicht zur antiken Monarchie hinübergelenkt werden.

Anm 1 [Die Zeit der vier >Kinder<] Es ist von denselben "fürstlichen Kindern" wie in (12) die Rede. >Kinder< heißen die Gemeinten, solange sie sich die Herrschaft noch nicht erkämpft haben. Das Attribut >fürstlich< erhalten sie, weil der Seher sie als gottgesandt daran erkennt, daß sie die Freiheit der christlichen Religion verteidigen. Dabei werden sie sich vor allem der Araber erwehren müssen, die ihr Reich nach der Jahrtausendwende bis nach Europa ausdehnen, **6/80**, und nach ihrer Unterwerfung durch den Weltherrscher eingesetzt werden, den Kontinent gleichzuschalten, **9/80**. Seine Freiheit wird Europa daher nur wiedererlangen, wenn die Araber hinausgeworfen werden, **5/74**. Über die Sekten, die Zulauf haben und plötzlich wieder verschwinden, ist in (14) zu erfahren, daß eine starke Strömung innerhalb der katholischen Kirche sich den Anhängern des Weltherrschers verbinden wird, und in (15), daß außereuropäische Religionen starken Zulauf haben werden. Die Reiche, die im Verlauf des Krieges um die Befreiung Europas geeint werden, könnten Spanien und Frankreich sein, **4/5**.

Anm 2 [Das erste der anderen Kinder] Die "anderen Kinder" scheinen Kinder dessen sein, "der noch nie empfangen hat", und sind, wenn letzteres eine Chiffre für die USA ist, Anm 3 zu (12), von dort kommende Feldherren. Der erste von ihnen wird, wohl aus strategischen Gründen und wegen der historischen Verbun-

Vorrede an Heinrich II. (VH)

denheit, zunächst die Kontrolle über die "grimmigen gekrönten Löwen" zu gewinnen suchen und dieses Ziel auch erreichen. Damit ist England gemeint, wo gekrönte Löwen in den Wappen besonders gern auftraten und, wenn sie dabei als Helmzier dargestellt waren, ihre Pranken über den Helm reckten.
Anm 3 [Das zweite der anderen Kinder] Der zweite von Nordamerika kommende Feldzug wird "zornbebend" vorgetragen. Es könnte da jener Zorn gemeint sein, der sich an der Bedrängung der europäischen Christen durch das globale Regime entzündet, 5/13. Das Ziel des Zuges bildet der "Berg Jupiters", womit hier aber kein Ort in Griechenland (Olymp) gemeint ist. Jupiter ist eine Deckname für den Weltherrscher, **10/71**, und wenn sein >Ort< erkämpft werden soll, geht es um nichts weniger als die Weltherrschaft. Es scheint hier, daß Amerika dann nicht mehr wie noch anfangs, **8/74**, mit >Jupiter< verbündet ist. Denn sonst könnten sie nicht dessen >Ort< erkämpfen wollen. -   Ein Landungsort scheint in Nordostspanien zu liegen, 10/11, am 42. Breitengrad, (37). Doch bis Rom (oder >Rom<) vorzudringen, gelingt offenbar nicht.

(14) sera faicte la troisiesme inondation* de sang humain, ne se trouuera de long temps Mars* en caresme. Et sera donnee la fille par la conseruation de l' Eglise Chrestienne, tombant **(a)** son dominateur à la paganisme secte* des nouveaux infideles, elle aura deux enfans*, l' un de fidelité, et l' autre d' infidelité par la confirmation **(b)** de l' Eglise Catholique. Et l' autre qui à sa grande confusion & tarde repentance la **(c)** voudra ruiner.
(a) Mittelfr. v. tomber 1. hinunterwerfen, zugrunderichten (faire tomber, faire culbuter) 2. hinunterfallen, purzeln (tomber, culbuter) 3. fallen, stürzen (tomber de haut en bas).
(b) N.f. confirmation 1. Bestätigung, Bekräftigung 2. Einsegnung, Konfirmation.
(c) "la" könnte die zuvor erwähnte "heidnische Sekte" sein. Aber das "andere Kind der Untreue" sind jene Kinder der >Mutter Kirche<, die ihren Herrn in die "heidnische Sekte" stürzen, weil sie sich von ihr etwas versprechen (Befestigung), nicht weil sie sie zerstören wollen. Zerstören wollen sie, ob bewußt oder nicht, die katholische Kirche.
<u>**Es wird stattfinden die dritte Überschwemmung mit Menschenblut [2], Mars wird sich nicht lange in Enthaltsamkeit üben. Und es wird hingegeben werden die Tochter zur Erhaltung der christlichen Kirche, indem sie ihren Herrscher in die heidnische Sekte der neuen Ungläubigen stürzt, woraufhin sie zwei Kinder haben wird, ein Kind der Treue, das andere (ein Kind) der Untreue zur Befestigung der katholischen Kirche [1].**</u> Und das andere (Kind) wird in seiner großen Verwirrung und mit spätem Bedauern trachten, sie zu zerstören.
Anm 1 [Katholische Kirche und heidnische Sekte] Es ist von der "katholischen Kirche" und zu Anfang von der "christlichen Kirche" die Rede. Da letztere aber einen "Herrscher" (dominateur) hat, kann damit auch nur die katholische Kirche gemeint sein, weil es in den protestantischen Kirchen keinen dem Papst vergleichbaren "Herrscher" gibt. Für N. war christliche und katholische Kirche noch dasselbe. Die Rede von "Kindern" bzw. "der Tochter" im Zusammenhang mit der Kirche meint das Volk der Gläubigen, das Kirchenvolk, **8/19**. Zunächst tritt >die< Tochter ins Blickfeld, dann sind es >zwei Kinder<. Daran ist ablesbar, daß die katholische Kirche zunächst noch eine Einheit bildet, sich dann aber spaltet. Die katholische Kirche werde ihr Oberhaupt in "die heidnische Sekte der neuen Ungläubigen stürzen", woraufhin ihm ein Teil der Gläubigen zu folgen bereit ist, die N. "Kind der Untreue" nennt. Dagegen hält das "eine Kind" am alten Glauben fest, bleibt ihm treu. Eine der historischen Spaltungen, als deren Grund die

Vorrede an Heinrich II. (VH)

Abweichler angaben, daß der Papst selbst vom wahren Glauben abweiche, kann hier nicht gemeint sein, weil es dabei in keinem Fall die Stellungnahme des Papstes zu einer "heidnischen Sekte", einem "heidnischen Bekenntnis" war, welche die Spaltung auslöste. Am ehesten wäre noch an die Stellungnahmen der römischen Kirche zu den faschistischen Ideologien und Regimen im Europa der 20er und 30er Jahre des 20. Jahrhunderts zu denken, die umstritten waren, doch zu keiner Spaltung der Gläubigen geführt haben. Und von Verschwörungstheorien im Zusammenhang mit Logen usw. können wir ganz absehen, da sich die gemeinten Vorgänge öffentlich abspielen, erkennbar daran, daß die Gläubigen sich dazu ins Verhältnis setzen können. So ist zu folgern, daß die gemeinten Vorgänge heute (1997) noch in der Zukunft liegen. - In der Zeit der großen, hier in (18) und (19) erwähnten Naturkatastrophen ist mit dem erstmaligen Erscheinen jenes Mannes zu rechnen, der als >wiedergekommener Heiland< gefeiert werden wird und in dem der Seher die letzte und machtvollste Verkörperung des heidnischen Prinzips erkennt. Dieses zeitliche Zusammentreffen wird vielerorts erkennbar, z.B. in 2/45. Die christlichen Kirchen werden erklären müssen, wie sie zu dem neuen Mann stehen. Daß sich die katholische Kirche nach inneren Auseinandersetzungen positiv zu dem neuen Mann stellen wird, ist mehrfach belegt, 5/46 m.w.N. - <u>Über das Motiv für das Bündnis mit der "heidnischen Sekte" ist hier zu erfahren, daß es um die "Erhaltung" bzw. "Befestigung" der katholischen Kirche geht,</u> die in 5/49 als "schwankender Kahn" ins Bild tritt, demnach in ihrer Existenz bedroht ist.

Anm 2 [Dritte Überschwemmung mit Menschenblut] Wenn der römische Kriegsgott ein drittes Mal losschlägt, wird damit blumig ein "dritter" großer Krieg angekündigt. In (19) spricht N. vom "ersten Holokaust" in einem Zusammenhang, der darauf schließen läßt, daß er damit den ersten Weltkrieg meint, dort also in gleicher Weise zählt, wie es im 20. Jahrhundert üblich geworden ist. Daraus wäre zu folgern, daß hier ein dritter Weltkrieg angesagt ist. Nachdem die in (12) einsetzenden und in (13) fortgeführten Vorgänge der Reihe nach erzählt wurden und zuletzt Zeiten im 2. und 3. Jahrzehnt des 21. Jahrhunderts gemeint waren, müßte man für die Zeit dieses Krieges einen entsprechenden Schluß ziehen. Es könnte hier aber auch das erste Beispiel dafür vorliegen, daß N. seine Ausführungen abbricht und in einer f r ü h e r e n Zeit neu ansetzt, um das Gebotene aus anderer Perspektive anzureichern. Solche >Rückblenden< finden sich des öfteren, werden teils offen ausgewiesen, teils aber verdeckt in die Ausführungen eingebaut, um den Zugang zu erschweren, (31). Nachdem die in Anm 1 besprochenen, die christlichen Kirchen betreffenden Vorgänge wahrscheinlich bereits in der Zeit um die Jahrtausendwende einsetzen werden, dürfte für die zuvor angeführte "dritte Überschwemmung mit Menschenblut" das gleiche gelten. Es scheint, daß die Nahtstelle zwischen (13) und (14) den ersten zeitlichen Bruch in der Vorrede bildet.

(15) seront trois regions par l' extreme difference des ligues, c' est assauoir la Romanie (a), la Germanie, l' Espaigne, qui feront diuerses sectes* par main militaire, delaissant le 50 et 52. degrez de hauteur (b), & feröt tous hômage des religions loingtaines aux regions de l' Europe & de Septentrion de 48. degr. d' hauteur (b), qui premier par vaine timidité tremblera*, puis les plus occidentaux, meridionaux et orientaux trembleront*, telle sera leur puissance, que ce qui se fera par concorde & vnion insuperable des

conquestes belliques. De nature seront esgaux: mais grandement differentz de foy.
(a) Der lat. Eigenname Romania bezeichnete das ganze antike Imperium der Römer. Aber bei N. ist Romanie ein Name für Italien, was hier dadurch deutlich wird, daß Romanie in einer Reihe mit Germanie und Espaigne genannt wird. Vgl. 8/60, 4/82.
(b) Die Einteilung der Hemisphäre in Breitenkreise war zu N.s Zeiten lange bekannt, sie müßte den heutigen Breitengraden entsprechen, vorbehaltlich der "großen Versetzung" durch die Ereignisse nahe der Jahrtausendwende, VH (18).

Es werden drei Regionen sein, die äußerst verschiedene Bündnisse eingehen, nämlich Römerland, Germanien und Spanien, welche verschiedene Sekten mit der Macht des Militärs bilden [1], und dabei den 50. und 52. Breitengrad aufgeben. Sie werden allesamt Religionen huldigen, die weit entfernt sind von europäischen Gegenden [2] und vom 48. nördlichen Breitengrad. Dieser wird als erster in eitler Furcht erbeben, dann werden die weiter westlichen, südlichen und östlichen Regionen erbeben. Ihre Macht wird so beschaffen sein, daß erst ihre Eintracht und Einheit sie unüberwindlich bei kriegerischen Eroberungen macht. Ihrer Natur nach werden sie gleichartig sein, aber ganz verschieden in ihrem Glauben.

Anm 1 [Zeitliche Einordnung] Es wurde vermutet, daß hier der europäische Faschismus gemeint sei, doch spielten a u ß e r europäische Religionen damals keine Rolle, und Mitteleuropa (50. und 52. Breitengrad) wurde nicht aufgegeben. In Deutschland wurde nationale Romantik mit aufgewärmten germanischen Mythen bedient, und der Wahn von der >arischen Rasse< wurde mit dem Mythos vom >Reich< vermengt. Die italienischen Faschisten wollten die antike Größe Italiens wiederbeleben, waren ebenfalls an e u r o p ä i s c h e r Vergangenheit orientiert, 8/66 (Bd.1). Zudem scheint es hier, daß Europa durch die Bündnisse, die man dort mit außereuropäischen Mächten eingeht, bedroht wird, während damals die faschistisch beherrschten Staaten zur Bedrohung für ihr Umfeld wurden. Daraus ist abzuleiten, daß die Erzählfolge, die in (14) neu ansetzte, hier n i c h t erneut abgebrochen wird, die gemeinten Vorgänge sich vielmehr an (14) anschließen.

Anm 2 [Religiöse Landschaft im Nachkriegseuropa] Der Bereich des Glaubens wird nach der "Zerstörung von allem", (22), eine ungeahnte Aufwertung erfahren, und es werden dann die christlichen Kirchen "wieder aufgerichtet" werden, (22). Daneben scheint es Bekenntnisse zu geben, die sich an außereuropäischen Religionen, vor allem wohl am Islam orientieren, 3/27, und, das deuten die "Bündnisse" an, auch politisch von außerhalb unterstützt werden. Zudem wird dann bald eine "heidnische Sekte" von sich reden machen, nämlich die Anhänger des >wiedergekommenen Heilandes<, (14). Die sich auf ihn berufenden Gruppen werden militant ausgerichtet sein, 3/67, nämlich militant pazifistisch. Das läßt sie in Verbindung mit der Unterstützung von außen zu einer Bedrohung werden, zumal auch von Eroberungen die Rede ist. - Die "Eintracht und Einheit" dieser ideologisch sehr verschiedenen Sekten könnte darin bestehen, daß sie den >neuen Heiligen<, 10/30, als oberste Autorität anerkennen, wozu sich auch die katholische Kirche unter ihrem letzten Papst bereitfinden wird, (14). Daß eine Vielfalt von Bekenntnissen noch möglich ist ("ganz verschieden in ihrem Glauben"), macht es wahrscheinlich, daß hier die Zeit der >Weltfriedensordnung< gemeint ist. - Wofür der quer durch Mitteleuropa verlaufende 48. Breitengrad steht, der auch weiter unten erwähnt wird, (17), ist noch unklar.

Vorrede an Heinrich II. (VH)

(16) Apres cecy la Dame* sterille de plus grande puissance que la seconde sera receue par deux peuples, par le premier obstiné par celuy qui a eu puissance sur tous, par le deuxiesme & par le tiers qui estêdra ses forces vers le circuit de l' Orient de l' Europe aux pannôs (a) l' a profligé (b) & succombé & par voyle* marine fera ses extensions à la Trinacrie (c) Adriatique par Mirmidons (d) & Germaniques du tout succombé, & sera la secte* Barbarique* du tout des Latins grandement affligee & deschassee.
(a) Lat. Pannonia hieß eine römische Provinz zwischen Ostalpen, Donau und Save.
(b) Lat. v. profligare niederschlagen, überwältigen; vernichten, stürzen.
(c) Lat. Trinacria Sizilien.
(d) Myrmidones hießen die Gefolgsleute Achills, eines griechischen Kriegshelden.

Danach wird die unfruchtbare Dame, von viel größerer Macht als die zweite, von zwei Völkern aufgenommen werden: Von einem ersten, widerspenstig durch jenen, der Macht über alle gehabt hat, (und) von einem zweiten und einem dritten, das seine militärische Macht ausdehnen wird zum östlichen Umkreis Europas hin, (der) bei den Pannoniern niedergeschlagen und unterworfen (wird). Und mit seinen Seestreitkräften wird es sich ausbreiten bis zum östlichen Sizilien, durch Griechen und germanische (Truppen) gänzlich unterworfen. Und vollends wird die barbarische Sekte von den Lateinern niedergeworfen und verjagt werden.

Anm Im Anschluß an (15) ergibt sich folgende Möglichkeit: Die "unfruchtbare Dame" könnte die Anhängerschaft des >neuen Weisen<, 4/31, sein, des in der >Weltfriedensordnung< zur höchsten religiösen Autorität aufgestiegenen Charismatikers. Wenn d i e s e Dame "aufgenommen" wird von europäischen Völkern, bedeutet das die Ausbreitung der neuen Staatsreligion und zugleich die Ausdehnung ihres Herrschaftsbereichs. Sie erringt mehr Macht als andere >Damen<, weil sie in der ganzen Welt Anhänger und Unterstützung findet. Mit der >Unfruchtbarkeit< meint N. das unchristliche Wesen der >neuen Religion<, welches verhindert, daß christlich legitimierte Herrscher >empfangen< werden und ihren Platz einnehmen, (12). (Vgl. auch das >Maultier< in 2/60.) Aus dem Stamm der >Synagoge<, d.h. aus dem jüdischen Volk als der >ersten Dame< ist die Christenheit als >zweite Dame< hervorgegangen. Die >unfruchtbare Dame< wird dem gleichen Stamm wie das Christentum entwachsen, nämlich als jüdische Sekte anfangen, 6/18 Vz 3, aber zu mehr Macht heranwachsen, als sie das Christentum jemals besaß (plus grande puissance que la seconde). Die "heidnische Sekte der neuen Ungläubigen", (14), auch "neue Sekte von Philosophen" genannt, **3/67**, wird in Italien, Deutschland und Spanien "aufgenommen" werden, (15), die demnach mit dem ersten, zweiten und dritten Volk gemeint sind.

(17) Puis le grand empyre de l' Antechrist commencera dans la Atila & Zerses descendre en nombre grand & innumerable, tellement que la venue (a) du sainct Esprit procedant du 48. degrez (b) fera transmigration (c), deschassant à l' abomination de l' Antechrist, faisant guerre contre le royal qui sera le grâd Vicaire de Iesus Christ, & contre son Eglise, & son regne *per tempus, et in occasione temporis,*
(a) Mittelfr. n.f. venue 1. was sich ereignet, Abenteuer, Mißgeschick (ce qui arrive, aventure, mésaventure) 2. Geburt (naissance) 3. Angriff, großer Schlag (attaque, grand coup), 4. Niederlage (défaite).
(b) Mit den "Graden" sind Breitengrade gemeint, in (15) eindeutig als degrez d' hauteur bezeichnet.

Vorrede an Heinrich II. (VH)

(c) N.f. transmigration Auswanderung > lat. n.f. transmigratio das Wegziehen, der Auszug.

Dann wird das große Imperium des <u>Antechristen [1]</u> im (Gebiet des) <u>Attila und Xerxes [3]</u>, beginnen einzufallen in riesiger Zahl, so daß die <u>Ankunft des heiligen Geistes, vom 48. Grad aus vorankommend [3]</u>, eine Wanderung auslösen wird, (die Menschen) wegtreibend von den Greueln des Antechristen. Der führt Krieg gegen den <u>Königlichen [1]</u>, welcher der große <u>Stellvertreter Christi sein wird [2]</u>, und gegen seine Kirche und seine Herrschaft, wenn die Zeit und die Gunst der Stunde es zulassen.

Anm 1 [Der Antechrist gegen den Königlichen] Der Weltherrscher heißt hier "Antechrist", weil sein Auftritt auf der geschichtlichen Bühne der Herrschaft Christi vorausgeht, 8/77. Nachdem die vom globalen Regime aufgehetzten Menschen sich massenweise in Richtung Europa in Bewegung gesetzt haben, wird der Krieg um die Befreiung des Kontinents von Heinrich V., dem Mann aus dem lange unfruchtbaren Stamm, (12), (20), und seinen Verbündeten geführt werden, 6/24. In der Bezeichnung "Königlicher" kommt zum Ausdruck, daß der Gemeinte ein persönliches Format erkennen läßt, in dem sich natürliche Eignung mit Berufung glückhaft verbindet. Er ist einer der aus (12) bekannten "drei Brüder", die sich gegen den "Antechrist" zusammenschließen, 1/99. Er wird zum "christlichen König der Welt" werden, 4/77, unter dessen Schutz sich die Christen in aller Welt am Ende werden stellen können, (23). Unter ihm werden sich die Menschen an der Herrschaft Christi erfreuen können, die dem Grunde nach kein diesseitiges Reich regiert, Joh 18,36.

Anm 2 [Stellvertreter Christi] Als >Stellvertreter Christi< mit einem Alleinrecht an ihrem Stellvertretertum wollten sich seit dem Mittelalter die Päpste verstanden wissen. Demnach wäre es nicht nur weltliche Macht, sondern auch höchste geistliche Autorität, die der "Königliche" auf sich vereinigen wird. Aber das ist eher unwahrscheinlich, 5/75 Vz 4. Daß der christliche Kaiser der Gegner des endzeitlichen Antichristen sei, war im Mittelalter eine geläufige Vorstellung. Zum Konzept des sakral begründeten Kaisertums (der Karolinger und Ottonen) gehörte es, daß der Kaiser in weltlicher Hinsicht zum Diener und Stellvertreter (minister et vicarius) Christi bestellt sei. Ihm war aufgegeben, dafür zu sorgen, daß draußen in der Welt die Verehrung Gottes ermöglicht und die Kirche vor ihren Feinden geschützt werde, während die Bischöfe, gewissermaßen als Innenminister Christi, als Hirten und Lenker der Seelen eingesetzt waren.

Anm 3 [Attila und Xerxes] Der Hunnenkönig Attila beherrschte im 5. Jahrhundert ein weitläufiges Reich, das sich von Asien bis Europa erstreckte. Xerxes war ein Perserkönig im 5. Jahrhundert vor Christus. Ein Machtzentrum des Weltherrschers werde sich in A r m e n i e n befinden, geben die Verse 4/95 Vz 4 und 5/50 Vz 4 zu erkennen. Und von A s i e n her werde ein "Großer" kommen, die Christen zu verfolgen, 6/80 Vz 3/4. -   Der Heilige Geist weht sicherlich, wo er will, und auch die himmlischen Heerscharen werden keine irdischen Aufmarschgebiete benötigen. Wenn der Heilige Geist am 48. Breitengrad an- und von da vorankommt, kann nur eine irdische Macht gemeint sein, die der Seher als vom Himmel gesandt erkennt. Es könnte hier der Ort der Geburt Heinrichs in der Nähe dieses Breitengrades gemeint sein, 10/44. Darüber hinaus könnte es bedeuten, daß der "Königliche" außer auf die eigenen Truppen auch auf den Herrn der himmlischen Heerscharen wird hoffen dürfen.

Vorrede an Heinrich II. (VH)

(18) & precedera deuant une eclypse solaire le plus obscur, & le plus tenebreux, que soit esté depuis la creation du monde iusques à la mort & passion de Iesus Christ, & de là iusques icy, & sera au moys d' Octobre que quelque grande translation (a) sera faite, & telle que l' on cuydera la pesanteur de la terre auoir perdu son naturel mouuement, & estre abismee en perpetuelles tenebres,
(a) N.f. translation Übertragung, Überführung

> Und vorausgehen wird eine <u>Verfinsterung der Sonne [2]</u>, die finsterste und dunkelste, die es gegeben hat seit der Erschaffung der Welt bis zum Tod und Leiden Jesu Christi, und von da bis heute. Und es wird im <u>Monat Oktober [1]</u> sein, daß eine Art <u>große Versetzung [3]</u> geschehen wird derart, daß man meinen wird, die Schwere der Erde habe ihre natürliche Bewegung verloren, und die Erde sei gestürzt in den Abgrund ewiger Finsternis.

Anm 1 [Monat Oktober] Am Beginn von (18) bricht die Erzählung offen ab und holt erneut zu einer >Rückblende< aus. Das gemeinte Ereignis wird der soeben in (17) angeführten Auseinandersetzung zwischen dem globalen Regime und dem späteren Heinrich V. v o r a u sgehen (precedera) und n a c h den Erschütterungen der Erde im Frühling eintreten, von denen unten (19) berichtet.

Anm 2 [Verfinsterung der Sonne] Die gemeinte Verfinsterung hält der Seher wegen ihrer Außerordentlichkeit für bemerkenswert. Eine normale Sonnenfinsternis ist damit ausgeschlossen. Wie es scheint, wird das Drehmoment des Planeten gestört sein und infolgedessen die Sonne nicht mehr aufgehen. Sie wird dann "ihre matten Tage nehmen", 1/48. Ursache des Geschehens scheint ein irregulärer Himmelskörper zu sein, der in die Nähe der Erde kommt, 2/41.

Anm 3 [Große Versetzung] Mit der "großen Versetzung" ist gemeint, was von dem Geschehen zurückbleibt, nämlich eine dauerhafte Änderung der Erdachsenneigung gegen die Erdbahnebene (Ekliptik), welche sich als Verschiebung des Fixsternhimmels bemerkbar machen wird, 3/46. Dieser >Umsturz< werde bis zum Beginn des >achten Jahrtausends<, VH (6), dauern, heißt es in der Vorrede an César N., d.h. bis zum Ende der alten Erde.

(19) seront precedans au temps vernal, & s' ensuyvant apres d' extremes changemens, permutations de regnes, par grands tremblemens* de terre, auec pullulation de la neufue Babylonne fille miserable augmentee par l' abomination du premier holocauste (a), & tiendra tant seulement que septante trois ans, sept mois,
(a) N.m. holocauste 1. Brandopfer, wie es bei den Juden im Gebrauch war 2. Blutbad, Massaker 3. die Massenvernichtung der Juden während des Dritten Reiches.

> Zur <u>Frühlingszeit [3]</u> vorausgehen und darauf folgen werden extreme Veränderungen, <u>Umwandlungen von Reichen durch große Erschütterungen der Erde, mit dem Um-sich-Greifen des neuen Babylon [2], (der) elenden Tochter, groß geworden durch den Greuel des ersten Holokaustes. Und es wird sich keinesfalls länger halten als dreiundsiebzig Jahre und sieben Monate [1]</u>.

Anm 1 [Das neue Babylon, groß geworden durch den ersten Holokaust] >Babylon< ist der Ort des Unglaubens, 8/69. Das ist für den Katholiken N. ein Ort, an dem Mächte herrschen, die dem in Christus offenbar gewordenen Gott nicht huldigen. <u>Das >neue Babylon< steht hier für den kommunistischen Machtbereich,</u>

- 419 -

und die "elende Tochter" ist das Volk, das diesen >Unglauben< angenommen hat bzw. dem er aufgezwungen wurde. Denn so gedeutet, passen die beiden Angaben zu seiner Entstehung und seinem Ende. "Groß geworden" ist >Babylon< "während des ersten Holokaustes", d.h. während des ersten Weltkrieges. Die sogenannte Oktoberrevolution fand im November 1917 (unseres gregorianischen Kalenders) in St. Petersburg statt. Das kurze bürgerlich-demokratische Intermezzo nach der Abdankung des Zaren im März 1917 endete am 21. Januar 1918, als die Bolschewiken, die bei den Wahlen nach der Revolution nur ein Viertel der Stimmen erhalten hatten, das Parlament auseinandertrieben. Dort einsetzend, sind es 73 Jahre und sieben Monate bis zum 20. August 1991, als ein fehlgeschlagener Putschversuch der schon lange maroden Sowjet-Union den Todesstoß versetzte.

Anm 2 [Dessen Um-Sich-Greifen] Im Zuge "extremer Veränderungen" sowie "großer Erschütterungen der Erde" werde sich das neue Babylon "vermehren", heißt es. Das Wort pullulation bedeutet Gewimmel, Vermehrung, von lat. pullulare Junge kriegen, wimmeln, sich vermehren, um sich greifen. Es scheint da einen Widerspruch zu geben: Wie kann das >neue Babylon<, sprich der ehemals kommunistische Machtbereich sich vermehren oder um sich greifen, nachdem dieser >Ort des Unglaubens< als solcher bereits nicht mehr aufrechterhalten werden kann ? Zur Auflösung gibt es mehrere Möglichkeiten: 1) Nachdem die angegebene Frist für das Leben des >neuen Babylon< abgelaufen ist, kann Entwarnung gegeben werden, ansonsten hat N. sich vertan. 2) >Babylon< ist nach Ablauf der Frist nur scheintot, es wird wiederbelebt, d.h. der Kommunismus wird restauriert und breitet sich anschließend aus. 3) >Babylon< wird als solches nicht wiederbelebt, aber Völker, die von ihm beherrscht waren, breiten sich aus, greifen um sich. - Das >Junge-Kriegen< kann im gegebenen Zusammenhang ein Bild sein für die Vermehrung unabhängiger Staaten durch den Zerfall der alten Zentralmacht. Die Satellitenstaaten der Sowjet-Union wurden 1991 aus dem Zwangspakt mit Rußland entlassen. Es scheint die dritte Möglichkeit am ehesten zuzutreffen. Ein Fortschreiten des Zerfalls wäre demnach zu befürchten.

Anm 3 [Frühlingszeit] Mit den >Erschütterungen der Erde<, zu denen das Um-Sich-Greifen des >neuen Babylon< führt, werden kriegerische Ereignisse beschrieben, wie das auch in den historischen Versen öfters geschieht, s. Glossar. Diese Ereignisse werden im Frühling jenes Jahres eintreten, das dann im Oktober die außerordentliche Verfinsterung der Sonne sowie die "große Versetzung" bringt, von denen zuvor die Rede war, (18).

(20) puis apres en sortira du tige celle **(a)** qui auoit demeuré tant long temps sterile procedant du cinquantiesme degré **(b)** qui renouuellera toute l' eglise Chrestienne. Et sera faicte grande paix vnion & concorde entre vng **(c)** des enfans des frons **(d)** esgarez & separez par diuers regnes, & sera faicte telle paix que demeurera attaché au plus profond baratre **(e)** le suscitateur & promoteur de la martialle faction par la diuersité des religieux, & sera uny le Royaume du Rabieux **(f)**, qui contrefera le sage.
(a) N. femininum tige Stiel, Stamm, Ahne. Korrektes Französisch wäre: "... de la tige ...".
(b) Mit dem "50. Grad" ist der Breitengrad gemeint, vgl. oben (15) und (17).
(c) Mit Pfändler (1996 S. 540) wird angenommen, daß "uns" statt "ung" hätte stehen sollen.
(d) N.m. front 1. Stirn, Gesicht 2. (militär.) Front. Hier steht die Mehrzahl fronts.
(e) N.m. barathre Schindanger, > griech. βαραθρον Schlund, Kluft, Abgrund.
(f) Rabieux ist gebildet nach dem lat. adj. rabiosus tollwütig. Vgl. 4/56.

Vorrede an Heinrich II. (VH)

Darauf wird aus jenem Stamm, der so lange Zeit unfruchtbar geblieben ist, ausgehend vom 50. Grad, <u>(jener Mann) [4]</u> hervorgehen, der die ganze christliche Kirche erneuern wird. Und es wird ein <u>großer Frieden [4]</u> entstehen, Einheit und Eintracht zwischen unteilbaren Kindern, die durch Fronten verstört und getrennt waren durch verschiedene Herrschaften. Und es wird ein Frieden geschlossen solcher Art, daß im tiefsten Abgrund festgebunden bleiben wird der <u>Anstifter und Förderer [3]</u> der <u>kriegerischen Umtriebe, (die) aufgrund der Verschiedenartigkeit der Glaubensrichtungen (entstehen) [1]</u>. Und es wird geeint werden das Königreich des <u>Tollwütigen, der den Weisen nachäffen wird [2]</u>.

Anm 1 [Glaubenskriege] Schon springt N. wieder in die Zeit nach der Katastrophe, und wir erfahren, daß es noch einmal "kriegerischen Umtriebe aufgrund der Verschiedenartigkeit der Glaubensrichtungen" geben wird. Gemeint ist die Zeit der Verfolgungen, wenn das globale Regime der >Weltfriedensordnung< offen totalitär wird und seine >neue Religion< am Ende mit Macht durchsetzen will. <u>Daß es noch einmal zu Verfolgung und kriegerischen Umtrieben kommen werde, die sich an dem entzünden, was Menschen glauben, mag bei dem heute erreichten Ausmaß der Verweltlichung und gerade nach dem sang- und klanglosen Ende des Kommunismus abwegig klingen. Aber das ist eine, wenn nicht die wichtigste Botschaft des Sehers.</u>

Anm 2 [Tollwütiger, der den Weisen spielt] Der vermeintlich >wiedergekommene Heiland< heißt hier "Tollwütiger, der den Weisen spielen wird" (Rabieux qui contrefera le sage). Mit seinen außerordentlichen Begabungen wird er den >größten Philosophen, der jemals lebte<, geben, das "Haupt der Weisheit", **5/31**. Er wird ein >Fuchs< sein, auf dessen Tücke die Menschen gern hereinfallen, **8/41**. Das Verbum contrefaire bedeutet "spielen" im Sinne von "betrügerisch vormachen" und "nachäffen". Es wird hier auf die alte Allegorie Bezug genommen, derzufolge >Christus der wahre Salomo<, Heiland u n d größter Weisheitslehrer der Menschen ist: I h n also, s e i n e Weisheit wird der >Tollwütige< nachäffen und vormachen wollen, daß Christus durch ihn spreche, 4/24. Seine Krankheit wird an seiner "tollwütigen Sprache", **4/56**, erkennbar sein, der jeder echte Jenseitsbezug fehlt. Ihr wird das >Wasser< fehlen, **3/44**, das der an Tollwut Erkrankte scheut, das >lebendige Wasser< als Sinnbild des in der Sprache der christlichen Offenbarung anwesenden Heiligen Geistes, der im Herzen derer, die ihr Leben danach einrichten, lebendig wird, Joh 4.

Anm 3 [Anstifter] Mit dem "Anstifter und Förderer" (suscitateur et promoteur) der Glaubenskriege ist der Gegner Gottes selbst gemeint, der durch den vermeintlich >Weisen< machtvoll wirken kann. Er wird am Ende des Kampfes "im tiefsten Abgrund angebunden" werden, was aus Offb 20:10 bekannt ist.

Anm 4 [Mann aus unfruchtbarem Stamm] Der lange unfruchtbare Stamm ist hier wie in (12) die europäische Christenheit im allgemeinen und das "Geblüt von Bourbon" im besonderen, Sz 4, aus dem der spätere Heinrich V. hervorgehen wird. Unter seinen Schutz werden sich die Christen Europas am Ende stellen können, (23). Die "Kinder, die durch Fronten verstört und getrennt waren durch verschiedene Herrschaften", sind die nach seinem Sieg unter der Oberhoheit Heinrichs stehenden Völker Europas. Das "Reich des Tollwütigen", das dann "geeint" sein wird, ist die ganze Welt, **1/4**.

(21) Et les contrees, villes, citez, regnes & prouinces qui auront delaissé les premieres voyes pour se deliurer se captiuant plus profondement seront secrettement faschez de leur liberté, & parfaicte religion perdue, commenceront de frapper (a) dans la partie gauche pour retourner à la dextre, & remettant la sainteté profligée de long têps auec leur pristin (b) escrit.

(a) Mittelfr. v. frapper 1. eindringen, von Feuer gesagt (envahir en parlant du feu) 2. sich werfen, sich stürzen (se jeter, se précipiter)
(b) Lat. adj. pristinus vormalig, früher.

Und die Gegenden, Dörfer, Städte, Reiche und Provinzen, welche die ersten Wege verlassen haben werden, um sich zu befreien, sich (dadurch) viel tiefer verfangend, **werden insgeheim unzufrieden sein mit ihrer Freiheit [1].** Erst wenn die ganze Religion verloren ist, **werden sie anfangen, auf die linke Partei zu einzuschlagen, um zurückzukehren zur rechten (Partei) [2]**, indem sie das Geheiligte, seit langem Verfolgte, **wiederaufrichten mit ihrer alten Schrift.**

Anm 1 [Freiheit] Aus seiner Adlerperspektive holt N. erneut aus, beschreibt das >Abfallen< der Völker vom >rechten Weg< und die Rückkehr zu ihm. Mit dem Verlassen der "ersten Wege" meint N. die Vertreibung der Könige aus der Herrschaft, wodurch die Völker gewissermaßen >vom Königsweg abgewichen< seien und sich auf Um- und Abwege begeben hätten. Dem liegt die alte Auffassung von der Freiheit zugrunde, nach welcher diese darin besteht, daß Menschen wie Völker sich in ihre Bestimmung fügen oder gegen diese auflehnen können. Einem Volk teilt sich seine Bestimmung durch den König mit, dem wiederum auferlegt ist, seinem Volk zu dienen. Das tut er, indem die Ausübung der (christlichen) Religion gewährleistet, die den Menschen ihre Bestimmung erklärt, und indem er es vor Feinden schützt. N. erkannte, daß die Völker Europas sich gegen ihre Herrscher auflehnen und sie stürzen würden, und zwar "um sich zu befreien", dabei einer ganz anderen Anschauung von der Freiheit folgend, in der er nur eine "Scheinfreiheit" erkennt, 6/22 (Bd.1). Dem aufklärerischen Begriff von Freiheit zufolge steht der Mensch nicht seiner Natur nach in der Freiheit, wird vielmehr, ob selbstverschuldet oder nicht, in die Unfreiheit hineingeboren, nämlich in Unwissenheit sowie vielfältige natürliche Notwendigkeiten und soziale Abhängigkeiten. Frei wird er in dem Maße, wie er natürliche und soziale Gesetzmäßigkeiten erkennt und die erworbenen Kenntnisse dafür nutzt, das Leben nach seinen Wünschen zu gestalten. Diesem (subjektiven) Freiheitsbegriff zufolge muß die Freiheit in der Welt erst erworben, ggf. erkämpft werden und ist an dem Maß zu erkennen, das das Subjekt seine Wünsche und in diesem Sinne sich selbst verwirklichen kann. - Der alte (objektive) Freiheitsbegriff setzt die Freiheit des Menschen unabhängig von den Lebensbedingungen voraus und erkennt sie an dem Verhältnis, welches er zu seiner Bestimmung, also letztlich zu Gott hat.

Anm 2 [Linke und rechte Partei] Die "linke Partei" wird mit dem Verlust der Religion, die "rechte Partei" mit der Wiederaufrichtung der Religion in Verbindung gebracht. Das entspricht im groben durchaus den politischen Begriffen von links und rechts, die nach der französischen Revolution aus der parlamentarischen Sitzordnung entstanden sind und kann als erfüllte Vorhersage eingestuft werden. Die Religion werde gänzlich verlorengehen, und erst dann werde es eine geistige Strömung geben, die in einer so verstandenen Freiheit auch den Verlust erkennt und Unzufriedenheit bzw. Zorn artikuliert, allerdings nur "insgeheim". Insgeheim wohl deshalb, weil das aufklärerische Verständnis von Freiheit noch weithin die öffentliche Meinung beherrscht. Was der Grund dafür ist und wer die Schuld daran trägt, daß Religion mit Unfreiheit und nicht mit Freiheit in Verbindung gebracht wurde und wird, verdeutlicht N. leider nur selten, 8/71. - Den Sturz des "neuen Babylon", (19), d.h. das Ende des Kommunismus in Osteuropa kann man als einen Schritt auf dem Weg zur "Wiederaufrichtung der Religion" und der "Rückkehr zur rechten Partei" bewerten. Doch im großen und ganzen ist diese Vorhersage noch nicht eingetroffen. Vielmehr wird die Zerstörung der Welt durch den heidnischen Kult der Wissenschaft immer rasanter, und man fragt sich, wodurch das aufgehalten und die angesagte Wiederaufrichtung der Religion erwirkt werden könnte.

(22) qu' apres le grâd chien sortira le plus gros mastin (a), qui fera destruction de tout, mesmes de ce qu' au parauant sera esté perpetré, seront redressez les temples* comme au premier temps, & sera restitué le clerc à son pristine estat, & commêcera à meretricquer (b) & luxurier, faire & commettre mille forfaicts. Et estant proche d' vne autre desolation (c), par lors qu' elle sera à sa plus haute & sublime dignité,
(a) N.m. mâtin 1. großer Wachhund 2. lebhafte, pfiffige und listige Person (personne vive, delurée et astucieuse). Mittelfr. n.m. mastin abscheuliche Person (personne détestable). Altfr. n.m. 1. dicker Hund 2. Dienstbote (domestique).
(b) Lat. n.f. meretrix Hetäre, Freudenmädchen; davon ist das v. meretricquer gebildet. Lat. v. luxuriare üppig sein, strotzen.
(c) Mittelfr. n.f. desolation Verwüstung, Verheerung; Betrübnis, > lat. v. desolare verlassen.
<u>Und nach dem großen Hund wird hervorkommen der größte Hund [1], der alles und sogar das zerstören wird, dessen Zerstörung vorher schon gänzlich vollzogen sein wird. Es werden die Kirchen wiederaufgerichtet werden wie in der ersten Zeit, und der Kleriker wird zurückversetzt werden in seinen früheren Stand [2]</u> und <u>wird wieder beginnen zu huren und zu prunken, tausend Schandtaten zu begehen und begehen zu lassen [3]. So ist sie (die Kirche) einem erneuten Verlassensein nah, wenn sie in höchstem und erhabenstem Ansehen stehen wird [2].</u>
Anm 1 [Hund und Bluthund] Die Kirchen werden erst nach der "Zerstörung von allem" wiederaufgerichtet werden. Nicht die Menschen, sondern ein Eingriff des Himmels in Gestalt eines Kometensturzes wird den Krieg beenden. Der Seher nennt hier den Kometen einen "großen Hund" (**2/41:** dicker Hund), und deutet damit dessen Herkunft aus dem Himmelsgegend des Sternbildes Orion an, **6/35,** eines Jägers im griechischen Mythos. Die Jagd ist ein altes Sinnbild für das Einfangen der Seelen, und so kann das Sinnbild außerdem besagen, daß dieser >Hund< zum Seelenfang dient. Mit dem "größten Hund", der auch auf Seelenfang ausgeht und dann die Zerstörung vervollkommnen wird, ist der Weltherrscher gemeint. Auf der Spur des >Blutes der alten Götter<, nach dem es ihn dürstet, **2/9 Vz 2,** wird er der "eine" sein, der die Welt über alles bisher Dagewesene hinaus zerstören wird, **9/51 Vz 4.**
Anm 2 [Wiederaufrichtung und erneute Verlassenheit] Aber zunächst werden durch die Überlebenden der Katastrophe die Kirchen "wiederaufgerichtet" und "der Klerus in seinen früheren Stand zurückversetzt" werden. Wegen der schweren Erschütterung, die der Glaube an Wissenschaft und Fortschritt erlitten hat, wird in der christlichen Religion wieder Orientierung gesucht werden und das Ansehen derer steigen, die den Menschen diese Orientierung zu geben vermögen. Doch

Vorrede an Heinrich II. (VH)

offenbar wird das nicht lange vorhalten, denn wenn die Kirche sich "höchster Wertschätzung" erfreut, naht eine neue "Betrübnis" oder "Verlassenheit".
Anm 3 [Huren und prunken] Als deren Grund wird angegeben, daß "der" Kleriker, d.i. der Papst, "hurt" und "prunkt" sowie "Schandtaten" begeht. Daß damit sittliche Verfehlungen oder das Gepränge des Ritus gemeint sind, ist zu bezweifeln. An anderer Stelle hat N. den wahren Grund des erneuten Niedergangs genannt, nämlich das verderbliche Bündnis der Kirche mit den Mächtigen, das sie, vermeintlich um ihrer Erhaltung willen, ein weiteres Mal einzugehen bereit sein wird, (14), wie es ihre geschichtliche Praxis seit den Zeiten des römischen Kaisers Konstantin ist. So ist im Bild des >Hurens<, das den Tatbestand des >Ehebruchs< erfüllt, (25), das >Fremdgehen mit den Mächtigen< und damit der Abfall von Gott erfaßt, welcher als >Bräutigam< der >Mutter Kirche< nach deren Selbstverständnis die >Ehe< mit ihr geschlossen hat. Im Bild des >Prunkens< sind weltliches Ansehen und irdische Machtentfaltung erfaßt, in deren Genuß die Kirche durch Anpassung ihrer Lehren an die Wünsche der Mächtigen kommt. Und "Schandtaten" wurden im Namen der Kirche meist an >Ketzern< begangen, die beim >Huren< und >Prunken< nicht mittun wollten.

(23) se dresseront de[s] potentats & mains **(a)** militaires, & luy seront ostez les deux glaiues, & ne luy demeurera que les enseignes **(b)**, desquelles par moyen de la curuature **(c)** qui les attire, le peuple le faisant aller droict, & ne voulant se condescendre à eux par le bout opposite de la main aygue **(d)** touchant terre, voudront stimuler **(e)** iusques à ce que naistra d' vn rameau de la sterile, de longtemps, qui deliurera le peuple vniuers de celle seruitude benigne & volontaire, soy remettant à la protection de Mars, spoliant Iupiter de tous ses honneurs & dignitez, pour la cité libre, constituee & assise dans vne autre exigue mezopotamie.
(a) N.f. main Hand > lat. n.f. manus 1. Hand 2. Tätigkeit 3. Schar, Haufe 4. Macht, Gewalt.
(b) Mittelfr. n.f. enseigne 1. Erkennungszeichen (marque distinctive de reconnaissance) 2. pl. Wahrzeichen, Wappen (emblêmes, armoiries) 3. Fahne, Standarte (drapeau, étendart) 4. Signal (signal) 5. Äußerung, Bekundung (manifestation).
(c) Mittellat. n.f. curvatura Rundung, Wölbung, Krümmung, v. curvari sich beugen, sich demütig verneigen.
(d) Mittelfr. adj. aigu 1. spitz (pointu) 2. durchdringend, einschneidend (pénétrant, incisif).
(e) V. stimuler antreiben > lat. v. stimulare 1. quälen, peinigen 2. anspornen.

Es werden sich rüsten die Machthaber und militärischen Gewalten, und es werden ihr (der Kirche) die zwei Schwerter genommen werden [1]. Nichts wird ihr bleiben als jene Bekundungen, mit denen das Volk durch die anziehende demütige Verneigung ihn (den Kleriker) auf den rechten Weg führt [2]. Es wird sich nicht mit jenen zusammen auf den Abweg begeben wollen, **die zu entgegengesetztem Ziel drängend mit durchgreifender Hand die Erde erschüttern [3].** Sie werden (es) quälen, bis aus dem lange Zeit unfruchtbaren Zweig (der Mann) erscheinen wird, der das Volk der ganzen Welt aus jener **Knechtschaft [2]** befreien wird, gütig und bereitwillig. **Sich unter den Schutz des Mars stellend, wird man Jupiter all seiner Ehren und Würden entkleiden [4],** um der **freien Stadt** willen, **eingesetzt und gelegen in einem anderen, kleinen Zwischenstromland [5].**
Anm 1 [Kirche ohne Schwerter] Im Mittelalter beanspruchte die Kirche, daß dem Papst von Christus >zwei Schwerter< verliehen seien, nicht nur das geistliche,

- 424 -

sondern auch das weltliche Schwert. Das >geistliche Schwert< ist die kirchliche Rechtsprechung, deren schärftes Mittel, der Kirchenbann gegen die >Ketzer<, d.h. die Abweichler vom rechten Glauben war. Damit nicht zufrieden, erklärte die Kirche auf dem Höhepunkt ihrer Macht, daß auch das Schwert der Könige und Soldaten "nach Auftrag und Duldung des Priesters" nicht von der, aber "für die Kirche" zu führen sei (Papst Bonifaz VIII. im Jahr 1302). Mit der weltlichen Macht der Kirche war es schon zu Lebzeiten des Sehers bergab gegangen. Daß dieser Trend sich in der Zukunft dramatisch fortsetzen würde, macht N. vielerorts deutlich, (35), und hat damit auch recht behalten. - Wenn der katholischen Kirche hier nun auch der Entzug des zweiten Schwertes angekündigt wird, sie demnach auch intern ihr Recht verliert, darüber zu bestimmen, was katholisch ist und was nicht, so kann das heute (1997) nicht bestätigt werden. Die Kirche wird, etwa zehn Jahre nach Ausrufung der >Weltfriedensordnung<, **8/69**, selbst von einem mächtigen Bannstrahl getroffen werden, der ihr das Recht nehmen wird, das Wort Gottes nach ihrem Verständnis zu verkünden, **10/65**. Daß dieses Verderben von ihr selbst seinen Ausgang nimmt, ihr eigener Abfall von Gott darin Ereignis wird, macht N. mehrfach deutlich, (14), (22), Sz 35.

Anm 2 [Knechtschaft der Christen] Offenbar wird die Kirche diese Niederlage und ihre vollkommene Machtlosigkeit erleben müssen, um zu einer demütigen Haltung zurückzufinden. Erst die "Knechtschaft", in welche "das ganze Volk der Welt", nämlich alle Christen geraten, wird das zuwegebringen. Dabei werde es "das Volk" sein, gemeint ist das Kirchenvolk, das entscheidenden Anteil nimmt an der Rückbesinnung der Kirche auf den "rechten Weg", den Weg ohne äußere Macht. Damit ist nicht gemeint, daß das Kirchenvolk als ganzes in den Widerstand geht, (25), sondern daß die Gegenbewegung >von unten< ausgehen wird, nicht von den Oberen der Kirche.

Anm 3 [Ziel der Machthaber] Das "entgegengesetzte Ziel" ihrer machtvollen Gegner besteht darin, das Wort Gottes aus der Welt zu treiben, (44). Sogar die Erinnerung an Christus wird man auslöschen wollen, **3/72**. Zu diesem Ziel werden die Machthaber mit Worten drängen (arguer) und ihre Anhänger antreiben (stimuler) zu "durchgreifenden Maßnahmen".

Anm 4 [Jupiter und Mars] Der "lange unfruchtbare Stamm" oder "Zweig" ist aus (20) schon bekannt. Der gemeinte Retter erhält hier wie in **6/50** den Namen des römischen Kriegsgottes, weil er der Bedrängung der Christen Europas mit kriegerischen Mitteln entgegentreten wird. Sein Gegner wird der mit dem Decknamen >Jupiter< belegte Weltherrscher sein, dessen unchristliches Wesen jene erkannt haben, die ihn "all seiner Würden und Ehren entkleiden", woraus erhellt, daß er sie zuvor innegehabt hat, **10/71**.

Anm 5 [Anderes kleines Mesopotamien] Mesopotamien heißt Zwischenstromland. In (37) ist von einem "Mesopotamien Europas" am 45. Breitengrad die Rede. Hier könnte die "freie Stadt" Avignon sein, das Heinrich V. später zu seinem Sitz erheben wird, 8/38 (Bd.3). Dort fließt die Durance in die Rhône, deren Mündungsdelta dann das "kleine Mesopotamien" wäre.

(24) Et sera le chef & gouuerneur iecté du milieu, & mis au haut lieu de l' ayr, ignorant la conspiration des coniurateurs, auec le second trasibulus, qui de long têps aura manié tout cecy, alors les immundicitez **(a)**, les abominations seront par grande honte obiectees & manifestees aux

tenebres de la lumiere obtenebre **(b)**, cessera deuers la fin du changement de son regne:
(a) Lat. n.f. immunditia Unreinlichkeit, mittellat Unreinheit, Unanständigkeit, Unzüchtigkeit.
(b) Lat. adj. obtenebratus verdunkelt.

Und es wird das regierende Oberhaupt aus der Mitte weggerissen und an einen Ort der Luft verbracht [1], ohne etwas zu wissen von der Verschwörung derer, die sich mit dem zweiten Thrasibulos verschworen haben [2], der all das von langer Hand vorbereitet haben wird. Dann werden die Unreinheiten (und) Greuel zur großen Schande abgestritten werden [3], doch im Dunkel gedämpften Lichtes wird zum Vorschein kommen, was erst zum Ende seiner Herrschaft hin aufhören wird.

Anm 1 [Regierendes Oberhaupt weggerissen] Da zuvor in (23) davon die Rede war, daß der Kirche die zwei Schwerter genommen werden und die Christen eine "Knechtschaft" erleiden, müßte mit dem "regierenden Oberhaupt" der Papst gemeint sein. Er werde entführt werden, so könnte man das Wegreißen deuten. Pfändler (1996 S. 541) meint, daß er aufgehängt werde, was nicht auszuschließen ist.

Anm 2 [Verschwörung und zweiter Thrasibulos] Der athenische Bürger Thrasibulos tat sich während der Eroberung und Besetzung der Stadt durch Sparta als Befreiungskämpfer hervor. Mit Thebens Hilfe gelang es ihm, Athen von der durch Sparta installierten, die Athener blutig unterdrückenden Oligarchie militärisch zu befreien und die demokratische Verfassung der Stadt wiederherzustellen. Die Deutung auf General de Gaulle (de Fontbrune 1991 S. 218) scheidet aus, erstens wegen des Zusammenhanges, in den (24) gestellt ist, und zweitens, weil de Gaulle die Verlegung der französischen Regierung an den Kurort Vichy nicht betrieben hat. Im Hinblick auf die in (23) angesprochene Befreiung aus der Knechtschaft mit militärischen Mitteln kann es sich hier nur um Vorgänge aus dem Krieg um die Freiheit der Religion und Europas handeln. Trasibulus ist demnach ein weiterer Deckname für Heinrich V. oder einen seiner Verbündeten. Das lange Zeit Heimliche des Vorgehens, 8/61, und sein Verschwörungscharakter sprechen dafür, daß hier vom Beginn des Kampfes die Rede ist.

Anm 3 [Unreinheiten abgestritten] Es scheint hier, daß linientreue Kleriker in der Zeit der Unterdrückung der Kirche bestreiten werden, daß die Glaubensinhalte der Kirche durch die Dekrete des globalen Regimes beeinträchtigt werden. Man wird den Eindruck erwecken wollen, als sei man "von niemandem gekränkt", 9/82 Vz 4. D.h., man wird in Wahrheit von dem alten Glauben nichts mehr wissen wollen, (25).

(25) & les clefs de l' Eglise seront en arriere de l' amour de Dieu, & plusieurs d' entre eux apostateront la vraye foy, & des trois sectes*, celle du milieu, par les culteurs **(a)** d' icelle, sera vn peu **(b)** mis en decadence. La prime totallement par l' Europe, la plus part de l' Affrique exterminee de la tierce, moyennant **(c)** les pauures d' esprit, que par insêsez esleuez par la luxure libidineuse adultereront* **(d)**. La plebe **(e)** se leuera soustenant, dechassera les adherans des legislateurs,
(a) Lat. n.m. cultor Bearbeiter, Pfleger, Verehrer, insbesondere Verehrer Gottes.
(b) "Un peu" dürfte hier ironisch-sarkastisch gemeint sein, da es sich um das Bekenntnis handelt, dem N. angehörte, das ihm also nicht gleichgültig war.
(c) Mittelfr. v. moyenner 1. als Mittelsmann dienen (servir d' intermédiaire) 2. für Verwendung sorgen (procurer par entremise).

Vorrede an Heinrich II. (VH)

(d) Mittelfr. v. adulterer Ehebruch begehen (commettre un adultère), fälschen (falsifier). Vgl. dazu auch das Glossar unter mariage.
(e) Lat. n.f. plebes, plebs 1. Bürgerstand 2. Volksmenge, Pöbel.

Und die Schlüssel(bewahrer) der Kirche werden zurückbleiben hinter der Liebe Gottes, und einige von ihnen werden abfallen vom wahren Glauben. Und von den <u>drei Bekenntnissen [1]</u> wird <u>jenes mittlere [3]</u> durch die eigenen Priester erheblich in Verfall geraten. <u>Das erste [2]</u> wird überall in Europa (und) im größten Teil Afrikas ausgelöscht werden von der Dritten, indem <u>die Armen im Geiste [1]</u> dafür sorgen, daß sie (die Anhänger des ersten Bekenntnisses) durch emporgekommene Verrückte in zügelloser Ausschweifung die Ehe brechen werden. Der Pöbel wird sich als (ihr) Verteidiger erheben und die Anhänger der Gesetzgeber vertreiben.

Anm 1 [Die Armen im Geiste und die drei Bekenntnisse] Die geistig Armen werden von Jesus seliggepriesen, Matth 53, "denn ihrer ist das Himmelreich". Gott steht denen bei, die bedrückt, demütig, gebeugten Mutes und zerschlagenen Herzens, Jes 5715, und in diesem Sinne geistig arm und bedürftig sind. Hier aber sind es die Anhänger des >neuen Heiligen<, 10/30, die "arm im Geist" genannt werden, und das ist wörtlich und sarkastisch gemeint. Seine Anhänger werden den >neuen Weisen< für einen einzigartigen Philosophen halten, als Schüler an seiner Weisheit teilzuhaben meinen, 4/31 Vz 3, sich viel auf ihren Geist einbilden und damit das genaue Gegenteil von dem sein, was Jesus mit geistig bedürftig meinte. Diese wirklich geistig Armen werden so attraktiv sein, daß innerhalb von "drei Bekenntnissen" (trois sectes) "Verrückte emporkommen" (insensez eslevez), die für die Bewegung des neuen Mannes aufgeschlossen und bereit sind, sich ihm zu verbinden. Es dürften mit den "drei Bekenntnissen" die jüdische, die christliche und die islamische Religion gemeint sein, in dieser Reihenfolge. Als Dreiheit erscheinen sie bei N. mehrfach, Register VII 12.

Anm 2 [Vernichtung des ersten Bekenntnisses] Das erste der drei Bekenntnisse werde überall in Europa und im größten Teil Afrikas ausgelöscht werden, heißt es. Mit Afrika meint N. Nordafrika, wenn er nicht ausdrücklich ganz Afrika nennt, 5/11 Vz 2. Es werde demnach die jüdische Religion dort ausgelöscht werden. Der >neue Heilige< wird vielen Juden als der lang erwartete Messias gelten, 6/18. Indem er später dann einen >neuen Glauben< begründet, der sich durchsetzt, wird er die jüdische Religion in ihrer alten Form "auslöschen" oder "vernichten" (exterminer). Dabei werden sich die Anhänger der "Dritten", des Islam, besonders hervortun. Was Nordafrika angeht, erscheint das aus heutiger Sicht (2002) nicht unglaubhaft, was Europa angeht, dagegen nicht. Geht man aber davon aus, daß Muslime nach der Katastrophe nach Europa einströmen werden, wie es öfters belegt ist, Register VI 9, wäre auch das erklärt.

Anm 3 [Das mittlere Bekenntnis] Das "mittlere" der drei Bekenntnisse, nämlich das Christentum, werde in "Verfall" geraten, und zwar "durch die eigenen Priester". Daran werden nicht alle Kleriker teilnehmen, aber es werden "nicht wenige" (plusieurs) sein. Insbesondere von jenen, die hier "die Schlüssel der Kirche" heißen, den Kirchenoberen also, wird man befürchten müssen, daß sie vom "wahren Glauben" im traditionellen Verständnis des Sehers abfallen werden, (14). Indem sie der Bewegung des >neuen Heiligen< aufgeschlossen gegenüberstehen, statt Gott treu zu bleiben, werden sie >die Ehe brechen<, 6/50. Der Ehebruch ist bei N. wie in der Bibel ein geläufiges Sinnbild für das Abfallen von Gott, **10/10**. Dabei werden sich breite Teile der Bevölkerung zur Unterstützung der >Ehebrüchigen< erheben. Sie werden sich von einem "Tribunen", einem hochbegabten Redner und seinen Anhängern dazu bereden lassen, 10/85 Vz 1/2, selbst zu seinen Anhängern werden. Die "Anhänger der Gesetzgeber", die unter dem Eindruck der Katastrophe das christliche Sittengesetz zur Grundlage der Ordnung gemacht hatten, wird man "vertreiben", **5/24 Vz 3**.

(26) & semblera que les regnes affoiblis par les Orientaux que Dieu* le createur aye deslié satan des prisons infernalles, pour faire naistre le grand Dog & Doham (a), lesquels feront si grande fraction (a) abominable aux Eglises, que les rouges* ne les blancs* sans yeux* ne sans mains plus n' en iugeront (b). Et leur sera ostee leur puissance alors sera faicte plus de persecution aux Eglises, que ne fut iamais,
(a) Offb 20,7 zufolge werde Satan losgelassen aus seinem Gefängnis, und dann werde er Offb 20,8 zufolge "ausziehen, um die Völker an den vier Ecken der Erde, den Gog und den Magog, zu verführen" zum Kampf gegen Christus. Wegen dieses Kontextes stehen Dog und Doham eindeutig für Gog und Magog, die wiederum hier (anders als in Ez 38, 2) alle Völker der Welt bedeuten. Woher die Namen kommen, ist theologisch ungeklärt.
(b) Mittelfr. n.f. fraction 1. Tätigkeit des Brechens, besonders des eucharistischen Brotes (action de briser, en partic. de rompre le pain eucharistique) 2. Lärm beim Zerbrechen einer Sache (bruit d' une chose qui se casse) 3. Reißen, Zerreißung (rupture).
(c) Mittelfr. v. juger 1. erlauben vorzugreifen (permettre de préjuger de) 2. tadeln (blâmer), verurteilen (condamner) 3. sich äußern (se prononcer), urteilen über (juger de).

Und die Reiche werden geschwächt erscheinen durch die Orientalen, und es wird aussehen, als habe Gott der Schöpfer Satan von seinem Höllengefängnis losgebunden, um den großen <u>Gog und Magog [1]</u> erscheinen zu lassen. Diese werden den Kirchen eine so großes und abscheuliches Zerbrechen bereiten, daß die Roten und die Weißen [2], blind und handlungsunfähig, sie (Gog und Magog) nicht mehr verurteilen werden. Ihre Macht wird ihnen genommen werden. Dann wird eine schlimmere Verfolgung der Kirchen stattfinden als je zuvor.
Anm 1 [Gog und Magog] In Offb 20,8 ist "Gog und Magog" ein Name für die Völker, die sich dazu verführen lassen, am Ende des tausendjährigen Reiches Christi gegen die Heiligen und das Neue Jerusalem zu Felde zu ziehen. Da N. von dieser viel späteren Zeit in der Vorrede bisher nicht sprach, meint er hier eher die Zeit vor dem Ende der alten Erde, um die es bisher ging. Es werden "die Völker an den vier Ecken der Erde" sein, die sich verführen lassen, also alle Völker. Warum die Namen im Text verfremdet sind, ist ungeklärt. In mittelalterlichen Weltkarten wurden Gog und Magog geographisch lokalisiert und irgendwo in den Tiefen Asiens angesiedelt. Von dorther waren im 5. Jahrhundert die Hunnen gekommen und hatten die europäischen Reiche bedroht, von dort stießen im 13. Jahrhundert die Mongolen nach Osteuropa vor.
Anm 2 [Rote und Weiße] Es werde den Kirchen ihre Macht genommen werden, und zwar auch geistlich, (23), und in diesem Sinne ist das Zerbrechen gemeint. "Abscheulich" nennt es der Seher, weil dann die "wahrhaft Gläubigen", **4/43**, d.h. jene, die dem alten Glauben treu bleiben, zu Feinden des Friedens erklärt werden. Mit den "Weißen" dürften jene gemeint sein, die >die Reinheit des alten Glaubens< bis dahin bewahrt haben; für N. sind das die Katholiken. >Rote< betreiben bei N. den Aufstand gegen eine Ordnung, nachdem sie >vom wahren Glauben abgefallen< sind, und bedeuten hier wegen des Kontextes die protestantischen

Christen. Wenn sie ihre Verfolger nicht mehr verurteilen, stellen sie sich auf deren Seite. Die "Verfolgung der Kirchen" kann dann nur die Verfolgung jener Christen bedeuten, gleich ob >weiß< oder >rot<, die den alten Glauben nicht aufgeben wollen.

(27) & sur ces entrefaictes naistra la pestilence* si grande, que des trois pars du monde plus que les deux defaudront. Tellement qu' on ne se scaura ne cognoistra les appartenans des champs & maisons, & naistra l' herbe par les rues des citez plus haute que les genoulx. Et au clergé sera faicte totalle desolation (a), & vsurperont les Martiaulx* ce que sera retourné de la cité du Soleil* de Melite (b), & des isles Stechades (c), & sera ouuerte la grāde cheyne du port* (d) qui prend sa denomination au boeuf* marin. Et sera faite nouuelle incursiō par les maritimes plages, vollant (e) le sault Castulum (f) deliurer de la premiere reprise Mahumetane. Et ne seront du tout leurs assaillemens vains,

(a) Mittelfr. n.f. desolation 1. Zerstörung, Verwüstung (destruction, ravage) 2. Betrübnis (affliction), > lat. v. desolare einsam machen, entvölkern, verlassen.
(b) Malta hieß lat. Melita.
(c) Die isles Stechades heißen heute Iles d' Hyères (an der Côte d' Azur).
(d) Pfändler (1996 S. 542) erkennt hier den Hafen Marseilles, weil die Stadt eine Gründung der Phokäer gewesen sei und das lat. n.f. phoca Seehund bedeutet. - Vom Zerbrechen einer Kette des phokäischen Hafens spricht Vers 3/79.
(e) Altfr. v. voloir wollen (vouloir), begehren (désirer).
(f) N.m. sault > lat. n.m. saltus 1. Sprung, Wegstrecke 2. Berghang, bewaldetes Gebirge. Castulo hieß zur Römerzeit eine Stadt am Baetis (Guadalquivir). Somit sind hier Gebirge in Südspanien gemeint, besonders die Sierra Morena und die betischen Kordilleren.

Und unterdessen wird die <u>Seuche</u> entstehen, so <u>weiträumig [1]</u>, daß eher drei als zwei Teile der Welt darniederliegen werden derart, daß man nicht mehr wissen wird, wem die Feldern und Häuser gehören, und daß das Kraut auf den Straßen der Städte mehr als kniehoch stehen wird. Und <u>dem Klerus wird auferlegt sein ein völliges Verlassensein [3]</u>, und es werden die Kriegerischen den an sich reißen, der zurückgekehrt sein wird von der Sonnenstadt Maltas und von den Hyèren-Inseln. <u>Und es wird geöffnet sein die große Kette des Hafens [2]</u>, der seine Benennung vom <u>Seestier [2]</u> hernimmt. <u>Und es wird einen neuen Ansturm über die Meeresstrände geben, wobei man die kastilischen Berge von der vorherigen mohammedanischen Rückeroberung befreien will [4]</u>. Und ihre Angriffe werden nicht ganz vergeblich sein.

Anm 1 [Seuche] Die Schilderung des Erscheinungsbildes der Städte, Dörfer und Felder scheint hier wörtlich gemeint zu sein, und es liegt der Schluß nahe, daß die damit einhergehende Entvölkerung durch die erwähnte Seuche verursacht wird. Zugleich aber wird dem Klerus ein "völliges Verlassensein auferlegt", was dafür spricht, daß die >Seuche< a u c h ein Sinnbild für eine geistige Ansteckung ist, wie z.B. in 8/21, nämlich mit den Ideen des weiter unten genannten >Seestiers<, die in Konkurrenz zu den christlichen Lehren treten. Die "Kriegerischen" sind demnach dessen Anhänger und heißen so wegen ihrer geistigen Militanz, **3/67**, d.h. Intoleranz. - Wer der Rückkehrer von Malta ist, der von den "Kriegerischen" vereinnahmt wird, ist ungeklärt.

Anm 2 [Seestier und offener Hafen] Der "Seestier" (boeuf marin) ist dem griechischen Mythos entlehnt, demzufolge Zeus, der oberste der Götter, in Gestalt eines Stiers die am Meeresgestade wandelnde schöne Europa für sich einnehmen

Vorrede an Heinrich II. (VH)

und über 's Meer entführen konnte. Zeus alias Jupiter ist ein Deckname des Weltherrschers, **5/24**. Wenn er hier "Seestier" heißt, ist er dabei, den Kontinent >für sich einzunehmen<, ihn >hinzureißen<, **8/21**, und ihn zu >verführen<, **6/48**. Der nach dem Seestier benannte >Hafen< ist ein Sinnbild für die Ideen des >neuen Heiligen<, die anfangs allen Menschen, gleich welcher Glaubenszugehörigkeit, Platz bieten und Schutz gewähren wollen, sich jedenfalls diesen Anschein geben. Vom gleichen >Hafen< handeln z.B. **1/30** und **2/73**. Die geöffnete Kette zeigt Aufnahmebereitschaft an und zugleich die Möglichkeit der Abschließung und Ausgrenzung, zu der es später kommt.

Anm 3 [Verlassensein des Klerus] Das Angebot des >Seestiers< wird so verführerisch und erfolgreich sein, daß der christliche Klerus, soweit er am alten Glauben festhält, ein "völliges Verlassensein" erlebt. (Man könnte desolation auch mit Zerstörung übersetzen, aber diese wird erst der Bannstrahl bringen, der die Kirchen zerstören wird, **10/65**.) Die christliche Religion wird dann den meisten Menschen als abgetan und minderwertig gelten, weil man in den Ideen des >neuen Heiligen< etwas Besseres zu haben meint, **9/12**.

Anm 4 [Neuer Ansturm über die Meeresstrände] Spanien, auf dessen Boden vor langer Zeit schon einmal das Emirat von Cordoba, ein islamisches Reich errichtet worden war, wird nach der Jahrtausendwende von Muslimen erneut eingenommen werden (reprise Mahumetane), **3/20**. Wenn später Gibraltar von der Herrschaft der Muslime befreit werden soll, könnte das im Zusammenhang mit deren Unterwerfung unter das globale Regime stehen, (28).

(28) & au lieu que iadis fut l' habitation d' Abraham, sera assaillie par personnes qui auront en veneration les Iouialistes **(a)**. Et icelle cité de Achem **(b)** sera enuironnee & assaillie de toutes parts en tresgrande puissance de gens d' armes. Seront affoiblies leurs forces maritimes par les occidenteaulx, & à ce regne sera faicte grande desolation, & les plus grandes citez seront depeuplees, & ceux qui entreront dedans, seront comprins à la vengeance de l' yre de Dieu*. Et demeurera le sepulchre* de tant grande veneration par l' espace de long temps soubz le serain à l' vniuerselle vision des yeulx du ciel*, du Soleil*, et de la Lune*, & sera conuerty le lieu sacré en ebergement de tropeau menu & grand, & adapté en substances prophanes. O quelle calamiteuse affliction sera par lors aux femmes* enceintes,

(a) Lat. adj. Iovius zum Jupiter gehörig. Das von N. gebildete Wort "Jovialistes" bezeichnet Menschen, die unter Jupiters Einfluß einem -ismus, einer Ideologie anhängen und in diesem Sinne "Anhänger Jupiters" sind. Jupiter ist ein Name des Weltherrschers, **5/24**.
(b) Achem ist, wie der Kontext ergibt, ein rückwärts gelesenes lat. Mecha, Heimatstadt des Religionsgründers Mohammed, s. Kommentar.

<u>Und an dem Ort, der einst Wohnsitz Abrahams war, wird ein Angriff stattfinden durch Personen, welche die Anhänger Jupiters verehren [1]. Und jene Stadt Achem wird umringt und von allen Seiten angegriffen werden mit sehr großer Macht von Soldaten [2].</u> Es wird ihre Marine geschwächt werden durch die Abendländer. Und diesem Reich wird eine große Verwüstung zugefügt werden, und die größten Städte werden entvölkert sein, und die sie betreten, werden ergriffen werden von der Rache des Zornes Gottes. Und es wird das <u>Grab der sehr hohen Verehrung [2]</u> durch einen langen Zeitraum frei für jedermann sichtbar unter den Augen des Himmels, der Sonne und des Mondes liegenbleiben.

Und es wird der heilige Ort umgewandelt werden in eine Herberge für Klein- und Großvieh und hergerichtet werden für profane Zwecke. **O in welch unheilvolle Betrübnis werden dann die schwangeren Frauen geraten [3]** !

Anm 1 ["Jovialisten" am Ort Abrahams] Abraham war von Mesopotamien aus nach Palästina eingewandert, aus einer Gegend, die heute zum Irak gehört. Der gemeinte Angriff könnte also von Irak oder auch von Palästina ausgehen. Er wird ausgeführt von Menschen, die ihrem religiösen Bekenntnis (veneration) nach auf Seiten >Jupiters<, des Weltherrschers, stehen und daher hier "Anhänger Jupiters" heißen. Der >Ort Abrahams< kann zudem inhaltliches Kennzeichen des >Jovialismus< sein, d.h. der Ideen des >neuen Heiligen< und dann schon höchsten religiösen Autorität in der Welt. Denn Abraham gilt als Stammvater sowohl der Hebräer wie auch der Araber und sein Glaube an den einen, sein Volk führenden Gott ist ein Urbild monotheistischer Religiosität. Man wird demnach einen angeblich >von späteren Verfälschungen und geschichtlich bedingten Einseitigkeiten bereinigten Monotheismus< neubegründen wollen, den es schon gegeben habe, b e v o r er durch die Stifter der Religionen namens Moses, Jesus und Mohammed seine verschiedenen Formen annahm. Die "Jovialisten" werden, ihrem Selbstverständnis nach, einen Monotheismus vertreten, der >erstmals wirklich universell< ist.

Anm 2 ["Jovialisten" gegen Achem] Dadurch müssen sie in Konflikt auch mit dem Islam geraten, der seinem Selbstverständnis nach genau dieses, eine monotheistische Religion mit universellem Anspruch, bereits ist und sich aus diesem Grund auf Abraham beruft. Achem dürfte daher ein rückwärts zu lesendes Mecha sein. Mekka, die heilige Stadt der Muslime, findet sich auf einer Karte von 1573 als Mecha, patria Mahumetis (Blaeu 1990 S. 153). Das "Reich", dem eine "große Verwüstung" zugefügt wird, ist demnach ein arabisches Reich, das hochverehrte Grab die Grabstätte Mohammeds in Medina. Wenn dieses Grab geschändet wird, will das besagen, daß der Islam nach dem gemeinten Angriff am Boden liegt. Davon, daß der Islam dem Weltherrscher unterliegt, handelt z.B. auch Vers **2/60**. Es sind "Abendländer", wohl Amerikaner, (13), die zu dieser Unterwerfung des Orients beitragen, indem sie die arabischen Seestreitkräfte schwächen. -   In dieser Niederlage des Islam erkennt N. den "Zorn Gottes" am Werk, der den Orientalen für ihre Untaten gegen europäische Christen herausgibt, 2/70 Vz 3.

Anm 3 [Bedrängnis der Schwangeren] "Weh aber den Frauen, die in jenen Tagen schwanger sind oder ein Kind stillen", sagt Jesus in seiner Endzeitrede, Mark 13:17. Offb 12 gibt das Sinnbild einer schwangeren, in Wehen liegenden Frau, die von dem Drachen verfolgt wird, der ihr Kind gleich nach der Geburt verschlingen will. Die >schwangeren Frauen< sind die Völker der Welt, welche jene >Kinder gebären<, die verfolgt werden. Mit dem >Gebären< ist die Wiedergeburt im Geiste gemeint, die sich in der Bedrängnis vollzieht. Die erst in der Bedrängnis >Geborenen< werden, das soll das "Wehe" vielleicht bedeuten, es schwerer haben als jene, die ihre Wiedergeburt schon hinter sich haben und in ihrem Gottvertrauen schon >erwachsen< sind.

(29) & sera par lors du principal chef oriental la plus part esmeu par les septentrionaulx & occidenteaulx vaincu, & mis à mort profligez (a) & le reste en fuite & ses enfans de plusieurs femmes* emprisonnez, & par lors sera accomplie la prophetie du Royal Prophete: *Vt audiret gemitus compedi-*

Vorrede an Heinrich II: (VH)

torum, vt solueret filios interemptorum, quelle grande oppressiô que par lors sera faicte sus **(b)** les princes & gouuerneurs des royaumes mesmes de ceux qui seront maritimes & orientaux & leurs langues* entremeslees à grande societé: la langue* des Latins & des Arabes, par la communication Punique,

(a) Lat. v. profligare niederwerfen, überwältigen, dem Ende nahebringen.
(b) Mittelfr. Präposition sus 1. über (sur) 2. bei (chez) 3. bei (près de).

<u>Und es wird danach der größte Teil (der Leute) des obersten orientalischen Hauptes aufgewiegelt sein [1].</u> Die meisten werden vertrieben durch die aus dem Norden und durch die aus dem Westen besiegt, werden zu Tode gebracht, niedergeworfen, und der Rest in die Flucht geschlagen werden. Und seine Kinder von mehreren Frauen werden gefangengesetzt, und dann <u>wird erfüllt sein die Prophetie des Königlichen Propheten: daß (er) hört das Wehklagen der Geknechteten, daß er befreit die Söhne der aus dem Leben Gerissenen [3].</u> <u>Welch große Bedrückung wird dann über den Fürsten und Regenten der Königreiche, auch jener seefahrenden Orientalen liegen ! Und ihre Sprachen (werden) untereinandergemischt (sein) in großer Gesellschaft. Die Sprache der Lateiner und die der Araber, durch die punische Vermittlung [2].</u>

Anm 1 [Orientalen als Werkzeug] Die Verfolgten werden "gefangengesetzt" werden, gleich welcher der alten Religionen sie angehören. "Die aus dem Norden" dürften die Anhänger >Jupiters< sein, weil Norden Nacht im Sinne geistiger Finsternis bedeuten kann. "Die aus dem Westen" helfen zur Niederwerfung der islamisch geprägten Völker, (28). Danach "wird der größte Teil (der Leute) des des obersten orientalischen Hauptes aufgewiegelt sein", die Verfolgung durchzuführen, d.h. sie werden zu Werkzeugen des globalen Regimes, 9/80 Vz 2.

Anm 2 [Große Bedrückung und Vermischung der Sprachen] Die "große Bedrückung" - dieselbe, von der Jesus in der Endzeitrede spricht, Mark 13,19 - wird "über den Fürsten und Regenten der Königreiche" liegen. Sie wird also von einer übergeordneten Instanz ausgehen, nämlich vom globalen Regime des Weltherrschers. Sie wird "auch die seefahrenden Orientalen" treffen, findet demnach auch anderweit statt, breitet sich nämlich weltweit aus. Die "seefahrenden" Orientalen heißen so, weil sie über' s Mittelmeer nach Europa gekommen sein werden. - Mit der Vermischung der Sprachen ist nicht gemeint, daß es eine Einheitssprache geben oder nur noch eine Sprache zur Verständigung zugelassen sein werde. Vielmehr werden <u>die unterschiedlichen >Sprachen<, in denen sich Gott durch die Stifter der Religionen offenbarte, miteinander vermischt und von einem "Erfinder", 1/45, zu einer erfundenen Religion verrührt werden.</u> Auf dem Weg über Nordafrika, wo die Punier einst siedelten, kamen islamische und antike Einflüsse ins mittelalterliche, christlich geprägte Europa, dessen Amts- und Sakralsprache das Lateinische war. Damit ist hier ein Hinweis gegeben, daß vor allem Islam und Christentum vermischt werden, 6/10 Vz 1/2. - In Babylon verwirrten sich die Sprachen, "bis keiner mehr die Rede des anderen verstand", weshalb das Projekt unvollendet blieb, den Himmel auf Erden zu erreichen, mit dem man "sich einen Namen machen" wollte, Gen 11,1-9. So wird die >Sprachenvermischung< auch der Versuch sein, die uralte >Verwirrung der Sprachen< - die Vielfalt der Religionen - "in großer Gesellschaft", einer "Ordnung der Gemeinsamkeit", 4/32, aufzuheben, um den Himmel auf Erden zugänglich und >sich einen Namen zu machen<. - Die große Bedrückung und die

>Vermischung der Sprachen< werden in einem Atemzug genannt, was auf einen engen Zusammenhang beider schließen läßt. Die >Vermischung der Sprachen< wird Verbindlichkeit für alle Menschen beanspruchen, 1/79 Vz 2, und daher der Grund der großen Bedrückung sein.

Anm 3 [Königlicher Prophet] Während ihrer Bedrückung in Ägypten hatten die Israeliten Sklavendienste zu leisten, und auf Befehl des Pharaos wurden ihre männlichen Säuglinge in den Nil geworfen, Exod 111-14,22. Das Wehklagen der Israeliten darüber wurde von Gott erhört, Exod 223-25. Moses, ein Überlebender, der als Säugling vor dem Tod gerettet worden war, wurde berufen, sein Volk aus der Gefangenschaft herauszuführen. Das ist der Exodus als Ur- und Vorbild des Handelns Gottes an seinem Volk. Als "Königlicher Prophet" gilt dem Seher Jesus Christus, der angekündigt hat, daß er am Ende der alten Erde selbst kommen werde, die Seinen zu holen, Matth 2431, wenn es erneut eine "große Bedrängnis" geben werde, während welcher "alle Völker auf Erden klagen" würden, Matth 2421,30. Es werde sein wie zur Zeit der ägyptischen Knechtschaft der Israeliten, aber die Bedrängnis werde weltweit sein, "über den Fürsten der Königreiche" liegen.

(30) & seront tous ces Roys orientaux chassez, profligez, exterminez non du tout par le moyen des forces des Roys d' Aquilon*, & par la proximité de nostre siecle par moyen des trois vnys secrettemêt cherchât la mort & insidies (a) par embusches l' vn de l' autre, & durera le renouuellement du triumuirat (b) sept ans, que la renommee de telle secte* fera son estendue par l' vniuers & sera soubstenu (c) le sacrifice de la saincte & immaculée hostie, & seront lors les Seigneurs deux en nombre d' Aquilon* victorieux, sur les orientaux, & sera en iceux faict si grand bruict & tumulte bellique, que tout iceluy orient tremblera de l' effrayeur d' iceux freres non freres Aquilonaires*.

(a) Lat. n.f.pl. insidiae Hinterhalt, hinterlistiger Angriff, Anschlag.
(b) Lat. n.m. triumvir war das Mitglied eines Dreimännerkollegiums; dieses Kollegium hieß triumviratus. Gemeint war damit ein staatliches Amt, das von drei Männern gemeinsam ausgeübt wurde.
(c) Mittelfr. v. soustenir aufrechterhalten, bewahren (maintenir en l' état)

<u>Und es werden all die orientalischen Könige verjagt, niedergeworfen, ausgelöscht werden, (doch) keineswegs durch die Truppen der Könige von Aquilon, sondern mittels der drei Geeinten [3]</u>, die, (darin) unserer Zeit sehr nah, sich gegenseitig heimlich nach dem Leben trachten, einander nachstellen und Hinterhalte legen. <u>Und es wird die Erneuerung des Triumvirats sieben Jahre dauern, und das Ansehen solchen Bekenntnisses wird sich über die ganze Welt ausbreiten [1]</u>, und es wird erhalten bleiben das Meßopfer der heiligen und unbefleckten Hostie. <u>Und es wird dann Herren von Aquilon geben, zwei an der Zahl, die siegreich sind über die Orientalen [2]</u>, und eben dabei wird ein sehr großer kriegerischer Lärm und Aufruhr entstehen, bis ganz derselbe Orient zittern wird aus Furcht vor jenen <u>Brüdern, (die) keine aquilonischen Brüder (sind) [3]</u>.

Anm 1 [Triumvirat und solches Bekenntnis] Die "drei Geeinten" oder "Brüder" einerseits und das "Triumvirat" andererseits könnten identisch sein. Das Triumvirat wird in einer Zeit errichtet, in welcher der christliche Ritus, gleich welcher

Prägung, noch unbeschadet ausgeübt werden kann, denn "es wird erhalten bleiben das Meßopfer der heiligen und unbefleckten Hostie". Das wird später nicht mehr möglich sein, 1/67. Die drei "Brüder" treten aber als solche, das ist hier im letzten Satz erkennbar, erst n a c h der Unterwerfung der Orientalen durch die "Herren von Aquilon" in Erscheinung. Daraus folgt, daß das Triumvirat und die drei Brüder nicht identisch sein können. - Die beiden Triumvirate der römischen Antike waren Erscheinungen der Übergangszeit zwischen Republik und Kaiserreich. Sie bereiteten den Boden für ein die antike Welt umspannendes Kaisertum. Das Triumvirat, das hier eine "Erneuerung" erfährt, wird in 5/7 >ausgegraben<, weil man damit einen "Schatz" zu heben meint. Die Wertschätzung des Triumvirats geht mit der weltweiten Ausbreitung "solchen Bekenntnisses" einher. Das Ansehen und die Wertschätzung, welche beide genießen, scheinen "Bekenntnis" (secte) und "Triumvirat" zu verbinden. Inhaltlich wird von dem "Bekenntnis", abgesehen von der Bezugnahme auf die mit der antiken Chiffre benannte Herrschaftsstruktur durch "telle", nichts vermerkt. Der Grund dafür könnte sein, daß es sich bei der "Sekte" um die Anhängerschaft des >neuen Weisen<, 4/31, handelt. Denn von ihm wird eine Ideologie ausgehen, die wie der antike Staatskult vor allem der Erhaltung der völkerübergreifenden staatlichen Ordnung dient, 9/9. Diese wird in der gemeinten Zeit von drei großen Mächten gebildet und getragen.

Anm 2 [Herren von Aquilon] Das lat. n.f. aquila bedeutet Adler, das lat. n.m. aquilo einen Sturm aus Norden, die Himmelsrichtung Norden und daher auch Nacht und Finsternis. Der Adler, im alten Rom Kultsymbol des obersten Gottes Jupiter, wurde als Legionsadler den kaiserlichen Truppen vorangetragen. Nimmt man beide Wortwurzeln zusammen, sind unter den "Herren von Aquilon" die "Herren der Finsternis im Zeichen des Adlers" zu verstehen. - Die Aufgabe dieser "Herren" ist es hier, die Orientalen niederzuwerfen, und es liegt nicht fern, in ihnen jene "Jovialisten" zu erkennen, die in (28) "Achem" angreifen und sich dort durchsetzen können, wie sie hier "siegreich" sind. Es sind zwei an der Zahl, wie in 5/78. Die "Herren von Aquilon" sind also Mächte im Dienst des Regimes der >Weltfriedensordnung<. Zu dessen Charakterisierung zieht N. öfters die Geschichte des antiken römischen Weltreichs heran. Parallelen sind die universelle Ausdehnung, der nichtchristliche - vor- bzw. nach-christliche - Charakter der herrschenden Ideologie und die etappenweise Errichtung eines Kaiserthrons. Dessen Inhaber wird wie der antike Kaiser zugleich die oberste Autorität einer Staatsreligion innehaben, die der >Pax Romana<, d.h. dem Frieden des Weltstaates verpflichtet zu sein sich den Anschein geben wird.

Anm 3 [Nicht-aquilonische Brüder] Von "großen Zwistigkeiten" unter "drei Brüdern" war in (12) die Rede, und dazu paßt es, wenn diese sich hier "gegenseitig nach dem Leben trachten". Der Hinweis "ähnlich wie in unserer Zeit" läßt an europäische Mächte denken, die schon im 16. Jahrhundert rivalisierten, z.B. Spanien, Frankreich und England, doch das ist ungewiß. Was diese "Brüder" dann doch eint, ist offenbar allein das Bestreben, die orientalischen Könige aus Europa "hinauszujagen", **5/74**. Da die Orientalen vom globalen Regime vereinnahmt sein werden, (29), stellen sich die "drei Brüder" mit ihrer Verfolgung der orientalischen Könige gegen das übergeordnete Regime und heißen daher "nicht-aquilonisch".

Anm 4 [Zeitenfolge] Gleich in (31) wird es der Seher selbst zugeben, daß die Reihenfolge seiner Vorhersagen konfus ist. Daß er dies gerade im Anschluß an

Vorrede an Heinrich II. (VH)

(30) sagt, ist kein Zufall, denn hier wurden die Abläufe auch im kleinen verwirrt. Es lassen sich aber unterscheiden und folgen aufeinander: **1)** die Zeit des "Triumvirats", **2)** die Zeit, in der die "Herren von Aquilon" die Orientalen besiegen und vereinnahmen, (28), und **3)** die Zeit, wenn die "nicht-aquilonischen Brüder" als Geeinte in Erscheinung treten.

(31) Et pource, Sire, que par ce discours ie metz presque confusement ces predictions, & quand ce pourra estre & l' aduenement d' iceux, pour le denombrement du temps que s' ensuit qu' il n' est nullement ou bien peu conforme au superieur, lequel tant par voye astronomique que par autre, mesmes des sacrees escriptures, qui ne peuuent faillir nullement, que si ie voulois à vn chacun quadrin mettre le denombrement du temps se pourroit faire: mais à tous ne seroit aggreable, ne moins les interpreter, iusques à ce, Sire, que vostre maiesté m' aye octroyé ample puissance pour ce faire, pour ne donner cause aux calôniateurs de me mordre.

Dabei lege ich, Sire, durch diese Ausführung die Vorhersagen ziemlich verwirrend nieder. Und wann das wohl sein wird und die Vorhersagen eintreffen, was also die Aufreihung der sich anschließenden Zeit angeht, so stimmt sie gar nicht oder wenig überein mit dem oben Gesagten. Sie stimmt aber überein teils mit astronomischen, teils mit anderen Mitteln, besonders mit den heiligen Schriften, die niemals fehlgehen können, so daß ich, wenn ich wollte, jedem Vierzeiler die Zählung der Zeit hinzusetzen könnte, wenn das tunlich wäre. Doch wäre das gar nicht angenehm, noch weniger angenehm, sie zu deuten, solange nicht Eure Majestät mir weitgehende Vollmacht dazu gewähren, um nicht den Verleumdern Anlaß zu geben, mich zu bedrängen.

Anm Daß N. keine chronologische Reihenfolge einhält, ist dem aufmerksamen Leser nicht entgangen und wird hier noch einmal ausdrücklich bestätigt. Neu ist seine Behauptung, daß er jedem Vierzeiler seinen Platz in der Zeit anweisen könne. Belegt wird sie z.B. in (35) und **5/52**. Seine Furcht davor, daß seine Schrift im Klartext Anstoß erregen würde, was "Verleumder" ausnutzen könnten, hat N. schon in (5) und (8) zu Protokoll gegeben.

(32) Toutesfois comptans les ans depuis la creation du monde, iusques à la naissance de Noé, sont passez mil cinq cens & six ans, & depuis la naissance de Noé iusques à la parfaicte fabrication de l' arche, approchât de l' vniuerselle inondation* passerent six cens ans si les dons estoyent solaires ou lunaires, ou de dix mixtions. Ie tiens ce que les sacrees escriptures tiennent qu' estoyent Solaires. Et à la fin d' iceux six cens ans Noé entra dans l' arche pour estre sauué du deluge*, & fut iceluy deluge vniuersel sus la terre, & dura vn an & deux mois. Et depuis la fin du deluge* iusque à la natiuité d' Abraham, passa le nombre des ans de deux cens nonante cinq. Et depuis la natiuité d' Abraham iusques à la natiuité d' Isaac, passerent cent ans. Et depuis Isaac iuques à Iacob, soixante ans, dès l' heure qu' il entra dans Egypte iusques à l' yssue d' iceluy passerent cent trente ans. Et depuis l' entree de Iacob en Egypte iusques à l' yssue d' iceluy passerent quatre cent trente ans. Et depuis L' yssue d' Egypte iusques à l' edification du temple faicte par Salomon au quatriesme an de son regne, passerent quatre cens octante ou quatre vingts ans. Et depuis l' edification du temple

Vorrede an Heinrich II. (VH)

iusques à Iesus Christ selon la supputation des hierographes (a) passerent quatre cens nonante ans. Et ainsi par ceste supputation que i' ay faicte colligee par les sacrees lettres sont enuiron quatre mille cent septante trois ans, & huict mois peu ou moins. Or de Iesus Christ en ca par la diuersité des sectes* (b), ie le laisse, & ayant supputé & calculé les presentes propheties, le tout selon l' ordre de la chaysne qui contient sa reuolution le tout par doctrine Astronomique, & selô mon naturel instinct,

(a) N. hierographe 1. Person, die über die heiligen Dinge schreibt (personne qui écrit des ouvrages sur les choses sacrées) 2. Person, die sich mit Magie und Okkultismus beschäftigt (personne qui s' occupe de magie et de sciences occultes) - großer Larousse.
(b) Damit meint N. die Zeit der Glaubensspaltung, also sein Jahrhundert.

Zählt man indessen die Jahre seit der Erschaffung der Welt bis zur Geburt Noahs, sind 1506 Jahre vergangen. Und von der Geburt Noahs bis zur Vollendung des Baus der Arche, nahe der allgemeinen Überschwemmung, vergingen 600 Jahre, seien sie ihrer Beschaffenheit nach Sonnenjahre oder Mondjahre, oder eine von zehn Mischungen. Ich meine, daß die heiligen Schriften meinen, daß es Sonnenjahre seien. Und am Ende dieser 600 Jahre bestieg Noah die Arche, um vor der Flut gerettet zu werden. Und es ergoß sich diese Flut über die ganze Erde und dauerte ein Jahr und zwei Monate. Und vom Ende der Flut bis zur Geburt Abrahams vergingen 295 Jahre. Und von der Geburt Abrahams bis zur Geburt Isaaks vergingen 100 Jahre, und von Isaak bis zu Jakob sechzig Jahre, von der Stunde an, da er Ägypten betrat, bis zu seinem Auszug von dort vergingen 130 Jahre. Und vom Einzug Jakobs in Ägypten bis zu seinem Auszug von dort vergingen 430 Jahre. Und vom Auszug aus Ägypten bis zum Bau des Tempels durch Salomo im vierten Jahr seiner Herrschaft vergingen 480 oder 80 Jahre. Und vom Tempelbau bis zu Jesus Christus vergingen, der Berechnung der Verfasser der heiligen Schrift zufolge, 490 Jahre. Und folglich sind es nach dieser Rechnung, die ich aus den heiligen Schriften zusammensuchte, ungefähr 4173 Jahre und acht Monate, mehr oder weniger. Nun von Jesus Christus bis zum Auseinanderstreben der Bekenntnisse, das lasse ich weg. Es sind berechnet und kalkuliert die vorliegenden Prophezeiungen alle gemäß der Ordnung der Kette, die ihren Umlauf umfaßt, alles nach der astronomischen Lehre, und nach meiner natürlichen Eingebung.

Anm Mit der "Ordnung der Kette, die ihren Umlauf umfaßt" sind die Umläufe der Planeten gemeint, die - im geo- wie im heliozentrischen System - an ihren Ausgangspunkt immer wieder zurückkehren. Ein Umlauf reiht sich dabei an den anderen wie die Glieder einer Kette. Die Berechnungen der Umläufe der Planeten, die dem Seher dazu dienten, seine Visionen zeitlich zu ordnen, werden hier wie in (11) mit biblischen Zeitangaben in Verbindung gebracht, ohne daß irgendein Zusammenhang erkennbar ist. Möglicherweise ist dieser Zusammenhang vorhanden, aber ungeklärt. - Die Abweichungen von der ersten, unter (9) aufgemachten Berechnung des Alters der Welt werden nicht diskutiert. Daraus darf man schließen, daß dem Autor diese Rechnung nicht wirklich wichtig war. Die Ausbreitung dieser Kenntnisse diente ihm wohl eher dazu, sich als bewandert in den heiligen Schriften zu zeigen. Wenn das zutrifft, ist es müßig, sich mit den Einzelheiten der aufgemachten Berechnungen zu beschäftigen. Daß N. unzutreffend davon ausging, die Bibel rechne mit Sonnenjahren, ist dann auch unwichtig.

(33) & apres quelque temps & dans iceluy comprenant depuis le temps que Saturne qui tournera entrer à sept du moys d' Auril jusques au 25. d' Aoust Iupiter à 14. de Iuin jusques au 7. d' Octobre, Mars depuis le 17. d' Auril jusques au 22. de Iuin, Venus depuis le 9. d' Auril, jusques au 22. de May, Mercure depuis le 3. de Feurier, jusques au 24. dudit. En aprés du premier de Iuin jusques au 24. dudit & du 25. de Septembre jusques au 16. d' Octobre,

> Und nach einiger Zeit und in derselben enthalten ist die Zeit, von der an Saturn herumdrehen wird einzutreten vom Siebten des Monats April bis zum 25. August, Jupiter vom 14. Juni bis 7. Oktober, Mars vom 17. April bis zum 22. Juni, Venus vom 9. April an bis zum 22. Mai, Merkur vom 3. Februar an bis zum 24. desselben, darauf folgend vom 1. Juni an bis zum 24. desselben, und vom 25. September an bis zum 16. Oktober.

Anm Zuletzt war N. in der Zeit des "Auseinanderstrebens der Bekenntnisse", der Zeit der Glaubensspaltung im 16. Jahrhundert, seiner Gegenwart also angelangt, und von da aus blickt er wieder in die Zukunft. Saturn werde vom 7.4. bis 25.8. rückläufig sein; er war es vom 17.4.1606 bis 4.9.1606. Jupiter werde vom 14.6. bis 7.10. rückläufig sein, er war es vom 22.6.1606 bis 19.10.1606. Mars werde vom 17.4. bis 22.6. rückläufig sein, er war es vom 21.4.1606 bis 2.7.1606. Venus werde vom 9.4. bis 22.5. rückläufig sein, sie war es vom 20.4.1606 bis 1.6.1606. Merkur erlassen wir uns. Die Wendung tourner entrer wird mit "herumdrehen einzutreten" wörtlich wiedergegeben. Für ihre Deutung im Sinne der Rückläufigkeit spricht, daß die Zeitangaben so und nur so passen. Die geringfügigen Differenzen sind hauptsächlich auf die Kalenderreform durch Papst Gregor XIII. im Jahre 1582 zurückzuführen; es wurden damals 10 Tage übersprungen, die man zu Datumsangaben aus der Zeit vor der Reform hinzurechnen muß. <u>Festzuhalten ist, daß die Angaben zusammengenommen eindeutig dem Jahr 1606</u> und keinem anderen Jahr zwischen 1558, dem Jahr der Veröffentlichung der Vorrede, und 2050, **3/94,** <u>zuzuordnen sind.</u> Die umständliche Art, ein bestimmtes Jahr zu benennen, soll wahrscheinlich des Sehers Fertigkeit zu astronomischer Berechnung und Zeitbestimmung belegen. Zur Frage, warum er dieses Jahr nennt, s. (35).

(34) Saturne en Capricorne, Iupiter en Aquarius, Mars en Scorpio Venus en Pisces, Mercure dans vn moys en Capricorne, Aquarius & Pisces, la lune en Aquarius, la teste du dragon en Libra: la queue a son signe opposite suyvant vne conionction de Iupiter à Mercure, auec vn quadrin aspect de Mars à Mercure, & la teste du dragon sera auec vne conionction du Soleil à Iupiter,

> Saturn im Steinbock, Jupiter im Wassermann, Mars im Skorpion, Venus in den Fischen, Merkur in einem Monat im Steinbock, im Wassermann und den Fischen, der Mond im Wassermann, der Kopf des Drachens in der Waage, der Schwanz im gegenüberliegenden Zeichen. Es folgt eine Konjunktion von Jupiter mit Merkur, mit einem Quadrataspekt des Mars zum Merkur, und der Drachenkopf wird sein mit einer Konjunktion der Sonne mit Jupiter.

Anm Wie unter (33) passen diese Konstellationsangaben in ihrer Summe auf das Jahr 1606, und zwar dessen Beginn.

Vorrede an Heinrich II. (VH)

(35) l' année sera pacifique sans eclipse, & non du tout **(a)**, & sera le commencement comprenant ce de ce que durera & commencant icelle annee sera faicte plus grande persecution à l' Eglise Chrestienne qui n a esté faicte en Affrique, & durera ceste icy iusques à l' an mil sept cens nonâte deux que l' on cuydera estre vne renouation de siecle:
(a) Loc. pas du tout keineswegs, überhaupt nicht, durchaus nicht.

<u>Das Jahr wird friedlich sein ohne Sonnenfinsternis [1], und nichts von allem. Doch es wird der Anfang sein, der etwas enthält, was dauern wird. Und beginnend in demselben Jahr wird eine gewaltige Verfolgung der christlichen Kirche stattfinden [2]</u>, wie es sie nicht einmal in Afrika gegeben hat. Und dauern wird dieselbe bis zum <u>Jahr 1792, wenn man glauben wird, es gebe eine Erneuerung des Zeitalters [3]</u>.

Anm 1 [Ohne Sonnenfinsternis] Es wird hervorgehoben, daß das gemeinte Jahr nicht durch markant in Erscheinung tretende äußere Ereignisse in die Geschichtsbücher eingehen, es insbesondere keine Sonnenfinsternis geben werde. Daher muß der Gedanke verworfen werden, es könne hier das Jahr 1606 der in 6/54 so genannten "liturgischen Zeitrechnung" gemeint sein, das in der Nähe der Wende vom 2. zum 3. nachchristlichen Jahrtausend liegt. Denn nahe dieser Jahrtausendwende wird es zu einer außerordentlichen Verfinsterung kommen, (18). <u>Demnach geht es hier um das Jahr 1606 der christlichen Zeitrechnung.</u>

Anm 2 [Verfolgung der Kirche] Nicht 1606, aber im Mai 1605 wurde mit Paul V. ein Papst gewählt, über den Leopold von Ranke schreibt: "Indem ein Papst auftrat, welcher die streitigen Ansprüche seiner Gewalt mit rücksichtslosem Eifer überspannte, geriet die venezianische Regierung in die Hände von Männern, welche die Opposition gegen die römische Herrschaft zu ihrer persönlichen Gesinnung ausgebildet (hatten)...". Im Januar 1606 wurde Leonardo Donato, der zu den antirömisch Gesinnten in Venedig gehörte, zum Dogen gewählt. Der venezianische Widerstand gegen die Eingriffe des römischen Hofes führte zur Ablehnung eines päpstlichen Auslieferungsbegehrens. Im April 1606 verhängte Paul V. daraufhin die Exkommunikation, das sogenannte Staatsinterdikt über Venedig; doch es blieb wirkungslos und wurde schließlich zurückgezogen. <u>In der damals noch mächtigen Republik Venedig konnten gegen die Ansprüche der kirchlichen Zentralgewalt staatliche Gesetze erhalten werden, welche die kirchlichen Belange der weltlichen Politik prinzipiell unterordneten</u> - darin erkannte N. den B e g i n n einer >Verfolgung der Kirche<. Zu voller Entfaltung gelangte diese Auffassung des Verhältnisses von Staat und Kirche dann im Frankreich der Revolution, das die Kirche verstaatlichte und den Priestern den Eid auf die republikanische Verfassung abverlangte. In den beiden Jahrhunderten zwischen diesen Ereignissen, dem 17. und 18. Jahrhundert, entfaltete sich, von Britannien ausgehend, aufklärerisches Denken in Europa, das die (absolute) Königsherrschaft, ihre Legitimation durch den Glauben sowie die Macht der Kirchen zunehmend in Frage stellte.

Anm 3 [1792] Zur Zeit der französischen Revolution wurden "die festen Fundamente der nach ursprünglicher römischer Art geweihten Kirchen" als Grundlage der Ordnung der Gesellschaft verworfen, 2/8 (Bd.1), man wollte von der geistigen Grundlage des Königtums nichts mehr wissen. Auf dem Höhepunkt des revolutionären Elans wurde der christliche Glaube schlicht für überholt und abgetan erklärt. An seine Stelle sollte ein Kult der Vernunft treten, den Robespierre am 8. Juni 1794 tatsächlich einmal zelebrierte. Dem revolutionären Denken entsprang der Wunsch, das Ende der christlich geprägten Ära kenntlich zu machen, indem man eine neue Zeitrechnung einführte. <u>Man werde 1792 "glauben, es gebe eine</u>

Erneuerung des Zeitalters", sagt N. In der Tat trat am 22.9.1792 in Frankreich ein neuer republikanischer Kalender in Kraft. Die christliche sollte durch die "Ära der Franzosen" abgelöst werden. Man begann mit dem "Jahr 1 der Republik", die Monate erhielten neue, jahreszeitlichen Erscheinungen der Natur entlehnte Namen, wurden anders eingeteilt als früher und waren alle genau dreißig Tage lang, weil man die Ungleichheit nicht mochte. Zwölf Jahre hindurch konnte dieser Kalender sich immerhin halten.

(36) apres commencera le peuple Romain de se redresser & deschasser quelques obscures tenebres, receuant quelque peu de leur pristine clarté, nô sans grande diuision & continuelz changemens. Venise en apres en grande force, & puissance leuera ses aysles si treshault ne distant gueres aux forces de l' antique Rome.

Danach wird das römische Volk beginnen, sich wieder aufzurichten und einige finstere Schatten zu vertreiben, und es wird wieder ein wenig von seinem früheren Glanz empfangen [1], nicht ohne große Uneinigkeit und ständigen Wandel. >Venedig< wird darauf mit großer Stärke und Macht seine Flügel sehr hoch erheben, die sich von der Macht des antiken Rom kaum unterscheiden [2].

Anm 1 [Römisches Volk im Abglanz früheren Glanzes] "Danach", nach 1792 also, werde "das römische Volk" sich wieder aufrichten und "ein wenig von seinem früheren Glanz empfangen". Unter Napoléon zunächst noch gebeutelt, 2/94, wenn auch nur für wenige Jahre, fand Italien unter inneren Auseinandersetzungen und Kämpfen mit äußeren Gegnern im 19. Jahrhundert zur Einheit. Seit 1861 gab es einen König von Italien. Der "frühere Glanz" des römischen Volkes hebt ab auf Macht und Ruhm des antiken römischen Imperiums. Es war nur ein Abglanz der antiken Herrlichkeit, der auf das Italien des 19. Jahrhunderts mit seiner mühsam errungenen Einheit fiel.

Anm 2 [>Venedig< erhebt seine Flügel] Das Ende der Republik Venedig im Jahr 1797 hat N. gesehen und schildert es in 4/1 (Bd.1) als ein klägliches Verlöschen. Wenn also nach 1792 "Venedig mit großer Stärke und Macht seine Flügel erheben" werde, kann das nicht wörtlich gemeint sein. Eine >Verfolgung der Kirche< hat N. es genannt, daß die kirchliche Zentralgewalt des Papstes ihren Einfluß auf die innerstaatliche Gesetzgebung in kirchlichen Belangen verlieren würde, was die Republik Venedig 1606 für sich durchsetzen konnte, (35). >Venedig< ist daher hier eine Chiffre für Gemeinwesen, die den Bereich von Religion und Kirche nach eigenem Gutdünken ordnen. Das >Erheben der Flügel< ist ein Bild für das Freiheitsstreben, (21), des säkularen Staates. >Venedig< ist hier gleichbedeutend mit dem säkularen Staat, der >sich von der Religion befreit< hat. Die Idee der französischen Revolution, daß das Gemeinwesen seinen Grund nicht mehr im christlichen Glauben haben solle, hat sich anschließend in Europa durchgesetzt und sich damit als "stark und mächtig" erwiesen.

(37) & en iceluy temps grandes voyles Bisantines associees aux Ligustiques par l' appuy & puissance Aquilonaire* donnera quelque empeschement que des deux Cretenses ne leur sera la Foy tenue. Les arcz edifiez par les antiques Marciaux (a), s' accompagnerôt aux vndes de Neptune*, en l' Adriatique sera faicte discorde grande, ce que sera vny sera separé approchera de maison ce que parauant estoit & est grande cité, comprenât

Vorrede an Heinrich II. (VH)

le Pempotam* la mesopotamie de l' Europe à quarante cinq, & autres de quarante vng, quarantedeux, & trentesept.
(a) Lat. adj. Martialis zu Mars gehörig, martialisch, kriegerisch.

Und in jener Zeit [1] werden große byzantinische Flotten, verbündet mit den ligurischen, mit aquilonischer Hilfe und Macht [2] ein gewisses Hindernis errichten, damit den beiden Kretern [2] nicht die Treue gehalten werde. Die von den antiken Kriegern errichteten Bögen werden sich den Wogen Neptuns anschließen [3]. Im adriatischen Meer wird es eine große Auseinandersetzung geben. Was geeint sein wird, wird wieder getrennt werden. Es wird fast nur noch ein Haus sein, was früher eine große Stadt war und noch heute ist, eingeschlossen der Pempotam [2], das Mesopotamien Europas [2] am 45. und andere (Gegenden) am 41., 42. und 37. (Breitengrad).

Anm 1 [Jene Zeit] Wegen (36) sind Zeiten nach der französischen Revolution gemeint, in denen die Idee des säkularen Staates sich durchgesetzt hat. Da die Zuordnung zu historischen Kriegen, dem Krimkrieg 1853ff sowie dem ersten und zweiten Weltkrieg nicht gelingt, dürften zukünftige Ereignisse gemeint sein.

Anm 2 [Vokabeln] Kandidaten für das "Mesopotamien Europas" sind die Gebiete um Unterlauf und Mündung der Rhône, des Po und der Donau, die allesamt auf der Höhe des 45. Breitengrades liegen. Daß zuvor von der Adria die Rede ist, spricht für den Po und die oberitalienische Ebene. - "Pempotam" heißt in 10/100 (Bd.1) das Großbritannien der Kolonialzeit, das mehrere Jahrhunderte lang Weltmacht war. Die Chiffre bezeichnet ein Land, das Ströme von Menschen aussendet und in der Welt triumphiert. Hier geht es um eine Zeit nach dem Ende der Kolonialreiche. Es könnten die USA gemeint sein, die als Kolonie Großbritanniens anfingen und im 20. Jahrhundert in mancher Hinsicht dessen dominierende Rolle übernommen haben. Vgl. (13). - Nach Kreta wurde Europa vom stiergestaltigen Zeus entführt und hatte dort mit ihm Kinder. Die "beiden Kreter" sind demnach >Söhne Europas aus deren Ehe mit Zeus<, d.h. Europäer in einer Zeit, in der >Zeus< über es herrscht. Der Staat des >Zeus< alias Jupiter, 5/24, wird die ganze Welt umfassen, 1/4, wenn er an der Spitze der >Weltfriedensordnung< steht. Da die Gemeinten Gegner >Aquilons<, d.h. eines völkerübergreifendes Imperiums, (30), sind, stellen sich in diesem Bild >die Söhne gegen den Vater<.

Anm 3 [Die Vorgänge] "Bögen" (arcs), nämlich Triumphbögen wurde nach erfolgreichem Feldzug in der römischen Antike für den siegreichen Feldherrn errichtet. Wenn die "von antiken Kriegern errichteten Bögen gemeinsam" in der Versenkung verschwinden, ist demnach blumig ein allgemeines Verbot des Krieges und von Kriegswaffen angesprochen, auf welches auch 3/36 und 6/94 schließen lassen. Die Zeit vor der >Weltfriedensordnung< wird zur >Antike<, über die man sich erheben will, 10/73. Es ist in diesem Zusam-menhang wahrscheinlich, daß der Weltstaat Kriegswaffen und ihre Anwendung monopolisieren wird. Eben darin könnte das "gewisse Hindernis" für die beiden "Kreter" bestehen: Sie haben Probleme, an die Waffen heranzukommen, die sie brauchen, um gegen >Aquilon< kämpfen zu können. Durch diesen Kampf wird schließlich die Einheit des Weltstaats in Frage gestellt und zwangsweise "Geeintes wieder getrennt werden". Großbritannien bzw. die USA (Pempotam) unterstützen am Ende, wenn Europa schon ganz zerstört und entvölkert ist, die "Kreter", (13).

- 440 -

(38) & dans iceluy temps & en icelles contrees la puissance infernalle mettra à l' encontre de l' Eglise de Iesus Christ la puissance des aduersaires de sa loy*, qui sera le second Antechrist, lequel persecutera icelle Eglise & son vray vicaire par moyen de la puissance des Roys temporelz, qui seront par leur ignorance seduitz par langues*, qui trencheront plus que nul glaiue entre les mains de l insensé:
Und in jener Zeit und in jenen Gegenden wird die höllische Macht gegen die Kirche Jesu Christi die Macht der Widersacher seines Gesetzes einsetzen. Es wird der zweite Antechrist sein, der jene Kirche und ihren wahren Vikar verfolgen wird mittels der Macht der weltlichen Könige [2]. Diese werden wegen ihres Unwissens verführt sein durch Sprachen, welche mehr zerschneiden als jedes Schwert in den Händen eines Irrsinnigen [1].
Anm 1 [Verführung der Herrscher] Die weltlichen Herrscher werden durch >Sprachen< verführt werden, nämlich durch die philosophischen Ideen des >neuen Weisen<, 4/31. Diese werden den Frieden in einer großen vollkommenen Ordnung für alle Völker und Glaubensgemeinschaften den Menschen vor Augen stellen. Diese Ideen werden sich später zu einer Einheitsreligion verdichten, (29), die die alten Religionen als unvollkommene Vorläufer auffasst, 9/12, und diese Einschätzung allgemeinverbindlich macht. - Die Verführung der Herrscher setzt ihre Verführbarkeit voraus. Deren Grund ist aber nicht das Unwissen, wie N. meint, sondern mangelndes Interesse an der Wahrheit bzw. der Wunsch zu verdrängen, was man nicht wissen will. Wer keine Lust hat, durch Beobachtung und Nachdenken zu einem eigenen Urteil zu kommen und die falschen Propheten an ihren Früchten zu erkennen, Matth 7 15-20, kann sich nicht auf Unwissen berufen, sondern ist dann eben anfällig dafür, angelogen zu werden. Eine der Lügen wird sein, daß es eine >neue Religion< gebe. Eine Religion wird von Gott gestiftet. Der >neue Heilige< wird aus dem Fundus des Vorhandenen mit viel philosophischem Bombast etwas zusammenzimmern. - Umgekehrt hilft das Wissen im Sinne der übertragenen Information, z.B. dieser Zeilen, allein nichts gegen das Verführtwerden, denn es kann unterdrückt oder verdrängt werden, wo ein Keim auf fremdem Boden bleibt.
Anm 2 [Zweiter Antechrist] N. zählt drei Herrscher, die es nacheinander auf die Weltherrschaft abgesehen haben, 9/5, und meint damit Napoléon, Hitler und den angeblich >wiedergekommenen Christus<, der zum Weltherrscher wird, 1/95. Letzterer wird hier als "Antechrist" bezeichnet, 8/77. Als "zweiter" erscheint er hier nach Napoléon, dessen Gegnerschaft gegen die Kirche deutlicher hervortrat als die Hitlers, was N. auch in 9/5 so beurteilt. Er selbst wird als >Mann der Religion und des Friedens< über keine Truppen verfügen. Aber er wird die oberste religiöse Autorität des Weltstaats sein, und die Lenker der Völker ("weltliche Herrscher") werden Gesetzen, die in seinem Namen ergehen, Geltung verschaffen müssen. Sie werden das Verbot der christlichen Religion, 10/65, durchsetzen und die Kirchen verfolgen, soweit diese sich nicht unterwerfen. - Der "wahre Vikar" dürfte identisch sein mit dem "Königlichen", den N. als den "großen Stellvertreter Christi und seiner Kirche" erkennt, (17).

(39) le susdit regne de l' antechrist ne durera que iusques au definement **(a)** de ce nay pres de l' eage & de l' autre à la cité de Plâcus accompagnez de l' esleu de Modone Fulcy **(b)** par Ferrare maintenu par Liguriens Adriaticques

Vorrede an Heinrich II. (VH)

& de la proximité de la grande Trinacrie. Puis passera le mont* louis*. Le Galique ogmium accompagné de si grand nombre que de bien loing l' Empire de la grand loy* sera presenté & par lors & quelque temps apres sera espanché profuseement le sang des Innocens par les nocens **(c)** vng peu esleuez,

(a) Altfr. n.m. definement 1. Ende (fin) 2. Schlußfolgerung (conclusion) 3. Tod (mort)
(b) Mittelfr. fulcir stützen, tragen (soutenir).
(c) Lat. n.m. nocens der Schuldige, der Übeltäter.

Das obenbenannte Herrschaft des Antechristen wird nicht länger als bis zum Tode dessen dauern, der erscheint, wenn die Zeit (der Wiederkunft Christi) nah ist, und des anderen aus der Stadt des Plancus. (Sie werden) begleitet (sein) von dem Gewählten von Modena, gestützt von Ferrara, aufrechterhalten durch adriatische Ligurer und von der Nähe des großen Sizilien. Dann wird er vorbeiziehen am Berg Jupiters. Der gallische Ogmion (wird) begleitet von sehr vielen, so daß von weither die Oberherrschaft des großen Gesetzes angesagt wird. Dann und einige Zeit danach wird viel Blut der Unschuldigen vergossen werden durch die Übeltäter, die noch etwas weiter aufsteigen.

Die "Herrschaft des Antechristen", von der eben schon die Rede war (38), wird einhergehen mit der "Oberherrschaft des großen Gesetzes". Das ist die "Ordnung der Gemeinsamkeit", **4/32**, oder >Weltfriedensordnung<. - Der "Berg Jupiters" wurde schon in (13) erwähnt und dürfte die himmelstrebende Ordnung des Weltherrschers sein, wie der Läuterungsberg in **1/69**. - Im übrigen enthält dieser Abschnitt zu viele Unbekannte, um ihn deuten zu können.

(40) alors par grands deluges* la memoire des choses contenues de telz instruments receura innumerable perte mesmes les lettres: qui sera deuers **(a)** les Aquilonnaires* par la volonté diuine & entre vne foys lyé satan. Et sera faicte Paix vniuerselle entre les humains, & sera deliuree l' Eglise de Jesus Christ de toute tribulation, combien que par les Azoarains **(b)** voudroit mesler dedans le miel du fiel, & leur pestifere* seduction*:

(a) Mittelfr. Präp. devers auch: gegen (envers).
(b) Azoarains ist ungeklärt. Bei einigen Alchemisten war "Azoth" ein Name für den Stein der Weisen (Gebelein 1996 S. 160). Der >neue Weise<, 4/31, wird >Steine regnen< lassen, die >Steine< seiner Weisheit, 2/47. - Mittelfr. n.m. rain l. Ast (branche) II. Waldrand (lisière).

Durch große Überflutungen wird dann die Erinnerung an (die) in jenen Urkunden enthaltenen Dinge unschätzbaren Verlust erleiden, auch die Schriften selbst. Das wird gegen die Aquilonier sein durch den Willen Gottes, und mit einem Mal wird Satan gebunden sein. Und es wird weltweit Frieden unter den Menschen geschlossen werden. Und es wird die Kirche Jesu Christi befreit sein von aller Drangsal. Mag auch durch die ... (?) Zweige (?) der Wunsch bestehen, Galle in den Honig zu mischen und ihre seuchenbringende Verführung.

Die "in jenen Urkunden enthaltenen Dinge" und "die Schriften selbst" sind das Alte und das Neue Testament, die man (44) zufolge "vertreiben und verbrennen" wird. Sogar die Erinnerung daran soll ausgelöscht werden, **3/72**, wenn die Welt mit der Propaganda des globalen Regimes und seiner >Religion< überflutet wird. Dessen Vertreter und Anhänger nennt N. "Aquilonier", (30). Weil die Menschen sich für oder gegen Christus entscheiden können sollen, überschreiten die Anhänger der >neuen Religion< mit dem angestrebten Auslöschen der Erinnerung an Christus

Vorrede an Heinrich II: (VH)

das Maß dessen, was der Himmel zuzulassen bereit ist, weil es mit der Freiheit des Menschen nicht vereinbar ist. Der angestrebte Verlust der Erinnerung an Christus werde sich daher "gegen die Aquilonier" auswirken "durch den Willen Gottes". **Das Verbot der Bibel wird ein Zeichen dafür sein, daß das letzte Ende der alten Erde sehr nah ist.**

(41) & cela sera proche du septiesme millenaire que plus le sanctuaire de Iesus Christ ne sera conculqué (a) par les infideles qui viendront de l' Aquilon*, le monde approchant de quelque grande côflagration, combien que par mes supputations en mes propheties le cours du temps aille[t] beaucoup plus loing. Dedans l' Epistre que ces ans passez ay dediee à mon fils Caesar Nostradamus, i' ay assez appertement declaré aucuns poincts sans presage (b). Mais icy, ô Sire, sont comprins plusieurs grands & merueilleux aduenemens, que ceux qui viendront apres le verront,

(a) Mittelfr. v. conculquer in den Staub treten (fouler aux pieds), verachten (mépriser), beleidigen (outrager), > lat. v. conculcare mit Füßen treten, mißhandeln, mißachten.
(b) N.m. présage 1. Vorzeichen (signe par lequel on croit pouvoir connaître l' avenir) 2. aus diesem Zeichen abgeleitete Mutmaßung (conjecture tirée de ce signe) - großer Larousse.

Und es wird nah beim siebten Jahrtausend sein, daß das Heiligtum Jesu Christi nicht mehr mit Füßen getreten wird durch die Ungläubigen, die von Aquilon kommen, wenn sich die Welt einem großen Brand nähert, mag der Zeitenlauf meinen prophetischen Berechnungen zufolge auch sehr viel weiter gehen. In dem Brief, den ich vor Jahren meinem Sohn César Nostradamus widmete, habe ich einige Punkte hinreichend deutlich erklärt, ohne jede Spekulation. Hier nun, mein Herr, sind enthalten mehrere große und wunderbare Ereignisse, die die Nachgeborenen erleben werden.

Anm Das "siebte Jahrtausend" ist die Zeit von der Katastrophe bis zum Ende der alten Erde, (6). Wenn "das Heiligtum Jesu Christi nicht mehr mit Füßen getreten wird durch die Ungläubigen", ist das E n d e dieses >Jahrtausends< gemeint. Der "große Brand" würde demnach die Art des Endes der alten Erde bezeichnen.

(42) & durant (a) icelle supputation Astrologicque (b) conferee (c) aux sacrees lettres la persecution des gens Ecclesiastiques prendra son origine par la puissance des Rois Aquilonaires* vnis auecques les Orientaux, & celle persecution durera vnze ans quelque peu moins, que par lors defaillera le principal Roy Aquilonaire*,

(a) Lat. v. durare härten; dauern. Die Präposition durant während ergibt hier keinen Sinn.
(b) Mittelfr. n. f. astrologie Studium der Sterne und ihrer Bewegungen, aber auch ihres Einflusses auf das Schicksal der Menschen. Das Wort astrologie bedeutete also auch, was heute als Astronomie bezeichnet wird. Daß N. seine Prophetie aufgestellt habe o h n e Zuhilfenahme dessen, was modern unter Astrologie verstanden wird, sagt er u.a. in der **Legis Cantio** (s. Nachwort) und in der Vorrede an César N.
(c) Lat. v. conferre zusammenbringen, vergleichen.

Und erhärtend jene astrologische Berechnung durch Vergleich mit den Heiligen Schriften, wird die Verfolgung der Kirchenvölker ihren Ursprung haben in der Macht der aquilonischen Könige, die vereint sind mit den orientalischen Herrschern. Und diese Verfolgung wird elf Jahre dauern, ein wenig kürzer, und dann wird der höchstrangige aquilonische König schwach werden.

Die "aquilonischen Könige, die vereint sind mit den orientalischen Herrschern",

- 443 -

Vorrede an Heinrich II: (VH)

sind die unter diesem Namen erstmals in (30) erwähnten Machthaber des globalen Regimes. Dieses Regime wird sich auch die Orientalen unterwerfen, (25), (28), und diese dann für die Unterwerfung Europas dienstbar machen, 9/80. Welche "elf Jahre" gemeint sind, ist ungeklärt.

(43) lesquels ans accomplis suruiendra son vny Meridional: qui persecutera encore plus fort par l' espace de trois ans les gens d' eglise, par la seduction* apostatique d' vn qui tiendra toute puissance absolue à l eglise militante (a), & le sainct peuple de Dieu obseruateur de sa loy*, & tout ordre de religion sera grandement persecuté (b) & affligé, tellement que le sang des vrais ecclesiastiques (c) nagera partout, & vn des horribles Rois temporels, par ses adherans luy seront donnees telles louanges, qu' il aura plus respandu de sang humain des innocens ecclesiastiques, que nul ne scauroit auoir du vin: & iceluy Roy commettra de forfaicts enuers l' Eglise incroyables, coulera le sang humain par les rues publiques & temples, comme l' eau par pluye impetueuse, & rougiront de sang les plus prochains fleuues*, & par autre guerre naualle* rougira la mer*, que le rapport d' vn Roy à l' autre luy sera dit: *Bellis rubuit navalibus* (d) aequor.*
(a) Ecclesia militans >kämpferische< Kirche
(b) Mittelfr. v. persecuter 1. unablässig verfolgen (poursuivre sans relâche) 2. verklagen (poursuivre en justice)
(c) N.m. ecclesiastique Geistlicher, Kleriker.
(d) Zum >Seekrieg< s. das Glossar unter nef und mer.

Wenn diese Jahre vollendet sind, wird sein südlicher Verbündeter nachfolgen, der noch machtvoller drei Jahre lang das Kirchenvolk verfolgen wird mittels der abtrünnigen Verführung durch einen (Mann), der die ganze absolute Macht in der militanten Kirche innehaben wird. Und das heilige Volk Gottes, das sein Gebot beachtet, und jeder geistliche Stand wird hart verfolgt und heimgesucht werden derart, daß überall das Blut der wahren Geistlichen fließen wird. Und einer der schrecklichen weltlichen Könige wird von seinen Anhängern dafür gelobt werden, daß er mehr Menschenblut der unschuldigen Geistlichen vergossen haben wird, als er jemals Wein trinken könnte. Und derselbe König wird unglaubliche Schandtaten gegen die Kirche begehen, Menschenblut wird durch die öffentlichen Straßen und Tempel rinnen wie Wasser bei einem Gewitterregen, und vom Blut werden sich die nahen Flüsse röten. Und durch einen weiteren Seekrieg* wird das Meer* sich röten, wie es in einem Bericht eines Königs an einen anderen heißen wird: Durch Seekriege rötete sich die Meeresoberfläche.
<u>Anm</u> Die "militante Kirche" erscheint in 8/78 als "militärische Kirche". Sie ist nach dem Prinzip von Befehl und Gehorsam geordnet, wie hier deutlich wird. Dieser internen Ordnung entspricht die "absolute Macht" des Mannes an der Spitze. Aber diese >Kirche< tritt auch nach außen militant auf im Sinne der Intoleranz. Sie ist es, die "das Kirchenvolk", "das heilige Volk Gottes, das sein Gebot beachtet" und die "wahren Gläubigen", **4/43**, verfolgt und tötet. Die "wahren Geistlichen" sind für N. die katholischen. Aber nach dem vorher Gesagten sind a l l e Menschen gemeint, die an den alten Glaubensrichtungen in der Zeit ihres staatlichen Verbots festhalten. - In diesem Zusammenhang ist der "Seekrieg" nicht wörtlich zu verstehen. Das >Meer< als Sinnbild des Schöpfungsgrundes wird von >Schiffen< befahren, die für die konkurrierenden Glaubensformen stehen, **1/30**.

Vorrede an Heinrich II. (VH)

Der neue religiöse Führer wird die >Schiffe< auf sich verpflichten können und dadurch zum "Oberhaupt der Flotte" aufsteigen, 9/79. Sein eigenes Schiff heißt "Galeere", 10/2. Wer sich weigert, auf die >Galeere< oder eines der >Schiffe ihres Verbandes< zu gehen, wird verfolgt.

(44) Puis dans la mesme annee & les suyvantes s' en ensuyura la plus horrible pestilence*, & la plus merueilleuse par la famine* precedente, & si grandes tribulations que iamais soit aduenue telle depuis la premiere fondation de l' Eglise Chrestienne, & par toutes les regions Latines (a). Demeurant par les vestiges en aucunes contrees des Espaignes. Par lors le tiers Roy Aquilonaire* entendant la plaincte du peuple de son principal tiltre, dressera si grande armee, & passera par les destroits (b) de ses derniers auites (c) & bisayeux qui remettra la plus part en son estat & le grand vicaire de la cappe (d) sera remis en son pristin estat, mais desolé & puis du tout abandonné & tournera estre *Sancta sanctorum*, destruicte par paganisme, & le vieux & nouueau testament seront dechassez, bruslez,

(a) Adj. latin 1. lateinisch 2. romanisch. Mittelfr. adj. latin auf Latium bezüglich, darüberhinaus auf Italien. Wahrscheinlich meint N. alle europäischen Länder mit romanischen Sprachen.
(b) Mittelfr. n.m. destroit 1. Engstelle, Engpaß (lieu resserré, passage étroit) 2. Gegend, Land (région, pays) 3. Schwierigkeit, unangenehme Lage (difficulté, embarras) 4. Hindernis, Not (gêne), Qual (tourment).
(c) Lat. adj avitus großelterlich, uralt, angestammt, ererbt.
(d) Mittellat. n.f. cappa Soutane, Mantel der hohen (katholischen) Geistlichen.

Dann im selben Jahr und in den folgenden werden sich daraus ergeben die fürchterlichste Seuche*, um so unglaublicher durch die vorausgegangene Hungersnot*, und so große Bedrängnisse, wie sie niemals seit der ersten Gründung der christlichen Kirche sich ereigneten, und zwar in allen römisch-katholischen Regionen, zögernd durch die Spuren in einigen spanischen Gegenden. Wenn dann der dritte aquilonische* König von der Klage des Volkes von seinem höchsten Beamten hört, wird er eine sehr große Armee aufstellen und da vorbeikommen, wo schon seine letzten Vorgänger und Ureltern in Not gerieten. Er wird das Meiste in seinen Stand wieder einsetzen, und der große Stellvertreter mit der Soutane wird in seinen früheren Stand eingesetzt. Doch (er wird) verlassen, und dann ganz preisgegeben (werden), und es wird die Heilige der Heiligen umkehren, um zerstört zu werden durch das Heidentum. Und das Alte und Neue Testament werden verworfen und verbrannt sein.

Anm 1 [Hungersnot und Seuche] Die "Hungersnot" ist im gegebenen Zusammenhang sinnbildlich zu verstehen als der Mangel des von Gott den Menschen gegebenen Wortes aus der Wahrheit. Da es schon lange bei der Mehrheit nicht mehr viel gilt, kann sich eine >Seuche< um so leichter ausbreiten. Im Kontext ist damit wie in 8/21 die >Ansteckung< mit >dem Unglauben< gemeint, hier wohl mit dem Islam. Denn die Bedrängnis der Christen vergleicht N. hier mit der historischen Herrschaft muslimischer Emire und Kalifen in Teilen Spaniens.

Anm 2 [Dritter aquilonischer König] Der Adler, lat. aquila, ist bei N. das Zeichen der Weltreiche. Nach dem Ende des alten Kaiserreiches im Jahr 1806 werde es - in der Schau des Sehers - drei Vorstöße mit diesem Ziel geben, **9/5**. Der letzte liegt heute (2002) noch in der Zukunft, (30). Der "dritte aquilonische König" ist somit der nach der Katastrophe auf den Plan tretende Weltherrscher.

Vorrede an Heinrich II. (VH)

Anm 3 [Dessen Taten] Anscheinend kommt er der Kirche und dem Papst zunächst gegen den vordringenden Islam zu Hilfe, indem er den "großen Stellvertreter mit der Soutane ... in seinen früheren Stand" einsetzt. "Der Kleriker wird zurückversetzt werden in seinen früheren Stand", VH (22). Wenige Jahre später wird die "Heilige der Heiligen", das ist die katholische Kirche in ihrem Selbstverständnis, an der Verbindung mit ihm zugrundegehen, **10/65**. Das ist hier erkennbar am <u>Verbot des Alten und Neuen Testamentes</u>. "So ist sie (die Kirche) einem erneuten Verlassensein nah, wenn sie in höchstem und erhabenstem Ansehen stehen wird", VH (22).

(45) en apres l' antechrist sera le prince infernal, encores par la derniere foy trembleront* tous les Royaumes de la Chrestienté, & aussi des infideles par l' espace de vingtcinq ans, & feront plus grieues **(a)** guerres & batailles, & seront villes, citez, chasteaux, & tous autres edifices bruslez, desolez, destruits, auec grande effusion de sang vestal*, mariees*, & vefues violees, enfans de laict contre les murs des villes allidez **(b)**, & brisez, & tant de maux se commettront par le moyen de Satan prince infernal, que presque le monde vniuersel se trouuera defaict & desolé, & avant iceux aduenemens, aucuns oyseaux insolites crieront par l' air, Huy, Huy, & seront apres quelque temps esuanouys,
(a) Mittelfr. adj. f. griefe 1. schmerzhaft (douloureux) 2. kummervoll, traurig (chagrin, triste) 3. roh (rude), schwer (fort), schrecklich (terrible) 4. schwerwiegend (grave), ernst (sérieux).
(b) Lat. v. allidare etwas gegen etwas anschlagen, schleudern.

Daraufhin wird der Unterweltsfürst (selbst) der Antichrist sein, nochmals, zum letzten Mal werden erbeben* alle Königreiche der Christenheit, und auch die der Ungläubigen, während eines Zeitraums von fünfundzwanzig Jahren. Und sie werden noch schlimmere Kriege führen und Schlachten veranstalten, es werden Dörfer, Städte, Schlösser und alle anderen Gebäude verbrannt, verlassen, zerstört sein. Und gleichzeitig wird viel Blut der Vestalinnen* vergossen werden. Verheirateten Frauen* und Witwen wird Gewalt angetan werden. Säuglinge werden gegen die Mauern geschlagen und zerschmettert werden, und soviele Untaten werden sie durch Vermittlung Satans, des Höllenfürsten begehen, daß beinah die ganze Welt niedergeworfen und verwüstet sein wird. Und vor diesen Ereignissen werden einige ungewöhnliche Vögel durch die Luft "heute, heute" schreien und werden nach einiger Zeit wieder verschwunden sein.

Anm 1 [Zeitangabe] Zu den "fünfundzwanzig Jahren" der Herrschaft des Antichristen vgl. 8/77, der von siebenundzwanzig Jahren spricht. Diese Zeitangaben stimmen also nicht überein und sind schon deshalb nicht ganz ernst zu nehmen. In der Bibel, z.B. Mk 13 32, steht, daß wir den Zeitpunkt des Endes der alten Erde nicht kennen können, und dabei bleibt es.

Anm 2 [Glaubenskriege] Die Rede vom vergossenen Blut der Vestalinnen, verheirateten Frauen und Witwen ist symbolisch gemeint. Die >verheirateten Frauen< sind die von einem Fürsten regierten Völker, 5/60 (Bd.1), die >Witwen< sind Völker, denen ihr Fürst abhanden kam. Die >Vestalinnen< stehen für Glaubensgemeinschaften, die eine dienende Rolle im Kult des Weltstaats spielen werden, **4/71**. In dessen Mittelpunkt wird der angeblich >wiedergekommene Heiland< als oberster Priester stehen, weil ihm über den Bereich einzelner Glaubensformen hinaus religiöse Kompetenz und Autorität zugesprochen wird, 2/73 Vz 4. Die >Vestalinnen< werden schließlich alles Eigene preisgeben, ihre alten Lehren vollständig aufgeben und damit ihr >Blut< vergießen müssen. Von dieser Art von >Blutvergießen< handeln z.B. auch die Verse **10/65, 8/45** und **2/97**.

(46) & apres que tel temps aura duré longuement sera presque renouuellé ung autre regne de Saturne*, & siecle d' or*, Dieu* le createur dira entendant l' afflictiô de son peuple, Sathan sera mis & lyé dans l' abisme du barathre dans la profonde fosse, & adoncques commencera entre Dieu* & les hommes une paix vniuerselle & demeurera lyé enuiron l' espace de mille ans, & tournera en sa plus grande force, la puissance ecclesiastique, & puis torné deslié.

Und nachdem diese Zeit lange gedauert hat, werden eine neue Herrschaft des Saturn* und ein (neues) goldenes Zeitalter schon fast erneuert sein. Gott der Schöpfer wird sprechen, wenn er hört von der Bedrängung seines Volkes. Satan wird versetzt und gebunden werden in den Abgrund des Schlundes, in die tiefe Grube. Und dann wird ein weltweiter Friede zwischen Gott und den Menschen beginnen und halten durch einen Zeitraum von etwa tausend Jahren. Und zu ihrer größten Kraft zurückfinden wird die kirchliche Macht. Und dann wird er wieder losgebunden werden.

Als >Herrschaft des Saturn im goldenen Zeitalter< umschreibt N. hier die Herrschaft Christi auf der neuen Erde. Erst die (geistliche) Herrschaft Christi bringt wirklich weltweiten Frieden zwischen Gott und den Menschen. Im übrigen stimmt dieser Abschnitt mit Offb Kapitel 20 und 21 überein und bietet keine weiteren Einzelheiten.

(47) Que toutes ces figures sont iustement adaptees par les diuines lettres aux choses celestes, visibles, c' est à asscauoir par Saturne* lupiter* & Mars*. & les autres conionct comme plus à plain par aucuns quadrins lon pourra veoir. l' eusse calculé plus profondement & adapté les vngs auecques les autres. Mais voyant, ô sereniss. Roy, que quelcuns de la sensure trouueront difficulté qui sera cause de retirer ma plume à mon repos nocturne, *Multa etiam ô rex omnium potentissime praeclara & sane in breui ventura, sed omnia in hac tua epistola innectere non possumus, nec volumus, sed ad intelligenda quedam facta, horrida fata, pauca libanda sunt, quamuis tanta sit in omnes tua amplitudo & humanitas homines, deosque pietas, vt solus amplissimo & Christianissimo regis nomine, & ad quem summa totius religionis auctoritas deferatur dignus esse videare.* Mais tant seulement ie vous requiers, ô Roy tres clement, par icelle vostre singuliere & prudente humanité d' entendre plustost le desir de mô courage, & le souuerain estude (a) que i' ay d' obeyr à vostre serenissime Maiesté, depuis que mes yeux furent si proches de vostre splendeur solaire, que la grandeur de mon labeur ne attainct ne requiert. De Salô ce 27. de Iuin, Mil cinq cens cinquante huict.

Faciebat Michael Nostradamus
Salonae Petreae Prouinciae

Vorrede an Heinrich II. (VH) ∃∃

(a) Mittelfr. n.m. estude 1. Sorge (souci), Beachtung (soin) 2. Mühe (effort), Aufmerksamkeit (application) 3. Betrachtung (méditation).

Und alle diese Bilder sind ganz genau in Einklang gebracht durch die Heiligen Schriften mit den sichtbaren Himmelskörpern, nämlich Saturn*, Jupiter* und Mars* in Verbindung mit den anderen, wie man es noch vollständiger an einigen Vierzeilern wird sehen können. Ich hätte gründlicher noch gerechnet und die einen mit den anderen (Vierzeilern) abgestimmt, doch sehe ich, huldreichster König, daß einige davon vor der Zensur Schwierigkeiten machen werden, was der Grund dafür ist, meine Feder niederzulegen, um mich zur Nachtruhe zurückzuziehen. Viele Dinge, auch solche, die sehr bekannt werden, o machtvollster König, werden sich gewiß in Kürze ereignen. Doch alles in diesen Brief einflechten können wir nicht und wollen es auch nicht. Damit aber gewisse schreckliche Weissagungen, wenn sie eingetreten sind, erkannt werden, soll nur Weniges davon angedeutet werden, mag auch gewaltig sein Eure Größe, Menschenfreundlichkeit und Frömmigkeit vor Gott, so daß erkennbar Euch allein der Titel des mächtigsten und allerchristlichsten Königs gebührt, der auch würdig ist, die höchste Autorität in allen Dingen der Religion zu sein. Doch um eines allein bitte ich Euch, gütigster König, wegen Eurer einzigartigen klugen Menschlichkeit, den Wunsch meines Eifers zu erhören, und um die Aufmerksamkeit des Souveräns dafür, daß ich Eurer huldreichsten Majestät zu gehorchen habe, seit meine Augen Eurem Sonnenglanze nahe waren, dessen Größe mein Werk nicht erreicht und nicht beansprucht. Zu Salon, den 27. Juni 1558.

          Verfaßt von Michael Nostradamus,
          in Salon, Provinz Petri.

N. fürchtet, bei der Zensur Anstoß zu erregen und bittet den König indirekt, ihn vor diesen Schwierigkeiten zu bewahren. Zu der Befürchtung, Anstoß zu erregen, s. im übrigen schon (5) und (8). N. wünscht sich das Verständnis seiner Weissagungen, weiß aber auch, daß man sie erst dann, wenn sie erfüllt sind, verstehen werde, 3/94.

Die folgenden Sechszeiler werden vollständig gebracht,
gleich ob sie kommentiert werden können oder nicht.
Diesen Textabschnitt nicht auseinanderzureißen,
empfahl sich auch wegen der vielen Jahreszahlen,
die als 600er-Nummern erscheinen. Zu diesen s.a.
VH (6), **6/54** und 10/91.

Sechszeiler (Sz)

Die Sechszeiler, in den wenigen zu Lebzeiten des Sehers veröffentlichten Textausgaben nicht enthalten, wurden im Jahr 1605 vom Verleger Vincent Seve seinem König Heinrich IV. gewidmet als Teil des ihm angeblich zugänglich gewordenen Nachlasses des Michel N. Es war bekannt, daß dieser König viel von dem provencalischen Seher hielt, der ihm im Oktober 1564 kaum verhüllt die Krone Frankreichs prophezeit hatte, als der Fürstensohn aus dem Béarn erst zehn Jahre alt und diese Entwicklung noch gar nicht abzusehen war. (Eindrucksvolle Schilderung der Szene bei Heinrich Mann in seinem Roman "Die Jugend des Königs Henri Quatre".) Von dem Herausgeber Seve stammt das folgende Vorwort zu den "weiteren Prophetien" des Michel Nostradamus, wie er sie nennt. Der hier wiedergegebene Text des Vorworts und dieser "weiteren Prophetien" folgt der Ausgabe von Pierre Chevillot, Troyes 1611.

PREDICTIONS/ ADMIRABLES/ POUR LES ANS COURANS/ en ce siecle
Erstaunliche Voraussagen für die laufenden Jahre in diesem Jahrhundert
Recueillies des Memoires de feu Maistre Michel Nostradamus, vivant Medecin du Roy Charles IX, & l' un des plus excellens Astronomes qui furent iamais.
Gesammelte Denkwürdigkeiten des verblichenen Meisters Michel Nostra-damus, zu Lebzeiten Arzt des Königs Karl IX. und einer der hervorragendsten Astronomen, der jemals lebte.
Presenté au tres grand Invincible et tres clement Prince Henri IIII. vivant Roy de France et de Navarre.
Überreicht dem sehr großen, unbesiegbaren und sehr gütigen König Heinrich IV. von Frankreich und Navarra,
Par Vincent Seve de Beaucaire en Languedoc, des le 19. Mars, 1605, au Chasteau de Chantilly, maison de Monseigneur le Connestable.
von Vincent Seve aus Beaucaire im Languedoc, seit dem 19. März 1605 auf Schloß Chantilly des Herrn Connétable.

SIRE,/ Ayant (il y a quelques années) recouvert certaines Propheties ou Pronostications, faictes par feu Michel Nostradamus, des mains d' un nommé Henry Nostradamus, neveu dudit Michel, qu' il me donna avant mourir, & par moy tenues en secret iusques à present, & veu qu' elles traictoient des affaires de vostre Estat, & particulierement de vostre personne & de vos successeurs, recogneu que i' ay la verité de plusieurs sixains advenus de point en point comme vous pourrez veoir, SIRE, si vostre Majesté y ouvre tant soit peu ses yeux,
Sire, es ist schon einige Jahre her, daß ich gewisse Prophetien oder Voraussagen, verfaßt von dem verstorbenen Michel Nostradamus, erhalten habe aus den Händen eines gewissen Henry Nostradamus, eines Neffen des besagten Michel. Er gab sie mir vor seinem Tode, und von mir wurden sie geheimgehalten bis in die Gegenwart. Ich habe bemerkt, daß sie von Angelegenheiten Eures Staates handeln, insbesondere von Eurer Person und Euren Nachfolgern, vorausgesetzt es stimmt, daß mehrere Sechszeiler wirklich Punkt für Punkt eintreffen werden, wie Ihr werdet sehen können, Sire, wenn Eure Majestät ein ganz klein wenig die Augen dafür öffnen mögen.
Der Herausgeber hat die vielen mit "sechshundertund ..." beginnenden Zahlen in den Sechszeilern als Jahresangaben für sein Jahrhundert, das siebzehnte gedeutet, wie aus der Überschrift hervorgeht. Er wird sie gerade im Erscheinungsjahr 1605 für sehr aktuell gehalten haben, weil insbesondere die Zahl 605 mehrfach vorkommt. Diese Deutungsidee hat sich nicht bestätigt. Im Vierzeiler

Sechszeiler (Sz)

6/54 ist von einem "Jahr 1607 der Liturgie" die Rede, anscheinend einer anderen als der christlichen Zeitrechnung. Es scheint dort, als sei das erwähnte Jahr das erste nach dem Ende der Katastrophe. Auch in den Sechszeilern sind jedenfalls Jahre gemeint, Sz 16, 19, aber welche, ist noch nicht klar.

& y trouveront des choses dignes d' admiration, i' ay pris la hardiesse (moy indigne) vous les presenter transcrits en ce petit Livret, non moins digne & admirable que les autres deux Livres qu' il fit, dont le dernier finit en l' an mil cinq cens nonante sept; traictant de ce qui adviendra en ce siecle, non si obscurement comme il avoit fait les premieres.
   Es finden sich darin erstaunliche Dinge. Ich Unwürdiger hatte die Kühnheit, sie Euch zu überreichen, abgeschrieben in diesem kleinen Büchlein. Es ist nicht weniger glaubwürdig und erstaunlich als die anderen beiden Bücher, die er gemacht hat, von denen das zweite im Jahr 1579 endet. Es handelt von dem, was in diesem Jahrhundert geschehen wird auf weniger dunkle Weise als die beiden ersten.
Die "anderen beiden Bücher" dürften der erste, 1555 veröffentlichte und der zweite, erstmals 1557 veröffentlichte Teil der Centurien sein. Wieso Seve der Meinung ist, daß die Voraussagen schon 1579 enden, bleibt sein Geheimnis. Daß die Sechszeiler weniger dunkel sind als die Vierzeiler, kann nicht bestätigt werden. - Die "Kühnheit" liegt wohl darin, dem König an Stelle des Originals nur eine Abschrift zur Verfügung zu stellen.

Mais par Aenigmes, & les choses si specifiées & claires, qu' on peult seurement iuger de quelque chose estant advenue, desireux que vostre Majesté en eust la cognoissance premier que nul autre, m' acquittant par ce moyen de mon devoir, comme l' un de vos tres-obeyssant & fidelle subject, qu' il vous plaira aggréer, SIRE,
   Aber wegen der Rätsel und genau angegebener und klarer Dinge, deren Eintreten man sicher wird beurteilen können, bin ich darauf erpicht, daß Eure Majestät als erste, vor allen anderen davon Kenntnis erhalten. Dadurch entledige ich mich meiner Pflicht als einer Eurer gehorsamsten und treuesten Untertanen, wenn Sie belieben einverstanden zu sein, Sire.

Consideré que ce m' estoit le plus grand bien qui me scauroit iamais arriver, esperant avec l' ayde du tout Puissant me ressentir de vostre debonnaire clemence, comme vostre bonté a accoustumé faire, obligeant par tel moyen, non le corps d' un vostre fidelle subiect ja destiné à vostre service, SIRE, Mais bien l' ame qui continuera de prier pour la santé & prosperité de vostre digne Maiesté, & des deppendans d' icelle comme celuy qui vous est, & sera à iamais,/ SIRE,/ Vostre tres humble, tres obeissant & fidelle serviteur & subiect, De vostre Ville de Beaucaire en Languedoc,/ SEVE.
   Im Bedenken, daß es für mich wohl der Größte sei, der niemals damit rechnen würde, daß ich zu ihm käme, hoffe ich, mit der Hilfe des Allmächtigen Eure gutmütige Milde zu verspüren, die walten zu lassen Eure Güte sich zur Gewohnheit gemacht hat in freundlichem Entgegenkommen. Kaum jemals war der Leib Eures treuen Untertanen Euch zu dienen bestimmt, Sire, wohl aber die Seele, die fortfahren wird, zu beten für das Heil und Wohlergehen Eurer würdevollen Majestät und der von ihr Abhängigen wie jener, der Euer ist und immer sein wird, Sire,/ Euer sehr niedriger, sehr gehorsamer und treuer Diener und Untertan, aus Eurer Stadt Beaucaire im Languedoc/ Seve.

Altfr. v. acostumer 1. zur Gewohnheit machen, einrichten (établir) 2. gewohnt sein (avoir coutume), üblich sein.

Sechszeiler (Sz)

Autres/ Propheties De/ M. NOSTRADAMUS,/
pour les ans courans en ce siecle.
Weitere Prophetien des M. Nostradamus für die laufenden Jahre in diesem Jahrhundert.
Und nun beginnt der Text, der aus dem Nachlaß des Michel N. stammen soll. Der Klarheit halber steht hier statt der römischen Zahlen bei Seve Sizain 01, Sizain 02 usw.

Sizain 01
Siecle nouveau, alliance nouvelle,
Un Marquisat mis dedans la nacelle*,
A qui plus fort des deux l' emportera:
D' un Duc*, d' un Roy, gallere* de
  Florence,
Port* à Marseille, Pucelle* dans la
  France,
De Catherine fort chef on rasera.

Sechszeiler 1
**Neues Zeitalter, neues Bündnis,
ein großer Herr in das Schifflein* gestellt,
ihm wird (der) Mächtigste zweierlei wegnehmen.
Eines Heerführers, eines Königs Galeere* aus
  Florenz ,
(im) Hafen* in Marseille, (die) Jungfrau* in
  Frankreich.
Der Katharina mächtiges Haupt wird man
  scheren.**

2) N.m. marquisat Titel eines Marquis, Land eines Marquis.
Marquis wurde auch ironisch jemand genannt, der das Benehmen eines großen Herrn annahm, ohne es zu sein.
3) Duc kann einen Kriegsherrn bedeuten, s. Glossar.
4) N.f. galère antikes Kriegs- oder Handelsschiff, metaphorisch: hartes Brot, schwierige Lage.
4) Lat. p.p.a. florens blühend; oder es ist die Stadt Florenz gemeint.

Der "große Herr" ist der letzte Vorsteher der katholischen Kirche, der sich einen Großen unter den Päpsten dünken wird, 8/19. In dem "neuen Zeitalter" nach der Katastrophe, VH (6), wird er eine "neue Allianz" eingehen, seine Kirche, das "Schifflein", 1/4, dem >wiedergekommenen Heiland< verbinden, **5/49.** - Wenn der dann über politische Macht verfügt, gar zum "Mächtigsten" aufgestiegen ist, **8/41,** wird er (u.a.) der katholischen Kirche politische wie geistliche Macht, die >beiden Schwerter< entziehen, VH (23). - Die heilige Katharina gilt als Schutzpatronin der Philosophen, als deren Größten viele Menschen den "neuen Weisen", **4/31,** feiern werden. Dieses "Haupt" der >Dame Philosophia< wird man am Ende "scheren", d.h. ihm all seine Ehren und Würden aberkennen, 1/25. - Die >Jungfrau< ist eine Allegorie des christlichen Glaubens, 8/90. Wer diesen Glauben in der gemeinten Zeit vor dem Ende des >neuen Weisen< wiederaufrichten und erneuern will, wird es mit "des Königs Galeere", d.h. seiner militanten Anhängerschaft zu tun bekommen.

Sizain 02
Que d' or*, d' argent* fera despendre,

Quand Comte voudra ville prendre,
Tant de mille & mille soldats,
Tuez, noyez, sans y rien faire,
Dans plus forte mettra pied terre,
Pigmée ayde des Censuarts.

Sechszeiler 2
**Was wird (man) an Gold*, an Silber*
  verschwenden,
wenn (der) Graf die Stadt einnehmen will,
so viele tausende und abertausende Soldaten
getötet, ertränkt, ohne etwas getan zu haben.
Auf (die) Stärkste wird ihren Fuß setzen
verzwergte Hilfe der Zensoren.**

Sechszeiler (Sz)

1) Mittelfr. v. despendre 1. ausgeben (dépenser) 2. vergießen, ausgießen (répandre) 3. verschwenden (gaspiller).
6) Altfr. n.m. pigmain Pygmäe (pygmée). Censuart ist wohl das reimbedingt abgewandelte n.m. censeur Zensor, Kritiker, Beurteiler.

>Gold< und >Silber< können die Lehren der christlichen und der islamischen Religion bedeuten, 8/28.

Sizain 03
La ville sans dessus dessous,
Renversee de mille coups

De canons: & forts dessous terre:
Cinq ans tiendra: le tout remis,

Et laschée à ses ennemis*,
L' eau leur fera apres la guerre.

Sechszeiler 3
Die Stadt auf den Kopf gestellt
und in Unordnung gebracht von tausend Schüssen
von Kanonen. Und Starke unter (der) Erde.
Fünf Jahre wird sie standhalten. Das Ganze in den alten Stand versetzt.
Und (wieder) überlassen ihren Feinden*,
das Wasser wird sie sich zu eigen machen nach dem Krieg.

1) Loc. sens dessus dessous drunter und drüber, durcheinander, >außer sich<

Die Vz 1 bis 4 könnten sich auf den zweiten Weltkrieg beziehen, Vz 3 auf den Widerstand; die "fünf Jahre" waren allerdings vier Jahre, von Mai 1940 bis Juli 1944. Vz 5 würden sich auf zukünftige kriegerische Ereignisse in Frankreich beziehen, Vz 6 auf Überschwemmungen durch den Kataklysmus.

Sizain 04
D' un rond, d' un lis*, naistra un si grand Prince,
Bien tost & tard venu dans sa Province.
Saturne* en Libra* en exaltation:
Maison de Venus* en descroissante force,
Dame* en apres masculin soubs l' escorce,
Pour maintenir l' heureux sang* de Bourbon.

Sechszeiler 4
Von einem Rund, von einer Lilie* wird geboren werden ein sehr großer Fürst,
recht schnell und spät gekommen in seine Provinz.
Saturn* in der Waage* in erhöhter Kraft.
Haus der Venus* in abnehmender Kraft,
Dame* (trägt) danach einen Männlichen unter der Haut,
um aufrecht zu erhalten das glückliche Geblüt* von Bourbon.

1) Mittelfr. n.m. rond 1. Umkreis (circonférence) 2. Fülle, Vollbesitz (plénitude), Vollständigkeit (complétude) 3. Geldstück (pièce d' argente).
"rond" als Parallele zu lis müßte ein heraldisches Symbol bedeuten, z.B. Krone, Rundschild oder Siegel.
3) N.f. exaltation Überschwenglichkeit, Verherrlichung. Den Astrologen galt Saturn in der Waage als >erhöht<, d.h. besonders wirksam.
5) Altfr. n.f. escorce 1. Rinde, Borke, Kruste (écorce) 2. Haut (peau).

Die Geburt "von einer Lilie" bedeutet in Verbindung mit dem "glücklichen Geblüt von Bourbon", Sz 15, 34 die Abstammung des Gemeinten von französischen Vorfahren königlichen Geblüts. Denn die Bourbonen mit der Lilie im Wappen herrschten 1589 bis 1792 in Frankreich, sind aber im Hauptstamm 1883 erloschen. Die Linie Orléans-Bourbon existiert bis heute. Ein anderer Zweig der Bourbonen, das Haus Bourbon-Anjou mit Philipp V.,

Sechszeiler (Sz) 3333333333333333333333333333333333333333333333333333333333333333333333333

einem Enkel Ludwigs XIV. als Stammvater, hatte von 1700 bis 1931 den spanischen Thron inne und setzt diese Tradition seit 1975 fort. Es wird hier jener Mann angekündigt, der Europa von der Fremdherrschaft durch das globale Regime befreien soll, VH (20). Die >Dame<, die einen "Männlichen", d.h. einen König austrägt, wäre das Volk Europas. - Saturn herrschte im >goldenen Zeitalter<, 8/29. Mit Libra und Venus kennzeichnet N. aber auch die Ideologie des globalen Regimes, 1/28, das nach der Katastrophe errichtet wird. Wenn dessen Macht noch zunimmt, Vz 3, Frieden und Ausgleich aber schon wieder schwinden, Vz 4, kommt der Gemeinte hoch.

Sizain 05
Celuy qui la Principauté
Tiendra par grande cruauté,
A la fin verra grand phalange:
Par coup de feu tres-dangereux,
Par accord pourroit faire mieux,
Autrement boira suc d' Orange.

Sechszeiler 5
Jener, der den Fürstenstand
erringen wird durch große Grausamkeit,
wird am Ende eine große Schlachtreihe sehen.
Durch (einen) sehr gefährlichen Feuerschlag,
durch Zusammenwirken wird (diese) es in Ordnung bringen
Andernfalls wird (sie) Saft von Goldengel (?) trinken.

4)5) Subjekt könnte auch celuy aus Vz 1 sein.
6) Orange ist eine Stadt am Unterlauf der Rhône. Apfelsinen wurden Mitte des 16. Jahrhunderts erstmals in Europa (Portugal) eingeführt. Es könnte Orange auch eine Eigenschöpfung N.s sein aus or Gold und ange Engel.
Einen "coup de feu" gibt es auch in Sz 39, Sz 49.

Sizain 06
Quand le Robin la traistreuse entreprise
Mettra Seigneurs & en peine un grand Prince,
Sceu par la Fin, chef on lui trenchera:

La plume au vent, amye dans Espaigne,
Poste attrappé estant en la campagne,
Et l' escrivain dans l' eaue se iettera.

Wenn der Emporkömmling das verräterische Unternehmen (betreibt),
wird er Herren Leid zufügen und Kummer bereiten einem großen Fürsten.
Bekannt geworden am Ende, wird man ihm das Haupt abtrennen.

Die Feder im Wind, geliebt in Spanien,

Befehlsstand getäuscht, wenn er ins Feld zieht.

Und der Schriftsteller wird sich in die Fluten stürzen.

1) Mittelfr. n.m. robin 1. emporgekommener, anmaßender Bauer
2. Person ohne Ansehen (personnage sans consideration).
4) amye dürfte ein verschriebenes ayme sein.

Der Emporkömmling könnte der letzte Papst sein, Sz 01. Dagegen spricht, daß dieser keinen Verrat übt, sondern selbst zu den Getäuschten gehört, **6/93**.

Sechszeiler (Sz)

Sizain 07
La sangsue au loup* se ioindra,
Lors qu' en mer* le bled defaudra,
Mais le grand Prince sans envie,
Par ambassade lui donra
De son bled, pour luy donner vie,
Pour un besoin s' en pourvoira.

Sechszeiler 7
Die Blutsaugerin wird sich dem Wolf* verbinden,
wenn auf dem Meer* das Korn ausgehen wird.
Aber der große Fürst wird ohne Neid
durch Botschafter ihr geben
von seinem Korn, um ihr Leben zu geben.
Für eine Not wird er vorsorgen.

1) N.f. sangsue Blutegel, > lat. n.f. sanguisuga. In den Vierzeilern nicht vertreten, kommt der "Blutegel" bzw. die "Blutsaugerin" außerdem vor in den Sechszeilern 21, 30, 40, 45, 46, 49 und 58. Der "Wolf" begegnet auch in den Sz 39, 45, 46 und 50.
2) N.m. blé Getreide; Geld. N.m. bled Hinterland, ödes Land.
4) Mittelfr. n.f./m. ambassade 1. Auftrag, Mission (mission) 2. Botschaft (message) 3. Gruppe von Botschaftern (groupe d' ambassadeurs).
4)5) Das "lui" kann sich auch auf den "Wolf" beziehen.

Der >Wolf< steht für einen Fürsten, der den Weltherrscher zum Gegner hat, Sz 39, und sich wegen dieser Gegnerschaft >abseits der Herden< halten muß. Die >Blutsaugerin< ist eine Allegorie der Demokratie, weil sie für den medizinisch denkenden N. >dem befallenen Land die Lebenskraft entzieht<, die es letztlich aus dem Blutopfer Christi bezieht. Dafür spricht insbesondere Sz 21. - Das >Meer< kann für den Bereich der Religion stehen, **10/71**. Das in die Erde gelegte sterbende Korn und die daraus aufwachsende Ähre bedeuten Tod und Auferstehung, Joh 1224; das vermahlene Korn gehört zum Abendmahl. - Die Frage ist aber, ob hier Sinnbilder oder reale Vorgänge gemeint sind.

Sizain 08
Un peu devant l' ouvert commerce
Ambassadeur viendra de Perse,
Nouvelle au franc pays porter:
Mais non receu, vaine espérance,
A son grand Dieu* sera l' offense,
Feignant de le vouloir quitter.

Sechszeiler 8
Kurz vor der eröffneten Beziehung
wird (ein) Botschafter von Persien kommen,
Neuigkeit dem französischen Land zu bringen.
Aber (er wird) nicht empfangen, unerfüllte Hoffnung,
gegen seinen großen Gott* wird es eine Beleidigung sein,
und er wird so tun als wolle er abreisen.

1) Mittelfr. n.m. commerce soziale Beziehungen, Verbindungen (relations sociales, rapports), Umgang (frequentation).
3) franc frei ist hier wohl ein abgekürztes francais.

Der Ayatollah Khomeini übersiedelte 1978 von Irak nach Frankreich, spielte dort aber offiziell keine Rolle, sondern erhielt nur als Privatmann Asyl. Die "Neuigkeit" wäre die Botschaft vom nahen Ende der Schahherrschaft in Iran. Die "eröffnete Beziehung" wäre die >Heirat< des Geistlichen mit seinem Volk, **8/70** (Bd.1). Am 1. Februar 1979 reiste er ab nach Teheran.

Sizain 09

Deux estendars du costé de l' Auvergne,
Senestre pris, pour un temps prison regne,
Et une Dame* enfans* voudra mener:
Au Censuart, mais descouvert l' affaire
Danger de mort murmure sur la terre,
Germain, Bastille frere & soeur prisonnier.

Sechszeiler 9

Zwei Kriegsfahnen von der Auvergne her,
übler Lohn, eine Zeit lang regiert Gefangenschaft,
und eine Dame* wird (ihr) Kind* führen wollen
zum Zensor. Doch aufgedeckt die Sache,
Todesgefahr rauscht über die Erde,
vollbürtige Geschwister (in) Zwingburg Gefangene.

Sizain 10

Ambassadeur pour une Dame*,
A son vaisseau* mettra la rame,
Pour prier le grand medecin:
Que de l' oster de telle peine,
Mais en ce s' opposera Royne
Grand peine avant qu' en veoir la fin.

Sechszeiler 10

Botschafter wird wegen einer Dame*
sein Schiff* losfahren lassen,
um zum großen Arzt zu beten,
ihn von solchem Schmerz zu erlösen.
Aber dagegen wird Königin sich stellen,
große Pein, bevor das Ende in Sicht ist.

3) Ein großgeschriebener Arzt begegnet auch in Sz 28 und 30.

Sizain 11

Durant ce siecle on verra deux ruisseaux,
Tout un terroir inonder* de leurs eaux,
Et submerger par ruisseaux & fontaines:
Coups & Moufrin Beccoyran, & ales
Par le gardon bien souvent travaillez,
Six cens & quatre alez, & trente moines.

Sechszeiler 11

Während dieses Zeitalters wird man zwei Bäche
ein ganzes Gebiet überschwemmen* sehen mit ihren Fluten.
Und untertauchen durch Bäche und Quellen
Comps und Montfrin, Beaucaire (?) und Alès,
(sie werden) für den Gard meist gearbeitet (haben),
604 (Jahre) vergangen, und dreißig weniger.

2) Zur Überschwemmung s. das Glossar unter deluge.
6) moines dürfte wegen der Zahlwörter ein verschriebenes moins sein.

Alès liegt am Flüßchen Gardon, der unterhalb von Avignon in die Rhône fließt. In Mündungsnähe gibt es die Ortschaften Comps und Montfrin, etwas unterhalb der Gardmündung auf der Westseite der Rhône die Stadt Beaucaire, gegenüber von Tarascon. Eine Überschwemmung durch über die Ufer tretende Bäche und Flüsse ist vorstellbar, durch Quellen weniger. So könnten die Vorgänge auch sinnbildlich gemeint sein, 4/66.

Sechszeiler (Sz)

Sizain 12
Six cens & cinq tresgrand' nouvelle,
De deux Seigneurs la grand querelle,
Proche de Genaudan sera,
A une Eglise apres l' offrande
Meurtre commis, prestre demande
Tremblant* de peur se sauvera.

Sechszeiler 12
(Im Jahr) sechshundertundfünf sehr große Neuigkeit,
der große Streit zweier großer Herren.
Nah bei Genaudan wird es sein,
bei einer Kirche nach der Messe
(ein) Mord begangen, (der) Priester bittet,
bebend* vor Furcht wird er davonlaufen.

4) Église ist die Institution, église das Gebäude.

Gevodan hieß eine Landschaft im Languedoc, heute Dept. Aveyron. Zu den Zahlen s. Sz 16.

Sizain 13
L' aventurier six cens & six ou neuf,
Sera surpris par fiel mis dans un oeuf,
Et peu apres sera hors de puissance

Par le puissant Empereur general,
Qu' au monde n' est un pareil ny esgal,
Dont un chascun luy rend obeissance.

Sechszeiler 13
Der Abenteurer wird (im Jahr) 606 oder 609
überrascht sein durch Galle, in ein Ei getan.
Und wenig später wird er vertrieben sein von der Macht
durch den mächtigen allgemeinen Kaiser,
der auf der Welt seinesgleichen nicht hat,
dem ein jeder Gehorsam erweist.

2) Umgangssprachlich können Eier die weibliche Brust bedeuten.
Das n.m. fiel bedeutet auch Haß, Groll.

Vom Jahr 1609 ist in 10/91 die Rede. Dort geht es um die Wahl des >Wiedergekommenen< durch den römischen Klerus. Der wird nach wenigen Jahren zu einem "mächtigen allgemeinen Kaiser" werden, 1/4. Der "Abenteurer" könnte der letzte Vorsteher der katholischen Kirche sein.

Sizain 14
Au grand siege encor grands forfaits,

Recommencant plus que iamais
Six cens & cinq sur la verdure,
La prise & reprise sera
Soldats és champs iusqu' en froidure
Puis apres recommenceras.

Sechszeiler 14
Beim großen Thron nochmals große Schandtaten,
wieder einsetzend, mehr als jemals.
Sechshundertundfünf über das Grün hin
wird die Eroberung und Rückeroberung sein.
Soldaten auf den Schlachtfeldern bis zur Kälte,
dann später wird es wieder losgehen.

3) N.f. verdure grüne Pflanzen, grüne Farbe von Pflanzen, Bäumen usw.
>Grüne Zeit< wohl = Vegetationsperiode, d.h. Frühling, Sommer, Herbst.
5) Mittelfr n.f. froidure 1. Erkältung (refroidissement)
2. Mangel an Wärme (manque de chaleur).

Der Thron kann der des Kaisers, der des französischen Königs oder der des Papstes sein, 5/92 (Bd.1). Anno domini 1605 war es in Wien, Paris und Rom ruhig. In Rom wurde im April Leo XI., im Mai Paul V. zum Papst gewählt. Der Vers ist also noch nicht erfüllt. Das Jahr "605" ist, von der Ausnahme des Sz 11 abgesehen, das erste Jahr, dem N. eine 600er Nummer gibt. Es scheint hier, daß es ein Kriegsjahr ist. Der Krieg setzt in der Vegetationsperiode ein, also nicht vor März.

Sechszeiler (Sz)

Sizain 15
Nouveau esleu patron du grand vaisseau*,
Verra long temps briller le cler flambeau
Qui sert de lampe à ce grand territoire,
Et auquel temps armez sous son nom,
Ioinctes à celles de l' heureux de Bourbon
Levant, Ponant, & Couchant sa memoire.

Sechszeiler 15
Neuer Herr des großen Schiffes* gewählt,
wird lange die berühmte Flamme sehen,
die als Leuchte dient für dies große Gebiet.
Und die in dieser Zeit unter seinem Namen Bewaffneten
(werden) vereint (sein) mit jenem Glücklichen von Bourbon.
Osten, Süden und Westen (werden) sein Andenken (bewahren).

2) Mittelfr. clair, cler 1. strahlend (brillant) 2. berühmt (illustre).

Der neue Herr des großen Schiffes dürfte wie in Sz 1 der letzte Papst sein. Die berühmte Flamme oder >Leuchte< nennt N. wie in 5/66 in sarkastischem Ton den >wiedergekommenen Heiland<, weil der sich als großer Philosoph hervortun wird, **5/31**. Der Glückliche von Bourbon kam schon in Sz 4 vor.

Sizain 16
En Octobre six cens & cinq,
Pourvoyeur du monstre marin
Prendra du souverain le\cresme
Ou en six cens & six, en Iuin,
Grand' ioye aux grands & au commun
Grands faits apres ce grand baptesme.

Sechszeiler 16
Im Oktober sechshundertundfünf
wird der Vorausschauer des Meeresmonstrums*
das Salböl des Herrschers ergreifen.
Wenn im Juni sechshundertundsechs
große Freude ist bei Oberen und beim Gemeinen,
(wird es) große Taten (geben) nach dieser großen Taufe.

2) N.m. pourvoyeur 1. Lieferant, Versorger 2. Bestücker von Kanonen mit Munition.
Mittelfr. werden keine anderen Bedeutungen angegeben.
Mittelfr. v. pourveoir 1. voraussehen (prévoir) 2. prüfen (examiner)
3. widerspiegeln (réfléchir), wahrnehmen (aviser) 4. versorgen (fournir)
> lat. v. providere vorhersehen, vorsorgen, lat. n.m. provisor Vorherseher, Vorherbedenker.
In den Vierzeilern nicht vertreten, kommt der "pourvoyeur" noch vor in den Sizains 38, 39, 46, 56.
3) N.m. souverain (unumschränkter) Herrscher, Gebieter.

Die Zahlenangaben beziehen sich hier eindeutig auf Jahre einer eigenen Zeitrechnung N.s. Deren Ableitung ist noch nicht geklärt. Es scheint, daß das "Jahr 606" das Ende der Katastrophe bringt, die im Jahr "605" begonnen hat, Sz 14. Denn die >große Taufe< bedeutet 1) das erstmalige Auftreten >des Messias<, analog zur Taufe Jesu am Beginn der Ausübung seines Lehramtes, und 2) die immensen Überschwemmungen, 8/16, 2/33, 3/12 (Bd.3), zu denen es im Zuge der Katastrophe kommt. Beides zusammen, das Erscheinen >wiedergekommenen Heilandes< sowie das Überleben der Katastrophe, zeitigt "große Freude". - Das >Tier aus dem Meer< ist in der Offenbarung des Johannes ein Bild für die Erscheinung der widergöttlichen Macht auf Erden. Sie selbst erhält dort den Namen "Drache". Das >Meeresmonstrum< erinnert an den seltsamen >Fisch<, **3/21**, sowie die >Hydra<, 2/43 als Chiffren für jenen Mann, der dem >Meer<, d.h. dem religiösen Bereich entstammen, sich aber politisch betätigen und später weltweit anerkannt werden wird. Wenn es zutrifft, daß dieser Mann mit dem

Sechszeiler (Sz)

>Vorausschauer< gemeint ist, würde diese Bezeichnung besagen, daß man ihm den großen Durchblick, 4/15 Vz 3, und die Fähigkeit zutraut, den Frieden auf Erden entscheidend voranzubringen. - In christlicher Auffassung ist Jesus von Nazareth der vom Heiligen Geist Gesalbte (= Christus) und der als Mensch verkörperte Herrscher des Himmels. Wenn hier jemand "das Salböl des Herrschers ergreift", beansprucht er für sich, der Gesalbte des Himmelsherrschers zu sein. - Die >großen Taten< haben sarkastischen Klang und beziehen sich darauf, daß der >Vorausschauer< das Friedensreich Gottes auf Erden wird begründen wollen.

Sizain 17
Au mesme temps un grand endurera,

ioyeux mal sain, l' an complet ne verra,

Et quelques uns qui seront de la feste,
Feste pour un seulement, à ce iour*,
Mais peu apres sans faire long seiour,
Deux se donront, l' un l' autre
    de la teste.

Sechszeiler 17
Zur selben Zeit wird ein Großer (Leiden) erdulden,
Fröhliche (sind) krank, er wird das Jahr nicht bis zum Ende erleben,
aber einige, die am Fest Anteil nehmen.
(Ein) Fest (ist es) für einen allein, an dem Tag*.
Aber wenig später, ohne langen Aufenthalt,
werden zwei sich hingeben, der eine (wie) der andere mit Vorsatz.

6) Loc. homme de tête kluger, entschlossener, zielstrebiger Mann.
Loc. se donner à quelque chose sich einer Sache widmen.

Die Vermutung, daß Sz 17 an Sz 16 anschließt ("Zur selben Zeit ..."), wird von der folgenden Auslegung bestätigt. - Die "Fröhlichen", die "am Fest Anteil nehmen", sind jene Christen, die der Nachricht, der Heiland sei wieder auf Erden erschienen, Glauben schenken. Aus dem Gesamtkontext der Centurien ergibt sich, daß Nachricht und Fest keine Grundlage haben. Daher nennt N. die Fröhlichkeit "ungesund". Der "Große" kann in diesem Zusammenhang der (Interims-)Papst sein, der sich von der unbegründeten Fröhlichkeit nicht anstecken läßt, 8/47, und das Amt (daher) nicht lange einnehmen wird. - Ein Fest ist die Feier der >Wiederkehr Christi< "für einen allein", nämlich den Gefeierten. Die "zwei", die dem Gefeierten "sich hingeben", dürften >Mutter Kirche< und ihr letzter Vorsteher sein, wie in 8/13 und 8/25.

Sizain 18
Considerant la triste Philomelle
Qu' en pleurs & cris sa peine
    renouvelle,
Racourcissant par tel moyen ses iours,
Six cens & cinq, elle en verra l' issue,
De son tourment, ia la toile tissue,
Par son moyen senestre aura
    secours.

Sechszeiler 18
Wenn die traurige Philomele betrachtet,
wie sich unter Tränen und Wehklagen ihr Leid erneuert,
sich durch dieses Mittel ihre Tage verkürzen,
wird sie (im Jahr) 605 das Ende sehen
ihrer Qual, schon ist das Tuch gewoben.
Durch ihr unglückliches Mittel wird sie Hilfe haben.

Philomele hieß die Schwester Proknes, der Frau des König Tereus. Auf Besuch im Vaterhaus Proknes, verliebt er sich in Philomele. Er täuscht ihr vor, Prokne sei gestorben, und er werde nun sie heiraten. Heimlich führt er

Sechzeiler (Sz)

sie in sein Land. Dort sperrt er sie ein und schneidet ihr die Zunge heraus, damit sie von seiner Schandtat nichts mitteilen kann. Mittels eines kunstvoll gewebten Tuches kann die Geschändete ihre Schwester, die Königin, in Kenntnis setzen, und dann sinnen beide auf Rache ...

Sizain 19	Sechszeiler 19
Six cens & cinq, six cens & six &	(Die Jahre) 605, 606 und 607
& sept,	
Nous monstrera iusques l' an dixsept,	werden uns zeigen bis zum Jahr -siebzehn
Du boutefeu lire, hayne & envie,	des Brandstifters Zorn, Haß und Neid,
Soubz l' olivier d' assez long temps caché,	unter dem Olivenbaum genügend lange verborgen.
Le Crocodil sur la terre* a caché,	Das Krokodil hat (es) zu Lande* verborgen.
Ce qui estoit mort, sera pour lors en vie.	Was tot war, wird dann am Leben sein.

3) lire ist im Zusammenhang mit hayne und envie als l' ire zu lesen. Lat. n.f. ira Zorn.
5) Das Krokodil kommt außerdem vor in den Sz 31, 35 und 45.

In der Antike galt das Krokodil als eine Verkörperung des Bösen (Hiob 40²⁵; Physiologus: Vom Ichneumon). Grenzgänger zwischen Land und Gewässer wie der >landgängige Fisch<, 3/21, könnte das >Krokodil< für jenen nach der Katastrophe erstmals erscheinenden außergewöhnlichen Mann stehen, dessen Macht sich auf den politischen Bereich (>Land<) u n d auf den religiösen Bereich (>Meer<) erstrecken wird. Indem er sein Wirken zunächst auf das >Land< beschränkt, wird er "genügend lang" sein Vorhaben verbergen, auch das >Meer< neu zu ordnen. - Nachdem der "Brandstifter" sein Vorhaben >unter dem Olivenbaum<, d.h. im Frieden verborgen hatte, ist es in der letzten Vz der fälschlich totgesagte Krieg, 3/36, der dann doch wieder >am Leben< sein wird. Das zunächst Verborgene, dann aber Offenkundige dürfte es sein, was den Krieg neu entzündet, nämlich die >neue Religion<. Das wahre Motiv ihres Verfertigers will die dritte Verszeile charakterisieren.

Sizain 20	Sechszeiler 20
Celuy qui a par plusieurs fois	Jener, der mehrere Male
Tenu la cage & puis les bois,	bewohnt hat den Käfig und dann die Wälder,
R' entre à son premier estre	kehrt zurück zu seinem ersten Wesen.
Vie sauve peu apres sortir,	Leben gerettet, wenig später geht er davon,
Ne se scachant encor cognoistre,	sich nicht drängend zur Einsicht,
Cherchera subiet pour mourir.	wird er Gelegenheit suchen zu sterben.

5) Mittelfr. v. sacher, sachier, saquer 1. gewaltsam ziehen (tirerviolemment) 2. (ab)schütteln (secouer), drängeln (bousculer) 3. ausschöpfen, erschöpfen (épuiser) 4. entziehen (retirer)

Ein >Haustier< kommt in 3/44 vor.

Sechszeiler (Sz)

Sizain 21	Sechszeiler 21
L' autheur des maux commencera regner	Der Urheber der Übel wird anfangen zu herrschen
En l' an six cens & sept sans espargner	im Jahr 606 und 607, ohne zu schonen
Tous les subiets qui sont à la sangsue,	all jene Personen, die der Blutsaugerin gehören.
Et puis apres s' en viendra peu à peu,	Und dann später wird sie darum kommen nach und nach,
Au franc pays r' allumer son feu,	im >freien Frankenland< ihr Feuer wieder zu entfachen,
S' en retournant d' où elle est yssue.	dahin zurückkehrend, von wo sie ausgegangen ist.

4) bis 6) Wegen des "elle" in Vz 6 ist hier sie, die "Blutsaugerin" Subjekt, und nicht er, der "Urheber der Übel".
5) Adj. franc fränkisch, frei kann auch ein verkürztes francais französisch sein. Wahrscheinlich ist gemeint: >freies Frankenland<, mit ironischem Unterton.

Die "Blutsaugerin", d.h. ein weiblicher Parasit, scheint in Vz 1 bis 3 Allegorie eines >parasitenbefallenen Volkes< zu sein. In den Jahren 1789ff. ausgegangen vom >freien Frankenland<, dürfte mit der "Blutsaugerin" die >griechische Dame<, d.h. die als Weib allegorisierte demokratische Republik gemeint sein, 9/16 (Bd.1). Die Königreiche leben für N. geistig vom Blutopfer Christi, und die >Blutsaugerin< entzieht dem >befallenen< Gemeinwesen diese geistige Lebenskraft, Sz 37, weil demokratische Ideen dem christlichen Gehorsam in N.s Verständnis zuwiderlaufen. - Der "Urheber der Übel" ist jener Mann, der - von unten nach oben gekommen, parents obscurs - am Ende die christliche Religion verbieten und die Verfolgung der altgläubigen Christen zulassen wird. - Das >Feuer<, das die Demokratie entfacht, Vz 5, bedeutet diese letzte Zerstörung aller gewordenen Formen auf dem Gebiet der Religion. Für N. ist sie in den Jahren 1789ff. von Frankreich ausgegangen, hat Europa und die Welt erfaßt, und kehrt dann mit zerstörerischer Macht an ihren Ausgangsort zurück.

Sizain 22	Sechszeiler 22
Cil qui dira, descouvrissant l' affaire,	Büßerhemd (?), welches das Sagen hat, wird enthüllen die Sache
Comme du mort, la mort pourra bien faire	des so gut wie Toten, der Tod wird leichtes Spiel haben.
Coups de poignard par un qu' auront induit,	Dolchstöße durch einen, den sie angespornt haben werden.
Sa fin sera pis qu' il n' aura fait faire	Das Ende wird um so schlimmer sein, als er nicht veranlaßt haben wird
La fin conduit les hommes sur la terre,	die Menschen auf Erden, das Ende herbeizuführen.
Gueté partout, tant le iour que la nuit.	Belauert allerorten, bei Tage wie bei Nacht.

1) N.m. cil Wimper, n.m. cilice Büßerhemd.
3) Mittelfr. v. induire 1. führen (conduire), amener à (dazu bringen) 2. treiben (pousser), anspornen (exciter) 3. verursachen (causer), herausfordern (provoquer).

Sechszeiler (Sz)

Der Dolchstoß ist seit den Zeiten G.J. Caesars das Bild für einen gewaltsamen Tod, herbeigeführt durch eine Verschwörung von Vertrauten. Das "Büßerhemd" könnte, wenn die Übersetzung zutrifft, der >wiedergekommene Heiland< sein, der den Heiligen spielt und demonstrativ einfach lebt, 8/41. Wenn er nach einigen Jahren den ganzen Bereich der Religion verbindlich neu ordnet, wird er "enthüllen", daß die alten Lehren nicht mehr fortgelten, 8/28. - "Der so gut wie Tote" ist Jesus Christus, weil er bei den meisten Menschen in der gemeinten Zeit nicht mehr viel gilt und sie ihn daher leichten Herzens >endgültig begraben<, 3/72. Viele, die sich Christen nennen, werden es selbst befürworten, daß der Glaube an ihn und seine Tat für überholt und abgetan erklärt wird, 9/12. Das >Büßerhemd< erscheint hier nicht als "Urheber der Übel", Sz 21, sondern als ausführendes Organ einer weithin vorherrschenden Gesinnung.

Sizain 23
Quand la grand nef*, proue & gouvernail,
Du franc pays & son esprit vital,
D' escueils & flots par la mer* secouée,
Six cens & sept, & dix coeur assiegé
Et de reflus de son corps affligé,

Sa vie estant sur ce mal renouee.

Sechszeiler 23
Wenn das große Schiff*, Bug und Steuerruder
des Frankenlandes und sein Lebensgeist
von Mächten und Fluten auf dem Meer* geschüttelt wird,
wird (im Jahr) 607 und 610 (das) Herz belagert
und von den Rückflüssen seines Körpers heimgesucht,
sein Leben wird ihm sauer, wenn dies Übel sich erneuert.

3) Altfr. n.m. escueil 1. Anlauf (élan), Lauf (course) 2. Neid (envie), Verlangen (désir) 3. Beifall (accueil), > v. escueillir sammeln, (Kräfte) versammeln; anspornen; vorangehen.
4) Die Zahl kann "607 und 610" bedeuten, eventuell auch "617".

Fraglich ist, ob das erste Bild die französische Marine meint oder die Kirche Frankreichs. Der parallel genannte "Lebensgeist" des Landes spricht eher für die zweite Möglichkeit. - Das Herz könnte das politische Zentrum des Landes sein. Oder es ist das Herz Mariens gemeint, unter dem einst der Erlöser getragen wurde. Das >Herz< würde dann Lebensmitte und -grund des christlichen Glaubens bedeuten. Nach der Bedrängnis 1789ff. werde dieser noch einmal "belagert" werden (Übel erneuert).

Sizain 24
Le Mercurial non trop de longue vie,
Six cens & huict & vingt, grand maladie*,
Et encor pis danger de feu & d' eau,

Son grand amy lors luy sera contraire,

De tel hazards se pourroit bien distraire,
Mais bref, le fer luy fera son tombeau*.

Sechszeiler 24
Der Merkuriale (hat) kein allzu langes Leben,
sechshundertundacht und -zwanzig schwere Krankheit*,
Und noch schlimmere Gefahr von Feuer und Wasser.
Sein großer Freund wird ihm dann entgegengesetzt sein.
Von solchen Gefahren wird er sich noch abwenden können
aber (nur) kurz, das Schwert wird ihm sein Grab* bereiten.

Sechszeiler (Sz)

3) Die Zahl kann "608 und 620" oder "628" bedeuten.
6) Zum Grab s. das Glossar unter sepulchre.

Merkur ist bei N. Chiffre für Jesus Christus. Die Zahlen meinen Jahre nach der Katastrophe, Sz 16. Dann wird nach kurzer Scheinblüte >er<, d.h. der Glaube an ihn, zunächst "schwer krank". >Feuer und Wasser< bedeuten in 9/9 die Religionen, die verschiedene parallele, aber nicht identische Wege zu Heil und Läuterung anbieten. In ihrer Vermischung durch die >neue Religion<, 6/10 , erkennt N. die Gefahr einer tödlichen >Erkrankung< des Glaubens der Christen. Ihr >großer Freund<, 5/9, der vermeintlich wiedergekommene Heiland, wird ihnen zum Gegner werden. Das >Schwert<, bestehend aus verbindlichen Anordnungen, ist aus 10/65 bekannt.

Sizain 25
Six cens & six, six cens & neuf,
Un Chancelier gros comme un
    boeuf*,
Vieux comme le Phoenix du monde,
En ce terroir plus ne luyra,
De la nef d' oubly passera

Aux champs Elisiens faire ronde.

Sechszeiler 25
Sechshundertsechs, sechshundertneun,
wird ein Kanzler, dick wie ein Rind,

alt wie der Phönix der Welt,
in diesem Gebiet nicht mehr leuchten.
Mit dem Schiff des Vergessens wird er
    hinüberfahren,
auf den elysischen Feldern die Runde zu drehen.

2) Mittelfr. n.m. chancelier erster Diener eines souveränen Fürsten, beauftragt vornehmlich mit der Justiz und der Siegelbewahrung.

Da er sich selbst verbrennt und aufersteht, heißt es im Physiologus vom Vogel Phoenix, daß er "das Antlitz unseres Heilandes annimmt".

Sizain 26
Deux freres sont de l' ordre
    Ecclesiastique,
Dont l' un prendra pour la France la
    pique,
Encor un coup, si l' an six cens & six
N' est affligé d' une grand' maladie*,
Les armes en main iusques six cens
    & dix,
Guieres plus loing ne s' estendant
    sa vie.

Sechszeiler 26
Zwei Brüder gibt es von priesterlichem Stand,

einer wird für Frankreich den Spieß ergreifen

noch einmal, wenn im Jahr sechshundertsechs
er verschont wird von einer großen Seuche*,
die Waffen in Händen bis sechshundertzehn,

wenn nicht viel länger sein Leben sich ausdehnt.

Sechszeiler (Sz)

Sizain 27
Celeste feu* du costé d' Occident,
Et du Midy, courir iusques au Levant,
Vers demy morts sans point trouver racine
Troisiesme Aage, à Mars* le Belliqueux,
Des Escarboucles on verra briller feux,
Aage Escarboucle, & à la fin famine*.

Sechszeiler 27
Himmlisches Feuer, von der Küste des Abendlands
und vom Süden her läuft es bis zum östlichen Mittelmeer.
Halbtote Würmer finden keine einzige Wurzel
Dritte Zeit (gehört) Mars*, dem Kriegerischen,
Feuerbrände von Karbunkeln wird man leuchten sehen,
Karbunkel-Zeit, und am Ende Hungersnot*.

1) Zum himmlischen Feuer s. das Glossar unter foudre.
5)6) N.f. escarboucle Karfunkel, roter Edelstein, > lat. n.m. carbuncukus kleine Kohle; rötlicher Edelstein; bösartiges Geschwür (charbon provencal).

Zu dem dritten Zeitalter des Mars s. VH (14). Der Arzt N. wird die als escarboucles bezeichneten, in Südfrankreich öfters auftretenden Geschwüre gesehen haben. Voll entfaltet, ist es ein Geschwür mit einem Zentrum schwärzlichen Gewebszerfalls, umsäumt von einem roten, brandigen Rand. Da diese >Karbunkel< "leuchten", könnten sie im gegebenen Zusammenhang große Explosionen bedeuten, wahrgenommen aus größerer Höhe.

Sizain 28
L' an mil six cens & neuf ou quatorziesme,
Le vieux Charon fera Pasques en Caresme,
Six cens & six, par escrit le mettra

Le Medecin, de tout cecy s' estonne,
A mesme temps affligé en personne
Mais pour certain l' un d' eux comparoistra.

Sechzeiler 28
Im Jahr tausendsechshundertneun oder im -vierzehnten
wird der alte Charon Ostern fastend verbringen.
Sechshundertundsechs wird ihn durch (ein) Schreiben
der Arzt - über all diese verwundert er sich -
zur selben Zeit persönlich laden.
Aber sicherlich wird einer von ihnen vor Gericht erscheinen.

2) "Charon" kommt auch vor in Sz 38.
4) Der großgeschriebene Arzt begegnet auch in Sz 30 und Sz 10.

Charon war der grämliche, greise Fährmann, der die Seelen der Verstorbenen über den Fluß Styx in den Hades fuhr. Er könnte hier den letzten Papst bedeuten, der sein >Ostern< und das seiner Kirche erleben wird, 8/45. >Fastend< wird er dieses verbringen, weil die geistige Nahrung, die seine Kirche austeilt, dann verboten sein wird. Die >Verstorbenen<, deren Fahrt ins Schattenreich er organisiert, wären jene römischen Christen, die ihm gefolgt sind. Wenn die Ausübung der alten Religion nicht mehr zugelassen ist, werden jene, deren Glaube sich in den Formen des Ritus erschöpft, sich als geistig tot erweisen.

Sechszeiler (Sz) »»»

Sizain 29
Le Griffon se peut apprester
Pour à l' ennemy* resister
Et renforcer bien son armee,
Autrement l' Elephant viendra
Qui d' un abord le surprendra,
Six cens & huict, mer* enflammee.

Sechszeiler 29
Der Greif möge sich vorbereiten,
um dem Feind* zu widerstehen
und seine Armee gut verstärken.
Sonst wird der Elephant kommen,
der ihn plötzlich überrumpeln wird.
Sechshundertundacht, Meer* in Flammen.

1) Der Greif kommt außerdem vor in Sz 56. Der "König von Europa" werde "wie ein Greif"
kommen, d.h. als Rächer der unterdrückten christlichen Religion, 10/86.
4) Der Elephant begegnet auch in den Sz 39 und 56.

Der Greif wohnte in der Wüste Gobi, war ein Adler mit dem Hinterteil eines Löwen und den Skythen bekannt für seinen Hunger nach Gold. (In ihm begegneten sie dem Ungeheuer der eigenen Goldgier.) Als Hüter von Schätzen steht er für Wachsamkeit und Rache. Christlich bedeutete der Greif die Doppelnatur Christi als wahrer Mensch und wahrer Gott, sowie die Verbindung von weltlicher und geistlicher Macht. Wegen der Aufforderung, die Armee zu verstärken, muß eine territoriale Macht gemeint sein. Es könnte Israel sein, 1) weil es den ihm einst geraubten >Schatz<, das gelobte Land, 1948 zurückerobert hat, und 2) weil der Elephant, Symbol für Mächte Nordafrikas, hier als sein Gegner erscheint. Der Elephant wurde in der alten Welt bekannt als Kriegswaffe des (gescheiterten) Eroberers Hannibal, kann daher für nordafrikanische Mächte stehen.

Sizain 30
Dans peu de temps Medecin
　du grand mal,
Et la sangsue d' ordre & rang inegal,

Mettront le feu à la branche d' Olive,
Poste courir, d' un & d' autre costé,

Et par tel feu leur Empire accosté,

Se r' alumant du franc finy salive.

Sechszeiler 30
In kurzer Zeit werden der Arzt des großen Übels
und die Blutsaugerin, nach Stand und Rang
　ungleich,
das Feuer an den Zweig des Olivenbaums legen.
Befehlsstand fährt umher, von einer Küste zur
　anderen,
und durch solches Feuer (wird) ihr Reich an Land
　kommen.
Wenn es sich neu entzündet, ist der Appetit des
　Franken gestillt.

1) Der großgeschriebene Arzt begegnet auch in Sz 28 und Sz 10.
5) Mittelfr. v. accoster I. 1. das Ufer erreichen (atteindre le rivage)
2. sich auf der Seite halten, auf dem Bürgersteig (se tenir à côté de,
sur l' accotement) II. sich nähern (s' approcher de).

Die >Blutsaugerin< wurde in Sz 21 als Symbol eines demokratisch verfaßten Staatswesens gedeutet. "Nach Stand und Rang ungleich" wäre der "Arzt", wenn damit jener Mann gemeint wäre, der zum "König von Europa" werden wird, 10/86. - Der gestillte Hunger der >Franken<, der freiheitliebenden Franzosen kann bedeuten, a) daß die >Blutsaugerin<, die eine für N. falsche Freiheit verspricht, **6/22** (Bd.1), genug hat vom Blut, d.h. von der selbst herbeigeführten Schwäche des eigenen Landes, und b) daß erst der >Arzt< den Freiheitshunger der >Franken< dann wirklich stillt.

Sechszeiler (Sz)

Sizain 31
Celuy qui a les hazards surmonté,
Qui fer, feu, eaue, n' a iamais redouté,
Et du pays bien proche du Basacle,
D' un coup de fer tout le monde estonné,
Par Crocodil estrangement donné,
Peuple ravi de veoir un tel spectacle.

Sechszeiler 31
Jener hat die Gefahren gemeistert,
Eisen, Feuer, Wasser niemals gefürchtet,
auch nicht eines Landes, nahe dem gemeinen Beifall (?).
Über einen Schwertstreich alle Welt erstaunt,
durch das Krokodil eigenartig geführt,
Volk hoch erfreut, solch ein Spektakel zu sehen.

3) Basacle gibt es nicht. N.m. bas das Untere, das Gemeine.
N.f. acclamation Beifall.
5) Das Krokodil kommt außerdem vor in den Sz 19, 35 und 45.

In Sz 19 wurde das >Krokodil<, ein amphibisch lebendes Reptil, als Symbol des >wiedergeborenen Heilandes< gedeutet, weil der beansprucht wird, für >Land< u n d >Meer<, d.h. Politik u n d Religion zuständig zu sein, 1/29. Der >Schwertstreich< könnte derselbe sein, von dem 10/65 inbezug auf die katholische Kirche spricht. Das >Krokodil< handelt damit für die meisten Menschen richtig, Sz 22. Für N. dagegen ist der Beifall ein gemeiner, d.h. allgemein und niedrig motiviert. - Der Beginn des Verses handelt von der Selbstdarstellung des Regimes des >Krokodils<.

Sizain 32
Vin à foison, tres-bon pour les gendarmes,
Pleurs & soupirs, plainctes cris & alarmes
Le Ciel* fera ses tonnerres* pleuvoir

Feu, eau & sang*, le tout meslé ensemble,
Le Ciel* de sol, en fremit & en tremble*,
Vivant n' a veu ce qu' il pourra bien voir.

Sechszeiler 32
Wein in Fülle, sehr gut für die Wachhabenden.
Tränen und Seufzer, Klagen, Schreie und erschreckte Rufe,
der Himmel wird seine Donnerschläge* regnen lassen.

Feuer, Wasser und Blut*, das ganze miteinander vermengt,
der Himmel mit Erde, unter Brausen und Beben*.
Wer dann lebt, hat nicht gesehen, was er dann wird erleben können.

Es geht um außerordentliche Ereignisse, Vz 6. Die Frage ist, ob der Vers wörtlich oder sinnbildlich zu nehmen ist. Im ersten Fall könnte es eine Schilderung des Erlebens der großen Naturkatastrophe sein, die bevorsteht. Dagegen spricht der Blutregen, den man als Naturvorgang kaum erklären kann. Mit den >Donnerschlägen< sind daher eher die Bannstrahle gegen die alten Religionen gemeint, bekannt u.a. aus 1/65 und 3/13. In diesem Kontext ist das vom Himmel regnende >Blut< das der >alten Götter<, d.h. der alten Religionen, die im Kampf unterliegen, 5/62. Auch >Feuer und Wasser< bedeuten die alten Religionen, nämlich unter dem Aspekt ihrer Unvermischbarkeit, die nicht respektiert wird, 9/9. - Die "Wachhabenden" sind die Oberhirten der Kirchen, die den alten Glauben bewahren sollen. Sie verfehlen diese Aufgabe, 1/68 Vz 3, weil sie versorgt sind mit dem >Wein< des >Wiedergekommenen<, dessen Genuß Gemeinschaft mit ihm begründet und an dem man sich "allzu sehr berauscht", 6/39 Vz 4.

- 467 -

Sechszeiler (Sz)

Sizain 33
Bien peu apres sera tres-grande
  misere,
Du peu de bled, qui sera sur la terre,
Du Dauphiné, Provence & Viverois,
Au Vivaeois est un pauvre presage,
Pere du fils, sera anthropophage,
Et mangeront racine & gland
  du bois*.

6) Zum Wald s. das Glossar unter arbre.

Sechszeiler 33
Ganz kurz danach wird es eine sehr große Not
  geben
wegen des Mangels an Getreide, das gewalzt
  sein wird zur Erde
der Dauphiné, der Provence und des Vivarais.
Für Viviers (?) gibt es eine beklagenswerte
  Voraussage:
Vater wird des Sohnes Menschenfresser sein,
und sie werden essen Wurzeln und Eicheln
  des Waldes.

Entweder sind hier die Folgen einer großen Naturkatastrophe in Südfrankreich geschildert, oder der Vers ist sinnbildlich zu verstehen, 1/67. Zur Stadt Viviers s. 1/66 (Bd.3).

Sizain 34
Princes & Seigneurs tous
  se feront la guerre
Cousin germain, le frere avec le frere,
Finy l' Arby de l' heureux de Bourbon,
De Hierusalem les Princes tant
  aymables
Du fait commis enorme & execrable,
Se ressentiront sur la bourse
  sans fond.

Sechszeiler 34
Fürsten und Herren werden alle sich
  bekriegen,
der Vetter den Vetter, der Bruder den Bruder,
beendet das Richteramt (?) des Glücklichen
  von Bourbon.
Jerusalems so liebenswürdige Fürsten
werden eine ungeheuerliche und abscheuliche
  Tat
zu spüren bekommen am Säckel ohne Boden.

3) Arby gibt es nicht. Lat. n.n. arbitrium 1. Dabeisein, Gegenwart 2. Schiedsrichterspruch 3. freies Ermessen 4. Belieben, Wille, Herrschaft, Macht.

Der Glückliche von Bourbon begegnete bereits in den Sz 4 und 15. Wenn er hier seine Tätigkeit zum Wohl der Menschen einstellt, geht es um eine fernere Zukunft auf der neuen Erde.

Sizain 35
Dame* par mort grandement
  attristee,
Mère* & tutrice au sang* qui l' a
  quittee,
Dame* & Seigneurs, faits
  enfans orphelins,
Par les aspics & par les
  Crocodilles,
Seront surpris forts Bourgs,
  Chasteaux & Villes
Dieu* tout puissant les garde
  des malins.

Sechszeiler 35
Dame* durch Tod sehr betrübt,
Mutter* und Beschützerin in dem Blut,
  das sie aufgegeben hat,
Dame* und Herren zu Waisenkindern
  geworden.
Durch die Nattern und die Krokodile
werden überrascht sein befestigte Plätze,
  Schlösser und Städte.
Gott* der Allmächtige schützt sie vor
  den Übeltätern.

Sechszeiler (Sz)

2) Mittelfr. n.f. tutrice Beschützerin (protectrice).
4) N.m. aspic Natter, Viper. Idiom langue d' aspic Lästermaul.
Das "Krokodil" in der Einzahl kommt vor in den Sz 19, 31 und 45.

Geistige "Mutter" der Gläubigen und ihre "Beschützerin" vor dem Bösen ist in ihrem Selbstverständnis die katholische Kirche. Wenn d i e s e >Dame< "durch Tod sehr betrübt" ist und die in ihr maßgeblichen Herren zu Waisenkindern werden, müßte das bedeuten, daß der Vater im Himmel gestorben ist. Doch der kann nicht sterben. Wohl aber könnte er sich von der >Dame< abwenden, ihr den irdischen Schutz entziehen und es zulassen, daß sie verfolgt wird, 5/73. Sie und ihre >Kinder< würden dann dastehen w i e Waisen. Grund dafür ist laut N., daß die Kirche >das Blut<, nämlich das am Kreuz von Christus vergossene Blut und den darauf gegründeten Glauben "aufgegeben" oder "im Stich gelassen" (quittee) haben wird. Daß sie das tun wird, ist z.B. auch in 5/36 ablesbar. - Johannes der Täufer nannte die zu ihm gekommenen Pharisäer des Tempels eine Schlangenbrut, Matth 37. Daran anknüpfend, ist die Natter im Physiologus ein Bild für jene, die ihre geistlichen Eltern, d.h. Christus und die Propheten töten. Und die Anhänger des >Krokodils<, Sz 19, sind jene, die >Land< und >Meer< nicht trennen wollen. - Nicht die Kirche und den verbotenen alten Glauben, aber die Christen selbst kann Gott auch dann noch schützen vor ihren Verfolgern.

Sizain 36	Sechszeiler 36
La grand rumeur qui sera par la France,	Die große Unruhe, die über Frankreich hingeht,
Les impuissant voudront avoir puissance,	die Machtlosen werden Macht haben wollen.
Langue emmielle & vrays Cameleons,	Honigsüße Sprache und wahre Chamäleons.
De boute-feux, allumeurs de chandelles,	In Brandstifter (verwandelt) Anzünder von Kerzen
Pyes & geys, rapporteurs de nouvelles	Elstern und Häher sind Überbriger von Neuigkeiten.
Dont la morsure semblera Scorpions.	Ihr Biß läßt sie als Skorpione erscheinen.

4) Das Prädikat legen die zuvor erwähnten Chamäleons nahe.

Der Vers bezieht sich auf die Zeit der französischen Revolution. N. beklagt die Abwendung vom politischen, Vz 2, wie vom christlichen Gehorsam, Vz 4, demzufolge man der weltlichen Obrigkeit das Ihre geben soll. Für ihn verbirgt sich hinter den Verheißungen einer neuen Zeit Zerstörungswut (Brandstifter), Raublust (Elstern, Häher) und Mordgier (Skorpione). Weitere Analogien aus dem Tierreich für diese Zeit bietet 6/89 (Bd.1).

Sechszeiler (Sz)

Sizain 37
Foible & puissant seront en grand discord,
Plusieurs mourront avant faire l' accord
Foible au puissant vainqueur se fera dire,
Le plus puissant au ieune cedera,
Et le plus vieux des deux decedera,
Lors que l' un d' eux envahira l' Empire.

Sechszeiler 37
Schwach und Mächtig werden in großer Zwietracht sein.
Viele werden sterben, bevor sie Übereinstimmung herstellen.
Schwach wird sich Sieger über den Mächtigen nennen lassen.
Der Mächtigste wird dem Jungen weichen,
und der Ältere der beiden wird sterben,
wenn einer von ihnen in das Imperium eindringt.

Aus seiner Adlerperspektive betrachtet der Vers die Entstehung der Demokratie. Sie entzieht in N.s Schau den Gemeinwesen die Lebenskraft, schwächt sie also, Sz 21, siegt aber über das Königtum, Vz 3. Der Kaiser des alten Reichs (Mächtigster) mußte "dem Jungen", das ist Napoléon, weichen, d.h. das Kaisertum aufgeben, als der in das alte Reich mehrfach siegreich eingedrungen war, 10/46.

Sizain 38
Par eaue, & par fer, & par grande maladie*,
Le pourvoyeur à l' hazard de sa vie
Scaura combien vaut le quintal du bois*,
Six cens & quinze, ou le dixneufiesme,
On gravera d' un grand Prince cinquiesme
L' immortel nom, sur le pied de la Croix.

Sechszeiler 38
Durch Wasser und durch Schwert und durch große Krankheit*
wird der Vorausschauer unter Lebensgefahr
verstehen, wieviel der Zentner Holz* wert ist.
Sechshundertundfünfzehn oder im -neunzehnten
wird man gravieren eines großen fünften Fürsten
unsterblichen Namen auf den Fuß des Kreuzes.

2) Der pourvoyeur begegnet auch in Sz 16, 39, 46 und 56.

Der >Vorausschauer< wurde in Sz 16 als Bezeichnung für den vermeintlich >wiedergekommenen Heiland< gedeutet, die auf den ultimativen >Durchblick< dieses Mannes abhebt, den ihm viele Zeitgenossen zutrauen werden. - Dieser Mann werde verstehen, was das Kreuz Christi (>Holz>) wert ist, wie und wodurch, bleibt aber unklar. - Der "große fünfte Fürst" ist Heinrich V. als Name für jene irdische Macht, die sich am Ende durchsetzt, 10/27.

Sizain 39
Le pourvoyeur du monstre* sans pareil,
Se fera veoir ainsi que le Soleil*,
Montant le long la ligne Meridienne,
En poursuivant l' Elephant & le loup*,
Nul Empereur ne fit iamais tel coup,
Et rien plus pis à ce Prince n' advienne.

Sechszeiler 39
Der Vorausschauer des Monstrums* ohnegleichen
wird sich sehen lassen ebenso so wie die Sonne*
wenn er aufsteigt den langen Weg zum Zenit,
dann den Elephanten und den Wolf* verfolgt.
Kein Kaiser führte jemals einen solchen Schlag,
und nichts Schlimmeres widerfährt diesem Fürsten.

Sechszeiler (Sz)

1) Der "purvoyeur" kommt noch vor in den 16, 38, 46, 56.
3) Wörtlich: "besteigend die Länge, die Mittagslinie".
4) Es kann hier der "Vorausschauer" oder das "Monstrum" Subjekt sein.
Vom "Elephanten" ist auch in den Sz 29 und 56 die Rede,
vom "Wolf" auch in den Sz 7, 45, 46 und 50
6) Oder: "Nichts Schlimmeres kommt von diesem Fürsten".

Das "Monstrum" ist in der Offenbarung des Johannes der Drache als Bild für den Gegner Gottes. Der von ihm unterstützte "Vorausschauer" wurde in Sz 16 als der Mann mit großem Durchblick gedeutet, als welcher der vermeintlich >wiedergekommene Heiland< den meisten Menschen vorkommen wird, 4/31, 5/31. - Die Sonne als Symbol bedeutet bei N. die Offenbarung Gottes in Christus. Daß der >neue Weise< >wie die Sonne< gesehen, wahrgenommen und beurteilt wird (voir), bedeutet, daß viele Christen ihn für den >wiedergekommenen Sohn< Gottes halten werden, 2/81. Weil noch niemand sowohl von Christen wie auch von Juden so hoch erhoben wurde, wird er von N. als Mensch "ohnegleichen" qualifiziert. Jedenfalls dürfte das einer der Gründe für diese Qualifikation sein. Er wird wenige Jahre nach seinem ersten Auftreten zum Weltherrscher aufsteigen, 1/4, zum "Kaiser". - Der "Schlag", den er dann führt, richtet sich gegen "Elephant" und "Wolf". Der "Elephant" steht für eine nach Europa ausgreifende Macht Nordafrikas, Sz 29. Die Orientalen wird das Regime des >neuen Weisen< unterwerfen, VH (28). - Der >Wolf< könnte mit dem "Fürsten" der letzten Vz identisch sein, und dieser mit dem späteren Befreier Europas vom globalen Regime. Von einem Schlag gegen ihn spricht auch Sz 45

Sizain 40	Sechszeiler 40
Ce qu' en vivant le pere n' avoit sceu,	Der zu Lebzeiten den Vater nicht gekannt hat,
Il acquerra ou par guerre, ou par feu,	wird Erwerbungen machen durch Krieg oder Feuer
Et combattra la sangsue irritée,	und wird bekämpfen die Blutsaugerin, die Geschwächte
Ou iouyra de son bien paternel	Dabei wird er Nutzen ziehen aus seinem väterlichen Gut,
Et favory du grand Dieu* Eternel, Aura bien tost sa Province heritée.	und als vom großen Ewigen Gott Begünstigter wird er recht bald seine Statthalterschaft erebt haben.

3) Mittelfr. ou III. darin, in dem (dans le, en le, au).
Mittelfr. v. irriter 1. in Wut versetzen (mettre en colère)
5. zunichte machen (rendre vain), zerstören, schwächen (casser), für ungültig erklären (annuler).
6) Statt heritée dürfte herité richtig sein.
"Province" wurde hier etwas freier übersetzt.

Zur "Blutsaugerin" siehe Sz 21. Der sie bekämpft, dürfte der "große Arzt" sein, Sz 30.

Sechszeiler (Sz)

Sizain 41
Vaisseaux*, galleres* avec leur estendar,
S' entrebatteront pres du mont Gilbattar,
Et lors sera fors fait à Pampelonne,
Qui pour son bien souffrira mille maux,
Par plusieurs fois soustiendra les assaux,
Mais à la fin unie à la Couronne.

Sechszeiler 41
Schiffe*, Galeeren* mit ihrer Standarte
werden sich bekämpfen bei, Berg Gibraltar.
Und dann wird (eine) Schandtat in Pamplona sein,
das zu seinem Vorteil viele Übel erdulden wird.
Mehrere Male wird es den Angriffen standhalten,
aber am Ende vereint sein mit der Krone.

1) Zu Schiffen und Galeeren s. das Glossar unter nef.
3) fors fait ist wohl nur eine verschriebene forfait.
4) pour son bien kann auch übersetzt werden mit "wegen seines Vermögens".

Pamplona, seit 1512 beim Königreich Kastilien, wurde 1808, zweieinhalb Jahre nach der Seeschlacht beim Kap Trafalgar, von den Franzosen erobert und 1813 von den Engländern befreit. Aber inwiefern die Fremdherrschaft der Stadt zu ihrem Vorteil gereicht haben sollte, ist unklar. - Von der Vereinigung der spanischen mit der französischen Krone in einer zukünftigen Zeit spricht 4/5.

Sizain 42
La grand' Cité* où est le premier homme,
Bien amplement la ville ie vous nomme,
Tout en alarme, & le soldat és champs
Par fer & eaue, grandement affligee,
Et à la fin, des Francois soulagee,
Mais ce fera des six cens & dix ans.

Sechszeiler 42
(In) der großen Stadt, wo der erste Mann ist,
recht weitläufig die Stadt, die ich euch nenne,
(ist) alles alarmiert, und die Soldaten auf den Schlachtfeldern.
Durch Feuer und Fluten schwer heimgesucht,
und am Ende von den Franzosen gelindert.
Das aber werden die 610er Jahre bringen

Sizain 43
Le petit coing, Provinces mutinees,
Par forts Chasteaux se verront dominees,
Encor un coup par la gent militaire,
Dans bref seront fortement assiegez,
Mais ils seront d' un tres grand soulagez,
Qui aura fait entree dans Beaucaire.

Sechszeiler 43
Das stille Örtchen, Provinzen aufsässig,
durch starke Burgen werden sie sich beherrscht sehen.
Noch ein Schlag durch das Militär,
kurz danach werden sie machtvoll belagert werden.
Aber Erleichterung wird ihnen zuteil durch einen sehr Großen,
der Einzug halten wird in Beaucaire.

Beaucaire liegt in der Nähe der Rhône-Mündung.

Sechszeiler (Sz) ∋∋∋

Sizain 44	Sechszeiler 44
La belle roze* en la France admiree,	Die schöne Rose*, in Frankreich bewundert,
D' un tres-grand Prince à la fin desiree,	von einem sehr großen Fürsten am Ende ersehnt,
Six cens & dix, lors naistront ses amours	(im Jahr) 610 werden dann seine Leidenschaften entfacht sein.
Cinq ans apres, sera d' un grand blessee	Fünf Jahre später, wird sie von einem Großen verletzt werden
Du trait d' Amour, elle sera enlassee,	durch Liebesverrat. Sie wird umklammert werden,
Si à quinze ans du Ciel* recoit secours.	wenn sie (?) mit fünfzehn Jahren vom Himmel* Hilfe erhält.

1) Da das -z- im Französischen als stimmhaftes -s- gesprochen wird, dürfte roze hier wie rose zu lesen sein.
5) Ein v. enlasser gibt es auch mittel- und altfranzösisch nicht. Wohl aber gibt es das gleichlautende v. enlacer umschlingen, umarmen, umklammern.

Die >Rose< dient N. als Symbol für das >Haupt der Weisheit<, 5/31, als welches der >wiedergekommene Heiland< seinen Anhängern gelten wird. Der "sehr große Fürst" kann der letzte Papst sein, der sich für einen Großen unter seinesgleichen halten wird, Sz 1 Vz 2, weil es ihm gelingen werde, >Rom vom antiken Frankreich aus zu erobern<, 5/49, d.h. dem katholischen Christentum zu weltweiter Dominanz zu verhelfen. Als Vehikel auf dem Weg zu diesem Ziel wird er eben jene >Rose< ausersehen, die folgerichtig "seine Leidenschaft entfacht", 8/13 Vz 1. Daher wird er der >Mutter Kirche< den neuen Mann als >Heiratskandidaten< andienen, 10/55, im Jahr 610, d.h. im vierten Jahr nach der Katastrophe, die bis ins Jahr 606 reicht, Sz 16. (Im Jahr zuvor wird intern der Beschluß zur >Heirat< gefaßt, 10/91). Schon "fünf Jahre später" wird dem vorliegenden Vers zufolge die katholische Kirche "verraten" und "umklammert" werden vom >untreuen Ehemann<, dessen >Untreue< Kleriker dann beklagen werden, 10/73 Vz 4.

Sizain 45	Sechszeiler 45
De coup de fer, tout le monde estonné	Über einen Schwertstreich (ist) die ganze Welt erstaunt,
Par Crocodil estrangement donné,	durch (das) Krokodil in außerordentlicher Weise geführt
A un bien grand, parent de la sangsue,	gegen einen recht Großen, Hervorbringer der Blutsaugerin.
Et peu apres sera un autre coup	Und wenig später wird es einen weiteren Schlag geben
De guet à pend, commis contre le loup*,	aus dem Hinterhalt, geführt gegen den Wolf*.
Et de tels faits en verra l' issue.	Und was bei solchen Taten herauskommt, wird man sehen.

2) Mittelfr. estrangement 1. in außerordentlicher Weise (extraordinairement) 2. von fremdartiger Form (de facon étrange).

Sechszeiler (Sz)

Als >Krokodil<, gefährlich >an Land< u n d >im Wasser<, d.h. politisch und religiös, trat in Sz 19 der >Wiedergeborene< ins Bild. Die >Blutsaugerin< wurde als Allegorie der Demokratie gedeutet, Sz 21, und als ihre Hervorbringerin galt dem Seher sein eigenes Land, 2/39 Vz 3 (Bd.1). Der >Wolf< könnte für den späteren Befreier Europas stehen, Sz 39. Welcher Art die "Schläge" des >Krokodils< sind, ist ungeklärt.

Sizain 46
Le pourvoyeur mettra tout en
 desroutte,
Sangsue & loup*, en mon dire
 n' escoutte
Quand Mars* sera au signe
 du Mouton
Ioint à Saturne*, & Saturne* à
 la Lune*,
Alors sera ta plus grand infortune,
Le Soleil* lors en exaltation.

Sechszeiler 46
Der Vorausschauer wird alle in die Flucht
 schlagen,
Blutsaugerin und Wolf* hören nicht auf mein
 Wort.
Wenn Mars* im Zeichen des Schafes sein
 wird,
verbunden mit Saturn*, und Saturn* mit dem
 Mond*,
dann wird dein größtes Unglück sein.
Die Sonne* (ist) dann in Erhöhung.

1) Der "pourvoyeur" kommt auch vor in den Sz 16, 38, 39 und 56.
3) N.m. mouton Schaf, Hammel (kastriertes männliches Schaf), Lamm.
6) N.f. exaltation Erhöhung, Steigerung, Überschwenglichkeit.

Der >Vorausschauer< steht für einen Menschen, dem seine Zeitgenossen >den großen Durchblick< zutrauen werden, Sz 16. Schläge gegen demokratisch regierte Länder (>Blutsaugerin<) sowie den >Wolf<, Sz 39, werden von dem Gemeinten auch in Sz 45 geführt. - In den Vz 3 bis 6 scheinen Gestirnstände angegeben zu sein, aber eine sinnbildliche Deutung trifft eher zu. Die >Erhöhung der Sonne< bedeutet die Entleerung der christlichen Lehren in einem bombastischen philosophischen System, 4/30 Vz 2. >Mars im Zeichen des Schafes< deutet auf die Ächtung des Krieges, 3/36, in einem Frieden, der im Namen der Menschenherde von ihrem Hirten, 1/25, ausgerufen wird. Es soll das goldene Zeitalter des Friedens, in dem Saturn herrschte, aufgerichtet werden. Diesem Frieden werden auch die bis dahin islamisch dominierten Länder (Mond) "sich anschließen", d.h. sie werden ihm unterworfen werden, VH (28). - Daraus werde für die Demokratien ihr "größtes Unglück" entstehen. Gemeint ist die >neue Religion<, zu deren Durchsetzung in Europa das globale Regime sich der Orientalen bedienen wird, 9/80. Die aufklärerische Idee, daß die Demokratie Gewähr bieten könne für die Freiheit, wird dann sterben, Sz 58.

Sechszeiler (Sz)

Sizain 47
Le grand d' Hongrie, ira dans
 nacelle*,
Le nouveau né, sera guerre
 nouvelle
A son voisin qu' il tiendra assiegé,
Et le noireau avec son altesse,
Ne souffrira, que par trop on
 le presse,
Durant trois ans ses gens tiendra
 rangé.

Sechszeiler 47
Der Große von Ungarn wird (ein) Schifflein
 besteigen,
der neu Erschienene. Es wird einen neuen
 Krieg geben
gegen seinen Nachbarn, den er belagern wird.
Und der Dunkle mit seiner Hoheit
wird nur daran leiden, daß man ihn allzu
 sehr drängt.
Innerhalb dreier Jahre wird er seine Leute
 aufgestellt haben.

Sizain 48
Du vieux Charon on verra le Phoenix,
Estre premier & dernier de des fils,
Reluire en France, & d' un chacun
 aymable,
Regner long temps, avec tous les
 honneurs
Qu' auront iamais eu ses
 predecesseurs
Dont il rendra sa gloire memorable.

Sechszeiler 48
Den Phönix des alten Charon wird man sehen,
er ist der erste und letzte von einigen Söhnen,
er glänzt in Frankreich, von einem jeden
 geliebt,
regiert er lange Zeit, mit allen Ehren,

die seinen Vorgängern jemals zuteil geworden
 sein werden,
unter denen er seinen Ruhm denkwürdig
 machen wird.

Mit dem auferstandenen Charon (Phönix des alten Charon), dem Fährmann der Toten, ist wahrscheinlich der letzte Papst gemeint, Sz 28. Er ist "der letzte einiger Söhne" der Kirche, wird sich aber einen "ersten" unter seinesgleichen dünken wegen des >großen Fischfangs<, 7/35, an dessen Gelingen er glaubt. Frankreich war einst der Ort, von dem aus es gelang, Rom zu erobern, 5/49. Das >Glänzen in Frankreich< steht für die Vorschußlorbeeren, mit denen der gemeinte Papst sich ehren läßt für sein Projekt, >Rom zu erobern<, d.h. seiner Kirche zu weltweiter Dominanz zu verhelfen. Sein >denkwürdiger Ruhm< ist ein Sarkasmus des Sehers.

Sizain 49
Venus* & Sol*, Iupiter* & Mercure*
Augmenteront le genre de nature

Grande alliance en France se fera,

Et du Midy la sangsue de mesme,
Le feu esteint par ce remede
 extreme,
En terre ferme Olivier plantera.

Sechszeiler 49
Venus* und Sonne*, Jupiter* und Merkur*,
vergrößern werden sie die natürliche
 Beschaffenheit.
Großes Bündnis wird in Frankreich
 zustandekommen,
und vom Süden die Blutsaugerin ebenso.
Das Feuer gelöscht durch dieses äußerste
 Heilmittel,
auf festen Grund wird (man den) Ölbaum
 pflanzen.

Das Feuer, das durch ein "äußerstes Heilmittel" für immer gelöscht werden soll, ist das Feuer des Krieges. Denn es geht darum, >den Ölbaum auf festen Grund zu pflanzen<. Eine Angabe darüber, worin das äußerste Heil-

Sechszeiler (Sz) ꜱꜱ

mittel besteht, macht der Vers zu Beginn. Merkur dient N. als Chiffre für Jesus Christus, die Sonne steht für Gott, der sich in Christus offenbart hat. Deren "natürliche", d.h. wirkliche Beschaffenheit, ihr wahres Wesen, ist vor nahezu 2000 Jahren erkennbar geworden. Dazu gehörte, daß das Reich Gottes nicht von dieser Welt ist, Joh 18.36. Das globale Regime ("großes Bündnis") im Signum der Venus, 5/53, und der an dessen Spitze gestellte >Jupiter<, der angeblich >wiedergekommene Heiland<, werden das Projekt verwirklichen wollen, das Gottesreich a u f E r d e n zu schaffen. Damit >vergrößern< oder >erhöhen< sie die alte Verheißung, vor allem aber sich selbst.

Sizain 50
Un peu devant ou apres l' Angleterre
Par mort de loup*, mise aussi bas
   que terre,
Verra le feu resister contre l' eaue,

Le r' alumant avecques telle force
Du sang* humain, dessus l' humaine
   escorce
Faute de pain, bondance de (?)
   cousteau.

Sechszeiler 50
Kurz vorher oder nachher (wird) England
   durch Tod des Wolfes* am Boden
   zerstört (sein).
(Es) wird das Feuer sich wehren sehen
   gegen die Fluten,
wenn (man) es wieder entzündet mit jener Kraft
   menschlichen Blutes, auf menschlicher
   Haut.
Mangel an Brot, Überfluß an Messern.

Sizain 51
La ville qu' avoit en ses ans
Combatu l' iniure du temps,
Qui de son vainqueur tient la vie,
Celuy qui premier l' a surprist,
Que peu apres Francois réprist,

Par combats encor affoiblie.

Sechszeiler 51
Die Stadt, die in ihrer (großen) Zeit
   bekämpft hatte den Zahn der Zeit,
erhält ihren Besieger am Leben,
jenen, der sie als erster überrascht hat.
Wenn wenig später (der) Franzose (sie) wieder
   eingenommen haben wird,
(wird) sie durch Schlachten nochmals
   geschwächt (sein).

1) Mittelfr. loc. en ses ans in seiner/ihrer Zeit (à son époque).
2) Loc. l' injure du temps der Zahn der Zeit.
5) Mittelfr. conj. "que" auch: weil (parce que), wenn (quand).

Sizain 52
La grand Cité* qui n' a pain à demy,
Encor un coup la sainct Berthelemy

Engravera au profond de son ame,
Nismes, Rochelle, Geneve &
   Montpellier,
Castre, Lyon, Mars* entrant au Belier,
S' entrebatteront le tout pour
   une Dame*.

Sechszeiler 52
Die große Stadt, die kein Brot hat für die Hälfte.
Noch einen Schlag wird der heilige
   Bartholomäus
ihr tief in die Seele einprägen.
(In) Nîmes, Rochelle, Genf und Montpellier

Castres, Lyon, wenn Mars den Widder betritt,
werden sie sich gegenseitig bekämpfen,
   alles wegen einer Dame*.

3) Altes v. engraver einschneiden, einritzen, eingraben (graver).
6) Mittelfr. s' entrebattre rivalisieren (rivaliser).

Sechszeiler (Sz)

"Die große Stadt" ist Paris, das im August 1572 die Christen aller Glaubensrichtungen am Brot der Eucharistie teilhaben lassen wollte, auch die zur Hochzeit der katholischen Prinzessin Marguerite de Valois mit König Henry de Navarre eingeladenen Hugenotten. Als in der Nacht auf den Bartholomäus-Tag (24.8.) die Reformierten umgebracht wurden, war klar, daß es >Brot< nur für Katholiken gab. Das Gemetzel in Paris war der Startschuß für ähnliche Vorgänge in der Provinz. Die genannten Städte hatten gemeinsam, daß sie in dieser Zeit von Reformierten beherrscht waren (Nîmes, Rochelle, Genf, Montpellier) oder eine erhebliche reformierte Gemeinde beherbergten (Lyon). Die "Dame", die im Hintergrund die Fäden zog, war die Königinwitwe Katharina von Medici.

Sizain 53
Plusieurs mourront avant que Phoenix meure,
Iusques six cens septante est sa demeure,
Passé quinze ans, vingt & un, trente neuf,
Le premier est subiet à maladie,
Et le second au fer, danger de vie,

Au feu à l' eau, est subiect trente neuf.

Sechszeiler 53
Etliche werden sterben, bevor Phönix stirbt,
bis (zum Jahr) 670 wird seine Dauer sein.
Fünfzehn Jahre sind vorbei, einundzwanzig, neununddreißig,
der Erste ist erkrankt,
und der Zweite (wird) dem Schwert unterworfen bei Lebensgefahr,
mit Feuer, mit Wasser wird er unterworfen (im Jahr) neununddreißig.

Sizain 54
Six cens & quinze, vingt, Grande Dame* mourra
Et peu apres un fort long temps plouvra,
Plusieurs pays, Flandres & l' Angleterre
Seront par feu & par fer affligez,

De leurs voisins longuement assiegez,
Contraints seront de leur faire la guerre.

Sechszeiler 54
(Im Jahr) 615, 620 wird (die) große Dame* sterben.
Und wenig später wird ein Starker es lange regnen lassen.
Etliche Länder, Flandern und England werden durch Feuer und Schwert heimgesucht werden,
von ihren Nachbarn lange belagert,
werden sie gezwungen sein, gegen sie Krieg zu führen.

Sechszeiler (Sz)

Sizain 55
Un peu devant ou apres
   tres grand' Dame*
Son ame au Ciel*, & son corps
   soubs la lame,
De plusieurs gens regrettee sera,
Tous ses parens seront en grand'
   tristesse,
Pleurs & soupirs d' une Dame*
   en ieunesse,
Et à deux grands, le dueil
   delaissera.

Sechszeiler 55
Kurz vorher oder nachher (wird)
   sehr große Dame*
ihre Seele im Himmel*, und ihr Leib
   unter der Klinge,
von etlichen Leuten bedauert werden.
All ihre Verwandten werden in großer
   Trauer sein,
Tränen und Seufzer von einer Dame
   in ihrer Jugend,
und für zwei Große wird sie den Kummer
   aufgeben.

6) Mittelfr. n.m. deul, dueil, deuil Heimsuchung (affliction), Schmerz durch den Tod eines Lieben (douleur causée par la mort d' un être cher).

Die "sehr große Dame" könnte die katholische Kirche (>Mutter Kirche<) sein, die größte aller christlichen Glaubensgemeinschaften.

Sizain 56
Tost l' Elephant de toutes parts verra
Quand pourvoyeur au Griffon
   se iondra,
Sa ruine proche, & Mars* qui
   touiours gronde
Fera grands faits aupres de terre*
   saincte
Grands estendars sur la terre* & sur
   l' onde,
Si la nef* a esté de deux freres
   enceinte.

Sechszeiler 56
Bald wird der Elefant in allen Richtungen
wenn (der) Vorausschauer sich dem Greif
   verbindet,
seinen Zusammenbruch nahe sehen, und Mars*,
   der allzeit droht,
wird große Taten vollbringen rund um das
   heilige Land,
große Truppenaufgebote zu Lande und
   auf dem Meer,
wenn das Schiff* mit zwei Brüdern schwanger
   gewesen ist.

5) Mittelfr. n.m. estendard alle Arten von Feldzeichen im Krieg.

>Das Schiff< ist die katholische Kirche, 1/4. Die >zwei Brüder<, die >Mutter Kirche< hervorbrachte, sind die Päpste Johannes Paul I. und II.; zur Begründung s. 2/15 (Castor und Pollux). Der Vers handelt von der Zeit n a c h dem Erscheinen dieser Päpste ("wenn das Schiff ... schwanger g e w e s e n i s t"). Die Bezeichnung >Vorausschauer<, Sz 16, charakterisiert den >wiedergekommenen Heiland< als Mann mit dem vermeintlich großen Durchblick. - "Der Elephant", Symbol für Mächte Nordafrikas, sowie "der Greif" treten auch in Sz 29 als einander feindliche Mächte auf. Es scheint hier um Israel zu gehen (heiliges Land), aber die politische oder militärische Konstellation bleibt unklar, weil nicht sicher ist, ob N. wirklich Israel mit dem "Greif" meint, wie im Kommentar zu Sz 29 vermutet wird.

Sechszeiler (Sz)

Sizain 57
Peu apres l' aliance faite,
Avant solemniser la feste,
L' Empereur le tout troublera
Et la nouvelle mariee
Au franc pays par fort liee,
Dans peu de temps apres mourra.

Sechszeiler 57
Wenig später das Bündnis geschlossen,
bevor sie feierlich das Fest begehen.
Der Kaiser wird alles durcheinanderbringen,
und die neue Braut
in freiem Land durch (den) Starken gebunden.
Kurze Zeit danach wird sie sterben.

2) Mittelfr. v. solenniser zeremoniell feiern (fêter avec cérémonie)

Das Bündnis ist die Verbindung der katholischen Kirche mit dem >wiedergekommenen Heiland<, Sz 1, der diese >zur Braut nehmen< wird, **10/55**, sie auf einer großen >Hochzeitsfeier<, 10/52, an sich binden wird, Vz 5. Zum Weltherrscher ("Kaiser") aufgestiegen, **1/4**, wird er >alles durcheinander bringen<, nämlich die >Sprachen< der alten Religionen miteinander vermischen, VH (29), und schließlich etwas >Neues< aus diesem Gemisch machen. Das wird der >Braut< den Tod bringen, **10/65**.

Sizain 58
Sangsue en peu de temps mourra,
Sa mort bon signe nous donra,
Pour l' accroissement de la France
Alliances se trouveront
Deux grands Royaumes se ioindront,
Francois aura sur eux puissance.

Sechszeiler 58
Blutsaugerin wird binnen kurzer Zeit sterben,
ihr Tod wird uns ein gutes Zeichen geben
für das Anwachsen Frankreichs.
Bündnisse werden sich finden,
zwei große Königreiche werden sich vereinen,
(Ein) Franzose wird Herrscher über sie sein.

6) Franzose ist eigentlich Francais, auch im alten Französisch. Francois ist ein Vorname.

Wenn ein Franzose, Sz 4, über Frankreich als König herrscht, findet die >Blutsaugerin< ihr Ende. Das spricht dafür, daß N. diese als Symbol für eine demokratische Verfassung verwendet, Sz 21. Das zweite Königreich ist Spanien, 4/5.

"Wenn dann jemand zu euch sagt: Seht, hier ist der Messias !, oder: Da ist er !, so glaubt es nicht! Denn es wird mancher falsche Messias und mancher falsche Prophet auftreten, und sie werden große Zeichen und Wunder tun, um, wenn möglich, auch die Auserwählten irrezuführen. Denkt daran: Ich habe es euch vorausgesagt. Wenn sie also zu euch sagen: Seht, er ist draußen in der Wüste!, so geht nicht hinaus, und wenn sie zu euch sagen: Seht, er ist im Haus!, so glaubt es nicht."

(Matth 2423-26 [Einheitsübersetzung])

Nachwort

Was dieser Kommentar bietet und was nicht

Überblickt man das Register, fällt auf, daß hier, anders als im historischen Band, die großen Rubriken vorherrschen. Daran wird schon deutlich, daß nur einige Grundlinien der Entwicklung aufgezeigt werden. Es wird kein >Geschichtsbuch ex ante<, keine Vorschau mit Angabe von Ort und Zeit einzelner Ereignisse geboten. Wer das bieten könnte, dürfte es nicht tun, denn er würde die Freiheit der Menschen in Frage stellen. Es würden Ereignisse möglicherweise deshalb eintreten, weil sie vorhergesagt sind und der Vorhersage Glauben geschenkt wird. Möglicherweise würden Vorhersagen von Untaten den Übeltätern dazu dienen, ihre Untaten zu >rechtfertigen<. All das kann nicht Sinn und Zweck von Weissagungen sein.

Wie der historische Band zeigt, erfaßte N. wesentliche Züge des Geschehens, die auch in der Geschichtsbetrachtung der Nachgeborenen als wesentlich erachtet werden. Als Beispiel sei der Wandel des Urteils der deutschen Zeitgenossen über Hitler genannt, den Vers 9/17 Vz 4 (Bd.1) sehr prägnant formuliert. Die Vorgänge werden summarisch umrissen, und nur gelegentlich fallen verblüffende Details auf, wie in Vers 9/76 Vz 3 (Bd.1), um noch einmal ein Beispiel aus der Zeit des Nationalsozialismus zu bringen. Solche Details sind aber kaum jemals vor Eintreten der Ereignisse verständlich.

Auch die Zukunftsschau in diesem Band umreißt das Geschehen und dessen geistigen Hintergrund in wesentlichen Zügen. Vereinzelte Details findet nur, wer sich mit den Überschriften des Registers nicht zufriedengibt. Bei den bevorstehenden kriegerischen Ereignissen gibt es solche Details nicht, und wenn es sie gäbe, wären sie nicht aufgenommen worden. Der Vorwurf der Panikmache, der gegen unangenehme Prognosen immer gleich hervorgeholt wird, ist damit entschärft.

Was die Naturereignisse angeht, so konnten auch sie aufgenommen werden, weil keine unangebrachten Details die Leser in Schrecken versetzen. Der Vorwurf, daß die Prophezeiungen sich selbst erfüllen, soweit sie geglaubt werden, geht bei ihnen ins Leere. Es steht nicht zu befürchten, daß ein Himmelskörper in die Nähe der Erde kommt, weil er irgendwem etwas geglaubt hat. Seine Ankündigung durch Seher und Propheten ist ein klares Argument für seine zutreffende Beurteilung als Eingriff des Schöpfers in das irdische Geschehen, das den Menschen völlig aus dem Ruder läuft. Drauf und dran, die Welt unbewohnbar zu machen, wird dem Menschen dies im letzten Moment doch verwehrt werden.

Das gewaltige Naturgeschehen, das bevorsteht, bringt n o c h   n i c h t das Ende der alten Erde, ist aber als Zeichen dafür angekündigt, daß dieses letzte Ende nicht mehr fern ist. Wann das genau sein wird, können wir nicht wissen, das ist im Neuen Testament mehrfach gesagt.

Welche Leser Nostradamus vertreiben wollte

Daß mit seinen Weissagungen auch Unfug getrieben und Schaden angerichtet werden kann, wußte Nostradamus nur zu gut, weil er nämlich selbst dieser Gefahr ausgesetzt war, wie später jeder, der sich mit den Versen beschäftigt. Daher hat er an das Ende der sechsten Centurie folgenden Spruch gestellt

Legis cantio contra ineptos criticos
Qui legent hosce versus, mature censunto
Profanum vulgus et inscium ne attrectato:
Omnesque Astrologes, Blenni, Barbari procul sunto,
Qui aliter facit, is rite sacer esto.

> **Des Gesetzes Bann gegen törichte Kritiker**
> Wer diese Verse liest, prüfe sie reiflich.
> Heilloses und unwissendes Volk möge wegbleiben.
> Alle Astrologen, Dummköpfe, Barbaren sollen sich fernhalten.
> Wer das nicht beachtet, sei regelrecht verflucht.

Lateinisch cantio bedeutet eigentlich Zauberspruch, und "das Gesetz" ist mittellateinisch das Alte Testament. In der Pose dessen, der Gottes Gesetz vertritt, des zornsprühenden biblischen Propheten will N. hier "törichte Kritiker" verscheuchen, zu denen auch "unwissendes Volk" gehört. Vom hochfahrenden Gestus abgesehen, wird man ihm in dem Punkt recht geben müssen. Ohne Geschichts- und Sprachkenntnisse hat man keine Chance.

Dann geht es gegen die "Barbaren". So nennt N. alle jene >heillosen Ungläubigen<, die sich nicht zum christlichen Glauben und zur römischen Kirche bekennen. Aber die Zugehörigkeit zur katholischen Kirche allein wird wohl niemandem helfen, aus der Lektüre einen Nutzen zu ziehen. Auch wer an Christus nicht glaubt, wird die vorliegende Deutung der Centurien verstehen können. Ob sie ihm aber hilft, muß er selbst beurteilen.

Fernhalten sollen sich N. zufolge auch Astrologen, die als besondere Erscheinungsform der Dummköpfe und Barbaren verwundern mögen, da N. selbst auch astrologisch tätig war. (Allerdings hat er die Astrologie mit seiner Sehergabe und deren schriftlichem Niederschlag nicht vermengt.) Er kann also nur die unfähigen oder betrügerischen Vertreter dieses Berufsstandes gemeint haben. Daher braucht sich niemand angesprochen zu fühlen.

Die Verfluchung, die Nostradamus am Schluß ausspricht, erscheint als hilflose Drohung angesichts seiner Wehrlosigkeit post mortem. Es braucht keine Verfluchung, wenn man denen, die sich fernhalten sollten, erklären kann warum. Ein Fluch schüchtert nur Abergläubische ein.

Wen der Kommentator warnen möchte

Wer sich mit diesem Band beschäftigen will, sollte vorab zur Kenntnis nehmen, daß er sich mit der Schau auf das noch kommende Geschehen der unvollendeten Gestalt der Heilsgeschichte einiges zumutet. Nur wer es gewohnt ist, auf der Suche nach der Wahrheit dieser ins Auge zu schauen, sollte sich diese Vorschau aufladen. Wegen der Thematik dürften in erster Linie Geistliche zuständig sein. Sie sollen ihre Schäfchen ja auf reiche Weiden führen und nicht aus Versehen oder aus Begeisterung in die Wüste. Vielleicht kann der vorliegende Band einen Beitrag zur Orientierung leisten.

<u>Wer eher leichtgläubig und zugleich ängstlich ist, tut besser daran, sich fernzuhalten,</u> und hat nichts versäumt. Es mag dann empfehlenswert sein, Mernschen des persönlichen Vertrauens zu befragen, die sich mit

dem Gegenstand auseinandergesetzt haben. Im übrigen sei der Leser versichert, daß die Kenntnis der Verse des Nostradamus für die ewige Seligkeit nicht unbedingt erforderlich ist.

Wem dagegen beim ersten Lesen das Meiste absonderlich, unwahrscheinlich oder unglaublich vorkommt, der ist durch seinen Unglauben geschützt. Diese >Ungläubigen< zu überzeugen, sollte niemand versuchen, erstens weil er keinen Erfolg haben wird, vor allem aber, weil die Wahrheit erst für den etwas wert ist, der sie selbst findet. Es soll jedem "der eigene Irrtum lieber" sein dürfen "als die fremde Vorstellung" (W. Döbereiner), weil der eigene Irrtum den Keim der eigenen Wahrheit enthält. Niemand sollte einem anderen dessen Irrtum vermiesen.

Der Kommentator war daher auch im Zweifel, ob eine Veröffentlichung ratsam ist, weil sie vielleicht bei manchem Schaden anrichtet. Das abzuwenden, ist die oben ausgesprochene Warnung nur ein schwacher Versuch. Letztlich hat man das nicht in der Hand, kann nur Gott bitten zu helfen, daß fernbleibt, wer gefährdet ist oder wen es nichts angeht.

Man hätte wohl versuchen können, das Gefundene in abgesondertem Kreis als >Geheimwissen< zirkulieren zu lassen. Aber dazu muß einem das Sektiererische auch liegen. Außerdem werden ohnehin bald die Spatzen von den Dächern pfeifen, was jetzt noch verborgen ist.

Merkmale des Vorgehens

Der Leser wird Aufklärung darüber erwarten, in welcher Weise hier bei der Deutung vorgegangen wurde. Es gibt einige Merkmale:
1) Auslegung: Fortschreiten vom Bekannten zum Unbekannten,
2) >Archäologische< Rekonstruktion,
3) Heranziehung von Motiven der biblischen Apokalyptik und
4) Nutzung des abendländischen, biblischen wie außerbiblischen
   Fundus an Mythen, Gleichnissen, Symbolen usw.

Auslegung

Im Bild des Auslegens ist enthalten, daß die Deutung vom bereits Ausgelegten, von sicherem Terrain aus fortschreitet zu den noch freien Stellen, etwa so wie es der Kreuzworträtsellöser macht. Nur sind im Kreuzworträtsel die Wörter zweidimensional durch Buchstaben, in den Versen des N. dagegen vielfältig durch ihre Bedeutungen verknüpft.

Beispiel: Im Kommentar zum bereits erfüllten Vers 4/96 (Bd.1) nennt N.

das englische Königreich von 1689 "Reich des Gleichgewichts" (regne de balance), weil durch die Glorious Revolution ein Ausgleich zwischen Königs- und Volksherrschaft zustande kam. Die Herrschaft in England war fortan gleichermaßen >von oben<, durch den Monarchen von Gottes Gnaden, wie >von unten<, durch die Menschen, nämlich durch ein Parlament legitimiert. Darauf gestützt, konnte der Begriff der "Waage" (Libra) in Vers **4/50** (Bd.1) als Allgemeinbegriff für die konstitutionelle Monarchie gedeutet werden. Auf diese beiden erfüllten Verse gründet sich die Deutung der Begriffe Balance bzw. Libra in den Versen **5/70** und **2/81** im vorliegenden Band.

Wer anfängt, sich mit Nostradamus zu beschäftigen, muß den Schwerpunkt demnach auf die bereits erfüllten Verse legen.

>Archäologische< Rekonstruktion

Die Verteilung der Visionen auf eine Unzahl von Versen entspricht einer in tausend Splitter zerborstenen antiken Vase, die erst mühsam wieder zusammengesetzt werden muß, wenn ihre einstige Gestalt wiedererstehen soll. Es werden die auf der Außenseite eingebrannten Fragmente von bildlichen Darstellungen sein, die dabei entscheidende Hinweise geben. Wer einmal ein Puzzle zusammengesetzt hat, weiß ungefähr, was gemeint ist.

Im Fall der Centurien muß zunächst das Wortmaterial aufgenommen werden, ob nun auf dem PC oder in der alten Form des Zettelkastens. Dann beginnt man mit Übersichten zu einzelnen Wörtern, z.B. werden alle Textpassagen zum Wort sang zusammengestellt. Dann schreitet man fort zu Übersichten inhaltlich verwandter Wörter, z.B. "cave/cercueil/sepulchre/tombe/tombeau". Weiter werden Konkordanzen zu Themen angefertigt, z.B. alle Verse zusammengestellt und verglichen, die das Thema Verlobung, Heirat und Ehe berühren. Auf diese Weise kann man in die Semantik der Centurien eindringen.

Biblische Apokalyptik

Woher aber sollte man wissen, was aus dem Sprachmaterial der Verse entstehen soll ? Was entspricht in diesem Fall den Darstellungen auf der Oberfläche der zerbrochenen Vase, woher das Bild nehmen, das die richtig zusammengesetzten Puzzleteile ergeben ?

Genaugenommen ist es logisch nicht möglich, ein Puzzle zusammenzusetzen, dessen Bild nicht vorgegeben ist, sondern erst während des Zusammensetzens entsteht. Das wäre so, als wollte man sich selbst aus einem Sumpf ziehen. Da ist dann auch die Gefahr nicht weit, bei sich selbst, in der eigenen Seele nach Motiven zu suchen. Ganz ohne eine v o r der Deutung schon vorhandene Skizze kommt man also nicht aus. Es wird hier vorausgesetzt, daß sich zentrale Motive der biblischen Apokalyptik in den Centurien wiederfinden. Dabei handelt es sich hauptsächlich um die Wiederkunft Christi und um die vorherige Erscheinung des Antichristen, der mehrfach in den Paulusbriefen sowie sinngemäß in der Offenbarung des Johannes begegnet. Hinzu kommt die Vorstellung vom Endkampf dieser beiden Mächte, den das letzte Buch der Bibel, besonders dessen 13. und 14. Kapitel, in grandiosen Bildern verhüllt hat.

Mag es auch einleuchten, daß die Wahrheit nur eine Herkunft hat und daß zwei Menschen, die von ihr künden, sich nicht widersprechen, sondern einander ergänzen werden, so ist doch der Rückgriff auf die Weissagung eines anderen Propheten zur Deutung der Centurien methodisch problematisch. Das christliche Glaubensbekenntnis ihres Autors ist keine ausreichende Stütze für dieses Vorgehen. Es wird jeweils im Einzelfall nötig sein zu begründen, warum Passagen z.B. aus der Johannes-Apokalypse für die Deutung herangezogen werden können.

Beispiel: Die drei Verse bei N., in denen Heuschrecken vorkommen (Glossar unter sauterelles), lassen erkennen, daß es sich dabei um Menschen handelt, die andere Menschen plagen. In Offb 9 1-11 ist ablesbar, daß genau dieses auch auf die dort geschilderten Heuschrecken zutrifft. Damit läßt sich die Vermutung begründen, daß in beiden Fällen gleiche oder ähnliche Vorgänge gemeint sind.

Von der biblischen Apokalyptik abgesehen, wird es hier aber durchgängig vermieden, die Aufzeichnungen anderer Paragnosten für die Deutung der Centurien zu verwenden. Es gibt genügend >Gemischtwarenläden< in der Literatur, hier soll kein weiterer eröffnet werden.

Metaphorische Redeweise

Die beiden verhüllten Enthüllungen der Bibel von der Wiederkunft Christi und der Erscheinung des Antichristen sind zentral, würden aber für das Verständnis der Centurien nicht ausreichen. Zu Lebzeiten des Sehers hatte das Abendland herbstlich bunte Farben angenommen, und so liebten es die Gebildeten damals, virtuos auf der Klaviatur der ererbten Symbole zu spielen. N. hat seine Verse mit Anspielungen auf Gestalten des antiken Mythos und der Geschichte, mit Symbolen und Allegorien reich gespickt. In manchen Passagen verdichtet sich sein

Stil zu einer Symbol-Algebra, die dem Leser einiges abverlangt, z.B. in den Versen 4/28 bis 4/30. Es gilt dann herauszufinden, welches Merkmal des metaphorisch benutzten alten Namens es jeweils ist, auf das angespielt wird. Anders gesagt, der Vergleichspunkt (vornehm: das tertium comparationis) ist zu ermitteln aus den Zusammenhängen, in denen die Metapher an ihren Fundstellen jeweils steht.

Beispiel: Der mehrfach vorkommende Merkur war Sohn des höchsten Gottes, Bote der Götter, Gott der Herden und Hirten, wies den Reisenden ihre Wege, schützte die Kaufleute und noch einiges mehr. Die Aussagen des Verses 9/12 lassen im Zusammenhang erkennen, daß dieser alte Göttername dem Seher als Deckname für Jesus Christus dient, was dort im Kommentar begründet wird.

Weitere Beispiele lassen sich mit Hilfe des Glossars auffinden.

Einwand: Willkür statt Methode

Man könnte gegen die hier gewählte Vorgehensweise bei der Deutung der Centurien einwenden, es werde aus den verschiedenen Möglichkeiten der Dechiffrierung willkürlich ausgewählt. Ein methodisches Vorgehen, das diesen Namen verdiene, sei nicht erkennbar, eine Überprüfung der Ergebnisse daher unmöglich. Nur die Willkür habe Methode, indem schon bei der Übersetzung alles so hingebogen werde, daß es zur Deutung passe.

Das Fehlen einer Methode der Dechiffrierung zu bemängeln, beruht zunächst auf einem Mißverständnis. Es geht hier nicht um die Entzifferung einer Schrift wie der ägyptischen Hieroglyphen, für die es eine beweisbar richtige Lösung gibt. Das Alphabet des Nostradamus ist das unsrige, die Lautwerte der Buchstaben unterscheiden sich nicht von den modernen.

Im übrigen bringen philologische Methoden im Fall der Centurien nur wenig. Die verschiedenen Textausgaben werden nebeneinandergelegt, und einige formale Kriterien (Anzahl der Hebungen, Einhaltung des Endreims) helfen manchmal bei der Frage nach der authentischen Version, meist aber nicht. Manche Ausgaben verwechseln offenkundig lautungsgleiche Wörter (sans/sens) und lassen den Verdacht aufkommen, daß manchem Setzer, der vom Inhalt natürlich nichts verstand, ein Vorleser diente. In dieser Lage hilft dann nur die Überlegung, daß die ältesten erreichbaren Ausgaben wahrscheinlich noch die besten sind.

Der Vorwurf der Willkür bei der Übersetzung ist aber unangebracht. Der

Rahmen der möglichen Wortbedeutungen wird nirgendwo verlassen, die bevorzugte Möglichkeit in besonders schwierigen Fällen en detail abgeleitet, wie etwa bei der Chiffre "Pol MANSOL" in Vers **10/29**. Von willkürlichem Zurechtbiegen könnte man nur sprechen, wenn lexikalisch nicht nachweisbare oder außerhalb des Bedeutungsfeldes liegende Wortbedeutungen ohne nähere Begründung gewählt würden. (Die innerhalb des Rahmens der Möglichkeiten zur jeweils vorgeschlagenen Deutung am besten passende Wiedergabe kennzeichnet allerdings eine gute Übertragung.) Wer die Übersetzung überprüfen will, kann sich dazu auch auf die Anmerkungen stützen, die jeweils im Anschluß an die Übersetzung gebracht werden, und sich so davon überzeugen, daß hier keine Willkür waltet.

<u>Die gefundenen Deutungen wurden weder methodisch noch willkürlich gewonnen.</u> Der Seher schrieb aus seiner Erkenntnis der wirkenden Ideen sowie aus der Anschauung des Wesens und Beweggrundes der Akteure. Die Deutung entsteht aus dem Nachvollzug der auf das Gefüge des Ganzen gehenden Schau. Sie gründet im Sich-Einlassen auf die Visionen und deren Deutung durch den Seher vor dem Hintergrund seines christlich geprägten Weltbildes.

Das Kriterium für die Güte einer Deutung ist ihre Schlüssigkeit im Gesamtkontext der Vorschau und ihre Übereinstimmung mit den Werturteilen und Anschauungen des Sehers, wie sie im historischen Band und im Kommentar zur Vorrede an Heinrich II. herausgearbeitet wurden.

Einwand: Literatur nicht berücksichtigt

Die hier vorgelegten Deutungen würden auch nicht annähernd alle in der Literatur diskutierten Deutungen berücksichtigen. Der Leser könne sich daher kaum ein eigenes Urteil bilden.

Wer verlangt zu begründen, warum bestimmte in der Literatur vorgeschlagene Deutungen (und Übersetzungen) n i c h t übernommen wurden, verlangt eigentlich eine Monographie zu jedem Vers. Da könnten dann alle Deutungsideen samt Varianten bis in alle Verästelungen daraufhin überprüft werden, inwieweit sie mit der sprachlichen Basis harmonieren. Das tut z.B. G. Dumézil in seinem Buch "Der schwarze Mönch in Varennes" inbezug auf Vers **9/20** (Bd.1). Ein solches Arbeiten mit dem Mikroskop kann als Exempel nützlich sein, aber für den gesamten Text kann das niemand leisten. Wer dazu erst allen Unsinn widerlegen wollte, der über Nostradamus geschrieben wurde, würde nicht fertig werden. Es sollten begründete Ergebnisse vorgelegt werden. Wer selbst forschen will, wird andere Arbeiten beiziehen müssen.

Außer der Textausgabe von K. Allgeier können keine zu N. erschienenen Werke empfohlen werden. Wegen thematischer Überschneidungen sei aber noch hingewiesen 1) auf das Werk von Jakob Lorber, insbesondere auf den schmalen Auswahlband mit dem Titel "Die Wiederkunft Christi", und 2) auf die prophetischen Kundgaben der B. Dudde aus den Jahren 1937 bis 1965.

Einwand: Einseitigkeit

Die vorliegende Deutung sei ganz einseitig auf den Bereich der Religion und des Glaubens ausgerichtet. Bei einem so vielseitig interessierten und gebildeten Mann wie Nostradamus sei es unwahrscheinlich, daß er von wenigen Gegenständen wie dem Schicksal der katholischen Kirche in der >Weltfriedensordnung< oder wenigen Personen wie dem Weltherrscher in so vielen Versen und unter so vielen Verschleierungen und Decknamen handle, wie es die vorliegende Deutung nahelegen will.

Dieser Einwand geht fehl. Bei einem wirklich von Gott berufenen Seher oder Propheten wird immer auch und vor allem das religiöse Motiv und seine Perspektive erkennbar sein. So wird man Nostradamus das Recht einräumen müssen, mit besonderer Anteilnahme das Schicksal seiner Kirche zu verfolgen sowie besonderes Interesse an einem Mann zu nehmen, der auf die Menschheit eine starke Faszination ausüben wird, weil das Böse, das sich als Heilsbringer getarnt aus der Deckung traut, überall und allzeit eine Faszination ausübt.

Einwand: Nostradamus habe für 1999 den Weltuntergang prophezeit, da der nicht eingetreten sei, sei von ihm nichts zu halten

Vers **10/72**, der vom Jahr 1999 spricht, ist so, wie er von den meisten Interpreten, auch dem hier schreibenden gedeutet wurde, nicht eingetreten. (Welche Folgerung daraus zu ziehen ist, erklärt die Besprechung in diesem Band.) Es wird dort wohl ein "König des Schreckens" angekündigt, aber nicht von ferne der Weltuntergang. Von ihm hat Nostradamus auch sonst nicht gesprochen. Wer das meint, dessen Kenntnisse von den Centurien sind, falls vorhanden, zu oberflächlich.

Einwand: Die Annahme, es ginge in den noch nicht erfüllten Passagen vor allem um die nächsten Jahrzehnte, sei unbegründet. Die Centurien bezögen sich auf einen viel längeren Zeitraum.

Einer Stelle in der Vorrede an César N. zufolge, die der vorliegende Band nicht enthält, reichen die Weissagungen "von jetzt [1555] an bis zum Jahr 3797". Wenn damit die christliche Zeitrechnung gemeint sein sollte, würden sich die Centurien auf einen Zeitraum von 2242 Jahren beziehen. Es scheint, daß dem Seher Einblicke bis in diese fernere Zukunft gewährt wurden; siehe dazu Abschnitt (XV) im Register, "Neue Erde" betitelt. Doch heißt es andernorts, daß nach fünfhundert Jahren, also um das Jahr 2055, "plötzlich große Klarheit" über die Centurien herrschen werde, 3/94. B i s h e r herrschte Klarheit über die Verse frühestens dann, wenn sie in Erfüllung gegangen waren, vorher nicht. Nimmt man an, daß sich daran auch in Zukunft nichts ändern werde, müßte der größte Teil der Verse bis 2055 erfüllt sein, widrigenfalls es die angesagte "große Klarheit" bis dahin schwerlich würde geben können. Die Jahrzehnte und Jahrhunderte werden ja im übrigen nicht gleichmäßig bedacht, ereignisreichen Jahren wie z.B. der Zeit 1789 bis 1815 sind mehr Verse gewidmet als ruhigeren Zeiten. Es ist also möglich, daß ein großer Teil der Verse Ereignisse meint, die sich auf wenige Jahrzehnte zusammendrängen. Nostradamus dachte >vom Ende her<, dem Ende der gewordenen Formen auf politischem und religiösem Gebiet, und ist daher zu Recht als Untergangsprophet bekannt geworden. Für die Nähe dieses Endes sei Vers 2/28 aus dem historischen Band hier noch einmal als ein sehr klarer Zeuge angeführt, einer von vielen. - Wer die Centurien auf ferne Zeiten verschieben will, nimmt der Prophetie ihre Dringlichkeit, die sie h e u t e hat. Er macht aus den Centurien ein unverbindliches Rätsel, eine Spielwiese für intellektuelle Spekulation. Er reiht sich ein in die Front derer, die die Wahrheit des Untergangs abwehren und damit den falschen Propheten das Feld überlassen, die den Menschen versprechen, sie seien nun bald reif, das Himmelreich auf Erden zu errichten. - Wer vom Untergang spricht, wird immer sehr schnell verdächtigt, seine >Panikmache< selbst trage ganz wesentlich dazu bei, daß die Menschen das Vertrauen in die Entwicklung verlören und so der Boden für schlimme Ereignisse bereitet werde. Aber das ist ein Argument der Börsenspekulanten und aller verwandten Seelen, die an sich selbst, aber nicht an der Wahrheit interessiert sind und sich daher von Weissagungen fernhalten sollten, weil diese nicht für sie gemacht sind.

Einwand: Vorhergesagte Kriege träten deshalb ein, weil sie vorhergesagt sind, Nostradamus sei an ihnen schuld

Der Einwand, daß die Gefahr sich selbst erfüllender Prognosen besteht, ist nicht prinzipiell von der Hand zu weisen. Darauf wurde schon eingangs hingewiesen. Es bestünde aber nur dann ernstlich diese Gefahr, wenn 1) Prognosen kriegerischer Ereignisse mit Angabe von Ort und Zeit vorlägen, und wenn 2) Menschen diese Prognosen kennten, und 3) an ihre Unabwendbarkeit auch glaubten oder sie ohne Glauben für ihre Zwecke einsetzten. Deshalb war dafür zu sorgen, daß keine detaillierten Aussagen über noch nicht eingetretene kriegerische Ereignisse aufgenommen wurden. Aus diesem Grund wurde in die Vorauflage ein Vers wie 6/97, in dem sich das Ereignis vom September 2001 spiegelt, nicht aufgenommen. Damit ist diesem Einwand Rechnung getragen.

Einwand: Der Wahrheitsanspruch der vorliegenden Deutung sei unbegründet

Es gibt nicht wenige >Experten< für Nostradamus, die sich mit dieser Benennung eine unbegründete Autorität anmaßen. Es gibt aber keine autoritativen Aussagen auf diesem Gebiet. Jeder, der sich da Experte nennt oder nennen läßt, disqualifiziert sich damit selbst als Egomane. So kann auch die vorliegende Deutung keinen Wahrheitsanspruch in dem Sinne erheben, daß die gewonnenen Prognosen unbedingt eintreffen müßten und kein Zweifel daran erlaubt sei. Dies schon deshalb nicht, weil die Zukunft für uns prinzipiell nicht feststeht.

Wenn hier ein Anspruch erhoben wird, dann der, daß die Deutungen ohne Voreingenommenheit gegenüber Personen, Völkern oder Institutionen gewonnen wurden, und daß die darin enthaltenen Werturteile des Sehers kenntlich gemacht werden. So kann ein moderner Leser die Färbung, die die Dinge durch die >Brille< des Sehers annehmen, gewissermaßen >herausrechnen< und sie so betrachten, wie er selbst sie gesehen hätte. Ein jeder, der sich mit Nostradamus beschäftigen will, muß sich sein eigenes Urteil bilden. Dazu soll das Buch den Leser befähigen, nicht mehr und nicht weniger.

Einwand: Nostradamus stelle sich gegen die Kirchen, wenn er ihnen den Untergang prophezeit, ebenso jeder, der sich mit ihm abgibt

Da Nostradamus beanspruchte, im Namen des christlichen Gottes zu weissagen, können sich die Kirchen als für seine Weissagungen zuständig betrachten. Die katholische Kirche hat die Centurien 1781, acht Jahre vor der französischen Revolution, auf den Index der verbotenen Bücher gesetzt. Die Indizierungen wurden für die Öffentlichkeit fast nie begründet, aber die in dem Verbot enthaltene Aussage der kirchlichen Autorität war, daß Nostradamus ein falscher Prophet oder ein Scharlatan sei. Der genannte Index ist nun aber seit März 1967 außer Kraft gesetzt. Einen formellen Verstoß gegen den Kirchengehorsam bildet die Beschäftigung mit seinen Schriften also nicht mehr.

Man könnte allerdings meinen, die Tendenz seiner Prophetie sei kirchenfeindlich, da er, wie aus dem vorliegenden Buch klar ersichtlich, den Kirchen den Untergang prophezeit. Aber bei näherem Hinsehen erweist sich diese Meinung als falsch. Denn N. spricht vom Untergang der Kirchen nicht im Ton des Triumphes, sondern mit Bedauern und Erschrecken, deutlich z.B. in **10/65**. Dennoch, mögen Kleriker einwenden, verunsichere er die Menschen mit seiner düsteren Prophetie in ohnehin schon unsicheren Zeiten. Da suchten die Menschen Halt auch und gerade bei der Kirche und müßten ihn dort auch finden.

Dagegen ist nichts zu sagen, es setzt aber voraus, daß die Kirchen weiterbestehen. Es fragt sich, ob es möglich ist, den Untergang dadurch zu vermeiden, daß man davon nichts wissen will. Das Verbot der Centurien von 1781 hat die Niederlage der Kirche 1789ff nicht verhindern können. Man kann auch die Möglichkeit des Untergangs überhaupt verneinen, z.B. weil Gott das nicht zulassen werde oder weil es die Kirchen schon so lange gebe. Aber was Gott zuläßt und warum, übersehen wir nicht und müssen es ihm überlassen. Und zum hohen Alter sei an sehr alte Bäume erinnert, die dennoch irgendwann sterben müssen, damit neues Leben an ihrer Stelle wachsen kann. Außerdem gibt es keine Auferstehung ohne vorherigen Tod. Nicht, daß der Untergang von vornherein die Wahrheit auf seiner Seite habe und unfehlbar eintreten müsse, wird hier behauptet. Aber wenn durch das immens wachsende Ansehen der Kirchen und durch die Euphorie nach den bevorstehenden Ereignissen die alte Warnung überhört wird von den Oberen des Klerus, könnte sich gerade deshalb die alte Weissagung erfüllen. Nicht die Warner sind in Wahrheit die Gegner der Kirche, sondern jene Kleriker, die sich allzu eng an die Mächtigen der Welt binden.

Änderungen der zweiten Auflage

Änderungen gegenüber der Erstauflage haben sich u.a. ergeben durch Fortschreiten der Erkenntnis. Deutlichste Tendenz ist, daß noch mehr Verse als bisher angenommen rein metaphorisch, d.h. nicht wörtlich zu nehmen sind. Ein Beispiel ist Vers **9/83**, der komplett neu gedeutet werden mußte, weil das mittelfranzösische Verbum voguer, präzis übersetzt, nur im Zusammenhang mit der Schiffs- und Meeresmetaphorik des Sehers einen Sinn ergibt.

Die Darstellung mancher Deutung konnte genauer gestaltet werden, z.B. die des zentralen Verses **1/95**. An seinen Aussagen hat sich nichts geändert, aber die Kommentierung arbeitet die Zwillingsmetapher sowie die Entsprechungen des Bildes "Kloster - Mönch - Findelkind" klarer als bisher heraus.

Zusätzlich wird in der Neuauflage ein Glossar angeboten, das den Bedeutungsspielraum der Schlüsselbegriffe sowie ihren bildlichen Zusammenhang untereinander möglichst vollständig auseinanderfaltet.

Auch durch Zeitablauf haben sich Änderungen ergeben, nämlich a) weil Verse ganz oder teilweise in Erfüllung gegangen sind, z.B. **1/56, 6/97** und **1/87**, in denen sich das Ereignis in den USA vom September 2001 spiegelt, oder b) weil Deutungsmöglichkeiten ausgeschieden sind, z.B. bei den Versen **10/72** und **5/41**.

Schließlich wurden auch jene Verse aufgenommen, die von kriegerischen Ereignissen der nahen Zukunft handeln. Die Glaubwürdigkeit der Prophetie lebt leider auch davon, daß Voraussagen in Erfüllung gehen. Für die meisten Menschen lebt sie wohl n u r davon.

Der gesamte Text wurde vollständig überarbeitet, die Anmerkungen zur Semantik und Syntax der Verse wurden vermehrt und vertieft in der Absicht, einem kritischen Leser die Überprüfung der gebotenen Übersetzungen zu erleichtern. Hilfreich war das sehr solide und umfangreiche Buch von Jean-Claude Pfändler (1996), das dem Forschenden manches bietet, aber denen weniger empfohlen werden kann, die mit Ergebnissen im Sinne von Prognosen bedient werden möchten.

Was die bevorstehenden Naturereignisse (Kataklysmus) angeht, wurde in der Erstauflage vertreten, daß hier zwei Teilgeschehen im Abstand weniger Monate angekündigt seien. Diese Annahme wurde verlassen zugunsten der These, daß mit e i n e m zeitlich zusammenhängenden Geschehen zu rechnen ist.

Sonst sind keine Änderungen der hauptsächlichen Prognosen der ersten Auflage zu verzeichnen. Der Umfang hat auch deshalb zugenommen, weil die 58 Sechszeiler aufgenommen wurden.

C.B. Carius   Im Juli 2002

Literatur

(in Klammern die Zitierweise angegeben)

a) Allgemeine Literatur

Agrippa von Nettesheim, De Occulta, Greno, Nördlingen 1987

Atzberger, Leonhard, Die christliche Eschatologie in den Stadien ihrer Offenbarung, Graz 1977, Nachdruck von 1890

Auer, Johann/ Ratzinger, Joseph, Kleine katholische Dogmatik, Band IX, Eschatologie, Tod und ewiges Leben, Regensburg, 6. Aufl. 1990

Avril, J.T., Dictionnaire Provencal-Francais, Nachdruck Marcel Petit 1980

Die Bibel, Einheitsübersetzung der Heiligen Schrift, Gesamtausgabe, 4. Aufl., Stuttgart 1987

Blaeu, Der Große Atlas, Die Welt im siebzehnten Jahrhundert, Wien 1990 (Blaeu 1990)

Brockhaus, Die Enzyklopädie: In 24 Bänden, 20. Aufl., 1996 - 1999

Cooper, J.C., Illustriertes Lexikon der traditionellen Symbole, Leipzig 1986

Dante Alighieri, Die Göttliche Komödie, Reclam Verlag, Stuttgart 1951

Döbereiner, Wolfgang, Astrologisch-homöopathische Erfahrungsbilder, 2. Aufl. München 1983 (Döbereiner 1983)

Döbereiner, Wolfgang, Seminare Band 11, Der Zorn des Poseidon, München 1996 (Döbereiner 1996)

Dudde, Bertha, Kundgaben, 1937 - 1965, nicht im Buchhandel erhältlich

Eicher, Peter (Hsgr.), Neues Handbuch theologischer Grundbegriffe, München 1991

Fasching, Gerhard, Sternbilder und ihre Mythen, Ausburg 1996 (Fasching 1996)

Forster, Dorothea/Becker, Renate, Neues Lexikon christlicher Symbole, Innsbruck, Wien 1991

Georges, Karl Ernst, Ausführliches Lateinisch-Deutsches Handwörterbuch, zwei Bände, Nachdruck Hannover 1998

Greimas, A.J. Dictionnaire de L' Ancien Francais, 2. Aufl., Paris 1986

Greimas, A.J./ Keane, T., Dictionnaire de Moyen Francais, Paris 1992

Henning, Max, Der Koran, Reclam, 1991

Herders Theologischer Kommentar zum Neuen Testament, Freiburg i. Br. 1986

Herrmann, Joachim, dtv-Atlas zur Astronomie, 10. Aufl. 1990 (Herrmann 1990)

Hiltbrunner, Otto, Kleines Lexikon der Antike, 5. Aufl. 1974

Horaz, Ars Poetica, Die Dichtkunst, Reclam Verlag, Stuttgart 1972

Hübsch, Hadyatullah, Prophezeiungen des Islam, Knaur, München 1993

Kerényi, Karl, Die Mythologie der Griechen, 2 Bände, 16. Aufl., München 1994

Kösters-Roth, Ursula (Hsgr.), Lexikon der französischen Redewendungen, Eltville am Rhein 1990

Larousse, Dictionnaire de la Langue Francaise, Paris 1989 (großer Larousse)

Lorber, Jakob, Das große Evangelium Johannes, 11 Bände, Lorber-Verlag, 7. Aufl. 1981

Lorber, Jakob, Die Wiederkunft Christi, Lorber-Verlag, Bietigheim/Württ. o.J.

Lorber, Die drei Tage im Tempel, Lorber-Verlag, 9. Aufl. 1975

Ludus de Antichristo, Das Spiel vom Antichrist, Reclam Verlag, Stuttgart 1968

Lurker, Manfred, Wörterbuch biblischer Bilder und Symbole, München 1973

Lurker, Manfred, Wörterbuch der Symbolik, 5. Aufl. 1991

Möhring, Hannes, Der Weltkaiser der Endzeit, Thorbecke Verlag, Stuttgart 2000

Neubecker, Ottfried, Heraldik, Augsburg 1990

Ratzinger, Joseph Kardinal, Gott und die Welt, dva, Stuttgart München 2000

Reichold, Klaus/ Sircar, Xenia, Prophezeiungen vom Ende der Welt, rosenheimer o. J.

Rheinfelder, Hans, Altfranzösische Grammatik, 2 Bände, Hueber, München 1967

Roob, Alexander, Alchemie und Mystik, Köln 1996

Rubenbauer, H./ Hofmann, J.B., Lateinische Grammatik, 11. Aufl. 1989

Seel, Otto, Der Physiologus, Tiere und ihre Symbolik, 7. Aufl., Zürich 1995

Stöver, H.D., Christenverfolgung im römischen Reich, Econ Verlag 1982

Theile, C.G.G./ Stier, R., Novum Testamentum Tetraglotton, Diogenes, Zürich 1981

The Rosicrucian Ephemerides, International Edition, Maison Rosicrucienne (Hsgr.),1900 - 2000, und 2000 - 2050

Troll, Hildebrand, Die Papstweissagung des heiligen Malachias, Aschaffenburg 1985 (Troll 1985)

Werner, H./ Schmeidler, F., Synopsis der Nomenklatur der Fixsterne, Stuttgart 1986 (Werner/Schmeidler 1986)

Zanker, Paul, Augustus und die Macht der Bilder, C.H. Beck, München 1990

b) Quellen und ausgewählte Sekundärliteratur zu Nostradamus

Allgeier, Kurt, Die großen Prophezeiungen des Nostradamus im moderner Deutung, München 1982 (Allgeier 1982)

Allgeier, Kurt, Die Prophezeiungen des Nostradamus, Erstmals vollständig übersetzt, kommentiert und neu gedeutet München 1988 (Allgeier 1988)

Allgeier, Kurt, Nostradamus - Zeitenwende, München 1994

Brennan, J.H., Nostradamus, Visionen der Zukunft, München 1994

Centurio, N. Alexander, Die großen Weissagungen des Nostradamus, Bietigheim 1977 (Centurio 1977)

Dimde, Manfred, Die Weissagungen des Nostradamus, Neu entschlüsselt, 2.Aufl. 1991 (Dimde 1991)

Dumézil, Georges, Der schwarze Mönch in Varennes, Frankfurt am Main und Leipzig 1999

Endres, Franz Carl/ Schimmel, Annemarie, Das Mysterium der Zahl, Diederichs, München, 6. Aufl. 1992 de Fontbrune, Jean-Charles, Nostradamus, Historiker und Prophet, 4. Aufl. Wien 1991 (de Fontbrune 1991)

de Fontbrune, Max, Was Nostradamus wirklich sagte, Ullstein 1983

Hutin, Serge, Les Propheties de Nostradamus, Belfond, Paris 1972 und 1978 (mit dem Abdruck der Sechszeiler)

Nolan, Ray, Das Nostradamus Testament, München 1996 (Nolan 1996)

Nostradamus, Michel, "Les Prophéties", Lyon 1555, la 1ère édition enfin retrouvée, Roanne (Loire) 1984, (Urtext)

Nostradamus, Les Propheties de maistre Michel Nostradamus, Bildgetreuer Abdruck der Ausgabe von Benoist Rigaud von Lyon 1568, Frankfurt 1940

Nostradamus, Les vraies Centuries et Propheties, Nachdruck der Edition Chevillot, Troyes 1611, mit den Abweichungen der Ausgabe von Amsterdam 1668

Ovason, David, Das letzte Geheimnis des Nostradamus, München 1997 (Ovason 1997)

Pfändler, Jean-Claude, Nostradamus, Seine Prophezeiungen, Chieming 1996 (Pfändler 1996)

Pfändler, Jean-Claude, Der mißverstandene Nostradamus, Chieming 1999 (Pfändler 1999)